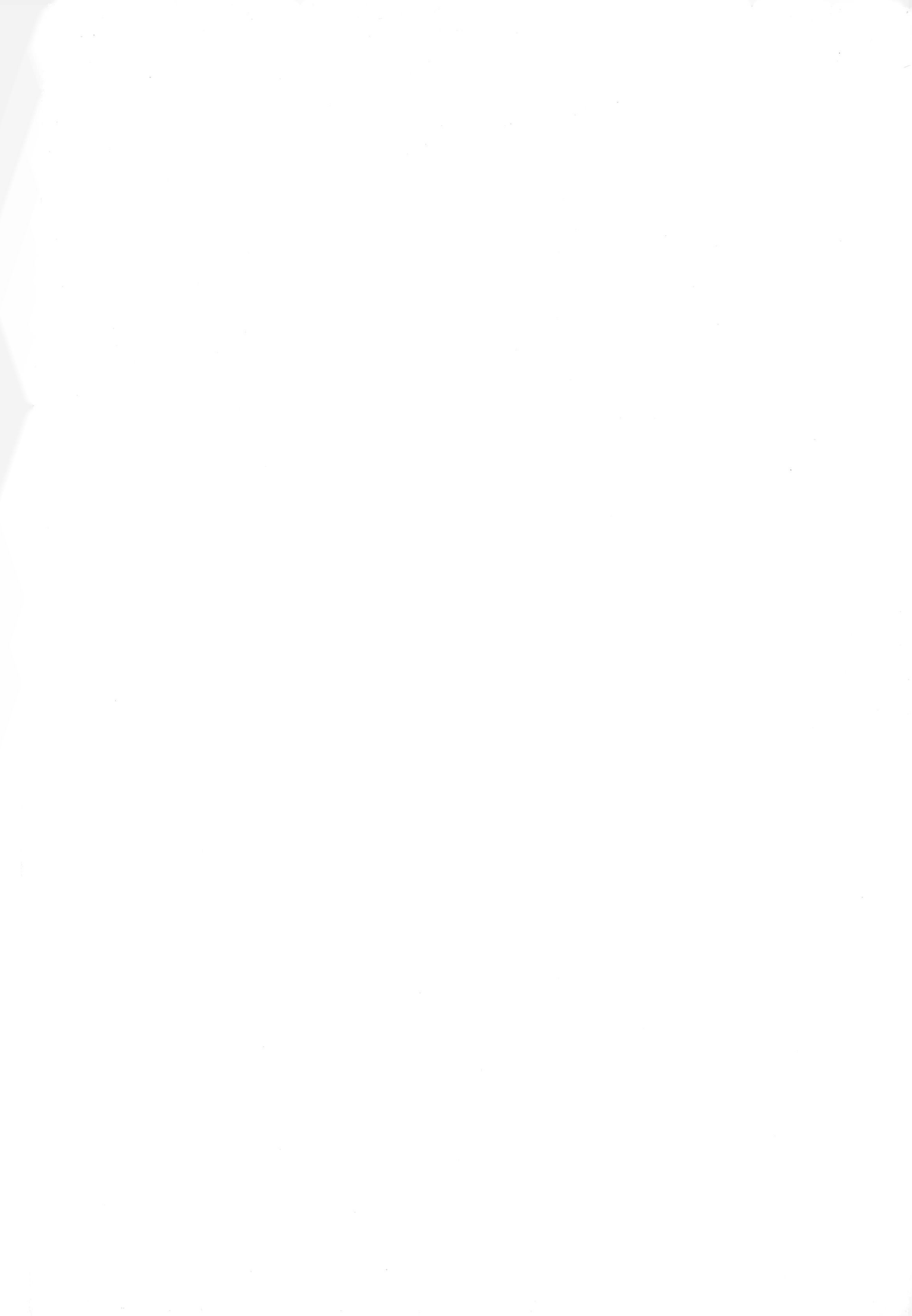

行唐年鉴 2015

XINGTANG YEARBOOK

行唐县地方志办公室 编

河北人民出版社

图书在版编目（CIP）数据

行唐年鉴. 2015 / 行唐县地方志办公室编. —石家庄：河北人民出版社，2016.8
ISBN 978-7-202-11341-7

Ⅰ. ①行… Ⅱ. ①行… Ⅲ. ①行唐县-2015-年鉴
Ⅳ. ①Z522.24

中国版本图书馆CIP数据核字（2016）第203577号

书　　名　行唐年鉴2015
　　　　　XINGTANG NIANJIAN 2015
编　　者　行唐县地方志办公室

责任编辑　杨永林　赵　蕊
美术编辑　于艳红
责任校对　张三铁
版式设计　赵建华　李蕙萍　李　永　王　鹏

出版发行　河北人民出版社（石家庄市友谊北大街330号）
印　　刷　济南黄氏印务有限公司
开　　本　889毫米×1194毫米　1/16
印　　张　21.25
字　　数　528 000
版　　次　2016年8月第1版　2016年8月第1次印刷
印　　数　1-1 000
书　　号　ISBN 978-7-202-11341-7/Z·210
定　　价　220.00元

《行唐年鉴》（2015）编纂委员会

名誉主任：杨立中　县委书记

主　　任：王彦芳　县委副书记、县长

副 主 任：高华树　县委副书记

袁永福　县委常委、常务副县长

张海双　县委常委、宣传部长、统战部长

米志斌　县人大副主任

高文成　县政府副县长

刘伏生　县政协副主席

委　　员：柳增良　县委办公室主任

刘　鸣　县人大办公室主任

高秋敏　县政府办公室主任

顾会欣　县政协办公室主任

刘成江　县委宣传部常务副部长

李翠玲　县财政局局长

邸　健　县文教局局长

贾俊峰　县统计局局长

宇文春平　县档案局局长

赵建华　县志办公室主任

行唐县地方志办公室成员

主　　任： 赵建华

副 主 任： 李蕙萍

工作人员： 李　永　赵翠玉　杨雪玲　王　欣　顾津考　霍海英
刘　杨　盖晨芳　王　娜

《行唐年鉴》（2015）编纂人员

主　　编： 李蕙萍

副 主 编： 李　永

责任编辑： 李蕙萍　李　永　赵翠玉　杨雪玲　王　欣
顾津考　霍海英　刘　杨　盖晨芳　王　娜

《行唐年鉴》（2015）终审人员

曹立波　高华树　袁永福　高文成　刘建洲

数字行唐

全县总面积:966.19平方公里

总人口:459139人

城镇化率:29.42%

地区生产总值（现价）:121.91亿元

第一产业增加值（现价）:25.71亿元

第二产业增加值（现价）:62.66亿元

第三产业增加值（现价）:33.54亿元

人均生产总值:29291元

全部财政收入:51720万元

公共财政预算收入:32662万元

财政支出:172994万元

全社会固定资产投资:142.54亿元

农林牧渔业总产值:50.35亿元

总耕地面积:537750亩

粮食作物面积:66.11万亩

粮食总产:28.12万吨

红枣总产:115000吨

年末奶牛存栏:9.4万头

牛奶总产:32.55万吨

规模以上工业总产值:220.9亿元

规模以上工业增加值:58.06亿元

规模以上工业利税总额:34.07亿元

规模以上工业利润:23.27亿元

单位工业增加值能耗降低率:8.9%

单位GDP能耗降低率:4.42%

全社会用电量:60057万千瓦时

工业用电量:28140万千瓦时

社会消费品零售额:53.67亿元

实际利用外资:3000万美元

民营经济增加值:87.6亿元

民营经济实现税收:4.63亿元

金融机构年末存款余额:1146979万元

金融机构年末贷款余额:368116万元

城乡居民储蓄存款余额:935307万元

全县公路通车里程:1280.3公里

年末固定电话用户:1.5万户

年末移动电话用户:26.2万户

互联网络宽带用户:3.9万户

各类学校:95所

在校生:63819人

年末教师:4370人

卫生机构:366个

医院、卫生院床位数:1253张

卫生技术人员:2145人

农村居民人均可支配收入:5420元

城镇居民人均可支配收入:21937元

1月9日，由中宣部、中央文明办、科技部、农业部、文化部、国家卫生计生委等8个部门和中共河北省委、河北省人民政府联合主办的全国文化、科技、卫生“三下乡”集中服务活动在县文化广场拉开帷幕。

1月9日，国家卫生计生委副主任崔丽（前排中）到安香乡卫生院调研。

1月9日，中国科协副主席、书记处书记陈章良（左二）到上阁庄乡视察科普工作。

1月9日，中共河北省委常委、宣传部长艾文礼（前排左二）看望在行唐开展“三下乡”活动的省广电系统服务人员。

4月22日，河北省军区参谋长王舜（右三）、石家庄警备区司令员鲍际国（左三）检查民兵应急力量建设。

5月23日，中联部机关服务局党委书记顾春兵（左二）到口头镇鲁家峪小学捐资助教。

7月20日，石家庄市人民政府市长王亮（左二）带队观摩指导县城建设。

3月25日，河北省商务厅副厅长史玉强（左一）调研指导园区建设和发展工作。

4月19日，石家庄市人民政府副市长李晋宇（左二）调研指导城市建设。

8月20日，河北省住建厅副厅长赵义山（右一）带队调研指导城市建设。

9月26日，石家庄市人民政府副市长郝竹山（前排左三）调研重点项目建设等工作。

7月22日，中共无极县委书记韩清榕（左二）带队观摩学习行唐县城建设工作经验。

春节前夕，县委书记姜阳、县长王彦芳等领导亲切看望、慰问一线干部职工。

春节前夕，县委书记姜阳到县民政事业服务中心慰问老同志。

春节前夕，县长王彦芳慰问消防官兵。

行唐县总工会

党组书记、常务副主席　苏书九

行唐县总工会是县委领导下的工人阶级群众组织，是县委联系职工群众的桥梁和纽带，是全县社会稳定、经济发展的重要支柱，是职工利益的代表，具有参与、维护、建设和教育等四项基本职能。

2014年，总工会内设11个部（室），下辖职工服务中心、工会图书馆两个事业单位，共有干部职工及省派专职工会工作者、省派专职工资集体协商指导员28人。全县建立基层工会组织752个，涵盖单位1225个，其中，独立基层工会组织704个，联合基层工会组织48个；有村级工会组织127个，会员37400人，其中农民工会员25700多人。

2014年，结合工会自身职能，积极开展党的群众路线教育实践活动，抓住维权和服务两个工作重点，着力提升工会干部工作能力和业务水平，有效完善普惠型服务工作体系。通过广泛开展工资集体协商、职工互助、送温暖、维权帮扶服务、千企万岗进社区春风行动、志愿者服务和职工文体等活动，圆满完成全年工作目标，推进工资集体协商工作受到市总工会表彰，被县委评为优秀班子。

企业工资集体协商

千企万岗招聘洽谈会

与企业职工联欢

走访慰问

行唐县财政局

党组书记、局长　陈树旗

2012年11月15日，省财政厅厅长邢国辉（前排右二）到安香乡财政所调研。

行唐县财政局是负责全县财政收支、财税政策、财政监督、国有资产管理等工作的政府职能部门，内设办公室、预算科等29个科室，下辖15个乡（镇）财政所，共有干部职工77人。

近年来，县财政局切实转变工作作风，推进改革创新，着力加大财政收入征管力度，壮大财源基础，规范财政收支和国有资产管理，服务和保障民生，各项工作全面推进，全县财政收入以年均20.5%的速度持续增长。2014年，全县财政收入突破5亿元大关，全县公共财政预算收入完成32661万元，同比增收7739万元，增长31.05%，增收额在东部八县排位第二，增长率排位第一；全县公共财政预算支出完成172994万元，同比增支38291万元，增长28.43%，年均递增20.04%。全县财政收支规模不断壮大，有力地促进县域经济和社会事业的全面发展。财政局先后被省财政厅授予财政总决算工作先进集体、财政信息工作优胜单位，派驻东庄工作组被省农村面貌改造提升领导小组授予

省财政厅纪检组长、监察专员李殿京（前排右二）到龙州镇财政所调研

县委副书记、县长王彦芳在财政局调研

优秀驻村工作组，被县委、县政府授予先进基层党组织等称号，连续20年保持省级文明单位称号；局长陈树旗先后荣获市级劳动模范、全省财政信息工作先进组织者等荣誉称号。

——培植县域支柱财源。积极帮助企业向上争取贷款贴息、技术改造、淘汰落后产能等项目，搭建政、银、企对接平台，推进BOT（基础设施特许权）、BT（融资方式）等市场化融资方式，破解企业筹、融资难题。2012～2014年，申报各类扶持资金3068万元，协调县内5家金融担保公司开展担保业务，帮助企业融资8.8亿元。大力扶持园区建设，累计拨付1.51亿元支持水污染治理项目、征地和拆迁补偿、道路及管网等园区基础设施建设；融资13453万元，建成园区供水厂、污水处理厂、110KV变电站、天然气站各1座，为加快企业向园区集中、产业向园区集聚，营造了良好的发展环境。

——打造生态宜居县城。融资1.4亿元开展颍水河县城段综合整治，奠定城市生态水系建设基础；推进“国家森林城市”建设，城区绿化覆盖率达到44.88%，人均公园面积达到11.44平方米；修建污水处理厂2座、垃圾填埋场1个，完成香港路标志性街道雨污分流改造工程；融资67亿元，完成玉晶玻璃、鹏海制药、华昌机械等窑炉的除尘、脱硫技改项目190个，通过限产压煤、淘汰燃煤锅炉、改造提升煤炭物流基地、治理建筑工地扬尘、抑制道路扬尘、打击私挖乱采、淘汰黄标车、机动车限号、取缔露天烧烤等措施防治大气污染，努力打造生态宜居县城。

——倾力保障改善民生。2012～2014年，累计投入4000余万元，支持实施“一廊四基地”设施蔬菜等农业产业化项目，打造神树湾、团山红等3个集大棚蔬菜、观光、采摘、休闲娱乐为一体的设施农业片区，新增高标准农田18000余亩；投入20752万元实施“一事一议”和农村面貌改造提升行动；多方筹措10565万元，将全县公教人员津贴、补贴从年人均1.1万元调增到1.76万元；2014年，落实精神文明奖3947万元，从2012年的年人均2200元提高到3800元；安排关怀扶助补贴资金40万元，有力支持了计生特殊困难家庭“医养扶一体化”工作。

文明单位
WEN MING DAN WEI
中共河北省委
河北省人民政府
二〇一四年十二月

慰问老党员

调研设施蔬菜生产情况

行唐县住房和城乡建设局

党组书记、局长　孟文锁

行唐县住房和城乡建设局是全县住房和城乡建设的行政主管部门，内设办公室、市政工程管理办公室等16个科室，下辖质监站、房管所两个事业单位，共有干部职工89人。

2014年，住建局认真贯彻落实县委、县政府安排部署，把县城扩容和功能升级作为主攻方向，以中心城区综合提升工程为平台，以重点项目为抓手，全面完善县城功能、改善人居环境、提升城区品位。到年底，完成唐尧大道绿廊及4个节点绿地的建设工作，增加绿化面积33.84万平方米；投入资金约2.62亿元，谋划实施升仙桥路北延、玉城大街西延、香港路等11项道路建设和综合整治工程，极大地改善了城区交通条件；建成新一中、三号、五号3个集中供热热源站，铺设供热管网27000米，城区集中供热面积达到31.87万平方米；圆满完成保障性住房建设和农村危房改造任务，为县域经济发展和人民群众生活水平提高奠定了坚实的基础，荣获县文明单位、代表建议承办工作先进单位、政协提案办理先进单位和市级工人先锋号等称号。

县委副书记、县长王彦芳调研集中供热工作

县人大副主任王吉秋、米志斌调研城建工作

样板街道——唐尧大道

样板街道——玉城西大街

龙州公园

行唐县安全生产监督管理局

党组书记、局长　王连锁

团结向上的领导班子

2011年以来，行唐县安全生产监督管理局在党组书记、局长王连锁领导下，坚持“早会晚课”学习制度雷打不动，通过参加省、市培训，机关集中学习，专题讲座，青年成长论坛等形式，使全体干部职工政策理论水平不断提高，胸怀视野更加开阔，解决实际问题能力大幅提升，安全监管队伍的凝聚力和战斗力明显增强，圆满完成县委、县政府交办的各项工作任务，企业本质安全水平普遍提高，多项工作走在省、市前列，工矿商贸企业连续4年“零事故、零死亡”，全县安全生产形势持续稳定，为保障县域经济社会科学发展、安全发展作出突出贡献。

2013年，在时间紧、任务重的情况下，高标准完成尾矿库安全专项整治任务，受到上级主管部门的充分肯定，河北省安监局局长刘宝玲批示，在全省推广行唐县尾矿库专项整治工作经验，《河北安全生产》杂志专刊给予宣传报道。

2014年，行唐县安全生产监督管理局被县委、县政府评为乡科级领导班子综合考核优秀班子、文明单位，被石家庄市安委会考核为安全生产监督管理先进单位。

县委副书记、县长王彦芳，县委常委、常务副县长袁永福检查企业安全生产工作

二〇一四年度安全生产监督管理

先进单位

石家庄市安全生产委员会

县委副书记、县长王彦芳，县委常委、副县长敦盾检查市同乡蓝天气体厂安全生产工作

二〇一四年度

文明单位

中共行唐县委
行唐县人民政府
二〇一五年元月

县委常委、副县长敦盾检查烟花爆竹安全生产工作

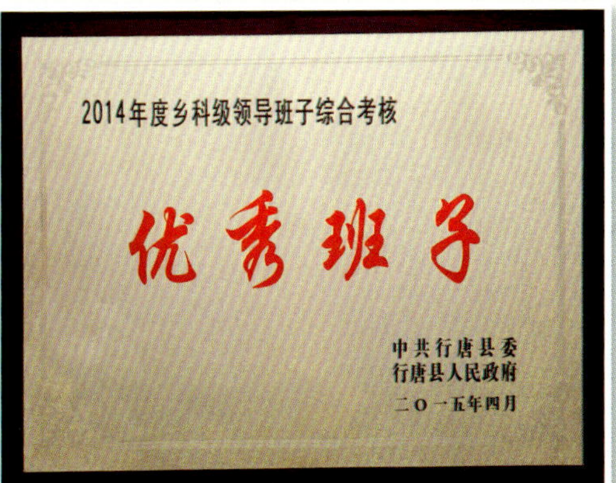

2014年度乡科级领导班子综合考核

优秀班子

中共行唐县委
行唐县人民政府
二〇一五年四月

口头镇

党委书记　刘轶

镇长　刘玉洪

2015年1月27日，中共河北省委常委、石家庄市委书记孙瑞彬（左二）到口头镇调研。

口头镇总面积146.3平方公里，辖41个行政村，总人口8879户26923人，耕地30061亩。

2014年，口头镇党委、政府按照“强基础、保稳定、求突破、促发展”的工作思路，全面贯彻落实县委、县政府各项工作部署，以建设“县域次中心”和“生态旅游乡镇”为目标，坚持项目建设与民生事务并举，生态建设与农业发展齐抓，积极稳妥地推进各项工作开展。全镇经济和社会实现平稳快速发展：一是全面推进河北倡行煤炭物流中心二期工程建设，完成投资2亿元，启动临街商铺、交易办公大楼、商务服务楼、维修中心及其他服务设施建设；二是全力推进东沟20兆瓦光伏发电项目，年内完成征地2000亩，投资6亿元的一期工程建设项目已建设完成；三是全面实施河北省团山红农业产业园开发工程，已投资4.24亿元，完成2000亩荒山开发整理、15万棵经济林果栽植、特种养殖区建设等设施工程。口头镇荣获县级春节群众文艺演出优秀组织奖、文明单位、优秀班子、农作物秸秆禁烧工作先进集体、第三次全国经济普查先进集体、党费收缴先进单位、党内统计工作先进单位、农村面貌改造提升行动（基层建设年活动）先进单位、先进乡镇人民代表大会等多项荣誉，镇党委书记刘轶获得优秀县管干部、优秀县人大代表称号，镇长刘玉洪获得优秀县管干部、市级农作物秸秆禁烧工作先进个人称号。

团山红农业产业园一角

东沟光伏发电

行唐县煤炭物流基地

主任　王永坤

现场谋划

行唐县煤炭物流基地位于口头镇和上方乡交界处，沿无繁公路东侧，距京昆高速公路行唐北出入口10公里，交通便利，是晋煤东运、蒙煤南运的主要聚散地。

基地按照“政策引领，市场主导，企业运作”的原则规划建设，2011年2月16日～12月12日，一期工程建成并投入运营，投资3亿元，占岗坡次地约1800亩，共完成“四纵一环”道路硬化和水、电、绿化、道路冲洗、运输车辆轮胎清洗等基础配套工程建设以及防风抑尘网等环保设施建设。至2014年底，煤炭物流基地入驻煤炭经营户110户，年交易量1000万吨，上缴税金1480万元，提供就业岗位3万余个，带动全县汽车运输、餐饮服务等相关产业的发展，促进全县农民致富和财政增收。

陪同客商考察

洒水防尘

翟营乡

党委书记　王占勇

翟营乡位于县境西南部，面积71.5平方公里。2014年，辖29个行政村12001户38786人，是传统的瓜果、蔬菜大乡。

近年来，在县委、县政府的正确领导下，翟营乡党委、政府带领全乡人民，以传统瓜果、蔬菜种植升级为契机，全力发展节能、环保、无公害特色产业，平原地区以大棚甜瓜、西瓜、葡萄、蔬菜为主，规模达到5000亩；丘陵地区以红薯、山杏、核桃为主，规模达到6000亩；磁河岸边以药材为中心，规模达到5000亩，形成集观光、采摘、加工为一体的生态园区，实现农业增效，农民增收。以石家庄凯兴牧业有限公司为代表的民营企业蓬勃发展。至2014年末，全乡实现农业总产值42351万元，有规模以上企业4个，实现产值107342万元，利税16734万元，利润11376万元。

乡长　杨大虎

南翟营村大棚葡萄

南翟营村大棚樱桃

南翟营村露天葡萄

凯兴牧业

乡党委、政府切实加强社会主义精神文明建设，注重用老百姓身边的榜样教育群众、影响群众、感染群众，涌现出中龙门袁洛便，南石庄霍文才、鲍慎荣，任家庄任喜荣、杨二妮，西石庄刘建敏等县级道德模范、先进人物，孝老敬亲蔚然成风，促进全乡经济社会快速健康发展。文教、卫生、新农村面貌提升工作也取得可喜成绩。2014年，翟营乡先后获得县级春节群众文艺演出优秀组织奖、文明单位、农作物秸秆禁烧工作先进集体、第三次全国经济普查先进集体等荣誉。

新时期，新机遇，新挑战！翟营乡党委、政府正以百倍的信心、十足的干劲，带领全乡人民为建设美好、富裕的新翟营努力奋斗！

宋营村农机仓库

南翟营村娱乐广场

翟营中心幼儿园

上方乡西井底村

党支部书记　高银锁

畅通桥

明德小学

广场舞汇演

2014年，上方乡西井底村有364户1391人，耕地3775亩，其中水浇地1895亩。该村属丘陵区，是一个干旱缺水、靠天吃饭的贫困村。

1996年以来，在上方乡党委、政府的领导下，以党支部书记高银锁为首的“两委”干部带领全体村民实干发展，农民人均纯收入持续增长，生活水平显著提高，实现脱贫致富。到2014年底，打深井6眼，建饮水塔1座，解决了全村百姓饮水难问题；铺设防渗管道4000米引水上山，彻底摘掉了井底无水的帽子；硬化道路7000多米，拓宽并美化绿化道路600米，主干街道平坦洁净、四通八达；上200千瓦变压器2台、100千瓦变压器4台，架设改造高低压线路500米，更换电表400多块，安装太阳能路灯36盏，解决了民用、农业和企业用电困境；建高标准中心小学、标准化村卫生室、老年人活动中心、村民文化娱乐中心各1座；河北畜牧良种工作站落户该村，有力带动全村经济发展。村党支部连续8年被县委、县政府评为先进基层党组织。党支部书记高银锁先后当选市劳动模范，县优秀村党支部书记、先进基层干部标兵，市十一届和十二届人大代表、县十三届和十四届人大常委会委员。

南桥镇西市庄村

党支部书记　张新征

2014年，南桥镇西市庄村有478户1674人，耕地2034亩，全部为水浇地。

2000年以来，在南桥镇党委、政府的领导下，以党支部书记张新征为首的“两委”干部发扬耕牛精神，克服重重困难，盘活集体财产，实心为民办事。创办全县第一份村办报刊《腾飞简报》，后更名为《西市庄简报》，成为密切党群关系的重要平台。建立全县第一个“农家书屋”，藏书7000余册、报刊杂志50多种。成立西市庄民间文艺队，每逢重大节日均组织节目展演，村民精神生活丰富多彩。致力于村庄面貌改造提升，投资500多万元建成两层“两委”办公楼1座，把村西的臭水沟改造成文化广场，硬化水泥路面15000多平方米，建牌楼1座，改造厕所、连茅圈300多个，整修线路7800多米，安装太阳能路灯10盏、花边中华灯6个，上变压器12台，铺设防渗水管道3400多米，喷刷粉涂街道墙壁7000多平方米，翻建维修村小学危房12间，村容村貌焕然一新，村民幸福指数明显提高。该村先后荣获市级文明村、市级文化宣传示范村、省级文明村称号，是迄今为止全县唯一一个省级文明村；村党支部多次被市委、县委评为先进基层党组织；村民文化中心是河北省文化共享工程村级服务点、全国文化信息资源共享工程基层服务点，县“三下乡”活动连续3年（2011～2013）在村文化广场召开，2014年在该村文化广场设立分会场。党支部书记张新征先后荣获市劳动模范、优秀党员、文明标兵等荣誉。

美丽街道

文化广场

群众自娱自乐

农家书屋

只里乡白庙村

党支部书记　乔合群

只里乡白庙村位于县城颍水河南岸，交通便利，位置优越。2014年，全村834户3213人，耕地3225亩，全部为水浇地。

在只里乡党委、政府领导下，以村党支部书记乔合群为首的“两委”干部团结带领全村群众开拓创新、共谋发展。2008～2014年，累计投入资金200多万元，硬化道路6500米，铺设便道砖2000多平方米，栽植树木1.2万多棵，建垃圾池9个、垃圾填埋场1个，配备垃圾车6辆，卫生保洁员7名，村内垃圾实现日清日洁，村容村貌显著改观；投资98万元打深水井1眼、建泵房1个，实现全村集中供水，解决了村民自备井供水不足问题；组建村军乐队，定期组织歌舞演出，丰富村民文化生活；开展好儿媳、和谐家庭评选活动，涌现出尊老爱幼等道德模范，形成家庭和睦、邻里和谐的文明村风。2014年，县委、县政府实施“县城跨河向南、向西发展”的战略决策，白庙村作为新城区建设的主战场，积极配合落实县委、县政府及乡党委、乡政府的工作部署，扎实开展新城区建设的发展规划、前期征地拆迁等各项基础工作。至2014年底，九都商贸中心竣工，正在积极谋划招商引资。下一步将启动县文体中心等基础设施建设，加快城中村改造步伐，努力打造环境优美、生活便利、居住舒适、文明和谐的新白庙。

团结奋进的“两委”干部

县委副书记、县长王彦芳，县政协副主席刘伏生到白庙调研

文明新风

8月7日，石家庄市政协主席王华清（中）调研指导城市建设。

7月9日，石家庄警备区司令员鲍际国(右二)检查民兵应急力量建设。

新城区建设

上碑镇东街村

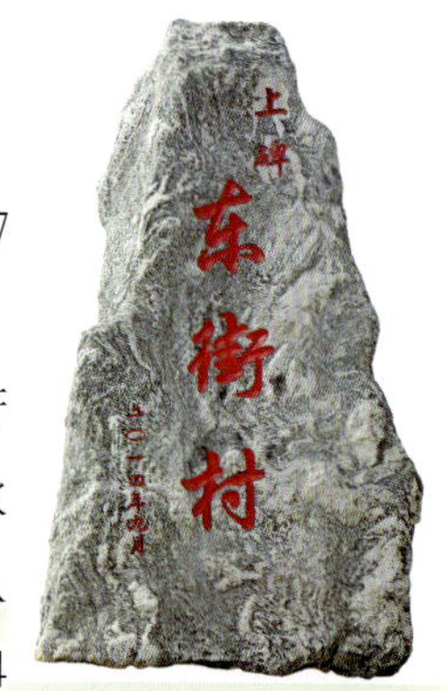

2014年，上碑镇东街村有186户697人，耕地912亩，其中水浇地778亩。

2007年以来，在上碑镇党委、政府的领导下，以第十六任村党支部书记王秋香为首的“两委”干部带领全体村民，认真谋发展，踏实干实事，特别是在2014年的农村面貌改造提升行动（基层建设年活动）中，齐心协力，累计投资350余万元，完成以“四清”、“四化”为主要内容的15件实事：硬化村内、村外水泥路面20000平方米，硬化便道砖路面5800平方米；新建地下管网400米，排水明渠200米；改造三格式厕所210个，改造率达到100%；改造电网线路2500米、电力增容400千瓦；种植法桐、海棠等树木6200余棵；购置垃圾清运车1辆、垃圾箱5个，改造垃圾池5个，配备保洁员2人，清理垃圾5000余立方米，疏通村南排水渠800米，取缔村内杀猪场1个；水泥抹墙2200平方米，粉刷墙面20000平方米，新建围挡墙体4000平方米，绘制文化墙20块；安装节能路灯12盏；补偿拆迁、危陋房改造民居6户；设立村标、村牌、户牌；制作文化宣传专栏15块；建380平方米多功能村民中心1个、4000平方米文体休闲广场1个；成立村民代办中心、种植专业合作社；完善党务、村务运行管理规则35项，建立《村内环境卫生管理细则》、《花草树木养护制度》及村规村约、村民道德规范等系列规章制度；完善村容村貌长效管护制度，村容村貌焕然一新。到2014年底，该村分别被省、市农工委评为省级新民居示范村、市级美丽乡村，村党支部被县委授予先进基层党组织，党支部书记王秋香被县委组织部授予优秀共产党员称号。

党支部书记　王秋香

龙城路

青年街

美丽庭院

上碑东街观摩交流会

只里乡执阳村

党支部书记　张秋双

村委会主任　张文平

踏实勤勉的“两委”干部

2014年，只里乡执阳村有560户2248人，耕地2220亩，全部是水浇地。

在只里乡党委、政府的正确领导下，1997年以来，执阳村党支部书记张秋双、村委会主任张文平围绕“经济发展，生活富裕，村风文明，管理民主”的新农村建设目标，带领“两委”干部和全体村民，注重规划设计，改善居住条件，加强道路建设，提高饮水、能源等基础设施配套水平，扎扎实实为村民办实事、办好事，全村85%以上农户建起二层楼房，减少了占地面积，扩大了居住空间，为全县新农村建设起到示范引领作用；村内外街道硬化、绿化、美化2700米，形成二横七纵的道路格局；自来水接通县安全用水网；改造加固教学楼1栋，硬化学校院落2700平方米；建成占地450平方米、安装5套文体器材的文化广场；图书室藏书3000多册；供电线路经过三次整改，拥有变压器21台2690千瓦；街道、学校、文化广场、东环路段安装太阳能路灯65盏；改厕360个，建沼气池200个，成为无连茅圈村和全县第一个使用沼气的示范村；成立便民服务站，新建村民文化活动中心，配备音响和娱乐器材，丰富村民文化生活。执阳村政治文明、物质文明、精神文明建设取得显著的成绩，先后荣获省级文明村、民主法制示范村，地市级“两个文明”建设先进单位、先进基层党支部、文明村、农村现代化试点村、创建文明生态示范村、宣传文化村，县级先进基层党组织、红旗单位、十佳红旗党支部等多项荣誉；村党支部书记张秋双荣获省级劳动模范称号。

执阳小学

河北旺甲果蔬贸易有限公司

总经理　刘记云

河北旺甲果蔬贸易有限公司成立于2012年6月，法人代表刘彦位，总经理刘记云。该公司是一家集瓜果蔬菜种植、销售、农产品深加工于一体的农业产业化企业，注册资金1200万元，员工350人，其中管理人员20人，研究生学历2人，大专以上学历10人。

公司充分发挥山区的生态资源优势，以生态农业为基础，以市场为导向，进行农林种植、农副产品经营等生态农业的综合开发，着力发展高产、高效、低耗、无污染无公害的瓜果蔬菜，在实现山区农业增效和农村经济跨越式发展的同时，为山区农民提供就业机会，增加农民收入。公司以建设上阎庄神树湾生态农业开发园为重点，以上阎庄村为中心，东至北董庄、车厂村，南至郑库池村，西北至米家庄村，北至神树村，总占地规模约2.6万亩，主要种植优质苹果及樱桃，建设期限自2012年12月～2018年10月。工程开始后，新增就业岗位300个，带动1500户约二千多农民围绕神树湾生态农业开发园从事经济林种植、运输及相关产业，辐射周边县(市)、乡(镇)近万户农民，极大地促进当地及周边地区种植户经营的生态化、科学化。到2014年底，一期工程建设完工，共整理上阎庄村土地1万多亩，铺设防渗管道25000米、景观渠道1000米，整修硬化园区主要道路20公里，栽植优质苹果10万余棵、大枣2000余亩，间作花生、药材3000多亩，建山门1座、葡萄长廊1处、樱桃大棚1座、红枣文化研究中心1个、生态停车场1处、蓄水池5座、办公区3000平方米；公司资产总额9584.30万元，固定资产投资4133.31万元；年销售收入1760万元，净利润572.5万元。该

2015年9月30日，县委书记杨立中（中）调研。

公司被市政府授予农业产业化重点龙头企业，被省林业厅授予省林业重点龙头企业、省观光采摘果园。杨立中、王彦芳、袁永福等县领导多次到神树湾生态园视察、督导。董事长刘彦位于2013年被共青团石家庄市委聘请为“石家庄市农村青年致富带头人”巡讲团讲师，被县委、县政府授予2013年度精神文明创建先进个人和行唐县优秀团干部（团员青年）荣誉，被共青团河北省委、中共河北省委农村工作部、河北省科技厅、河北省农业厅联合授予第八届“河北省农村青年致富带头人”称号。

行唐县机动车驾驶员培训学校

校长　乔素芳

星级教练赛

教练车

行唐县机动车驾驶员培训学校（简称行唐驾校），原为交通局汽车队，隶属交通局，成立于1958年。

二十世纪七八十年代，行唐驾校以运输为主，以培训驾驶员为辅。1997年8月，正式成为行唐县机动车驾驶员培训学校。2002年，成为自收自支的股级事业单位，是实行企业化管理的二类驾校。

2011年3月，乔素芳任校长。根据市场对A2驾驶员需求日趋增多的现状，多方筹资160万元，新建业务大厅，硬化办公院落，购置教练车20辆，扩建场地30亩，并全部硬化教练场。2012年5月，又筹资116万元新建训练场30亩，购置教练车25辆。经过全体职工近两年的共同努力，至2012年底，在未影响职工工资发放和保险上缴的前提下将筹资款全部还清。2013年2月，行唐驾校升级为一类驾校，能够办理A2、B2、C1驾驶证和从业资格证。行唐驾校已经成为县内规模最大、师资力量最雄厚、教学经验最丰富、硬件设施最先进的一类驾校，并且是石家庄市80多所驾校中唯一一所公办驾校。

2014年，行唐驾校有员工100多名，其中实操教练员116名，全国驾培行业文明诚信优质服务优秀教练员1名，石家庄市星级教练员20多名；教练车100多辆，标准化训练场100多亩，场内训练科目配套设施齐全，路面全部硬化；有专供学员模拟训练的模拟器36台，100台微机等多媒体教学设备专供学员进行无纸化考试和从业证考试模拟操作。

驾校以“诚信经营、规范教学”为宗旨，2011年以来，累计为社会输送各类驾驶员2.6万名，赢得学员和社

会各界的一致好评，先后获得县级文明单位和诚信单位，市级先进驾校，省级驾校质量信誉考核优秀，全国驾培行业文明诚信优质服务优秀单位等荣誉。2013年，校长乔素芳荣获全国驾培行业文明诚信优质服务优秀经理人称号。

模具教学

驾照理论模拟

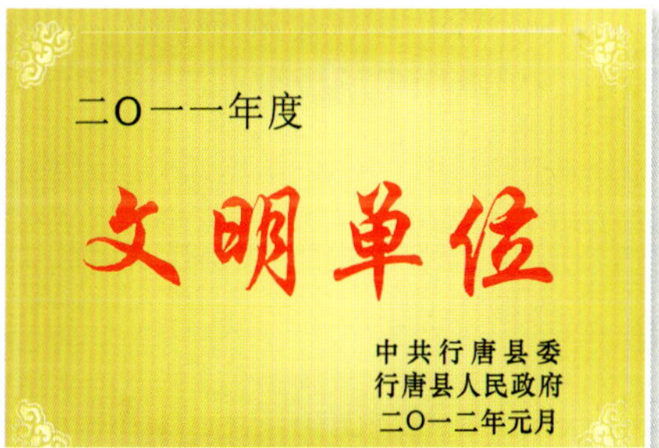

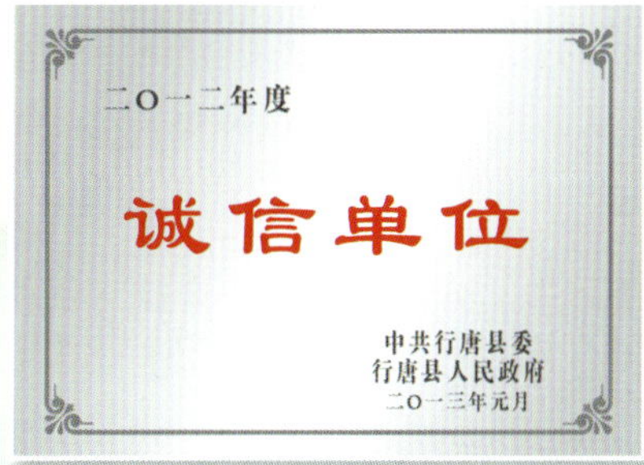

上方乡羊柴村

党支部书记　肖金平

村委会主任　王晨光

农家书屋

2014年，上方乡羊柴村有789户3504人，耕地4659亩，均为水浇地，以大白菜种植为主导产业，年种植面积4000余亩。

1997年，在上方乡党委、政府的领导下，建成占地15亩的羊柴无公害瓜果蔬菜批发市场。2007年，县农业局帮助成立羊柴村瓜果蔬菜合作社。2009年，被市政府命名为石家庄羊柴蔬菜基地。2010年，注册“羊柴大白菜”商标。2012年，被河北省授予石家庄市行唐县羊柴瓜果蔬菜科普示范区基地。随着种植规模的不断扩大和知名度的提高，羊柴大白菜畅销俄罗斯、韩国等国和内蒙古、山西、北京、河南、新疆等地区，村民收入增加，走上富裕之路。2014年，羊柴村被县政府列为农村面貌改造提升重点村，村“两委”干部积极筹措资金，强力推进综合整治。到年底，上变压器3台，改造高压、低压线路5000多米，建成950平方米的两层教学楼1座、藏书4000余册的农家书屋2间、村“两委”办公室和村卫生室一体化的两层楼1座，幸福院、村史馆挂牌启用；垃圾填埋厂定址启用，建垃圾池5个，成立10人的专职环保队，配备保洁车5辆、机动三轮车1辆；硬化道路8000多米，改厕389个，亮化、绿化道路600多米，安装路灯40盏，粉刷墙壁10600平方米；村庄卫生整洁，环境优美，村容村貌显著改观，村民的生活质量和幸福指数大幅度上升。该村被河北省妇联授予巾帼示范村，被县委、县政府授予生态文明村。村党支部被县委评为先进基层党组织。

养老院

便民服务中心

行唐县地方志办公室

2014年，行唐县地方志办公室围绕“文化兴县”战略，牢记使命，履职尽责，地方志工作取得新成绩。完成了2013卷《行唐年鉴》的出版发行工作，全书共27个类目、135个分目、873个条目，63万字。启动2014卷《行唐年鉴》的编纂并全部完成资料征集和初编工作，分纂、总纂完成全部任务的95%以上。筛选2013年农村面貌改造提升、县城建设等亮点工作，精心撰写，按时完成2014卷《河北年鉴》、《石家庄年鉴》文字供稿。作为2014卷《石家庄年鉴》卷首彩页入刊单位，完成了资金申请、划拨，文字与图片搜集、文稿撰写、版面设计、校对等工作，全面展示行唐县2013年经济建设及社会事业取得的巨大成就，提高了行唐的知名度和美誉度。坚持“修志为用”原则，全年为县文化产业发展规划、县城规划、城区街道命名、农村面貌提升村和老区村村史馆建设等重大政治、经济、文化活动提供县志、年鉴187本，为社会各界群众读志用志、查阅资料提供方便。充分发挥地方志“资政、存史、教化”功能，为推动全县政治、经济、社会发展作出积极贡献。

党组书记、主任
政府办副主任　赵建华

5月22日，原河北省人大常委会副主任周欣（左三）来行唐县调研。

与鲁家峪村“两委”干部座谈

工作人员合影　前排左起：李永、李蕙萍、赵建华、王娜、刘杨。后排左起：王欣、盖晨芳、顾津考、杨雪玲、霍海英、赵翠玉。

编辑说明

一、《行唐年鉴》是由行唐县人民政府主办、县地方志办公室编纂的全面反映行唐县情的大型综合性地方年鉴，面向国内外发行。

二、本年鉴以邓小平理论、“三个代表”重要思想、科学发展观和习近平治国理政思想为指导，系统记载行唐县2014年自然、政治、经济、社会、文化等方面的发展情况，全面汇集行唐县2014年各种重要资料，是各级领导机关实施决策的重要依据，是国内外了解行唐的最权威的资料性文献。

三、本卷为2015年卷，列为总第四卷，记述时限为2014年1月1日～12月31日；个别重要内容记述时限适当上溯，以保持记事的连续性和完整性。

四、本年鉴卷首为特载，次为大事记，之后按分类编纂法将相关或相近部类合并立目，设类目、分目和条目三个层次，其中条目为年鉴内容的基本单位，其标题用黑体并加【】标示。全卷共27个类目137个分目816个条目。

五、本年鉴纪年统一采用公元纪年，文中月、日均为公历。

六、本年鉴计量单位原则上采用国家法定计量单位，记述耕地、占地面积时仍沿用传统单位“亩”。

七、本年鉴所用文稿由各单位指定专人撰写，各种资料均经各单位主管领导审核，并由县志办公室编辑人员编纂、审定；文中的全县综合性数据均由县统计局提供，其他数据则由各承编单位提供。

目　录

特　载

大事记

县情概览

中共行唐县委员会

行唐县人民代表大会

行唐县人民政府

政协行唐县委员会

社会团体

检法公司

军　事

综合管理

农　业

工　业

城建 环保

交通 邮政 通讯

商　贸

财政 税务

金融 保险

教　育

科学技术

文体　卫生

社会生活

乡镇概况

河北行唐经济开发区

行唐县城区街道办事处

光荣榜

附　录

特 载

中共行唐县委常委会工作报告

——在县委十一届四次全会上

姜 阳

（2014 年 1 月 13 日）

同志们：

现在，我受县委常委会委托，向全会作工作报告。

今年以来，面对复杂多变的形势和艰巨繁重的任务，县委常委会团结带领全县广大干部群众，坚决贯彻落实中央、省委、市委的一系列决策部署，特别是省委八届五次全会和市委九届四次全会精神，坚持在“四化”推进中实施工业化、城镇化和农业现代化的重点突破，坚持倡导“见人见事”工作理念，围绕“突出项目立县、推进转型升级、实现实力跃升、建设和谐行唐”总目标，扎实推动全县工作上台阶、上水平，全县呈现出经济平稳发展、城镇建设加速推进、民生持续改善、社会和谐稳定和党的建设全面加强的良好局面。

一年来，县委常委会主要抓了以下重点工作。

一、深入学习宣传贯彻党的十八大、十八届三中全会精神，全面提高贯彻落实中央和省委、市委决策部署的自觉性和坚定性

县委常委会始终注重政治理论学习，利用县委常委会、县四大班子领导碰头会、民主生活会、理论中心组学习会议等多种形式，强化理论武装，特别是将习近平总书记重要讲话和学习贯彻党的十八大精神有机结合起来，进行了动员部署，辑印了讲话选编，组织了集中学习，开展了交流研讨，在全县形成了浓厚的学习氛围，广大党员干部的政治意识、“看齐”意识、保持一致意识不断增强，思想认同、政治认同和感情认同进一步加深，确保了全县工作沿着正确的方向前进。

县委常委会认真贯彻落实“为民、务实、清廉”的要求，扎实开展群众路线教育实践活动预热升温工作，并把活动范围拓展延伸到副科级以上领导干部。活动开展过程中，全县副科级以上领导干部，围绕学习文件精神、习总书记系列讲话及指定篇目，积极撰写体会文章，按照《关于落实密切联系群众“五个一”规定及帮扶困难群众具体安排的通知》的要求，深入分包联系点蹲点调研，广泛征求群众意见，梳理汇总为涉及干部作风、经济发展、重点研究课题等 3 大项 11 个方面 100 条问题，针对查摆出的问题，坚持边查边纠、立行立改，目前已全部整改到位。正风肃纪专项行动取得明显成效，共取消 O 牌车 57 辆，处理超标公务车 3 辆，查处吃空饷 131 人，处理违规执法活动 2 人，全县党员干部队伍的精神状态和作风发生了明显变化。

县委常委会把学习贯彻省委八届五次全会精神作为推动全县又好又快发展的新起点，按照省委、市委的统一部署，在全县组织开展了解放思想、改革开放、创新驱动、科学发展大讨论活动，引导广大干部群众切实把思想统一到以市场思维和市场机制、开放思维和开放方法、科技思维和科技手段、法治思维和法治方式促进科学发展上来。我们把对标学习先进、聚焦解决问题作为开展大讨论活动的重要环节，县委、县政府主要领导亲自带队，分别到邢台市威县、唐山滦南等地进行了对标学习，开阔了眼界、看到了差距、学到了经验；由县级领导牵头组成11个专题研讨组，分别针对“工业化建设、城镇化建设、深化农村改革加快发展现代农业”等11个重点调研专题开展了集中研讨，形成了《关于深化农村改革加快发展现代农业的意见》、《关于进一步优化发展环境的意见》、《关于推进城镇化建设的实施意见》等10个专件，拓展了思路、实化了举措，促进了全县重点工作的开展。

十八届三中全会召开后，县委常委会把学习贯彻三中全会精神摆在了突出位置，要求全县各级各部门以学习贯彻三中全会精神为动力，认真做好当前工作，谋划好明年工作，并分别听取了各县级领导、各乡镇（开发区、城区）和县直各部门工作汇报，深入研究分析项目建设、城镇化建设、农业发展、民生改善等事关我县经济社会发展全局的一系列重大问题，进一步理清了思路，明确了重点，为推动明年全县各项工作奠定了基础，为县委、县政府科学决策提供了重要依据。

二、强力推进项目建设，努力增强县域经济发展后劲

县委常委会始终把项目建设摆在经济工作的首位，进一步叫响抓项目就是抓发展的理念，坚持狠抓招商引资、项目建设来扩大增量，积极盘活现有企业来做优存量，下大力推动县域经济转型升级、总量倍增。2013年全县生产总值完成109.12亿元，增长10%，全部财政收入完成4.56亿元，增长28.13%，比2012年净增1亿元，增速在东部8县（市）排第一，在全市列第二；公共财政预算收入完成2.49亿元，增长25.94%。

集中精力上项目。完善了招商引资办法和奖励机制，大力实施开放招商，对重大项目实行县级领导分包责任制，及时协调解决项目建设中遇到的困难和问题，项目建设势头良好、成效显著。2013年安排在建项目86个，其中续建项目18个，新开工项目68个，总投资239.73亿元，年度计划投资62.47亿元，完成投资73.82亿元，占年度计划的118.2%。重点项目建设成效突出，5个项目列入市重点计划，分别是玉晶玻璃深加工项目、国际家具园区新开工项目、天然色素生产线续建项目、九都商贸物流园续建项目和团山红生态农业产业园新开工项目，其中玉晶玻璃深加工、天然色素2个项目列入了市管省考核项目计划。外资项目取得突破进展，世界涂料前三强法国派丽集团下属铃鹿公司的铃鹿复合建材项目即将正式投产，法国派丽集团旗下德高建材公司的无尘干砂浆项目顺利签约，世界500强企业印尼金光集团旗下金红叶集团的加工高档生活用纸项目达成合作意向。其他项目建设势头强劲，投资10亿元的国威太阳能光伏发电、投资4亿元的行唐汽车4S店及维修中心等11个项目顺利签约，投资4亿元的新型环保包装复合材料、投资2.7亿元的天朝核桃深加工等20个项目达成合作意向，确保了项目建设不断档、经济发展有后劲。

突出抓好园区建设。按照“强强联合、优势互补、政企联合办园”的思路，与禾工集团合资组建河北行唐经济文化建设发展有限公司，加快推进开发区基础设施和配套设施建设，双方合作20年，10年投放20亿，近3年投放5亿元，2013年已投放2000万元。按照产城融合、产城互动的思路，谋划建设了玻璃产业园、国际家具园、台湾创新产业园三个“园中园”，其中台湾创新产业园是石家庄市唯一的台湾投资园区。累计投资5.8亿元，完成光明路、玉晶路、污水处理厂等工程建设和天然气、污水管网铺设，园区承载能力进一步增强。

推进企业转型升级。制定出台了《关于推进工业转型升级实现实力跃升的实施意见》和《关于实现工业经济倍增计划的方案》，对工业企业进行分类指导，增强企业核心竞争力。加大技改资金投入力度，完成技改企业13家，新增规模以上工业企业9家。搭建银企对接平台，召开银企对接洽谈会4次，为企业融资6.6亿元。依托中粮集团控股君乐宝集团盘活太行乳业，推动闲置资产兼并重组，投产后年产乳粉1.2万吨，产值可达3.5亿元，实现利税3000万元。

三、全力推进城镇化建设，努力提升城镇综合承载力和辐射带动力

县委常委会始终把城镇化建设作为经济增长的重要引擎，坚持以规划引领城镇发展，拓展发展空间，不断完善城镇功能，推进城镇化实现新突破。

*改造提升旧城区。*有序推进城中村改造，制定出台了《关于进一步推进城中村改造工作的意见》及《行唐县城中村改造征收补偿安置办法》。按照“政府引导、群众自愿、成片开发、市场运作”的模式，由县政府统一引导，兼顾群众利益和集体利益，合理有序地推进城中村改造。目前，规委会已审批通过16个房地产项目，其中，11个项目启动建设。全面提升县城建设和管理水平，启动了节点绿化、绿廊建设，完成了高速南口等三个节点绿化建设和2号路、西外环绿廊绿道建设施工图设计、占地补偿、财政审批等前期准备工作。结合秋冬季植树活动，在龙州公园、文化广场、联通公司等城区闲置地块及道路两侧种植、补植树木，增加绿化量，县城绿化面积达到171万平方米，绿化覆盖率达到35.95%。按照疏堵结合、拆建并举的方针，强力推进拆违拆陋行动，累计拆除各类建筑30.42万平方米，有效打击了违法建设和违法占地行为。完成玉城大街西延和军转干楼拆迁工作，投资200万元打通香港路断头路，为加快县城发展建设扫清了障碍，腾出了空间。启动总投资5468万元的县城新增污水管网项目和玉城大街标志性街道改造提升工作。团贾线、行陈线获批升格为省级路，县内路网结构日趋合理。整治占道经营、车辆乱停乱放，加大城区街道清扫保洁力度，集中清理卫生死角，推行垃圾分类处理，城市管理水平明显提升。

*强力推进颍水河综合整治和新城区建设。*编制完成了《行唐县城乡总体规划（2013～2030年）》和颍水河（郜河）县城段综合开发规划。按照打造颍水两岸，建设“一河三区”的思路，推进县城跨河向南发展，拉大城市框架。县城规划面积由8.4平方公里扩大到27.5平方公里，其中，南区起步区规划面积3.45平方公里。抓住国家水利部对颍水河实施防洪整治工程的机会，实施河道清淤护坡项目，启动了颍水河县城段综合整治，着力把颍水河打造成防洪排涝、休闲观光为一体的亲水河、景观河。目前，投资2698万元的颍水河县城段防洪整治完成工程总量的80%。把新城区作为县城建设的主战场，启动了气象观测站、法院审判庭、妇幼计生医院和九都商贸物流中心等建设项目，努力将颍水河南岸打造为集商业商务、高档居住、文化休闲为一体的城市高端综合区。目前，九都商贸物流园完成年度投资5.4亿元，21栋商铺楼主体完工；盛唐国际商贸中心项目主体竣工。

*加快启动“县域次中心”建设。*结合口头镇孔雀湖旅游度假区开发项目和团山红生态农业综合开发项目，启动“县域次中心”规划编制工作，科学定位镇域产业布局。目前，已完成孔雀湖国际旅游度假区旅游项目立项和团山红项目生态产业园总体规划，着力将口头镇打造成集商贸物流、休闲养老、旅游观光为一体的三产服务型小城镇。

四、加快发展现代农业，努力提高农民增收致富能力

县委常委会始终把发展现代农业作为农民增收的基础性工作，按照“整合农口资金，打造成方连片，投入优势产业，建设龙头企业，带动农民致富”的思路，重点扶持发展乳业及设施蔬菜、精品果园等特色高效农业，努力提高农民收入。

*做大传统乳业。*实施奶牛养殖小区提档升级工程，推广奶牛入股、奶牛托管等先进饲养模式，实现龙头企业与养殖基地建设利益联结。重点扶持君乐宝太行乳业做大做强，投资92万元完成食品工

业园区规划环评手续，投资220万元完成太行路修建，投资40万元发展带穗玉米青贮对口供应，为企业协调奶源120吨，创建标准化养殖示范场18个，全力打造拥有中国驰名商标品牌的河北省乳粉龙头企业和生产基地。2013年，我县被认定为“河北省乳业产业名县”，明旺乳业被评为省级龙头企业。

扶持传统农业。加快农业帮扶项目建设，投资1420万元完成安香、只里两乡8500亩中低产田改造和南桥镇千亿斤粮食生产项目，投资128万元完成24个沼气服务网点及800个沼气池建设。大力扶持设施蔬菜发展，争取市级蔬菜生产资金50万元，建设蔬菜百亩方四个，全县设施蔬菜种植面积达到2万亩，其中大中棚蔬菜面积0.36万亩。狠抓无公害蔬菜种植基地建设，发展无公害蔬菜基地1.5万亩。粮食作物和经济林果再获丰收，粮食总产量31.07万吨，核桃产量580吨，苹果产量4500吨，大枣产量突破1.35亿公斤，农业生产基础进一步稳固。

发展生态农业旅游。加快推进以生态种植、采摘、观光为主的团山红、神树湾、孔雀湖等生态农业开发项目建设，完成神树湾田园生态旅游区项目A级景区标准总体规划。发展乡村生态旅游，组织开展了“农家乐”、“农村一日游”等活动，成功举办了第五届牛王寨杏花节，形成了一批红枣、草莓、中华寿桃采摘基地，为当地百姓创收500余万元，提升了行唐的知名度及影响力。

五、着力改善“两个环境”，努力为经济社会发展提供有力支撑

县委常委会认为，优化发展环境和改善生态环境，关系全县发展大局、关系全面小康目标的实现、关系民生幸福，省委、市委高度重视，人民群众热切期盼。县委常委会动员全社会要以超常的认识、超常的举措、超常的责任、超常的氛围推进“两个环境”建设，务求发展环境大转变、生态环境大改观。

着力优化发展环境。坚持把改善发展环境作为一项永不竣工的工程，以钢铁般的意志强力推进。加强环境制度建设，研究制定了《行唐县优化发展环境十条纪律规定》、《关于进一步规范执法部门进入重点工业企业涉企行为的暂行规定》等规范性文件。实行民主评议特邀监督员制度，以刚性制度来促环境改善。突出抓好政务服务中心建设，筹资360万元完成政务服务中心改造提升工程，按照“进是必须，不进是例外”的要求，全县30个单位集中入驻。大力削减行政审批事项，由2011年43个部门318项削减为37个部门202项，一定程度上杜绝了部门和窗口“体外循环”、“两张皮”和企业、群众“两头跑”的现象。实施重点部门重点岗位中层干部作风评议办法，让市场主体和人民群众“评人评事”，解决职能部门中长期存在的“中梗阻”问题，工作开展以来，共处理党员干部4人，诫勉谈话12人次，有效规范了干部依法行政行为，增强了干部依法办事意识，促进了干部作风转变。全力推进公共资源交易市场建设，投资140万元完成公共资源交易中心建设，把工程招投标、政府采购等7大类项目纳入中心集中交易，2013年成功交易50个项目，成交金额达2.1亿元，实现了“管办分离”、阳光操作，做到了公共资源交易的公开、公平、公正。畅通行政复议渠道，切实维护行政相对人合法权益，共受理行政复议案件7起，按要求办结6件。

着力改善生态环境。坚持把改善生态环境作为最基本的民生来抓，紧紧围绕天蓝、地绿、水清目标，强力推进生态环境综合治理。突出抓好大气污染治理，淘汰黄标车570辆，压煤6.88万吨，清理取缔分散储煤场173家，关停12家控尘措施不合格的建筑工地，关停取缔12家尾矿库和3家非法采砂场。实施“太行山绿化”工程，造林3.1万亩，植树360万株，森林覆盖率达到35.9%。狠抓节能减排，严把节能审核关，限批高耗能项目14个，完成玉晶玻璃3、4线脱硫工程建设。集中治理“新五小”、“十六小”企业，依法取缔无证无照、非法涉水排污企业56家，关闭非法开采云

母、蛭石等小建材厂225家。抓好秸秆禁烧工作，秸秆综合利用率达到97%以上。全县大气质量明显改善，二氧化硫、氮氧化物、PM2.5等污染物浓度呈下降趋势。

六、切实保障改善民生，努力推动社会各项事业全面进步

县委常委会坚持把保障和改善民生作为第一追求，从人民群众的根本利益出发谋发展、促发展，努力让改革发展成果惠及全县人民。

深入开展基层建设年活动。2013年，我县在2012年基层建设年活动取得显著成效的基础上，明确了33个省重点帮扶村和“十件实事”工程，县级领导带头深入活动联系点现场解决资金和项目难题，指导工作开展，先后6次组织现场观摩推进会，交流经验，对标学习，有效带动了全县整体工作的开展，主要做法得到了省、市领导肯定，被称为“行唐经验”。2013年，共完成“十件实事”规定项目605个、自选项目181个，总投入5598万元，两年来累计投入资金1.7298亿元，实现了干部下基层、群众得实惠、基层增活力的工作目标。

全面推进农村面貌改造提升行动。沿京昆高速24个重点村全部完成改造提升任务，硬化道路13.5公里，安装路灯673盏，粉刷墙壁45万平方米，栽植树木30.6万棵，打造了5个精品示范村，侯阳关、西杨庄、封家佐3个村入围市级美丽乡村评选。结合农村面貌改造提升行动，积极做好市级卫生村创建工作，白庙村、东安太庄村等9个村被评为市级卫生村，封家佐村被评为省级卫生村。稳步推进村庄规划工作，全面完成24个重点村改造提升规划和6个乡（镇）的乡（镇）总体规划，为在2015年底前全县行政村基本完成改造提升任务打下坚实基础。

其他各项社会事业协调发展。在教育方面，行唐一中搬迁项目进展顺利，2014年1月底竣工投用。投资2086万元完成农村学前教育推进工程。“山区教育扶贫工程”成效显著，607名山区初中学生实现进城就读，8所山区教育扶贫小学成为全县教育的样板。在医疗卫生方面，县医院病房楼竣工投用，县急救中心和卫生监督所项目主体完工，中医院整体搬迁项目完成征地和规划设计。新农合工作规范运行，全年累计参合农民132.88万人次，参合率达95.5%，补偿费用超过1亿元。在社会保障方面，县民政事业服务中心投入使用，发放低保、五保、医疗救助金2344万元，贫困重度残疾人生活补助48万元。城乡居民社会养老保险参保率在全市名列前茅，参保人数达到14.58万人，参保率达到95.4%。建成农村互助幸福院97所，完成335套保障性住房建设和400户农村危房改造。投资796万元解决了14个村1.58万人的饮水不安全问题。争取扶贫资金2860万元，完成扶贫项目50个，8900名农村贫困人口实现脱贫。在科技方面，国家专利授权数35件，推广新技术、新产品6个，两项科技成果达到国内领先水平，被确定为科技富民强县国家试点县，被中国科协评为先进集体。在计生方面，通过开展计生特殊家庭关怀扶助活动，全面构建起计生特殊家庭“医养扶一体化”工作机制，主要做法得到了副省长许宁的充分肯定，《新华每日电讯》、《中国人口报》、《石家庄日报》等20多家新闻媒体对我县做法进行了宣传报道。民生实事方面，去年年初制定的30件实事全部完成，群众满意度和幸福指数不断提升。

七、加强宣传思想文化建设，努力提升全县文化软实力

县委常委会高度重视宣传思想文化建设，始终坚持理论武装，进一步凝聚团结奋进的精神力量。

扎实开展“中国梦”宣传教育活动，弘扬社会主义核心价值体系。深化拓展“善行河北”主题道德实践活动，推进精神文明创建工作，组织开展了“生态文明”模范评选表彰活动和行唐县美德少年评选活动，引领社会新风尚。广泛开展爱国主义教育，上南庄烈士陵园被授予“市级爱国主义教育基地”。加强农村宣传文化阵地建设，完成54个基层建设年帮扶村和农提村“三室一场”（图书阅览室、综合文化室、教育培训室和群众文体活动广场）标准化建设工作，全县农家书屋建设实现全覆盖，东市庄、南张吾等14个村被确定为市级和县级宣传文化示范村。做好文化遗产的挖掘保护工作，争取资金181万元对琉璃庙和封崇寺进行保护修缮，《行唐口头镇歌谣》、《行唐杨村秧歌》、《行唐村名歌》、《行唐木雕艺术》等四项非遗项目被列入市级非遗名录，其中《行唐口头镇歌谣》、《行唐杨村秧歌》被列入省级非遗名录。高度重视网上舆论引导、监督，有效引导了舆论，减少了负面影响。重视并积极推进文化产业发展，启动了《行唐县文化产业发展规划》制定工作，谋划组织县综合文化活动中心建设、国际机车基地、生态采摘园观光园等5个文化产业项目建设。深入推进“文化惠民”工程，积极跑办运作，2014年1月9日，全国、省、市“三下乡”集中服务活动启动仪式在我县成功举办，共争取物资、资金和项目约2.62亿元，取得良好社会效果。

八、认真抓好信访稳定和平安建设，努力营造和谐稳定的社会环境

县委常委会始终把维护大局稳定，促进社会和谐当作头等大事，进一步强化社会管理，妥善处理影响稳定的突出问题，努力在发展中维护和谐稳定，在稳定中推动发展。

高度重视和加强信访工作，积极开展领导干部接访和矛盾纠纷排查化解活动，持续抓好干部接访处访行为和群众信访行为“两个规范”，对重点人员和信访案件落实“五包一”责任制和“五个一”工作措施，明确包案领导、责任单位、责任人和化解时限，最大限度地将苗头隐患稳控化解在当地，所有信访案件力争做到“法律、政策、经济、感情”四个不欠账，有效解决了一批群众反映强烈的热难点问题，圆满完成了全国“两会”、党的十八届三中全会及省、市“两会”期间全县信访工作任务。

扎实推进平安创建工作，适应“大维稳”格局提升为“大平安”格局的新形势，进一步完善治安防范体系建设，深入开展食品安全大会战、安全生产“打非治违”、危爆物品清查整治、矿山河道综合治理、严打整治系列专项行动，全县安全生产形势平稳，社会大局和谐稳定。广泛组织开展“六无”基层平安创建活动，培树了上碑镇和龙州镇东庄村两个平安建设典型示范点，探索建立了乡、村两级“大平安”格局的新模式。全面加大技防攻坚力度，强力推进“天网工程”建设，投资590万元，新建16个乡级管理平台，全县公安网络平台监控点数量达到252个，全县群众的安全感明显增强。制定了《行唐县社会稳定状况评价办法》和《关于进一步完善重大决策事项社会稳定风险评估的实施意见》，及时发现、预测和解决影响社会稳定的突出问题，共发现风险隐患35条，化解矛盾纠纷146件。成立城区街道办事处，推行网格化管理。重视和深化在全市推广“三位一体”大调解“行唐经验”，矛盾纠纷化解率达95%。在群众安全感社会满意度调查中，由2012年的第24位跃升为全市第4位。

九、切实加强党的建设，努力为推动全县科学发展提供坚强保证

县委常委会始终坚持党要管党，从严治党，始终保持党的先进性、纯洁性，发挥好战斗堡垒作用和先锋模范作用。

加强领导班子和干部队伍建设。县委常委会把加强领导班子建设摆在党的建设的关键和核心位置，切实加强了思想政治建设，确保同以习近平同志为总书记的党中央保持高度一致，确保贯彻省委、市委决策部署最坚决、最迅速、最彻底。健全了领导班子内部管理制度，规范议事范围和决策程序，提高团结力、战斗力和执行力。坚持“围绕基层用干部，围绕急难险重工作实践选干部，围绕增强班子核心战斗力配干部”的用人导向，选好干部，配强班子。充分发挥县委党校在干部教育培训中的主阵地作用，高质量地举办各类专题培训班，不断提高广大党员干部理论水平和执政能力。注重年轻干部、妇女干部和民主干部的培养和选拔使用，将更多的年轻干部放到基层一线、复杂环境、关键岗位上去锻炼，激发了干部队伍的活力。

加强农村基层组织建设。高度重视乡（镇）、村基层党组织在经济社会发展中的重要作用，把建设一支富有战斗力的领导班子放在农村发展的首位，对全县部分慵、懒、散农村“两委”班子进行了调整，加强对大学生村官、农村优秀青年等村级后备干部队伍教育、管理和培训，真正把政治过硬、群众威信高、致富能力强的优秀人才选进村级班子，选好配强农村“两委”干部。认真做好农村社会管理“四个全覆盖”工作，重点抓好“四议两公开一监督”机制，严格落实“一定三有”机制，健全了村级组织运行机制，提高了农村工作规范化水平。

推进党风廉政建设和反腐败工作。坚持不懈地推进党风廉政建设，旗帜鲜明地反对腐败。加强了对中央和省委、市委和县委决策部署贯彻落实情况的监督检查，确保了政令畅通。加强党风廉政教育和廉政文化建设，创作廉政文艺节目6个，廉政书画、摄影作品80余个。开展重温“进京赶考”、县委书记讲党课等主题教育活动，党员干部廉洁从政意识不断增强。坚持惩防并举，加大了案件查办力度，全年共立案90件，处理党员干部119人，是近年来查办案件力度最大的一年，有力震慑了违法违纪行为。全县各级领导班子和党员领导干部忠实履行惩治和预防腐败及党风廉政建设的责任，严格遵守“八项规定”，自觉克服“四风”，顺利通过了省委对我县的巡查，得到了省委巡视组的充分肯定。

按照中央和省委、市委要求，这里向全会报告一下县委常委会选拔任用干部情况。一年来，县委常委会认真贯彻落实《干部任用条例》，根据全县大局和事业发展的需要，认真负责地开展干部选拔任用工作。共研究任免干部333人，其中提拔重用144人，平职调整189人。一是牢固树立正确的用人导向。县委始终坚持“三个围绕”的用人导向，突出在“应对突发事件、完成重大任务、解决民生问题、推进项目建设和维护稳定”工作中检验和发现干部，坚持用好的作风选作风好的人，匡正干部的价值取向，激励广大干部干事创业。同时，积极推动干部交流，对重点部门、关键岗位及长期在一个单位工作的干部，通过调任、转任等方式加大交流和轮岗力度。二是严格规范干部选任程序。根据民主推荐情况和职位需求，先由组织部提出拟任人选初步方案，然后广泛征求单位党组织、主要领导及四大班子相关领导的意见，再由县委书记、县长、县委副书记和分管组织、纪检的常委进行充分酝酿。常委会讨论决定前，征求纪委和计生等部门意见，存在问题的一律不上会研究。最后由县委常委会集体研究决定干部任免事项。实行县委常委会决定正科级领导干部任用票决制，采取无记名的方式进行投票表决。三是切实提高选人用人公信度。认真贯彻落实干部任前、任期、离任全程监督等有关制度，对拟提拔的乡科级领导干部，均进行了任前公示，同时在个人住房、投资、配偶子女从业等方面实行申报公示，广泛接受监督，有效提高了选人用人的公信度和群众对干部选拔任用工作的满意度。

在推动全县各项事业发展中，县委常委会注重发挥总揽全局、协调各方的职能作用，支持人大、政府、政协各班子依照法律和章程积极主动、独立负责地开展工作。对全县的重点工作实行县级领导分包负责制，形成了抓工作的强大合力。重视做好新形势下统一战线工作，加强了同工商联和无党派人士的协商合作与共事，充分调动各方面的积极性，形成了同心同德前行、凝心聚力发展的良好局面。县委统战部被评为河北省统战工作先进集体。认真落实民族宗教政策，民族团结、宗教和谐稳定的局面进一步巩固。关心重视老干部工作，切实落实老干部政治、生活“两项待遇”，努力使老干部真正实现老有所养、老有所乐、老有所为。注重发挥工会、共青团、妇联等人民团体联系群众的桥梁纽带作用，组织动员各界群众在推动社会经济发展中建功立业。坚持党管武装原则，国防后备力量进一步强化，军政军民关系更加密切。

一年来，县委常委会高度重视自身建设，各位常委坚持县委理论中心组学习制度，不断更新知识结构，提升思想境界和水平，增强决策能力和执政能力。坚持民主集中制原则，自觉加强团结，班子成员心齐气顺，相互协作，共谋发展。认真贯彻中央和省委、市委关于改进工作作风、密切联系群众的一系列规定，认真践行“为民、务实、清廉”的要求，自觉遵守党的纪律和领导干部廉洁从政的各项规定，严格按制度办事，按规矩办事，班子的凝聚力、战斗力进一步增强。在急难险重任务面前，坚持以身作则、率先垂范，带头深入一线、狠抓工作落实，为各级干部做出了表率，树立了常委会自身良好形象。

同志们，以上报告是县委常委会一年来的主要工作。这些工作的开展和成绩的取得，是省、市党委、政府正确领导的结果，是县委、县人大、县政府、县政协和各级党组织和广大党员干部艰苦努力、团结拼搏的结果，是历届班子打下坚实基础的结果。借此机会，我代表县委常委会，向大家表示衷心的感谢和崇高的敬意！

在看到成绩的同时，县委常委会也清醒地认识到面临的挑战和存在的不足，并对加强和改进工作进行了深入分析和研究。一致认为，必须加强思想理论武装，进一步把思想和行动统一到十八届三中全会、习总书记系列讲话和省委、市委全会精神上来，进一步转变工作作风，认真参加群众教育实践活动，以良好的精神状态抓好各项工作落实，把全县广大干部群众的智慧和力量凝聚到干事创业上来，努力开创全县全面建成小康社会的新局面。

真诚地希望同志们对县委常委会的工作提出意见和建议，帮助我们把工作做得更好。

行唐县人民代表大会常务委员会工作报告

——2015 年 3 月 10 日在行唐县第十五届人民代表大会第五次会议上

行唐县人大常委会主任　赵士平

各位代表：

我受县人大常委会委托，向大会报告工作，请予审议。

2014 年工作回顾

2014 年，是我县全面深化改革和经济社会发展取得新成绩的一年，也是县人大常委会工作取得新成效的一年。一年来，县人大常委会在县委的正确领导下，在“一府两院”的配合支持下，全面贯彻落实党的十八大和十八届三中、四中全会精神，围绕中心，服务大局，解放思想，大胆实践，认真履行宪法和法律赋予的职责，充分发挥地方国家权力机关的作用，较好地完成了县十五届人大四次会议确定的各项任务，为推动全县经济社会发展和民主法治建设作出了积极贡献。

一、紧紧围绕全县大局，积极发挥职能作用

县人大常委会紧紧围绕改革发展稳定大局和社会关切，认真履行各项职能，常委会议听取和审议了 20 项专项工作报告，主任会议听取研究了 27 项专题汇报，开展了 3 项执法检查，组织了 31 项调研视察，开展了 48 项工作活动，对 22 个部门工作进行了满意度测评，努力推进县人代会各项决议的贯彻落实。

坚持围绕中心促发展。县人大常委会紧紧围绕县委决策部署，坚持聚焦发展第一要务，全力推动我县经济平稳健康发展。高度关注园区建设，通过听取汇报、座谈视察，对园区 24 家重点工业企业进行专题调研。常委会认为，我县园区建设充分发挥市场和政府两个作用，筑巢引凤，聚集了一批投资规模大、市场前景好、财政贡献度高的支撑性项目，大大增强了全县经济发展后劲。同时，从明确产业定位、理顺招商思路、加强项目论证、规范协议履行、集约节约用地、提升园区管理等方面进行深入探讨，提出了《关于开发区重点项目建设工作的意见建议》。县政府对县人大常委会建议高度重视，研究制定了《行唐县经济开发区项目建设管理暂行办法》，为增强园区的引领拉动作用提供了政策保障。“打造颍水两岸，建设一城三区”是县委根据形势任务要求和人民群众期盼作出的一项重大决策，县人大常委会及时跟进，审议批准了新的城乡规划，组织代表开展调研视察，代表们一致为县委、县政府大思路、大气魄、大手笔建设美丽行唐点赞。同时建议县政府进一步严格落实规划，规范开发管理，加强组织协调，抓好基础设施建设，促进“一城三区”美好蓝图早日实现。为了管好人民的钱袋子，把预算执行作为人大监督的重点，县人大常委会财经工委结合监察局、审计局组成预算监督小组，对 10 个预算单位从 15 个方面进行监督检查，就发现的截留、挤占、挪用、滞留资金和无预算支出等问题提出整改意见，督促有关部门着力解决。严格落实新《预算法》要求，依法提前介入预算编制工作，加强预算草案的初步审查，全力支持县政府把每一分钱用在刀刃上。

全力促进民生改善。支持政府把改善民生摆在突出位置，努力促进民生事业发展、民生实事落实。围绕农村面貌改造提升、办好人民满意教育、新农合运行管理、城乡文化建设、社会保障救助等进行专题调研视察，提出意见建议。组织人大代表对县政府承诺的 5 个方面 30 件民生实事落实情况开展专题调研，进行满意度测评，被测评的 17 个民生实事承办部门满意率均达到 95% 以上，民政局、计生局、教育局、残联满意率达到100%，表明政府民生工作很给力，得到了广大人民群众的充分认可。去年人代会上，县人大常委会提出从人民群众呼声高、反映大的问题抓起，督促办好一批看得见摸得着的民生实事。县政府及其部门特别是公安、城管、金融等部门积极回应人民群众呼声，实实在在解决问题，群众反映多年的银行网点窗口少、公共设施建而不用、停车位少罚款多、农村卫生室不规范、人群密集场所治安环境差等问题得到有效改进，社会满意度明显提高。

推动政府报告落实。《政府工作报告》是县委决策部署的实化量化，承载着全县人民的关注和期待。县政府高度重视报告的落实，人代会后及时进行目标任务分解，明确责任，强化措施，使各项任务目标到事到人。县人大常委会寓支持于监督之中，年中听取政府工作上半年完成情况汇报，并向人大代表进行通报。年底组成5个调研组，分别由各主任带队，对照《政府工作报告》全年目标任务分解，采取有现场看现场、无现场查档案资料的方式，逐类逐项对35个方面129项工作完成情况进行调研视察，促进了县政府确定的各项任务目标的完成。

加强依法行政监督。执法检查是《监督法》赋予人大常委会的一项重要职能，是保证宪法和法律有效实施的重要手段。县人大常委会先后组织开展了《食品安全法》、《水法》、《刑事诉讼法》执法检查。针对发现的问题，建议政府加大食品安全监管力度，严肃查处违法行为；加强饮用水水质监测，确保人民群众饮水安全；做好新旧《刑事诉讼法》衔接，确保新法实施到位。为推进依法行政，县人大常委会要求县检察院加大对行政执法部门的法律监督力度，县检察院把这项工作作为全年的一项重点工作，对住建、城管、环保、交警等19个部门进行专项监督和预防调查，对查出的自由裁量权行使不规范、不作为乱作为等问题作出处理，受理行政机关直接移送涉嫌刑事案件7件8人，建议移送2件3人，监督公安机关立案2件2人。听取和审议政府投资项目竣工决算审计报告，在给予审计工作充分肯定的同时，要求对政府投资项目实现审计全覆盖。加强县政府规范性文件备案审查，对县政府发布的《政府性债务管理暂行办法》、《财政性资金投资项目管理办法》、《河道采砂暂行办法》等16个规范性文件进行合法性审查，为推进法治政府建设，打造良好的法治环境提供保障。

加大司法监督力度。按照县人大的要求，法院、检察院及时将人代会上的工作报告进行目标分解，责任到人。县人大常委会加强跟踪监督，听取和审议了法院、检察院工作目标完成情况的报告，在充分肯定“两院”工作的同时，建议法院进一步加强基层法庭建设，拓宽民事案件调解渠道，加大案件执行力度，加强行政诉讼的立案工作；建议检察院进一步加强依法行政法律监督，加强检察官联系点建设，强化诉讼监督，及时纠正司法人员的不当行为。组织常委会组成人员及人大代表对法院、检察院、公安局进行案件评查，以案说法，规范办案人员司法行为，这一做法得到上级法院重视，并作为经验总结推广。组织人大代表评议法院、检察院、公安局庭、科、室、所负责人，旁听县法院庭审，促进司法公平公正。

二、积极发挥代表作用，形成推动工作合力

人大代表是国家权力机关的组成人员，代表人民行使职权。县人大常委会充分尊重代表主体地位，千方百计保证代表职务行使和作用发挥。

搭建代表活动平台。在15个乡（镇）建立了全市一流的“代表之家”，联系群众383人次，提出建议169条，为群众办实事117件，得到市人大充分肯定。创建了人大代表QQ群，发布人大工作动态50条。组织市县两级人大代表和乡镇人大干部240余人进行了全员培训，深入开展代表专业小组和代表联络员活动，有针对性地组织人大代表参加视察调研、执法检查、专题议政、述职评议、案件评查、列席县人大常委会会议等活动，为代表印发县人大常委会公报，拓宽代表知情知政渠道，全

年组织代表参加各类会议和活动560余人次。

加强代表建议督办。县人代会闭幕后，县人大常委会及时召开代表建议交办会，筛选社会关注度高的十大重点代表建议，由主管主任、主管县长、承办部门、提出建议代表组成联合督办小组，加大办理力度。同时，组织人大代表采取听汇报、看现场等方式，对代表建议办理情况进行专题视察，常委会议还专门听取审议了县政府代表建议办理情况的报告，并对一些重点办理部门进行了满意度测评。县十五届人大四次会议收到的89件代表建议，办复率100%，代表满意率98.8%。

做好人事任免工作。坚持党管干部与人大依法任免干部相结合，对县委推荐“一府两院”提请任命的干部人选，严格履行法律知识考试、供职承诺测评、任职表态发言、颁发任命书等程序，全年任免国家机关工作人员21名，任命人民陪审员30名。

认真做好信访工作。县人大常委会高度重视人民群众来信来访，全年共受理来信来访112件次，通过交办和督办，较好地化解了一些社会矛盾。注重从群众来信来访中发现不作为、乱作为，漠视群众利益等问题，及时纳入人大监督工作视野。同时，常委会领导认真落实大接访和分包乡镇制度，积极化解分包信访案件，为维护全县和谐稳定做出了积极努力。

三、切实加强自身建设，着力提高履职水平

县人大常委会始终把自身建设摆在重要位置，不断加强思想、组织、作风建设，着力提高依法履职能力，促进人大工作全面提升。

始终坚持正确的政治方向。县人大常委会始终把思想政治建设放在首位，结合纪念全国人大成立60周年活动，深入学习十八届四中全会精神、习近平总书记系列重要讲话、新一届中央领导集体治国理政的新思路和民主法治建设的新要求，以及省、市、县委重要会议精神，常委会组成人员和机关干部进一步增强了政治意识、法治意识、责任意识，加深了对人民代表大会性质、地位和作用的认识，增强了运用法治思维和法治方式履行职责的自觉性，为提高各项工作水平奠定了坚实的思想基础。

深入开展群众路线教育实践活动。按照中央和省、市、县委的统一部署，牢牢把握“为民、务实、清廉”这个主题，认真落实“照镜子、正衣冠、洗洗澡、治治病”的总要求，高标准推进各环节工作，广泛征求意见建议，积极开展批评与自我批评，着力查摆和解决“四风”突出问题，对活动中征集到的95条意见建议，坚持即知即改，立行立改，研究制定整改方案，逐条抓好整改落实，健全完善长效机制，切实转变工作作风，形成了齐心协力推动人大工作创新发展的良好局面。

切实提高常委会审议监督质量。把提高人大常委会审议质量作为主要抓手，严格落实人大常委会议事规则和工作制度，不断改进审议方式。特别在听取和审议与县委决策部署密切相关的专项工作报告时，坚持问题导向，会前组成专题调研审议小组，学习相关法律政策，带着问题下去调研；会上审议发言少唱赞歌，多提问题，切实做到言之有物；会后由主任会议集体研究形成审议意见，交“一府两院”研究处理。建立审议意见督办台账，确保常委会审议意见有效落实。

各位代表，回顾一年来的工作，县人大常委会牢记使命，不负重托，依法履职，取得了新的成绩，这得益于县委的正确领导，得益于全体代表的辛勤努力，得益于县政府、法院、检察院以及各乡镇、各部门的积极工作、密切配合，得益于全县人民和社会各界的关心支持。在此，我代表县人大常委会表示衷心的感谢！

在肯定成绩的同时，我们也清醒地认识到，县人大常委会的工作与形势的要求、与人大代表和人民群众的期待还有差距。主要是：监督的深度需要进一步加大，监督的实效有待进一步增强；代表建议督办工作不够有力；代表活动还不够扎实深入，整体履职水平需要进一步提高；县人大常委会及机关自身建设还需要进一步加强等。我们将在今后工作中，自觉接受人民监督，虚心听取代表意见，努力把县人大常委会工作做得更好。

2015 年主要任务

2015 年，是全面建成小康社会的攻坚之年，是全面深化改革的关键之年，是全面推进依法治国的开局之年，是全面从严治党的强化之年，也是全面完成“十二五”规划的收官之年，做好今年的各项工作意义十分重大。县人大常委会要坚持党的领导、人民当家作主与依法治国有机统一，全面贯彻落实党的十八大和十八届三中、四中全会精神，紧紧围绕县委十一届五次全会作出的决策部署，增强新常态下做好人大工作的主动性，切实履行好宪法和法律赋予的职责，一切工作抓深抓实，在服务改革、促进发展、维护稳定、造福群众和法治行唐建设中发挥人大应有作用。

——*切实强化重点工作监督*。把事关全局的重大问题、事关长远的难点问题、事关民生的热点问题作为人大监督工作的重点，听取和审议“一府两院”工作报告进展情况，促进工作目标落实。围绕项目建设、“一城三区”建设、城区集中供热、乡村道路建设、农村环境卫生整治、新农合规范管理、农村社会治安管理等，坚持问题导向，开展调研视察和满意度测评，有针对性地开展专题询问，全力支持“一府两院”及其部门落实县委工作部署，执行人大决议，回应人民群众关切的问题。对“一府两院”落实县人大及其常委会决议决定及审议意见情况，组织专门力量抓跟踪、抓评估、抓时效，确保议而有决、决而有行、行必有果。增强上下级人大的工作互动，组织人大代表对乡镇政府、基层站所工作进行视察，充分发挥乡镇人大作用。

——*依法组织开展法律监督*。适应全面推进依法治国的新要求，切实加强法律法规实施情况的执法检查，重点组织开展对《预算法》、《城乡规划法》、《行政诉讼法》等法律的执法检查，提高行政司法机关及全社会尊法学法守法用法意识，促进法律法规的正确有效实施。《预算法》检查的重点是执行县人大及其常委会预算决算决议、实行全口径预算、预算资金及时拨付、无预算支出等情况；检察院、监察局、审计局是如何在各自职责范围内对《预算法》实施监督的，尤其是对审计中发现问题的处理情况。目的是促进全口径预决算规范运行，打造阳光财政。《城乡规划法》检查的重点是县城乡总体规划落实情况，未经法定程序擅改规划、违规批准建设、私搭乱建等问题；监察局对违反《城乡规划法》公职人员处理情况。目的是认真落实省委领导的讲话要求，“强化规划即法的理念，增强规划的刚性约束。特别是要强化对城乡规划的监督，把调整规划的权力关进法律的笼子里。对随意修改规划的，人大可以行使否决权，也可视情况行使问责建议权，甚至罢免权，确保一张蓝图干到底”。《行政诉讼法》检查的重点是当事人申请立案、法院受理立案审理、行政机关应诉和执行判决、法院对行政案件司法审查，以及检察院实施法律监督等情况。目的是推动“民告官”立案难、审理难、执行难等问题的解决，维护司法公正，促进“一府两院”用法治思维和法治方式有效解决问题。强化对检察院法律监督的监督，检察院要继续加大对行政执法部门和执法人员的法律监督力度，增加人员力量，加强执法人员培训，突出查出问题的问责，促进依法行政。加强规范性文件备案审查，凡由县政府及其办公室制定公布的涉及公民、法人和其他组织权利义务，具有普遍约束力的行政管理性文件，县人大常委会都要依法进行合法性审查，切实维护法制的统一。

——*加强对国家工作人员的监督*。依法行使选举任免权，切实解决好人大及其常委会选举任命干部任后监督缺失问题。充分发挥人大代表的监督职责，坚持监督事与监督人相结合，围绕县委重大部署、“一府两院”报告、民生实事、惠民政策、代表建议办理等方面工作的落实，广泛征求人大代表和社会各界的意见，选择重点，确定议题，组织县人大常委会组成人员和人大代表对承担议题的国家工作人员，围绕其对所开展议题现状的认识、存在的问题、采取的措施、取得的成效进行工作评议。围绕司法公平公正、服务工作大局、法律法规实施等，对法官、检察官履职情况进行述职评议。加强对县人大常委会组成人员履职情况的监督，围绕坚持党的领导、为人民代好言、服好务等情况，开展县人大代表评议常委会组成人员工作，逐步形成人大监督“一府两院”，人民群众监督人大的良好局面。

——**积极做好人大代表工作**。坚持县人大常委会组成人员联系代表、代表联系选民制度。搭建代表履职服务平台，办好《代表之声》，切实发挥“代表之家”作用。认真组织开展代表培训，努力提高代表政治业务素质。继续开展代表专业小组活动，做好代表联络员工作。组织代表旁听法院庭审、参加“两院”公开日活动。加强对代表履职情况的监督，促进代表积极参加县乡人大组织的各种活动，继续开展代表向选民述职活动，建立代表履职档案。切实解决好代表无声无为、遵纪守法、起模范带头作用等问题。开展评选优秀代表和优秀代表建议工作并进行表彰。

——**加强代表建议督办工作**。今年2月6日国务院常务会议指出，“人大代表建议和政协委员提案是对政府依法监督和民主监督的重要形式。做好建议提案办理工作，有利于汇民意、聚智慧、增共识，提高公共决策水平。要强化考核，使办理建议提案成为改进政府工作的重要抓手，提高政府公信力和效能。”这对“一府两院”办理人大代表建议工作提出了明确要求。县人大常委会及“一府两院”要规范代表建议办理程序，建立代表建议办理情况目标考核制度，充分利用领导分包、面复会、代表视察等有效形式加强督办，力争使代表建议反映的每一个问题都能得到真正解决。组织所有提出建议代表对承办单位进行满意度测评，对当年办不完或代表不满意的建议，结转下年继续办理。

——**切实加强常委会自身建设**。认真贯彻落实县委人大工作会议精神及《关于进一步改进和加强人大工作的意见》，坚持县委决策、人大决定、政府执行有机统一，积极探索讨论决定重大事项的范围、程序和工作规则。强化责任担当，突出问题导向，提高常委会用法治思维和法治方式解决问题的能力。创新人大常委会工作方式，延长常委会审议时间，增加分组讨论，扩大列席人数，审议评议结合，实行电子表决，增强监督工作的针对性、实效性。强化服务意识，提高机关工作人员服务人代会、常委会、人大代表的能力和水平。切实巩固运用好群众路线教育实践活动成果，持之以恒抓好作风转变，严格落实党风廉政建设的主体责任和监督责任，守法纪、讲规矩，努力形成风清气正、干事创业的浓厚氛围。

各位代表，站在新的历史起点，面对新的形势任务，让我们在中共行唐县委的坚强领导下，团结动员全县人民，与时俱进适应新常态，奋发有为共谋新发展，为实现县委十一届五次全会提出的目标任务，开创行唐全面建成小康社会新局面而努力奋斗！

政府工作报告

——2015 年 3 月 9 日在行唐县第十五届人民代表大会第五次会议上

行唐县人民政府县长　王彦芳

各位代表：

现在，我代表县人民政府向大会作工作报告，请予审议，并请政协委员和列席会议的同志提出意见。

一、2014 年工作回顾

2014 年，是我们面临经济形势严峻复杂、困难挑战异常突出的一年，也是攻坚克难、跨越赶超迈出坚实步伐的一年，在市委、市政府和县委的坚强领导下，县政府团结依靠全县人民，凝心聚力，奋勇争先，强力推进工业化、城镇化、农业现代化，实现了经济社会平稳较快发展，较好地完成了县十五届人大四次会议确定的各项目标任务。

——**整体经济较快增长**。全县地区生产总值完成 121.91 亿元，增长 9.5%；全部财政收入突破五亿元大关，完成 5.17 亿元，增长 13.4%，一般公共预算收入完成 3.27 亿元，增长 31%；规模以上工业增加值、工业利润分别完成 58.06 亿元、23.27 亿元，增长 12.3%、7.9%；固定资产投资完成 139.76 亿元，增长 20%；社会消费品零售总额完成 52.7 亿元，增长 11.6%；城乡居民人均可支配收入分别完成 21937 元、5420 元，增长 9.5%、14.8%。

——**项目建设成效显著**。全县在建项目 97 个，完成投资 89.6 亿元，占年度计划的 119.5%。其中，木源泵业、万果红酒业等 16 个亿元以上项目部分竣工；高效煤粉、方月机械等 13 个亿元以上项目开工建设。北京华光金辉木业、河北正诺乳饮料等 12 个亿元以上项目达成合作意向。“区中园”建设初具规模。玻璃产业园入驻企业 3 家，离线 Low—E 镀膜玻璃生产线竣工投产；行唐国际家具园建成生产车间 7 个，入驻企业 5 家；台湾创新产业园被省商务厅、省台办确定为全省重点打造的 30 个国别（地区）产业园区之一，铃鹿涂料、德高建材竣工投产。园区污水处理厂、110 千伏变电站竣工投用，天然气管道、污水管网铺设完成。

——**工业经济提档升级**。君乐宝太行乳业全面升级改造，第一罐婴幼儿配方奶粉 4 月 12 日正式下线。完成鹏海制药、华昌机械等技改项目 190 个，技改投资 67 亿元，增长 24%。新增规上工业企业 8 家、高新技术企业 2 家。工业用电量达 2.8 亿千瓦时，增长 16.9%。品牌建设成效显著，新增省级著名商标 4 个、名牌产品 3 个、优质产品 2 个。政银企合作不断加强，帮助企业融资 8.8 亿元。循证医药在石家庄股权交易所成功挂牌。全民创业热情高涨，中小企业达到 2790 家，个体工商户达到 7000 余家，民营经济增加值占 GDP 的比重达 80.2%。

——**县城建设加速推进**。按照“打造颍水两岸，建设一城三区，实现产城融合”的思路，编制完成了《行唐县城乡总体规划（2013 ~ 2030 年）》，县城面积由 8.4 平方公里规划扩大到 27.7 平方公里。总投资 1.4 亿元的颍水河县城段综合整治进展顺利。新城区九都商贸城部分竣工投用，气象观测站技术楼主体完工。大力实施总投资 2.73 亿元的唐尧大道绿廊、香港路标志性街道、永昌北路改造提升等 12 项重大市政工程，完成东街、南街、顺城街人防工程改造，硬化提升了棉新路。投资 8540 万元启动城区集中供热，一期供热面积达 50 万平方米。城区实现 24 小时供水，新增公共绿地 33.84 万平方米，更换安装 LED 路灯 600 盏。拆除违陋建筑 17 万平方米，打通玉城大街西延和升仙桥北路，市政功能日趋完善。对 22 家违规房地产项目进行集中整治。发动干部群众5万多人次，投入资金1100多万元，开展城乡环境卫生“大洗脸”行动，县城容貌明显改善。市委、市政府组织全市各县（市、区）到我县拉练观摩县城建设，让许多人感到震撼。

——服务业稳步发展。商贸流通日趋繁荣。发展电商141家，年交易额达2000多万元。格瑞易购物中心开业运营。普惠金融发展迅速。河南伊川农商银行入驻我县。全年新增存款20.6亿元，增长21.9%，存款余额达114.7亿元；新增贷款6.7亿元，增长22.2%，贷款余额达36.8亿元。生态旅游健康发展。完成神树湾AA级景区申报，观光采摘、生活体验等“乡村游”扎实推进，三产服务能力明显提升。

——现代农业提质增效。农业生产能力不断增强。完成土地整理项目22个，新增耕地1.4万亩。投资980万元，完成九口子、安香等9个乡（镇）17个村基本口粮田建设，完成独羊岗乡6000亩高标准农田示范项目。投资3230万元，完成沙河、颍水河两段11.5公里河道整治，完成上北庄、北董庄2座病险水库除险加固。特色农业加快发展。提档升级奶牛养殖小区53个，新增市级以上示范小区9个。完成大枣树体改造3万亩，建成大枣示范园17个。新栽植核桃1.6万亩、安太“三优”苹果1700亩，发展设施蔬菜2000亩。实施农业产业化项目38个，市级以上农业产业化龙头企业达到20家。农村面貌明显提升。投入7460万元，完成20个省级重点村、30个县级示范村农村面貌改造提升任务，消灭“连茅圈”5.1万座，改造旱厕1295座，新建沼气池950个，打造了3个精品村，上碑东街入选市级美丽乡村。

——生态保护得到加强。以城区集中供热为契机，关停分散燃煤锅炉53台，削减燃煤3.1万吨。大力推行绿色生产，玉晶玻璃4条生产线脱硫、3条生产线脱硝设施建成投用。投资840万元加强煤炭物流基地污染治理，清理取缔分散储煤场28家。强化建筑施工、道路扬尘治理。淘汰黄标车2126辆。实行县、乡、村三级环保网格化管理，查处违法排污企业65家。严厉打击矿山、河道私挖滥采行为，在全省率先实施河道采砂经营权竞标出让。取缔黏土砖瓦窑33座。治理上阎庄、团山两个片区水土流失20平方公里。完成植树570万株，造林5.4万亩，森林覆盖率达到36.95%。

——民生福祉持续改善。涉及文化教育、平安建设等五个方面30件惠民实事基本完成。全年财政用于民生的支出达12.14亿元，占一般公共预算支出的70.2%。教育投入不断加大。投资2.5亿元的行唐一中整体搬迁项目建成投用。11所小学闲置校舍改建幼儿园、20所学校“校安工程”全部竣工。山区教育扶贫工程成效明显，资助贫困学生3673人次，累计发放生活补贴453万元。文化事业稳步发展。编制完成《行唐县文化产业发展规划》，举办文化活动76场次，放映数字电影3864场次。修缮琉璃庙、封崇寺大殿，新增县级非遗名录项目17个。社会保障水平明显提高。新农合大病保险最高支付达到20万元，累计补偿93.5万人次，补偿金额突破1亿元。实施新生儿出生缺陷干预工程，疾病筛查率达到97.5%。推行计生特殊困难家庭“医养扶一体化”工作机制，得到省委领导的肯定批示并在全省推广，央视《新闻联播》等20余家新闻媒体进行了宣传报道，先后在全省和国家卫计委召开的座谈会上作了典型发言。“三院合一”民政事业服务中心投入使用，农村互助幸福院实现全覆盖。提高了城乡低保、农村“五保”供养标准，发放救助金2800万元。完成城镇职工医疗保险市级统筹。14.3万人参加城乡居民养老保险，参保率达到98.5%，发放养老金1.47亿元。全年新增城镇就业3353人，农村劳动力转移就业1万人。扶贫攻坚扎实推进。成功举办17年来河北省首个全国科技、文化、卫生“三下乡”活动，争引项目资金和帮扶资金3.2亿元、信贷资金5.95亿元。中国扶贫基金会农户自立服务社正式成立，发放小额扶贫贷款230万元。通过精准扶贫和项目带动，使1万贫困人口稳定脱贫。

和谐稳定局面不断巩固。坚持不懈狠抓安全生产，形势总体稳定。食品药品网格化监管体系逐步建立，查处违法案件 58 起，追究刑事责任 12 人。“天网工程”二期竣工，龙州商城、幸福北路等重点区域治安管理得到加强，刑事发案率持续下降。供销、物价、物资、外贸等工作也都取得了新成绩。

一年来，我们深入开展党的群众路线教育实践活动，严格执行“八项规定”，狠刹“四风”，政府部门联系群众、服务基层、聚力发展的氛围日趋浓厚。自觉接受人大法律监督、工作监督和政协民主监督，认真办理人大代表建议、政协委员提案，按时办复率和走访率均为 100%。以“三级平台”、“两个代办”为抓手，全年办理行政审批服务事项 1.5 万件，架起服务企业和群众的“连心桥”。扎实推进重点部门、重点岗位中层干部民主评议活动；举办“纠风在线”电视栏目，受理投诉举报 135 件，督促办结 110 件，干部作风明显转变，发展环境进一步优化。

各位代表！在经济下行压力加大、污染治理力度空前的背景下，取得这样的成绩实属不易。这些成绩的取得，是市委、市政府和县委正确领导的结果，是人大、政协监督支持的结果，是全县广大干部群众团结拼搏、共同奋斗的结果。在此，我代表县人民政府向各位人大代表、政协委员，向全县离退休老同志，向所有参与行唐建设、支持行唐发展的广大群众和社会各界朋友，致以崇高的敬意和衷心的感谢！

在肯定成绩的同时，我们也清醒地看到，我县经济社会发展还存在不少困难和问题。主要表现在：总体经济实力较弱，各种矛盾和问题依然很多；立县强县的产业支撑项目和领军企业少，创新发展能力不强；财政收支不平衡，公共服务水平不高；城乡居民增收难度大，脱贫致富任务艰巨；招商引资政策约束增强，融资渠道不宽；大气污染防治形势依然严峻，生态环境治理任务艰巨；政府职能还需进一步转变，服务意识和作风建设仍需加强，等等。对此，我们一定强化问题导向，采取有力措施，认真加以解决。

二、2015 年主要工作任务

2015 年，是全面依法治国的开局之年，是全面深化改革的关键之年，也是完成“十二五”规划目标的收官之年。当前，我国经济发展步入新常态，中央各项改革的深入推进必将释放巨大的政策红利，稳中求进、改革创新的发展基调和省、市一系列重大战略部署必将催生强大发展动力。同时，全县广大干部群众在县委的坚强领导下，工作思路更加清晰，工作重点更加明确，干事创业的热情更加高涨。只要我们咬定青山不放松、自我加压不懈怠、奋发有为争一流，就一定能够在新常态下开创新局面、在新起点上实现新跨越！

政府工作的总体要求是：全面贯彻落实党的十八届三中、四中全会，中央、全省经济工作会议，省委八届九次全会、市委九届六次全会、县委十一届五次全会精神，紧紧围绕“突出项目立县，推进转型突破，实现实力跃升，建设和谐行唐”总目标，牢牢把握“京津冀协同发展”重大机遇，主动适应经济发展新常态，突出创新驱动，狠抓项目建设，统筹城乡发展，推进依法行政，优化两个环境，全力保障和改善民生，加快跨越赶超、绿色崛起步伐，为圆满完成“十二五”规划目标，奋力开启“十三五”新征程，全面建成小康社会奠定坚实基础。具体奋斗目标是：全县地区生产总值增长 8%；全部财政收入增长 9.5%，一般公共预算收入增长 8%；固定资产投资增长 17%；规模以上工业增加值增长 10%、利润增长 12%；社会消费品零售总额增长 11.5%；城乡居民收入分别增长 11%、16%；服务业增加值增长 9% 以上。

围绕实现上述目标，重点抓好以下六个方面工作：

（一）坚持项目立县，构筑跨越赶超新支撑。把经济开发区作为项目建设的主战场，集中精力上项目，千方百计促转型。

做强园区筑平台。以建设省级创新型示范园区为目标，重点抓好玻璃产业园、行唐国际家具园、台湾创新产业园三个“区中园”，着力打造投资洼地、置业高地。完善园区基础设施，完成集中供水、集中供热、消防站建设，完成科技大街、工业路等主干道路修建，提升园区承载能力。完成土地收储1500亩，加强项目投资管理，强化节约集约用地，推动园区建设提速增效。

主攻项目增后劲。全年安排在建项目102个，年内计划完成投资79.5亿元。落实重大项目县级领导分包责任制和“一月一调度”工作机制，加快推进迎新节能科技二期工程建设，确保1个钢化中空门窗、2个玻璃幕墙生产车间竣工。抓好毓丰包装材料、国威光伏发电等15个市重点项目和北京丽日办公家具、远洋泵业等27个亿元以上县重点项目建设，力促早开工、早投产、早达效。

全民动员抓招商。县级领导率先垂范，开发区和主要经济部门主动出击，乡（镇）和其他单位明确任务，全社会广泛参与，全力推进招商突破。围绕园区定位和产业布局，瞄准世界500强、中国500强、行业100强企业，主动承接京津，强化对台招商，通过展会招商、上门招商、以商招商，形成全民招商的强大合力。重点抓好北京华光金辉木业、河北正诺乳饮料等12个亿元以上项目跑办，力争早签约、早落地。

工业转型求突破。出台鼓励创业投资和企业创新的政策措施，全力支持君乐宝太行乳业、迎新玻璃2家省级“创新型领军企业”做大做强。引导支持华昌机械、正宇饮料等传统优势企业加大技改投入，提升规模和质量。完成110千伏贝村变电站新建、留营站扩建工程，为企业发展提供电力保障。加大对金融机构考核奖励力度，与邮储银行合作开展“助保贷”业务，为企业融资搭建优势平台。认真落实“个转企、小升规”扶持政策，年内新增规模以上工业企业5家以上。

（二）坚持扩容提质，建设宜居宜业新县城。完善基础设施，加强精细化管理，不断增强城市综合承载能力。

推进县城跨河发展。加快实施颍水河县城段综合整治，完成两岸堤顶路、绿化及引水等工程建设，确保年底前蓄水，全力打造水在城中、城在水中、生态宜居新县城。探索推行政府和社会资本合作（PPP）等融资模式，引进战略投资者参与新城区建设，启动颍水大街、启新大街、升仙桥南路3条主干道路修建工程，建设文体中心、颍水公园，拉开新城区建设框架。

完善城区承载功能。大力推进城区集中供热，新增集中供热面积80万平方米。完成玉城大街西延、西二环便道铺设和绿廊建设工程，完成恒阳大街综合整治、朝阳大道绿化、龙州公园提升工程。打造3条省级园林式街道、1个省级园林式小区、1个省级园林式单位，确保2016年创建省级园林城市。

提升城市管理水平。城区人均保洁面积由7100平方米下降到6000平方米以下，机械化清扫率达到60%，实现垃圾即有即清、日产日清。加大综合执法力度，落实沿街商户“门前三包”，加强车辆停放管理，设置公交站点40个，规范公交车停靠秩序。深入开展房地产市场专项整治，严格规划控制和土地管理，促进房地产市场健康有序发展。建立县城精细化、常态化管理机制，使县城更干净、更有序，让老百姓心情更舒畅、生活更幸福！

（三）坚持产业富民，开创“三农”工作新局面。以产业化经营为依托，以创新农业发展方式为动力，以农民增收为核心，加快脱贫致富步伐。

增强农业综合生产能力。完成只里乡秦村田间工程建设，完成独羊岗乡4个村万亩中低产田改造年度任务。推广旱作农业地膜覆盖1万亩、玉米秸秆还田6.67万亩。修建屯里、泉子头等扬水站7座、塘坝5座，铺设微灌55万米，发展节水灌溉3000亩。

发展壮大特色产业。全力支持占地1000亩的君乐宝“万头牧场”建设，完成15个乳粉用奶牛养殖场建设，推动奶牛养殖小区向现代牧场转变。

巩固提升林果产业，完成大枣树体改造3万亩，新增核桃栽植1万亩、安太“三优”苹果1000亩。加快发展设施蔬菜产业，整合陕西彬县1000万元扶持资金、县财政1000万元现代农业补助资金和各类涉农资金，推行专业合作社引领、产业扶贫带动等设施蔬菜产业化经营模式，高标准建设独羊岗、玉亭、翟营、口头4个千亩基地，新增设施蔬菜4000亩，2017年达到2万亩。

加快推进农业产业化经营。扶持20家农业产业化龙头企业扩能提质，增强带动能力。以美林牧旺为龙头，建成万头优质商品猪生产加工基地；以华牧牧业、永青饲料为龙头，建成5万只标准化蛋鸡生产基地；以鸿鑫食品为龙头，建成50万只优质肉禽生产加工基地；以旭丰肉牛合作社为龙头，建成千头优质肉牛生产加工基地。扎实开展农村土地承包经营权确权登记，完成8个平原乡（镇）44万亩土地确权发证，其余乡（镇）分别确定1～2个试点稳步推进。推广黄龙港土地整体流转模式，鼓励农村土地适度规模经营。

着力改善农村环境。深入开展农村面貌改造提升行动，狠抓“四清”工作，6月底前彻底解决农村“脏、乱、差”问题；精心打造“一环、两线、两片区”，着力打造21个省级重点村、2～3个精品村，力争将龙兴庄打造成省级美丽乡村。推进农村清洁能源开发利用，建成户用沼气池1800个。实施农村饮水安全工程，完成西杨庄、祁后等21个村3.39万人供水项目。加强农村道路建设，完成阜上线龙洞至灵寿界17.1公里、县城东二环至独羊岗段4.8公里改建工程；完成宝平线26.3公里、无繁线县城至新乐界5.3公里大修工程；跑办行陈线西二环至灵寿界17.5公里改建工程；谋划温正线升级改造，逐步改善沿线群众的出行环境。

大力实施扶贫攻坚。继续加强与2014年全国“三下乡”活动有关国家部委、省市厅局的联系，争取更多项目和资金支持。统筹省、市、县三级资源，对107个贫困村实行“一对一”部门帮扶。开展“春雨行动”，扶持特困群众脱贫。实施“巧手创富”工程，支持5.6万农村妇女发展编织、剪纸等新型家庭手工业，培育技术骨干1000人。鼓励农户自立服务社等金融机构提高扶贫贷款额度，有效解决贫困群众生产资金短缺问题。确保2017年脱贫出列。

（四）坚持三产突破，增创经济发展新动力。把发展服务业摆在更加重要的位置，推动水平提升、比重提高、发展提速。

创新发展商贸服务业。扎实推进“电子商务进农村”活动，依托河北咕咚来了电子商务公司，建立行唐电子商务中心和“特色中国·行唐馆”，为广大电商提供技术培训和业务咨询服务。推广君乐宝婴幼儿配方奶粉、“甲壳素”红枣等网上直销模式，全力支持蔬菜、林果、手工制品多渠道营销，着力打造“工业品下乡”、“农产品进城”双向流通网络。

加快发展现代服务业。完善城乡金融服务体系。引进张家口商业银行等外埠银行；推进农村信用社个人征信系统建设，为广大用户提供更加便捷的信贷服务；优化农村支付环境，实现银行卡助农取款全覆盖。发展健康养老服务业。完成东街老年人日间照料中心项目，推进厚达老年休养康复中心建设。

着力打造生态旅游业。完成《行唐县旅游业发展总体规划》修编。以我省太行山、燕山等贫困地区整体打造生态文化旅游休闲区为契机，大力发展“农家乐”、“乡村游”。积极推进孔雀湖旅游度假区、故郡生态观光园、安太现代农业示范园等项目建设。依托牛王寨山杏、安太苹果、满撒大枣、城寨寿桃等资源，精心打造春季赏花、秋季摘果特色旅游品牌。抓好南凹团省委“保护母亲河”绿化基地建设，融入省、市大旅游圈。

（五）坚持生态优先，迈出绿色崛起新步伐。牢固树立“绿水青山”就是“金山银山”的发展理念，强化源头严防、过程严管、后果严惩，坚持不懈改善生态环境。

加强生态建设。完成米家庄、江河等4条小流

域治理45平方公里，整修梯田6150亩，新增经济林9750亩、水保林4815亩，封育治理4万亩；强力推进“绿色攻坚”，实施环县城、沿河道、北部山区丘陵绿化美化提升工程，完成植树410万株，造林4.5万亩；创新绿化管护模式，强化护林防火，加强有害生物防治，严厉查处毁林行为。森林覆盖率达到38%。

狠抓节能减排。严控用能总量，万元GDP能耗下降3%。严把项目建设审批关，严格落实环保“三同时”制度。加强玉晶玻璃、明旺乳业等重点企业在线监测，按照最严的排放标准，最大限度减少工业排放。稳定运行污水处理厂、垃圾填埋场，确保城区污水处理率达到81%以上、生活垃圾无害化处理率达到90%以上，主要污染物排放总量控制在市下达指标以内。

强化环保治理。加强环保能力建设，严厉打击各种环境违法行为。下大力抓好煤炭物流基地污染治理，整治农村散煤燃烧污染，加大采砂场、建筑工地、渣土车辆整治力度，狠抓秸秆禁烧，改善人气环境。高度重视水生态保护，加强饮用水源地管理，彻底取缔口头水库网箱养鱼，做好生活饮用水水质检测。严禁非法超标取水，分批次关闭城区自备井，有效保护地下水资源。

（六）坚持民生为本，谱写和谐发展新篇章。民生连着民心。全力办好医疗卫生、创业就业等涉及群众切身利益的16项利民惠民实事。

提升公共服务水平。以省政府第三轮教育督导评估为契机，完成南桥小学综合楼、上滋洋小学教学楼主体工程建设，完成西正、寨里等19所小学教学用房建设，完成龙兴庄、北张吾等10所小学（教学点）校舍维护加固改造；深入实施山区教育扶贫工程，实现义务教育与高中教育、职业教育全面衔接。健全县、乡、村三级医疗服务体系，完成县级公立医院综合改革，县中医院整体搬迁工程开工建设，县急救中心、卫生监督所办公楼投入使用；完成南桥、市同等13个乡（镇）卫生院改造提升；加强农村卫生室监管，提高乡村医生素质，保障新农合规范运行。打击非法行医，取缔“黑诊所”。做好计划生育工作，深化“医养扶一体化”工作机制，彻底解决计生特殊困难家庭的后顾之忧。

繁荣发展文化事业。加强乡镇综合文化站管理，选树2～3个示范点在全县推广。继续实施“一村一月一场电影”工程，组织开展民间艺术展演8场次以上、消夏文化活动22场次以上。编辑出版《印象·行唐》，传承弘扬行唐优秀历史文化。抓好全国第一次可移动文物普查，加大重点文物保护力度。

健全社会保障体系。严格低保审批程序，着力实现“阳光低保”。打造16个农村互助幸福院示范点。建设城区残疾人日间照料中心。扎实推进“安居工程”，改造农村危房600套，开工建设保障性住房520套。开展机关事业单位养老保险制度改革，推进工伤保险省级统筹，城乡居民养老保险参保率达到96%以上。坚持以创业促就业，职业技能培训、创业培训5000人以上，全年农村劳动力转移就业1万人，城镇新增就业3300人，城镇登记失业率控制在3.5%以内。

积极创新社会治理。严格落实安全生产“党政同责、一岗双责”责任制，扎实推进乡镇安全监管规范化建设。严厉打击矿山河道私挖滥采、非法制售危爆物品等行为。狠抓食品药品安全管理。依法规范信访秩序。扎实推进“天网工程”。重拳打击“村霸、市霸、路霸、砂霸”等黑恶势力，使广大群众的安全感不断提升。进一步做好人防、外事、档案、县志、民族宗教等方面工作。高质量编制完成“十三五”规划。

三、加强法治政府建设

按照全面依法治国新要求，坚持改革、法治“两手抓”，着力打造更具吸引力和竞争力的发展环境。

依法履行政府职能。坚持法定职责必须为、法无授权不可为，运用法治思维和法治方式分析判断问题、研究解决问题。加强政府法律顾问队伍建

设，完善公众参与、专家论证、风险评估、合法性审查、集体讨论决定等重大行政决策程序。认真贯彻落实新《环境保护法》、《安全生产法》、《预算法》等法律法规，强化执法监督，做到科学决策、严格执法。

全面提升行政效能。认真梳理权力清单、责任清单和负面清单，一律取消清单之外的审批事项。深入开展中层干部民主评议活动，办好“纠风在线”电视栏目，严格政务督查和效能监察，切实解决“中梗阻”问题。加强乡（镇）机关标准化建设，完善政务服务中心功能，全面推行“三级平台”、“两个代办”，打通服务群众“最后一公里”。

强化行政权力监督。自觉接受人大法律监督、工作监督和政协民主监督，认真办理人大代表建议和政协委员提案。按照公开是常态、不公开是例外的要求，积极推进政府信息公开。加大对重点工作、重点领域审计监察力度。完成公共资源交易网络平台建设，确保工程建设招投标、政府采购等规范运作、阳光运行。

狠抓反腐倡廉建设。严格落实党风廉政建设责任制，建立廉政风险防控机制，全面查找权力运行风险点，使公职人员都能慎用权力、依法行政、依规办事。严格执行“八项规定”、“约法三章”，严查损害群众利益、破坏发展环境的案件，严惩“小官巨腐”，树立“为民、务实、清廉”的良好形象。

各位代表，经济发展新常态蕴含新机遇、面临新挑战，跨越赶超新目标催人奋进、任重道远。让我们在县委的坚强领导下，团结依靠全县人民，坚定信心，真抓实干，奋发有为，创新发展，为加快跨越赶超、绿色崛起步伐，全面建成小康社会而努力奋斗！

政协行唐县第八届委员会常务委员会工作报告

——2015年3月8日在政协行唐县第八届委员会第四次会议上

盖义江

各位委员：

我受政协行唐县第八届委员会常务委员会的委托，向大会报告工作，请予审议。

一、2014年工作回顾

2014年，是全面深化改革的第一年，也是我县推动经济转型升级、跨越赶超成绩显著的一年。一年来，在中共行唐县委的坚强领导下，县政协高举中国特色社会主义伟大旗帜，牢牢把握“团结、民主”两大主题，以深入开展党的群众路线教育实践活动为动力，以“委员之家建设年”活动为抓手，紧紧围绕中心，服务大局，充分发挥协商民主重要渠道作用，面对全县经济社会发展中的重大问题，把握重点，聚焦难点，建言于决策之前，助力于执行之中，为“突出项目立县，推进转型突破，实现实力跃升，建设和谐行唐”作出了积极贡献。

（一）服务经济发展，助推“三化”突破

常委会紧紧围绕县委、县政府强力实施的工业化、城镇化和农业现代化“三化”突破，充分发挥优势，主动积极对接，助推“三化”突破取得新进展。

一是调研视察献实策。选择改善中小企业融资环境、打造装备制造业园区、农村环境整治、发展现代农业等8项课题，各主席分别带队进企业、入园区、到农村深入开展调查研究，认真分析问题，科学探讨应对策略，撰写出8篇高质量的调研报告，为全县经济社会发展提出了务实之言。围绕现代农业建设深入到独羊岗乡、玉亭乡设施农业基地和神树湾生态农业产业园进行专门视察，对传统农业产业提质升级、设施蔬菜产业化经营献出了睿智之策。就畜牧业发展组织委员到养牛小区、君乐宝太行乳业进行了实地查看，向县委提交关于全县乳业发展的视察报告，提出了推进奶牛养殖业提档升级、培育优良品种和优质奶源基地等意见建议。在视察乳业发展的基础上，以《落实扶持政策，强化技术服务》为题，就全省由扶持奶业大县向奶业强县转变，向省政协提出了专门意见、建议，并在省政协组织的振兴河北乳业专题研讨会上进行大会发言，为行唐乳业振兴发展鼓与呼。

二是参与中心出实力。县委在县城建设、分包乡（镇）工作中注重发挥政协人才智力密集、社会联系广泛的独特优势，安排主席、副主席负责城中村改造、新城区建设及分包乡（镇）。我们把任务当作一种责任，带头落实县委、县政府交给的拆迁安置、重点工程建设和分包乡（镇）工作。在城中村改造进程中，借鉴先进经验，突破工作难点，解决面临问题；在新城区建设中，将解决信访隐患与拆违工作结合起来，加强协调，稳步推进；在分包乡（镇）工作中，深入乡村、深入一线，协助所分包乡（镇）解决项目占地、县城建设、突发事件、涉法涉诉信访案件，并协助所分包乡（镇）引进项目，较好的发挥了“一岗双责”作用。机关各委室组织委员深入有关部门和乡（镇），围绕县城建设、开发区建设、现代农业发展、社会管理创新等问题进行对口协商，提出合理化意见建议，促进了部门和乡（镇）工作开展。

三是服务民企求实效。进一步发挥民营企业家联谊会服务经济发展的载体作用，通过组织会员开展分组联谊、观摩学习、银企对接等活动，力促全县民营经济做大做强。利用县政府组织铸造企业赴河南林州考察学习的时机，积极推荐铸造行业会员参加并与林州有关方面深入交流、谋求合作，探讨如何实现我县铸造行业转型升级。考察结束后，2家会员企业率先行动，进行了由“冲天炉”到“电炉”的设备更新，3家会员企业在铸件模型、清砂等方面进行了技术改造，充分发挥了会员在本领域、本行业的示范带动作用。注重会员之间加强交流、密切感情，在闲置土地利用、有机肥生产、资金拆借等方面实现信息互通、互帮互助，为会员优势互补和资源整合提供了全方位服务。

（二）关注民生改善，凝聚幸福正能量

常委会坚持把履职为民作为工作的出发点和落脚点，通过多种履职形式，高度关注民生问题，为改善民生、服务群众做出了积极努力。

一是围绕民生实事追踪问效。组织政协委员围绕县政府惠民实事积极建言献策，县政府在充分吸纳政协意见建议的基础上，向全县人民承诺了5方面30件惠民实事。在惠民实事工作落实过程中，我们及时跟进，由县政协各位主席带队，分成4组对各项实事的开展和完成情况进行了现场视察，并在第十四次常委会议上专门听取县政府关于民生实事落实情况的通报，对存在的问题提出了意见建议，推动了工作落实。以督办一号提案为重点，组织部分政协委员、离退休老干部对集中供热施工情况进行了专题视察，并召开座谈会，向县委、县政府提交视察报告，围绕建设进度、工程质量、供热服务等群众普遍关注的问题提出了意见、建议，促使供热公司在工程建设中改进工作方式，提高服务质量，促进了集中供热工作的推进。

二是抓住民生热点议政建言。针对县城建设中管线施工重复挖路，影响群众出行等问题，在组织委员视察市政规划建设管理情况的基础上，向县委、县政府提交了《关于市政规划建设管理情况的调研报告》，提出了4方面9条意见，得到了县委、县政府主要领导的重视，责成有关部门认真参考，加以解决。针对行唐一中搬迁后校园及师生出行安全存在隐患问题，组织开展了主席视察，并提出了加快完善校园基础设施、安装路灯、增加道路安全警示牌等建议，经县委主要领导批示，很快得到了落实。针对当前进入老龄化社会和我县养老设施落后的现状，组织政协委员对民办养老院和县民政事业服务中心进行视察，与民政局进行座谈交流，积极为全县养老事业发展出主意、想办法。针对人民群众普遍关注的食品安全问题，组织委员深入到学校食堂、饭店后厨、餐具消毒车间和食品生产加工企业进行实地察看，提出了强化群众食品安全意识、加大监管力度、严打食品加工违法犯罪等意见建议。这些意见建议，有的成为部门的工作举措，有的成为决策的参考依据，推动了相关工作的改进。

三是着眼民生改善扶贫济困。我们积极参与全县开展的计生特殊困难家庭“医养扶一体化”工作，将工商联、企业界政协委员与全县54户计生特殊困难家庭进行结对帮扶，组织开展了电话送亲情、生日送蛋糕、夏日送清凉、中秋送祝福、严冬送温暖“五送”活动，为他们送去电扇、饮料、棉衣、棉被等防暑、抗寒用品及慰问金，深受计生特殊困难家庭的欢迎和称赞。“五送”活动得到了县政府主管领导的高度评价，被《石家庄日报》、《行唐周报》进行了重点报道。同时，我们联合市九三学社新华支社为独羊岗乡柏机村小学捐赠价值1万余元的图书，为孩子们送去政协组织的关怀。

（三）推进协商民主，促进社会和谐

中共中央《关于加强社会主义协商民主建设的意见》指出，“加强协商民主建设，有利于听群言、集民智、增共识、聚合力、促和谐”。常委会充分发挥作为专门协商机构的作用，把协商民主贯穿履行职能全过程，较好地发挥了协调关系、汇聚力量、促进和谐的重要作用。

一是着力搭建协商平台。我们把全体会议、常委会议、主席会议作为政协经常性、规范性协商平台，着力构建全体会议整体协商、常委会议专题协商、主席会议重点协商的“三位一体”协商格局，就经济社会发展中的重大问题和涉及群众切身利益的实际问题开展协商讨论。八届三次会议期间，邀请县委、县政府主要领导及县直各部门主要负责同志参加大会，听取大会发言，12 名委员围绕开发区建设、农村环境综合整治、煤炭物流基地发展等工作提出意见建议 59 条。全年共召开常委会议 5 次，分别就现代农业建设、经济社会发展、30 件惠民实事办理、工业经济运行、党风廉政建设情况进行专题协商。召开主席会议 14 次，先后围绕乳业振兴、现代农业发展、园区建设、项目建设等课题进行讨论和研究，形成的意见建议及时向县委、县政府主要领导或分管领导反映，有力地促进了各个领域的工作。

二是扎实开展提案办理协商。充分发挥提案办理协商经常、灵活、有效的优势，把协商的理念贯穿到提案工作的全过程，着力抓好提案质量、办理质量和服务质量三个关键环节，使提案办理协商的优势和作用得到有效发挥。首先创新提案交办模式，提升提案交办层次，由县政府主要领导亲自主持交办会议，相关乡（镇）、部门一把手参加，进一步明确了工作重点、具体措施、办理时限和工作目标。其次对涉及发展和民生方面的 10 件重点提案，政府分管县长和政协各主席包案督办；对难点提案与县政府办公室联合督办，并召开专题调度会和提案办理“面对面”协商会进行督促；对社会各界关注的热点提案，通过电视台《提案追踪》实行新闻媒体追踪督办。多主体、多层次的提案办理协商格局，使立案的 110 件委员提案得到圆满办理，委员建议得到较好落实。

三是积极探索在民主监督中推进协商民主。坚持寓民主监督于协商议政之中，通过委派 70 多名委员担任部门行风监督员，推荐 2 名委员参加价格听证会，推荐 5 名委员担任法院人民陪审员，对行政执法部门的依法行政、司法民主、廉洁自律、办事效率等进行协商讨论；通过健全社情民意信息员队伍，扩大群众参与面，及时反映不同社会群体的意见和要求，促使群众关注的热点问题及时解决，使政协的民主监督更多地让群众看得见、进得来、用得上。

（四）加强自身建设，顺应新常态要求

面对经济发展、作风建设新常态对政协工作提出的新要求，常委会主动适应新常态，切实加强自身建设，有效促进政协工作协调统一、规范有序、高效运转。

一是理论武装进一步强化。通过常委会议、主席会议、委员培训班、印发学习资料等形式，认真学习党的十八大和十八届三中、四中全会精神及习近平总书记系列重要讲话精神，引导广大委员进一步坚定中国特色社会主义的道路自信、理论自信、制度自信；深入学习习近平总书记关于政协工作的重要指示、在庆祝人民政协成立 65 周年大会上讲话精神，不断提高政治把握力和履职创新力；深刻学习和贯彻省委、市委、县委重要会议精神，充分认识我县经济社会面临的新形势、新任务，把各界人士的思想统一到县委、县政府的重大决策部署上来，形成推动转型升级、跨越赶超的强大合力。

二是工作作风进一步改进。按照县委统一部署，围绕“为民、务实、清廉”主题，贯彻“照镜子、正衣冠、洗洗澡、治治病”总要求，以抓铁有痕、踏石留印的精神在县政协机关及党员干部中深入开展了党的群众路线教育实践活动。活动共发放民主评议表 1000 份，召开各种形式座谈会 5 次，广泛征求群众意见建议 226 条，查找出“四风”问题在县政协 22 个方面的突出表现，提出整改措施 28 条，制定完善制度 10 项。通过教育实践活动，政协机关党员干部进一步坚定了理想信念，增强了群众观念，“为民、务实、清廉”的主动性、自觉性明显增强。以创建“学习型、效率型、服务型”三型机关为目标，大力加强机关干部的思想建设、工作能力建设，通过完善《县政协机关内部管理制度》、开展“政协工作大家谈”活动，机关干部的政治意识、责任意识、大局意识和履职能力进一步提高，工作效率和服务质量大幅度提升。

三是委员作用进一步发挥。我们坚持把发挥委员主体作用作为加强自身建设的重点，制定了《政协委员履职量化考核实施办法》、《政协委员之家活动制度》、《主席、副主席联系常委，常委联系委员制度》，加强对委员的管理，密切与委员的联系，激发委员履职尽责的积极性。开展了“委员之家建设年”活动，共建成政协机关、牛仔王商厦、计生局机关、交通运输局机关、口头水库管理处5个“委员之家”，通过组织集中学习、座谈交流等活动，收集委员反映的社情民意，听取委员的意见建议，帮助委员解决履职过程中遇到的困难。“委员之家”的创建，使政协工作的触角延伸到了农村、社区和企业，已成为政协委员服务基层、服务群众的一个靓丽窗口。开办了“委员讲堂”，组织开展了“政协工作委员谈”，通过让委员结合履职实践讲体会、授经验，使其他委员学有目标、赶有榜样，通过让委员就政协工作安排、民生实事谋划、提案题目征集等工作提出许多真知灼见，真正让委员在政协工作中站前沿、唱主角、展风采。

各位委员、同志们，过去一年成绩的取得，是中共行唐县委正确领导的结果，是县人大、县政府和社会各界大力支持的结果，更是全体政协委员和政协工作者共同努力的结果。在此，我代表县政协常委会，向大家表示衷心的感谢和诚挚的敬意！

回顾一年来的工作，我们清醒地认识到，与新形势下人民政协肩负的使命相比，与县委的要求和人民群众的期盼相比，还存在差距和不足。主要表现在：协商民主作用发挥不够充分，制度体系建设需进一步完善；专委会基础作用、委员主体作用和界别重要作用需进一步发挥；建言献策质量需进一步提高、社情民意信息工作需进一步加强等。对此，我们将高度重视，切实加以改进，同时也真诚希望大家提出宝贵意见，帮助我们把工作做得更好。

二、2015 年工作安排

2015 年，是全面深化改革的关键之年，是全面推进依法治县的开局之年，是实现“十二五”规划目标的收官之年。当前，我县推动全面深化改革、坚持依法治县，任务艰巨；在主动参与京津冀协同发展中实现加速追赶，机不可失；狠抓项目建设、招商引资，刻不容缓；更好地解决民生问题，至为关键；维护社会和谐稳定，极端重要。在复杂形势和艰巨任务面前，更加需要我们每一位政协委员牢记使命、勇于担当、奋发有为，更加积极主动地做好政协工作。今年，县政协工作的总体要求是：在中共行唐县委的领导下，高举中国特色社会主义伟大旗帜，全面贯彻落实中共十八届三中、四中全会和县委十一届五次全会精神，主动适应经济发展新常态、深化改革新常态、依法治国新常态、从严治党新常态，坚持围绕中心、服务大局，转变作风、狠抓落实，团结带领全县政协委员和社会各界人士，聚焦深化改革和依法治县，深入开展“委员主体活力年”活动，以奋发有为地工作助推我县全面完成“十二五”规划目标，为如期脱贫出列，全面建成小康社会奠定坚实基础。

2015 年，要着力抓好以下七项工作。

一是加强理论学习。把贯彻落实中共十八届三中、四中全会和习近平总书记庆祝人民政协成立65 周年讲话精神作为政协工作的首要政治任务，深刻领会依法治国重大意义，引导各党派团体和各族各界人士，牢固树立法治观念，自觉维护法律权威，把思想和行动统一到全会精神上来，把智慧和力量凝聚到坚持依法治国，牢固树立法治观念，自觉维护法律权威，带头学法、知法、遵法、守法上来。

二是组织调研视察。按照“精选课题、精深调研、精准建议”的要求，围绕“招商引资突破年”，开展项目建设、“两个环境”建设、开发区建设等方面课题的调研；坚持“抓大求精”的原则，有针对性地开展新城区建设、全县绿化、民生实事落实、节能减排等专题视察；组织民营企业家联谊会会员赴先进地区考察学习，帮助会员做强企业、做响品牌，推动会员传统产业转型升级。

三是关注民生改善。充分发挥政协广泛联系群众的优势，围绕群众关心的热点问题，及时做好政策宣传、解疑释惑、理顺情绪的工作，最大限度地

化解不和谐因素，增加正能量，增进社会共识。继续做好计生特殊困难家庭的结对帮扶工作，探索与有关部门整体联动开展扶贫助困活动。

四是开展协商民主。坚持把协商民主贯穿于履行职能的全过程，制定并落实好年度协商工作计划，推动重大事项协商在党委决策之前、人大通过之前、政府实施之前。围绕我县经济和社会发展中的重大问题，组织开展协商活动，通过专题协商、对口协商、界别协商、提案办理协商等形式，增加协商密度，提高协商成效，把人民政协作为协商民主平台的作用发挥好、运用好。

五是加强提案督办。采取县政协主席分包督办、专委会对口督办、媒体跟踪督办等方式，对提案办理情况进行视察督办。研究出台《关于开展政协提案办理协商的实施意见》，探索开展委员对提案办理情况开展评议活动，切实增强办理实效。

六是开展"委员主体活力年"活动。制定活动安排方案，成立活动领导机构，确保活动实效。抓好"委员之家"活动平台，组织委员开展丰富多彩的履职和服务活动；继续开办政协委员讲堂，由履职能力强、成绩明显的委员轮流主讲，努力使每个委员都成为政协工作的行家里手；注重委员事迹宣传，充分利用《政协工作简报》、省市政协刊物网站、《行唐周报》等平台，并在县电视台开办《政协委员风采录》，对委员履职典型、履职成效进行全面宣传报道，展示委员风采，引导委员更好发挥在本职工作中的带头作用、政协工作中的主体作用、界别群众中的代表作用。

七是加强履职能力建设。严格落实《政协委员履职量化考核实施办法》，坚持激励与约束并重，对委员履职实行量化考核。健全委员联络机构，进一步落实《主席、副主席联系常委，常委联系委员制度》，实现委员联络全员化、常态化、规范化，为委员参政议政创造良好条件。加强机关自身建设，以提高机关服务能力，实现服务规范化、标准化为目标，全面加强思想建设、组织建设、作风建设和廉政建设，努力打造"学习型、效率型、服务型"政协机关。

各位委员、同志们！

潮平两岸阔，风正一帆悬。我们生活着的这片热土，已经踏上了依法治县和创新发展、跨越发展的新征程。任务艰巨，前景广阔，让我们在中共行唐县委的坚强领导下，凝心聚力谋良策，履职尽责促发展，为推动我县全面完成"十二五"规划目标，奋力开创全面建成小康社会新局面作出新的更大的贡献！

行唐县人民法院工作报告

——2015年3月10日在行唐县第十五届人民代表大会第五次会议上

行唐县人民法院院长　梁锁山

各位代表：

现在，我代表行唐县人民法院向大会报告工作，请予审议。

2014年，在县委坚强领导、县人大有力监督、县政府大力支持、县政协民主监督及社会各界关心支持下，我院认真学习贯彻党的十八大和十八届三中、四中全会精神，紧紧围绕司法为民、公正司法工作主线，按照正规化、规范化和现代化建设的目标要求，扎实履行审判职责，大力化解各类社会矛盾，积极推进司法公开[①]，确保司法公正，各项工作取得了新进展，为全县社会稳定与经济发展提供了有力的司法保障和服务。

一、全面加强审判执行工作，积极维护辖区改革发展稳定大局

紧紧围绕县委决策部署，全面发挥审判职能作用，维护社会稳定，促进经济发展。2014年，共受理各类案件3246件（含旧存52件），同比上年增加了13.3%，审（执）结3066件，结案率为94.45%；省、市交办信访案件9件，同比上年下降了22%，信访投诉率[②]为0.3%；一审服判息诉率[③]91.67%，为历史最高水平。审判质量和效率有了明显提升，较好地完成了各项审判任务。在全市第五次群众安全感和满意度调查中，我院群众满意度在全市法院系统排名第二位。

加强刑事审判工作，维护社会安全稳定。严厉打击各类刑事犯罪，积极推进平安行唐建设。全年受理刑事案件227件（含旧存14件），审结212件，结案率93.39%，同比上年上升了0.79%。判处被告人288人，其中，判处10年以上13人，5～10年47人，5年以下161人，拘役、管制、单处罚金47人，免予刑事处罚20人。宣告无罪4人。全面落实最高院量刑规范化[④]的规定要求，全年对15种罪名的案件量刑规范化适用率为100%。严格贯彻罪刑法定原则和宽严相济刑事政策，通过依法审理，对提起公诉的4名被告人宣告无罪，确保无罪的人不受刑事追究。加大附带民事案件的调解力度，全年受理附带民事案件26件，调解19件，消除了双方对立情绪，为受害人挽回经济损失138.3万元。

加强民事审判工作，维护社会和谐稳定。始终坚持“调解优先、调判结合”的原则，妥善调节公民之间、公民与法人之间的利益纠纷，维护县域和谐稳定。全年受理民事案件2156件（含旧存35件），审结2112件，结案率为97.96%。发挥“三位一体”大调解作用，立案前对当事人同意调解的民事案件，移送到“三位一体”大调解中心进行诉前调解，全年移送89件，调解成功51件。对于赡养案件，加大调解力度，需开庭的案件必须在原告所在地开庭，全年受理的33件赡养案件，30件在开庭前调解，3件在原告所在地开庭，起到了审理一案，教育一片的良好社会效果。加大机动车事故责任纠纷案件的调解力度，减少上诉案件，上诉率由50%以上降低到2.7%，缩短了诉讼周期，及时维护了受害人的合法权益。妥善审理影响全县经济发展的涉众案件，河北赛克尔环保有限公司民间借贷等纠纷，在2013年立案218件的基础上，2014年立案45件，涉及县外当事人300余人，涉案金额7000余万元，通过大量的思想工作和财产保全措施，稳定了众多当事人的思想情绪，全部调解结案。

加强行政审判工作，维护社会管理秩序。依法履行行政案件司法审查职能，全力支持法治政府建设，全年受理行政诉讼案件24件，审结22件，结案率为91.7%。加大非诉执行案件[5]的执行力度，全年受理164件，执结155件，执结率为94.5%。稳步做好行政案件协调工作，妥善化解了两件诉县某行政执法机关的行政案件。为配合政府中心工作，稳妥处理了两件涉县城规划案件。为提高和规范行政执法人员执法水平，为计生局等四家行政执法单位进行了法律培训。

加大执行工作力度，维护当事人合法权益。制订了《执行工作流程》，进一步规范执行行为，不断提升执行人员素质；建立了执行指挥中心和网络查控系统，与银行系统实现了信息互联共享，提高了查询被执行人存款等情况的工作效率；加大对拒执罪的打击力度，采取了公开曝光、公布“失信黑名单”、公检法协调联动等有效措施，全年公开曝光拒不执行案件5次72件106人，每次公布失信人员10人以上，对拒不执行法院生效裁判文书的，移送公安机关15件，协查在逃197件。全年执结各类案件535件，为当事人挽回经济损失350余万元。

加强诉讼服务中心建设，保障当事人行使诉权。在立案大厅设立了导诉台，指定专职导诉员，引导当事人诉讼。将立案流程、诉讼程序、风险提示等印制成宣传材料，随机发放，供当事人参阅。安装了案件信息查询系统，当事人可随时查询案件进度，方便群众诉讼。为确有困难的173件案件当事人减、缓诉讼费85万元。开通了网上立案系统。实行预约立案和登门立案制度，到县医院、敬老院立案各一件。最大限度保障了当事人的诉权和知情权。

二、大力加强规范化管理，努力提高公正司法的能力与水平

正规化、规范化和现代化建设目标，是我院本届党组根据法院队伍现状，顺应形势需要提出的。目的是通过加强正规化、规范化管理，提高队伍整体素质，提高审判质量，提高公正司法的能力与水平，提升人民群众满意度，树立法院良好的形象。

加强思想政治建设。认真学习习近平总书记系列重要讲话精神和党的十八届三中、四中全会精神，强化理想信念和职业道德教育，通过党组理论中心组学习、“三会一课”、召开民主生活会等活动，使全院干警牢固树立政治意识、大局意识、责任意识和使命意识。

加强司法作风建设。扎实开展党的群众路线教育实践活动，通过广泛征求意见建议，梳理出涉及“四风”等8个方面的意见建议29条，对反映的问题进行了全面整改，“四风”问题和违反中央八项规定现象得到了有效遏制。狠抓党风廉政建设，组织干警认真学习党风廉政建设有关文件及领导讲话精神，学习警示教育典型案例，不断提升党员素质，发挥党员模范带头作用。经常性地查处和纠正“六难三案[6]”，积极开展“正风肃纪”和治理“不作为、慢作为、乱作为”专项教育活动，净化了法官队伍。加大对违法违纪的查处力度，全年对三名违纪干警进行了严肃处理。

加强司法能力建设。始终坚持周五学习日制度，组织新颁布法律法规的学习和培训，组织本院干警开展法律讲座，全年组织民事、刑事、行政、执行法律讲座各一次，法院干警的司法水平有了较大提升。组织新任人民陪审员学习培训两次，提升了陪审员开庭、调解的能力。把“责任胜于能力”作为专题培训内容进行学习讨论，进一步提高了干警的责任能力和务实精神。

加强审务督察工作。评查所有办结案卷，每月通报评查情况；对发还改判案件进行集体研究，每季度组织讨论1次，对发现的错案、瑕疵案件[7]交本院纪检监察室处理，全年查处错案1件。依据《审判业务部门考评办法》，由政法委组织对审判业务部门进行季度考核，对两次排名末位的

庭室负责人进行了诫勉谈话，案件质量有了明显提升。

加强审判管理工作。每月对各庭室案件办理进度及各项审判指标变化情况分析研判，提出下一步工作建议；加大庭审评查和裁判文书评查力度，每季度评比出优秀裁判文书、优秀庭审法官及公正指标和效率指标最优的庭室，每月评比出办案最多者、调撤率最高者、执行案件最多者、优秀书记员，并在法院大厅展示牌上张榜公布，培树全体干警干事创业的正气氛围，大力弘扬积极向上的正能量。

三、积极推进司法公开工作，有效提升司法公信力

按照上级法院有关司法公开的要求，通过审务公开，在各方面接受人民群众的监督，保障当事人的知情权、参与权、监督权，以公开促公正，以公正立公信。

加大信息化建设投入力度。改进了7个数字法庭，修缮了可容纳150人的多功能视频会议室，安装了案件信息查询系统，安装了远程视频接访系统，建立了网上举报系统，开通了法院微博，建设了执行指挥中心，建设了数字化审委会，每名法官配备了电脑、相机、执法记录仪，每个业务庭室配备了打印扫描一体机，为司法公开工作奠定了良好基础。

加强人员业务培训。在县委、县政府的大力支持下，2014年我院增设了信息档案管理中心机构编制和人员编制，并配备了两名技术人员，解决了专业技术人员短缺的瓶颈。对15名书记员进行了速录培训，提高书记员开庭记录速度，为庭审直播打下了基础。加强法官微机使用、电子档案录入、裁判文书上网等技术培训，使每一名法官都能熟练掌握各项司法公开技能。

全面实行审务公开。依托审判流程公开、裁判文书公开、执行信息公开三大平台，全面公开法院审判执行工作。公开案件信息3949件，公开裁判文书497件，公开执行信息159件，庭审直播8件，录制电子卷宗8462件。由于信息化建设及司法公开工作的突出成绩，2014年4月28日，我院在全市法院信息化建设及司法公开工作推进会上做了典型发言。

虚心接受社会各界监督。严格落实《监督法》，积极向人大汇报工作，向县人大常委会汇报了刑事诉讼法贯彻实施情况，汇报了2014年度工作完成情况。扎实落实五名人大代表提出的“关于县法院切实采取措施，方便群众诉讼”建议。按照我院《关于进一步加强与人大代表联络工作的意见》，与全县105名人大代表结对联络，全年联络85人次。邀请人大代表、政协委员旁听案件庭审12件，人大代表参与庭审考核28件，人大代表、政协委员见证执行11件。开展法院“开放日”活动3次，召开各类形式座谈会5次，人民陪审员参与案件审理242件（刑事122件、民商事99件、行政21件），有力地促进了法院各项工作开展。

各位代表，县法院工作取得的成绩与进步，离不开县委领导，离不开县人大、县政协有力监督，离不开县政府大力支持，离不开各位代表和社会各界的关心帮助。在此，我代表县法院向一直关心支持法院工作的同志们表示崇高的敬意和衷心的感谢！

同时，我们也清醒地认识到，法院工作仍然存在一些问题和不足：法院工作人员整体素质有待提升，裁判不公现象依然存在，案件质量与效率距人民群众的期望还有一定差距，执行难仍然是社会反映强烈的突出问题，案件数量持续增长，法官年龄老化，案多人少的矛盾日益突出，信息化建设与司法公开工作还不能满足新形势的需求。对此，我们将采取有力措施切实加以改进。

在2015年的工作中，我们将以党的十八届三中、四中全会和中央政法工作会议精神为指导，紧紧围绕“让人民群众在每一个司法案件中都感受到公平正义”的目标，牢牢把握司法为民、公正司法工作主线，大力加强法院正规化、规范化、现代化建设，全面正确履行审判职责，服从服务于全县工作大局，为县域经济建设发展、社会和谐稳定提供有利的司法保障。

一是围绕全县中心大局，积极发挥审判职能作用。刑事审判要严格落实最高院量刑规范化规定和宽严相济的刑事政策，加大刑事附带民事案件调解力度，继续推进轻刑快判工作机制[8]的实施。严惩危害群众安全的各类犯罪，为人民群众营造安乐祥和的生活环境和经济发展环境。民事审判以推进社会和谐、稳定全县大局为重，提升案件调解率，提高一审息诉服判率，“三养”案件[9]一方行动不便需开庭的，在当事人所在地开庭。家庭纠纷、邻里纠纷、土地纠纷案件根据具体情况在现场开庭。发挥“一乡一庭”作用，加强对人民调解组织的业务指导，加强对人民陪审员的业务培训。行政审判继续加大对行政机关的支持力度，召开与行政机关联席会、座谈会，提升行政执法人员执法水平。加强对行政机关依法行政工作的监督力度，凡败诉的行政机关，除为其送达判决书外，还要提出司法建议。加强行政诉讼立案工作，畅通“民告官”渠道，依法保护行政相对人的合法权益。执行工作在规范执行行为和加大对拒执罪的打击力度上下功夫，凡未在规定时限内履行义务的，一律公开曝光。继续实施公布“失信黑名单”、与有关部门协调联动等措施，依法适用强制措施和信用惩戒机制[10]，促使被执行人主动履行义务，全力破解执行难。

二是坚持党的领导，完善监督制约机制。坚持党对法院的绝对领导，维护全县工作大局。虚心接受人大及各界的监督，定期向人大汇报工作，积极配合人大评议法院案件，配合人大评议法官履职情况，加强与人大代表、政协委员的联络工作，继续召开与律师、法律工作者、人大代表、政协委员、当事人座谈会，继续开展法院“开放日”活动，邀请人大代表、政协委员旁听法院案件，邀请人大代表、政协委员参与调解、执行、考核等工作，使各界有更多的机会参与司法活动，使审判工作更加公开透明，全面促进法院各项工作顺利开展。

三是加强自身建设，巩固党的群众路线教育实践活动成果。加强领导班子建设，提升班子凝聚力和战斗力。加强业务学习培训，提高法官裁判案件的能力和水平。加强审判管理和审务督察工作，提高案件质量和效率。认真落实县纪委十五届十一次会议精神，开展纪律作风建设专项行动，彻底整治慵、懒、散、奢，不作为、乱作为的问题，严格查处吃、拿、卡、要等腐败问题，坚决杜绝冷、横、硬、推、中午喝酒的工作作风问题。反对“四风”，严格落实中央八项规定，切实转变工作作风，不断提升队伍整体素质，建设一支为县域建设和发展保驾护航的过硬队伍。

四是推进司法改革工作，促进审判工作创一流。按照中央依法治国新方略，积极推进司法改革，做好人员分类管理的前期工作，完善主审法官、合议庭办案责任制，推动立案审查制向立案登记制改革，推进诉访分离改革，抓好繁简分流推广工作，提高以法治思维和法治方式推动工作的能力，确保审判工作争创一流。

五是加大司法公开力度，全面深化阳光司法。进一步完善开放、动态、透明、便民的阳光司法机制，积极探索司法公开的新途径新方法，加大审判流程公开、裁判文书公开、执行信息公开力度，对依法应当公开的审判流程信息、执行信息、裁判文书全部在网上公开，提高庭审网络直播数量，不断拓展司法公开的广度和深度，积极回应群众关切的问题，确保司法权在阳光下运行，以司法公开倒逼司法公正，不断提升司法公信力。

各位代表，2015 年是全面推进依法治国的开局之年，也是实现十二五规划的收官之年。我们将以十八届四中全会精神为指引，进一步解放思想，开拓进取，扎实工作，攻坚克难，为实现“突出项目立县，推进转型突破，实现实力跃升，建设和谐行唐”目标，提供更加有力的司法保障和服务。

附件一

部分用语注释

①**司法公开**：即立案公开、庭审公开、执行公开、听证公开、文书公开和审务公开。

②**信访投诉率**：信访案件数占结案总数的百分比。

③**服判息诉率**：一审结案未上诉案件数占结案总数的百分比。

④**量型规范化**：中央确定的重要司法改革项目。自2010年10月1日开始，全国法院全面试行刑事案件量刑规范化改革，将量刑纳入法庭审理程序，明确了未成年犯、未遂犯、自首、立功等14种常见量刑情节对基准刑的调节幅度，对常见、多发的交通肇事、故意伤害、抢劫、盗窃等15种犯罪的量刑进行规范。庭审中充分听取控辩双方对量刑的建议，以增强量刑的公开性和透明度，使量刑尺度进一步统一，法官自由裁量权的行使更加规范。

⑤**非诉执行案件**：是指公民、法人或者其他组织对行政机关作出的具体行政行为在法定期间内既不提起诉讼（或复议）又不履行的，有申请权的行政机关申请人民法院强制执行的案件。

⑥**六难三案**：门难进、脸难看、事难办和立案难、诉讼难、执行难；人情案、关系案、金钱案。

⑦**瑕疵案件**：是指法院工作人员由于业务水平、工作责任心等原因致使所办案件存在一定差错，尚不构成错案，引起涉诉信访发生或造成不良影响的案件。

⑧**轻刑快判工作机制**：是省法院、检察院、公安厅、司法厅2013年11月《关于快速办理犯罪嫌疑人、被告人认罪的轻微刑事案件的工作意见(试行)》规定的对案情简单，事实清楚，证据确实、充分，被告人认罪且可能判处三年以下有期徒刑、拘役、管制、单独适用附加刑或者免予刑事处罚的轻微刑事案件，在遵循法定程序和期限，确保办案质量的前提下，简化工作流程，缩短办案期限的工作机制。

⑨**“三养”案件**：扶养、抚养、赡养案件。

⑩**信用惩戒机制**：是指对违反法律法规的失信行为，通过降低行为人社会评价的方式使其承受社会谴责、经济损失或者丧失经营资质的惩罚。一是禁止乘坐飞机、列车软卧等高消费；二是限制在金融机构贷款或办理信用卡；三是失信被执行人为自然人的，不得担任企业的法定代表人、董事、监事、高级管理人员等。

附件二

2010～2014年县法院受理案件数量走势图

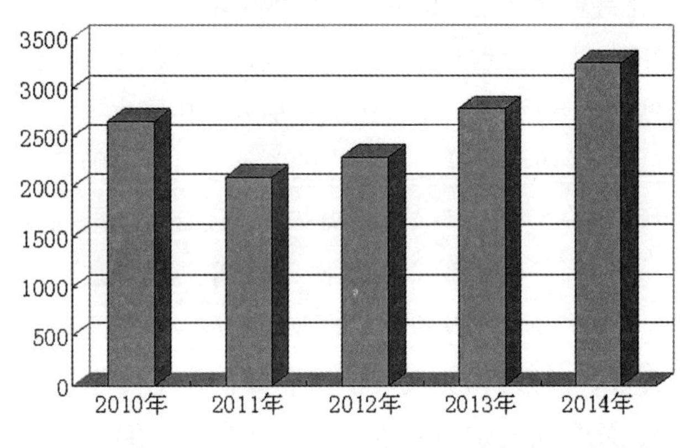

2010年～2014年省、市交办信访案件走势图

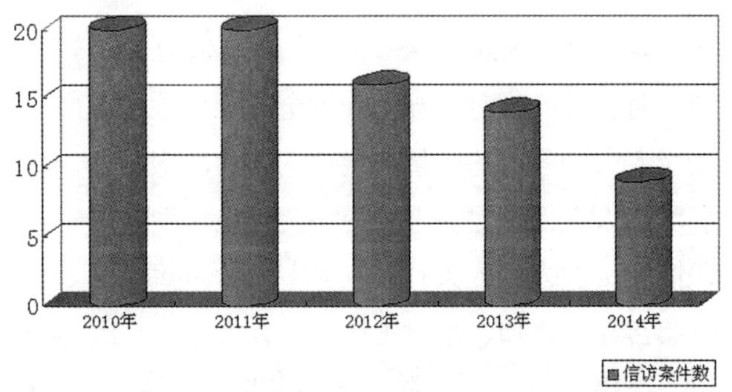

2014 年县法院结案数量结构图

共审（执）结 3066 件

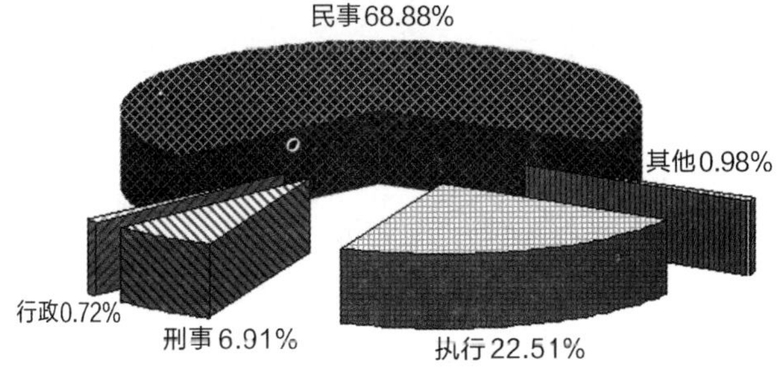

2014 年县法院干警年龄结构图

干警共 75 人

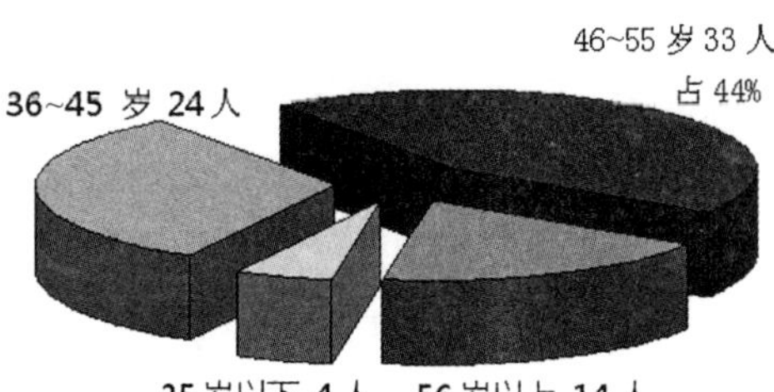

行唐县人民检察院工作报告

——2015 年 3 月 10 日在行唐县第十五届人民代表大会第五次会议上

行唐县人民检察院检察长　何步云

各位代表:

现在，我代表行唐县人民检察院向大会报告工作，请予审议。

2014 年，县检察院在县委和上级院的正确领导下，在县人大及其常委会的有效监督下，在县政府的大力支持、县政协的民主监督和社会各界的关心下，深入贯彻落实党的十八届三中、四中全会精神，全面依法履行法律监督职责，不断提升法律监督能力和监督工作实效，积极推进反腐倡廉、平安行唐、法治政府和检察队伍建设，各项检察工作均取得新成绩，为建设“和谐行唐”发挥了积极作用。

一、积极发挥检察职能，主动服务全县工作大局

主动服务企业发展。制定出台《服务保障园区建设和安全投资实施意见》，深入开展“服务园区建设、保障安全投资、促进企业发展”活动，切实为工业园区建设、企业发展排忧解难，防范和减少职务犯罪和损害企业发展的违法犯罪行为，对 10 个引进企业开展了调查问卷，组织召开促进企业发展座谈会 2 次，进行法制知识讲座 6 次，解决企业生产经营过程中的法律问题 34 个，为企业安全投资提供高效优质的司法保障。

积极参与社会管理。为提高全民法律意识，广泛开展法律宣传进基层、到学校活动，先后参加“政法机关下乡服务团”法律宣传和第十六个“举报宣传周”活动，到全县重点学校举办“珍爱青春，与法同行”为主题的法制大讲堂。共开展法律知识宣讲 8 次，发放宣传材料 2000 余份，接受群众咨询 120 余次，发放法律宣传读本 240 余册，增强了群众法律意识和法制观念；依托在 15 个乡（镇）设立的检察服务站，公开涉农检察举报信箱，制定涉农检察工作制度，先后在乡（镇）开展了“服务民生、法律咨询”、“民事行政检察进田间、入农户”等系列活动，发放检察服务资料，建立快速信息渠道。根据群众举报，查处发生在群众身边的涉农职务犯罪案件 2 件 3 人，切实维护群众利益不受侵犯；同时注重在办案中做好对刑事被害人的救助工作，对不批准逮捕、不提起公诉、实名举报初查不立案等进行释法说理答疑，定期向群众通报检察工作情况，努力提高群众满意度。

畅通群众诉求渠道。着力构建大信访格局，推动全院每个环节、每个岗位都注重涉法涉诉问题，让每个窗口都成为化解群众矛盾的前沿阵地。在落实好来信来访首办责任制和检察长接访、下访、巡访等制度基础上，对原接待室进行升级改造，将控告申诉流程、受理案件范围、接访人员职责等进行公示，为来访群众提供更便捷的服务。全年接待群众来访 81 次 120 余人，办理信访案件 21 件，做到了件件有回音，事事有落实；全面深化检务公开，设立检务大厅，规范检务公开的内容和范围，安装案件自助查询机，将需要公开的案件信息录入案件查询系统供群众随机查阅，保障人民群众对检察工作的知情权和监督权。同时开通检察院门户网站、检察微博向社会公布案件信息和检察工作进展等情况，全方位多角度地向群众展示检察动态，提升检察机关执法公信力。

二、积极参与平安行唐建设，努力增强人民群众安全感

依法严厉打击刑事犯罪。认真履行批捕、起诉等职能，以不断提高群众安全感为中心，突出打击严重危害人民群众生命财产安全、严重破坏社会秩序的暴力犯罪、黑恶势力犯罪、多发性侵财犯罪，维护全县社会稳定。案件受理实行 24 小时受案，确保随报随收；对每一起报捕案件坚持讯问犯罪嫌疑人，认真听取其供述和辩解，通过多个环节对案件质量严格把关；审查批捕起诉严把质量关、证据关、程序关和适用法律关，重大疑难案件实行个人阅卷、集体讨论、检委会决定和公检法联系会制度，提高办案质量和效率，确保执法公正。全年共批准逮捕 128 件 167 人，向法院提起公诉 194 件 269 人，法院判决 199 件 267 人，移送市院审查起诉 11 件 19 人。

积极维护青少年合法权益。对侵害青少年合法权益的犯罪案件，提前介入，严厉打击；对未成年人刑事犯罪的，坚持教育为主、惩罚为辅的原则，对符合条件的被告人依法提出从轻、减轻和免处等量刑建议，并做好庭审教育和后续帮教工作。我院在办理在校大学生刘某交通肇事一案时，因为案件当事人刘某积极采取救助措施，家属积极赔偿被害人经济损失，得到被害人家属谅解，经检委会研究决定，依法对刘某作出不起诉处理。2014 年，针对未成年人犯罪案件共向法院依法提出从轻、减轻和免处量刑建议 10 人次，均被法院采纳。同时对涉及未成年人犯罪的案件，进行全程监督，批准逮捕 9 件 11 人，不批准逮捕 1 件 1 人，审查起诉案件 17 件 26 人，不起诉 3 件 3 人。提请市院抗诉 3 件 7 人，其中 2 件 2 人改判。

加强内部办案监督制约。为推进案件的统一受理、流转、流程监控预警、案件查阅等工作，设立案件管理办公室，保障案件办理公平公正，维护法律权威。对公安机关移送的案件信息进行认真核对，保证提请批准逮捕书、起诉意见书与案卷记录信息相一致，全年共受理、流转各类案件 392 件 659 卷。对纳入流程监控的案件进行跟踪、预警，对办案部门在办案过程中可能出现的违法办案情形及时提出纠正意见，保证办案质量。对侦监部门办案期限进行预警提示 7 次，对公诉部门办案期限预警提示 9 次；为律师提供阅卷服务 12 人次。

三、积极查办和预防职务犯罪，促进反腐倡廉建设

严厉查处各类职务犯罪案件。认真贯彻落实县委和上级检察院反腐工作要求，坚持有腐必反、有案必查。共立案侦查贪污贿赂案件 12 件 13 人，移送起诉 5 件 8 人，一审有罪判决 7 件 9 人；以优化我县发展环境为重心，严肃查处国家机关工作人员不作为、乱作为给国家和人民利益造成重大损失的案件，能源资源和生态环境领域职务犯罪案件，以及重大群体性事件、重大责任事故背后的渎职侵权犯罪案件。共查处渎职侵权案件 2 件 5 人，移送起诉 1 件 2 人，有罪判决 1 件 2 人。

突出抓好专案办理工作。先后承办中纪委、高检院、省纪委、省院交办专案 6 件，依法查处原呼和浩特市铁路局常务副局长（正厅级）刘彪受贿案、《石家庄日报》原社长王贵海受贿案、省交通厅高管局石黄管理处副处长李进忠受贿案、市交通局西柏坡高速管理处处长赵建民受贿案、正定医保中心主任韩根锁受贿案等一批在全省、全市有影响、有震动的案件，为国家挽回经济损失 800 余万元。

深入开展职务犯罪预防工作。围绕九口子乡土地整治、口头镇武庄村土地开发、升仙桥路北延道路配套工程等 5 个重点工程项目开展了专项预防，实行重大工程立项信息报送制度、工程资金使用跟踪制度、工程建设廉政情况评价制度“三步预防法”。在城镇建设、土地开发整理、退耕还林、粮食直补等职务犯罪高发领域、高发行业开展专项预防、行业预防和系统预防活动 26 次。深入开展职务犯罪预防宣讲活动，开展预防咨询 178 次，警示教育 18 次，行贿犯罪档案查询 407 次。组织环保、国税等多个部门到桥西区警示教育基地进行参观学习。邀请市院预防处领导对供电公司、工商局等单位进行预防职务犯罪专题知识讲座，筑牢干部廉洁从政、依法执政的思想根基。

四、积极履行诉讼监督职责，促进社会公平正义

加强刑事诉讼活动监督。依法纠正有案不立、

有罪不究、以罚代刑等问题，维护法律的公正和权威。通过走访调查、调卷审查及审查批捕案件等方式，监督侦查机关对应当立案而不立案的，监督立案6件6人；不应当立案而立案的，监督撤案2件2人，实现了从被动监督到主动监督的转变。对不符合逮捕条件的坚决不予批捕，对采取强制措施不当的及时予以纠正，作出不批准逮捕27件28人，纠正漏捕10人。通过审查案卷、出庭公诉、检察长列席审委会、审查刑事判决裁定及提出量刑建议等举措，切实加强对审判活动的监督，经审查决定不起诉14件14人，对确有错误的判决依法提起抗诉7件21人，追诉漏犯3件9人，追诉漏罪3件3人，移送职务犯罪线索4件5人。对侦查和审判中出现的问题，及时运用《检察建议书》、《纠正违法通知书》等监督方式，纠正违法10件10人。

加强民事行政审判监督。认真落实修改后《民事诉讼法》关于监督范围和监督方式的新规定，综合运用抗诉、检察建议、督促履职、督促起诉和支持起诉、违法行为调查等手段进行监督。共办理各类申请监督案件26件，协助市院办结二审申诉案件16件，维护了当事人合法权益。对确无错误的判决，认真做好释法说理、息诉服判工作，维护法律的严肃性。

加强对刑罚执行活动的监督。针对人民群众关注的违法保外就医、监外执行等问题，认真开展减刑、假释、暂予监外执行专项监督活动。对全县386名社区矫正人员全部建立档案，配合市院对暂予监外执行人员进行全面体检，对2名不符合暂予监外执行的人员发出了检察建议，法院作出收监决定。依法履行刑罚执法和监管活动监督职责，纠正刑罚执行和监管不当问题11次。

深入推进行政执法监督。在人大强力监督和支持下，我们加大对行政执法监督力度，扩大监督范围，使接受监督的行政执法部门达到31个。为深化行政执法监督实效，我们先后对交警大队、国土局等19个部门执法情况进行专项监督和预防调查，查阅执法案卷63本。同时，加强对执法案卷剖析，深挖问题根源，发现执法案件中存在的问题，并对部分涉案人员进行处理；为充分发挥行政执法与刑事司法衔接机制平台作用，进一步完善平台执法信息录入功能，建立联席会议、情况通报、案件报备、案件移送和移送监督等工作机制，规范案件移送标准和证据标准，监督效果更加显著。全年对1069件做出行政处罚的案件进行录入，行政机关直接移送涉嫌刑事案件7件8人，建议行政机关移送2件3人，监督公安机关立案2件2人。

五、狠抓检察队伍建设，努力提升整体素质能力

扎实开展党的群众路线教育实践活动。牢牢把握“照镜子、正衣冠、洗洗澡、治治病”的总要求，以整风精神解决“四风”和执法作风方面的突出问题，先后通过召开征求意见座谈会、干部蹲点调研及邀请“两代表一委员”开门评检等活动，征集意见和建议21类512（人）条。召开专题民主生活会，班子成员开展批评和自我批评，为检察工作上台阶夯实基础。积极开展办公用房清理腾退工作和公车私用、警车使用不规范等专项治理活动，使检察干警尤其是领导干部“立检为公、执法为民”理想信念更加坚定。

注重提高干警综合素质。每周五下午组织干警进行政治业务学习，学习党的方针政策和司法改革新进展，筑牢干警依法监督、廉洁办案的思想意识；以提高干警的执行力为着力点，注重对修改后的《刑诉法》、《民诉法》和《检察机关执法工作基本规范》的学习，提高干警的实践经验和理论素养。全年共组织参加各类专项培训18次，组织业务技能培训12次，组织干警大练兵6次。参加省院举办的执法规范化在线考试，均取得了良好成绩。建设文化长廊，让干警时刻受到文化的熏陶。同时，对娱乐室、健身室进行改建，购置体育器材，丰富干警文体生活。

加强检察队伍作风建设。深入贯彻落实中央“八项规定”和“十条禁令”，严格执行检察纪律和各项行为禁令，坚决反对特权思想、霸道作风，

坚决反对慵懒散奢、冷硬横推、吃拿卡要，坚决反对铺张浪费，牢固树立检察机关良好形象；以重要执法岗位、执法环节和执法办案一线人员为重点，严格案件审查、报批、备案等程序，加大执法过错责任追究力度，促进依法办案，与全体干警签订了廉洁从检承诺书；主动接受人大及其常委会监督，认真贯彻落实人大工作决议，主动向人大及其常委会报告工作，定期开展检察开放日活动，在检察决策和执法办案过程中充分听取意见，接受社会监督。2014 年，我院向县人大常委会作了《关于贯彻执行修改后刑事诉讼法工作情况报告》和《对行政执法部门进行法律监督的工作报告》，邀请“两代表一委员”开展了两次“检察开放日”活动，增加检察工作的透明度。县人大听取了我院业务科室负责人述职，并组织人大代表对科室负责人进行评议，促进执法公正。

各位代表，检察工作一年来取得的成绩，是县委和上级检察院正确领导的结果，是人大监督、政府支持、政协关心以及社会各界和广大人民群众倾心帮助的结果。在此，我代表检察院全体干警表示衷心的感谢！

在总结成绩的同时，我们也清醒地认识到，检察工作与行唐发展的新需要及人民群众的新期待，还存在一些问题和不足：一是法律监督职能发挥不够充分，打击职务犯罪成效与人民群众的期待还有一定距离。二是对自身执法活动的监督制约还需加强，个别干警执法能力和执法水平还不能适应新形势新任务的要求。三是检务工作公开的透明度和主动性还有待进一步提高。四是检察队伍整体素质有待进一步提高，专业化程度不高，高层次、专家型人才不足等问题仍然存在。这些问题和不足，我们将采取有力措施在今后工作中认真加以解决。

2015 年，检察院将深入贯彻落实党的十八届四中全会、省委八届九次全会、市委九届六次全会、县委十一届五次全会和中央政法工作会议精神，紧紧围绕县委和上级院的决策部署，巩固扩大群众路线教育实践活动成果，以执法办案为中心，全面正确履行各项检察职责，深入推进检察队伍职业化建设，为加快行唐转型升级、跨越赶超提供强有力的司法保障。我们将重点抓好以下几项工作：

一是深入学习贯彻十八届四中全会精神，积极主动为法治行唐建设作贡献。毫不动摇地坚持党对检察工作的领导，主动把检察工作融入全面推进依法治县的工作布局。自觉接受人大监督，继续推进依法行政工作，借助行政执法法律监督和“两法衔接”平台，不断加大法律监督力度，增加力量投入，突出问责，规范执法行为，促进干部依法行政、廉洁行政，有效解决好中梗阻问题。对政府预算中资金使用、政府采购等情况进行监督，促进公开透明、阳光财政。

二是积极服务全县经济社会发展大局。紧紧围绕优化“两个环境”重点工作，加强对生态环境的司法保护；继续开展服务园区建设、服务企业和服务项目工作，为企业发展营造良好的发展环境；深入开展涉农检察工作，借助新设立的检察服务站平台，丰富活动内容，提高检察官上站频次，畅通群众表达诉求的渠道；严肃查处发生在群众身边的涉农领域职务犯罪，保障国家扶贫资金高效使用，使惠农资金真正惠及广大人民群众。

三是全力维护社会和谐稳定。全面落实深化平安中国建设会议精神，充分发挥批捕、起诉职能作用，严厉打击严重刑事犯罪，进一步提升人民群众的安全感。积极参与对重点领域的专项整治和重点问题的专项治理，加强社区矫正法律监督和帮教服务工作。

四是加大查办和预防职务犯罪工作力度。始终保持惩治腐败的高压态势，进一步加大执法办案力度，突出打击重点，完善工作措施，突出查办一批职务犯罪大要案和关系人民群众切身利益的案件。积极推进惩防一体化机制建设，继续深化重大项目建设预防工作，着力推进专项预防、行业预防和系统预防。

五是加大诉讼监督力度。完善法律监督机制，强化对刑事、民事和行政诉讼活动的法律监督，规范司法行为，进一步畅通“民告官”渠道，把司法权关进制度的笼子，坚决纠正办关系案、人情案、金钱案等司法不公突出问题，促进公正司法。认真落实各项检察改革，深化检务公开，增强执法办案透明度。

六是坚持不懈地抓好队伍建设。以公正廉洁执法为核心，坚持不懈地抓好思想政治建设、纪律作风建设、执法规范化建设。主动接受县人大常委会对检察官履职情况的述职评议，认真办理人大代表建议，促进司法工作透明化。坚持从严治检，加大监督检查和问责追究力度，时刻树立“打铁还需自身硬”的监督理念，打造一支自身正、自身净、自身硬的检察队伍。

各位代表，2015 年是全面推进依法治国的开局之年，也是实现“十二五”目标的收官之年。检察院将在县委和上级检察院的正确领导下，在县人大及其常委会的有力监督下，认真贯彻本次会议精神，进一步解放思想，开拓进取，扎实工作，为实现“突出项目立县，推进转型突破，实现实力跃升，建设和谐行唐”总目标作出新的更大贡献。

关于行唐县2014年县本级预算及县总预算执行情况和2015年县本级预算及县总预算（草案）的报告

——2015年3月9日在行唐县第十五届人民代表大会第五次会议上

行唐县财政局局长　陈树旗

各位代表：

受县政府委托，现将2014年县本级预算及县总预算执行情况和2015年县本级预算及县总预算（草案）的报告提请大会审议，并请政协各位委员和其他列席人员提出意见。

一、2014年财政预算执行情况

2014年，在县委的正确领导下，在县人大、县政协的监督指导下，我县财政工作坚持以党的十八届三中、四中全会精神为指引，以科学发展观为统领，紧紧围绕稳增长、调结构、攻重点、抓改革、惠民生、优环境，以“突出项目立县，推进转型突破，实现实力跃升，建设和谐行唐”为总目标，深化管理改革，狠抓增收节支，大力争取项目和资金，千方百计保运转、惠民生、促稳定，推动全县经济社会转型改革、稳中求进，圆满完成了县十五届人大四次会议确定的各项目标任务。

（一）全县财政收支执行情况

2014年，全县全部财政收入完成51720万元，同比增收6112万元，增长13.4%。其中，一般公共预算收入完成32662万元，同比增收7740万元，增长31.1%。

全县年初支出预算94356万元，加上上级新增专项转移支付、地方政府债券收入、调入资金等，支出预算调整为184542万元。全县一般公共预算支出完成172994万元，同比增长28.4%；年终结余11548万元（专款及财力性转移支付），全部结转下年支出。

全县重点支出134995万元，占一般公共预算支出的78%，同比增加0.6个百分点。其中，民生支出121389万元，占一般公共预算支出的70.2%。

全县一般公共预算主要项目支出情况是：一般公共服务支出17273万元，占预算（指调整预算，下同）的99.6%，增长15.1%；公共安全支出5826万元，占预算的91.7%，下降3.7%；教育支出32239万元，占预算的99.1%，增长18.9%；科学技术支出1802万元，占预算的99.1%，增长23.7%；文化体育与传媒支出1127万元，占预算的93.5%，增长22.9%；社会保障和就业支出17563万元，占预算的92.3%，增长4.5%；医疗卫生与计划生育支出23251万元，占预算的99.6%，增长30%；节能环保支出11775万元，占预算的97.5%，增长37.5%；城乡社区支出3202万元，占预算的99.9%，增长1.47倍；农林水支出35080万元，占预算的97.3%，增长55.5%；交通运输支出4365万元，占预算的95.8%，增长9.2%；资源勘探电力信息等支出8194万元，占预算的99.8%，增长4.52倍；商业服务业等支出140万元，占预算的84.9%，下降96.2%；国土海洋气象等支出1423万元，占预算的96%，下降32.4%；住房保障支出6332万元，占预算的100%，增长1.18倍；粮油物资储备支出410万元，占预算的100%，增长55.9%；国债还本付息支出536万元，占预算的100%，增长1.7%；其他支出2456万元，占预算的24.9%，增长15.1%。

（二）县本级财政收支执行情况

2014年县本级一般公共预算收入完成21845万元，加上上年结余、税收返还、转移支付、调入资金等，扣除上解支出、补助下级支出，支出预算调整为171543万元，实际支出159995万元，同比增加37087万元，增长30.2%；年终结余11548万元（专款及财力性转移支付），全部结转下年支出。

县本级（即全县）政府性基金收入年初预算安排37802万元，完成26762万元。其中，国有土地使用权出让收入年初预算安排36258万元，完成25568万元（土地指标出让收入年初预算安排25000万元，完成19173万元）。加上上年结余2031万元、上级补助收入6344万元，全年政府性基金可用财力35137万元。支出28279万元，年终结余6858万元（专款），全部结转下年支出。

上述预算执行情况均为决算初步数据，省、市汇审及批复结算事项后还会有些变化，届时再向县人大常委会报告。

（三）预算执行的主要措施

——全力组织收入，一般公共预算收入大幅增长。根据县人代会批准的预算，迅速批复落实收入计划，完善组织收入考核奖惩办法，进一步强化收入征管责任，结合培植新兴财源，充分挖掘增收潜力，实现了一般公共预算收入大幅增长。一是加大财源培植力度。投入7389万元支持企业科技创新、技术改造等工作；落实省、市两级乳粉产业发展专项资金2031万元，专项用于扶持乳粉行业发展，增强了企业发展活力，为县域经济发展增添了后劲。年初安排扶贫创业资金270万元，为扶持全民创业，促进企业发展提供了资金支持。研究上级政策动向，确定了主要通过支持企业转型升级、增加科技投入、扶持创业、开展“助保贷”、加强与冀财基金合作等方式扶持企业发展，为2015年扶持财源、增加收入奠定了基础。二是开展综合治税专项行动。健全税源信息采集、监控、分析体系，通过开展涉税信息比对分析，完善“以电控税”、“以拨控税”、“以证控税”等监控手段，加强对建筑安装、房地产、“营改增”企业的税收征管。累计查补土地增值税、城镇土地使用税、耕地占用税、车船税等4366万元，公平了税负，优化了税收环境。三是强化非税收入征管。自主研发了非税收入接口软件和分析系统，搭建平台，实现了单位、财政、银行之间的信息共享，确保了非税收入数据的实时传递和全程动态监控，有效遏制了执收单位坐支财政资金、私设小金库等违纪行为的发生，杜绝了资金的跑冒滴漏。加大手工票据的审核力度，强化源头管理，实行购前审批、限量购买、验旧领新、票款同步。对执收执罚单位进行全面检查，发现问题及时纠正，确保了非税收入应收尽收。

——完善项目申报，争引资金取得新突破。一是明确争引目标。梳理编印了《2014年向省、市争取专项资金（项目）目录指引》500余份、《财政涉农项目申报指南》1000余份，分发到相关部门、企业、农村、合作社和农户手中，灵通了信息，把握了重点，明确了争引方向。二是筛选项目扩大争引成效。建立健全项目库，加强项目储备，积极引导各部门和相关企业筛选、申报项目，提高了申报成功率和资金到位率，扩大了争引成效。2014年，全县争取上级各类专项资金88234万元，同比增加22655万元，增长34.5%，促进了全县经济社会发展。

——优化支出结构，财政保障职能明显增强。一是保障机关正常运转和公教人员工资。拨付经费23711万元，保证了各级机关的正常运转；落实了各项政策性增资，发放工资62144万元。筹措资金10565万元，连续两次调增全县公教人员津补贴，从年人均1.1万元先后调增到1.52万元和1.76万元；落实2014年度精神文明奖3947万元，增资幅度及文明奖标准远超周边兄弟县（市）。二是保证教育优先发展。落实教育优先发展战略，拨付各类教育资金32238万元，保证了中小学校的正常运转。其中，筹措资金14782万元保障了一中搬迁工作的顺利完成；拨付504万元支持了义务教育均衡发展。三是全力推进平安行唐建设。落实农村安全饮水资金1262万元、农产品质量安全监测与控制资金100万元，保障了群众基本的饮食安全；拨付“天网工程”资金506万元，建立监控点187个，治安监控体系进一步完善，为建设平安行唐提供了资金保障。四是全面落实惠农政策。发放良种补贴900万元、粮食直补及农资综合直补5669万元、水库移民补贴727万元、农机购置补贴1095万元；争取1000万元支持“一廊四基地”设施蔬菜建设；争取中央扶持现代农业发展资金808万元、农民专业合作社创新试点等资金891万元、农产品初加工及农业产业化项目扶持资金588万元，专项用于扶持现代农业发展；争取上级扶贫资金3638万元，拨付1271万元，为107个贫困村7.67万人脱贫致富提供了资金支撑。五是不断完善城乡社保体系。启动新农合意外保险，扩大了参合农民受益面；实现了职工医疗保险市级统筹，提高了报销比例和限额；全年拨付养老、医疗、新农合、低保、新农保等各类资金33673万元，增强了保障能力，促进了社会和谐稳定。实施积极的再就业政策，拨付再就业资金705万元，帮助就业困难人员和富余劳动力就业。充分发挥农业保险强农惠农作用，投入729万元，投保小麦22万亩、玉米23万亩；投入790万元，投保奶牛2万余头；投入3万元，投保能繁母猪500头。其中玉米保险除政府应负担的部分外，对农户应负担部分按每亩1元的标准给予了补贴。加快保障性住房建设步伐，拨付棚户区改造资金462万元；争取保障性住房建设任务440套，为68户发放了廉租住房租赁补贴。六是加大环境综合整治投入力度。投入减排、控车、压煤、降尘等大气污染防治资金4374万元；落实主干道两侧绿化占地补偿款702万元；投入绿化资金2240万元。七是积极推进农村面貌改造提升行动。争取省级以上农村“一事一议”奖补资金1449万元，整合涉农资金2832万元，安排专项资金2616万元，引导社会力量筹集资金561万元。共计投入7458万元实施农村面貌改造提升行动，完成了预定的“15件实事”项目。其中，投入528万元，硬化道路8.8万平方米；投入3790万元，消灭连茅圈5.1万座，改造旱厕1295座；投入215万元，安装太阳能路灯600盏。八是严控“三公”经费支出。贯彻中央八项规定和克服“四风”总要求，加强预算源头控制，参照上级相关规定，对各单位公务接待费按正常公用经费的2%安排。认真执行“三公”经费及会议费、培训费统计月报制度，对“三公”经费等实行动态监控。

——推进改革创新，财政管理水平进一步提高。一是深入推进预算、决算公开。印发专门文件，提出明确要求，建立了预算、决算公开月报机制，责任落实到人。对部门和乡（镇）预算、决算公开情况进行了抽查，抽查面达50%以上，确保了财政预算、决算公开工作落到实处。二是规范政府性债务管理。印发了《行唐县政府性债务管理暂行办法》和《行唐县政府性债务风险管控方案》；对全县存量债务进行了清理甄别，锁定了债务数据，为政府性债务纳入全口径预算管理奠定了基础。三是扩大政府采购范围。采购范围由货物类扩大到工程建设和专业服务类，将河道采砂经营权转让、污水处理厂特许经营权转让、财政投资评审中介机构选择等项目纳入政府采购，在公共资源领域引入了竞争机制，体现了公平，实现了经济和社会效益。2014年，共组织实施政府采购项目75个，采购额25888万元，同比增长33.7%，节约资金784万元。四是推进投资评审改革。创新投资评审工作思路，建立专家库，前移评审关口，在预算评审之前先评审方案，杜绝不合理方案的形成和实施；通过引入中介机构评审重大项目，复核评审结果，提高了评审质量。2014年共评审一中新校区附属工程、西环及城区绿化建设、香港路标志性街道、管网配套建设、土地治理等项目259个，送审金额85260万元，审减金额8155万元，综合审减率9.56%，提高了财政资金的使用效益。五是探索开展政府购买服务。出台了《关于政府向社会力量购买服务的实施意见》，制定了《政府向社会力量购买服务的指导性目录（第一批）》和《2014年政府向社会力量购买服务事项》。实施了行唐县玉城污水处理厂、行唐县第二污水处理厂委托运营；以公开招标的方式引入中介机构，对财政投资项目的预算、决算及公立医院进行了评审、审计。六是助推“医养扶一体化”工作。制定了《行唐县“医养扶一体化”专项资金管理办法》，安排关怀扶助专项资金70万元、应急保障资金40万元，保障计生困难家庭的养老医疗需求。七是规范投资管理，简化拨付手续。出台了《行唐县财政性资金投资项目管理办法（试行）》、《关于规范财政性资金投资项目合同签订等有关事宜的通知》等一系列制度，规范了政府投资项目管理；制定了《行唐县专项资金管理责任划分办法》，厘清了财政部门、主管部门和项目单位在资金申报、拨付过程中的责任，简化了资金拨付手续。其中，中央基建资金的申报资料从38项减少到26项，受到管理和服务对象的好评。八是加快国有资产整合。实现了技校与职教中心合并，交警队迁至原技校办公，公开拍卖闲置后的交警南院，所得2123万元统筹用于县城建设；摸清了各单位公务用车的底数，为下一步公车改革奠定了基础。九是积极推进各项服务。公开资金拨付程序，方便群众办理业务；举办了“行唐县农村干部专题培训班”、“行唐县农民合作社规范化建设培训班”、“规范行政事业单位内部控制培训班”，先后5次组织全县行政事业单位会计学习《预算法》，提高了政策的知晓度和会计人员的业务素质。

——加强自身建设，财政运行廉洁高效。一是建立廉政风险防控机制。梳理出资金管理拨付、预算管理、项目申报、强农惠民、政府采购、资产管理、财政评审、队伍建设等廉政风险点163条。其中，班子成员查找风险点31条，相关科室负责人及工作人员查找风险点132条。针对不同的风险点，制定了相应的防范控制措施，促进了依法理财、科学理财、廉洁理财。二是扎实开展党的群众路线教育实践活动。紧紧围绕“为民、务实、清廉”这个主题，深入开展学习，进一步提高了为民服务的思想意识；广泛诚恳征求社会各界的意见建议703条，经梳理汇总为16个方面，并逐一落实整改到位；认真开展批评与自我批评，收到了红脸、出汗、排毒、治病的效果，克服了“四风”方面的突出问题，达到了“照镜子、正衣冠、洗洗澡、治治病”的总要求，提高了政策执行力和服务宗旨意识。三是持续深化国库集中支付改革。规范和完善国库集中支付制度，巩固授权支付成果，扩大直接支付范围，全年国库改革资金量达180347万元（含政府性基金）。全面推进公务卡改革，督促所有预算单位办理了公务卡，目前正在进行网络联通和系统安装测试，2015年将正式启动，不断提高公务消费的透明度。四是加快金财工程建设步伐。全面推广应用“县级版”、“乡镇版”财政管理信息系统，规范运行专项资金公开运行平台、专项资金即时分析监控系统、预算编报系统、项目库管理系统，将多项监管职责固化到管理软件，对资金实行全程在线监控。2014年监控各类资金流量达180347万元，财政资金监管的信息化、自动化水平不断提高。

一年来，全县财政工作取得了有目共睹的成绩。这些成绩的取得是县委、县政府科学决策、正确领导的结果，是县人大、县政协及代表委员们加强监督、有力指导的结果，是各乡（镇）、各部门以及全县人民艰苦奋斗、共同努力的结果。

同时，我们也清醒地认识到，财政运行中还存在问题和不足：随着我县招商力度的加大及园区建设的推进，新入驻企业增加较多，但大部分企业投资处于增值税抵扣期，税收增长不能快速显现；全面清理税收优惠政策后，将对我县招商引资工作产生一定影响；政策性减收因素对收入增长的影响将持续存在，如营改增、降低税率、提高小微企业起征点、节能减排、淘汰落后产能、环境保护等政策将影响一些行业的税收增长；政策性和民生重点工程支出需求刚性强，各部门要求发展的愿望强烈，财政保障压力很大。这些问题和不足，需要各部门、各单位理解、支持并共同努力，在改革和发展中加以解决。

二、其他需要说明的情况

进入2015年后，在县人代会批准预算草案之前，县政府为保工资、保运转，履行法定的支付义务，根据《预算法》有关规定，参照2014年预算执行情况，已安排财政支出15140万元，其中：人员经费8388万元、正常公用经费328万元、项目支出5026万元、上年结转支出1398万元。

三、2015年财政预算安排情况

2015年预算安排的指导思想是：认真贯彻落实党的十八届三中、四中全会精神，围绕县委、县政府工作部署，全面深化财政预算管理改革，不断优化支出结构，保工资、保运转，集中财力保重点、保急需，着力保障和改善民生，积极实施创新驱动发展战略，努力促进产业结构转型升级，切实提高资金支出绩效，为实现县域经济事业科学、较快发展尽力提供财力支撑。

统筹考虑全县经济财政形势、现行收入结构和收入质量等因素，全县全部财政收入安排56650万元，比上年完成增加4930万元，增长9.5%。其中，一般公共预算收入安排35289万元，比上年完成增加2627万元，增长8%。初步汇总的全县一般公共预算支出安排105601万元，比上年预算增长49.2%。

按照2015年收入计划和现行体制测算，县本级一般公共预算收入安排24472万元，比上年完成增加2627万元，增长12%。加上上级税收返还及各项财力性补助49065万元、乡（镇）上解收入2717万元、上年结余中财力性资金结转7405万元、政府性基金调入资金14142万元，减去对乡（镇）均衡性转移支付及农村税费改革转移支付等4013万元、专项上解支出300万元，县本级一般公共预算可用财力93488万元，同比增长56.6%。按照量财办事、收支平衡的原则，相应安排县本级一般公共预算支出93488万元。按支出结构划分，人员经费安排68236万元，占总支出的73%；公用经费支出安排25252万元，占总支出的27%，其中正常公用经费3424万元、专项公用经费21828万元。

县本级（即全县）政府性基金收入安排76600万元，加上上年结余6213万元（不含2015年科目调整部分），政府性基金可用财力82813万元。根据以收定支、专款专用和自求平衡等相关规定，当年政府性基金支出预算相应安排82813万元。

县本级（即全县）各项社保基金收入安排47829万元；全年支出安排40880万元。

按照相关法律法规规定和县人大常委会的要求，我们向大会提交了县本级及全县政府预算（草案）文本，请一并审议。

四、攻坚克难，稳中求进，圆满完成2015年预算

2015年，随着改革的进一步深化、经济结构的调整、环境保护力度的加大，我县大部分科技含量低、高能耗、低产值企业的发展将在很大程度上受到影响。另外，行政性收费项目的大幅取消，“营改增”工作的推进，房地产行业持续低迷，都将影响收入增长。在经济形势新常态下，融资、举债的难度也明显加大。新《预算法》的实施、对企业各项优惠政策的规范，使各地招商引资工作难度加大，建设规模缩小，进而增加了我县土地指标转让的不确定因素，加大了预算执行的难度。因此，各部门要紧紧围绕在县委、县政府周围，加强团结协作，共同努力，采取有力措施，强力推进，确保全面完成全年计划目标。

（一）持续加大财源培植力度，固本开源夯实增收基础

一是加大招商引资力度。安排招商引资经费250万元，专项用于招商引资工作；完善考核奖惩机制，鼓励部门、单位及个人“八仙过海，各显其能”，千方百计引进县外项目、人才和资金，为县域经济发展注入新活力。二是扶持企业创新发展。继续加强与省财政厅合作，借助冀财基金融资平台，为玉晶、君乐宝等领军型企业提供融资支持，推动企业上市腾飞；投入1000万元与邮储银行合作，搭建“助保贷”融资平台，为中小型企业提供融资支持，帮助企业做大做强；制定《政府性资金存放与信贷支持挂钩考核管理办法》，调动各银行为企业放贷的积极性，主动支持企业发展；协调200万元注入行唐县农户自立服务社，提高融资服务能力，帮助贫困人群投资兴业；安排扶持（贫）创业及再就业资金300万元，支持全民创业；安排科技投入预留资金1560万元，支持企业转型升级，增强科技拉动作用。三是支持服务业发展。安排文化产业引导资金60万元，大力发展文化、旅游业，延伸服务业的产业链条；安排专项经费，推动电子商务、互联网金融等产业的发展，启动电子商务平台，利用互联网传播快、范围广等优势，推广我县的特色产品、优势产业，不断提高知名度，积极打造名牌产品、产业，逐步带动物流等行业同步发展。四是加大项目资金争引力度。紧盯上级项目安排的政策动向，确保争引项目资金最大化。

（二）进一步完善综合促收机制，全面完成财政收入计划目标

一是强化目标考核。签订责任状，完善考核奖惩机制，做到目标明确、责任清晰，按月逐季落实收入计划。二是加强综合治税。对重点税种、重点行业和纳税大户的税收实施动态监控，完善“以电核税”、“以票控税”等一系列行之有效的征管举措，进一步加大税收公开力度，促进税负公平，确保应征尽收。三是规范非税征管。依托“非税收入管理系统”，拓展统计分析模块，实时统计和分析非税收入结构、增减变化趋势；健全罚没监管体系，确保完成收入目标。

（三）全面优化支出结构，切实保障和改善民生

一是优先保障公教人员工资和政权运转支出。坚持把工资和津补贴作为第一支出序列，按月足额发放，安排14141万元用于调整基本工资和津补贴；科学测算单位经费，确保政权正常运转。二是切实保障“三农”支出。不折不扣地落实各项涉农补贴，强化涉农资金整合。安排农村面貌改造提升资金2192万元，促进省级提升重点村建设、美丽乡村建设、革命老区重点村建设、农村改厕、省道两侧墙体改造等项目的实施；安排农村公共服务维护运行奖补资金660万元；安排政策性农业保险补贴资金156万元；积极争取上级农村“一事一议”奖补资金，保障“三农”项目顺利实施。三是支持教育优先发展。认真贯彻落实《国家中长期教育改革和发展规划纲要》，安排教育支出21327万元，其中山区教育扶贫工程（一中项目）资金8123万元；积极争取上级专项资金，保障农村义务教育、校安工程建设、义务教育薄弱学校改造等一系列政策的落实，确保教育资源均衡使用。四是全面推进社会保障工程。完善基本养老保障体系，安排3725万元启动机关事业单位养老保险；安排县级公立医院综合改革资金310万元、基本公共卫生服务资金129万元；安排城乡低保、农村五保资金780万元，保障低收入群体的基本生活需求；扎实推进保障性住房建设和农村危房改造工作，改善困难群众住房条件；积极落实就业再就业补贴、优惠政策。五是全力保障重点支出。安排各项规划设计资金980万元、郜河综合整治资金6034万元、城区集中供热补贴500万元、城区环境卫生及建设资金827万元、玉城及第二污水处理厂运营经费581万元、到期政府性债务还本付息资金2030万元、农村集体建设用地及宅基地使用权调查确权专项经费1600万元、农村土地承包经营权确权登记专项经费210万元、“天网工程”资金500万元、开发区消防站建设资金200万元、应急突发事件保障资金2700万元，着力推进和谐行唐、绿色行唐、平安行唐建设。

（四）深入推进财政改革创新，提高科学化精细化理财水平

一是推进预算绩效管理改革。建立健全预算支出绩效评价机制，强化各部门预算绩效意识，将评价结果作为下年度预算编制的依据之一，逐步形成政府主导、财政牵头、预算部门具体执行、社会各方共同参与的预算绩效管理工作机制，增强预算执行的规范性、实效性，提高预算资金支出效益；在各乡（镇）推广应用“工资指纹识别系统”，加强工资性支出监管，完善防范“吃空饷”长效机制，杜绝“吃空饷”现象。二是全面推进国库集中支付改革。扩大国库集中支付范围，清理整顿财政专户，归并国库统一管理；推进公务卡结算制度改革，制定强制结算目录，完善管理办法，扩大结算范围，提高结算额度，延伸监管触角，确保财政资金规范使用。三是挖掘国有资产增值潜力。对全县国有资产开展全面清查，挖掘国有资产增值创收潜力，提高闲置资产利用效率和水平。四是规范政府性债务管理。根据《地方政府性债务风险预警管理办法》及省财政厅下达的我县2015年债务限额，结合自身财力状况，及时分析监测债务风险，严控债务规模；建立健全项目库，筛选、申报2015年地方政府债券；督促有债部门筹集资金，化解存量债务。五是推进公务用车改革。严格落实上级规定，收缴改革范围内的公务用车后，统一公开拍卖，按时间要求落实公车改革政策。

（五）继续强化自身建设，提升财政法制化管理水平

一是加快法制化建设步伐。严格执行《预算法》、《政府采购法》、《会计法》及相关法律法规的规定，落实县人代会决议，确保预算执行合法、合规，杜绝无预算、超预算执行；规范政府采购管理，建立健全预防商业贿赂机制，实现廉洁采购；加大培训和监管力度，提高会计人员的业务素质，确保会计信息完整、合法。二是持续推进金财工程建设。开展乡级直接支付业务，加快资金拨付速度，保障资金运行安全；加大预算单位横向联网建设力度，推进“财政专网”建设，实现业务办理网络化、一体化，促进管理规范化、科学化、精细化；加强网络安全管理，确保财政数据安全、高效运行。

（六）厉行节约，切实减少损失浪费

严格落实中央八项规定，牢固树立“过紧日子”的思想，坚持厉行节约，从严控制公务接待、公务用车、因公出国（境）支出，各部门、各单位要主动接受来自社会各界的监督，有效降低行政运行成本，切实把有限的资金用在刀刃上。

各位代表，做好2015年财政工作，任务艰巨，责任重大。我们将在县委的正确领导下，在县人大、县政协的监督、支持下，开拓进取，扎实工作，确保圆满完成预算计划，为全面实现2015年经济社会发展各项目标作出新贡献！

关于行唐县 2014 年国民经济和社会发展计划执行情况与 2015 年国民经济和社会发展计划（草案）的报告

——2015 年 3 月 9 日在行唐县第十五届人民代表大会第五次会议上

行唐县发展改革局局长　张胜利

各位代表：

我受县政府委托，现将行唐县 2014 年国民经济和社会发展计划执行情况与 2015 年国民经济和社会发展计划草案提请县第十五届人民代表大会第五次会议审议，并请县政协各位委员提出意见。

2014 年，国民经济和社会发展计划经县第十五届人民代表大会第四次会议审议批准后，县政府迅速下发文件，把各项任务指标分解到各乡（镇）各部门，认真落实。一年来，在县委、县政府的坚强领导和县人大的监督支持下，全县上下以科学发展观为指导，以党的群众路线教育实践活动为统领，紧紧围绕“突出项目立县、推进转型突破、实现实力跃升、建设和谐行唐”总目标，凝心聚力谋发展，攻坚克难惠民生，全县经济和社会各项事业保持了稳步发展的良好态势。

一、2014 年国民经济和社会发展计划执行情况

（一）主要指标平稳增长

2014 年，全县地区生产总值完成 121.91 亿元，同比增长 9.5%，其中第一产业增加值完成 25.71 亿元，同比增长 4.5%；第二产业增加值完成 62.66 亿元，同比增长 11.4%；第三产业增加值完成 33.54 亿元，同比增长 9.4%。社会消费品零售总额完成 52.7 亿元，同比增长 11.6%。全部财政收入完成 5.17 亿元，同比增长 13.4%；公共财政预算收入完成 3.27 亿元，同比增长 31%。固定资产投资完成 139.76 亿元，同比增长 20%。全县主要经济指标持续平稳增长，特别是财政收入首次突破 5 亿大关，综合经济实力显著增强。

（二）项目建设势头良好

全年在建项目 97 个，总投资规模 192.57 亿元，年度计划完成投资 74.98 亿元，实际完成投资 89.6 亿元，占年度计划的 119.5%。其中，续建项目 23 个，总投资规模 123.4 亿元，年度计划完成投资 43 亿元，实际完成投资 55.54 亿元，占年度计划的 129.16%；新开工项目 74 个，总投资规模 69.17 亿元，年度计划完成投资 31.98 亿元，实际完成投资 34.07 亿元，占年度计划的 106.54%。

2014 年，我县有 6 个项目列为全市“项目攻坚年活动”重点推进项目，总投资 60.74 亿元，年度计划投资 16.5 亿元，实际完成投资 25.7 亿元，占年度计划的 155.76%，项目当年建设进度、投资额度在东部八县名列前茅。投资 6.01 亿元的木源泵业两联跨铸造车间竣工；投资 5.18 亿元的万果红酒业 2 条生产线建成投产；投资 21.27 亿元的玉晶玻璃离线 Low－E 深加工项目（一期）竣工投产；投资 26.99 亿元国际家具园项目取得新进展，7 个现代化生产车间和 3 座综合商务楼竣工即将投用。投资 0.74 亿元的开发区污水处理厂和投资 0.5 亿元的开发区 110KV 变电站竣工并投入使用。

（三）园区建设步伐加快

围绕打造玻璃产业园、国际家具园和台湾创新产业园三个“园中园”，政府主导，政企合作，多方融资，加大开发区基础设施投入，全年收储土地1500 亩，实施了玉晶西路、科技大街、工业路以及唐尧大道两侧绿化亮化等基础设施建设工程，确保了远洋泵业、毓丰伟业、美筑建材、迎新节能科技有限公司玻璃深加工等一批急需开工项目的顺利施工。开发区累计投入资金 5.8 亿元，

启动开发区供水工程项目，110千伏变电站和污水处理厂建成投用，天然气门站建设完成，具备通气条件，基本实现水、电、路、气、通讯、排水、污水处理、互联网“八通一平”，园区承载功能日趋加强。

（四）工业经济增长趋缓

全县主营业务收入5000万元以上企业达到60家，规模以上工业企业达到76家，工业增加值完成58.06亿元，同比增长12.3%；利润完成23.27亿元，同比增长7.9%；工业固定资产投资完成90亿元，同比增长21%；工业技改投资完成67亿元，同比增长24%；工业用电量28140万千瓦时，同比增长16.9%。受经济普遍下行和大气污染防治、压减落后产能等因素影响，全县工业经济增长趋缓，利润下降明显。

（五）服务业稳步发展

2014年，全县服务业增加值完成30.96亿元，同比增长9.4%；服务业固定资产投资完成39.52亿元，同比增长17.4%；服务业税收完成1.89亿元，同比增长18.8%。一批现代商贸物流、文化创意、信息中介、健康养老和生态旅游等新兴服务业态正在成为新的经济增长点。

（六）城区建设强势推进

颖水河县城段综合整治初见成效，“一城三区，跨河发展”框架拉开。唐尧大道绿廊工程、四个出城口节点绿化顺利完工，共增加绿化面积33.84万平方米。谋划实施了11项道路建设整治工程，打通了衡阳大街、玉城大街两条“梗阻路”和香港路、升仙桥北路两条“断头路”，城容城貌发生巨大改观。总投资2.62亿元集中供热项目一期工程建成投用，玉城大街以南两纵六横主支管网27000米已铺设完成，新一中热源站和颍水河南三号、五号热源站已经投用，供热面积达到50万平方米。实施了管道天然气进城工程，城区实现了24小时供水。城市管理水平提升，居民幸福指数增加。

（七）“三农”工作成效明显

全县小麦生产取得较好收成，小麦单产达439公斤，同比增长1.81%。全县粮食播种面积67.45万亩，粮食总产28.1万吨。大力实施了扶贫攻坚和产业富民项目，发展设施蔬菜2000亩。完成总投资250万元的国家千亿斤粮食规划田间工程，提高了农业生产能力，红枣、牧业、苹果、核桃等特色农业加快发展。完成了20个省级重点村和30个县级示范村的农村面貌改造提升任务，农村环境、卫生和农民生活质量明显改善。

（八）社会事业长足发展

教育 切实加大教育投入，完成投资1378万元的校安工程项目学校20所；完成投资390万元的小学闲置校舍改建幼儿园项目11所，改善了办园条件。投资1124万元购置图书45万多册、装备实验仪器室40个，体育器材室29个、音乐室30个、美术室30个、计算机室33个，配备计算机1275台，新增多媒体一体机93台，全部学校接入教育城域网，实现了宽带网络校校通，优质资源班班通。完成了新一中建设搬迁，优化配置了职教中心师资力量，顺利通过了全省高中教育督导评估。

卫生 总投资5100万元的中医院整体搬迁项目，获得国家资金支持1650万元，即将开工建设。总投资435万元的玉亭、龙州、翟营等三个卫生院扩建业务用房项目全部竣工。投资360万元的县急救中心和卫生监督所项目竣工，即将投入使用。

社会保障 一是企业养老保险参保职工15204人，发放企业离退休人员基本养老金8037万元。二是机关事业养老保险参保职工4055人，发放养老金2117万元。三是城乡居民社会养老保险143363人参保缴费，为61620名60岁以上老人发放养老金3348万元。四是职工医疗保险参保职工18776人，征收保费2661万元。五是居民医疗保险共有25567人参加，征收保费174万元。六是企业工伤保险参保职工9526人，为工伤职工支付待遇640万元。

二、2014 年国民经济和社会发展存在的问题

总的看，2014 年全县国民经济和社会发展计划目标完成较好，但也存在一些不容忽视的问题。主要是经济下行压力加大，支撑全县经济跨越发展的大项目、好项目尚未达到预期，企业的核心竞争力不强，县域经济总体实力依然较弱。特别是工业生产转型升级面临困难较大，铸造、玻璃、水泥等产品生产持续低迷，直接影响了企业效益。开发区基础设施建设尚不完善，一定程度上影响了项目引进和入驻，征占土地、拆迁补偿等矛盾问题依然突出，制约了新上项目开工建设；服务业发展仍然相对滞后，生产性服务业尤其是新兴服务业态发展慢，导致服务业增加值增长缓慢。这些都是我县今后经济发展应着力攻坚的难点。

三、2015 年国民经济和社会发展总体要求和计划安排

（一）总体要求

全面贯彻落实党的十八大和十八届四中全会精神，按照省、市和县委、县政府关于深化改革、创新发展的工作部署，围绕“突出项目立县，推进转型突破，实现实力跃升，建设和谐行唐”总目标，主动适应经济新常态，强力实施招商引资和项目攻坚，全力推进工业化、城镇化和农业现代化，着力保障和改善民生，推动经济社会持续健康发展，为顺利完成“十二五”规划目标，全面建成小康社会奠定坚实基础。

（二）计划安排

——预期性指标

1. 地区生产总值增长 8% 以上。

2. 全部财政收入增长 9.5%，其中公共财政预算收入增长 8%。

3. 固定资产投资增长 17% 以上。

4. 服务业增加值增长 9% 以上。

5. 规模以上工业增加值增长 10% 以上，利润增长 12% 以上。

6. 社会消费品零售总额增长 11.5%。

7. 实际利用外资 3000 万美元。

8. 城镇居民人均可支配收入增长 11%。

9. 农村居民人均可支配收入增长 16%。

10. 城镇登记失业率控制在 3.5% 以内。

——约束性指标

1. 每万元生产总值能耗下降 3%。

2. 主要污染物氮氧化物排放量下降 0.5%。

3. 城镇参加基本养老保险人数 15500 人。

4. 城镇职工基本医疗保险参保人数 17700 人。

5. 新型农村合作医疗参保率达到 95.5% 以上。

6. 城镇保障性安居工程住房开工量 520 套。

四、2015 年重点工作和主要措施

2015 年，是全面完成“十二五”规划的收官之年，也是全面实施改革攻坚并编制好“十三五”规划的关键之年。围绕推进工业突破和实现县委、县政府确定的战略目标，要重点抓好以下七个方面的工作：

（一）加大项目建设力度，推动县域经济快速发展

坚定不移把发展作为第一要务，把项目作为第一抓手，坚持一、二、三产并举，统筹抓好园区建设，招商引资，现有企业提升，新兴业态培育，全力招引、建设和做强一批立县大项目，推动县域经济快速发展。

全县共计划安排千万元以上在建项目 45 个，总投资规模 195.77 亿元，年度计划完成投资 77.46 亿元。其中，续建项目 23 个，总投资规模 141.42 亿元，年度计划完成投资 44.61 亿元；新开工项目 22 个，总投资规模 54.35 亿元，年度计划完成投资 32.85 亿元。2015 年，要着力抓好一批亿元以上在建项目和谋划项目。

续建亿元以上项目 14 个，总投资 138.11 亿元，主要有：行唐国际家具园区、迎新节能科技公司 Low－E 玻璃二线及钢化中空玻璃幕墙生产线、天然色素生产线、木源泵业渣浆泵、方月农牧机械产业化、万果红酒业中国红酿枣酒生产线及系列产品研发、永青专业牛饲料生产线、河北融投高效煤粉、孔雀湖文化教育产业及生态旅游、团山红生态

农业产业园、神树湾生态农业开发园、故郡万亩农业生态园、润农欣生物有机肥、县城区集中供热项目等。

新开工亿元以上项目 13 个，总投资 50.71 亿元，主要有：循证医药数字化健康设备生产、毓丰现代化包装材料、国威光伏发电、君乐宝太行乳业仓储物流及万头牧场、北京丽日办公家具、永鑫汽车维修养护中心及 4S 店、远洋泵业特种工业泵、华昌农牧机械制造、美筑科技新型建材、雅兰板式套房家具、朝杰公共交通设施加工、城区道路及排水设施建设、开发区综合服务中心及道路建设项目等。

重点谋划跑办亿元以上项目 12 个，总投资规模 36.95 亿元，分别是投资 7 亿元的北京中环创新垃圾资源化处理与装备制造项目、投资 6 亿元的明旺乳业 PET 乳饮料项目、投资 5.8 亿元的行唐县国际家具园家具城项目、投资 3 亿元的中利科技集团 30MW 光伏发电项目、投资 3 亿元的欧美环境水处理脱硫脱硝设备项目、投资 3 亿元的中广核光伏农业科技大棚项目、投资 2 亿元的北京华光金辉木业有限公司复合地板制造项目、投资 2 亿元的河北正诺乳业有限公司乳饮料项目、投资 1.6 亿元的百牧旺畜牧机械制造项目、投资 1.35 亿元的北京美亚斯大豆磷脂系列产品项目、投资 1.2 亿元的石家庄赫氏门业有限公司高端木门加工项目、投资 1 亿元的河北厚达老年休养活动康复中心项目等。

（二）提升园区承载能力，实现招商引资突破

继续加大园区基础设施建设力度，投资 5300 万元建设开发区集中供水及配套管网工程，启动一期投资 6000 万元的集中供热工程，推进玉晶西路、胜利大街、科技大街、工业路等路网建设，加快开发区综合商务中心及文化教育配套服务等项目建设，进一步提升开发区承载能力，为大项目、好项目落地创造条件。以台湾创新产业园为特色平台，加大对台招商和吸引外资力度，落实考核奖惩机制，激活全面招商责任，组派专业招商小分队赴台湾、厦门、上海、东莞等台商集中地区进行高密度、点对点招商，招引更多台商及关联企业扎堆聚集、集群发展。同时，围绕我县重点产业，主动承接京津、“长三角”、“珠三角”产业转移和石家庄企业退市进郊，强化与央企外企对接合作，借力京津冀一体化发展平台，力争在招引投资超 10 亿元项目上有新突破。

（三）加快工业转型升级，做大做强现有企业

围绕实现创新驱动、优化产业结构、增加财政收入，切实加大对列入全省百家创新型领军企业的君乐宝太行乳业和玉晶玻璃的支持服务力度，全力打造竞争力强的旗舰型企业。以明旺乳业、万果红酒业等为龙头，带动食品行业培树品牌，提档升级。通过重组、兼并、合作，整合现有小型铸造和机械加工企业，淘汰落后设备，改进生产工艺，提升管理水平，形成装备制造的规模和集群效应。鼓励发展以尾矿砂等废弃物为原料的蒸压混凝土砌块和以秸秆为原料的生物质压块燃料等节能环保产业，做大做强天然色素、国威光伏发电等战略性新兴产业。加快推进工业项目建设，不断创新政府性资金与金融资本相结合、重点扶持工业项目发展的模式，鼓励现有骨干企业积极开展行业对标、技术改造和自主创新，大力推进“个转企、小升规”，新增规模以上企业再上台阶。

（四）全力抓好三产拓展，加速调优经济结构

全力抓好服务业重点项目的投资拉动，力促永鑫汽车 4S 店、开发区综合商务中心、中医院迁建、交通服务中心等服务业重点项目加快建设。通过提供小额贷款担保和创业辅导资金支持，鼓励和培育一批现代物流、文化创意和电子商务等新兴服务业态，形成我县服务业新一轮发展的支撑力。大力发展以观光采摘、生活体验为主的“乡村旅游”，加快推进团山红、孔雀湖、神树湾、安太庄等生态农业项目开发，着力培育生态旅游、健康养老等服务业新的增长点。进一步加大服务业税收挖潜力度，提高服务业增加值在地区生产总值中的占比，调优经济结构。

（五）强力推进跨河发展，提升城镇形象品位

按照“打造颍水两岸，建设一河三区，实现产城融合”的县城建设发展思路，强力推进县城跨河发展扩容升级。一是启动颍水大街、启新大街、升仙桥南路三条主干道路建设，加快气象观测站搬迁和文体中心建设，完成颍水河县城段综合整治并蓄水，以项目支撑拉开新城区建设框架。二是完成龙州公园和衡阳大街改造升级，强力推进城区雨污分流整治和集中供暖攻坚工程。三是强化规划引领和控制，集中整治城乡违法建筑，健全城乡容貌综合管理长效机制，提升城市管理水平和形象品位，加快城镇化建设步伐。

（六）倾力发展现代农业，推进农民脱贫致富

全面落实惠民政策，完成只里乡田间工程和独羊岗乡万亩中低产田改造年度建设任务，增强农业综合生产能力。积极支持20家农业产业化龙头企业提质扩能，延长产业链条，增强辐射能力，引领大枣、贡米、大棚菜、奶牛养殖业提质升级，重点鼓励种养大户、家庭农场和农民专业合作社建设现代化农业产业园区。坚持实施精准扶贫，鼓励和扶持贫困农民种植大棚菜，科学增收脱贫致富。争取财政扶贫资金2000万元以上，协调省直单位帮扶15个村、市直部门帮扶63个村、县部门帮扶29个村，力争有更多的政策、资金和项目惠及贫困农民。积极开展智力扶贫，全年培训贫困群众2000人以上，确保1.6万人实现脱贫目标。

（七）大力抓好节能减排，持续改善生态环境

一以贯之地抓好压煤、抑尘、控车、减排、增绿等重要措施的落实，进一步改善空气质量。严格涉煤项目的审批，强化玉晶玻璃、明旺乳业等重点用能企业节能监察监测。推进城区集中供热项目顺利实施，确保高效煤粉和型煤加工配送等煤炭清洁利用项目竣工投产，拆除分散燃煤小锅炉，大力推广洁净型煤，治理农村原煤散烧污染，年内削减燃煤3万吨以上。完成国威新能源50兆瓦光伏发电并网和管道天然气通气，推进清洁能源利用。深入开展大气污染防治攻坚行动，突出对重点排放企业的驻厂监管，严厉打击非法排污、超标排污、恶意排污行为，依法追究环境污染者的责任。加强饮用水源地管理，严格保护水生态环境。抓好磁河与沙河两河绿化、重要通道绿化、荒山绿化、农村“十边”绿化，完成造林4.5万亩。实施农村面貌改造提升，强力抓好330个村“四清”工作的落实，彻底改变农村“脏乱差”面貌，显著改善农村人居环境。

各位代表，做好我县2015年经济社会发展各项工作，任务艰巨，责任重大。我们要抓住机遇，坚定信心，扎实工作，锐意进取，主动作为，克难攻坚，确保全县经济社会发展各项任务目标圆满完成！

大事记

1 月

6 日　行唐县加强和完善政务服务中心建设动员会在人寿保险礼堂召开，县委书记姜阳、县长王彦芳等县领导出席会议。政务服务中心已进驻窗口单位 30 个，入驻审批和服务事项 230 项。

9 日　全国文化科技卫生“三下乡”活动在县文化广场拉开帷幕。该活动是行唐有史以来举办的级别最高、规模最大的一次活动。中央文明办专职副主任王世明，中共河北省委常委、宣传部长艾文礼，文化部副部长丁伟，国家卫生计生委副主任崔丽，国家新闻出版广电总局副局长童刚，中国科协副主席、书记处书记陈章良，河北省人民政府副省长杨汭，中共河北省委宣传部副部长、省委外宣局局长解永会，中共河北省委宣传部副部长、省文明办主任戴长江，石家庄市人民政府市长王亮等部、省、市领导，中央 8 部委有关司局负责同志，河北省直 32 个部门和石家庄市直 51 个部门负责同志出席启动仪式。据统计，此次活动共争引到物资、项目资金 3.2 亿元，信贷资金 5.95 亿元。

9 日　国家卫生计生委副主任崔丽、河北省卫生计生委主任杨新建、石家庄市卫生计生委主任李志宏视察安香乡卫生院、胡家庄村卫生室，并对医疗和预防保健工作给予充分肯定。

9 日　中国科协副主席、书记处书记陈章良，河北省科协常务副主席、党组书记李宗民到上阎庄乡视察上阎庄科普画廊、科普学校、村科普图书室、神树湾科普示范基地。

9 日　中共石家庄市委常委、宣传部长高天到南凹村为“宣传文化科技村”挂牌。

9 日　河北省“心连心”艺术团到南桥镇西市庄村慰问演出。

15 日　石家庄市妇联副主席姜红到对口帮扶的城寨乡北城寨村，捐赠现金 1 万元、保暖内衣 2 箱。

16 日　全县 2014 年度春运工作正式启动，副县长高文成、县交警大队负责人、客运企业人员参加启动仪式。2014 年春运从 1 月 16 日开始至 2 月 24 日结束，为期 40 天。

20～21 日　政协行唐县第八届委员会第三次会议在县人寿保险礼堂召开。

20～22 日　行唐县第十五届人民代表大会第四次会议在县人寿保险礼堂举行，出席会议代表 191 名。

23 日　石家庄市人大副主任王增飞来县走访慰问老党员和五保户。

26 日　县长王彦芳，县委常委、常务副县长袁永福在县政府二楼会议室组织召开开发区规划论证会，要求尽快完成开发区规划调整，扩大开发区规划面积，科学合理地进行产业发展规划和布局，促进开发区健康快速发展。

30 日　县领导姜阳、王彦芳、张聚华、赵士平、盖义江、袁永福、田志、赵海军、高文成、池玉清等分别深入县医院、中医院、县公安特警中心、110 指挥中心、环卫、供电、供水等一线单位，慰问春节期间坚守岗位的工作人员。

1 月　中共石家庄市委宣传部投资 10 万元帮扶城寨乡南凹村配备 20 台电脑建成电子阅览室，成为全市首个“宣传文化科技村”。

2 月

9 日　县委、县政府组织全体干部在联通会议室分会场收听收看全市党的群众路线教育实践活动动员大会。全县2月19日启动该项工作，10月15日圆满结束。

9日 行唐县2014年农村劳动力转移就业“春风行动”首场大型招聘会在县文化广场举行，来自北京、天津、石家庄及县内的40多家企业参加，提供行政文职、技术工、网络经营、教育培训、业务销售、家政培训等岗位4000多个，发放宣传材料5500多份，参加咨询招聘近5000人，签订就业意向书1500多份。

10日 县委、县政府组织收听收看河北省农村面貌改造提升行动（基层建设年活动）动员大会实况，并就下一步工作开展情况进行安排部署，姜阳、王彦芳、张聚华、宫国恩、庞英须、张海双等县领导出席。

10日 县委书记姜阳就如何挖掘利用好行唐历史文化资源召开专题会议进行调度，县领导王彦芳、张海双、董素平出席。

18日 县领导姜阳、王彦芳、袁永福深入河北银行行唐支行就加强金融合作进行调研，河北银行副行长杨书林参加。

24日 石家庄市台办副主任杨文江来县调研台资企业发展情况。

25日 县长王彦芳、副县长高文成深入沙河独羊岗段，就打击河道非法采砂进行现场调度，依法查扣运砂车2辆。

25日 河北循证医疗器械有限公司组织邀请30多家企业来县就行唐投资环境进行考察，县领导姜阳、袁永福出席。

26日 河北循证医药科技有限公司在石家庄市股权交易所成功挂牌。

28日 县政府召开2014年银企对接会，双方达成12个项目、授信21420万元的融资协议，70家企业、35个奶牛养殖小区与22家金融机构参加，县委常委、常务副县长袁永福出席。

28日 县政府组织发改、工商、安监、公安、消防等6个部门联合执法，对煤炭物流基地及无繁公路两侧的成品油市场进行专项整治，共出动执法人员20余名，执法车6辆，取缔无证照销售成品油黑窝点4个，扣押加油机2台，查扣非法流动加油车1台、成品油1吨。

3月

3日 县委书记姜阳会见旺旺集团考察团，就扩大投资规模、新建项目进行洽谈，县委常委、常务副县长袁永福出席。

6日 原河北省委书记叶连松，原河北省委常委、宣传部长张群生，河北省融投清洁能源投资公司董事长靳新彬、高级顾问聂光辉等一行6人在中共石家庄市委常委、常务副市长刘晓军，市发改委副主任、能源办主任贾东旭陪同下，来县考察冀融清洁能源有限公司年产100万吨煤粉加工配送中心项目，姜阳、王彦芳、赵士平、盖义江、袁永福等县领导陪同。

6日 河北资本研究会（筹）副会长、省财政厅原常务副厅长郭秀堂一行来县调研招商引资情况，姜阳、王彦芳、袁永福等县领导陪同。

7日 县妇联举行“庆三八，强素质，圆梦想”优秀妇女干部、岗位建功明星表彰座谈会，对2013年度赵青、石丛会等36名优秀妇女干部、岗位建功明星进行表彰。

10日 县委书记姜阳、县长王彦芳在政府二楼会议室组织召开开发区产业开发战略规划研讨会，县领导赵士平、盖义江、袁永福、赵海军出席。

12日 中联部机关服务局副局长王昀一行3人来县调研设施蔬菜建设并给予充分肯定。

12日 县委书记姜阳主持召开县委中心组党的群众路线教育实践活动集中学习会议，王彦芳、赵士平、盖义江等县领导出席。

14日 河北省食品药品监督管理局局长丁锦霞深入石家庄君乐宝太行乳业有限公司调研督导企业建设、乳制品安全生产等工作，县长王彦芳陪同。

15日 今天是新修订的《中华人民共和国消费者权益保护法》正式实施的第一天，县政府组织工商、县消协、质检、农业、电力、卫生、县社、商务、电信、物价、食药监、烟草专卖等15个单位在县城玉城大街举行以“新消法、新权益、新责任”为主题的大型宣传咨询活动。

18日 县委书记姜阳等四大班子领导和县直机关干部职工400多人，到南桥镇西市庄村参加义务植树活动，共栽植速生杨5000多棵。

18日 县委书记姜阳在河北省计划生育工作电视电话会上就行唐县“医养扶一体化”工作做典型发言。

20日 县长王彦芳深入只里乡白庙村调研土地流转工作。

20日 中共石家庄市委督查室主任李广民一行4人对县党政主要领导引进项目进展情况进行实地考察。

20日 行唐县水利发展改革工作顺利通过河北省政府考核组考核。

21日 全县党政机关、企事业单位全体干部职工走上街头，开展环境卫生大清扫义务劳动，正式拉开全县春季城乡环境卫生整治活动序幕。此次活动从3月21日起至4月底，每周五定为各乡镇、各部门“卫生大扫除日”，范围主要是县城区、县城出入口、城乡结合部、县内主要交通干道、乡镇政府所在地以及辖区村庄内主要道路等。

21～24日 科技部在行唐县举办公益培训活动，科技部农村中心主任魏宗梅、河北省科技厅农村科技处副处长高建锋及硕腾动物保健公司、正大集团、南京农业大学等单位有关专家，就奶牛养殖最新技术对广大奶牛养殖户进行培训，并深入养殖小区进行技术指导，县委常委叶晓林陪同。

24日 县委组织部召开农村党组织书记群众路线教育实践活动专题培训会，对各乡（镇）、开发区组织委员以及310名村党支部书记进行政治业务和组织领导能力培训。

24日 县委书记姜阳主持召开县级老干部党的群众路线教育征求意见座谈会，县长王彦芳及离退休干部高和福、赵大水、张福英、赵翠芹、杨安县等参加。

25日 河北省商务厅副厅长史玉强深入开发区就加强园区建设和发展工作进行调研指导，县领导姜阳、王彦芳、袁永福陪同。

25日 行唐县与灵寿县联合开展打击翟营乡河道非法采砂行动，烧毁帐篷2顶，拆除临建房屋1座，捣毁采砂船3条。

27日 石家庄市交通局局长罗二虎带领有关人员来县调研2号路建设情况，并与姜阳、王彦芳、赵海军、李军法等县领导进行深入商讨，对团贾线、行陈线升级改造和乡村公路建设提出指导性意见。

28日 县委、县政府在县人寿保险礼堂召开县、乡、村三级干部会议，就农村面貌改造提升、农业农村、县城建设、集中拆违、信访稳定等5项重点工作进行动员部署，全体县级领导、330个行政村党支部书记及企业家代表等共490余人参加。

31日 行唐县与禾工集团就园区重点工程建设推进工作进行洽谈，县领导姜阳、王彦芳、赵士平、盖义江、袁永福出席。

31日 中共行唐县纪委十一届四次全会暨政府廉政工作会议在县政府大会议室召开，县四大班子领导参加。

31日 行唐县“抓源头、除隐患、重治理、创平安”动员大会在县政府大会议室召开，全体县领导出席。

4月

1日 中共石家庄市委督导组副组长田振堂一行3人，对行唐县第二批党的群众路线教育实践活动开展情况进行督导，并给予充分肯定。

3日 县政府邀请河北省农业厅农经处李洪

波、农经站魏根良等专家在人寿保险礼堂举办为期1天的农民合作社规范化建设培训班，县领导宫国恩、高文成出席，250个农民专业合作社法人等共计280人参加。

8日 石家庄市市长王亮带队观摩县木源泵业、玉晶玻璃深加工和国际家具园区3个项目，对行唐县项目发展总体上予以肯定。

9～17日 玉亭乡官庄村马佳在江苏省常州市举行的全国残疾人游泳锦标赛上，一举夺得女子组S13级100米自由泳、100米仰泳、400米自由泳、50米自由泳、SB13级100米蛙泳、SM级200米个人混合泳6块金牌，并获体育道德风尚奖。

10日 中国教育发展基金会理事长张保庆、秘书长张中原、副秘书长孙胜伟深入独羊岗乡北鏖鏖村，就列入中央专项彩票公益基金“润雨计划”的行唐县育才学校重建工作进行调研，石家庄市教育局副局长赵立芬、县委书记姜阳、县委常委叶晓林陪同。

10日 县委书记姜阳主持召开全县领导干部会议，传达全市领导干部会议精神，就开展好党的群众路线教育实践活动、全力以赴做好当前各项工作作重要讲话。

12日 君乐宝太行乳业婴幼儿配方乳粉正式上市，并在国内率先通过欧盟食品标准权威认证。

15日 河北省人社厅副厅长、省第十督导组常务副组长景庆雨一行2人，就行唐县开展党的群众路线实践活动进展情况进行督导检查并给予肯定，县领导姜阳、张聚华、邸庆欣、田志、张海双及市委督导组负责同志参加。

18日 全县总投资78.55亿元的21个重点项目集中开工，这是近年来集中开工项目数量和亿元以上项目数量最多的一年，投资规模大、科技含量高、推进速度快、市场前景广是这次集中开工项目的一大亮点。

18日 县政协主席盖义江，副主席刘伏生、张香莉到县民政事业服务中心、慈爱老年公寓、行唐县天乐和养老院对敬老院建设和管理情况进行调研。

19日 石家庄市副市长李晋宇来县就城市建设工作进行调研指导并给予肯定。

21日 河北省县城建设领导小组办公室第三调研组一行5人来县调研县城建设工作并给予充分肯定。

24日 县长王彦芳主持召开县城环境建设调度会，对2号路绿廊建设、西环城乡结合部垃圾清运、亮点街道打造、拆违拆陋等城市建设工作进行安排部署。

24日 石家庄市国土局副局长张晓普一行来县督导土地利用计划实施等工作，县领导王彦芳、赵海军参加。

27～28日 县领导叶晓林、高文成、李军带领政府办、财政局、农业局、扶贫办及口头、玉亭、翟营、独羊岗、安香等乡镇负责人到山东寿光学习考察设施蔬菜发展情况。

28日 县委书记姜阳带领全体县级领导干部赴西柏坡参观学习，开展“牢记两个务必、增强赶考意识”活动。

29日 县人大常委会主任赵士平主持召开县人大常委会党组及机关党的群众路线教育实践活动推进会，就阶段性工作进行安排部署。

30日 石家庄市人民政府市长王亮带领市建设局、市园林局负责人前往京昆高速行唐南口绿化节点、2号路绿廊、颍水河与启明桥南侧、化工厂附近及龙州大街东延等拆违点，视察指导县城建设工作，县领导姜阳、王彦芳、赵海军陪同。

5月

4日 弘扬“爱国、进步、民主、科学”的“五四”精神，团县委召开庆“五四”优秀团干部座谈会，县领导高国甫、高文成、李军法出席。

7日 县委、县政府在县政府大会议室召开党的群众路线教育实践活动推进会，通报当前活动开展情况，并就下一步活动开展进行安排部署，县四大班子领导及县直机关、乡镇一把手等约 140 人参加。

12 日 县领导姜阳、王彦芳、赵海军督导各单位城乡环境卫生“大洗脸”行动开展情况。

13 日 县政府召开人口和计划生育工作会议，对今年人口计生工作进行安排部署，石家庄市卫生计生委主任李志宏及县领导姜阳、王彦芳、张聚华、高文成出席。

13 日 石家庄市卫生计生委主任李志宏到只里乡习村走访慰问计生特殊贫困户杨兰芝。

15 日 原石家庄市人大副主任张承禄、原省武警消防总队总队长李永格等一行 8 人来县，就项目建设和县城建设工作进行视察、指导并给予充分肯定。

16 日 石家庄市副市长李晋宇来县检查县城容貌集中整治工作，实地查看 2 号路绿廊、绿化节点建设和香港路、龙州大街、玉城大街的环境卫生情况后给予充分肯定，并就实施“绣花工程”、建立长效机制提出指导性意见，县领导赵士平、赵海军陪同。

16 日 长城网以“无愧的青春，无悔的选择”为题报道行唐县九口子明德小学特岗教师甄慧倩认认真真教书、踏踏实实育人的感人事迹，引起很大社会反响。

18 日 2014 年中国・廊坊国际经贸洽谈会开幕，县长王彦芳带领行唐代表团参加河北省台湾产业园区专场推介会，并就河北（行唐）台湾创新产业园向台湾客商进行推介，中共河北省委副书记赵勇、台湾工商建设研究会理事长雷祖纲出席。

18 日 在 2014 年中国・廊坊国际经贸洽谈会石家庄战略性新兴产业合作推介会暨项目签约仪式上，行唐县与北京蓝海易盛投资有限公司签约建设新型环保包装复合材料项目，总投资 7 亿元人民币，占地 100 亩，项目建设期限 12 个月。中共河北省委副书记赵勇、石家庄市市长王亮及县领导王彦芳、袁永福参加签约仪式。

19 日 全省设区市乳粉用奶牛养殖场负责人共 160 多人来县，就奶牛场标准化建设工作进行学习考察并给予充分肯定。

20 日 县委组织部在人险礼堂举办十八届三中全会精神培训班，对全县乡科级领导干部进行全面轮训。

20 日 石家庄市人大副主任、市纪委常务副书记王增飞来县督导县城建设，给予充分肯定，并提出意见和建议。

21 日 河北省卫生计生委妇幼保健处处长胡炜、石家庄市卫生计生委副主任林慧芳参加“关注妇幼健康、创建幸福家庭”走基层健康义诊、关爱妇幼健康文艺演出活动，对行唐县保障群众健康、促进和谐社会建设工作给予充分肯定。

22 日 为进一步提升全县团员青年对习近平总书记系列重要讲话和十八届三中全会精神的理解，扎实开展好第二批党的群众路线教育实践活动，团县委举办的青年读书班开课，县领导张聚华、米志斌出席。

23 日 中联部机关服务局党委书记顾春兵一行 22 人到口头镇鲁家峪小学慰问，县领导姜阳、敦盾、叶晓林、李军参加。

27 日 行唐县党的群众路线教育实践活动推进会议召开，中共石家庄市委督导组组长吴书林、常务副组长田振堂及姜阳、王彦芳等全体县领导参加。

28 日 河北省扶贫办主任李剑方、石家庄市扶贫办主任顾玉平等一行 4 人来县调研扶贫工作，并给予高度肯定。

29 日 行唐县宗教工作领导小组举办宗教工作培训班，对成员单位负责人，各乡镇党委、街道党工委副书记和主管宗教干部，统战部、民宗局以及公安国保大队全体工作人员及宗教重点村党支部书记等百余名学员进行培训，县宗教工作领导小组组长、县委常委、统战部部长张海双及中共河北省委统战部宗教处处长李剑锋出席。

29 日 “六一”国际儿童节到来之际，民建河北省委省直工委联合河北省新华书店、河北电台、河北电视台到独羊岗乡余底小学开展“书香传爱心，民建悦读行”图书捐赠活动，捐赠图书2000多册，民建河北省委副主委郭士刚，县领导张海双、张香莉共同为“民建爱心图书室”揭牌。

5月 县检察院控申科接待室被最高人民检察院评为2010～2012年全国文明接待室，这是该接待室连续两届6年获得此荣誉。

6月

3日 由中共石家庄市委农工委组织的全市农业产业化项目观摩组来县观摩指导农业产业化项目发展工作，县委常委、农工委书记宫国恩陪同。

4日 县长王彦芳、副县长高文成组织收听收看河北省深化供销合作社“五大创新”（创新组织体系、服务体系、经营体系、农村合作金融体系、管理体系）综合改革电视电话会议实况。

4日 为贯彻落实省、市打击传销工作会议精神，县政府召开创建“无传销县”活动工作会议，对此项活动进行安排。

6日 县长王彦芳到教育局视察高考考务筹备工作，并就圆满完成高考工作提出具体要求。

8日 工信部党组成员、总工程师朱宏任，产业政策司司长冯飞等来县视察石家庄君乐宝太行乳业有限公司，河北省工信厅厅长王昌，副厅长邹平、周军堂，石家庄市政府副市长郝竹山，石家庄市工信局局长吴飞及县领导姜阳、王彦芳、袁永福陪同。

10～20日 县政府在维明超市广场举行以“尚德守法提高食品安全质量能力”为主题的食品安全宣传周活动，县领导袁永福、温玲翠、张香莉出席，工商、质监、食药监、畜牧、农业、商务、卫生等相关部门负责人及各餐饮销售流通企业、食品生产加工企业代表参加。

12日 河北省食安办副主任、省食药监局副局长许彦增，省食安办综合处处长张树海等就食品、药品安全县创建和机构改革进展情况来县调研。

14日 石家庄市人大常委会委员、农业农村委主任何金录带领市人大执法检查组来县，就《气象法》贯彻落实情况开展执法检查，县领导赵士平、高国甫、高文成陪同。

16日 县扶贫办与中国扶贫基金会中和农信项目管理有限公司小额信贷扶贫项目正式签约。

16日 县安委会有关成员单位在县委、县政府两侧集中开展安全生产宣传咨询活动，悬挂安全生产主题标语条幅21条，设立宣传栏73块，发放宣传资料19000余份。

25日 意大利博洛尼亚学生代表团到行唐北河志和小学参观交流。

26日 县政府召开2014年第二季度防范重特大安全事故工作例会，县长王彦芳，县委常委、常务副县长袁永福出席。

26日 由县妇联与广播电视台等单位联合举办的以“农民富起来，咱们跳起来”为主题的行唐县第一届“老凤祥杯”“舞比幸福”农民广场舞电视大赛在口头镇拉开帷幕，198支队伍3000余名选手参赛。至12月28日，比赛圆满结束，评选出一等奖1名、二等奖2名、三等奖3名。

29日 石家庄市妇联在行唐县举办为期7天的“全国妇联第五期手工编织妇女骨干石家庄培训班”开班仪式，全国妇联妇女发展部部长、全国妇女手工编织协会副会长兼秘书长崔卫燕，石家庄市政协副主席葛瑞芳，石家庄市妇联主席崔芸，县委书记姜阳出席。

6月 2014卷《行唐年鉴》由河北人民出版社出版发行，该年鉴为总第三卷，记述时限为2013年1月1日至12月31日，设27个类目、133个分目、815个条目，共50万字。

7月

1日 县委书记姜阳到龙州镇解家庄村，看望慰问新中国建立前的老党员。

1日 县政协主席盖义江走访慰问龙州镇东庄村老党员仝小国。

3日 河北省计划生育利益导向暨特殊困难家庭扶助工作培训会议在秦皇岛召开，行唐县计划生育特殊困难家庭“医养扶一体化”工作被作为典型在会上推广，县委书记姜阳在会上做典型发言。

3日 石家庄市商务局局长田嘉一来县调研商务经济运行主要指标、重点商贸项目建设、农超对接、电子商务、成品油市场管理等工作。

7日 中共河北省委常委、石家庄市委书记孙瑞彬一行深入口头水库就防汛工作进行调研，县领导姜阳、高文成陪同。

7日 县委书记姜阳主持召开口头镇总体规划研讨会，就做好口头镇区域总体规划工作进行研究部署。

10日 河北省商务厅服务贸易和商贸服务业处长金成就国际卡车物流园项目有关事宜来县考察，县领导王彦芳、袁永福参加。

10日 县人大常委会主任赵士平主持召开县人大常委会党组党的群众路线教育实践活动查找问题专题会议，邀请“两代表一委员”、服务对象、群众代表，就县人大常委会党组查摆出的问题进行“三堂会诊”，并对县人大常委会党组班子及成员进行反向测评，副主任王吉秋、高国甫、温玲翠、米志斌出席。

15日 石家庄市人民政府副市长孟祥红到红领巾水库调研防汛工作并给予充分肯定。

18日 国家卫生计生委家庭发展司巡视员许梅林在河北省、石家庄市卫生计生委有关负责人陪同下来县，就计生特殊困难家庭“医养扶一体化”工作进行调研。

20日 石家庄市人民政府市长王亮带领各县、市、区党政主要领导和市直有关部门负责人来县，就县城建设工作进行观摩指导，县领导姜阳、王彦芳、赵海军、李军法陪同。

22日 行唐县召开商脉·中国——行唐县投融资资本银企对接会议，县委书记姜阳、县长王彦芳及全体副县长出席。

22日 中共无极县委书记韩清榕带领县四大班子领导来县观摩学习县城建设工作经验，县领导姜阳、王彦芳、赵海军陪同。

23日 行唐县四大班子专题民主生活会情况通报会在县政府大会议室召开，市委督导组组长吴书林、常务副组长田振堂等到会指导。

24日 石家庄市人大常委会副主任李锡海来县对扶贫资金使用情况开展专题调研，县领导王吉秋、高文成陪同。

25日 全县征兵工作开始，至9月30日结束，入伍新兵215人。

30日 中国（行唐）国际卡车物流园项目签约仪式在县政府第二会议室举行，河北省商务厅正厅级巡视员史玉强，服务贸易和商贸服务业处长金成，项目筹建委员会主任、河北天龙汽车贸易有限公司董事长许海军及县领导姜阳、袁永福出席仪式。

31日 “八一”建军节前夕，县长王彦芳到县光荣院看望慰问老军人，县领导刘秀建、敦盾陪同。

8月

3日 行唐县规范房地产市场秩序暨打击违法占地违法建设工作会议召开，县领导邸庆欣、赵海军、何步云、梁锁山、池玉清及有关人员共计400余人参加。

5日 152名考生在行唐一中参加行唐县2014年农村义务教育阶段学校特设岗位教师招聘面试，结合笔试成绩综合评定，最终100名考生入聘。

6日 石家庄市人大常委会咨询委员会委员邓南燕一行8人来县调研政府法律顾问工作，县领导王吉秋、高文成陪同。

7日 石家庄市政协主席王华清来县调研，听取县“政协委员之家”建设情况汇报，就城市建设工作进行调研指导并给予高度评价，姜阳、王彦芳、盖义江等县领导陪同。

8日 县长王彦芳参加上方乡领导班子专题民主生活会，中共河北省委督导组、中共石家庄市委活动办及相关人员参加。

8日 石家庄市报废汽车回收拆解联合检查组来县督导检查报废车回收拆解专项整治工作。

12日 中共石家庄市委督导组领导王香程、刘立志及县委书记姜阳全程参加、指导龙州镇党委领导班子专题民主生活会。

18日 广东东莞世能科技电子有限公司董事长余海森一行4人来县考察，县领导姜阳、王彦芳、刘秀建、袁永福、叶晓林陪同。

18日 县委书记姜阳、县长王彦芳在县政府第二会议室就颍水河景观设计、综合整治等工作进行调度，县领导张海双、赵海军、高文成参加。

20日 县政协主席盖义江带领部分政协委员到龙州镇北羊同村看望慰问3户失独贫困老人，送去大米、食用油、乳制品以及电风扇和电磁炉等生活用品，并为每户送去200元慰问金。

20日 河北省住建厅副厅长赵义山带领省、市县城办督导组来县，就城市建设工作进行调研指导，县领导姜阳、王彦芳、赵海军陪同。

22日 河北省粮食局副巡视员刘志勇深入上方、南桥、安香3个粮站，调研可利用粮仓仓容情况，石家庄市粮食局副局长刘趁通、副县长董素平陪同。

22日 行唐县召开重点岗位中层干部民主评议问卷测试大会，对全县32个县直部门中的213名重点岗位中层干部的行政效能、服务质量和作风建设等情况进行评测，县人大代表、政协委员及企业、个体工商户、农民代表等共计200人参加。

28日 县长王彦芳听取县讲解员培训学习情况汇报，县17名参训学员及西柏坡纪念馆培训教师参加。此次培训从24日开始，为期5天，目的在于提高讲解员形体、发声、仪态等综合素质。

28日 行唐县城区集中供热暨分散采暖燃煤小锅炉拆除动员会议召开，县领导王彦芳、袁永福、米志斌参加。

8月 首部《行唐县教育志》由河北科技出版社出版发行。全书设15章58节，共75.4万字，上限起于元朝泰定二年（1325年），下限至2008年。

8月 崔进宝作曲、李辉作词的歌曲《永不褪色的一抹黄》在2014亚洲国际艺术节中获音乐创作类金奖。

9月

1日 投资2.5亿元的行唐一中整体搬迁工程竣工投用。

3日 北京市发改委下属的中国投资北京国际有限公司首席研究员房晓一行3人来县，就建设“京冀军民融合产业协作园”进行调研考察，石家庄市投资促进局局长王强、县长王彦芳陪同。

4日 中国建设银行天津河西支行副行长蔡建梅一行8人到市同乡西南庄小学捐赠电脑10台、空调3台、体育用品40余件、现金2万元。

10日 石家庄市老促会会长李遵英来县调研，县领导姜阳、庞英须陪同。

10日 今天是教师节，县委书记姜阳深入市“山区教育扶贫工程”项目学校北河志和小学走访慰问一线教师职工。

10日 县委书记姜阳深入煤炭物流基地就做好粉尘污染治理工作进行调研指导。

12日 教育部课程中心副主任曹志祥在河北省教育厅普教处副处长刘殿波、石家庄市市教育督导室主任赵建军陪同下，调研行唐县义务教育阶段办学条件。

18日 河北省畜牧局副局长张强、畜牧处处长师校军，石家庄市畜牧局党组成员、总兽医师赵洪明一行来县，考察乳粉用牧场基地建设情况，副县长高文成陪同。

23 日 河北省法制办调研员苏宝霞、财政厅财政处处长王晓轩一行来县实地察看开发区建设情况，县领导袁永福陪同。

23 日 石家庄市县城办、建设局联合对县迎宾景观大道、标志性街道以及环境容貌进行专项检查验收，并给予充分肯定。

24 日 山东省寿光市农业局蔬菜办主任刘天英来县考察设施蔬菜发展工作。

24 日 中联部国际交流协会与澳大利亚、新西兰扶轮社代表团一行 8 人来县考察、验收扶贫项目，县领导高文成、李军陪同。

26 日 石家庄市副市长郝竹山一行来县调研项目建设、县城建设和民生工作，袁永福、敦盾、赵海军、高文成等县领导陪同。

26 ~ 27 日 中联部原副部长于洪君一行来县考察经济社会发展情况，县领导姜阳、庞英须、叶晓林、高文成等陪同。

30 日 姜阳、赵士平、盖义江等县领导到上南庄烈士陵园隆重参加烈士公祭活动。

10 月

1 日 行唐县制定《电子商务发展规划和实施方案》，加快推进电子商务等新兴业态发展。

1 日 格瑞易超市开业运营。

10 日 行唐县 2014 年秋冬季造林绿化工作动员会议在政府大会议室召开，县领导姜阳、袁永福、赵海军、高文成参加。

11 日 陕西彬县县长张胜利一行 7 人就帮扶行唐县 1000 万元发展设施农业情况进行实地考察，县领导王彦芳、叶晓林、高文成陪同。

15 日 行唐县召开全县党的群众路线教育实践活动总结大会，中共石家庄市委第八督导组组长吴书林给予高度评价，并就下一步工作提出希望，姜阳、王彦芳、赵士平、盖义江等县领导出席。

15 日 石家庄市国土局副局长李海江来县检查指导保障性住房建设进展情况，并给予充分肯定。

16 日 行唐县 2014 年度人口计生工作顺利通过石家庄市计生考核组年度考核。

22 日 经公开招投标，行唐县玉城污水处理厂移交河北嘉诚环境工程有限公司实施第三方运营。

23 日 在 2014 年中国·石家庄国际投资合作洽谈会重点项目签约仪式上，由河北国威新能源科技有限公司投资 13 亿元的太阳能光伏电站项目、北京丽日办公有限责任公司投资 5 亿元的办公用品家具项目正式签约。

24 日 行唐县借助 2014 年石家庄国际投资合作洽谈会这一平台，在石家庄亚太大酒店举办台商（行唐）投资合作专题对接会，邀请 20 多位台湾企业家来县参观考察并进行项目推介，中共石家庄市委常委、农工委书记张树志，石家庄市台办主任王溪波，县领导姜阳、王彦芳、袁永福参加。

24 日 台湾创新产业园被确定为全省重点打造的 30 个国别产业园之一。

30 日 石家庄市园林局副局长田利颖检查督导行唐县城市园林绿化建设和管理工作。

30 日 全县电子商务培训会在人寿保险礼堂举行，河北省电子商务培训项目唯一实施单位——河北咕咚来了电子商务有限公司总经理王强授课，县领导董素平、刘伏生及农民专业合作社、企业及个体工商户代表等共计 300 余人参加。

11 月

4 日 县长王彦芳深入外环、无繁线等县内主要交通干道，现场督导大气污染最高一级重污染天气应急响应措施落实情况。

7 日 石家庄市台办副主任王春立、石家庄国祥运输设备有限公司董事长赵维宗来县，向市同中心小学捐赠人民币10万元、棉马甲500余套。

7日 行唐县畜牧局组织召开奶牛品种改良工作会议，邀请上海光明荷斯坦技术服务部丁进国教授现场授课，各奶牛养殖小区负责人、奶牛养殖大户及驻场兽医、配种师等共计400余人参加。

13日 县委、县政府印发《行唐县安全生产“党政同责、一岗双责”暂行办法》，在全县初步建立“党政同责、一岗双责、齐抓共管”的安全生产大格局和责任体系。

15日 行唐县举行大气污染治理义务监督员聘任仪式暨重点污染源治理调度会，向被聘任的42名监督员颁发证书，并就重点污染源治理工作进行安排部署。

15日 石家庄市保险事业管理局局长张占营来县指导社会保险工作。

17日 中共河北省委督查室调研员张彤一行4人在中共石家庄市委督查室、市住建局有关人员陪同下来县，督导检查县城建设工作并给予充分肯定，县领导姜阳、王彦芳、赵海军陪同。

18日 石家庄市人大常委会副主任楚行宇一行6人来县，就“代表之家”创建工作进行调研并给予高度评价。

26日 石家庄市人大常委会副主任李锡海一行到君乐宝乐源牧场、希望奶牛养殖小区和君乐宝太行乳业公司进行视察，并就乳业发展情况进行座谈，县领导高国甫、赵海军陪同。

29日 《中国安全生产报》以《河北行唐县践行“党政同责、一岗双责”打出连环拳》为题，对行唐县落实安全生产“党政同责、一岗双责”有关情况进行报道。

30日 自24时起，县医院、中医院两家公立医院所有药物（中药饮品除外）实行零差率销售，取消药品加成，彻底改变有史以来以药补医、以药养医的状况，较好地解决了群众“看病难、看病贵”问题。

12月

4日 是首个国家宪法日，县普法办组织公安、交通、教育、环保等40个部门在县城玉城大街集中开展大型普法宣传咨询活动，共悬挂条幅63条，展出展牌365块，发放宣传材料3万余份，接待群众960人次，解答群众法律咨询200余项次，收集梳理反馈意见、建议39条，取得良好社会效果。

10日 河北国威新能源科技有限公司（行唐）50兆瓦光伏发电项目在口头镇东沟村正式开工。该项目总投资4.7亿元，利用荒坡荒地2000亩，是行唐县首家列入河北省建设计划的光伏发电项目，也是国家产业政策鼓励支持建设的绿色新能源项目。

10日 2014年度“寻找河北最受欢迎幼儿园暨最美幼师评选活动”落下帷幕，河北日报报业集团、河北新闻网、河北省传统文化教育学会授予行唐县县直机关幼儿园和行唐县蓓蕾幼儿园2014年度河北省最受欢迎幼儿园称号，授予行唐县蓓蕾幼儿园园长蔡银凤2014年度河北省幼教杰出人物，授予教师康欣、刘英2014年度河北省最美幼师。

11日 石家庄市第18次规委会会议研究讨论并通过《行唐县城乡总体规划（2003～2030）》。

18日 石家庄市治超办副主任郭立言带队考核行唐治超治限工作并给予充分肯定。

26日 县长王彦芳在人寿保险礼堂主持召开2015年扶贫工作对接会，市扶贫办副主任刘连春及县领导叶晓林、高栋梁、高文成、郑新南、张香莉出席。

29日 行唐县质量兴县和名牌战略工作顺利通过石家庄市质量兴县和名牌战略工作绩效考核组考核。

29日 石家庄市县城办来县考核验收县城建设工作并给予充分肯定。

30 日　全县危爆物品安全管理教育警示大会召开，县领导姜阳、王彦芳、袁永福、王吉秋、高文成、刘伏生、池玉清出席。

31 日　据统计，全县财政收入突破 5 亿元大关，完成 51720 万元，增长 13.4%；其中一般公共预算收入完成 32662 亿元，增长 31.1%。

12 月　《行唐县文化产业发展规划》编制工作完成，规划文化产业重点项目 38 个。

12 月　自 3 月起，行唐木雕、行唐缸炉烧饼、行唐枣木杠酿造技艺、白庙柳编、行唐歌谣、行唐剪纸（张瑞玲）、杨村秧歌 7 项非遗项目先后被省、市电台录制宣传，文化遗产保护状况得到明显改善。

县情概览

地　理

【区域位置】　行唐县位于河北省西部偏南，属太行浅山区，地处北纬38°21′～38°43′、东经114°10′～114°41′之间，东隔大沙河与保定市曲阳县相望，西与灵寿县交界，南与正定县、新乐市毗邻，北与保定市阜平县接壤。县境南北长37.05公里，东西宽30.94公里，周边界长193公里，辖区总面积966.1932平方公里。县人民政府驻地龙州镇，位于县域东南部，其中城区面积8.4平方公里，南距省会石家庄49公里，北距首都北京262公里，是全县政治、经济、文化、交通中心。

【地貌】　行唐地势自西北向东南逐渐倾斜，最高点是九口子乡与阜平县的界山卧长顶，海拔960米；最低点是只里乡北高里村，海拔75米，相对高差885米。地貌属山地类型，有低山、丘陵、平原三种形式。团山—黄龙港—秦台—北城寨一线西北部为低山区，面积525平方公里，包括上阎庄乡、九口子乡全部及口头镇部分村庄；北龙岗—赵阳关—上碑—南翟营一线西北部为丘陵区，面积141平方公里，包括北河乡全部及玉亭、上方、上碑、翟营、城寨5乡大部及南桥镇部分村庄，该线东南部各乡镇属平原区，面积359平方公里。

【河流】　境内河流属海河流域大清河水系，较大河流主要有4条：沙河，古称派河，发源于山西省繁峙县东北的孤山脚下，行唐段位于沙河右侧，流经北河、南桥、独羊岗、只里4个乡（镇），境内长19.3公里，为行唐与曲阳两县界河。磁河，原名磁水，发源于灵寿县西北部，境内长22.5公里，流经上阎庄、翟营、安香3个乡（镇），为行唐、灵寿、正定三县界河。郜河，属沙河支流，为境内最长的河流，源于九口子乡墨斗村，自西北向东南贯穿全境，流经九口子、口头、城寨、上方、上碑、市同、龙州、只里、独羊岗9个乡（镇），在北高里村东南汇入沙河，全长69.4公里，流域面积588平方公里。曲河，曾名海子河，发源于口头镇芦家庄、普塔石一带，流经口头、玉亭、南桥、独羊岗4个乡（镇），在独羊岗乡河合村东北汇入沙河，全长33.3公里，流域面积152平方公里。此外，境内还有江河、黄龙港、饿公河、库儿沟、龙门沟、庙岭沟等6条季节性河流，受降水影响较大，河道常年断流。

【气候】　行唐县地处暖温带半湿润大陆性季风气候区，春季干旱多风，夏季炎热多雨，秋季昼暖夜凉，冬季寒冷少雪。春季55天，夏季105天，秋季60天，冬季145天。气温年际变化不大，年极端最高气温42.4℃，出现在2002年7月15日；年极端最低气温－20.4℃，出现在1993年1月16日。季节变化显著，四季分明，光照充裕，年平均积温适宜发展农业生产。

2014年气候特点：年平均气温13.5℃，比上年高1.1℃，较历年平均气温高0.9℃；年最低气温－12.6℃，出现在2月10日；年最高气温39.6℃，出现在5月29日。年降水量266.0毫米，比上年减少198.9毫米，较历年降水量少220.9毫米，降水分布不均，主要表现在9月。全年未出现严重的灾害性天气，达到和好于二级天数75天。年平均相对湿度60%，最小相对湿度6%。无霜期243天，年日照时数2153.7小时，占可照时数的

49%。年平均风速 1.9 米/秒，最多风向 ENE（东北东）。雷暴日数 22 天。

建置沿革

据清朝《行唐县志》载：4000 多年前，尧自唐（今定州北唐城村）赴平阳即帝位，南行历其地，南行唐之名由此始也。赵惠文王八年（前 291 年）建南行唐城邑。秦始皇二十六年（前 221 年），分天下为三十六郡，割真定地置南行唐县，治所在今故郡村，属钜鹿郡。北魏太和十年（486 年）去“南”字为行唐县，归定州常山郡所辖。太和十四年（490 年）行唐改置唐郡，太和二十一年（497 年）郡废复设行唐县。武则天长寿二年（693 年），周改行唐为章武县。中宗神龙元年（705 年）复名行唐县。五代时期，后梁开平初（907 年）复称章武县，后唐同光元年（923 年）复名行唐县。后晋天福元年（936 年）又改称永昌县，后汉乾祐元年（948 年）复名行唐县。宋属真定府，熙宁六年（1073 年）灵寿并入行唐，熙宁八年（1075 年）析出。元改称恒阳县，属保定路辖。明复称行唐县，属真定府定州。清因之。1958 年 10 月并入新乐县。1962 年 1 月两县分治。1993 年 6 月，石家庄地区和石家庄市合并，行唐县改为石家庄市市属县，至今未变动。

行政区划

2014 年，行唐县辖 4 镇 11 乡 1 区 330 个行政村。4 镇即龙州镇辖 33 个行政村，上碑镇辖 17 个行政村，南桥镇辖 17 个行政村，口头镇辖 41 个行政村。11 乡即独羊岗乡辖 16 个行政村，安香乡辖 15 个行政村，只里乡辖 19 个行政村，市同乡辖 15 个行政村，翟营乡辖 29 个行政村，城寨乡辖 25 个行政村，上方乡辖 20 个行政村，玉亭乡辖 16 个行政村，北河乡辖 9 个行政村，上阎庄乡辖 15 个行政村，九口子乡辖 36 个行政村。1 区即行唐经济开发区，辖 7 个行政村。

人口　民族　宗教

【人口】　据公安统计年报，年末全县居民共 147285 户，459139 人。其中，男性人口 233621 人，女性人口 225518 人，男女性别比为 104∶100。全县出生 7646 人，出生率为 16.66‰；死亡 6570 人，死亡率为 14.32‰；自然增长率为 2.34‰；年末非农业人口 65207 人。全年平均人口 458961 人。统计资料显示，全县常住人口 418550 人，城镇人口 123149 人，城镇化率 29.4%，农村户数 105614 户，乡村总人口 376689 人，乡村从业人员 186780 人。

【民族】　2014 年，全县有少数民族 22 个 868 人，占全县总人口的 0.19%。其中，满族人口最多，共 198 人，占全县少数民族人口的 22%；仡佬族人口最少，仅 1 人。

2014 年行唐县少数民族人口数量情况表

民　族	人口（人）	民　族	人口（人）
满　族	198	瑶　族	10
傈僳族	136	藏　族	13
彝　族	104	白　族	8
蒙古族	91	黎　族	6

续表

民　族	人口（人）	民　族	人口（人）
壮　族	79	纳西族	5
苗　族	75	怒　族	4
土家族	49	傣　族	2
布依族	24	俄罗斯族	3
土　族	19	朝鲜族	4
哈尼族	15	仡佬族	1
侗　族	9	合　计	868
回　族	13		

【宗教】　2014年，行唐县有基督教、天主教、佛教三种宗教，宗教活动场所有寺观教堂7处，其他固定处所8处。信教群众11812人，占总人口的2.62%，分布在15个乡（镇）256个村。其中，基督教信教群众10477人，有长老1人，传道员33人；宗教团体两个，即行唐县基督教“三自”（自治、自养、自传）爱国运动委员会和行唐县基督教协会；活动场所有“两堂”（西关基督教堂、余底教堂）“八点”（西正、南桥、上碑、口头、玉亭、南翟营、陈家庄、岸下）。天主教有修女1人，信教群众351人，分布在习村、欢同、上方、上龙门、西瓦仁等5村；前4村各建有天主教堂1座，西瓦仁为1活动点；组织机构有行唐县天主教爱国联络小组。佛教的活动场所主要是香莲寺，寺内有僧尼4人，信教群众984人，组织机构为行唐县佛教领导小组。

自然资源

【土地资源】　全县土地面积966.19平方公里，其中，城区面积8.4平方公里；耕地537750亩。土壤类型主要有5个土类（褐土、草甸土、潮土、沼泽土、水稻土）9个亚类25个土属56个土种，其中褐土类土壤分5个亚类17个土属38个土种，面积最大，分布最广。水稻土类面积最小，分1个亚类1个土属2个土种，主要分布在南桥、独羊岗、只里等乡（镇）沿沙河两侧的河漫滩地上。根据地形、地貌特点及耕作种植、饲养条件，全县土地利用划分为3个区，即西北部低山丘陵林果畜牧区、中北部丘陵杂粮畜牧区和东南部山麓平原粮棉油料区。

【水资源】　境内水资源包括地表水和地下水两部分。地表水资源主要来源于降水，外来水资源包括群众渠引沙河水、磁左渠引磁河水及口头水库汇水区来自阜平8平方公里的天然径流量；地下水资源主要有降水入渗、河流渗漏、引水回灌、集雨工程、废水利用等项补给构成。行唐县现状条件下工农业生产、生活用水主要依赖地下水。据统计，2014年，行唐县水资源总量18172万立方米，人均水资源量391立方米，是石家庄市人均水资源的1.75倍。全县年需水量17969万立方米，地表水可供水量9299万立方米，地下水可供水量8670万立方米，全县水资源供需基本保持平衡状态。

随着工业污水的排放及化学肥料、农药的广泛使用，境内地表水、地下水受到轻微污染，据监测，水质均为三类水，主要污染物有总硬度、硝酸盐、氨氮等。

行唐县2014年地下水监测结果统计表

项目	统计量（个）	最大值	最小值	平均值	检出井次	超标井次	检出率（%）	超标率（%）
pH	6	7.7	7.6	7.65	6	0	0	0
高锰酸盐指数	6	1.29（毫克/升）	0.24（毫克/升）	0.797（毫克/升）	6	0	0	0
氨氮		<DL	<DL	<DL				
肉眼可见物		无	无	无				
嗅和味		无	无	无				

【矿产资源】 境内矿产资源主要有金属、非金属、水气、能源4类，初步探明20种，已开发利用17种。其中，金属矿产以磁铁矿、超低贫铁矿片麻岩为主；非金属矿产占绝对优势，其中白云母储量多达1200万吨，有“河北云母看行唐”之称。

【林牧渔业资源】 2014年，全县有宜林山地62.2万亩，山地及林下草场76万亩，主要树种有杨、柳、侧柏、刺槐、椿、花椒、红枣、苹果、桃、梨等，其中，红枣年产量11.5万吨，行唐大枣获得国家工商总局商标局批准的石家庄市第四枚地理标志证明商标。全年人工造林4万亩，森林覆盖率36.95%。养殖业发展较快，主要畜禽品种有猪、羊、鸡、兔、马、牛、鸭等，其中奶牛存栏9.4万头，是全国奶牛生产基地县。可利用养殖水面12414公顷，主要品种有鲫鱼、草鱼、鲢鱼、虾、鳖等。

国民经济和社会发展

【概况】 2014年，是实施“十二五”规划的关键一年，是面临经济形势严峻复杂、困难挑战异常突出的一年，也是爬坡过坎、跨越赶超迈出坚实步伐的一年，全县各级各部门在县委、县政府的正确领导下，凝心聚力，奋力攻坚，强力实施工业化、城镇化、农业现代化，经济运行呈现缓中趋稳、稳中有进的态势，各项社会事业取得新的进步，为全面建成小康社会奠定良好基础。初步核算，全县实现生产总值121.91亿元，比上年增长9.5%。其中：第一产业增加值25.71亿元，增长4.5%；第二产业增加值62.66亿元，增长11.4%；第三产业增加值33.54亿元，增长9.4%。人均生产总值29291元，增长8.5%。三次产业结构比例为21.1∶51.4∶27.5。

全县年末全社会从业人员242150人，比上年末增加3000人。城镇非私营单位年末从业人员13717人。全县年末城镇非私营单位在岗职工平均工资为33853元，比上年增长7.4%。再就业工作取得成效，全年通过各种途径使622名下岗失业职工实现再就业。年末全县城镇登记失业人数为972人，登记失业率3.5%。

民营经济实现增加值87.6亿元，同比增长10.8%，占GDP的比重为71.9%；民营经济上缴税金4.63亿元，同比增长0.43%，占全部财政收入的比重为89.54%。年末个体工商户19225户，私营企业1461家。民营经济从业人员104960人。

【农业】 全县农林牧渔业总产值50.35亿元，比上年增长6.2%，其中，农业产值19.69亿元，增长1.4%；畜牧业产值27.23亿元，增长5.1%；农林牧渔服务业产值2.09亿元，增长114.7%。农林牧渔业增加值26.76亿元，比上年增长5.7%。

全年粮食播种面积66.1万亩，比上年减少0.48万亩；粮食总产量28.12万吨，比上年减产2.95万吨。夏粮总产13.17万吨，比上年增长

1.26%；秋粮总产14.95万吨，比上年下降17.24%。红薯产量1.07万吨，比上年降低9.3%；红枣产量11.5万吨，比上年下降14.8%；棉花播种面积达到9300亩，总产量402吨。蔬菜播种面积7.72万亩，比上年增加2300亩，增长3.07%，总产量36.91万吨，增长9.32%；油料播种面积10.62万亩，比上年增长0.1%，总产量2.3万吨；鲜果产量12.65万吨，下降10.6%。

2014年主要农产品产量

指标			产量（吨）	比上年增长%
粮食	总产		281221	-6.79
	夏粮		131700	1.26
	秋粮		149521	-17.24
棉花			402	-0.99
油料			22952	1.53
蔬菜			369093	9.32
鲜果	总产		126465	-10.6
		红枣	115000	-14.81

肉类、禽蛋和牛奶产量分别达到3.93万吨、3.47万吨和32.55万吨，分别比上年增长2.3%、4.52%和12.16%。畜牧业产值占农林牧渔业总产值的比重为54.1%。

2014年主要畜产品产量和牲畜存栏、出栏

指标		数量	比上年增长%
肉类总产量		39313吨	2.3
禽蛋产量		34685吨	4.5
奶类产量		326250吨	12.1
年末大牲畜合计		9.8万头	-
奶牛存栏		9.4万头	-
猪存栏		17.6万头	1.1
	母猪	2.05万头	-8.5
猪出栏		29.1万头	5.1
羊存栏		6万只	2.2
羊出栏		6.5万只	4.8
家禽存栏		407万只	7.9
家禽出栏		501.87万只	3

林业建设取得成效。全年人工造林面积4万亩;幼林抚育作业面积10000公顷次。森林面积32221.3公顷,森林覆盖率达36.95%。

全年有效灌溉面积33.56万亩。农业机械总动力139.52万千瓦,比上年增长1.5%。实际机耕面积59.11万亩,占农作物播种面积的比重达67.17%;当年机械播种面积68.05万亩,占77.33%;机械收获面积56.83万亩,占64.58%。农用运输车辆4.13万辆,联合收割机2078台。农村用电量36814万千瓦时,增长12.27%。农用化肥施用量(折纯)25251吨,同比增长0.27%。实有机电井数11640眼。

【工业和建筑业】 全部工业完成增加值60.08亿元,按可比口径,比上年增长11.6%。规模以上工业企业完成产值220.9亿元,比上年增长16.5%;完成增加值58.06亿元,增长12.3%;实现利税34.07亿元,增长8.8%;实现利润23.27亿元,增长7.9%。年末,有规模以上工业企业83家。

全社会建筑业增加值2.58亿元,同比增长7.6%。

【固定资产】 全年全社会固定资产投资完成142.54亿元,比上年增长22.4%。其中,固定资产投资(不含农户)139.76亿元,增长20%;农村个人固定资产投资2.78亿元,增长7%。

在固定资产投资(不含农户)中,建设项目投资139.1亿元,增长23.4%;房地产开发投资为6690万元,下降82.2%。第一产业投资10.14亿元,同比增长18.4%;第二产业(全部为工业)投资90.1亿元,增长21.4%;第三产业(服务业)投资39.52亿元,增长17.4%。工业技改投资完成66.99亿元,同比增长24%,占工业投资比重74.3%。

全年固定资产投资施工项目340个,其中房地产开发项目2个。当年完工项目300个。投资亿元以上项目22个,比上年减少4个,完成投资54.89亿元,增长25%。

【贸易】 年末,限额以上贸易企业14家,其中批发业8家,零售业5家,住宿业1家。全县社会消费品零售总额实现53.67亿元,增长11.6%。批发零售实现增加值5.28亿元,同比增长8.4%,住宿餐饮实现增加值8763万元,同比增长12.9%。批发业实现销售额46435.8万元,增长18.6%;零售业实现销售额561837万元,增长16.9%;住宿业实现销售额10691.2万元,增长20.3%;餐饮业实现销售额83332.7万元,增长17.8%。

全年实际利用外资3000万美元,与上年持平。

【交通运输、邮电】 全年交通运输邮电业实现增加值9.02亿元,同比增长5.5%。全县公路通车里程达到1280.3公里,高速公路通车里程25.5公里,公路密度达到1.33公里/平方公里。其中高等公路1143.4公里,县级公路79.2公里,乡级公路365.3公里,村级公路685.1公里,专用线8.3公里。年末营运性货车4159辆,全年完成货物运输总周转量13073万吨公里,下降4%;旅客运输周转量20768万人公里,增长16%,有营运性客车129辆。

全年完成邮政业务量2885万元,比上年增长8%。年末固定电话用户1.5万户,移动电话用户26.2万户,全县固定及移动电话用户总数达27.7万户。电话普及率达到60.35部/百人,其中移动电话普及率达57.1部/百人。互联网络宽带接入用户3.9万户。

【财政、金融和保险业】 全部财政收入完成51720万元,比上年增长13.4%。其中,公共财政预算收入完成32662万元,增长31.06%;上划中央收入15376万元,下降10%;上划省级收入3682万元,增长2.25%。全部税收收入42295万元,同比增长4.52%。公共财政预算支出172994万元,同比增长28.43%,其中,节能环保支出11775万元,增长37.48%;医疗卫生与计划生育支出23251万元,增长30.03%;教育支出32239万元,增长18.93%;科学技术支出1802万元,增长 23.68%；农林水支出 35080 万元，增长 55.52%；文化体育与传媒支出 1127 万元，增长 22.9%；社会保障和就业支出 17563 万元，增长 4.48%。

年末金融机构各项存款余额 1146979 万元，比年初增加 206001 万元，增长 21.89%。其中居民储蓄存款余额为 935307 万元，比年初增加 129554 万元，增长 15.7%。年末金融机构各项贷款余额为 368116 万元，比年初增加 66953 万元，增长 22.23%。

保险机构保费收入 18842 万元。其中，财产险保费收入 4124 万元，人险保费收入 14718 万元。

【文化、教育、科技与卫生】 全县共有文化馆 1 个，公共图书馆 1 个，图书总藏量 5 万册。一千瓦以上电视发射台和转播台 1 座，电视人口覆盖率 97.8%。有线电视用户 25450 户。

年末，共有各级各类学校 95 所，在校生 63819 人。其中，普通中学 17 所，招生 7825 人，在校生 21827 人，毕业生 6240 人；中等职业学校 1 所，招生 210 人，在校生 557 人，毕业生 118 人；小学 59 所（不含 192 个教学点），招生 6972 人，在校生 37710 人，毕业生 5509 人；全县幼儿园 17 所，在园人数 3679 人；特教学校 1 所，招生 8 人，在校生 46 人，毕业生 8 人。年末教师 4370 人；其中，普通中学教师 1723 人，小学教师 2334 人。

全县事业单位管理人才 634 人，各类专业技术人才 8834 人。

全县共有卫生机构 366 个，床位 1253 张。医院、卫生院 27 个（含 3 个民营医院），卫生技术人员 2145 人，其中执业医师（含助理）739 人。有卫生室的行政村 304 个，占总村数的 92.12%，乡村医生 1007 人。5 岁以下儿童死亡率 6.98‰，婴儿死亡率 5.31‰，产妇住院分娩比例 100%，传染病发病率 5.6‰。

【人民生活和社会保障】 全县城镇居民人均可支配收入 21937 元，比上年增长 9.5%；农村居民人均可支配收入 5420 元，增长 14.8%，城乡居民收入比为 4.05:1。

年末，全县参加城镇职工基本养老保险 15305 人，比上年末增加 643 人。其中，参保职工 10719 人，参保离退休人员 4586 人。参加城镇基本医疗保险 42560 人，减少 1052 人。其中，参加城镇职工基本医疗保险 17000 人，参加城镇居民基本医疗保险 25560 人。参加失业保险 12005 人，年末全县领取失业保险金 43 人。参加工伤保险 19615 人，增加 1724 人。参加生育保险 12445 人，增加 458 人。2014 年，按照农村扶贫标准年人均纯收入 2736 元，年末农村贫困村有 107 个，人口 7.62 万人，比上年末减少 1.28 万人。城乡居民养老保险参保 143380 人，收缴养老保险金 1671 万元，62611 人领取养老保险金，支付 4053 万元。新型农村合作医疗参合 333996 人，参合率 97.46%，筹集资金 13025.84 万元，补偿 93.54 万人次，共补偿医药费 11630.96 万元。城乡低保制度逐步完善，全年发放城镇低保金 375.3 万元，为 1.69 万人次城镇居民提供生活保障；发放农村低保 1637.42 万元，为 12.19 万人次提供生活保障。

【节能降耗】 全县万元生产总值能耗比上年下降 4.42%。万元规模以上工业增加值能耗比上年下降 8.9%。单位 GDP 电耗比上年上升 5.91%。

【环境保护】 环境污染治理完成投资总额 49147.2 万元，主要污染物二氧化硫削减 1285.42 吨，年排放 5757.92 吨；化学需氧量削减 2485.25 吨，年排放 16400.27 吨。

中共行唐县委员会

【县委组成人员】

书　　记：姜　阳

副 书 记：王彦芳　张聚华（兼党校校长）

常务委员：姜　阳　刘秀建　邸庆欣　张聚华　袁永福　田　志　宫国恩　庞英须　张海双　王彦芳　敦　盾（女）　高栋梁（3 月，挂职）

县委委员：（按姓氏笔画排序）

王　琳（女）　王吉秋　王彦芳　王荣林　仇翠玲（女）　田　志　刘伏生　刘秀建　刘鸣利　米志斌　李书新　李军法　李翠玲（女）　杨永志　杨同振　杨新国　何步云　邸　健　邸庆欣　张天吉　张胜利　张海双　张聚华　陈树旗　庞英须　孟文锁　姜　阳　赵士平　赵大水（7 月免）　赵为民　赵海军　宫国恩　袁永福　高文成　高和福　康志强　盖义江　盖建林　梁锁山　敦　盾（女）　温玲翠（女）

候补委员：（按姓氏笔画排序）

丁吉彬　王永坤　王建峰　石香文　苏文杰　苑宝林　孟振平　高秋敏

【概况】　2014 年，面对复杂多变的形势和艰巨繁重的任务，县委常委会坚决贯彻落实中央和省、市委的一系列重大决策部署，以党的群众路线教育实践活动统领各项工作，团结带领全县广大干部群众，围绕“突出项目立县，推进转型突破，实现实力跃升，建设和谐行唐”的总目标，强力实施工业化、城镇化和农业现代化重点突破，全县各项事业取得新进展、新成绩。

【党的群众路线教育实践活动】　县委常委会把开展好第二批党的群众路线教育实践活动作为坚持从严治党、加强作风建设的重要抓手和重大契机，坚持从实际出发，紧紧围绕“为民、务实、清廉”这个主题，认真贯彻“照镜子、正衣冠、洗洗澡、治治病”这个总要求，突出作风建设，聚焦“四风”问题，以整风的精神推进各环节工作，全县教育实践活动开展得扎实健康、富有实效，党群干群关系更加密切，党风政风明显好转，得到省委、市委督导组的充分肯定。一是把加强思想教育摆在首位，坚持把解决好世界观、人生观和价值观这个“总开关”问题，作为转变作风、克服“四风”的基础，通过认真抓专题学习、对照学习、标杆学习、“赶考”学习，扎实开展“读、学、看、听”、党组织书记讲党课、基层党组织“六个一”（学习一本小册子、观看一套影像资料、组织一次大走访活动、开展一次志愿服务、上一次党课、召开一次座谈会）、农村党员干部“五访五问”（访老党员老干部，问治村经验；访村民代表，问村务管理；访经商富户，问致富良策；访困难家庭，问衣食需求；访信访老户，问诉求愿望）等规定动作，广大党员干部的理想信念更加坚定，党性修养显著增强，宗旨意识更加牢固。二是把整治“四风”突出问题作为教育实践活动的重中之重，着眼于找准自身“四风”问题，根除自身积弊顽疾，县委先后通过 10 种形式 20 条渠道规定动作、自觉开展普惠民生意见“大收集、大梳理、大整改”、“四风”问题二次征集和连续 3 次回头看征求意见，共征求初始肯定性意见 26500 条、改进性意见 11285 条。坚持边查边改、立行立改，建立“正风肃纪”明察暗访长效机制，举办“正风肃纪在行动”专栏，强力开展正风肃纪专项行动，21 项专项整治取得明显成效，“四风”蔓延势头得到有效遏制，全县党风政风和社会风气为之一新。三是把开展严肃认真的批评与自我批评作为确保教育实践活动取得实效的最关键环节，以省委常委班子、兰考县委常委班子、保定市委常委班子和石家庄市委常委班子专题民主生活会为标杆，召开高质量的专题民主生活会，真刀真枪提意见，满腔热情帮同志，收到“红脸、出汗、排毒、治病”的效果，达到团结——批评——团结的目的。在县委常委会的带动下，全县所有基层党组织普遍召开较高质量的专题民主生活会和专题组织生活会，广大党员干部普遍经受了一次严格的党内生活锻炼，党的批评和自我批评的优良传统得到恢复和发扬，各级领导班子的凝聚力和战斗力得到进一步加强。四是突出问题导向，狠抓整改落实，坚持从老百姓最关心的具体问题抓起，从群众最不满意的地方改起，从群众最期盼的事情做起，真正把实事好事办到老百姓的心坎上。实施普惠民生跟踪问责制度，大力推进还利于民、蹲点服务、化解信访积案和党性纯洁行动，集中开展清查公园违规占用绿地等“六个大清查”活动，着力打通联系服务群众的最后一公里，解决一批涉及群众切身利益的热点难点问题，受到老百姓的欢迎，党群、干群关系进一步融洽。坚持把制度建设作为解决“四风”问题的治本之策，出台落实党风廉政建设“两个责任”（党委负主体责任，纪委负监督责任）、整治文山会海等若干制度规定，努力从体制机制上堵塞滋生“四风”问题的漏洞，加强作风建设的长效机制进一步完善。

【经济建设】 县委常委会始终把发展作为第一要务，积极适应经济新常态，切实转变发展理念，强力推动县域经济转型升级、总量倍增。在宏观环境不利的情况下，全县经济实现平稳较快发展。全县生产总值全年完成 121.91 亿元，同比增长 9.5%；全部财政收入完成 5.17 亿元，同比增长 13.4%，其中，公共财政预算收入完成 3.27 亿元，同比增长 31%；规模以上工业增加值完成 58.06 亿元，同比增长 12.3%；服务业增加值完成 30.96 亿元，同比增长 9.5%；固定资产投资完成 139.76 亿元，同比增长 20%；社会消费品零售额完成 53.67 亿元，同比增长 11.6%；城乡居民人均可支配收入分别完成 21937 元、5420 元，分别同比增长 9.5%、14.8%。继续大力实施工业强县战略，坚持无中生有和有中生新并举、招商引资和内生发展并重，强力推动工业突破。实施“跨五进一冲十”工程，对 14 家骨干企业实行县级领导分包，引导企业开展对标行动，全力支持企业做大做强。全年共帮助企业融资 8.8 亿元，完成工业技改投资 67 亿元，新增规上企业 8 家，高新技术企业 2 家，3 家规上企业列入市级对标示范企业。2 月 26 日，循证医药在石家庄市股权交易所成功挂牌。4 月 12 日，君乐宝太行乳业婴幼儿配方乳粉正式上市，并在国内率先通过欧盟食品标准权威认证。始终把项目建设作为经济工作的重中之重，集中精力上项目。通过充实招商力量，聘请招商顾问、完善招商信息库、开展招商对接活动、参加招商洽谈会和主动上门招商等方式不断加大招商引资能力，投资 5 亿元的北京丽日家具、投资 3 亿元的欧美环保设备等 17 个亿元以上项目达成合作意向。通过落实县级领导分包，强化跟踪服务，实行全程代办，及时协调解决项目建设中的困难和问题，有力促进项目落地、建设和投产。全县在建项目 97 个，总投资规模 192.57 亿元，完成投资 89.6 亿元，占年度计划的 119.5%。其中，投资 21.27 亿元的玉晶离线 Low—E 玻璃深加工项目、投资 5.7 亿元的君乐宝太行乳业等 26 个项目竣工或部分竣工。投资 7 亿元的毓丰伟业、投资 1.8 亿元的高效煤粉等 13 个亿元以上项目开工建设。以发展商贸物流、电子商务和生态旅游为重点，大力提升现代服务业发展水平。完成九都商贸物流园主体工程，格瑞易超市开业运营，商业基础设施日趋完善。新增“安太”、“永青”等 4 个河北省著名商标，完成万果红酒业、华昌机械等 12 家企业省、市商标申报，自主品牌的市场竞争力和影响力明显提升。制定电子商务发展规划和实施方案，加快推进电子商务等新兴产业发展。启动总投资51.36亿元的口头孔雀湖文化教育产业及生态旅游项目，完成神树湾田园生态旅游区项目2A级景区建设申报，积极引导发展观光采摘、生活体验、农家乐园等乡村旅游活动，形成一批红枣、草莓、苹果、中华寿桃等采摘基地，进一步提升行唐的知名度及影响力。高度重视“三农”工作，认真落实各项强农惠农富农政策，发放粮食、农资直补5669万元，农业基础地位进一步强化，农业综合生产能力得到提高。加强农业基础设施建设，积极开展农技人员下基层、解难题、送服务活动，认真做好管理技术指导和病虫害综合防治，全县粮食总产28.12万吨，继续稳定在亩产吨粮水平以上。大力扶持发展传统优势农业，完成大枣树体改造3万亩，建成示范园区17个；提档升级奶牛养殖小区53个，新增3个省级、6个市级示范小区。按照“积极打造‘一环两沿’区域，两个示范区块和精品线路”的工作思路，扎实推进农村面貌改造提升，圆满完成20个省级重点村和30个县级示范村的改造提升，精心打造3个精品示范村。加强农村环境整治，新建农村户用沼气池950个，完成5.1万座连茅圈和46个奶牛养殖示范场储粪池建设。积极稳妥地推进农村土地流转，发展适度规模经营，指导东伏流、上碑镇东街等村采取土地入股方式，与当地企业合作建立2个经济实体，全县有经济实体的村达到44个，市级以上农业产业化龙头企业达到20家，农业产业化、现代化水平进一步提升。加强基层民主政治建设，深化村务公开，规范民主决策，全县村务公开率达到95%，群众满意率有新的提高，为村“两委”换届工作打下坚实基础。

【城镇化建设】 把加快城镇步伐作为加快发展的重要支撑，强力推进城市建设上水平、出品味。坚持规划先行，高标准编制《行唐县城乡总体规划(2013~2030年)》，确定“打造颍水两岸，建设一城三区，实现产城融合”的县城建设发展思路，县城规划面积由8.4平方公里扩大到27.7平方公里。成立新城区建设指挥部，先后启动文体中心、气象观测站等一批功能性项目，拉开新城区建设框架。投资1.4亿元对5.6公里的颍水河县城段实施综合整治，把颍水河建设成城中河、景观河。启动并实施总投资2.73亿元的唐尧大道绿廊、玉城大街西延、香港路标志性街道等12个市政工程项目，城区基础设施功能不断完善。强力推进拆违拆陋，集中拆除主城区和城乡结合部的的违章建筑17万平方米，重点拆除玉城大街西延的“钉子户”和衡阳大街军转十家属楼，修通升仙桥路北延、香港路两条断头路，形成贯通南北，连接东西的交通路网。加强城区精细化管理，集中利用10天时间，发动干部群众5万多人次，投入资金1100多万元，深入开展城乡环境卫生“大洗脸”行动。同时，健全环境卫生保洁长效机制，建立城管与交警联动执法机制，县城环境卫生秩序实现常态化管理，得到省、市县城建设验收组高度评价。加快推进园区基础设施建设，按照“政企合作办园，产城融合发展”的思路，与河北禾工集团合作，投资1.73亿元完成污水处理厂、110KV变电站、科技大街、工业路、天然气管道和污水管网铺设等工程建设，园区基础设施日臻完善，承载能力不断增强。重点抓好玻璃产业园、行唐国际家具园、台湾创新产业园等3个“区中园”建设，其中台湾创新产业园被确定为全省重点打造的30个国别（地区）产业园之一。

【“两个环境”建设】 生态环境和发展环境不优是制约发展的两大突出矛盾，既关系发展、又涉及民生，既是社会问题、又是政治问题。县委常委会动员全县上下，克服畏难情绪，发扬连续作战精神，实施强有力的攻坚，“两个环境”实现新改善。在生态环境治理方面，坚持把抓好大气污染治理作为改善生态环境的重中之重，多措并举改善大气环境质量。启动实施城区集中供热，停用分散燃煤锅炉48台114蒸吨。集中开展塑料颗粒、云母蛭石等小企业污染整治和镇、村工业污染整治等专项行动，取缔33座砖瓦窑。加强煤炭物流基地污染治理，硬化道路4350米、安装防风抑尘网6000平方米，清理取缔分散储煤场28家。认真抓好机动车尾气和工业污染治理，淘汰黄标车2126辆，完成玉晶玻璃公司4条生产线脱硫、3条生产线脱硝工程建设。狠抓农作物秸秆禁烧工作，圆满完成APEC会议期间空气质量保障工作。实行最严格水资源和耕地资源保护制度，在全省率先实施河道采砂经营权公开出让，严厉打击矿山河道私挖滥采，完成上阎庄、团山两个片区20平方公里水土保持项目。坚持把造林绿化作为改善生态环境的重要抓手，抓住春季造林、雨季造林和冬季造林的有利时机，以城区绿化、河道绿化、果品基地建设和通道绿化为重点，加大造林绿化力度，全县造林绿化5.4万亩，植树570万株，森林覆盖率达到36.95%，比去年增长1个百分点。坚持以法治思维和法治方式推进环保工作，依法严肃查处各种环境违法行为，市场主体和群众的环境守法意识进一步增强。在优化发展环境方面，突出抓好行政服务中心规范化建设，全县30个窗口单位、230项行政审批及便民服务事项全部集中进驻中心，切实解决体外循环问题。以建设“三级平台”、推行“两个代办”为抓手，狠抓便民服务体系建设，积极推进“零障碍服务协办机制”长效化，受到群众的欢迎。着手建立政府权力清单制度，着力为企业松绑减负。加大政务公开力度，提升办事效率。积极推进公共资源交易市场化改革，完善重点部门、重点岗位中层干部评议工作，切实解决“中梗阻”。坚持对破坏发展环境行为实行“零容忍”，严肃查处12件损害发展环境案件，进一步增强市场主体的投资信心和全民创业活力。

【民生建设】 把办好一批群众反映强烈、需要急迫解决的民生实事，作为践行党的群众路线、转变党风政风、密切党群干群关系的重要抓手，作为造福于民、取信于民实际行动，举全力强力推进，年初向群众公开承诺的五方面30件惠民实事基本兑现。努力让老百姓的孩子都能有学上、上好学，坚持教育惠民，发放资助金1089万元，共资助学前幼儿、义务教育阶段贫困寄宿生和普通高中家庭经济困难学生7386名，确保每名贫困家庭学生不因经济困难失学。落实石家庄市山区教育扶贫计划，投资2.5亿元的行唐一中整体搬迁工程竣工投用，抓好实验中学学校管理，充实教师93人，山区1400名初中学生进城就读，享受到和城里孩子一样的教育资源。努力让老百姓的工作都能有着落，出台《行唐县鼓励创业促进就业的实施意见》，建设完成行唐县就业创业孵化基地，开展系列就业创业帮扶活动，加大对下岗失业人员和就业困难人员的帮扶力度，举办创业培训18期，新增城镇就业人员3353人、实现城镇失业人员再就业650人，就地就近转移农村劳动力10050人，发放小额担保贷款1505万元，扶持215人创业，带动620人就业。认真做好高校毕业生就业创业工作，实现高校毕业生登记失业率为“零”目标。努力让老百姓的生活更有保障，对城乡低保人员做到“应保尽保”，实现城镇基本医疗保险市级统筹，对特定人群实行政府购买居家养老服务，率先在全省构建计生特殊家庭“医养扶一体化”工作机制，为计生特殊困难家庭54户68人提供医疗、养老、帮扶全方位服务，得到省、市领导的批示肯定，央视《新闻联播》等20余家新闻媒体进行宣传报道。完成145套保障性住房建设和1300户农村危房改造。“三院合一”民政事业服务中心正式启用，农村互助幸福院实现330个行政村全覆盖。加快推进投资1285万元的市同集中供水站项目建设进度。努力让老百姓的日子过得更好，认真做好扶贫开发工作，1万人稳步脱贫。大力发展富民项目，结合农业资源优势和农民意愿，积极支持和引导设施蔬菜种植，玉亭乡、独羊岗乡、口头镇、翟营乡等4个千亩无公害设施蔬菜基地初见成效，新增设施蔬菜2000亩。着眼农民增收的短板在家庭增收，家庭增收的短板在妇女增收这一实际情况，研究制定《关于支持妇女加快家庭手工业发展的意见》，支持全县5.6万名农村留守妇女发展柳编、剪纸等家庭手工业，培育技术骨干近千人。努力让老百姓看病更省钱、更放心，积极推进县医院、中医院公立医院改革工作，两家公立医院所有药物11月30日24时起实现零差率销售。全面开展打击非法行医“雷霆行动”，群众就医安全得到保障。加强对新农合定点机构的监管，确保规范运行，参保农民333996人，参合率达97.46%。

【宣传思想文化建设】 始终牢牢把握意识形态工作主动权，着力在统一思想、凝聚力量，鼓舞士气、提振信心上下功夫，努力为经济社会发展提供精神动力和舆论支持。加强党委（党组）理论中心组学习，制定出台《进一步加强党委（党组）中心组学习制度》，加强对党的“十八大”和习近平总书记重要讲话精神及群众路线的学习。重视舆论引领，组织一系列主题宣传报道活动，全年共编发《行唐周报》50期，撰写对外报道稿件320余条，在中央媒体刊发20余条，省、市级媒体刊发160余条，营造良好的舆论氛围。加强精神文明创建工作，扎实开展文明单位创建工作，开展第二届“善美行唐·十佳百颗星”评选活动，对十个方面百名先进模范进行命名表彰。谋划并实施首届“感动行唐十大人物”评选活动，弘扬正气，引领风尚。重视文化产业发展，完成文化产业规划编制工作，规划文化产业重点项目38个，文化产业呈现良好发展势头。认真做好文物文化遗产保护工作，完成琉璃庙、封崇寺保护修缮工程，7项非遗项目被省、市电视台进行录播宣传，文化遗产保护状况得到明显改善。加大文化惠民力度，开展系列群众文艺活动，创作一批文艺精品力作，公共文化服务体系更加健全，群众精神文化生活更加丰富多彩。为更好地服务基层、服务“三农”，经过努力跑办，成功承办近17年来河北省首个有中央、省、市近百个部门和40余家新闻媒体及近千人参加的全国“三下乡”启动仪式，共争引到物资、项目资金3.2亿元，信贷资金5.95亿元，受到群众的欢迎。

【信访稳定和平安建设】 坚持系统治理、依法治理、综合治理、源头治理，积极推进社会治理创新，努力创建平安行唐。广泛开展“抓源头、除隐患、重治理、创平安”活动和“六无”基层平安创建活动，“抓除重创”活动走在全市前列，龙州镇东庄村的“七位一体”（农村治安巡逻、矛盾排调、理财议事、红白理事、低保农合、妇女禁赌、留守关爱）平安村运行机制和上碑镇的“1+7”（以平安建设办公室为统领，以社会治安防控中心、群众来访接待服务中心、“三位一体”大调解中心、特殊人群管理服务中心、安全生产监督管理中心、突发问题处置中心和社会事务服务中心为支撑）平安乡镇工作模式在全县进行推广，得到市委政法委的肯定。切实履行企业主体和政府监管“两个责任”，坚决落实安全生产“党政同责、一岗双责”责任制，深入开展安全生产领域“打非治违”、食品安全大会战、危爆物品集中清查等专项整治行动，全县安全生产形势平稳。严厉打击各种刑事犯罪，对治安混乱地区挂牌督办，组建联合执法队进行重点整治，社会治安形势明显改善。投入490多万元，完成“天网工程”二期建设，构建全天候、全方位、立体化社会治安防控体系，全县群众的安全感明显增强。毫不放松抓好信访稳定，坚持两个规范原则，严格落实领导干部接访、约访、下访和分包化解信访积案制度，认真解决群众信访问题。深入推进社会矛盾排查化解，完善人民调解、行政调解、司法调解“三位一体”大调解与信访工作联动机制，成功调解各类矛盾纠纷3316件。同时，对做到“四个不欠账”仍执意非访和扰乱公共秩序的人员，按照相关法律法规进行严厉打击，有效稳定信访形势，圆满完成全国重要会议、重大节假日及其他重要敏感节点的信访维稳工作任务。

【党的建设】 认真贯彻党要管党、从严治党方针，高度重视常委会自身建设，全面推进干部队伍、基层组织和反腐倡廉建设，各级党组织的凝聚力、战斗力进一步增强，为推动全县各项事业又好又快发展提供坚强的组织保证。坚持把打造坚强有力的领导班子作为党的建设的重中之重，加强学习型党组织建设，高质量地举办各类专题培训班，不断提高广大党员干部的理论水平和执政能力。扎实开展“两超两违”专项整治工作，确保按照上级要求在规定期限内完成整改消化任务。强化差异化考核，科学制定2014年度乡科级领导班子和领导干部综合考核评价办法，将考核结果作为对领导班子总体评价和领导干部业绩评定、奖励惩处、选拔任用的重要依据，使干部考核评价机制和导向更加科学。倡导干工作要“见人见事”，要“钉钉子”，要“一竿子插到底”，形成干事创业的浓厚氛围。严格按照习近平总书记提出的好干部标准和新的干部任用条例，坚持“围绕基层用干部，围绕急难险重工作实践选干部，围绕增强班子核心战斗力配干部”用人导向，注重年轻干部、妇女干部、党外干部的培养和选拔使用，突出在“应对突发事件、完成重大任务、解决民生问题、推进项目建设和维护稳定”工作中发现、检验和使用干部，增强领导班子整体的凝聚力、战斗力和引领发展的能力。进一步完善推荐考察、干部档案任前审核、任前公示、任职谈话、任职试用期等相关制度，严把“五个关口”（初始提名关、干部动议关、推荐考察关、酝酿决定关、任职试用关），有效提升选人用人公信度。年内，共研究任免干部61人，其中提拔重用20人，平职调整41人。高度重视党的基层组织建设，扎实做好软弱涣散农村党组织转化工作，完成48个后进村整顿转化，调配党支部班子15个，党支部书记8名，得到省委组织部领导的肯定。建立健全农村党组织建设预警、约谈、问责三项机制，被新华网、《石家庄日报》等媒体刊登报道。科学制定基层党组织建设提升规划，完成66个基层党建提升项目。扎实开展党性纯洁工程专项行动，50多名问题党员经过实施临界预警、跟踪帮教，全部实现党性提升。大力实施“领头雁”工程，着力提升后进村和农提重点村“两委”干部的整体素质和工作能力。积极谋划“两委”换届工作，真正把政治过硬、群众威信高、致富能力强的优秀人才选进村级班子，从根本上提高农村基层党组织的战斗力。大力加强党风廉政建设，出台落实党委主体责任、纪委监督责任的意见，不断强化全县各级党组织履行主体责任和领导干部“一岗双责”意识。坚持“治未病”工作理念，认真抓好警示教育活动，严格执行拟提拔领导干部党政纪考试制度，完善函询、提醒等廉政谈话制度，开展县委书记讲廉政党课主题活动，广大党员干部廉洁从政意识进一步增强。推行廉政风险防控机制建设，确定民政局、上方乡、西井底村等8个试点先期推行，切实加强对“一把手”和重要领域、关键岗位的廉政风险防控，努力把权力关进制度的笼子里。加大对违反“八项规定”精神和“四风”类案件的查处，狠刹年节送礼风，转发市纪委党员干部办理婚丧喜庆等事宜“十不准”（不准向同事、部属、下属单位和与自己行使职权有关的单位、个人发送请柬及其他任何形式的邀请。不准安排部属及单位工作人员为党员干部办理婚丧事宜发通知、请柬、打招呼等办理活动。不准设置款台账房，收受与行使职权有关或可能影响公正执行公务的单位和个人的礼品、礼金、有价证券等借机敛财行为。不准利用职务上的便利和影响用公款、公物和在本单位或有业务往来单位的宾馆、饭店、招待所、食堂办理婚丧喜庆事宜。不准动用公车和与行使职权有关系的外商、私营企业及个人的车辆参与办理婚庆事宜，使用私车或租用车辆要控制在6辆以内；工会等组织为本单位干部职工办理丧葬事宜确需使用公车的不得超过3辆，但不准使用带有明显标识的车辆和制式装备车辆；对违反规定使用公车的，按每辆车不低于500元的标准责令当事人退赔车辆使用费用。不准长时间、分批次、多地点或采取其他“化整为零”的方式变相大操大办；婚事限定一事一天一地办理，邀请参加婚礼的人员限定在亲属范围之内，婚礼宴席不超过20桌。不准在职党员干部担任亲属之外的婚庆主持、司仪、迎宾、致辞、作陪、敬酒等活动。不准用公款向办理婚丧事宜的党员干部赠送礼品、礼金及有价证券等。不准借婚丧喜庆事宜参与或举办封建迷信活动。不准借乔迁新居、子女升学、订婚、参军、过生日、小孩满月、百天等各种名义摆设宴席借机敛财）规定，收到良好社会效果。创新监督方式，开展“纠风在线”专题栏目，典型曝光5期，督促办结110件，6起典型问题转立案处理。坚持对违纪违法行为“零容忍”，继续保持惩治腐败高压态势，全年共立案78件，处理党员干部103人，有力震慑违法违纪行为。积极支持纪委履行监督责任，集中精力干好监督执纪问责的主业，推进纪律检查体制改革，纪检监察机关转职能、转方式、转作风取得明显成效。在推动全县各项事业发展中，县委常委会充分发挥总揽全局、协调各方的领导核心作用，坚持县委重要事项沟通协调制度，加强对县级领导班子的统筹协调，支持人大、政府、政协各班子依照法律和章程积极主动、独立负责地开展工作。对涉及改革发展稳定的重大工作、重大事项，实行县级领导分工负责制，形成抓工作的强大合力。积极推进新形势下统一战线工作，加强同工商联和无党派人士的协商合作与共事，充分调动各方面的积极性，形成同心同德前行、凝心聚力发展的良好局面。认真落实民族宗教政策，民族团结、宗教和谐稳定的局面进一步巩固。关心重视老干部工作，切实落实老干部政治、生活“两项待遇”，努力使老干部真正实现老有所养、老有所乐、老有所为。行唐县被省委组织部、老干部局授予全省离退休干部先进集体荣誉称号。注重发挥工会、共青团、妇联等人民团体联系群众的桥梁纽带作用，组织动员各界群众在推动社会经济发展中建功立业。坚持党管武装原则，国防后备力量进一步强化，军政军民关系更加密切。县委常委会高度重视抓好自身建设。加强思想武装，坚持理论中心组学习，先后围绕党的建设、群众路线、依法治国、农村土地承包等专题进行集中学习18次，努力在学习中提高理论水平、促进思想统一。强化政治意识，坚定政治立场，始终与以习近平同志为总书记的党中央保持高度一致，维护中央和省委、市委的权威，确保政令畅通。不断改进作风，对教育实践活动中的整改问题和省委巡视组反馈的整改任务，主动对照检查，率先立行立改。牢固树立宗旨观念，落实领导干部直接联系群众制度，作决策、办事情，始终把群众的利益放在首位。严守组织纪律，认真执行民主集中制，重大事项、重要决策和人事任免，都坚持集体研究决定，发挥每个班子成员的作用，形成团结和谐、干事创业的良好氛围，常委班子更加坚强有力。带头落实党风廉政建设主体责任，带头坚持清正廉洁，倡导物质生活简单、人际关系简单，严格执行中央八项规定和廉洁自律规定，自觉做到自己清、家人清、亲属清、身边清，为各级干部作出表率。

【县委十一届四次全会】 1月13日召开，全体县委委员、候补委员和不是县委委员、候补委员的县级领导，县纪委委员、各乡（镇）书记和乡（镇）长，县直各部门党政一把手，县经济开发区党工委书记、管委会主任，城区街道党工委书记、办事处主任出席会议。县委书记姜阳作重要讲话：要求各级干部正确认识和把握形势，切实把思想和行动统一到中央和省委、市委的决策部署上来；扎实做好今年的经济工作，进一步开创转型突破、实力跃升的新局面；深入开展党的群众路线教育实践活动，为行唐各项事业发展提供坚强保证。

【常委会议】 年内先后召开常委会议12次：

1月10日第一次常委会。议题：1. 听取县委办关于县委十一届四次全委（扩大）会议筹备情况的说明及组织部关于2013年度干部选拔任用工作“一报告两评议”的说明。原则通过县委十一届四次全委（扩大）会议预案及拟提交全会审议的县委常委会2013年工作报告稿、《关于做好2014年重点工作的实施意见》、《关于进一步改善民生做好6方面38件惠民实事的实施意见》。2. 听取县十五届人民代表大会第四次会议筹备情况说明。原则同意县人大党组关于召开县十五届人民代表大会第四次会议的请示、议程、日程安排和代表团划分及团长、副团长建议，一致通过县十五届人民代表大会第四次会议临时党委名单、大会主席团和秘书长名单、主席团常务主席名单、议案审查委员会名单、计划预算审查委员会名单、会议副秘书长名单、列席人员名单，原则通过县十五届人大四次会议选举办法和拟提请行唐县第十五届人民代表大会第四次会议审议的人大常委会工作报告稿、县人民政府工作报告稿、县人民法院工作报告稿、县人民检察院工作报告稿及行唐县2013年国民经济和社会发展计划执行情况及2014年国民经济和社会发展计划（草案）报告稿、2013年县本级预算及县总预算执行情况和2014年县本级预算及县总预算（草案）报告稿。3. 听取政协行唐县第八届委员会第三次会议筹备情况说明。原则同意县政协党组关于召开政协行唐县第八届委员会第三次会议的请示、议程、日程安排，一致通过政协行唐县第八届委员会第三次会议秘书长建议名单、会议副秘书长建议名单、会议列席人员名单，原则通过拟提请政协行唐县第八届委员会第三次会议审议的政协常委会工作报告稿。

1月27日第二次常委会。议题：1. 研究讨论政法委提交的《关于进一步深化平安行唐建设的意见》及《行唐县平安建设考核办法》。2. 听取组织部关于全县基层组织建设工作的情况汇报。3. 原则通过人口计生局提交的《关于全面构建计划生育特殊困难家庭“医养扶一体化”工作机制的意见》及《行唐县构建计生特殊困难家庭“医养扶一体化”工作机制实施办法》。

2月14日第三次常委会。议题：1. 原则通过县委组织部提交的《关于召开全县党的群众路线教育实践活动动员大会的安排方案》、《关于全县开展党的群众路线教育实践活动的实施方案》、《关于调整县委党的群众路线教育实践活动领导小组的通知》、《关于调整设立县委党的群众路线教育实践活动领导小组办公室的通知》。2. 原则通过县委宣传部提交的《关于强化意识形态工作领导责任构建大宣传格局的意见》。

2月20日第四次常委会。议题：通过县委组织部提交的干部任免安排方案。

3月27日第五次常委会。议题：1. 原则通过县考核办提交的《关于2013年度乡科级领导班子和县管干部考核结果的通报》、《行唐县乡科级领导班子和领导干部综合考核评价办法》。2. 原则通过县委组织部提交的《关于表彰2013年度先进基层党组织和优秀农村基层组织书记的决定》。3. 传达河北省推进新型城镇化会议精神。4. 原则通过县纪委提交的关于召开县纪委十一届四次全会的请示、县纪委十一届四次全会会议安排方案和拟提交县纪委十一届四次全会审议的县纪委工作报告，研究通过县委书记姜阳、县长王彦芳在县纪委全会上的讲话稿。5. 原则通过行唐县县、乡、村三级干部会议安排方案、姜阳书记在三级干部会议上的讲话稿。6. 原则通过县委农工委提交的《行唐县2014年推动农村改革和促进农业发展工作要点》。7. 原则通过《行唐县农业发展工作要点》。8. 通过县委组织部提交的干部任免安排方案。

4月3日第六次常委会。议题：1. 传达学习石家庄市委保密委《关于学习贯彻市委领导重要批示的通知》。2. 传达学习新修订的《党政领导干部选拔任用工作条例》。3. 听取全县教育实践活动近期工作情况汇报，就下一步工作进行研究部署。

4月29日第七次常委（扩大）会议。议题：1. 听取近期全县安全生产工作情况汇报，研究部署下一步工作。2. 研究讨论县纪委提交的《关于进一步深化廉政风险防控机制建设工作的实施办法（试行）》、《关于深化农村廉政风险防控促进农村基层社会稳定的实施办法（试行）》，明确下一步完善措施。3. 会议结合讨论农村廉政风险防控机制建设及教育实践活动在农村基层征求意见梳理情况，对农业农村工作提出要求：张聚华、宫国恩牵头，加快推进农村面貌改造提升行动；组织部要加强后进农村“两委”班子改造。县政府要加快规范农村“三资”管理，稳步有序规范农村合作社，有效规避风险，确保农村合作社真正在农业农村发展中发挥良好作用。

6月4日第八次常委会议。议题：1. 原则通过拟向市委督导组提交的《中共行唐县委党的群众路线教育实践活动领导小组关于全县教育实践活动转入查摆问题、开展批评环节的请示》及《行唐县党的群众路线教育实践活动第一环节自评报告》，传达学习《孙瑞彬同志在教育实践活动第二环节第一次市委常委扩大会议上的讲话》、市委活动办《关于做好对照检查材料审核把关有关工作的通知》，就行唐县教育实践活动第二环节工作进行研究部署。2. 原则通过县编办提交的《行唐县人民政府机构改革方案》。

9 月 15 日第九次常委会议。议题：1. 原则通过县委教育实践活动领导小组办公室提交的《中共行唐县委常委会党的群众路线教育实践活动整改方案》、《中共行唐县委常委会党的群众路线教育实践活动整改清单》、《中共行唐县委常委会制度建设计划》及《行唐县党的群众路线教育实践活动 21 项专项整治责任分解方案》。2. 原则通过县纪委提交的《中共行唐县委贯彻落实中央、省、市建立健全惩治和预防腐败体系 2013～2017 年工作规划的实施方案》及《分工方案》和《中共行唐县委、行唐县人民政府关于印发〈2014 年全县党风廉政建设和反腐败工作任务分工意见〉的通知》。3. 听取全县近期安全生产工作情况汇报，就下一步工作进行安排部署。

10 月 14 日第十次常委会议。议题：1. 原则通过县委教育实践活动领导小组办公室提交的《行唐县四大班子党的群众路线教育实践活动整改方案》。2. 原则通过县纪委提交的《关于进一步深化廉政风险防控机制建设工作的实施办法（试行）》。

10 月 20 日第十一次常委会议。议题：1. 传达学习《中共中央关于湖南衡阳破坏选举案处理情况及其教训警示的通报》及《中共河北省委办公厅关于认真贯彻〈中共中央关于湖南衡阳破坏选举案处理情况及其教训警示的通报〉精神切实做好有关工作的通知》。2. 传达市委组织部有关通知要求，通过县委关于严格规范乡科级干部任免有关问题的意见。3. 原则通过县安委办提交的《行唐县安全生产“党政同责、一岗双责”暂行办法》。4. 原则通过县考核办提交的《关于调整和完善 2014 年度乡科级领导班子综合考核评价体系的通知》。

12 月 15 日第十二次常委会议。议题：1. 通过县纪委提交的对有关乡镇包案干部因工作措施落实不到位发生进京个人非正常上访进行责任追究的建议。2. 传达市委组织部有关会议精神，对清理自设机构、超规格配领导干部等问题及机构改革、农村“两委”换届等工作进行研究部署。

县委办公室工作

【概况】 县委办公室内设综合科、信息科、秘书科、行政科、保卫科和研究室、督查室、县委信息中心、机要局、保密局，下设县委研究室、党史研究室，共有干部职工 27 人。

主　任：刘鸣利

副主任：柳增良（常务）

杨　东（兼督查室主任）

高新忠（兼）　石海斌

研究室主任：李光华

副主任：尚　辉

督查室主任：杨　东（兼）

副主任：王志刚

县委信息中心主任：张玉伟

副主任：杨天杰

机要局局长：申建国

副局长：王永会

保密局局长：乔兴奎

副局长：张　斌

党史研究室主任：刘云平

副主任：温吉敏

【综合文秘】 参加领导调研、现场办公 80 余次，撰写领导会议讲话及各类报告、汇报等大型文稿 40 多篇，其他各类文稿 60 余篇，总计 50 余万字。

【政策研究】 围绕县委中心工作和领导关注的重大问题，形成《行唐县实施“医养扶一体化”机制，让计生特困家庭充分享受关爱阳光》、《加快农业升级提质增效，探索农民致富增收新路——关于行唐县发展农业产业化的实践与启示》、《严管强责转作风，真抓实办赢民心——行唐县着眼“两个规范”做好信访工作的调查与研究》等一批有深度、有分量的调研文章，得到县委领导的充分肯定，10 多项调研成果转化为县委决策。

【信息反馈】 挖掘工作中的亮点和闪光点，上报短信息 1700 多篇、长篇信息 30 余篇，被省、市采用 150 多篇。全年接办省、市交办群众意见 6 起，均圆满解决，实现领导满意、群众满意。

【督查工作】 全年共开展各类集中督查活动 15 次，撰写各类督查报告 26 期，就督查中发现的问题及时反馈通报，主动协调，跟踪督查，求绩问效，确保县委重要决策落到实处，取得实效；督办领导批示件 86 件，其中承办省、市交办事项 34 件，办结率 100%，做到件件有着落，事事有回音。

【秘书工作】 全年共协调上级领导视察、县领导下乡调研、检查等重要活动 20 多次，承办各类大型会议 50 余次，组织筹备全县三级干部会等重大会议。

【保密工作】 狠抓保密宣传教育和保密度的检查落实，加强涉密计算机系统的管理和涉密信息网络保密技术防范工作，年内未发生失泄密事故；组织开展全县保密法制宣传教育 2 次，并开展专项检查、技术检查和综合检查，使各单位、各部门保密防范工作得到进一步加强。

【机要工作】 严格执行密码通信工作制度和值班制度，加强密码通信设备维护和管理，全年接传电报 1373 份，未发生一起错漏、迟办等事故，全部完成密码通讯和其他密码工作任务。

【党史研究】 正式启动党史二卷编纂工作，确立二卷编纂专项工作三年规划和年度计划，并取得阶段性成果；完成省委党史研究室下达的纪念抗战胜利七十周年日军侵华惨案搜集上报任务和市委党史研究室下达的新时期改革开放文献资料收集上报任务；承担《印象行唐》一书编纂任务，组织撰写有关章节书稿 15 万字。

【信访保卫】 全年共接待群众来访 576 起 3137 人，其中集体访 139 起 2491 人，及时进行疏导、移交，编写信访摘报 13 期，有力维护县委正常办公秩序和社会稳定的大局。

（杨天杰）

中共行唐县纪律检查委员会　行唐县监察局

【纪委、监察局及其派出机构领导成员】

书　记：邸庆欣（县委常委，兼政务服务中心党工委书记）

副书记：李翠玲（女，兼监察局局长）

霍振东　刘亚林

常　委：王彦杰　封　亮　王　伟

监察局局长：李翠玲（女，兼）

副局长：王彦杰　封　亮

下访工作队队长：岳玉海

副队长：盖全军

行政效能监察投诉中心主任：郭永军

副主任：马　志

纠风办主任：孙新国

副主任：张海军

县直第一纪工委书记、监察分局局长：常建水

副局长：郝建立

县直第二纪工委书记、监察分局局长：李桂花（女）

县直第三纪工委书记、监察分局局长：于慧玲（女）

乡镇第一纪工委书记、监察分局局长：郑自清

乡镇第二纪工委书记、监察分局局长：马二训

副局长：孔彦辉

办公室主任：王立敏

审理室主任：钱永超

宣教室主任：梁　中

党风室主任：杨军辉

【概况】 2014 年，县纪委、监察局落实党风廉政

建设和反腐败工作“两个责任”，完善廉政风险防控机制建设，狠抓中央“八项规定”精神的贯彻落实，强力实施正风肃纪专项行动，严肃查处一批违纪违法案件，各项工作扎实开展，全县党风廉政建设和反腐败工作取得阶段性成绩。

【执法检查】 围绕县委、县政府2014年五个方面30件惠民实事等重点工作，挑选2012～2013年度义务教育经费、农业技术推广经费、小型农田水利建设补助资金、种养殖业补贴、公路养护经费、2013年度新农合、扶贫资金、抚恤资金、环保资金、城市绿化资金、农业综合开发资金等11类专项资金作为重点检查对象。抓好全县新增项目滚动排查工作，对2013年3月～2014年3月新增的政府投资建设项目及500万元以上非政府投资项目进行摸底排查，政府投资项目43个，涉及资金3.03亿元，非政府投资项目25个，涉及资金88.2亿元。开展医保及新农合专项资金异地交叉检查工作，5月开始，从审计、医保、新农合、公安、检察院等单位抽调6名工作人员，组成10人检查组，对新乐市医保和新农合资金管理使用情况进行专项检查。抓好县内医保及新农合问题专项整改，组织县卫生局和社保局等有关工作人员召开专题会议，对医保及新农合资金管理使用中存在的27个问题，逐条逐项进行研究分析，查找形成原因，并提出解决方案。

【领导干部廉洁自律】 县纪委常委会带头落实中央“八项规定”等有关纪律要求，对纪检监察干部严要求、严管理，强调凡是要求别人做到的，纪检监察干部必须首先做到。开展“会所中的歪风”专项整治工作，各级领导干部带头对照检查，按照“二查二看”（一查各级领导干部带头执行中央和省、市有关要求和规定情况，看是否存在出入私人会所、接受和持有私人会所会员卡等问题；二查设立或入股私人会所情况，看各级党政机关、事业单位和国有企业是否存在设立会所、将公务接待或公务活动安排到私人会所以及用公款报销在私人会所的消费等问题）的要求查摆问题，做出“四不”（不出入私人会所，不接受和持有私人会所会员卡，不设立或入股私人会所，不用公款报销在私人会所的消费）承诺；全县85个单位3018名党员干部填写党员干部“四不”承诺书，做出郑重承诺；县纪委加强监督检查，抽调专门人员采取查阅财务资料、座谈、接受举报等方式对各单位工作开展情况进行督导检查，共组织督导检查单位6次，未发现党员干部违规问题。开展教育培训、岗位练兵、持证上岗等工作，选派干部到市纪委协助工作，提高委、局机关干部的业务素质，还通过教育培训、协助办案、到县纪委跟班学习等方式，加强对乡（镇）纪委的业务指导，全县纪检监察干部队伍的能力、作风、形象有新的提高。

【优化发展环境】 以“优化发展环境从我做起”为主题，围绕党员干部如何在优化发展环境建设中发挥积极作用，是否存在有禁不止、有令不行、办事拖拉、服务工作不到位等问题进行查找和深入讨论，各单位共查找出“立党为公、执政为民”理念不牢、工作标准不高、执行纪律不严等6类问题70条建议。强化问题整改，各单位将查摆出的问题进行分类，明确整改责任领导、责任人、措施和时限，限期解决；各单位对照自身工作职责，通过在电视台公开承诺、在机关设置公开栏等形式进行公开承诺，接受社会监督并形成严格的规章制度，促进优化发展环境长效机制建设。以清理消减审批项目，提高审批效率为重点，抓好行政审批制度改革工作，遵循合法、合理、效能、责任、监督等5项原则，坚持做到该取消的取消、该废止的废止、该修改的修改，不打折扣，不搞变通，经清理保留县政府本级行政许可9项，非行政许可审批11项；部门保留行政许可166项，非行政许可审批117项。

【党风廉政建设和反腐败】 一是有效遏制婚丧嫁娶大操大办问题。下发《关于进一步规范党员干部婚丧喜庆有关事宜的通知》，从宴请范围、参加人员、宴席标准等方面进行严格规定，并对办理婚丧嫁娶事宜规定“十不准”，为操办婚丧嫁娶设置纪律红线，有效遏制婚丧嫁娶大操大办、相互攀比、铺张浪费的不良风气，共对领导干部办理婚庆事宜进行明察暗访6次。二是办公用房清理问题全部整改到位。从县纪委、监察局、发改局、财政局抽调人员9名，组成3个督导检查组，携带测量工具、摄像机及各单位上报的办公用房平面图，对各单位办公用房逐房、逐人进行测量、比对、核实，并对全县80个单位（乡镇17个、县直部门63个）机关干部的办公用房整改情况进行重点督导检查。全县共腾退房屋147间，腾退总面积2412.42平方米。三是违规配备使用公务用车整改全部到位。经摸底排查，全县共有公务用车编制500辆，实有公务用车426辆。违规配备公务用车81辆，其中，超标配备公务用车9辆，超编制配备公务用车62辆，调换、借用、租用公务用车10辆，并根据不同情况分别处置，对5辆达到报废标准的超编车给予报废处置，对1辆超编车进行公开拍卖，对不在强制淘汰范围的57辆超编车辆由县财政局国资中心进行县内调剂，对符合相关规定可以继续使用的7辆超标车调剂给有车辆编制且符合配备标准的单位使用，对无法调剂使用的2辆超标车收回公开拍卖，对违规调换、借用、租用的10辆车全部归还。四是整治“文山会海”。控制发文数量，取消拟发红头文件8个；严控会议数量规格，取消部门建议召开的表彰会3个，合并召开会议6次。五是建立干部作风明察暗访常态化机制。成立明察暗访领导小组，并投资2万余元购置暗访摄录设备5台；日常监督重点查处违犯工作纪律、工作日中午饮酒、公款吃喝、公车私用等问题；春节、中秋、国庆等重要时间节点，重点查处公款送礼、乱发津贴补贴、公款旅游、公车私用等问题；同时，在县电视台、《行唐周报》设立“正风肃纪在行动”专栏，定期公开曝光典型问题。年内，共组织全县范围大规模明察暗访24次，明察暗访面达到98%以上，举办离岗培训班2期，查处公车违规使用问题11起，并在县电视台“正风肃纪在行动”栏目公开曝光。六是深化廉政风险防控机制建设。采取“先试点、后推开”的办法，探索查找各个岗位的廉政风险点，完善廉政风险防控机制。按照县委安排，选取6个县直单位、1个乡（镇）和1个行政村进行试点。按照试点单位的“三定”（定机构、定编制、定职能）方案、执行的法律法规，认真审定各个岗位的职权，摸清权力底数，列出职权清单，形成单位职权目录体系。按照各个权力行使环节的先后顺序，逐项编制“权力运行流程图”，再依据权力重要程度、自由裁量权大小、腐败现象发生概率的大小等条件，查找出“高、中、低”三类风险点。对发现的问题，通过发放《预警提醒书》、《预警告诫书》、《预警问责书》等方式进行预警提醒。查实有违纪问题的，追究党政纪责任，涉嫌违法的，移送司法机关处理。到年底，完成8个单位试点工作。

【纠风工作】 一是完善重点部门、重点岗位中层干部评议工作。将规划局15名中层干部和76名基层站所负责人纳入评议范围，参评对象增加到213名；通过县电视台、《行唐周报》和行唐纠风网等媒体，对重点岗位中层干部的照片、工作职责、办公地点、联系电话和服务承诺等内容进行公示；印发《参评重点岗位业务办理情况登记表》，建立工作台账，实行一人一账，专人专户，要求参评人员每办结一项业务，都要如实记录该项业务的办理时间、办理事项、服务对象及其联系方式等内容。年内，共电话调查6次，组织由人大代表、政协委员、企业代表、基层群众等200人参加的问卷测评大会1次，对2名“懒散庸”人员下发限期整改通知书进行黄牌警告，1名整改不利的科长被责令检查，并通报批评。二是开展“纠风在线”活动，解决群众关注的热点难点问题。联合宣传部在县电视台、《行唐周报》和行唐纠风网同步推出“纠风在线”立体专题栏目，明确把影响和破坏发展环境、影响民生、影响社会和谐稳定及与民争利等四大类18项不正之风问题作为“纠风在线”受理投诉举报内容。共曝光典型问题5期，线下受理投诉举报135件，督促办结110件，6起典型问题转立案处理。

【纪律审查】 一是壮大办案力量。将纪工委、监察分局和下访队组合为专职纪检监察室，一线专职办案科室数量达到8个，谈话室2间。从办公室、效能中心等科室抽调干部4名，充实到案件检查室，使每个纪检监察室人员由原来的2名增加到4名；注重对办公室、宣教室等无办案职能科室人员的业务培训，遇有重大、疑难复杂案件时，随时抽调投入办案。二是强化案件管理。成立专门的案件监督管理室，制定《纪检监察机关、司法机关和审计等行政执法机关相互移送案件和案件线索的规定》，及时移交案件线索。规范制作电子笔录和案件文书，制作信访举报、初步核查、案件调查等工作流程图，细化初核、立案、调查等办案流程，规范办案程序。实行案件回访制度，一方面，看办案人员是否依纪依法办案、是否遵守办案纪律等；另一方面，对所办案件进行跟踪回访，了解受处分人员的表现情况。三是突出对办案人员的监督。严格办案纪律，对办案人员提出“六个严禁”（严禁未经批准办案，严禁向被调查人透露举报信息，严禁让被调查人看举报信件或摘抄举报内容，严禁接受被调查人宴请，严禁收受被调查人烟酒、购物卡、有价证券，严禁私自处理涉案款物）工作要求。强化责任追究，建立办案过错责任追究制度，查实办案过程中存在违规违纪问题的，倒查责任，严肃处理，既追究主办人责任，也追究领导责任，对执纪不公、跑风漏气造成严重后果及收受被调查对象钱物的，一律清理出纪检监察队伍。年内，县纪委共立案78件，结案78件。给予党政纪处分103人，其中，党纪处分90人，政纪处分16人，党政纪双重处分3人，涉及乡科级干部23人。

【行政效能监察和投诉】 围绕颍水河综合整治工程两岸建筑物及附着物拆除、行唐县城乡环境卫生“大洗脸”行动、全县打击非法采砂专项行动、大气环境治理及县委、县政府临时性工作等进行长期监督检查，对违法违规房地产建设停工情况及对县城南环路至新乐界2号路卫生情况进行督导检查，对市同乡、经济开发区、安香乡、翟营乡秸秆禁烧工作进行明察暗访，严肃处理工作效率低下、推诿扯皮等问题，年内共进行效能责任追究28人次。

【信访工作】 做好日常接待和上访人的思想工作，把问题解决在基层。对上级转来的信访件，及时反馈办理结果。对范围外的信访件，及时与主管部门及所管辖部门联系，督促尽快予以办理，并反馈办理结果。年内共接待群众来信来访87件次，其中，来信3件次、来访67件次、来电17件次；上级转来各类信访举报件72件次，其中，来信37件次，网络举报32件次，市纪委领导转来3件次。

【宣教工作】 结合党的群众路线教育实践活动，通过组织专题党课、召开学习讨论会、重温入党誓词、观看廉政教育电影等多种形式，开展先进典型教育和重点岗位廉政教育活动。执行拟提拔领导干部党政纪考试制度，组织拟提拔干部考试3次，参加考试98人，参考率100%。聘请市检察院原预防处处长胡斌到县国税局开展廉政警示教育1次。编印《“十八大”以来落实中央“八项规定”精神文件及典型案例选编》一书，并下发全县科级领导干部。加强廉政文化精品示范点建设，在县供电局建成廉政文化室和廉政文化长廊，展出廉政文化书画、剪纸作品100余幅。

【公共资源交易中心工作】 就完善公共资源交易运行体制、强化交易监督、健全规章制度等3个方面，拟定建立分段式交易流程、完善招标评标办法、研究制定交易运行配套制度、强化公共资源交易全程监督、健全举报投诉处理机制等9条意见，进一步规范公共资源交易，提升交易中心服务质量。年内交易成功项目116个，成交额约66149.58亿元。其中，建筑市场53项，成交额36232.86亿元；政府采购58项，成交额25493.72亿元；土地出让5项，成交额4423亿元。

（付　璐）

组织工作

【概况】 2014年，组织部围绕建设“和谐行唐”总目标，按照“筑强堡垒、建强队伍，打造民生党建，争当时代先锋”的党建工作思路，以贯彻落实党的“十八大”、十八届三中和四中全会精神为主线，以深入开展党的群众路线教育实践活动为抓手，以加强领导班子和干部队伍建设、加大农村人才开发、推进服务型党组织建设为重点，改革创新，狠抓落实，全面提高组织工作水平，为全县经济发展提供强有力的组织保证和人才支持。

组织部内设办公室、干部科、干部监督科、组织员办公室、组织科、人才科、干训科、研究室、电教科、考核办、新经济组织和新社会组织党建工作办公室、县委基层组织建设协调会议办公室、党代表联络办公室13个科室。编制26人，其中，行政编制20人，事业编制4人，工勤人员2人。

部　长：庞英须（县委常委）

副部长：康志强（常务）

左清章（兼联系办主任）

盖建林（兼）

刘嘉慧（兼）

胡文革（兼考核办主任）

石文胜

部务会成员：张国庆（兼编委办主任）

组织员办主任：（空缺）

考核办主任：胡文革（兼）

联系办主任：左清章（兼）

党代表联络办主任：安玉英（女）

【群众路线教育实践活动】 第二批党的群众路线教育实践活动扎实开展。一是学习教育、听取意见，打牢活动基础。先后组织以“好干部标准”为镜的专题学、习总书记优良作风为镜的对照学、焦裕禄精神为镜的标杆学和西柏坡精神为镜的赶考学等专题学习，全县523名县、乡党员领导干部记录学习笔记，撰写心得体会，切实统一思想，提高认识；反复抓意见征集，先后组织县、乡领导班子通过10种形式20种渠道征求意见，确保件件聚焦“四风”，涉及县、乡领导班子及干部的11285条意见建议全部纳入整改方案。二是认真查摆问题、开展批评，保证活动实效。把开好高质量民主生活会作为检验第二环节工作成效的重要标尺，制发工作方案和通知，指导做好会前的各项准备工作，至7月23日，县四大班子全部召开专题民主生活会；至8月16日，全县17个乡（镇、开发区、城区街道）、62个县直单位全部召开专题民主生活会；9月5日，全县基层党组织专题民主生活会全部结束。县、乡民主生活会分别受到省委督导组和市委常委的高度评价；米霍口和封家佐村党支部的民主生活会受到市委督导组的高度评价。三是抓实整改落实、建章立制，确保活动善始善终。坚持以立行立改的态度、见人见事的理念和“钉钉子”的精神抓整改落实。县四大班子共确定整改事项107项，按时间节点完成88项；乡科级班子共确定467项，按时间节点完成357项。同时，回应征求到的群众意见，制定《行唐县四大班子党的群众路线教育实践活动整改方案》，再次明确整改事项103项。按照“抓常、抓细、抓长”要求，加强制度建设，从体制机制上堵塞滋生“四风”问题的漏洞，县四大班子制定制度123项，乡科级单位制定制度483项。11月26日，省委督导组对行唐县的整改落实情况给予充分肯定。在省基层组织建设通报、市办实事好事专报、市活动简报刊发信息8篇；上报的县委领导班子民主生活会专题片、上方乡党委班子民主生活会专题片和东塔子庄村教育实践活动做法等信息均被市活动办采用。

【干部人事】 一是抓好新《干部任用条例》学习培训，把新《条例》作为各级党委（党组）中心组学习、领导班子成员培训和组织人事干部业务培训的重要内容，利用新任职干部培训、专题研讨、流动党校等形式深入学习、广泛宣传。二是进一步规范选任程序，坚持“围绕基层用干部，围绕急难险重工作实践选干部，围绕增强班子核心战斗力配干部”的用人导向，突出在“应对突发事件、完成重大任务、解决民生问题、推进项目建设和维护稳定”工作中发现、检验和使用干部。在干部选任工作中，坚持完善推荐考察、干部档案任前审核、任前公示、任职谈话、任职试用期等相关制度，严把“五个关口”（初始提名关、干部动议关、推荐考察关、酝酿决定关、任职试用关），有效提升选人用人公信度。三是扎实开展“两超两违”专项整治工作，对干部配备、机构设置、人员编制等情况进行认真梳理，逐项开展自查，并针对存在的问题，研究有效的整改措施和方案，本着“谁主管、谁负责，谁违规、谁纠正”原则，确保按照上级要求在规定期限内完成整改消化任务。四是加强干部队伍日常管理，做好2013年度四级联考乡镇公务员初任培训和试用期满考核工作，并进行登记备案；做好干部退休工作，为31名同志办理退休手续；开展干部人事档案改版工作，指导人事、教育等干部人事档案管理部门按时完成干部人事档案改版任务。

【干部教育培训】 围绕提高理论水平和履职能力，举办学习贯彻习近平总书记系列讲话、党的十八届三中全会精神集中轮训班2期，举办新任职干部培训班1期，共培训各级各类干部2820余人次，完成上级部门调训任务21期30人，自主办班培训干部3期680余人。完成县委2014年重点工作中关于选派关键岗位和具有较大发展潜力的乡科级领导干部赴清华大学学习任务，共5期10人。开展流动党校基层送教活动，共举办“流动党校”16期，培训2100余人次。

【考核工作】 积极构建科学发展考核新体系，推行“三位一体”（指标+评价+奖惩）评价机制，对2013年度乡科级领导班子和领导干部进行综合评价，通报表彰2013年度优秀班子37个，优秀县管干部100人。强化差异化考核，科学制定2014年度乡科级领导班子和领导干部综合考核评价办法，使考核工作更加突出服务县委、县政府中心工作及重点工作，更加突出差异化考核、考核的导向性及与省、市考核的县内工作相衔接。加强沟通协调，围绕争先进位，切实加强与省、市考核部门沟通联系，争取工作主动。加强协调调度，力促省、市考核行唐县的指标圆满完成。

【干部监督工作】 配合市委组织部做好2014年度市管干部的个人有关事项报告工作，对全县国家工作人员配偶子女移居国（境）外情况进行统计摸底，做好公安局、检察院、法院有关人员和警员职务套改工作。完成2014年度机关事业单位调资方案。做好出国审查工作，共办理因私出国审查6人次，办理撤销备案登记39人次。结合群众路线正风肃纪21项专项整治活动，开展“天价培训”、乡镇干部走读、领导干部兼职、裸官治理等4个专项整治活动，全县干部队伍整体组织观念和纪律意识明显加强。

【人才工作】 一是加强县域专业技术人才队伍建设。对京津人才智力引进、紧缺专门人才需求、高层次人才、十大领域人才工程等基本情况进行摸底，初步建档入库，为引进高层次智力和急需专门人才提供科学依据。加大优秀人才培养选拔工作，遴选推荐各行业优秀人才参加省、市高端人才、高层次人才、农村青年拔尖人才、“十百千人才”工程等评审工作，其中，迈尔斯通电子材料有限公司总经理仲锡军参加市级高层次人才评审工作，刘彦位、孙智民、尤永义、杨阳等29名人选参加市级农村青年拔尖人才和“十百千人才”工程评审选拔工作，张伟、仲锡军、刘建明、王辉、康兵卯5名同志被确定为市管拔尖人才。通过综合评审确定县管拔尖人才40名；全县在职高级职称专业技术人才达到697名，中级职称专业技术人才达到2646名。二是开展“人才宣传月”和“人才夜校”乡村行活动。举办人才政策宣讲和技能培训40余场次，各类人才服务150余次，组织县直有关部门举办播放科技影像专题片26次；开展结对帮扶，先后组织聘请专家指导帮扶县内大枣管理、苹果栽培、蔬菜种植、奶牛养殖等特色产业。兴办“人才夜校”，组织畜牧、农业、林业、卫生等县直单位30人，组成流动辅导授课小组，利用晚饭后“农闲”时间就近组织农民集中进行夜间培训，共举办“人才夜校”培训班16场，培训2000余人次，发放各类技术资料和惠民政策明白册11000余份。三是实施“农村实用人才培养工程”。组织农口专家定期到农村开展实用人才技能培训，共培训20余期1200余人，发放农业科技书籍400余本。

【基层组织建设】 一是完成后进村整顿转化任务和农提重点村党组织建设。48个（其中有37个省备案）软弱涣散农村党组织全部得到有效转化，共调配后进村党支部班子15个，调整党支部书记8名；筹资36万元整治村级场所5个；协调资金340万元帮助解决实际问题24个；出台预警、约谈、问责“三项机制”，被预警、约谈的乡村全部整改到位，此做法分别在新华网、省基层组织建设情况通报第4期、石家庄组工信息、市教育实践活动简报刊发。组织、指导20个驻村工作组对重点村基层党组织建设情况进行调查摸底，科学制定基层党组织建设提升规划，66个基层党建提升项目全部完成。二是抓好基层服务型党组织建设。出台《建设“三级平台”推行“两个代办”进一步完善便民服务体系的实施意见》，推动上下衔接、规范运行、协调联动的服务网络。按照“一厅式办公、一站式服务”要求，对全县17个乡（镇、开发区、城区）统一办事流程、办事指南、审批办理事项和标识岗位牌，实行AB岗管理制度，实现“一站式”服务，全县330个行政村均建立“便民服务站”，并做到有场所、有牌子、有制度、有台账、有公示栏、有代办员、有办事须知、有便民服务卡。三是做好村“两委”换届准备工作。通过组织专题会议、开展摸底排查、化解矛盾问题、开展谈心谈话、进行资产登记、严格离任审计等措施，做好农村“两委”换届前各项准备工作，共召开调度会3次。四是实施“领头雁”工程。组织后进村、农提重点村党支部书记57人先后参加市委组织部举办的4期示范培训班；依托县级培训资源，举办全县农村党支部书记专题培训班1期，受训330人；各乡（镇）采用集中培训、以会代训、座谈交流、分组讨论等形式，对农提重点村、后进村“两委”干部进行专门培训，共培训228人；通过构建“五位一体”（县级领导“联”、县直部门“帮”、乡（镇）干部“传”、村干部“引”、农民致富带头人“带”）培养模式，推行目标化考评管理机制，助推大学生村官的健康成长，其中，1人考进乡（镇）领导班子，4人被录用为公务员或进入事业单位。

【党员队伍建设】 制定《关于党性纯洁专项行动的实施方案》和《关于实施四项机制纵深推进党性纯洁工程的意见》，在全县基层党组织推行以发展党员质量保障机制、党员跟踪教育管理机制、党员履职尽责机制和党性评价处理机制为内容的党性纯洁工程。全县共建立优秀人才库、积极分子初步人选库、积极分子库900余个，发展党员300余名；开展“四亮双争”（四亮：亮身份、亮标准、亮承诺、亮成效；双争：争创先进党组织、争做优秀党员）活动，结成基层党组织帮扶对子37对，全县党员共做出“一句话承诺”2.5万个；实施党性纯洁预警制度，50多名问题党员经过实施临界预警、跟踪帮教，全部实现党性提升。

【非公企业、社区党建工作】 开展教育实践活动，增强企业的党建责任意识和社会责任感，通过开展调查摸底、集中组建、巩固提高等措施，扩大非公有制企业和社会组织党的工作覆盖面。推进社区党的建设，成立社区党总支6个，小区党支部12个。

【远程教育工作】 提高远程教育终端站点利用率，全县建成302个站点并投入使用，47个网络不通的均采取下发光盘方式实现党员教育全覆盖；创新远程教育服务模式，搭建农村党员远程教育“云平台”，建立玉亭乡、独羊岗乡蔬菜远程教育培训基地和南桥镇安太庄苹果远程教育培训基地，共培训农村党员7500余人次，发放培训讲座光盘500余张。

【自身建设】 一是高标准开展教育实践活动。坚持高起点开局、高质量推进，共征集到“四风”

和群众反映的意见和建议152条，均按照要求整改到位；部领导班子自行查摆6大方面问题并制定措施加以推进；领导班子成员分别根据存在问题制定整改方案和清单，按时间节点进行整改；制定出台12项制度，做到用制度管事管人。二是推进“四型机关”建设。以加强作风建设为主线，实施素质提升、“三个之家”（干部之家、党员之家、人才之家）建设、亮点创建、执行力提升等4项工程，把组织部真正建设成为“学习型、服务型、创新型、效能型”的党员之家、干部之家和人才之家；规范党日活动，定期组织组工干部开展政策理论、党纪法规、社会公德和组织部门优良传统教育等活动；深化干部作风建设，修订完善组织干部行为准则，从10个方面提出具体要求；进一步完善工作制度，实行周工作汇报制度，增强推进工作的前瞻性和针对性。三是做好组工信息和网宣工作。组建乡（镇）网宣员队伍，围绕国庆、“两会”等重大时间节点，做好网络舆情应对处置工作，确保第一时间发现和处置舆情；制定全员信息制度和《关于加强组工信息网宣员队伍建设的通知》，做好信息撰写上报、大组工网的专职管理和涉密服务工作，全年在省、市组工信息正刊各发表信息1篇，在《机关党建》发表2篇，在《共产党员》发表1篇；上报监控舆情5000余条，被省、市认定重要舆情220余条；发表有影响力网帖350多条。

（蔡晨旭）

宣传工作

【概况】 2014年，宣传部贯彻落实党的“十八大”、十八届三中、四中全会和省委、市委、县委全会精神，围绕中心、服务大局，立足实际、创新工作，提升宣传思想文化工作新水平，理论武装、舆论引导、社会宣传、文明创建等工作取得新成效，为全县经济社会和谐、跨越发展提供了坚强的思想保证，营造了良好的舆论氛围。市委宣传部授予2014年度理论宣讲工作先进单位、新闻宣传工作先进单位、文化改革发展工作先进单位、“彩色周末”文化活动优秀组织工作奖，部领导班子被县委、县政府评为2014年度优秀乡科级领导班子，思想政治工作研究会被授予2014年度石家庄市优秀政研会称号。

宣传部内设办公室、党教理论科、宣传科、文艺科、新闻科，挂文明办、国教办牌子，县文联挂靠宣传部，下设行唐县互联网舆情信息中心。共有干部职工19名。

部　长：张海双（县委常委，兼统战部长）

副部长：刘成江（常务）

李义芳（兼文明办主任）

刘文武（兼文联主席）

杨惠合（兼国教办主任）

丁吉彬（兼广播电视台台长）

【理论教育】 加强党委（党组）理论中心组学习，印发《关于进一步加强党委（党组）中心组学习的实施意见》和《2014年中心组学习计划》，以“十八大”和习近平总书记重要讲话精神及群众路线有关内容为重点，对党委（党组）中心组学习内容、形式、任务和要求作出安排部署，全年县委理论中心组进行集中学习18次。起草《全县党员干部学习、教育和培训，提升综合素质制度》和《关于加强党员干部理想信念、革命传统、实践体验、党纪法规、正反典型“五项教育”的制度》，推动党员干部教育学习规范化、制度化。深化“党委书记讲党课”活动，组织全县党政机关、企事业单位党组织书记上好党的群众路线专题党课。开展“送理论下基层”活动，县委理论宣讲团开展巡回宣讲16场，直接听众2200多人。

【新闻宣传】 围绕全县重点工作及时宣传报道发展成果，共邀请中央、省、市媒体记者120余人次采写外宣稿件320余篇，在新华社、《人民日报》、中央电视台刊播20余条，《河北日报》、《石家庄日报》等刊发160余篇，其中，新闻稿《煤“老黑”转身向绿》被市记协、石家庄日报社评为

2014 年度好新闻二等奖。举办“新闻舆情业务专题培训班”，建立《行唐新闻网》网站，注册“行唐发布”官方微博，开展微博转发和原创活动。《行唐周报》全年编发 50 期稿件 800 多篇（条），推出党的群众路线教育实践活动专栏 20 个、报道 300 余篇，为活动开展营造浓厚氛围。

【社会宣传】 围绕县委、县政府重点工作开展社会宣传，制定 2 号路及南二环拆违拆陋、城乡环境集中整治和 2014 年秋冬造林绿化等宣传方案。加强爱国主义教育基地建设，争取资金 80 万元，协调民政部门对上南庄烈士陵园展览馆进行规划扩建，并于清明节组织干部群众进行祭扫。国庆期间组织开展“五星红旗飘起来”活动，在玉城大街两侧商铺、单位门前悬挂国旗，打造国旗一条街。加强社会思想政治教育，完成 2014 年度政工师职称评定工作。

【文化事业产业发展】 通过政府采购完成《行唐县文化产业发展规划》编制，包括文化产业发展现状、文化产业定位和发展方向、产业布局、重点项目策划、运营策略与投融资规划、保障措施等 6 个部分，规划重点项目 38 个，推动文化事业产业健康发展。协调广电、文广新、人事、财政、编办等部门，制定人员分流方案和工资福利改革措施，稳妥推进广电网络改革。

【农村宣传】 配合全国办好 2014 年全国文化科技卫生“三下乡”集中示范活动，中宣部、中央文明办、科技部、农业部、文化部、国家卫生计生委、国家新闻出版广电总局、中国科协及省、市、县 141 家单位参加，1000 余名工作人员现场开展科普宣传、赠送图书、健康检查、送药义诊等服务，发放科技资料、宣传画等 280 万份，开展咨询、义诊服务 1.2 万人次，帮扶资金、物资、项目总价值 3.2 亿元。抓好市、县两级“宣传文化示范村”建设管理，城寨乡南凹村利用市委宣传部帮扶资金 10 万元配备 20 台电脑建成电子阅览室，成为全市首个“宣传文化科技村”。

【群众文化活动】 开展“中国梦·和谐行唐”主题群众文化活动，分别举办戏曲、舞蹈、青年歌手原创歌曲赛。举办第 21 届“彩色周末”消夏群众文化活动，城区主场演出 13 场、放映电影 12 场。组织春节系列文化活动，全县各乡村举办选拔赛 260 余场，参演群众 9000 多人。举办全县城乡优秀文艺节目展演 4 场，参演群众 600 余人，11 个单位、65 个节目获奖。

【群众路线教育实践活动】 强化机关干部理论学习，深入基层开展蹲点调研，广泛征求基层群众的意见建议，查准“四风”方面突出问题，制定切实可行整改方案。开好专题民主生活会，开展批评和自我批评，转变工作作风，提升工作水平。为基层群众办好事实事，为口头、颖南、北城寨、贝村等 10 个村发放电视机、DVD 播放机、音响、电脑、图书等文化用品。

（贾博义）

农村工作

【概况】 2014 年，农工委在市委农工委和县委、县政府的正确领导下，认真谋划，周密安排，制定措施，狠抓落实，完成市、县分配的各项任务目标。

农工委内设办公室、农经科、基层科、农改科等 4 个科室，有干部职工 6 人。

书　记：宫国恩（县委常委）

副书记：刘文泰（常务）

王建成（兼）

王永强

【农村面貌改造提升】 按照“积极打造‘一环两沿’区域、两个示范区块和精品线路”的工作目标，完善行唐县农村面貌改造提升行动领导小组，健全各乡（镇、开发区）领导机构，出台《行唐县农村面貌改造提升行动实施方案》，多措并举筹措资金 7763 万元，通过召开动员会和调度会、下发通知、观摩拉练、参观学习、媒体报道等措施推进各项工作开展。3～4 月，在全县集中开展以

“清洁城乡，维护健康”为主体的环境卫生整治活动，推进农村环境卫生状况进一步改善。到年底，完成五大工程15个方面的19项工作目标，打造西杨庄、侯阳关、封家佐、西市庄、东杨庄和东伏流、北张吾、东留营、西留营2个示范片区；完成20个省级重点村改造提升，打造西市庄、李七里峰、上碑镇东街等3个精品示范村，其中上碑镇东街被评为市级美丽乡村；落实109个村环境卫生保洁长效机制，配备保洁员327人、垃圾清运车95辆，新建垃圾收集池150个，购置垃圾桶150个，共清理垃圾杂物12.59万立方米、残垣断壁446处，粉刷墙壁13.7万平方米，墙体改造10.25万平方米，打机井10眼，铺设供水管道55.36万米，安装水表6920块，新增、改造变压器18台，改造电力线路125.9公里，改造危房187户，为5所幼儿园和3所小学添置教育设备3525套，栽植各类苗木13.3万棵，安装路灯555盏，绘制文化墙2074平方米，硬化道路8.8万平方米，改造连茅圈51514座，新建互助幸福院20个。

【农业产业化】 河北团山红农业开发有限公司、河北旺甲果蔬贸易有限公司、石家庄君乐宝太行乳业有限公司、河北鑫旺食品有限公司、石家庄市万佳食品有限公司、河北新征饲料有限公司、石家庄市吉龙伟业饲料有限公司、行唐县肥壮养殖有限公司、行唐县美林牧旺养殖有限公司、河北森磊农副食品贸易有限公司、河北食品添加剂有限公司、石家庄宁而乐农业科技开发有限公司12家企业获批市级龙头企业，其中石家庄君乐宝太行乳业有限公司获批省级龙头企业。到年底，全县市级以上农业产业化龙头企业达到20家，其中省级龙头企业2家。争取上级农业产业化扶持资金588.4万元，其中，农产品产地初加工项目补助资金301.4万元，农业产业化项目省级扶持资金207万元，农业产业化项目市级扶持资金80万元；“115行动计划”的10个项目全部开工建设，完成投资11.01亿元。对玉亭、九口子、北河、独羊岗等4个“一村一品”示范乡和龙兴庄、封家佐、东安太庄等30个“一村一品”专业村进行重点建设，提高农产品的品牌保护意识，有效带动全县特色产业和特色产品的发展壮大。

【村级财富积累机制】 探索农村产权制度改革，完成上碑镇陈磁沟村的土地确权发证工作。指导东伏流、上碑镇东街等村采取土地入股方式，与当地企业合作建立经济实体2个，全县有经济实体的村达到44个。对各村档案合同等进行全面检查，完善档案301套，规范合同120份，增加集体收入200多万元，其中，东伏流村“增加集体收入解决农村面貌改造提升资金难题”的经验被市《三农讯刊》刊发推广。为上碑东街村申请2014年度村级财富积累补贴项目资金7万元，为东伏流村申报2015年财富积累项目。建立完善村级财富积累机制数据管理平台，对全县16个乡（镇、开发区）主管人员和330个行政村会计进行财富积累电子报表业务培训，初步实现农村经济数据监督的全覆盖。

【农村基层民主建设】 健全完善“两会”、“两组”制度，确保群众“四权”（知情权、决策权、管理权、监督权）。对村务公开目录进行重新梳理，将村务公开的内容编制为7大类36小项，制定符合县域实际的村务公开目录，把国家的惠农政策、新农村建设、农村面貌改造提升、革命老区村建设等内容全部纳入公开范围，并对村务公开工作进行督导检查，村务公开率达到100%，“五规范一满意”率达到98%以上。规范民主决策机制，指导各乡（镇）开展民主议政日活动，侯阳关村民主议政日活动的经验在《石家庄日报》刊发。

【革命老区重点村建设】 制定《行唐县加快革命老区重点村建设实施方案》，同时，把革命老区重点村建设纳入到农村面貌改造提升行动（基层建设年活动）工作中，在基础设施、公共服务、产业发展等方面取得显著成效。投资1799.59万元完成14个革命老区重点村的47项任务，其中，硬化道路30917平方米，栽植树木6200棵，铺设饮水管道19305米，建大口井和蓄水池25个，铺设管道6500米，改造电力线路4500米，安装路灯40盏，完成危房改造173间，清理垃圾13000立方米，铺设污水管道705米，建设“两委”办公室392平方米、文化活动中心1080平方米、健身广场550平方米，建设幼儿园23543平方米；发展核桃基地610亩，发展花卉苗木基地355亩。新增北蹚趣、东蹚趣、岗头、西寺庄等4个村为老区重点村，全县革命老区重点村增至18个，完成2015年项目建设申报工作。

（刘文泰）

统战工作

【概况】 2014年，统战部围绕县委、县政府的工作中心，解放思想，开拓创新，坚持规定动作不折不扣，自选动作出新出彩，各项工作都取得前所未有的好成绩。被市委统战部评为全市统战信息工作先进单位一等奖、全市统战工作实践创新成果奖。

部　长：张海双（兼）

副部长：张云香（女，常务）

刘凌云（女，兼工商联党组书记）

主任科员：贾西海（2月任）

对台办主任：刘文翠（女，1月任）

副主任：闫志霞（女）

【宗教工作】 一是开展主题教育活动，促进社会和谐。结合“和谐寺观教堂”创建活动，在全县宗教界继续开展“弘扬爱国爱教传统，共建和谐行唐”主题教育活动，并召开主题活动座谈会，交流创建经验。6月21日，组织统战干部、公安国保干部及宗教界人士共45人到平山县西柏坡，重温红色历史，接受爱国主义教育。二是加强学习培训，提高队伍整体素质。3月18日，牵头举办县、乡、村三级宗教干部培训班，对县宗教工作领导小组成员、乡（镇）党委副书记、统战委员、民政所长、重点村党支部书记共80多人进行培训，重点对党的宗教政策和宗教事务管理条例进行宣讲。三是强化宗教整治管理工作，确保社会和谐稳定。建立县、乡、村三级责任网络，落实分包责任制，全面掌握各乡（镇）和宗教重点村的非法宗教活动情况及突发性群体事件，做到早发现、早上报、早处置。

【党外人士工作】 一是推进民主监督工作。3月24日，县委召开常委会，专题研究党外人士民主监督工作，并以县委办公室文件转发《关于进一步发挥党外人士民主监督作用的意见》。二是建言献策工作落实到位。采取座谈会、走访、短信等形式引导党外人士围绕全县经济社会发展中的重要问题开展民主协商，献计献策，并围绕关于加快经济开发区建设的建议搜集调研报告10篇，得到职能部门积极采纳，推动相关工作深入开展；组织党外人士及党外知识分子联谊会成员围绕“四风”问题，就社会保障、教科文卫、城建交通、农村面貌改造提升、平安建设等方面建言献策，共提出建议72条。三是加强党外干部队伍建设工作。采取摸底子、引路子、搭梯子、铺台子、定尺子等举措加强党外干部队伍建设，新提正科级党外干部1名，到年底，全县有正科级党外干部5名，副科级党外干部5名，党外知识分子1009名。

【经济统战工作】 5月，联合工商联、工信局等部门，组织15家重点装备制造业负责人到河南林州市对标学习装备制造业发展情况。6月，通过与市委统战部、市台办联系，由河北省福建商会向玉亭中心第一小学捐助希望工程助学基金10万元。9月，牵头成立行唐县工商业者及社会捐助服务中心，为工商业者及社会力量参与公益性社会捐助事业搭建平台。发挥工商联网站发送短信平台和对台办线长面广的优势，宣传《行唐县投资指南》和《行唐县招商引资奖励办法》，吸引更多人来行唐投资置业。

【对台侨务工作】 一是请进来，积极宣传推介行唐。5月，邀请省、市台办领导到行唐台湾创新产业园实地考察。9月23日，成功接待法国派丽集团旗下德高、铃鹿2个现代化企业。同时，法国派丽集团副总裁兼派丽中国董事长尚伟业、派丽中国执行董事徐英、派丽中国工业总监 Florent 等嘉宾出席河北行唐省级工业园区开业投产仪式，《行唐周报》、电视台等新闻媒体进行专题采访报道，扩大外侨宣传力度。二是走出去，积极参与经贸洽谈会。通过5·18廊坊洽谈会和10月石洽会等节会平台，向台湾客商推介台湾创新产业园，加强与台湾客商的沟通。三是积极为台资企业服务。6月，排查明旺公司劳资隐患，无纠纷上访事件。四是利用台资服务教育事业。通过市台办与石家庄国祥运输设备有限公司多次沟通联系，11月，国祥公司为市同中心小学捐赠10万元工程款和价值5万多元的羽绒马甲。

【调研宣传信息】 共上报省委、市委统战部信息30多篇，其中省统战动态采用4篇，市统战动态采用23篇；撰写调研成果4篇，其中，《创新“1234”网格化管理，积极探索非公企业服务型党组织工作新模式》被省委、市委统战部采用，《找准坐标、摆正位置、同心聚力开创统战工作新局面》、《管理网格化、服务零距离、全面激活基层统战工作活力》、《履职尽责重民生追求卓越创佳绩》被《统战之声》刊发。

（张　飞）

政法工作

【概况】 2014年，政法委以开展党的群众路线教育实践活动为统领，以平安建设、法治建设、队伍建设为主线，以提高群众安全感和满意度为目标，开展平安行唐建设，取得明显成效。在全市群众安全感、满意度和信任度测评中行唐保持领先位次；“抓源头、除隐患、重治理、创平安”活动考核获全市第二名，行唐在全市推进会议上做典型发言；重大决策事项社会稳定风险评估工作受到市委政法委表扬。

政法委内设政法办、综治办、纪工委、政治处、排调办，有干部职工14人。

书　记：田　志（县委常委，兼计生协会会长）

副书记：王吉秋（人大副主任，兼）

高文成（政府副县长，兼）

刘伏生（政协副主席，兼）

苏文杰（常务）　柳进良　刘振侠

政法办主任：王庆兰

副主任：胡　隆

综治办主任：（空缺）

副主任：杨军平

政治处主任：张　凯

纪工委书记：赵东辉

【平安行唐建设】 扎实开展“抓源头、除隐患、重治理、创平安”活动，并在全市推进会上做经验介绍，计生特殊困难家庭“医养扶一体化”、乡村服务平台建设和乡村平安建设等3个示范项目得到市委充分肯定。建立平安行唐建设的长效机制，推进基层“六无”基层平安创建活动，在全县推广“1+7”平安乡（镇）建设模式和“七位一体”平安村运行机制。完成青少年法制教育基地建设。开展社会治安重点地区排查整治活动，对治安混乱地区挂牌督办，成立联合执法队，按时限要求完成整治任务。开展危爆物品清查工作，有效防止涉危涉爆案（事）件的发生。组织政法部门开展“百日禁毒”等系列严打整治专项行动，共打掉恶势力痞霸违法犯罪团伙25个，破获各类刑事案件413起，现行命案破案率100%。落实反恐各项措施，加强处突演练，实现应急处突工作常态化。完善社会治安防控体系建设，加强乡（镇）巡控力量，推进“天网工程”二期建设，在136个公路沿线村和重点村，安装监控探头179个，主要公路沿线建成智能卡口3个。对人大代表、政协委员和群众强烈要求的南二环和团贯线路口的红绿灯安装进行督导，共协调安装红绿灯10处，群众的安全感和对政法机关的满意度大幅度提高。行唐县被市委、市政府评为2014年度平安建设工作先进县。

【维护社会稳定】 完善“三位一体”大调解与信访工作联动机制，加强专业性调委会建设，使专业性调委会达到20个。开展以“大排查、大调处、大帮扶”为龙头的社会矛盾纠纷化解活动，全年共调解各类矛盾纠纷3340件，调解成功3316件，成功率达99%。制定实施《关于深入推进社会稳定风险评估工作的具体意见》，对25个项目、决策进行评估，发现风险隐患10条，提出整改建议3条。落实《行唐县社会稳定状况评价办法》，对各乡（镇）、各部门13个方面的社会稳定情况进行评价打分并排名通报，充分调动各级各部门做好社会稳定工作的积极性。推进涉法涉诉信访工作改革，引导应通过法定途径解决的案件进入司法程序解决。开展涉法涉诉信访积案攻坚化解活动，办结省、市交办的全部信访积案23件。加强进京“非访”的治理工作，成立驻京工作小组，建立进京“非访”接劝工作机制，加大对进京“非访”人员的依法打击力度，有效遏制进京“非访”高发的势头。加强对突发事件及群体性事件的预防和处置工作的力度，有效预防和化解部分特殊利益群体多次预谋到市赴省进京聚集上访等活动。完成政治敏感期、重要节假日安全保卫工作。

【队伍建设】 开展党的群众路线教育活动，强化思想教育，注重能力建设，努力提高干警的政治素质、业务水平和廉洁自律意识。坚持从严治警，完善政法系统考评机制，严格奖惩制度，全年共通报批评基层单位4个，诫勉谈话1人，查办干警违法违纪案件5起，涉及干警6人，其中开除1人。制定典型培养计划，县检察院控申科接待室被最高人民检察院评为全国文明接待室。树立正确用人导向，明确选拔任用干部从各类先进个人中产生，激励政法干警的工作热情，广大干警素质明显提高，作风明显改进。各部门严格按上级的要求公开司法、执法内容。督导检察院在各乡镇建立检察官服务站，开展预防犯罪和法律服务工作。指导开展政法宣传，县电视台《每日政法》栏目全年播放动态信息210条；建立政法短信平台，编发宣传短信230多条次。指导政法机关下乡服务团开展集中宣传活动26次，政法各部门在市以上媒体刊发稿件1187篇。

（胡 隆）

老干部工作

【概况】 2014年，老干部局以党的十八大、十八届三中、四中全会和习近平总书记系列重要讲话精神为指导，落实党的老干部政策和县委全会确定的工作目标，拓宽工作思路，扩大服务领域，创新工作方法，深化服务内容，转化服务方式，取得县委放心、老干部满意的良好效果。行唐县老区建设促进会被省委组织部、老干部局授予全省离退休干部先进集体称号。

老干部局有干部职工8人。

局 长：刘嘉慧（女，兼组织部副部长）

副局长：金继军

关工委办公室主任：杜海敏

副主任：盖翠英（女）

【领导重视】 4月23日，县委书记姜阳、县长王彦芳来局召开老干部座谈会，就县内经济社会发展问计老干部，并拨专款解决老年大学和活动中心经费不足问题。8月，县领导陪同30多名离退休干部视察县城建设，全面介绍行唐县城市发展所取得的巨大成就。11月，县委办转发《2015年离退休干部报刊征订和缴纳离休干部特需经费的通知》，县委、组织部联合下发《关于在中华人民共和国成立65周年之际开展走访慰问老干部、老党员活动的通知》，对老干部生活状况和政治待遇一如既往地给予关注。

【政治待遇】 根据老干部级别，为他们征订相应的党报和《老年日报》、《老人世界》等杂志，并赠阅县委宣传部主编的《行唐周报》。邀请老干部参加县委全会、县“两会”和党的群众路线教育实践活动民主生活会等工作会议。每半年向老干部通报一次县内经济社会发展情况。6月，组织老干部到革命圣地西柏坡学习。9月，组织部分离退休干部，收看中央一台“纪念中国人民抗战胜利69周年暨世界反法西斯胜利向烈士敬献花圈仪式”直播，并组织老干部召开座谈会。11月，举办党支部书记培训班，内容为十八届四中全会、习近平总书记系列讲话精神。3～12月，组织老干部视察玉亭乡“农村面貌改造提升”、口头镇“城乡建设”、独羊岗乡“发展设施农业”、检察院“机关文化建设”和计生委“医养扶一体化”等工作。对1945年9月2日前参加革命工作的离休老干部的照片、工作简介和目前状况等信息进行采集，并报送市局编印《抗战老战士风采录》画册；完成县内所有离退休干部的信息核对工作。

【生活待遇】 1月始，离休干部医药费纳入全市统筹，企业离休干部医药费由原来一年一报销缩短到三个月一报销，年内省财政支持医药专项资金30万元，县财政又拿出180多万元，用于解决离休干部医药费，实现医药费“零拖欠”。春节前，为离退休干部发放价值12万元的慰问品。4月，为全县100多名离休干部提高护理费标准。6月，为13名女性老党员送毛毯、皮护腰、健身锤、拔罐和书籍等物品。7月，为每位离休干部购买凉席1个。“重阳节”前夕，对100多名离退休干部走访慰问，为15位90岁以上高龄的老干部送去米、面、油和200元现金。全年，共为36名特困离退休干部发放特困帮扶资金5万元。

【发挥作用】 春节期间，组织老年书画研究会到南桥镇西杨庄，为村民送去春联200幅、字画130多幅。“六一”前夕，老干部局局长、关工委主任和副主任等到城寨乡明德小学进行慰问，为孩子们送去价值1万多元的学习用品。7月1日，组织离退休干部开展文体活动。8月，与鹿泉市老干部开展乒乓球友谊赛并组织参加无极象棋交流比赛。10月，组织全县爱好书画的老干部参加第四届全国老年书画展，创作廉政书画作品100多幅，经筛选向市局选送17幅，9幅入选，其中王彦章的绘画作品《铁骨丹心》入展。11月，组织有专业技术特长的老干部到14个农村面貌改造提升工作重点村进行调研，并撰写调研报告2篇，提出合理化建议4条，被县委、县政府采纳2条。11月，举办“欢乐城乡”曲艺歌舞文艺演出，演出4场，制展牌2块，发放《十八届四中全会后，您的生活将有哪些改变》宣传单1000份，进农村、到庙会、在公园生动形象地宣传党的十八届四中全会精神，此活动被《石家庄日报》刊登报道。还组织老干部“喜看县城新变化”，在老干部中倡导“我带头，我先行，共同创建文明城”活动；组织老干部到“六一”小学、检察院和河合村开展送书画进校园、机关和农村活动，送作品150多幅；与文明办联合开展“百佳”美德少年评选活动，全县共评出美德男孩50名、女孩50名，并举行“百佳”美德少年表彰大会；在党的群众教育实践活动中，离退休干部刘清海、刘来福和王景瑞等先后到机关、企业和学校讲党课，做革命传统报告，进行理想信念教育68场次，受教育人数达4000多人次。

【阵地建设】 结合党的群众路线教育实践活动，扩建老干部阅文室，增设老干部接待室。改善老年大学办学条件，建立健全老年大学各项规章制度，购置价值1万多元的多媒体教学设备1套和空调1台。为老干部活动室添置大型健身器材1套、乒乓球台1个及空调1台，更换麻将、象棋及照明设备。增设便民服务箱（内有放大镜、老花镜、雨伞和纸笔）。对卫生间进行改装，新装感应小便器3个、坐便器1个、洗手盆5个、热水器1台、净水机1台、自动干手机2台等设施。

【队伍建设】 开展党的群众路线活动，深入联系点，建立定期联系制度，广泛了解情况。加强队伍建设，积极开展“深化感情、强化责任、细化措施、优化服务”和“让县委满意、让老干部满意、让社会满意”等活动，建设一支高素质的老干部工作队伍，被亲切地称为“老干部的知心人”，并得到省、市有关部门的肯定和表扬。向省、市老干部局报送简讯20篇，被选用10篇。

（郝会欣）

编制工作

【概况】 2014年，编委办学习贯彻党的十八届三中、四中全会精神，围绕县委、县政府的决策部署和市编委办的工作安排，继续深化行政管理体制改革，加大机构编制管理创新力度，推进政府机构改革和行政审批制度改革的步伐，为促进经济社会又快又好发展提供坚实的体制机制保障。

编委办设机构编制管理科、事业单位登记管理科，有干部2人。

主　任：张国庆（兼）

副主任：罗力勇

【机构编制管理】 共召开编委会议2次，讨论通过议题14个，涉及部门单位24个，印发编委文件9个、编委办文件18个。针对职业教育、环保、政务服务、集中供热、建筑工程领域安全、成品油管理等方面存在的实际问题，结合新形势、新任务，对政务服务中心、法制办、住建局、发改局、商务局、法院、防范办等部门的机构设置和编制进行充实调整，有效推动重点领域、行业和部门等各项工作的开展。

【机构编制和人员核查】 按照中央、省、市要求，对全县各级机关、事业单位的机构编制和人员进行彻底核查，与组织、人事、财政进行对接，完成全县机关、事业单位的机构编制和人员核查工作，实现机构清、编制清、领导职数清、实有人员清的目标，并对党政机关和事业单位编制、内设机构、在职人员基本情况、编外人员基本情况等信息在本单位进行公示，为进一步加强机构编制和人员管理，强化综合约束力和监督检查打下坚实基础。

【食品药品监管体制改革】 按照《石家庄市人民政府关于改革完善食品药品监督管理体制的实施意见》的要求，拟定《行唐县人民政府关于食品药品监管体制改革实施意见》、《行唐县机构编制委员会关于做好食品药品监管体制改革中职责调整、机构整合和人员编制划转的通知》、《行唐县机构编制委员会办公室关于行唐县食品药品监督管理局“三定”方案的通知》等文件，对改革整体思路、指导思想、工作原则、组织纪律及涉及部门职责、编制、人员、财务、设备、划转等作出明确的要求和具体规定。12月20日，改革后的食品药品监管机构正式运行，并加挂食品药品监督管理委员会办公室牌子。

【行政审批制度改革】 7月，接受行政审批制度改革工作，明确专职工作人员负责，及时衔接取消、下放、清理及实施机关变更的行政审批项目信息。年内共衔接取消行政审批事项11项，承接下放的行政审批事项22项，衔接调整或明确为后置审批的工商登记前置审批事项27项。加快推进行政权力清单制度、责任清单制度建设，对各级机关单位职权进行梳理，明确实施范围和具体工作事项，规范权力公开透明运行。

【事业单位法人登记和中文域名挂标工作】 完成2013年度法人年检工作。下发《关于做好2013年度事业单位法人年度检验工作的通知》，对法人年检工作进行具体安排。2013年度事业单位登记134家，完成年检134家，年检合格率100%；变更登记4家，补领证书3家。及时转发省编办下发的《关于做好党政机关网站开办审核、资格复核和标识管理工作的实施方案》，将政务和中文域名注册工作融入到编办职责和日常工作中。到年底，全县有效域名206个，完成资格复核206个，完成网站标识领取206个，完成网站挂标率100%。

（王　洋）

机关工委工作

【概况】 2014年，县直机关工委贯彻落实习近平总书记关于机关党建重要论述和党的“十八大”和十八届三中、四中全会精神，以第二批党的群众路线教育实践活动为抓手，充分发挥机关工委在机关党建工作中的领导、协调、督导作用，为更好地服务县委中心工作，提高机关党的建设科学化水平起到表率作用，得到省、市机关工委的肯定。

县直机关工委管理党总支20个，党支部159个，共有党员4398名，离退休党员1166名。

年末有干部职工12人。

书　　记：赵雪芹（女）

副 书 记：岳建章

主任科员：尹淑平（女）

【思想建设】 一是指导基层开展党日活动。以习近平总书记重要论述、党的“十八大”和十八届三中、四中全会精神为学习重点，督导基层党组织开办专题培训105场，查阅学习记录1325份。对党日活动开展次数多和记录详细的26个党支部进行表扬，对活动少、记录简单、格式不规范的8个党支部提出批评并限期改正。二是重要节点开展教育活动。利用3月23日“警醒日”、清明节、7月1日“党章学习日”等时机，开展重温入党誓词、讲党史、学党章、“我的中国梦”等教育活动，引导广大党员自觉践行党的宗旨。3月26日，邀请老党员樊玉金为县委北楼68名党员讲党史课。4月1日，带领23名党员到红领巾水库烈士陵园扫墓并在烈士碑前重温入党誓词。6月26日，组织64名新党员到革命圣地西柏坡举行入党宣誓仪式，亲临其境感受艰苦而光辉的战斗历史，接受理想信念和革命传统教育。三是组织党建研讨交流经验。组织党员干部围绕党的群众路线教育活动和县委、县政府重点工作等方面内容，开展热点问题互议、心得体会互讲、学习效果互评等活动，总结提炼活动经验，撰写党建理论信息、研讨文章52篇，在省、市党建刊物上发表36篇，其中《以传承抵制四风 以推崇弘扬正气》在石家庄市机关党建暨党的群众路线理论研讨征文活动中获一等奖。

【组织建设】 一是严格程序，做好换届补选工作。根据党组织领导班子人员变动的实际情况，严格按照程序及时对有关党组织进行调整，共完成农业局、工会等20个基层党组织的换届补选工作。3月12日，召开县直机关党建工作会议，36名组织委员参加，详细讲解新时期下机关党建工作的最新要求和发展党员工作、党组织换届选举工作的严格程序，有效解决党务干部中存在的凭经验做事、新动力不足等问题。二是落实制度，做好发展党员工作。严格落实《石家庄市发展党员公推票决公示制办法》最新要求，制定入党积极分子、发展对象、预备党员发展、党员转正等一系列票决结果报告单，要求基层党组织将票决结果报告单上墙公示，接受党员群众监督，发展党员程序更加透明、规范、科学。9月，举办83名学员参加的入党积极分子培训班，并对参训人员进行闭卷考试，其中32名优秀学员顺利过关，其余学员进行补训。年内共发展党员44名，81名预备党员按期转正。三是提高标准，做好党务工作。严格党费缴纳，实行党费证制度，及时对下岗党员、流动党员进行党费催缴补收，对不按时缴纳党费的党员进行诫勉教育。严格党员关系接转，限定接转时间，及时完成党员信息统计，预防出现“游离”于党组织之外的党员。四是树立典型，做好“七一”表彰工作。6月23日，县委办转发县直机关工委《关于表彰党员服务示范窗口、党员服务先锋岗和优秀共产党员的决定》的通知，评选表彰党员服务示范窗口18个、党员服务先锋岗18个和优秀共产党员53名。

【作风建设】 健全党内激励关怀帮扶机制，春节慰问建国前离退休党员35名，发放慰问金5600元；七一前夕走访慰问老党员、困难党员代表5名，为每人送去慰问金200元。加大和基层面对面指导的力度，有特色、有重点、重实效地开展党务工作。8月下旬，工委6名副科级以上干部分别参加下属70多个基层党组织的支部生活会，对各支部党的群众路线教育实践活动开展情况进行指导。党的群众路线教育活动中，工委领导班子带着干群“连心卡”先后5次到龙州镇东街村、程段庄村深入农户调研，积极帮助群众谋划和理清发展思路，协助解决制约发展的“瓶颈”问题，共走访群众123名，征集意见建议35条，解决关系群众切身利益的问题25个。

（贾 磊）

信访工作

【概况】 2014年，信访局按照中央、省、市和县委、县政府的一系列决策部署，以解决问题为核心，切实强化工作措施，有效解决一批信访问题，全县信访总量逐步下降，信访积案存量逐步减少，信访形势持续好转。年内，全县未发生大规模越级集体上访和极端恶性信访事件，信访形势总体平稳，圆满完成全国“两会”、党的十八届四中全会、APEC 会议和省、市“两会”及其他重要敏感节点的信访稳定工作。全年未发生进京非正常上访和到市以上集体访，发生进京个访 32 件次、49 人次，分别比去年同期下降 7%、22%；赴省个访 32 件次、107 人次，分别比去年同期下降 66%、26%；到市个访 122 件次、224 人次，分别比去年同期下降 11%、11%。共承办市以上要结果案件 325 件，按期办结 317 件，息诉息访 201 件，办结率 97.5%，息诉息访率 61%。

信访局内设信访科、办公室、督查室、法规科、信访接待服务中心，有干部职工 7 人。

局　长：高新忠（兼县委办副主任、政府办副主任）
副局长：王志军　陈朝辉
　　　　魏兴全（兼，2 月免）

【热点难点】 开展“践行群众路线、化解信访积案”专项行动。制定《践行群众路线、化解信访积案专项行动实施方案》，先后召开工作推动会 4 次，推动专项行动扎实开展。对每一件信访积案，均严格落实“五个一”（一名包案领导、一个工作班子、一套化解方案、一份会议纪要、一套稳控措施）工作机制。对省、市交办积案，县联席会议逐案与相关县级包案领导签订《信访积案包案责任状》，进一步明确县级领导包案责任。每周组织召开 1 次信访积案化解工作专题调度会，对交办积案逐案进行协调调度，并成立专门督导组，不间断地对各单位进行明察暗访，发现问题及时指出，并督导落实整改措施，确保信访积案全部按期化解。对因责任不落实、工作不到位，造成信访积案得不到有效解决，致使矛盾激化造成严重后果的，严格问责。到 9 月底，共办结信访积案 268 件，其中省、市交办积案全部办结，在全市位居前列。

【矛盾排查】 按照“横向到边、纵向到底，无缝隙、无死角”的要求，细化排查网络，下沉工作力量，探索建立网格化排查体系。坚持“日排查、周报告、月调度”、特殊敏感时期“日排查、日报告”制度。各单位每周组织 1 次集中排查，信访局每月进行 1 次综合分析。对排查出的问题，逐一登记造册，建立动态管理台账，并全部落实化解责任，明确县级包案领导、责任单位和责任人员，限期妥善解决。全年共排查、交办各类信访苗头隐患 165 件，化解 149 件，有效防止信访问题积累。

【领导接访】 一是保证时间。根据工作实际，县委书记或县长每周五在县信访接待中心公开接访，特殊敏感时期每天公开接访，其他县级领导每个工作日轮流在县信访接待中心公开接访。县级领导公开接访时间均按县政府规定的作息时间执行，必要时还适当延长接访时间。二是严格程序。按照“两定两开”（两定即定时间、定地点，两开即公开接访、敞开接访）的要求，所有县级领导公开接访均提前在县信访接待服务中心张贴公告，公布时间、地点及接访领导姓名、职务，方便群众反映诉求。三是务求实效。对县级领导在公开接访中受理的信访案件全部实行挂账督办，在 2 日内进行交办，每周进行督办催办，并定期向县级领导反馈其公开接访受理信访问题的办理进展情况，直至问题彻底解决。年内，县委书记、县长共公开接访 73 天、协调解决信访案件 57 件，其他县级领导共公开接访 291 天、协调解决信访案件 162 件。

【信访听证】 根据省联席办的要求，全力推行信访听证工作制度，将信访公开听证作为化解疑难信访问题的有效手段和依法终结的必经途径，对所有非涉法涉诉类进京非访案件认真进行梳理，做到成熟一件、听证一件、化解一件。6 月，组织召开全市第一个信访事项公开听证会，省、市局有关领导到场旁听听证会并给予充分肯定。

【督查督办】 通过电话督查、召开会议、实地督办等形式开展多项督查。一是信访部门内部建立定期不定期信访工作情况通报制。二是信访部门与县委、县政府督查室就领导批示交办的信访事项开展联合督查。三是积极协调配合参与上级领导开展的相关专项督查。

【信访秩序】 坚持双向规范信访秩序。一方面严格落实《行唐县信访工作问责实施办法（试行）》，从信访事项事前、事中、事后三个环节规范各级干部接处访行为。一方面严格落实公安部《关于公安机关处置信访活动中违法犯罪行为适用法律的指导意见》，对违法上访行为坚决予以依法处置，切实维护正常的信访秩序。

（张立峰）

党校工作

【概况】 2014 年，党校落实县委、县政府工作部署，推进党的群众路线教育实践活动、干部教育培训等各项工作，完成 3 期党员干部培训和 19 期流动党校送教下基层工作。

党校内设办公室、行政科、教研室，有干部职工 21 人。

校　长：张聚华（兼，不驻校）

副校长：段林强（常务）

范秀丽（女）

马　静（女）

【干部培训】 5 月 20～23 日，举办乡科级干部培训班，参训 520 人，培训内容为习近平总书记系列讲话、党的十八届三中全会精神。8 月 29 日，为县委理论中心组授课，讲授内容为“复兴之路与中国梦的深刻内涵”。12 月 3～5 日，举办新任职干部培训班，参训 160 人，培训内容为反腐警示教育、2013 年中央一号文件及如何实现“中国梦”。

【流动党校】 到联系点上方乡小王阳关村和马阳关村为党员群众授课，主要讲授十八届三中全会精神、县委十一届四次全会精神和党章。配合县委组织部干训科、人才科，到农村宣讲中央、省、市、县会议精神和县委、县政府重要工作。到南桥镇西安太庄村、玉亭乡封家佐村、九口子乡满撒村、独羊岗乡北甏瓟村，举办十八届三中全会精神、县委十一届四次全会精神培训班 16 期，共培训人员 2100 余人。9 月 22～30 日，与县委宣传部联合到只里、侯阳关、东市庄等村宣讲习近平总书记系列讲话精神。

【教师队伍建设】 11 月 6～10 日，1 名副校长和 1 名教师到市委党校参加十八届四中全会师资班培训。11 月 12～14 日，1 名副校长和 1 名教师到石家庄市北方大厦参加学习十八届四中全会精神、社会主义核心价值观和周边局势培训班。

【科研成果】 共完成科研论文 5 篇，其中，市级刊物发表 3 篇，《行唐县农村面貌改造提升行动研究》申请市级科研课题。

（王静辉）

精神文明建设

【概况】 2014 年，文明办按照省、市精神文明建设的部署要求，围绕中心、服务大局，常规工作中求突破，整体工作中求创新，文明单位创建、“讲文明树新风”公益广告宣传教育、道德实践等工作取得明显成效，有力推进全县公民思想道德建设，促进全县精神文明建设发展。

文明办有干部职工 4 人，借调 1 人。

主　任：李义芳（兼）

副主任：崔永刚

【文明单位创建】 1 月，印发县委、县政府《关于命名表彰 2013 年度县级文明、诚信单位、精神文明创建先进单位和先进个人的决定》，对 138 个文明单位、43 个诚信单位、21 个精神文明创建先进单位、66 个精神文明创建先进个人进行表彰，颁发证书、奖牌。经有关部门推荐审核，并由纪检、环保、计生等有关部门专项审查，向省会文明办推荐 2012～2013 年度省级文明单位 4 个、文明村 1 个；市级文明单位 20 个、文明乡镇 2 个、文明村2个。根据《省会文明办关于建立石家庄市道德讲堂人才库的通知》要求，从全县省、市级文明单位中选拔推荐一批知识面广、业务精湛、表达能力强、有感染力的道德讲师和主持人，报送省会文明办在石家庄市道德讲堂人才库备案，为文明单位道德讲堂建设储备优秀人才。把功德榜建设纳入文明单位创建内容，财政局、交通局等16个省、市级文明单位扎实开展“功德榜”建设，设计制作安装《善行功德榜》，将本单位的好人好事上榜上墙展示，拓展丰富文明单位创建内涵，提升文明单位创建水平。

【“讲文明树新风”公益广告宣传管理】 3月20日，印发《行唐县“讲文明树新风”公益广告宣传管理办法（试行）》，对公益广告的制发原则、发布内容、发布程序、监督管理等作出明确规定，为全县城区、乡村公益广告宣传管理提供有力保障。围绕农村面貌改造提升，突出抓好重点村文化墙、宣传画绘制。5月，开展城区环境“大洗脸”活动，对彩虹桥两侧、文化广场、玉城大街、龙州大街、旧车站围挡等地的公益广告进行全面检修维护，营造良好的城区环境。

【道德实践】 3月，印发《关于开展“善美行唐”主题道德实践活动实施方案》，开展“善美行唐”主题道德实践活动，在全县兴起互助、诚信、敬业、孝敬之风。6月，印发《行唐县“善美行唐”十佳百颗星评选宣传活动实施方案》，在全县开展“十佳百颗星”评选活动，12月印发文件命名表彰。向省会文明办推荐独羊岗乡西蹓趣村勇救落水儿童的村民范春雷为见义勇为道德模范，范春雷同时当选石家庄市文明公民标兵；只里乡南州村支书李六保当选“孝老爱亲”石家庄市文明公民标兵，省会文明办、石家庄电视台举办“孝老爱亲表彰典礼”，对其进行表彰，并在石家庄电视台生活频道进行宣传报道。

【“一榜、一录、一喇叭”建设】 在城乡开展《善行功德榜》、《功德录》建设，通过学习藁城市岗上村功德榜的做法，并借鉴市文明办提供的样式，把功德榜工作与道德模范相结合，与“善美行唐”主题道德实践相结合，制作《“善美行唐”善行功德榜》，榜面分国家、省、市级道德模范3个版块，涉及孝老爱亲、见义勇为、诚实守信、热心公益等主题内容；上榜人物为行唐县获得市级以上荣誉的道德模范，共17人，其中，国家级道德模范4人，省级道德模范8人，市级道德模范5人；并在县城玉城大街、县宣传文化广场安装，吸引行人驻足观看、学习，产生良好的社会效果。在全县20个农村面貌改造提升重点村重点开展“一榜、一录、一喇叭”建设，明确专人负责，将发生在本村的好人好事采取上墙张榜公布、记入省会文明办发放的《善行功德录》、喇叭广播等形式进行记录、宣传，促进村风、民风好转。

【未成年人思想道德建设】 一是做好乡村少年宫调研工作。按照乡村少年宫“十个有”（有组织机构、有场地器材、有铭牌标志、有工作制度、有辅导员队伍、有社团活动安排、有特色项目、有成果档案、有宣传栏、有文化墙）要求，安排上碑镇中心小学少年宫、上阎庄乡明德小学少年宫总结乡村学校少年宫建设管理、特色经验和典型事例，及时填写更新《乡村学校少年宫档案记录表》。二是建设新乡村少年宫。结合教育局、财政局，向省会文明办申报建设翟营乡南翟营中心小学、南桥镇东杨庄小学2所乡村学校少年宫，中央公益彩票基金支持建设资金各20万元，通过政府招标形式，为两所少年宫各配置近16万元的文体器材和4万余元的场地修缮资金。三是开展高雅文化进校园活动。4月24日，结合河北省话剧团，在“六一”小学、北河志和小学开展“百场儿童剧圆梦进校园”活动，演出优秀儿童话剧《芭比娃娃历险记》，为城乡孩子们送去经典高雅的文化大餐，丰富城乡特别是山区未成年人文化生活。

【志愿服务】 开展志愿服务队、党员志愿者注册活动，印发《关于在全县共产党员中开展志愿服务活动的安排意见》、《开展志愿服务队注册的通知》和《开展党员志愿者注册工作的通知》，明确活动主题、主要任务、活动时间，发起志愿服务队、在册党员志愿者注册工作，并组织20名乡（镇）宣传委员参加市志愿服务培训班。到年底，完成志愿服务队注册的单位（含下属单位）115个，党员注册人数达3000人。开展“春雨行动”，印发县委《关于动员社会力量实施扶贫帮困“春雨行动”的意见》，成立行唐县扶贫帮困“春雨行动”领导小组，分4个工作组负责相关工作落实。

【扶贫助学】 按照石家庄市乐仁堂“善行圆梦”助学金和“宏志班”招生通知精神，联合教育局在全县范围内选拔品学兼优的贫困学子，向石家庄市27中“宏志班”推荐贫困生5人，石家庄市乐仁堂“善行圆梦”助学金资助贫困生1人。

（王建新）

行唐县人民代表大会

【人大常委会组成人员】 行唐县第十五届人民代表大会常务委员会设主任1人，副主任4人，委员20人。2014年底，委员为19人。

主　任：赵士平

副主任：王吉秋　高国甫　温玲翠（女）　米志斌

委　员：（按姓氏笔画排序）

王永壮　仇翠玲（女）　孔立新(女)　刘　鸣　刘金国　杨国永　李学军　李素荣（女）　李梅山　李翠玲(女)　范国荣（女）　罗假妮　柳增良　赵立杰　高　卫　高　岚　康志强　麻新英　梁　然（女）

【概况】 2014年，县人大常委会在“一府两院”的配合支持下，全面贯彻落实党的“十八大”和十八届三中、四中全会精神，围绕中心，服务大局，解放思想，大胆实践，发挥地方国家权力机关的作用，围绕改革发展、稳定大局和社会关注的热点问题，认真履行各项职能。常委会议听取和审议专项工作报告20项，主任会议听取研究专题汇报27项，开展执法检查3项，组织调研视察31项，开展工作活动48项，对22个部门工作进行满意度测评，推进县人代会各项决议的贯彻落实。

【主要会议】 年内召开主要会议7次：

1月14日，县十五届人大常委会第十五次会议召开，主任赵士平主持，副主任王吉秋、高国甫、温玲翠及委员共17人出席会议。副县长叶晓林、检察院检察长何步云、法院副院长王兴利、人大常委会各委室负责人、各乡（镇）人大主席列席会议。会议听取县人大常委会办公室关于行唐县第十五届人民代表大会第四次会议筹备工作的报告，审议通过关于召开行唐县第十五届人民代表大会第四次会议的决定，代表资格审查委员会关于代表资格的审查报告，行唐县第十五届人民代表大会第四次会议议程（草案），行唐县第十五届人民代表大会第四次会议大会主席团和秘书长、计划预算审查委员会、议案审查委员会、常务主席、副秘书长名单（草案），列席人员名单，行唐县人大常委会工作报告（稿）。

1月20～22日，行唐县第十五届人民代表大会第四次会议在行唐县人寿保险礼堂举行。会议听取和审议行唐县人民政府工作报告，通过相应决议；审议县发展改革局关于行唐县2013年国民经济和社会发展计划执行情况与2014年国民经济和社会发展计划草案的报告，审查和批准行唐县2013年国民经济和社会发展计划执行情况的报告与2014年国民经济和社会发展计划；审议县财政局关于行唐县2013年县本级预算和县总预算执行情况和2014年县本级预算和县总预算草案的报告，审查和批准行唐县2013年县本级预算和县总预算执行情况的报告和2014年县本级预算和县总预算；听取和审议行唐县人民代表大会常务委员会工作报告、行唐县人民法院工作报告、行唐县人民检察院工作报告，通过相应决议。

4月24日，县十五届人大常委会第十六次会议召开，主任赵士平主持，副主任王吉秋、高国甫、温玲翠、米志斌及委员共16人出席会议。政府副县长董素平、法院院长梁锁山、检察院检察长何步云，县政府办公室、发改局及县人大常委会各委室负责人列席会议。会议表决通过县人大常委会主任会议、县政府、法院、检察院提请的人事任免事项，会议决定免去叶晓林同志的行唐县人民政府副县长职务（挂职），决定任命李军同志为行唐县人民政府副县长（挂职）。听取和审议县政府关于“十二五”规划中期评估情况的报告。

6 月 25 日，县十五届人大常委会第十七次会议召开，主任赵士平主持，副主任王吉秋、高国甫、温玲翠、米志斌及委员共 17 人出席会议。副县长李军、法院院长梁锁山、检察院检察长何步云、公安局政委杨建强，县政府办公室、水务局、住建局、规划局、公安局、司法局、环保局、食安办、食药监局、县人大常委会各委室负责人，部分县人大代表列席会议。会议听取和审议县政府关于“打造颍水两岸，建设一城三区”情况的报告、县人大常委会执法检查组关于《刑事诉讼法》执法检查情况的报告、县人大常委会执法检查组关于《水法》执法检查情况的报告、县人大常委会执法检查组关于《食品安全法》执法检查情况的报告。

9 月 18 日，县十五届人大常委会第十八次会议召开，主任赵士平主持，副主任王吉秋、高国甫、温玲翠、米志斌及委员共 19 人出席会议。县委常委高栋梁，法院院长梁锁山，检察院副检察长孟建勇，县政府办公室、发改局、财政局、审计局、统计局、国税局、地税局、县人大常委会机关各委室负责人，部分乡（镇）人大主席及县人大代表列席会议。会议学习《预算法》，书面听取审议县政府关于上半年国民经济和社会发展计划执行情况的报告，听取和审议县政府关于上半年财政预算执行情况的报告、县政府关于 2013 年度县本级财政决算（草案）情况的报告、审计局关于 2013 年度县本级财政预算执行和其他财政收支情况的审计报告、县政府关于 2014 年财政预算调整的报告、县政府关于 2014 年国民经济和社会发展计划调整的报告。

10 月 30 日，县十五届人大常委会第十九次会议召开，主任赵士平主持，副主任王吉秋、高国甫、温玲翠、米志斌及委员共 21 人出席会议。常务副县长袁永福，副县长高文成，法院院长梁锁山，检察院检察长何步云，县政府办、财政局、审计局、国土局、卫生局、交通局、公安局、教育局，县人大常委会机关各委室负责人，乡（镇）人大主席及部分县人大代表列席会议。会议听取县人大常委会财税金融工委关于 2014 年预算监督工作情况的报告；听取和审议县政府关于土地综合整治及利用情况的报告、新农合运行情况的报告、代表建议办理情况的报告；听取和审议县检察院关于发挥法律监督职能，强化行政执法监督情况的报告；听取法院代表建议办理情况的报告；对交通局、公安局、教育局代表建议办理情况进行满意度测评。

12 月 30 日，县十五届人大常委会第二十次会议召开，主任赵士平主持，副主任王吉秋、高国甫、米志斌及委员共 22 人出席会议。常务副县长袁永福，法院院长梁锁山，检察院检察长何步云，县政府办及涉及承办民生实事的单位负责人，人大常委会机关各委室负责人，各乡（镇）人大主席及部分市、县、乡人大代表列席会议。会议听取和审议县政府关于政府工作报告完成情况和五个方面 30 件民生实事落实情况的报告，法院、检察院工作报告落实情况的报告，并对承办民生实事的 17 个部门和法院、检察院的工作报告进行满意度测评。

【工作监督】 一是坚持围绕中心促发展。6 月，组织代表对“打造颍水两岸，建设一城三区”调研视察，建议县政府进一步严格落实规划，规范开发管理，加强组织协调，抓好基础设施建设，促进“一城三区”美好蓝图早日实现。8 月，通过听取汇报、座谈视察，对园区 24 家重点工业企业进行专题调研，从明确产业定位、理顺招商思路、加强项目论证、规范协议履行、集约节约用地、提升园区管理等方面进行深入探讨，提出《关于开发区重点项目建设工作的意见建议》。把预算执行作为人大监督的重点，财经工委结合监察局、审计局组成预算监督小组，对 10 个预算单位从 15 个方面进行监督检查，就发现的截留、挤占、挪用、滞留资金和无预算支出等问题提出整改意见，督促有关部门着力解决。严格落实新《预算法》要求，依法提前介入预算编制工作，加强预算草案的初步审查，全力支持县政府把每一分钱用在刀刃上。二是全力促进民生改善。围绕农村面貌改造提升、办好人民满意教育、新农合运行管理、城乡文化建设、社会保障救助等进行专题调研视察，提出意见建议。12 月，组织人大代表对县政府承诺的五个方面 30 件民生实事落实情况开展专题调研，进行满意度测评，被测评的 17 个民生实事承办部门满意率均达到 95% 以上，民政局、计生局、教育局、残联满意率达到 100% 。县政府及其部门特别是公安、城管、金融等部门积极回应人民群众呼声，实实在在解决问题，群众反映多年的银行网点窗口少、公共设施建而不用、停车位少罚款多、农村卫生室不规范、人群密集场所治安环境差等问题得到有效改进，社会满意度明显提高。三是推动政府报告落实。7 月，听取政府工作上半年完成情况汇报，并向人大代表进行通报。12 月，组成 5 个调研组，分别由各主任带队，对照《政府工作报告》全年目标任务分解，采取有现场看现场、无现场查档案资料的方式，逐类逐项对 35 个方面 129 项工作完成情况进行调研视察，促进县政府确定的各项任务目标的完成。四是做好人事任免工作。坚持党管干部与人大依法任免干部相结合，对县委推荐“一府两院”提请任命的干部人选，严格履行法律知识考试、供职承诺测评、任职表态发言、颁发任命书等程序，全年任免国家机关工作人员 21 名，任命人民陪审员 30 名。

【法律监督】 一是加强依法行政监督。先后组织开展《食品安全法》、《水法》、《刑事诉讼法》执法检查，针对发现的问题，建议政府加大食品安全监管力度，严肃查处违法行为；加强饮用水水质监测，确保人民群众饮水安全；做好新旧《刑事诉讼法》衔接，确保新法实施到位。要求县检察院加大对行政执法部门的法律监督力度，对住建、城管、环保、交警等 19 个部门进行专项监督和预防调查，对查出的自由裁量权行使不规范、不作为乱作为等问题作出处理。8 月，听取和审议政府投资项目竣工决算审计报告，在给予审计工作充分肯定的同时，要求对政府投资项目实现审计全覆盖。加强县政府规范性文件备案审查，对县政府发布的《政府性债务管理暂行办法》、《财政性资金投资项目管理办法》、《河道采砂暂行办法》等 16 个规范性文件进行合法性审查，为推进法治政府建设，打造良好的法治环境提供保障。二是加大司法监督力度。要求法院、检察院及时将人代会上的工作报告进行目标分解，责任到人，同时县人大常委会加强跟踪监督。10 月，组织常委会组成人员及人大代表对法院、检察院、公安局进行案件评查，以案说法，规范办案人员司法行为，此做法得到上级法院重视，并作为经验总结推广。12 月，组织人大代表评议法院、检察院、公安局的庭、科、室、所等负责人，旁听法院庭审，促进司法公平公正；听取和审议法院、检察院工作目标完成情况的报告，在充分肯定“两院”工作的同时，建议法院进一步加强基层法庭建设，拓宽民事案件调解渠道，加大案件执行力度，加强行政诉讼的立案工作；建议检察院进一步加强依法行政法律监督，加强检察官联系点建设，强化诉讼监督，及时纠正司法人员的不当行为。

【代表工作】 一是搭建代表活动平台。在 15 个乡（镇）建立“代表之家”，联系群众 383 人次，提出建议 169 条，为群众办实事 117 件，得到市人大充分肯定。创建人大代表 QQ 群，发布人大工作动态 50 条。9 月，组织市、县两级人大代表和乡（镇）人大干部 240 余人进行全员培训，深入开展代表专业小组和代表联络员活动，有针对性地组织人大代表参加视察调研、执法检查、专题议政、述职评议、案件评查、列席县人大常委会会议等活动，为代表印发县人大常委会公报，拓宽代表知情知政渠道。全年组织代表参加各类会议和活动 560 余人次。二是加强代表建议督办。县人代会闭幕后，县人大常委会及时召开代表建议交办会，筛选社会关注度高的十大重点代表建议，由主管主任、主管县长、承办部门、提出建议代表组成联合督办小组，加大办理力度。10月，组织人大代表采取听汇报、看现场等方式，对代表建议办理情况进行专题视察；同时，常委会议专门听取审议县政府代表建议办理情况的报告，并对一些重点办理部门进行满意度测评。县十五届人大四次会议收到的89件代表建议，办复率100%，代表满意率98.8%。

【自身建设】 坚持正确政治方向，把思想政治建设放在首位，结合纪念全国人大成立60周年活动，深入学习十八届四中全会精神、习近平总书记系列重要讲话、新一届中央领导集体治国理政的新思路和民主法治建设的新要求及省委、市委、县委重要会议精神，常委会组成人员和机关干部进一步增强政治意识、法治意识、责任意识，加深对人民代表大会性质、地位和作用的认识，增强运用法治思维和法治方式履行职责的自觉性，为提高各项工作水平奠定坚实的思想基础。深入开展群众路线教育实践活动，按照中央和省、市、县委的统一部署，把握“为民、务实、清廉”的主题，落实“照镜子、正衣冠、洗洗澡、治治病”的总要求，高标准推进各环节工作，广泛征求意见建议，积极开展批评与自我批评，着力查摆和解决“四风”突出问题，对活动中征集到的95条意见建议，坚持即知即改、立行立改，研究制定整改方案，逐条抓好整改落实，健全完善长效机制，切实转变工作作风，形成齐心协力推动人大工作创新发展的良好局面。把提高人大常委会审议质量作为主要抓手，落实人大常委会议事规则和工作制度，不断改进审议方式。在听取和审议与县委决策部署密切相关的专项工作报告时，坚持问题导向，会前组成专题调研审议小组，学习相关法律政策，带着问题下去调研；会上审议发言少唱赞歌，多提问题，切实做到言之有物；会后由主任会议集体研究形成审议意见，交“一府两院”研究处理。建立审议意见督办台账，确保常委会审议意见有效落实。

【县人大常委会工作机构】 设办公室、政治法律工作委员会、财政经济工作委员会、代表联络工作委员会、教育科学文化卫生工作委员会、农业农村工作委员会、老干部科和信访科，共有干部职工22人。

办公室主任：刘　鸣
主任科员：李军青
政治法律工作委员会主任：李学军
副主任：（空缺）
财政经济工作委员会主任：刘建忠
副主任：胡玉白（女）
王冰心（女）
代表联络工作委员会主任：徐中玲（女,4月任）
副主任：（空缺）
教育科学文化卫生工作委员会主任：赵力杰
副主任：常吉章
农业农村工作委员会主任：（空缺）
副主任：（空缺）
老干部科科长：王建坡
副科长：贾西海（2月免）
王晓光
陈连香（2月任）
信访科科长：徐中玲（女，4月免）
副科长：李　欣（女）

（王彦飞）

行唐县人民政府

【概况】 2014年，县政府团结依靠全县人民，凝心聚力，奋勇争先，强力推进工业化、城镇化、农业现代化，实现经济社会平稳较快发展。全县地区生产总值完成121.91亿元，增长9.5%；全部财政收入突破5亿元大关，完成5.17亿元，增长13.4%，一般公共预算收入完成3.27亿元，增长31.1%；规模以上工业增加值、工业利润分别完成58.06亿元、23.27亿元，增长12.3%、7.9%；固定资产投资完成139.76亿元，增长20%；社会消费品零售总额完成52.7亿元，增长11.6%；城乡居民人均可支配收入分别完成21937元、5420元，增长9.5%、14.8%，完成了县十五届人大四次会议确定的各项目标任务。

【政府领导】

县　长：王彦芳

县委常委、常务副县长：袁永福（兼政务服务中心主任）

县委常委、副县长：敦　盾（女）

党组副书记：赵海军

副 县 长：董素平（女）

高文成

李　军（1月任，挂职）

【项目建设】 全县在建项目97个，完成投资89.6亿元，占年度计划的119.5%。其中，木源泵业、万果红酒业等16个亿元以上项目部分竣工；高效煤粉、方月机械等13个亿元以上项目开工建设。北京华光金辉木业、河北正诺乳饮料等12个亿元以上项目达成合作意向。“区中园”建设初具规模。玻璃产业园入驻企业3家，离线Low—E镀膜玻璃生产线竣工投产；行唐国际家具园建成生产车间7个，入驻企业5家；台湾创新产业园被省商务厅、省台办确定为全省重点打造的30个国别（地区）产业园区之一，铃鹿涂料、德高建材竣工投产。园区污水处理厂、110千伏变电站竣工投用，天然气管道、污水管网铺设完成。

【工业突破】 君乐宝太行乳业全面升级改造，第一罐婴幼儿配方奶粉4月12日正式下线。完成鹏海制药、华昌机械等技改项目190个，技改投资67亿元，增长24%。新增规上工业企业8家、高新技术企业2家。工业用电量2.8亿千瓦时，增长16.9%。品牌建设成效显著，新增省级著名商标4个、名牌产品3个、优质产品2个。政银企合作不断加强，帮助企业融资8.8亿元。循证医药在石家庄股权交易所成功挂牌。全民创业热情高涨，中小企业达到2790家，个体工商户达到7000余家，民营经济增加值占GDP的比重达71.9%。

【县城建设】 按照“打造颍水两岸，建设一城三区，实现产城融合”的思路，编制完成《行唐县城乡总体规划（2013～2030年）》，县城面积由8.4平方公里规划扩大到27.7平方公里。总投资1.4亿元的颍水河县城段综合整治进展顺利。新城区九都商贸城部分竣工投用，气象观测站技术楼主体完工。实施总投资2.73亿元的唐尧大道绿廊、香港路标志性街道、永昌北路改造提升等12项重大市政工程，完成东街、南街、顺城街人防工程改造，硬化棉新路。投资8540万元启动城区集中供热，一期供热面积达50万平方米。城区实现24小时供水，新增公共绿地33.84万平方米，更换安装LED路灯600盏。拆除违陋建筑17万平方米，打通玉城大街西延和升仙桥北路，市政功能日趋完善。对22家违规房地产项目进行集中整治。发动干部群众5万多人次，投资1100多万元，开展城乡环境卫生“大洗脸”行动，县城容貌明显改善。

【“三农”工作】 一是农业生产能力不断增强。完成土地整理项目22个，新增耕地1.4万亩。投资980万元，完成九口子、安香等9个乡（镇）17个村基本口粮田建设，完成独羊岗乡6000亩高标准农田示范项目。投资3230万元，完成沙河、颍水河两段11.5公里河道整治，完成上北庄、北董庄2座病险水库除险加固。二是特色农业加快发展。提档升级奶牛养殖小区53个，新增市级以上示范小区9个。完成大枣树体改造3万亩，建成大枣示范园17个。新栽植核桃1.6万亩、安太“三优”苹果1700亩，发展设施蔬菜2000亩。实施农业产业化项目38个，市级以上农业产业化龙头企业达到20家。三是农村面貌明显提升。投入7460万元，完成20个省级重点村、30个县级示范村农村面貌改造提升任务，消灭“连茅圈”5.1万座，改造旱厕1295座，新建沼气池950个，打造3个精品村，上碑东街入选市级美丽乡村。

【生态环境】 以城区集中供热为契机，关停分散燃煤锅炉53台，削减燃煤3.1万吨。大力推行绿色生产，玉晶玻璃4条生产线脱硫、3条生产线脱硝设施建成投用。投资840万元加强煤炭物流基地污染治理，清理取缔分散储煤场28家。强化建筑施工、道路扬尘治理。淘汰黄标车2126辆。实行县、乡、村三级环保网格化管理，查处违法排污企业65家。严厉打击矿山、河道私挖滥采行为，在全省率先实施河道采砂经营权竞标出让。取缔粘土砖瓦窑33座。治理上阎庄、团山两个片区水土流失20平方公里。完成植树570万株，造林4万亩，森林覆盖率达到36.95%。

【民生保障】 全年用于民生的财政支出达12.14亿元，占一般公共预算支出的70.2%。涉及文化教育、平安建设等5个方面30件惠民实事基本完成。教育投入不断加大，投资2.5亿元的行唐一中整体搬迁项目建成投用；11所小学闲置校舍改建幼儿园、20所学校“校安工程”全部竣工。山区教育扶贫工程成效明显，资助贫困学生3673人次，累计发放生活补贴453万元。文化事业稳步发展，编制完成《行唐县文化产业发展规划》，举办文化活动76场次，放映数字电影3864场次。修缮琉璃庙、封崇寺大殿，新增县级非遗名录项目17个。社会保障水平明显提高，新农合大病保险最高支付达到20万元，累计补偿93.5万人次，补偿金额突破1亿元。实施新生儿出生缺陷干预工程，疾病筛查率达到97.5%。推行计生特殊困难家庭“医养扶一体化”工作机制，得到省委肯定并在全省推广，央视《新闻联播》等20余家新闻媒体进行宣传报道，行唐县先后在全省和国家卫计委召开的座谈会上作典型发言。“三院合一”民政事业服务中心投入使用，农村互助幸福院实现全覆盖。提高城乡低保、农村五保供养标准，发放救助金2800万元。完成城镇职工医疗保险市级统筹。14.3万人参加城乡居民养老保险，参保率达到98.5%，发放养老金1.47亿元。全年新增城镇就业3353人，农村劳动力转移就业1万人。扶贫攻坚扎实推进。成功举办17年来河北省首个全国科技文化卫生“三下乡”活动，争引项目资金和帮扶资金3.2亿元、信贷资金5.95亿元。中国扶贫基金会农户自立服务社正式成立，发放小额扶贫贷款230万元。通过精准扶贫和项目带动，使1万贫困人口稳定脱贫。和谐稳定局面不断巩固。坚持不懈狠抓安全生产，形势总体稳定。食品药品网格化监管体系逐步建立，查处违法案件58起，追究刑事责任12人。“天网工程”二期竣工，龙州商城、幸福北路等重点区域治安管理得到加强，刑事发案率持续下降。

【政府常务会议】 1月9日第十五届政府第19次常务会议，王彦芳主持，县政府常务会议组成人员6人参加，人大、政协各1人应邀出席，34人列席。会议内容：1. 原则通过《行唐县突发环境事件应急预案》。2. 原则通过《政府工作报告（讨论稿）》。3. 原则通过《行唐县2014年国民经济和社会发展计划（草稿）》。4. 原则通过《2014年拟为民办好六个方面35件惠民实事》，原则通过

《2013 年县本级预算及总预算执行情况和 2014 年县本级预算及总预算（草案）》。

2 月 20 日第 20 次常务会议，王彦芳主持，县政府常务会议组成人员 8 人参加，人大、政协各 1 人出席，38 人列席。会议内容：1. 原则通过《行唐县河道采砂管理暂行办法》。2. 原则通过《关于表彰奖励 2013 年度工业企业转型升级有关企业和单位的通报》，研究讨论《行唐县工业转型升级专项资金使用管理暂行办法》。3. 原则通过《行唐县关于加快推进奶牛养殖小区提档升级的实施意见》。4. 原则通过《关于加强国家建设项目审计监督工作的意见》。5. 原则通过《行唐县贫困重度残疾人护理补贴制度实施办法》。6. 就县政府班子开展党的群众路线教育实践活动进行安排部署。7. 关于副县长李军（挂职）的工作分工。

3 月 22 日第 21 次常务会议，王彦芳主持，县政府常务会议组成人员 6 人参加，人大、政协各 1 人出席，50 人列席。会议内容：1. 学习《中华人民共和国安全生产法修正案（草案）》和《中共石家庄市委、石家庄市人民政府关于实行安全生产党政同责一岗双责的意见》。2. 原则通过《行唐县城区集中供热特许经营权协议》、《行唐县城区集中供热特许经营权补充协议》、《行唐县城区燃煤小锅炉拆除及集中供热实施方案》、《行唐县城区集中供热管理办法》。3. 原则通过《关于大力扶持设施蔬菜发展的实施意见》。4. 原则通过《关于加强特色农产品品牌包装的实施意见》。5. 原则通过《关于进一步规范乡村医疗机构新型农村合作医疗门诊统筹管理的意见》。6. 原则通过《关于加强和改进行政复议工作的实施方案》。7. 通过《关于残疾人托养服务中心选址的意见》。8. 原则通过《2014 年十件重点人大代表建议和十件重点政协委员提案“县长包案办理”方案》。

4 月 22 日第 22 次常务会议，王彦芳主持，县政府常务会议组成人员 7 人参加，政协 1 人出席，44 人列席。会议内容：1. 学习国务院 2014 年《政府工作报告》。2. 原则通过《行唐县“十二五”规划中期评估报告》。3. 原则通过《行唐县食品药品安全县创建活动方案》。4. 听取颍水河县城综合段整治情况汇报。5. 听取关于玉城污水处理厂整体转让委托运营报告。

6 月 5 日第 23 次常务会议，王彦芳主持，县政府常务会议组成人员 9 人参加，人大、政协各 1 人出席，46 人列席。会议内容：1. 讨论并原则通过县财政局提交的《关于政府向社会力量购买服务的实施意见》。2. 讨论并原则通过县住建局提交的《唐宁壹号城中村改造项目协议书》。3. 讨论并原则通过县招商局提交的《龙州商城升级改造项目框架协议书》。4. 讨论并通过县规划局提交的《城区部分街道更名命名方案》。5. 讨论并原则通过县卫生局提交的《行唐县 2014 年新型农村合作医疗意外伤害住院医疗保险暂行办法》。6. 听取县政府党的群众路线教育实践活动立行立改情况汇报。

6 月 25 日第 24 次常务会议，王彦芳主持，县政府常务会议组成人员 8 人参加，人大、政协各 1 人出席，35 人列席。会议内容：1. 讨论并原则通过县国土局提交的《关于规范房地产项目土地征收工作的意见》。2. 原则通过县规划局提交的《行唐县 2014 年违法违规房地产项目专项整治的实施意见》。3. 原则通过县规划局提交的《行唐县查处违法违规房地产开发项目暂行办法》。4. 原则通过县环保局提交的《行唐县 2014 年主要污染物总量减排及水污染防治工作方案》。5. 原则通过县安监局提交的《行唐县 2014 年度金属非金属矿山、尾矿库关闭工作方案》。6. 调度全县上半年经济社会发展重点任务完成情况，对县政府党的群众路线教育实践活动立行立改工作进行再安排再部署。

7 月 31 日第 25 次常务会议，王彦芳主持，县政府常务会议组成人员 7 人参加，人大 1 人出席，21 人列席。会议内容：1. 原则通过《行唐县政府性债务管理暂行办法》和《行唐县政府债务风险管控方案》。2. 原则同意《关于落实县政府与禾工公司合作协议实施交警南院出让开发的方案》。

10月9日第26次常务会议，王彦芳主持，县政府常务会议组成人员7人参加，人大、政协各1人出席，40人列席。会议内容：1. 原则通过《行唐县生产安全事故应急处置办法》，并学习市安监局致各县（市、区）主要领导同志的一封信。2. 原则通过《行唐县香港路雨水管网工程施工合同》和《行唐县香港路标志性街道建设工程施工合同》。3. 原则通过《行唐县玉城污水处理厂委托运营合同》。4. 原则通过《行唐县2014年县级公立医院综合改革实施方案》。5. 原则通过《关于机关事业单位养老保险实行单基数缴费的意见》。6. 原则通过《关于利用彬县帮扶资金发展设施农业的实施方案》。7. 听取县财政局关于向河北省冀财产业股权投资基金有限公司拨付出资款的说明。

11月13日第27次常务会议，王彦芳主持，县政府常务会议组成人员8人参加，人大、政协各1人出席，45人列席。会议内容：1. 原则通过《关于大力推进民营经济发展的若干政策措施》。2. 原则通过《行唐县经济开发区项目建设管理暂行办法》。3. 原则通过《关于加快全县扶贫攻坚步伐的任务措施》。4. 原则通过《行唐县关于鼓励创业促进就业的实施意见》。5. 原则通过《行唐县安全生产"党政同责、一岗双责"暂行办法》。6. 原则通过《行唐县中小企业助保金管理办法》、《助保金贷款业务合作协议》。

12月31日第28次常务会议，王彦芳主持，县政府常务会议组成人员8人参加，政协1人出席，28人列席。会议内容：1. 学习十八届四中全会《关于全面推进依法治国若干重大问题的决定》。2. 原则通过《关于进一步加强政府投资项目管理的意见》。3. 原则通过《关于严厉打击非法采砂的若干规定（试行）》、《关于砂矿资源管理工作问责办法（试行）》。4. 原则通过《关于解决部河县城段综合整治60%工程款资金缺口问题的意见》。5. 原则通过《行唐县贯彻落实新〈安全生产法〉的意见》。

【县长办公会议】 1月2日办公会议，王彦芳主持，袁永福、庞英须、张海双等20人参加。会议研究行唐县广电有线网络改革事宜。

1月6日办公会议，王彦芳主持，袁永福、赵海军、叶晓林等7人参加。会议就县国土局《关于划拨公路站国有土地改变用途协议出让方案的请示》进行研究，并就下一步工作进行安排部署。

1月28日办公会议，王彦芳主持，袁永福、赵海军、赵为民等16人参加。会议内容：1. 关于节日值班及纪律。2. 关于安全生产。3. 关于春节市场供应和食品安全。4. 关于2014年工作安排。5. 关于项目和园区建设。6. 关于城建和矿山安全。7. 关于农业工作等。

2月14日办公会议，王彦芳主持，袁永福、赵海军、董素平等16人参加。会议就保定市审计局对行唐县2011～2012年度财政决算审计中提出的有关问题和处理意见进行研究，并就做好整改工作进行安排部署。

2月24日办公会议，王彦芳主持，姜阳、赵海军等16人参加。会议对2014年需立项的市政工程进行研究审定，听取县住建局关于2014年城市建设工作汇报，对2014年计划进行建设的市政工程进行研究审定。

2月25日办公会议，王彦芳主持，高文成、杨剑强、赵为民等14人参加。会议就打击河道非法采砂进行现场调度。

3月19日办公会议，王彦芳主持，袁永福、赵海军、高文成等9人参加。会议就行唐县河道采砂经营权出让实施方案进行讨论研究。

4月8日办公会议，王彦芳主持，袁永福、赵海军、董素平等15人参加。会议内容：1. 传达学习全市领导干部会议精神。2. 重点工作安排：关于打击取缔非法涉水排污企业，关于拆违拆陋和拆迁工作，关于无繁公路交通管理等工作安排部署。

5月12日办公会议，王彦芳主持，袁永福、敦盾、赵海军等16人参加。会议内容：1. 总体工作要求。2. 会议就县政府党组推进党的群众路线教育实践活动进行再安排再部署。3. 会议明确县委常委、副县长敦盾和副县长李军（挂职）工作的分工。

5 月 22 日办公会议，王彦芳主持，梁锁山、池玉清、赵为民等 14 人参加。会议就淘汰落后产能、依法取缔非法涉水排污企业、取缔无证无照红薯淀粉加工小作坊及整治枣酒安全隐患、农民专业合作社规范管理等工作进行研究，并对做好下一步工作进行安排部署。

7 月 26 日办公会议，王彦芳主持，高文成、赵为民、付永志等 22 人参加。会议就防汛抗旱工作进行安排部署。

7 月 31 日办公会议，王彦芳主持，袁永福、敦盾等 10 人参加。会议就支持孔雀湖国际旅游度假区项目占地有关事宜进行专题研究。

8 月 19 日办公会议，王彦芳主持，敦盾、赵为民等 9 人参加。会议就新建一中项目工程进展情况进行专题调度。

8 月 21 日办公会议，王彦芳主持，赵海军、赵为民等 8 人参加。会议就整顿规范违规房地产项目工作进行专题调度。

10 月 27 日办公会议，王彦芳主持，池玉清、赵为民等 14 人参加。会议调度城区市政道路建设、城区绿化及主要路口信号灯安装等工作进展情况，就下一步重点工作进行安排部署。

11 月 3 日办公会议，王彦芳主持，赵海军、高文成、赵为民等 15 人参加。会议传达全市 APEC 会议空气质量保障工作会议精神，就 APEC 会议期间县内大气污染防治工作进行再安排再部署。

11 月 3 日办公会议，王彦芳主持，袁永福、敦盾等 15 人参加。会议强调：一要确保圆满完成年初确定的各项目标任务。二要进一步加强督导检查。三要抓紧谋划明年工作。四要做好 APEC 会议期间的大气污染防治及信访稳定工作。

11 月 4 日办公会议，王彦芳主持，袁永福、池玉清、赵为民等 9 人参加。会议传达市综治办《关于切实做好 APEC 会议期间处置进京“非访”工作的紧急通知》精神，就做好县进京“非访”人员稳控工作进行再安排再部署。

11 月 5 日办公会议，王彦芳主持，盖义江、邸庆欣、袁永福等 18 人参加。会议传达市纪委、市联席办关于做好重点人员稳控工作的通知精神，并就做好 APEC 会议期间稳定工作进行再安排再部署。

11 月 8 日办公会议，王彦芳主持，邸庆欣、宫国恩、赵海军等 11 人参加。会议调度市同乡毛照村新民居项目信访稳定问题；听取市同乡毛照村霍兵才、霍金海等 68 户村民反映新民居占地补偿问题的汇报，并就化解该案进行专题研究。

11 月 21 日办公会议，王彦芳主持，邸庆欣、赵海军等 21 人参加。会议贯彻落实全市城乡违法建设项目集中整治行动动员会精神，并就行唐县集中整治工作进行再安排再部署。

12 月 2 日办公会议，王彦芳主持，袁永福、敦盾等 18 人参加。会议提出总体工作要求，一要坚定信心，确保完成全年目标任务。二要攻坚克难，力争重点工作有所突破。三要奋发有为，始终保持良好的精神状态。四要突出实效，科学谋划明年工作。

12 月 4 日办公会议，王彦芳主持，赵海军、赵为民等 10 人参加。会议调度违法房地产项目整治工作；听取国土局、规划局、住建局关于违法房地产项目整治工作进展情况汇报，就进一步规范房地产项目建设进行安排部署。

12 月 8 日办公会议，王彦芳主持，袁永福、赵海军、赵为民等 14 人参加。会议研究审计署太原特派办审计否决的 2012 年上碑、上方、口头、南桥等 4 个教师周转房项目（220 套）纳入公租房范畴问题。

12 月 22 日办公会议，王彦芳主持，赵海军、赵为民等 11 人参加。会议调度房地产开发项目信访案件；听取县规划局关于房地产开发项目信访案件的情况汇报，就如何做好信访工作进行研究部署。

【县政府专题会议】 1 月 20 日专题会议，董素平主持，盖新文、付新发等 11 人参加。会议就龙州商城安全隐患排查整治工作进行安排部署。

1 月 21 日专题会议，赵海军主持，李军法、孟振平等 5 人参加。会议就无繁公路（南环）K56+800m 处公路右侧新增固定站点有关问题进行研究。

1 月 28 日专题会议，赵海军主持，习永振、孟文锁等 7 人参加。会议研究制定城区内土地征收补偿标准指导价格。

2 月 7 日专题会议，赵海军主持，习永振、温少辉等 8 人参加。会议就白庙村土地流转及重点城建项目进行研究，并就下一步工作进行安排部署。

2 月 11 日专题会议，赵海军主持，孟文锁、习永振等 7 人参加。会议就西街、南街、顺城街人防除险加固工程进展情况进行调度。

2 月 20 日专题会议，董素平主持，温玲翠、刘伏生等 5 人参加。会议就龙州商城改造工作进行调度。

2 月 22 日专题会议，袁永福主持，杜彦荣、彭立勇等 5 人参加。会议对收回交警南院国有划拨土地使用权有关事宜进行安排部署。

2 月 25 日专题会议，袁永福主持，陈树旗、盖建林等 11 人参加。会议就县职业技术教育中心和县劳动技工学校进行合并事宜进行安排部署。

3 月 13 日专题会议，袁永福主持，盖建林、陈树旗等 8 人参加。会议对成品油管理职能划转事宜进行安排。

3 月 26 日专题会议，袁永福主持，胡东云、张书恩等 12 人参加。会议就行唐县村镇银行筹备工作进行安排部署。

3 月 29 日专题会议，赵海军主持，习永振、孟振平等 18 人参加。会议研究部署粘土砖窑取缔关闭工作。

4 月 8 日专题会议，董素平主持，盖新文、刘进城等 45 人参加。会议就查处取缔无证无照经营、打击制售假冒伪劣工作进行安排部署。

4 月 10 日专题会议，董素平主持，盖新文、刘京伟等 8 人参加。会议就查处取缔成品油非法经营站点进行安排部署。

4 月 11 日专题会议，叶晓林主持，杨永志、王国华等 4 人参加。会议研究残疾人托养服务中心搬迁有关事宜。

4 月 14 日专题会议，袁永福主持，甄泽亮、仝兴敦等 8 人参加。会议对花园头变电站通行唐一中 1 万伏双回路建设占地有关事宜进行协调。

4 月 21 日专题会议，袁永福主持，盖新文、董建才等 9 人参加。会议对升仙桥北路和高效煤粉加工配送中心项目建设用地马凹段旧渠道土地事宜进行协调。

5 月 1 日专题会议，袁永福主持，张胜利、王永坤等 15 人参加。会议对大山兄弟土特产品有限公司技改搬迁项目有关事宜进行协调。

5 月 4 日专题会议，姜阳、王彦芳、赵士平等 28 人参加。会议就 2 号路、南外环拆违拆陋及县城管理等工作进行研究部署。

5 月 6 日专题会议，高文成主持，霍光明、孙建会等 11 人参加。会议分析行唐县当前乳业发展趋势，并就解决当前存在的问题进行安排部署。

5 月 27 日专题会议，赵海军主持，池玉清、甄泽亮等 18 人参加。会议研究香港路标志性街道建设及永昌北路综合整治工作。

5 月 29 日专题会议，袁永福主持，王永坤、司国芳等 16 人参加。会议对征收煤炭物流基地经营企业耕地占用税和基地基础建设、环保治理设施建设有关事宜进行研究。

6 月 6 日专题会议，赵海军主持，孟文锁、孟振平等 14 人参加。会议对省委第二巡视组向行唐县反馈的县内“房地产开发比较混乱，存在 9 个违规开发项目”问题整改工作进行研究安排。

6 月 12 日专题会议，赵海军主持，习永振、孟振平等 6 人参加。会议就九口子乡庄窝村土地整治矛盾纠纷问题进行研究。

6 月 24 日专题会议，赵海军主持，习永振、孟振平等 8 人参加。会议就信访局东侧商品楼开发商与龙州镇西关村第五村民小组因菜地采光发生冲突情况，就如何妥善解决这一问题进行具体安排部署。

7 月 1 日专题会议，袁永福主持，刘毅、金建等 21 人参加。会议对煤炭物流基地停产治理工作进行安排部署。

7 月 3 日专题会议，赵海军主持，张胜利、孟振平等 12 人参加。会议就县农副产品市场升级改造问题进行研究

7 月 15 日专题会议，董素平主持，盖新文、刘京伟等 10 人参加。会议就开展报废汽车回收拆解市场集中整治行动进行安排部署。

7 月 18 日专题会议，敦盾主持，高文成、杨永志等 6 人参加。会议研究农户自立服务社以民办非企业单位登记事宜。

8 月 25 日专题会议，赵海军主持，刁永振、刘亚林等 10 人参加。会议研究部署房地产市场整治工作。

9 月 15 日专题会议，赵海军主持，刁永振、孟振平等 5 人参加。会议就违法违规建设项目清查处理问题进行研究。

9 月 17 日专题会议，赵海军主持，梁锁山、刁永振、李翠玲等 12 人参加。会议就 2013 年土地卫片执法检查中发现的违法用地问题和安香乡笔尾村米秋生、张素颜信访案件进行研究。

9 月 23 日专题会议，高文成主持，孟振平、付新法等 25 人参加。会议通报行唐吧关于《独羊岗那边的路谁管大家看看》的新闻报道，并对下一步依法严厉打击河道非法采砂工作进行安排部署。

9 月 23 日专题会议，高文成主持，盖庆昌、仝兴敦等 8 人参加。会议就龙州镇西关村蔡丙琦信访案件进行认真研究。

9 月 24 日专题会议，赵海军主持，刁永振、陈树旗、孟振平等 15 人参加。会议就国土资源行政处罚案件中没收矿产品、建筑物或其他设施处置问题进行研究。

9 月 28 日专题会议，高文成主持，付永志、刘进城等 14 人参加。会议通报当前河道采砂经营权出让工作进展情况，并对下一步规范采砂秩序及严厉打击非法采砂工作进行安排部署。

9 月 30 日专题会议，赵海军主持，孟振平、孟文锁等 6 人参加。会议就房地产市场整治工作进行研究部署。

10 月 4 日专题会议，高文成主持，付永志、董建才等 10 人参加。会议就南桥镇北龙岗李守信到水务局上访有关事宜进行专题研究。

10 月 22 日专题会议，赵海军主持，韩东华、赵羽波及东方明珠房地产开发项目南侧 16 户住户参加。会议就东方明珠房地产开发项目南侧住户信访问题进行安排部署。

10 月 23 日专题会议，袁永福主持，柳立敏、孟文锁等 9 人参加。会议对河北木源泵业有限公司办理房产证有关事宜进行协调。

10 月 25 日专题会议，袁永福主持，柳立敏、孟振平等 7 人参加。会议对高效煤粉加工配送中心项目占地落实土地指标组卷报批工作进行安排。

11 月 9 日专题会议，赵海军主持，刁永振、李翠玲等 10 余人参加。会议就违法违规房地产开发项目整治工作进行安排部署。

11 月 21 日专题会议，赵海军主持，孟振平、韩东华等 18 人参加。会议就违法建设项目集中整治行动中行政处罚依据的建筑工程造价标准进行研究讨论。

11 月 25 日专题会议，赵海军主持，韩东华、张五九等 5 人参加。会议就东方明珠房地产开发项目南侧住户信访问题进行研究调度。

12 月 3 日专题会议，赵海军主持，孟振平、孟幼红、张志强等 4 人参加。会议就打击破坏耕地非法采砂行为进行工作安排。

12 月 4 日专题会议，董素平主持，盖新文、付新法等 12 人参加。会议就查处取缔非法石子加工厂专项行动进行安排部署。

12 月 4 日专题会议，董素平主持，盖新文、

刘京伟等12人参加。会议就查处取缔成品油非法经营站点进行安排部署。

12月8日专题会议，敦盾主持，胡东云、严军祥等11人参加。会议决定就建筑设施、食堂食品、上下学交通、消防、安保防范等方面开展督导检查，现场安排部署冬季学校安全工作。

12月23日专题会议，赵海军主持，习永振、孟振平及22个房地产开发项目责任人等33人参加。会议就进一步规范房地产开发秩序、加快整改违法建设进行安排部署。

12月27日专题会议，赵海军主持，孟振平等11人参加。会议调度县委督查室督办重点事项，就统筹管网设施工作进行安排部署。

县政府办公室工作

【概况】 县政府办公室内设综合科、财贸科、农业科、工业科、综合信息科、文卫科、保卫科、行政科、秘书科、法制办公室、信息中心、督查室、食品安全办公室（12月，职能划转入食品药品监督管理局）；下设政府招待所、县志办公室、经济研究室、档案馆、政务服务中心、金融工作办公室，挂人民防空办公室牌子。共有干部职工69人。

主　任：赵为民

副主任：盖新文（常务）

习永振（兼人防办主任）

赵建华（兼）

付永志（兼经研室主任）

刘进城（兼食安办主任）

高新忠（兼）

督查室主任：（空缺）

副主任：贾　炜

信息中心主任：丁民强

法制办主任：（空缺）

经研室主任：付永志（兼）

副主任：刘永锋

人防办主任：习永振（兼）

副主任：王　帆

金融办主任：胡东云

副主任：柳立敏

食安办主任：刘进城（兼）

副主任：刘顺利

党 组 成 员：贾备战

副主任科员：高三令

【秘书工作】 通知并安排组织各类会议568次，通知、协调重大活动18次，接待外商、各级领导及来访客人110余次，接待来访人员1200余人次。接到并回复市政府公开电话10334个；收到市长议政信箱51件，办理并回复51件；报请批示明传电报1039件，请示1236份；车辆安全行驶50余万公里。

【调研工作】 围绕县委、县政府的中心工作，定期组织开展专题调查研究，共完成有价值的调研报告和咨询材料119篇，其中，国家级6篇、省级10篇、市级23篇，《行唐县推行“医养扶一体化”工作》被新华社《国内动态清样》刊发；《行唐县打造计生家庭帮扶新模式》、《代理女儿回娘家》被《中国人口报》刊发；《行唐县标本兼治大打城乡环境整治攻坚战》、《行唐县“医养扶一体化”机制，创建计生特殊困难家庭养老新模式》被省政府《政务交流》采用；编发《经研专刊》17期，为领导全面掌握情况、科学决策提供有力参考。

【信息工作】 做好网上信息宣传发布，在政府门户网开设走进行唐、政务动态、信息公开、政民热线、网上办事、投资服务、魅力行唐、公共服务、专题栏目、旅游景点等10个栏目，发布信息631条；在新华网、石家庄市政府网站发布信息324条，新华网、政府网站年均访问量达37万余人次。扎实推进政府信息公开，全县69个责任单位在行唐县政府信息公开平台上累计主动公开信息573条，查阅办理政府信息公开事项1240项。加强省、市政府信息报送工作，上报省、市政府信息158条，被采用31条，在全市取得第三名的优异成绩。

做好县内政务信息编撰整理，编发《政务广角》57 期。

【督查工作】 对县政府重大决策、政府工作报告确定事项、民生实事承诺内容、县政府重要会议议定事项及新农村建设、环境治理、项目建设、信访稳定等重点工作进行跟踪督查；对危爆物品清查整治、城镇居民医疗保险扩面、新农合基金收缴、食品安全整治等工作进行专项督查。全年办理人大代表建议 88 件，政协委员建议 110 件；提交《政务督查》报告 17 篇，编发《政务督查通报》6 期、专题通报 5 期，办理领导批示件 47 件。接待来访群众 200 多人次、信件 28 件，办结信访案 38 件，反馈县委督查事项 12 件，督办市长公开电话 35 件。

【法制工作】 健全组织机构，经县编委会批准确定县法制办行政编制 5 名，设综合协调科和复议应诉科，从乡（镇）选拨 2 名法律专业毕业公务员，加强工作力量。深化行政审批制度改革，依法协助县编办清理行政审批项目，衔接国务院、省、市实施行政审批事项 37 项。对县政府出台的 13 件规范性文件进行合法性审查，全部按要求向市政府和县人大常委会备案。推进行政执法公开，制定《行唐县推进行政执法公开工作实施方案》，督促有行政执法权的 44 个单位和部门按规定要求完成公开内容、公开方式、配套制度的编制，并通过公开栏、政府网站等形式向社会公开。全面开展行政执法监督，对全县具有行政执法职责的行政机关及有关组织单位的 120 份行政执法案卷进行监督检查；对全县 1477 名执法人员执法证件进行审验，注销 64 名原执法人员资格。抓好行政复议工作，开展《行政复议法》颁布实施 15 周年宣传纪念活动，发放宣传材料 3000 多份，解答群众提问 350 多人次；出台《关于加强和改进行政复议工作的实施方案》，规范行政复议行为；设立行唐县人民政府行政复议大厅，成立行政复议委员会，建立健全行政复议与信访工作衔接制度、行政复议调解和解制度、执行行政复议决定督查制度等；加强对行政复议案件审理工作的指导监督，全年受理行政复议案件 7 起，办结 7 起，办结率 100%。

【金融办工作】 认真履行金融协调服务职能，鼓励邮政储蓄银行推出的“互惠贷”业务，一次放款达 3700 万元，支持奶牛养殖业发展；起草鼓励和扶持企业上市的若干规定，积极推动河北循证医药在石家庄股权交易所成功上市挂牌；组织大型银企对接会 4 次，建立互信、共赢、稳定的新型银企合作关系；引进金融机构，河南伊川商业银行发起成立的利丰村镇银行入驻行唐；制定转发《行唐县金融突发事件应急预案细则》、《行唐县集中整治非法集资活动实施方案的通知》、《行唐县人民政府关于防范和打击非法集资行为的通告》、《关于开展非法集资风险专项排查活动的通知》、《关于做好 2014 年度防范和打击非法集资宣传教育工作的通知》、《关于进一步规范农民合作社发展防范金融风险有关问题的意见》、《行唐县人民政府办公室关于继续做好非法集资风险排查相关工作的通知》等文件，协调组织送法下乡 10 多次，悬挂防范和打击非法集资宣传标语横幅 40 余条，张贴政府公告 1000 余份，发放《防范非法集资宣传手册》2000 余册、防范和打击非法集资宣传单 8000 余份，协调组织打击和处置农民专业合作社非法集资专项活动，多方位、多角度引导社会公众远离非法集资。

【人防工作】 加大人防执法检查力度，规范结建前置审批制度，收缴异地建设费 250 余万元，批建防空地下室 1 万余平方米，均超额完成市下达的任务；完成龙州镇西街、顺城街、南街人防工程综合整治。开展人防法律法规宣传和人防知识进校园活动，为学生发放人防宣传书籍 1000 余册，提高自救意识和能力；5 月 12 日“防灾减灾日”，采取悬挂条幅、现场咨询及录像报道等方式宣传防空防灾知识，发放宣传资料 1200 余份。

【大气办工作】 全面落实“压煤、降尘、控车、减排、增绿”等工作要求，印发《行唐县 2014 年整治违法排污企业保障群众健康环保专项行动实施方案》、《行唐县大气污染防治攻坚行动 2014 年工作方案》等7个专件，加强建筑工地和道路扬尘治理，淘汰黄标车2126辆；加强煤炭物流基地污染治理，清理取缔分散储煤场28家；完成市政府下达的3.6万吨低硫煤推广任务；完成玉晶玻璃4条生产线脱硫、3条生产线脱硝建设任务；完成亚太经合组织会议期间的空气质量保障任务。

【食安办工作】 印发《行唐县2014年食品药品安全重点工作安排》、《行唐县食品药品安全工作考核评价办法（试行）》等文件46个，召开各类食品安全工作会议30余次，组织相关部门先后开展校园及周边食品、红薯淀粉、肉及其制品、食用油、枣酒、餐饮具、农村食品、餐饮食堂等八大专项整治行动，共出动执法人员3000余人次，车辆600余辆次，查扣各类食品及食品原料6000余公斤；通过设置展台、展牌、悬挂条幅、发放宣传资料、电视台播放、接受现场咨询等方式加大食品安全宣传，开展食品安全进企业、进校园、进社区等活动，展示食品安全知识宣传板60余块，悬挂条幅40余条，发放各类宣传材料10000余份，印制并发放海报10000余份，现场咨询200余次，解答食品安全问题200余条；组织有关部门对食品经营单位及监管部门执法人员进行培训，共计8200人次；加强各乡（镇）对食品监管人员和村级协管员的培训，累计培训400多人次。

（刘 宏 李亚勋）

地方志工作

【概况】 2014年，行唐县地方志办公室围绕“文化兴县”战略，牢记使命，认真履责，年鉴编纂、指导部门志编纂、志书利用等各项工作取得新成绩。

年末，县志办公室共有8人，其中，在编干部2人，借调4人，公益岗位2人。

主 任：赵建华（党组书记，兼政府办副主任）

副主任：李蕙萍（女）

【年鉴工作】 4月，印发《中共行唐县委办公室行唐县人民政府办公室关于征集2014卷〈行唐年鉴〉资料的通知》，全面启动2014卷《行唐年鉴》编纂工作，到年底，完成资料征集和初编工作，分纂、总纂均完成95%以上。7月，完成2014卷《河北年鉴》、《石家庄年鉴》文字供稿。8月，2013卷《行唐年鉴》由河北人民出版社出版，共计63万字，首印1000册，主编李蕙萍。

【志书开发利用】 配合市方志办完成现存清康熙十九年（1680年）、乾隆三十七年（1772年）、同治十三年（1874年）3套旧志影印稿的校对工作。全年为各级领导干部提供重刊清志8套、2012卷《行唐年鉴》15本、《行唐县志》45本、2013卷《行唐年鉴》119本，接待社会各界群众查阅资料10余人次，与涉县、滦平县、定州市等地交换志书4本。

（赵翠玉）

档案工作

【概况】 2014年，县档案馆以科学发展观为指导，以实现“中国梦”为动力，强化服务理念，创新服务方式，优化服务平台，各项工作取得明显成效。

档案馆为县政府办公室下属正科级事业单位，编制6人。

馆 长：宇文春平

副馆长：赵惠芹（女）

【业务监督指导】 6月起，对全县72个县直单位和16个乡（镇、开发区）年度归档情况进行业务检查督导。到年底，各乡（镇、开发区）、单位归档工作全部完成。

【档案行政执法】 通过电视字幕、挂横幅、贴标语等形式宣传档案法制，提高全民档案意识。联合县纪检委对各乡（镇、开发区）“村档乡代管”档案工作进行执法检查。到年底，各乡（镇、开发区）均建立联合档案室，村级档案均移交乡（镇、开发区）联合档案室管理，并整理上架；各单位档案均进行整理，并完成年度归档工作。

【档案馆工作】 对1984年存档满30年的馆藏档案进行鉴定，对应开放的574卷档案全部进行开放，其中永久231卷，长期343卷，并打印开放档案案卷目录。对2006年取消农业税以前具有保管价值的农业税、特产税、耕地占用税、契税完税证及相关文书档案集中整理接收进馆，共整理归档8200卷，文书档案448件；同时，接收社保局2011～2014年农村养老保险收费凭证共159盒、1085卷。年内，共接待查档860多人次，向社会提供利用1240多卷次，出具接续工龄、婚姻登记、解决宅基纠纷等证明650多份。

【档案数字化工作】 年内，新增文件级目录12040多条，共录入45万多条，对使用较多的婚姻、房基地审批等档案进行数字化扫描，共计5万多页。

（康文萍）

政务服务中心

【概况】 2014年，政务服务中心在县委、县政府的正确领导下，认真完成各项工作，尤其在加强中心建设、提高审批服务效率方面做出不懈努力。全年共办理各类事项19873件，收费23900万元，按时办结率100%，群众满意率100%。

主任：袁永福（兼）

党工委书记：邸庆欣（兼，3月任）

副主任：仇建新（常务）

党工委副书记：仇建新（3月任）

【机构建设】 3月，建立党工委，书记由县纪委书记兼任，窗口人员的党员关系均转入中心党工委，由中心党工委进行管理。4月，行政服务中心更名为政务服务中心，同时设立监察室，县纪委派驻两名工作人员作为县纪委（监察局）的派出机构，接受县纪委和政务服务中心的双重领导，对政务服务中心各窗口的审批和服务活动进行监督，受理服务对象的投诉、举报。

【人员管理】 一是由人事局和服务中心共同把关，新进工作人员6人，充实队伍。二是加大培训力度，制定长期培训方案，定期对窗口工作人员进行培训，增强窗口工作人员的服务意识。三是对于审批业务较大的住建局、国土局、环保局、工商局等单位，由主管副局长带队进入中心。四是窗口工作人员一经确定，即与原单位其他工作脱钩，接受政务服务中心的领导和管理。五是各窗口单位进驻人员要保持相对稳定，两年内无特殊情况不得调换，因工作需要确需调换的，由进驻单位向政务服务中心提出申请，经政务服务中心审核同意后方可调换。

【优化审批流程】 通过对全县37个具有行政审批职能部门的审批项目进行一一甄别，按照“进是必须、不进是例外”的要求，对进驻事项进行动态管理，共进行小规模调整3次，调进办理事项37项，调出办理事项12项。按照“环节最少、程序最简、时间最短、服务最好、效率最高”的要求，对进驻的230项审批服务事项进行简化审批环节和优化审批流程，一般审批事项不超过两个审批环节，审批时限不超过5天，并纳入电子审批系统进行规范化、标准化管理。完善《行唐县重点投资项目审批绿色通道实施办法》，重新制定县重点工业项目审批流程图，由政务服务中心牵头，组织相关单位对项目进行并联审批，实行“一条龙”服务；全部审批办理过程由政务服务中心全程代办，对注册新企业涉及工商、质监、税务、公安4个部门审批的“工商营业执照、组织机构代码证、税务登记证、刻章许可证、印章刻制”等事项，实施工商局一个窗口受理，信息共享，同步审批，三个工作日内统一发证。

【完善网络化办公和电子监察系统】 开通中心网站，提供网上表格下载、网上申报、网上预审、网上公开等功能，把网上审批暨电子监察系统覆盖到县本级所有行政审批服务项目，各进驻部门与政务服务中心联网，并将部门业务网接入政务服务中心窗口，使项目从申请登记、受理、审核到审批办结逐步实现网上运行。建立网上监察系统，可以即时、同步、全面地监控审批服务事项办理的全过程，切实提高审批服务效率。推进县、乡、村三级联网审批和同步电子监察系统建设，并做好乡（镇）便民服务中心联网建设的指导工作。

（常军辉）

政协行唐县委员会

【政协常委会组成人员】 县政协第八届常务委员会设主席1人，副主席3人，常务委员34人，其中，中共党员16名，非中共党员22名，分别占总数的42%、58%；妇女8名，占常务委员总数的22%；大专以上学历27人，占常务委员总数的71%；平均年龄45岁。

主　　席：盖义江（党组书记）
副 主 席：刘伏生（党组副书记）
　　　　　李军法　张香莉（女）
党组成员：李军法　顾会欣
常务委员：（按姓氏笔画为序）

王凤格（女）	王永坤
王备战	王增梅
尤常会	毛建军
申立平	司国芳
刘建波	刘鸣利
刘素珍（女）	安素娟（女）
苏兰锁	李龙江
李会军	邸　健
张二社	张云香（女）
张合堂	张建霞（女）
陈朝晖	苑宝林
范志敏	范景武
欧阳雷	单春玲（女）
赵辛国	贾跃进
顾会欣	黄　海
崔书彦（女）	康增利
盖建林	韩立杰

【概况】 2014年，县政协高举中国特色社会主义伟大旗帜，牢牢把握团结、民主两大主题，以深入开展党的群众路线教育实践活动为动力，以“委员之家建设年”活动为抓手，紧紧围绕中心，服务大局，充分发挥协商民主重要渠道作用，面对全县经济社会发展中的重大问题，把握重点，聚焦难点，建言于决策之前，助力于执行之中，为“突出项目立县，推进转型突破，实现实力跃升，建设和谐行唐”作出积极贡献。

【重要会议】 年内召开重要会议6次：

1月14日，县政协八届十次常委会议在政协会议室召开。主席盖义江主持，副主席刘伏生、李军法、张香莉及全体常委出席会议。会议听取八届三次会议筹备情况的说明；审议通过关于召开政协行唐县第八届委员会第三次会议的决定；审议通过政协行唐县第八届委员会第三次会议议程、日程安排（草案）；审议通过政协行唐县第八届委员会第三次会议秘书长、副秘书长建议名单；审议通过八届常委会工作报告及报告人；审议通过八届二次会议以来提案工作情况的报告及报告人；审议通过政协行唐县第八届委员会第三次会议委员分组办法及召集人名单；审议通过政协行唐县第八届委员会第三次会议列席人员名单；表决通过原政协主席赵大水、副主席孙志坚，常委徐中玲、委员钱立伟辞职申请。

1月20～21日，政协行唐县第八届委员会第三次会议在县人寿保险礼堂召开。会议听取并审议政协行唐县第八届委员会常务委员会工作报告；听取并审议政协行唐县第八届委员会常务委员会关于八届二次会议以来提案工作情况的报告；列席行唐县第十五届人民代表大会第四次会议；审议通过关于政协行唐县第八届委员会常务委员会工作报告的决议；审议通过关于政协行唐县第八届委员会常务委员会八届二次会议以来提案工作情况报告的决议；审议通过政协行唐县第八届委员会第三次会议政治决议；审议通过政协行唐县第八届委员会第三次会议提案审查情况的报告。

1 月 21 日，县政协八届十一次常委会议在政协会议室召开。副主席刘伏生主持，主席盖义江，副主席李军法、张香莉及全体常委、各小组召集人出席会议。会议听取各小组讨论政协工作报告、提案工作报告和政府工作报告的情况，审议通过政协行唐县第八届委员会第三次会议关于工作报告的决议（草案）、提案工作情况报告的决议（草案）、政治决议（草案）和提案审查情况报告（草案）。

6 月 19 日，县政协八届十二次常委会议在政协会议室召开。副主席张香莉主持，主席盖义江，副主席刘伏生、李军法及全体常委出席会议。会议听取视察全县现代农业发展情况汇报；听取农业局关于全县现代农业发展情况通报。

9 月 23 日，县政协八届十三次常委会议在政协会议室召开。副主席刘伏生主持，主席盖义江，副主席李军法、张香莉及全体常委出席会议。会议学习传达习近平同志在庆祝中国人民政治协商会议成立 65 周年大会上的讲话精神；听取全县 1～8 月国民经济和社会发展执行情况及项目建设情况的通报；听取全县 1～8 月财政预算执行情况的通报；调整增补政协委员。

11 月 26 日，县政协八届十四次常委会议在政协会议室召开。副主席刘伏生主持，主席盖义江，副主席李军法、张香莉及全体常委出席会议。副县长董素平通报县政协八届三次会议以来提案办理情况；县政府办公室常务副主任盖新文代表县政府通报 30 件惠民实事办理情况；工信局局长王永坤代表县政府通报全县 1～9 月工业经济运行情况；县纪委副书记李翠玲通报 2014 年全县党风廉政建设情况；各位常委提出意见建议。

【调研工作】 选择改善中小企业融资环境、打造装备制造业园区、农村环境整治、发展现代农业等 8 项课题，各主席分别带队，组成 4 个调研组，进企业、入园区、到农村深入开展调查研究，认真分析问题，科学探讨应对策略，撰写出《关于改善农村环境污染治理的调研》、《关于发展现代农业的调研》等 8 篇调研报告，为全县经济社会发展提出务实之言。在视察乳业发展的基础上，以《落实扶持政策，强化技术服务》为题，就全省由扶持奶业大县向奶业强县转变，向省政协提出专门意见、建议，在省政协组织的振兴河北乳业专题研讨会上发言，为行唐乳业振兴发展鼓与呼。

【民营企业家联谊会】 5 月 29 日，行唐县民营企业家联谊会召开第二届理事会第三次全体会员大会，县政协主席、民营企业家联谊会名誉会长盖义江出席会议并讲话，县政协副主席、民营企业家联谊会名誉会长刘伏生，县纪委、法院、检察院有关同志参加会议。会议全面总结联谊会一年来的工作，安排部署下一阶段的主要工作。

【提案工作】 年内共提出提案 113 件，经审查立案 110 件，其中集体提案 9 件，委员提案 101 件。至 12 月 31 日，提案全部办复。其中，已经解决或采纳的 61 件，占 55.45%；正在解决或列入计划解决的 45 件，占 40.9%；因客观因素和条件限制难以落实并作解释说明的 4 件，占 3.6%。

【“委员之家建设年”活动】 开展“委员之家建设年”活动，共建成政协机关、牛仔王商厦、计生局机关、交通运输局机关、口头水库管理处等 5 个“委员之家”，通过组织集中学习、座谈交流等活动，收集委员反映的社情民意，听取委员的意见建议，帮助委员解决履职过程中遇到的困难。12 月 24 日，在机关会议室召开“政协工作委员谈”座谈会，政协委员对政协工作提出意见建议，对县政府民生实事选题提出自己的想法。

【政协行唐县委员会办事机构】 内设办公室（附设老干部科）、社会事业工作委员会、提案工作委员会、经济工作委员会和农业农村工作委员会，共有干部职工 22 人。

办公室主任：顾会欣

主任科员：马　健

副主任：杨瑞玲（女）
老干部科科长：赵静怡（女）
提案委主任：卢　欣
副主任：高素娟（女）
经济委主任：高玉才
副主任：张　军
社会事业委主任：张秋生
副主任：（空缺）

（范聪丽）

社会团体

总工会

【概况】 2014年，总工会坚持全面贯彻落实中共十八大精神，充分发挥在党的群众路线教育实践活动中焕发出的积极性，解放思想，创新工作，努力在工会组织和工会工作的涵盖率、法制化、切近性和亲和度上下功夫，推动全县工会工作进一步上台阶、见效率，全面完成县委、县政府和上级工会年初下达的各项工作目标。

总工会内设办公室、经费审查委员会办公室、组织员办公室、保障工作部、法律工作部、集体合同部、女工部、经济技术部、民主管理部，下辖职工服务中心、工会图书馆两个事业单位，共有干部职工及省派专职、工会工作者、省派专职工资集体协商指导员28人。

主　　席：温玲翠（女，人大副主任，兼，不驻会）

常务副主席：苏书九（党组书记，兼）

副主席：赵清云（女）　孙贵英（女）

【基层组织建设】 乡（镇）工会组织建设进一步规范，根据省总工会利用3年时间完成乡（镇）总工会规范化建设的要求，经过县、乡总工会和基层工会干部职工务实工作，14个乡（镇）的总工会规范化建设通过市总工会达标验收，争取到奖励基金14万元；独羊岗乡总工会被评为河北省百家示范乡（镇）总工会，受到省总工会表彰。企事业单位工会组织建设进一步巩固；坚持以发展为重点，以规范为手段，以提高为目的，努力推进“两个普遍”，进一步加强区域性、行业性工会建设，把工会组建纳入基层党建工作，列入乡（镇）和部门党组织的年度考核目标，年末，全县有基层工会752个，涵盖单位1225个，其中，独立基层工会704个，联合基层工会48个；工会会员37400人，其中女性11327人；农民工25758人，其中女性7059人。

【企事业民主管理】 一是厂务公开力度不断加大。将区域性职代会制度与非公企业厂务公开相结合，大力推进厂务公开职代会星级创建活动，进一步健全和完善职代会、政务、厂务、站务、所务、院务、办务、校务公开及职工董事、监事制度，全县建立厂务公开、政务公开、村务公开制度的单位660家，涉及职工33527人，建制率100%，规范率85%以上，有效地维护职工知情权、参与权和监督权。二是职代会运行不断创新。各基层工会组织根据行业和企业特点，大胆创新，推动区域性、行业性职代会在维护非公有制企业职工切身利益和企业整体利益、深化民主管理工作中迈出坚实一步，全县共建区域性、行业性职代会25个，征集职工意见和建议31条，采纳并办理31条，实现件件有着落，受到广大职工普遍称赞。三是工资集体协商范围不断拓展。召开全县推进工资集体协商工作会议，对近年来开展工资集体协商工作情况进行总结，各企业行政负责人和工会主席现场签订工资集体协议，推动工资集体协商工作依法有序开展；举办工资集体协商指导员和工会干部培训班3期，培训52人，提高工会开展工资集体协商的能力和水平；县总工会与劳动保障部门、企业家协会以及工商联对职工工资、劳动保护和劳动保障等涉及职工权益问题进行专题研究和调解处理，客运行业、邮电系统、明旺乳业、玉晶玻璃等企事业单位的工资集体协商规范化建设全面推进，全县工资集体协商工作多次被评为省、市先进，其中客运行业工资集体协商工作被省总工会树为先进典型，经验在全省推广；国有及国有控股企业集体合同、工资集体协议建制率、签订率均达100%，非公企业的建制率100%，签订率100%，职工满意率90%以上。

【职工维权工作】 加大工会法律法规宣传力度，各级工会通过闭路电视、广播、专栏、板报、“三下乡”等形式加强对工会相关法律法规的宣传，为基层、企业送政策、送法律、送知识，共发放《工会法》、《劳动合同法》、职工（农民工）维权卡等宣传资料1000余份，增强职工（农民工）维权意识，学会以法律武器维护自己的合法权益。认真做好信访工作，充分发挥“12351”职工服务热线的作用，实现“一拨就通、有问必答、有求必应”，全年共接受有关劳动合同、工资发放、奖金分配等热线咨询30余次，接待群众来访45起，对职工反映的具体问题，积极协同相关乡（镇）、企业妥善解决，办结率100%；9月，帮助四川农民工进行工资讨要，妥善解决一起工资纠纷案件。积极做好社会劳动力就业工作，2月18日、21日，先后两次牵头联合相关部门在县文化广场举办“千企万岗进县区就业春风行动”，邀请北京、天津、石家庄等地大型企业306家进行人才招聘，8000余名剩余劳动力及高校毕业生参加招聘活动，共签订就业协议3680份，实际就业1980人。切实抓好职工安全教育，为提高职工安全生产意识和自我防范能力，各级工会组织共举办各类安全生产教育学习培训40多期，培训职工16200余人次，全县企业职工人均参训1次以上；组织企业和职工开展“安康杯”竞赛活动和“百日安全生产活动”，660个企事业单位参加活动，参赛职工25900人次，在全县掀起安全生产热潮。

【职工保障工作】 继续搞好职工互助工作，动员全县广大职工积极开展第三期职工互助“一日捐”活动，通过广泛发动，增强活动的知晓率，全县165个单位、7663人积极参与，共募集救助资金45.7万元，分三期救助职工90多人，金额达47万元；对全县职工生活状况进行调查摸底，坚持“发现一个，录入一个、帮扶一个”的原则，为6名极困职工、84名特困职工、105名困难职工建立电子档案，实行动态管理并给予过冬补贴、困难帮扶救助金达12.4万余元；双节期间走访慰问困难职工1930多人次，发放慰问品、慰问金15万余元。加强对劳模的关爱和帮扶，为143名全国、省、市级劳模建立电子档案，通过深入调查、走访慰问，全面掌握劳模工作、生活、身体状况，多次与省、市总工会沟通，对3名全国劳模、5名省劳模、23名市级劳模进行困难救助；多方筹措救助金21万多元，解决困难劳模的燃眉之急。积极维护女职工权益，利用三八妇女节及庙会、集日，宣传女职工劳动保护知识4次，印发女工维权资料3200余份；进企业宣传《女职工劳动保护特殊规定》4次，发送宣传册1500余份；女职工专项集体合同签订率100%，其中农联社被市总工会命名为2014年女职工组织规范化建设示范单位。

【发挥职工作用】 一是深入开展职工教育。以“创建学习型组织，争做知识型职工”活动为载体，在全县职工中广泛开展技术培训、岗位练兵和技术比武活动，提高员工完成目标的能力；组织开展工资集体协商、保障救助、女工维权专题培训，受训280余人次，其中，牛仔王集团的孝德大讲堂、六一小学的传统文化论坛传授与职工工作、居民生活、身心健康相关的内容，全年共培训社区居民和职工500多人次，有效提升广大居民和职工的思想素质。二是进一步搞好职工竞赛活动。基层工会组织开展“我为公司献一技”、“倡导低碳生活，实现节能减排”和以“小发明、小革新、小创造、小设计、小建议”为内容的“五小”竞赛活动，激发职工的积极性和创造性，涌现出一批技术过硬的班组和技术骨干。全县660家企事业单位开展劳动竞赛活动，参赛职工33519人，提合理化建议16248条，实施合理化建议12700余条，创经济效益1980万余元；参加技能培训职工15600余人次；参加岗位练赛职工13200多人，技术革新项目580

余项，推广先进操作法270余项。三是积极组织职工喜闻乐见的文体活动。组织全县干部职工开展丰富多彩的文艺比赛，在市总工会组织的“中国梦、劳动美”职工文艺竞赛活动中参赛节目获金奖，并作为优秀节目参加市总工会组织的下基层慰问演出，玉晶玻璃、明旺乳业等企业开展歌咏比赛、趣味运动会等职工文化娱乐活动，丰富职工文化生活，强化职工团队意识。四是充分调动职工中的正能量，建立健全劳模培训、推荐、评比、表彰和管理制度，“五一”期间统一组织全县省、市级职工劳模体检，对劳模进行慰问，提高劳模荣誉感；经单位推荐，层层选拔，李龙江、李顺争2名同志被评为省级劳动模范；县医院、启明中学荣获市“五一”建功立业奖状，刘会荣获市“五一”建功立业奖章，通过对他们的事迹进行大力宣传，形成学习、尊重、关爱、崇尚、争当劳模的浓厚氛围，在全县唱响劳动光荣、劳动伟大的主旋律。

（李童京）

共青团行唐县委员会

【概况】 2014年，共青团行唐县委围绕县委、县政府中心工作及上级团委要求，抓特点，出亮点，强服务，促发展，凝聚、服务和引导青年，服务经济社会发展，扎实做好全县共青团工作。至年底，全县共有基层团委23个，团总支18个，团支部615个，团员12323名。

团县委内设办公室，共有干部职工5人。

书　记：严　凤（女，2月免）

　　　　郑伟凯（2月任）

副书记：郭　彬（女）

【志愿服务】 每月5日、25日，深入联系点城寨乡河西村、西城寨村走访慰问贫困留守儿童，积极协调有关部门解决用水、用电、出行、文化娱乐等难题10余件，实现下基层、服务群众工作常态化。每月星期五组织参加“周五下午义务劳动”等主题实践活动。结合县委要求实施城乡环境大洗脸活动，下发《行唐县各级团组织城乡环境大洗脸活动实施方案》，将每周五下午定为“共青团义务劳动日”，指定责任路段，责任到单位到人，定期开展环境卫生清扫活动，有效保持城乡环境整洁，增强团组织凝聚力和战斗力。依托志愿服务队开展“医养扶”一体化关爱服务活动。按照《行唐县“医养扶”一体化实施方案》，出台《共青团行唐县委“医养扶”一体化志愿服务守则》，成立行唐县关爱计生特殊家庭应急志愿服务队，有小分队19支（县医院1支，县青联1支，乡、镇、开发区、街道办17支）230人，全年累计为计生特殊家庭提供志愿服务200余次，协调资金5000元，用于节日慰问等爱心活动。联合教育局、大队辅导员和少先队员350人参与，成立红领巾爱心小组54个，为计生特殊家庭提供心理抚慰和卫生清扫等志愿服务57次。

【爱国教育】 4月中旬，组织县直各单位团组织负责人，各乡（镇）经济开发区、城区街道办主管副职、团委书记，各中学团组织负责人、部分青联委员，选调生、大学生村官、近三年入职的乡（镇）公务员等共220人，举办学习习近平总书记系列重要讲话精神青年读书班培训活动，有效促进第二批党的群众路线教育实践活动在青年中扎实开展。9月26日，团县委在政府招待所三楼会议室召开“共迎建国65周年，共话核心价值观”县、乡、村好青年先进事迹发布会，各级团组织负责人、社会各界优秀团员青年代表80余人参加，刘文杰、顾晓娜等6名乡村好青年代表进行事迹发言。

【就业服务】 加大就业创业培训力度，提高农村青年创业能力，共组织县、乡两级农村青年技能培训5场次，受益青年千余人。举办青春大讲堂2期，创业培训1期，提供就业见习岗位120个。

【爱心捐赠】 3月6日，联系国网河北经济研究所团委到上碑镇西街小学开展以“关爱留守儿童、开展爱心助学”为主题的捐助活动，并为留守儿童代表捐赠字典、故事书、书包、学习本、笔等价值4000余元的学习用品。6月25日，联系20名爱心人士到翟营乡信庄小学捐助价值5000余元的学习用品。8月12日，石家庄爱心人士到九口子乡上连庄小学开展公益助学活动，捐助财物近4000元。9月20日，石家庄葆婴公司爱心手拉手活动捐助九口子乡上连庄小学财物6000元。由团县委搭建平台，省、市、县爱心企业和爱心人士在偏远落后农村地区学校开展爱心助学活动5次，资助贫困学生100余名，捐助教学和学习用品价值4万余元。

10月17日，联合教育局、石家庄电视台开展“春雨行动、爱心捐赠”活动，为九口子乡周家庄小学，捐助各类物资2万余元。开展“春雨行动、结对帮扶”活动，团县委书记、副书记分别与上阎庄乡明德小学刘若涵、九口子乡上连庄小学胡子洋结成帮扶对子，有针对性地持续开展帮扶活动。12月20日，联合河北省金融系统青年联合会到玉亭中心第一小学举行“暖冬助学”活动，并捐助8万元支援学校软硬件建设，各位青联委员捐献价值2万余元的文体及学习生活用品，并与50名贫困学生建立“一对一”帮扶关系。

【法制宣传】 5月29日，组织700多名师生参加“珍爱青春、与法同行”青少年法制教育大讲堂系列活动，邀请县人民检察院检察官进行宣讲，促使青少年努力学习法律知识，增强依法保护自身合法权益的能力。全年共组织法制宣讲活动5次，参与青少年1000余人次。

【希望工程】 共发放助学金20000元，资助贫困学生12名，其中长期资助2名，并通过“行唐县希望工程助学金发放公开课”增加工作透明度，保证该活动持续健康开展；扎实开展“圆梦大学”公益助学活动，共协调湖南中烟集团、茅台集团、石家庄电视台等单位和个人捐赠10余万元，帮助16名品学兼优的高考寒门学子圆梦大学；积极与省青基会和市希望办联系，协调资金25万元，捐建独羊岗柏机小学、翟营岗头小学两个微机室；协调资金4万元，捐建上阎庄明德小学希望厨房1个；协调资金4万元捐建翟营沟北小学希望工程图书室1个，改善当地学生的教学和生活条件。

（石英杰）

妇女联合会

【概况】 2014年，妇女联合会围绕全县发展大局，组织各级妇联，积极发挥桥梁纽带作用，以促进妇女创业就业、关注弱势群体、表彰先进典型、强化新生儿缺陷防治工程等工作为重点，引导广大妇女参与经济建设，推动全县妇女儿童事业迈上新台阶。

妇联内设办公室，有干部5人。

主　席：仇翠玲（女）

副主席：刘玉华（女）　秦淑敏（女）

【创业就业】 实施家政服务培训工程，先后组织3期家政培训班，培训妇女250余名，全部通过资格考试。发展妇女家庭手工业，通过采取一系列扎实有效举措，形成独羊岗民间剪纸、侯阳关汽车座垫编织、上方猫头鞋虎头枕、龙州钩编珠绣十字绣、只里柳编布艺等手工业，其中，汽车座垫编织由原来的来料加工发展到进料加工，2012～2014年，先后安排1000余名妇女就业；布艺加工点发展到80多个，解决2600余名农村妇女的就业问题。

【爱心捐赠】 1月15日，石家庄市妇联副主席姜红一行到对口帮扶村北城寨捐赠现金1万元、保暖内衣2箱和农业科技书籍150册。春节前夕，联合县电力公司，发动争当爱心女儿的妇联干部，看望、慰问全县44户计生特殊家庭的58位失独老人，并为每个家庭送去1台电磁炉。2月26日，将“恒爱”行动中的54件爱心毛衣，发放到特教学校和少保中心孩子们手中。5月29日，在城寨乡明德小学举行红星美凯龙和平商场捐赠仪式，为407名孩子捐赠价值1万余元校服、书籍等节日礼物。引进“温暖援助农村贫困单亲母亲”救助项目，为改善农村贫困单亲母亲的生产、生活、就业现状，争取省级援助项目资金5万元，帮助贫困单亲母亲脱贫致富。

【争先创优】 3月7日，召开全县庆“三八”优秀妇女干部、岗位建功明星表彰座谈会，县委常委、组织部部长庞英须，政府副县长董素平出席，表彰18名优秀妇女干部、18名岗位建功明星。以“美丽庭院”建设为依托，创建上碑镇东街、南桥镇西市庄、龙州镇李七里峰等3个试点精品村，围绕精品村建设标准，进一步指导落实场地、完善制度、队伍建设、活动开展等工作。在全县范围内开展寻找“最美家庭”活动启动仪式，评出赵倩、尚振生等县级“最美家庭”20户，张建霞、范春雷等市级“最美家庭”2户，其中张建霞家庭获全国提名奖。通过征集300余件手工作品，表彰手工制作能手。6月26日~11月15日，在口头镇举办广场舞大赛，共有186支队伍、3000余名农家姐妹参赛，其中26支队伍进入决赛，最后评出一、二、三等奖及优秀奖。

【新生儿防治工程】 围绕新生儿出生缺陷防治工程，切实强化组织领导，大力开展宣传引导，不断创新牵手服务模式，积极实施康复救助，取得显著成效。婚检率达90.26%，产前筛查率65.19%，新生儿“两病”筛查率97.51%，听力筛查率97.21%，对全县4540名待孕夫妇进行免费孕前优生健康检查，出生缺陷筛查覆盖率82.25%，有效预防新生儿出生缺陷的发生。

（王　莉）

计划生育协会

【概况】 2014年，计划生育协会围绕全县经济社会发展大局和人口计生中心工作，结合党的群众路线教育实践活动，以基层组织建设、群众性宣传教育、计生基层群众自治、生育关怀、亲情关爱等工作为重点，争先创优，不断提高工作水平，为全县计生事业发展作出新贡献。

会　长：田　志（兼）

副会长：高文成（兼）

盖庆昌（兼）

周占林（常务，兼县人口计生局副局长）

李春英（女）

【组织建设】 5月29日，召开六届四次理事会，补选理事10名。举办乡、村两级会长、秘书长培训班4期。

【宣传服务】 开展集宣传计生政策、免费发放避孕药具、为育龄群众查体咨询于一体的宣传服务活动6次，发放宣传折页30000余份、宣传画5000余张、各种书籍1000余册、各种实物宣传品1000多份、避孕药具7000余人份，接受咨询400余人次。在网络、报刊、杂志刊发稿件46篇，各网站用稿或转发26篇。

【保险保障】 全县共投保独生子女家庭意外伤害保险5576份，投保金额167010元，年内发放各级补贴25885元。

【生育关怀】 各乡（镇）对包括638个计生特殊家庭在内的计生困难家庭走访慰问，送去价值99500元的慰问品和慰问金；资助升入重点院校的贫困女孩高七里峰村高浩、北河村王敬敏各1000元，为毛照村霍萌、高七里峰村高梦、北河村王鑫等7名市救助贫困女孩，每人赠送旅行箱和背包各1个。开展“为了我们的孩子”公益活动，共摸排出先心病患儿10名，及时上报到市计生协参加手术筛查。

【亲情关爱】 6月，开展问卷调查，对收集的意见、建议进行分类汇总，归纳梳理出3条建议，对原“医养扶一体化”文件进行修订完善，出台《行唐县关于进一步健全完善计划生育特殊困难家庭“医养扶一体化”工作机制的意见》（行发【2014】7号）、《行唐县计划生育特殊困难家庭“医养扶一体化”工作机制实施办法》（行办字【2014】57号）和《关于调整〈行唐县计划生育特殊困难家庭“医养扶一体化”结对分包帮扶〉的通知》（行办字【2014】60号）；为新增计生特殊困难家庭每户配发1部手机，每月补助10元话费；为计生特殊困难家庭老人免费健康体检2次。春节前，县委及人口计生局主要领导分别到上碑、上方、安香、龙州等乡（镇）走访慰问10户计生特殊困难家庭，并分别送去慰问金300元和价值200元的慰问品；县“医养扶一体化”相关部门分别对所包计生特殊家庭每户赠送总价值不低于500元的慰问品；妇联联合电力局为计生特殊困难家庭每户赠送电磁炉1台。“母亲节”和中秋节走访慰问计生特殊家庭贫困母亲和计生特殊困难家庭，送去电磁治疗仪、月饼和水果等慰问品。为全县特殊困难家庭投保400元的住院陪护险，为66名80周岁以下的计生特殊家庭父母每人投保200元的团意险。各级志愿者帮助计生特殊困难家庭解决生产、生活等方面困难和问题600余件。

【基层群众自治】 开展基层群众自治，各村根据实际，修订计划生育自治章程和村规民约，补充完善优先优惠政策内容，全县有237个村能够在群众自治的基础上开展工作，占全县总村数的71.8%。

【“诚信计生”】 开展“诚信计生”示范县创建活动，全县306个村的74200名育龄群众自愿与村委会签订“诚信计生”双向承诺书，育龄妇女自愿签订率达90%以上。

（李春英）

科学技术协会

【概况】 2014年，科学技术协会以“三服务一加强”为主线，以实施公民科学素质工作为抓手，以提高科普能力和水平为目标，全面贯彻落实中共十八大和十八届四中全会精神，紧密结合党的群众路线教育实践活动，狠抓基层，夯实基础，着力推进社会大科普，科协职能充分发挥，科普及全民科学素质工作稳步推进。

主　席：杨新国

副主席：胡翠花（女）　郑金梅（女）

【科普活动】 在科普之春（冬）、科技活动周、全国科普日等活动中，县科协调动全县26个单位和部门的630名机关干部和科技人员、科普志愿者参与，组织大型科普展览3次，科普宣传5场次，科普讲座5场次，赠送宣传资料万余份，实用技术手册5000册，发放光盘150张，展出展板10多块，宣传挂图50多幅，书写宣传标语10多条，现场科技咨询5000多人，直接参与活动2万余人。

【基地建设】 建立县级科普惠农项目库，做好科普惠农项目二级储备，并指导基层开展科普惠农服务工作。上阎庄乡果品协会、行唐县神树湾农业开发科普示范基地被中国科协、财政部评选为基层科普行动计划先进单位，行唐县甲壳素红枣科普示范基地被省科协、省财政厅评选为基层科普行动计划先进单位，满撒村大枣生态科技示范基地等15个基地、行唐县蜜蜂养殖协会等6个协会、杨会军等2名个人入选石家庄市2015～2017年基层科普工作先进典型。1月9日，中国科协副主席、书记处书记陈章良亲自为上阎庄乡科普图书室揭牌，并发放科普图书2000册，科技报刊1000份，培训光盘300张，专家咨询受益5000人。中国科协投资2万元在上阎庄村援建科普图书室1个。

【重点人群素质提升】 一是提升未成年人科学素质行动。联合教育局组织明德小学、行唐五中等学校的中小学生开展防震减灾应急疏散演练活动、“五个一”科技趣味活动。二是农民科学素质行动。购买《果树栽培与管理》、《核桃种植新技术》等科学种植、科技致富图书资料14类2万余册，价值20余万元，免费发放给上阎庄、口头、街道办、北河等乡（镇）村民。11月13日，联合就业局在独羊岗乡开办大棚蔬菜科学种植管理新技术培训班，培训种植户50余人；举办鸡群夏季防疫、枣树无公害栽培等培训班18期。三是提升社区居民科学素质行动。6月13日，在世纪名都小区开展“共建生态、文明、和谐社区”科普宣传活动，对社区居民进行节约能源资源、保障安全健康的教育以及社会公德、家庭美德教育，为和谐社会建设服务。四是提升领导干部和公务员科学素质行动。联合各乡（镇）、各部门，举办领导干部科学发展观、科普、政策、法制等讲座10余次，全面提升领导干部和公务员队伍的科学管理水平和科技创新能力。五是提升城镇居民和企业职工科学素质行动。结合就业局累计培训城镇劳动人口2500人次，增强劳动者竞争择业和自主创业的能力。

【为科技工作者服务】 4月1日，召开科技工作者座谈会，并整理形成《科技兴县之我见——行唐县科技工作者建言献策汇编》，围绕加快转变经济发展方式、激活科技创新动力、推动产业升级等主题，积极建言献策。7月，按照县委宣传部的安排部署，牵头组织“十佳科技创新标兵”评选工作，12月，对评选出的陈空军、王振敏等10名标兵进行大会表彰，通过“正能量”的传递，进一步激发全县科技工作者创先争优、投身行唐建设的热情。

【队伍建设】 坚持以上率下，狠抓干部道德修养和党风廉政建设，深入聚焦查摆问题，认真撰写对照检查材料。通过班子民主生活会，形成拧成一股绳、同使一股劲、合力干事业的强大凝聚力。自教育实践活动开展以来，走访慰问老党员9名、贫困户12名，在蹲点村发放图书6000册、明白纸万余份，开展科技下乡6次，聘请专家开办“田间学校”5场。严格机关考勤制度，完善绩效考核，制定《行唐县科协克服“四风”公开承诺》、《党员干部公开承诺书》、《行唐县科协蹲点调研梳理意见整改方案》、《科协班子整改任务分解表》，把整改事项分条列出，明确整改责任人及完成时限，促进各项整改工作得到落实，机关干部作风明显改善。

（贾　娜）

工商业联合会

【概况】 2014年，工商业联合会围绕“突出项目立县，推进转型突破，实现实力跃升，建设和谐行唐”的总体目标，主动适应经济发展新常态，各项工作取得显著成绩，被石家庄市工商联授予工作先进单位。

工商联有干部3人。

主　　席：高国甫（人大副主任，兼，不驻会）

党组书记：刘凌云（女，兼，不驻会）

副 主 席：黄　海（常务）　安向阳

【服务企业】 为民营企业家“量身定制”培训课程，重点加强民营企业家理想信念、企业科学发展等方面的教育引导力度，利用牛仔王培训基地，举办2期专题培训班，培训民营企业负责人100余人次。充分利用工商联、对台办线长、面广的优势，宣传《行唐县投资指南》和《行唐县招商引资奖励办法》等招商引资政策，吸引更多人来行唐投资置业。积极参加百家商会进省会（开发区）和台商（行唐）投资合作专题对接会，与异地商会及台商建立联系，邀请来县经济开发区实地考察一次。

【考察学习】 由于县内铸造企业普遍存在经营者发展意识不强、设备老化、规模较小、产品附加值低等问题，严重制约企业发展。6月18日～21日，组织25家重点装备制造业负责人到河南省林州市对标考察装备制造业发展情况，使铸造企业负责人开阔了视野，促进企业转型升级。

【捐助服务】 为大力发展行唐公益事业，为全县工商业者、行唐籍在外成功人士、驻石家庄市商会等社会组织及成员担当社会责任献爱心、开展捐助捐款活动搭建高效、便捷的服务平台，11月，成立县工商业及社会捐助服务中心，办公室设在工商联。中心组织开展了系列捐助活动。12月6日，组织河北爱心同乡会发起“冬日暖阳”爱心公益活动，为南桥镇东市庄、独羊岗乡寨里等村30个贫困家庭捐款物价值3万余元。12月21日，联系石家庄越野e族石家庄中队，开展“情洒太行”爱心捐助活动，在口头镇中心小学为18户特困家庭和贫困学生捐助善款18700元及价值3万余元的生活、学习用品。

（卜彦明）

文学艺术联合会

【概况】 2014年，县文联在县委及上级文联的领导和指导下，开拓创新，推动全县文学艺术工作再上新台阶。一是主动谋划，搭建平台，组织作协近20名骨干会员到神树湾项目、颍水河治理工地、开发区等地采风创作，数篇诗歌、散文等优秀作品在《行唐周报》刊发，展示今日行唐的新发展、新风貌。二是主动参与，策划县情教育读本《印象行唐》，搭建编辑班子，确定编纂目录，预计2015年底正式出版；4月26日，与文广新局共同策划以“中国梦·和谐行唐”为主题的“杰子杯”戏曲票友大奖赛；5月17日，举办“杰子杯”舞蹈大赛；5月23日，与市第三军休所在口头水库举办书画摄影联谊活动；8月8日，举办“杰子杯”青年歌手大奖赛；9月22日，与县书协、美协、老干部局联合举办老年书画展，庆祝九九重阳节。全年举办“杰子杯”大赛3次，共103个代表队1500多人参加，活跃了全县群众文化生活。

主　席：刘文武

副主席：申卫霞

（刘文武）

残疾人联合会

【概况】 2014年，县残联在上级残联的精心指导和有关部门的大力支持下，全面贯彻落实中共十八大、十八届四中全会精神，紧紧围绕县委、县政府和上级残联部署的工作重点，以党的群众路线教育实践活动为契机，强化责任，真抓实干，一心一意为残疾人做好事、办实事、解难事，圆满完成了全年工作任务。

残联内设办公室、教就部、康复科、残疾人劳动就业服务所、维权部、宣传部6个科室，共有干部职工11人。

理 事 长：王国华

副理事长：杨勇伟

【群众路线教育实践活动】 积极开展党的群众路线教育实践活动，制定方案、成立领导小组、查摆问题、反对“四风”、提升为残疾人服务的责任意识和服务水平。一是一把手带头下基层，带领党员干部走访贫困残疾人家庭，深入残疾人家庭问计问策，解决残疾人实际困难。二是多渠道征求意见建议，通过征求县残工委成员单位、基层残疾群众代表意见建议及蹲点调研征集等方式，共征求建议44条。三是多角度开展对照检查，在多层次开展谈心交心活动的基础上，深入剖析，召开专题民主生活会，杜绝“四风”问题。四是多举措开展整改，落实责任主体，并从制度源头上予以保障，通过整改共落实意见、建议10条，建立残疾人保障制度4条。

【“医养扶一体化”】 把对计生特困家庭的关爱列入重要工作议程。为做好帮扶工作，成立“医养扶一体化”领导小组，通过入户走访，根据计生特困家庭实际情况，结合残联工作职责制定相应救助措施，并为计生特困家庭建档备案。先后看望失独残疾人吴老臭和刘秋海家独生残疾儿子，送去米、面、油及慰问金200元；为刘秋海家独生残疾儿子发放轮椅1辆，并对其家庭进行无障碍改造，方便其出行。根据仝书英残疾女儿的实际情况，将残疾级别升为一级，并办理重残补、护理补，使其享受到残联补助。龙州镇张偶颗独生残疾儿子瘫痪，残联为其解决轮椅1辆。

【康复工作】 为15名下肢残患者安装假肢，发放辅助器具轮椅、拐杖等225件，县残疾人肢体康复中心对80名肢体残疾人进行康复训练，托残院托养残疾人25人，完成“七彩梦”免费人工耳蜗手术5例，完成肢体残疾儿童矫治手术3例，助听器发放100例，精神病免费住院10例、免费服药115例，贫困脑瘫儿童康复救助3例，贫困智障儿童康复救助2例，孤独症儿童康复训练2例，贫困残疾儿童辅助器具康复训练1例，发放盲杖25根、贫困成年听力残疾人助听器1个，新收康复训练的聋儿8名。

【教就工作】 全年为1016名重度贫困残疾人每人每月发放生活补贴50元，累计发放552450元；为404名二级贫困残疾人每人每月发放护理补贴50元，累计发放217350元；为312名一级贫困残疾人每人每月发放护理补贴100元，累计发放252300元。对全县参加高考的残疾学生及贫困残疾人子女进行摸底、统计、上报，并向上级申请助学金共计47000元，一次性资助9名高考本科生每人3000元，10名专科生每人2000元，其中，残疾学生4人，贫困残疾人子女15人。第二十四次全国助残日活动期间，组织发放轮椅50辆、拐杖40副，为特教学校残疾人学生及教师每人发放校服1套，为北高里聋儿学校送去大米、面粉各5袋。在九口子乡举办红枣管理培训班2期，培训残疾人及家属600余人，发放资料600多份；在龙兴庄贡米合作社举办优质贡米种植培训班1期，培训贡米种植残疾人及家属200人，发放资料200份。举办盲人定向行走培训班1期，培训25人。全县享受居家托养补贴80户，补贴资金48000元。支持扶贫基地资金170000元，扶持残疾人个体创业20人，发放创业资金100000元。安置残疾人就业30人。完成残疾人就业保障金征收工作，机关事业单位财政代扣320000元，企业单位地税代征600000元。

【组联工作】 完成精神病免费服药、助听器需求和残疾人基本情况及需求调查登记录入18000人，完成残疾人基本情况核查、调查及登记工作，完成全年残联工作台账、年报数据网上录入工作。

【维权工作】 为57名残疾人办理公交爱心卡，为360名残疾人办理年检爱心卡。全年为650人办理并发放残疾人证，其中下乡入户办证75人。年接待残疾人来访、解决残疾人困难60多人次。发放残疾人代步机动车燃油补贴63960元（每人260元/年），惠及残疾人246人。为10户贫困残疾人家庭每户投资5000元实施坡道、厕所、厨房等无障碍改造，方便残疾人生活。

【宣文工作】 在中残联、省残联网站登稿26篇。县残疾人运动员马佳在2014年全国残疾人游泳锦标赛中，夺得女子组S13级100米自由泳、100米仰泳、400米自由泳、50米自由泳、SB13级100米蛙泳、SM级200米个人混合泳等6块金牌，并被大会组委会授予“体育道德风尚奖”。米娜在韩国仁川亚洲残疾人运动会上顽强拼搏，勇夺女子组F37级铅球和F37级铁饼两项冠军，并夺得F37级标枪银牌，为国争光，为全市、全县人民赢得荣誉。

（顾博林）

检法公司

检　察

【概况】 2014年，检察院在上级检察院和县委的正确领导下，坚持以十八大精神和科学发展观为指导，忠实履行宪法和法律赋予的职责，积极推进反腐倡廉建设、平安建设、法治建设和检察队伍建设，各项检察工作取得新成绩，被最高人民检察院评为全国文明接待室、市院授予民生贡献奖、市基层建设年活动领导小组授予优秀驻村工作组荣誉称号。

检察院下设政治处、纪检组、办公室、反贪贿赂工作局、反渎职侵权局、侦监科、公诉科、研究室、预防科、控申科、技术科、监所科、民行科、法警队、人监办、未检科、案件管理办公室17个科室，共有干部职工45人。

检 察 长：何步云

副检察长：刘保社　孟建勇　韩彦军

副 书 记：韩翠平

纪检组长：郭忠岐

反贪局副局长：范生祥　张立洲

反渎职侵权局局长：仇卫东

【构建民生检务】 一是积极开展服务新农村建设。以新农村建设为切入点，组织构建县、乡、村三位一体的新农村建设法律服务网，了解群众所思所想，及时为群众提供服务，全力为新农村建设保驾护航。二是积极履行诉讼监督职责，促进社会公平正义。全面贯彻修改后的刑事诉讼法和民事诉讼法，切实加强对诉讼活动的全面监督，努力让人民群众在每一起司法案件中都能感受到公平正义。三是全面做好信访工作。健全、落实首办责任制和检察长接访、下访、巡访等制度；积极参加涉法涉诉联合接访服务中心工作；畅通群众诉求渠道，加强接待室软、硬件建设，开通网络举报信箱和举报QQ；坚持检察长接待日制度；主动将接待窗口前移，上门约访信访群众，并做好登记。全年共接待来访群众81次120人，受理举报线索12件，办理信访案件21件，开展法律宣传12次，接受群众法律咨询180次，发放宣传材料2000余份。四是积极开展帮扶弱势群体活动，响应县委号召，开展“职工互助捐”活动，共捐款1660元。

【刑事犯罪】 加强与公安机关、审判机关的密切配合，认真履行批捕、起诉职责，坚持“严打”方针不动摇，对严重黑恶势力犯罪、暴力犯罪等多发性犯罪，坚持依法从快从重惩处，维护全县社会稳定和人民群众安全。审查逮捕坚持犯罪事实清楚、证据确实充分的原则，重大案件做到提前介入、引导侦查、主管副检察长挂牌督办等措施，依法快审快捕；审查起诉严把质量关、证据关、程序关和适用法律关，重大疑难案件实行个人阅卷、集体讨论、检委会决定，确保案件质量。全年共批准逮捕128件167人，向法院提起公诉194件269人，法院判决199件267人，移送市院审查起诉11件19人；批捕、起诉准确率均为100%，无违时、违限和错诉、漏诉问题发生。

【强化诉讼监督】 全面贯彻修改后的刑事诉讼法和民事诉讼法，切实加强对诉讼活动的全面监督，依法纠正有案不立、有罪不究、以罚代刑等问题，维护法律的公正和权威。通过走访调查、调卷审查及审查批捕案件等方式，从中发现应当立案而不立案的，监督立案6件6人；不应当立案而立案的，监督撤案2件2人，实现从被动监督到主动监督的转变。对不符合逮捕条件的坚决不予批捕，对采取强制措施不当的及时予以纠正，作出不批准逮捕27件28人。通过审查案卷、出庭公诉、检察长列席审委会、审查刑事判决裁定及提出量刑建议等举措，切实加强对审判活动的监督，经审查决定不起诉14件14人，对确有错误的判决依法提起抗诉7件21人，追诉漏犯3件9人，漏罪3件3人，移送职务犯罪线索4件5人。对侦查和审判中出现的问题，准确运用检察建议书、纠正违法通知书等监督形式，纠正违法10件10人。

【参与社会管理】 加强刑罚执行和监管活动监督。规范和加强派驻看守所检察室建设，推进与看守所的监控联网。依法对社区矫正工作进行监督，协同县司法局对辖区内263名矫正人员进行走访，签订社区矫正人员保证书，确保不出现脱管、漏管，防止矫正人员重新犯罪，切实维护社会稳定；六一儿童节前夕，在全县范围内开展一次“小手拉大手，送法到校园”活动，提示未成年人被犯罪侵害的风险，加强监护人的安全意识，保障未成年人合法权益不受侵害，共发放宣传材料1500余份，获得师生和家长的一致好评；推进“两法衔接”（行政司法和行政执法）平台建设，强化对行政执法部门的法律监督，利用电子政务网和信息共享基础设施等资源，在检察机关、行政执法机关之间建立案件信息共享平台。

【办理涉农案件】 围绕全县中心工作，把保障和改善民生作为检察工作的重中之重，尤其加强对粮食直补、退耕还林专项资金的监督和管理，发现线索，严肃查办。对利用职权在企业项目立项、审批过程中故意刁难甚至索贿的重点打击，对于玩忽职守或滥用职权造成严重后果的依法追究刑事责任，使惠农资金真正地惠及广大人民群众。全年共建立涉农资金台账11项，监督发放资金1.2亿元，向有关单位提出检察建议8份。

【办理自侦案件】 深入落实党中央提出的反腐倡廉一系列要求，始终坚持把查处职务犯罪作为推动“和谐行唐”建设最直接、最有效的举措，下大力促进国家工作人员廉洁从政、正确履职。一是严肃查办贪污贿赂职务犯罪。认真贯彻落实县委和上级检察院的反腐工作要求，严肃查办发生在党政领导机关、行政管理部门、工程建设领域等重点部门和环节的腐败案件；积极服务农村发展，严厉惩处发生在涉农资金发放、农村基础设施建设等环节的基层干部职务犯罪案件。全年立案侦查贪污贿赂犯罪案件7件7人，有罪判决7件7人。同时，积极参与上级部门组织的大要案查办工作，既锻炼队伍，也为省、市反腐败斗争作出贡献。二是着力加强反渎职侵权工作。以优化全县发展环境为重心，严肃查处滥用司法权、行政执法权、行政审批权给国家和人民利益造成重大损失的案件，能源资源和生态环境领域职务犯罪案件以及重大群体性事件、重大责任事故背后的渎职侵权犯罪案件。全年立案侦查2件6人，移送起诉1件4人，判决1件4人，有效促进国家机关工作人员依法行政。

【预防职务犯罪】 建立健全职务犯罪预防体制和工作机制，成立职务犯罪预防工作领导小组和行政执法机关法律监督工作领导小组，通过对执法案件统计汇总分析、抽取执法个案检查、听取重点执法情况汇报等形式，促进行政机关规范执法；通过对所有重大建设项目的招投标和公共资源交易市场进行监督，促进市场秩序有序进行。在查办案件的同时，对发案原因进行研判，及时召开行政执法人员预防职务犯罪警示教育知识讲座，达到预期的教育效果和社会效果。开展预防咨询178次，警示教育18次，行贿犯罪档案查询407次，对11个重大项目进行了监督；结合办案剖析职务犯罪发案原因，向有关单位提出预防检察建议34件；深入部门进行预防职务犯罪知识讲座10场，从源头上减少和遏制职务犯罪的发生。

【民事行政诉讼】 加强民事行政审判监督。坚持依法监督、居中监督等原则，对发生法律效力但确有错误的民事行政判决、裁定，及时向上级检察院报告，依法提出抗诉意见。完成二审协办案件3

件，向人民法院提出再审检察建议5件，执行监督1件，纠正违法1件，督促履行职责3件；对确无错误的判决，认真做好释法说理、息诉服判工作，努力化解社会矛盾。

（高队华）

审　判

【概况】 2014年，县法院认真学习贯彻党的十八大和十八届三中、四中全会精神，围绕司法为民、公正司法工作主线，按照正规化、规范化和现代化建设的目标要求，扎实履行审判职责，大力化解各类社会矛盾，积极推进司法公开，确保司法公正，各项工作取得新进展，为全县社会稳定与经济发展提供有力的司法保障和服务。全年共受理各类案件3246件（含旧存52件），同比增加13.3%，审（执）结3066件，结案率94.45%；省、市交办信访案件9件，同比下降22%，信访投诉率为0.3%；一审服判息诉率91.67%，为历史最高水平。在全市第五次群众安全感和满意度调查中，法院群众满意度在全市法院系统排名第二位。

法院内设办公室、政治处、纪检（监察）室、信访办公室、研究室、立案庭、民事审判第一庭、民事审判第二庭、刑事审判庭、行政审判庭、审判监督庭、未成年人案件综合审判庭（简称少年庭）、城市建设案件综合审判庭（简称城建庭）、法警队、执行局（下设执行一庭、执行二庭和综合处）、审判管理办公室、信息档案管理中心等20个庭（室），下辖城关、安香、南桥、玉亭、上碑、口头6个基层法庭；中央政法行政编制75名；共有在职干警73人；2月新增事业编2人。

党组书记、院长：梁锁山

党组副书记、纪检组长：孙　辉

党组成员、副院长：王兴利

党组成员、副院长：张建芳

党组成员、副院长：刘梅林

党组副书记：陈鸿敏

党组成员、执行局长：彭立勇

党组成员、政治处主任：赵国军

党组成员：杜军平

【刑事案件】 全面落实最高院量刑规范化规定要求，对15种罪名的案件量刑规范化适用率为100%。严格贯彻罪刑法定原则和宽严相济刑事政策，通过依法审理，对提起公诉的4名被告人宣告无罪，并确保不受刑事追究。全年受理刑事案件227件（含旧存14件），审结212件，结案率93.39%，同比上升0.79%。判处被告人288人，其中，判处10年以上13人，5～10年47人，5年以下161人，拘役、管制、单处罚金47人，免予刑事处罚20人，宣告无罪4人。受理附带民事案件26件，调解19件，为受害人挽回经济损失138.3万元。

庭审现场

【民商事审判】 发挥“三位一体”大调解作用，立案前对当事人同意调解的民事案件，移送到“三位一体”大调解中心进行诉前调解，全年移送89件，调解成功51件。对于赡养案件，加大调解力度，需开庭案件必须在原告所在地开庭，吸引众多乡亲观看。现场接受教育。全年受理33件赡养案件，30件在开庭前调解，3件在原告所在地开庭，收到“审理一案教育一片”的良好社会效果。加大机动车事故责任纠纷案件调解力度，减少上诉案件，上诉率由50%以上降低到2.7%。通过做当事人思想工作和财产保全等措施，妥善审理河北赛克尔环保有限公司民间借贷等影响全县经济发展和社会稳定的纠纷案件，涉及县外当事人300余人，涉案金额7000余万元。新增立案45件（2013年立案218件），年内全部调解结案。全年受理民事案件2156件（含旧存35件），审结2112件，结案率为97.96%。

巡回法庭

【行政审判】 依法履行行政案件司法审查职能，全力支持法治政府建设。做好行政案件协调工作，化解2件诉县某行政执法机关行政案件，配合政府处理2件涉县城规划案件。为提高和规范行政执法人员执法水平，为计生局、住建局、环保局等4家行政执法单位进行法律培训。全年受理行政诉讼案件24件，审结22件，结案率91.7%；受理非诉执行案件164件，执结155件，执结率94.5%。

【执行工作】 制订《执行工作流程》，进一步规范执行行为，不断提升执行人员素质；建立执行指挥中心和网络查控系统，与银行系统实现信息互联共享，提高查询被执行人存款等情况的工作效率；采取公开曝光、公布“失信黑名单”、公检法协调联动等措施，加大对拒不执行法院判决罪的打击力度，全年公开曝光5次72件106人，每次公布失信人员10人以上；对拒不执行法院生效裁判文书的，移送公安机关15件，协查在逃197件。全年执行结案各类案件535件，为当事人挽回经济损失350余万元。

【队伍建设】 通过党组理论中心组学习、“三会一课”、召开民主生活会等活动，树立政治意识、大局意识、责任意识和使命意识。组织干警认真学习党风廉政建设有关文件及领导讲话精神，学习警示教育典型案例，不断提升党员素质，发挥党员模范带头作用。开展党的群众路线教育实践活动，通过广泛征求意见建议，梳理出涉及“四风”的8个方面29条意见建议，并进行全面整改，经常性地查处和纠正“六难三案”（门难进、脸难看、事难办、立案难、诉讼难、执行难，人情案、关系案、金钱案），积极开展“正风肃纪”和治理“不作为、慢作为、乱作为”专项教育活动，对3名违纪干警进行严肃处理。坚持周五学习日制度，把“责任胜于能力”作为专题培训内容进行学习讨论，组织县法院干警开展新颁布法律法规讲座，全年组织民事、刑事、行政、执行法律讲座各1次，新任人民陪审员学习培训2次。每月通报评查所有办结案卷情况，对发还改判案件进行集体研究，每季度组织讨论1次，发现错案、瑕疵案件交院纪检监察室处理，全年查处错案1件。依据《审判业务部门考评办法》，由政法委组织对审判业务部门进行季度考核，对两次排名末位的庭室负责人进行诫勉谈话。每月对各庭室案件办理进度及各项审判指标变化情况分析研判，提出下一步工作建议。加大庭审评查和裁判文书评查力度，每季度评比出优秀裁判文书、优秀庭审法官及公正指标和效率指标最优庭室，每月评比出办案最多、调撤率最高、执行案件最多优秀书记员，并在法院大厅展示牌上张榜公布。增设信息档案管理中心机构编制和人员编制，并配备2名事业编专业技术人员。对15名书记员进行开庭速录、法官微机使用、电子档案录入、裁判文书上网等技术培训。

学习培训

【司法公开】 按照上级法院有关司法公开的要求，通过审务公开，全方位接受人民群众的监督，保障当事人的知情权、参与权、监督权，以公开促公正，以公正立公信。依托审判流程公开、裁判文书公开、执行信息公开三大平台，全面公开法院审判执行工作。公开案件信息3949件，公开裁判文书497件，公开执行信息159件，庭审直播8件，录制电子卷宗8462件。由于成绩突出，4月28日，法院在全市法院信息化建设及司法公开工作推进会上做典型发言。

法制宣传

【接受社会监督】 落实5名人大代表提出的“关于县法院切实采取措施，方便群众诉讼”建议。按照《关于进一步加强与人大代表联络工作的意见》，与全县105名人大代表结对联络。年内邀请人大代表、政协委员旁听案件庭审12件，人大代表参与庭审考核28件，人大代表、政协委员见证执行11件；开展法院“开放日”活动3次，召开各类形式座谈会5次；人民陪审员参与案件审理242件，其中，刑事122件，民商事99件，行政21件。

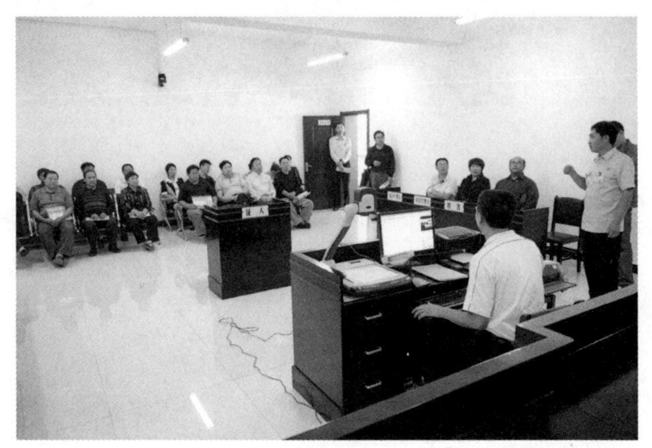

法院“开放日”

【基础建设】 改进7个数字法庭，修缮可容纳150人的多功能视频会议室，增设3台服务器，立案庭安装案件信息查询，信访大厅远程视频接访，及网上举报、网上预约立案，裁判文书纠错等系统，开通法院微博，建设执行指挥中心、数字化审委会。为每名法官配备电脑、相机、执法记录仪，每个业务庭室配备打印扫描一体机，7个数字法庭和6个调解室安装影音监控等设备。

（范吉英）

公　安

【概况】 2014年，公安局在县委、县政府和市公安局党委的领导下，以深入开展党的群众路线教育活动为契机，以全国“两会”等各级会议安保工作为牵引，以“春季攻势”、“冬季严打整治”等专项行动为抓手，围绕“平安和谐行唐”建设的总目标，实现稳控能力、打击能力、服务能力三个提升，全力打造移动警务新模式，建立信访案件“分诊台”化解新机制，开创交通消防管理便民新思路，推行“看守所开放日”活动四个亮点，为维护全县政治安定和社会稳定作出了积极贡献。公安局荣获行唐县“政协提案办理先进单位”、“代表建议承办工作先进单位”、“2014 年文明单位”等荣誉称号；治安大队被河北省公安厅评为 APEC 会议安保先进集体；指挥中心被河北省公安厅评为区、县级指挥中心先进集体；危爆物品管理大队被石家庄市委政法委授予全市政法系统“十佳政法基层单位”荣誉称号；只里派出所、刑事侦查大队口头中队被评为全市优秀公安基层单位；巡特警大队、指挥中心被石家庄市公安局记集体三等功；刑侦大队南桥中队、口头派出所、上方派出所被评为“春季攻势”专项行动先进集体。2 人荣获省、部级先进个人荣誉称号，47 人荣获市、县级先进个人荣誉称号和嘉奖。

公安局下设指挥中心、政工监督室、情报中心、警务保障室、国保大队、网监大队、法制大队、经侦大队、治安大队、刑侦大队、交警大队、巡警特警大队、危爆物品管理大队、出入境管理大队、环保大队、看守所、拘留所、17 个派出所，共有所、队、室 34 个，警力 265 名（含文职、工勤、事业编及退居二线人员），总警力占全县总人数的万分之五点九。

党委书记、局长：池玉清
党委副书记、政委：杨剑强
党委副书记、副局长：严建伟
副局长：孟幼洪　张新敏
杜彦荣　王录军
副政委：焦兰军
纪检书记：蔡保良
城区分局分局长：米立刚
交警大队大队长：严立平
政工监督室主任：米伟杰
指挥中心主任：梁艺川
国保大队大队长：吕国法（2 月 20 日免）
王振杰（2 月 20 日任）
刑警大队大队长：黄利军（2 月 20 日任）
刑警大队教导员：王振杰（2 月 20 日免）
李军平（2 月 20 日任）
刑警大队副大队长兼龙州中队中队长：梁进城
国保大队教导员：韩国良
开发区分局分局长：魏兴全（2 月 20 日任）
治安大队大队长：魏兴全（2 月 20 日免）
郭大勇（2 月 20 日任）
交警大队教导员：郝　冰

【维护政治安全和社会稳定】 一是抓好情报信息收集。发挥职能优势，采取公开与秘密、网上与网下、人力与技术相结合的方式，及时发现和解决各种可能引发不稳定因素的倾向性、苗头性以及深层次问题，做到及时预警、及时防范，牢牢掌握工作主动权。年内共搜集上报情报线索 2242 条，编写《国保信息》247 期、《要情专报》22 期、《舆情信息》69 期，及时准确将各类可能影响社会稳定的情报信息上报县委、政府及上级公安机关，其中被部级采用 28 条、省级采用 85 条、市级采用 24 条、县级采用 13 条。二是加强重点群体管控。加强对 18 类重点群体的动态掌控，处置各类突发群体性事件和群体性上访事件 37 起，消除各类突发性群体性事件隐患 12 起，配合各有关部门成功阻止、处置了“1・09”、“3・05”、“4・28”等 9 起涉军群体事件，受到市委、市政府，县委、县政府，市局党委和主要领导的充分肯定。三是开展反恐防暴工作。制定“砍杀、冲撞、纵火、爆炸”等 23 项暴恐行为处置预案，组建一支 50 人的常备机动力量，加强县委、县政府、汽车站等 7 个重点部位的武装巡逻。年内开展处突防暴综合能力培训 3 期 90 人次，开展处突应急拉练 8 次。四是提高信访化解力度。建立信访案件“分诊台”化解机制，提高化解效率。年内共接访 803 人次，当场劝返 347 起，上级交办案件办结率 100%，受到县政法委及市局通报表扬；加大对非访人员的打击处理力度，年内共打击非访95人次，其中，警告56人次，训诫10人次，行政拘留36人次。五是做好重大节日、敏感节点保卫。先后安排警力4200余人次，圆满完成“两节”、“两会”、“五一”、正月十六和三月三传统庙会、国家文化科技卫生“三下乡”活动、高考和中考、“十一”、十八届四中全会、APEC会议以及各级领导莅临行唐视察调研等重大活动安保、警卫任务64次。

【打击刑事犯罪】 先后开展“春季攻势”、“冬季严打整治”和“打除灭扫”专项行动，共破获各类刑事案件413起，抓获各类犯罪嫌疑人745名，逮捕239人，起诉422人，抓获网上逃犯122名。刑事案件发案数856起，同期相比下降10.7%，其中“两抢一盗”案件发案694起，同比下降8.6%。一是坚持命案必破。全县现行命案发案7起，破获7起，破案率100%。二是坚持黑恶必除。打掉恶势力犯罪团伙1个，抓获5人；打掉痞霸违法犯罪团伙24个，抓获68人。三是坚持经济犯罪必打。全年破获经侦案件9起，抓获13人，移送起诉10人，抓获逃犯5人；成功打掉两个电信诈骗团伙，抓获犯罪嫌疑人9名。四是坚持“黄赌毒”必治。开展打击涉黄涉赌违法犯罪“铲污除垢”和“扫黄赌铲源头”打击涉黄涉赌违法犯罪集群战役等专项行动，查处涉黄涉赌案件14起，抓获违法犯罪嫌疑人30人；查处新增吸毒人员31名，强行戒毒7名。

【社会治安防控】 一是强化危爆物品管理“不流失、不被盗、不炸响”为总体目标，共查处涉危爆案件16起，刑事处罚21人，收缴雷管1727枚，炸药771.61公斤、药捻9把、烟花爆竹372件、成品双响炮29364枚、炮筒7150个，年内未发生涉危涉爆安全事故。二是突出重大区域政治。对龙州商城、南市场、幸福北路步行街、汽车站等治安重点区域进行“压发案、打现行、保平安”专项整治行动，督促商户安装探头42个，发放温馨提示宣传单2000余份，年内这些区域侵财案件发案65起，同比下降34%。三是推进“天网工程”建设。在县委、县政府大力支持下，投入480万元完成“天网”二期工程建设，在16个乡（镇）、开发区136个乡村主要街道口安装179个监控探头。年内通过“天网工程”发现案件线索1000余条，刻画嫌疑人156名，嫌疑车辆28辆，通过视频侦查打掉犯罪团伙48个，带破案件150余起，城区发案数同比下降11.7%，协助查处和破获交通肇事、危险驾驶、酒驾、醉驾案件50余起。四是织密巡逻防控网络。组织城区以巡特警为主、农村以派出所巡防队为主的17支巡逻队伍，以车巡、步巡相结合的方式，最大限度挤压犯罪分子活动空间。年内共投入街面巡逻警力13000余人次、巡逻车辆4000余辆次、安保值勤6000多人次，盘查人员14200余人，检查车辆7000余辆，抓获犯罪嫌疑人18名，打掉犯罪团伙3个，破获各类案件63起。五是做好零法案小区创建。按照平安行唐建设总体思路，深入开展“零发案”小区创建活动，积极协调社区综治、联防组织、小区物业等职能部门，多方联动、整合资源，形成以辖区群众为主的自发性防御力量，在社区内开展巡逻守护及安全防范，从而改善小区治安环境，有效压降小区发案率。

【交通管理】 全年投入警力1.2万余人次，警车3400辆次，组织打击酒后驾驶、涉牌涉证、三超一疲劳等严重交通违法行为专项行动30余次，查纠超员客车13辆，查处涉牌涉证案件374起，酒后驾车案件46起，查处、纠正、教育非机动车、行人交通违法行为627起。3月，在盛唐国际、工商银行等人员、车辆密集场所设置停车场；在玉城大街、龙州大街等路段设置369个临时停车位；完善城区标识、标志牌30余块，施划道路标线24410平方米。5月，投资8.8万元在南二环和团贾线路口安装红绿灯，保障该路段交通安全。

【消防管理】 全年扑救各类火灾85起，处置各类抢险救援41起，抢救被困人员8人；开展“除火患保平安”等消防安全专项治理行动，排查整治各类单位、场所630家次，下发《责令改正通知书》538份，督促整改火灾1064处，责令“三停”企业6家，临时查封1家，处罚9家，罚款35.6万元；对全县45个消防重点单位全部完成户籍化建档工作，其中列管的消防重点单位“四个能力”（提高社会单位检查消除火灾隐患的能力，提高社会单位组织扑救初起火灾的能力，提高社会单位组织人员疏散逃生的能力，提高社会单位消防宣传教育培训的能力）建设80%达标。

【户籍和出入境管理】 年内共变更、更正数据1400多条，其中主项变更、更正526条；为43位丢失户口人员及时补录户口，删除双重户口125人；共审批办理准予迁入证明832份；办理更正民族、性别、姓名等各类更正426份；为高考学生报名、返乡农民工换证和群众急需办理养老、医疗、社保等急需用证人员开辟二代证办证绿色通道；为伤残、困难弱势群体入户采集照片办证；边远乡镇派出所成立“背包式服务队”，携带照相、办证器材，主动走乡串户，为山区群众及时上门办证；落实双休日、节假日预约办证制度，方便群众办理。全年办理二代证14166张；受理出（国）境证件申请2007人次，走访涉外单位6次，查处骗领护照案1人次，走亲帮扶12次；召开各类座谈会、恳谈会12次，征求意见和建议24条，发放宣传资料500余份。

【环境污染治理】 以“利剑斩污”专项行动为依托，共破获涉嫌污染环境领域犯罪案件6起，抓获违法犯罪嫌疑人14名，抓获涉嫌污染环境犯罪上网逃犯2名；联合县环保局、工商局、工信局开展小煤厂扬尘专项治理和“十五小”、“新六小”企业大排查，查处企业252家，其中，取缔145家，关停45家，限期整改62家。

【监所管理】 以“看守所开放日”活动为契机，深入推进监管场所“五化”（勤务模式科学化、执法行为规范化、管理方式精细化、监管手段信息化、设施保障标准化）建设，进一步完善安防保障体系、规范医务保障各项措施，实施人性化管理，全力打造安全规范管理、展示法制文明的示范窗口；充分发挥监所打击犯罪“第二战场”的作用，通过正面感化、政策攻心、谈心教育等方式循序渐进获取案件线索。全年发现各类犯罪线索23条，破获各类刑事案件23起。

【队伍建设】 坚持将党的群众路线教育实践活动作为第一政治任务来抓，贯穿于各项公安工作始终。一是扭住“政治建警”这个根本不放松，坚持基层思想政治工作规范化、统一化。全年共组织开展信息化应用培训5次；组织各种法律法规知识、射击、警械枪支使用、警务技能等学习培训5次；组织参加市局“全警大轮训”12期20余人次；全局民警参训率100%。二是扭住“依法办案”这个准绳不放松，以开展执法检查“回头看”活动为主线，加大对各类案件审核把关和考核监督力度，实现无行政复议、行政诉讼、国家赔偿案件，年内没有发生一起错拘、错捕等冤假错案。三是扭住“从严治长”这个核心不放松。开展以“五对照、八整治”为主要内容的“正风肃纪”专项行动，落实《中央“八项规定”、“六项禁令”》、“五条禁令”及党风廉政建设责任制、领导干部责任追究制等制度，先后16次对基层单位进行督察。四是扭住“阳光执法”这个关键不放松。按照规定标准，克服场地、资金不足等困难，完成全局17个原有执法场所升级改造工作，全部安装防盗网、防盗门、双向门禁等安全设施；启动讯问场所同步录音录像，实行办案流程公开，增加刑事立案、破案、办案三个环节透明度，实行网上审核监督与视频联动，实现网上监督，加大对刑事执法办案的监督力度。五是扭住“宣传激励”这个重点不放松。围绕贯彻落实党的十八届四中全会精神，以“平安建设、基层基础建设、信息化建设、法治建设、两个环境建设、队伍建设”为重点，利用简报、报刊、杂志等固有宣传阵地，开展“警民共创和谐”系列新闻宣传活动，全年共发稿507篇，其中，国家级154篇、省级261篇、市级

60 篇、县级 32 篇。

（王 博 杨 莉）

司法行政

【概况】 2014 年，司法局以党的十八大和十八届三、四中全会精神为指导，以开展党的群众路线教育实践活动为契机，以“五一三”工程为主要内容，以“正风肃纪”为切入点，全面提升全体司法干警的综合素质，充分发挥司法行政工作的各项职能。

司法局内设办公室、政治处、基层科、普法办公室、安置帮教科、法律援助中心、公证处、社区矫正科和司法鉴定管理科 9 个科室，人员编制 42 名（含乡镇司法所 15 名）；管理龙洲、峥嵘 2 个律师事务所和龙州、雄鹰、东兰、方正、巨龙 5 个法律服务所，管理执业律师及法律工作者 50 人。

局　　长：郭银海
副 局 长：李艳晖　高文强
纪检组长：李　华
党组成员：张树敏（2 月任）
　　　　　黄会斌　王晓华

【人民调解】 全县建立人民调解委员会 365 个，有人民调解员 1500 余人。其中，乡（镇、街道）调委会 16 个，村（居委会、社区）调委会 336 个。在原有城区、交通事故纠纷、土地纠纷等 8 个专业调委会基础上，新设食品、药品安全、人寿保险、财产保险、征地拆迁 5 个专业人民调解委员会，做到“有人员、有场地、有经费、有制度”。年内各级人民调解组织共调解各类矛盾纠纷 3340 件，调解成功 3316 件，成功率达 99%，有效预防、化解矛盾纠纷，充分发挥了维护社会稳定“第一道防线”的作用。

【社区矫正】 完善社区矫正监管平台，利用手机定位功能，做好跟踪考察、警示告知等工作。年内接收社区矫正人员 195 人，累计接收社区矫正人员 779 人；解除社区矫正人员 166 人，累计解除 448 名。在册人员 324 名，重新收监 2 人。审前社会调查 180 人，无脱管、漏管和重新犯罪现象发生。

【公证工作】 1 月 8 日，入驻行唐县政务服务大厅办理公证业务，开通绿色便民通道，针对老、弱、病、残等出行不便特殊人群，委派专人上门公证，并对符合条件的经济困难群众酌情减免公证费用。对偏远地区当事人按照“急事急办、特事特办、偏远山区优先办”原则予以优先办理。全年为 55 户“医养扶一体化家庭”和农村独生子女家庭公证 428 件，办理公证 601 件，接待群众来访 1000 余人次，挽回经济损失 800 余万元。

【安置帮教】 继续加强行唐县技校、鑫博服装厂两个安置帮教培训基地建设，提高安置帮教对象的生活、就业能力。年内共接收刑释解教人员 331 名。对帮教对象生活、就业、出入情况定期排查回访，帮教率达到 100%，安置率达到 98%。

【法律援助】 形成以县法律援助中心为龙头、乡镇（社区）法律援助工作站为骨干、村（社区）法律援助联络员为辅助的三级法律援助工作体系。一是与县残联、妇联、总工会、老龄委协作，组建残疾人、老年人、妇女儿童和下岗职工专项法律援助工作站，乡（镇）、城区街道办和开发区建立律师、法律工作站，并实行定期上站制度。依托律师、法律工作站建立居民法制学校。在上方、北高里、北贾素、南桥、南翟营、东玉亭等 8 个较大村（3000 人以上）建立法律援助联络点。二是将农民工返乡创业、就业、征地拆迁、劳动争议等纳入法律援助补充事项，将农民工、残疾人、零就业家庭、未成年人等列为重点援助对象。三是继续利用“12348”法律服务专线，开展法律宣传、咨询、案件受理等工作，实现法律援助工作“窗口式”服务。四是积极与异地法律援助中心协作，方便当事人异地申请和获得法律援助，降低当事人维权成本。年内共办理各类法律援助案件 189 件，接待来访群众 320 余人次，提供法律咨询 260 余人次。

【司法鉴定】 不断提高司法鉴定人员的业务能力和水平，逐步实现网上受理登记和省、市、县三级联网作业。鉴定中心的4位同志通过全省统一组织的酒精检测考试。全年共出具鉴定文书229例。

【普法工作】 通过推进“六五”普法和“法律八进”（进机关、进乡村、进社区、进学校、进企业、进单位、进家庭、进市场）等法制宣传教育活动，在全县营造创建“法治行唐”的良好氛围。继续开展“法治八建”（依法行政示范机关、民主法治示范村、民主法治示范社区、依法治校示范学校、学法守法示范家庭、诚信守法示范企业、依法管理示范单位、公平守信示范市场）活动，长期指导、培育实验学校、南街社区、地税局、供电公司、农贸市场、玉亭乡封家佐村、南桥镇东市庄村申吉良家庭等法治示范点。6月16日，建立行唐县普法办官网微博，由专人负责更新管理，提供法律宣传教育知识。12月5日，组织县级干部法律知识考试，以加强领导干部的法律知识。在庙会、“3·15”、“5·12”、“6·5”、“12·4”等节点，组织公、检、法、工商局、民政局、环保局等30多个部门下乡入村宣传法制教育活动5次，全年出动宣传车辆64台次，悬挂条幅74条，展出展牌109块（次），发放宣传材料9000余份，解答法律咨询131件，现场调解矛盾纠纷12件，收集梳理反馈意见、建议28条。

（李　欣）

军　事

人民武装

【概况】 2014 年，行唐县人民武装部在石家庄警备区党委和行唐县委、县政府正确领导下，坚持以强军目标引领武装工作全面建设，以完成年度工作任务、争创先进人武部为工作目标，努力加强党委班子自身建设，突出特色，开拓创新，狠抓各项工作落实，较好完成年度工作任务。

县人民武装部内设军事、政工、后勤 3 科，均为正营级，下辖行唐县民兵训练基地（地方正科级事业单位），共有干部职工 24 人，其中现役干部 5 人。

部　长：刘　斌
政　委：刘秀建
副部长：郭彦伟
政工科长：高　辉
后勤科长：卢付恩
县民兵训练基地主任：郑香明
副主任：卢彦力

【领导检查】 3 月 25 日，石家庄警备区司令员鲍际国到上碑镇检查民兵营、连部建设情况，肯定上碑镇是革命老区，民兵工作抓得很好，工作扎实，各种资料整齐完善；检查龙州镇民兵应急器材库、民兵活动室、民兵营部正规化建设，听取龙州镇书记甄泽亮关于民兵编组情况汇报，指出龙州镇地处县城，民兵编组比较集中，经济条件比其他乡好，一定要加强针对性训练，做到遇有情况能随时拉得出、用得上。4 月 22 日、24 日，河北省军区参谋长王舜（石家庄警备区司令员鲍际国陪同下）、河北省军区副司令王志国（石家庄警备区参谋长丁建民陪同）相继来县，分别查阅县民兵应急预案，检查反恐维稳、森林防火、抗洪抢险 3 个器材库和县征兵体检站，肯定行唐县应急力量建设抓得很好，工作扎实，设备配套完善，县征兵体检站正规有序，机关正规化建设较好。

【民兵演练】 7 月 9 日，河北省军区考核组在石家庄市民兵训练基地训练场对行唐民兵应急连部分队员进行快速集结检验、应急器材使用、官兵相识等科目考核，到人武部机关观看 2 个民兵应急排分发服装、器材、集结拉动、后勤保障等演练，在县文化广场观看森林防火分队器材使用表演。考核组指出这次拉动考核很成功，既肯定应急连拉动符合规定的时间要求，也暴露个别队员对器材的应用不

熟练是缺乏经常性训练的事实，今后应加强针对性的训练，保持较好应急状态。

【民兵训练】 7 月 4 日，行唐县民兵军事训练在石家庄市民兵训练基地开训，训练对象为县全体民兵应急连，训练科目有队列、盾牌术、灭火器材使用等内容，由基地教练员组织实施。12 日，在训练基地靶场进行实弹射击考核，主要是轻武器（56 式冲锋枪、56 式手枪、56 式班用轻机枪）实弹射击。教练员担任安全防护员，分 16 组，每组 10 人，一名射手配一名教练员，一对一协助，考核成绩记入训练成绩。考核进行近 2 个小时，每组 10 发子弹，由后勤人员组织装弹，全县 157 名应急队员参加考核，成绩均为良好以上。

【征兵工作】 7 月 25 日 ~9 月 30 日，组织进行全县征兵工作。7 月 28 日，按照上级要求，以条幅、标语、宣传材料、征兵宣传车、征兵宣传短信、电视讲话、灯箱等方式宣传年度征兵新政策，重点对高学历青年入伍优惠及艰苦地区补助奖励政策进行宣传；8 月 5 日 ~12 日选派责任心强、有体检工作经验的医生参加征兵体检工作，体检站安装手机屏蔽器，实行全封闭式管理，保证体检工作顺利进行；8 月 20 日，结合上级三级政审和区域联审制度，继续实行一站式政审模式，避免弄虚作假现象，确保兵员政治合格。

【欢送新兵】 9 月 5 日，行唐县第一批欢送新兵仪式开始，县人武部政委刘秀建、接兵干部、新兵及县征兵办全体人员参加仪式。欢送仪式上，新兵代表、接兵干部先后发言，县人武部政委刘秀建希望全体新兵时刻不忘自己的誓言、不忘亲人的嘱托、不忘各级领导的谆谆教诲，步履坚定地步入军营，思想稳定扎根军营，真学苦练建功立业，写好自己的参军史。

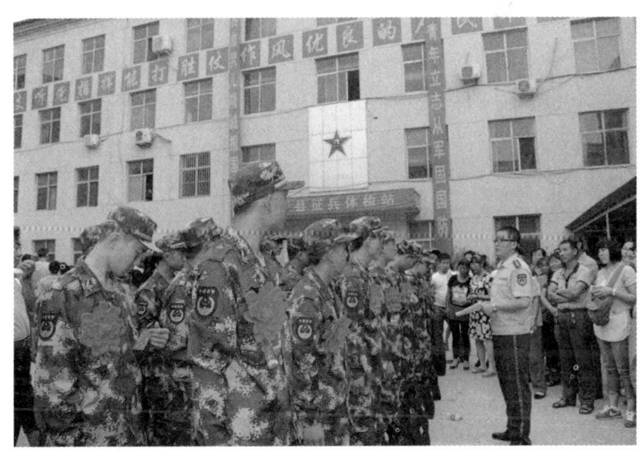

（孙占朝）

武装警察

【概况】 2014 年，行唐县武装中队坚持以党的十八届三中全会精神为指导，在上级党委关怀和指导下，在地方政府关心和支持下，中队党支部认真以总部、总队、支队三级党委扩大会议精神为依据，坚持依法从严治警，狠抓官兵能力素质提高，圆满完成各类执勤任务，为驻地安全维稳工作作出贡献。

中队长：谢炼军

指导员：郭志伟

副中队长：阎治宇

【队伍建设】 1～9 月，按照上级党委要求，扎实开展党的群众路线教育实践活动，中队党支部坚持把开展好教育实践活动作为扭转党员作风关键战役和政治任务，对照中队工作实际，重点整改“四风”问题，抓好三支队伍建设，做好三个“突出”（突出党员先锋模范作用、干部组织规范作用、士官岗位骨干作用），叫响“党员就是一面旗帜，干部就是一根标杆”的口号，并分别于2 月和7 月召开民主生活会，开展批评和自我批评，有效增强党管干部效能，改进工作作风，提高中队全体党员的政治水平与履职能力。3～7 月，按照总队、支队有关要求，组织开展“牢记强军目标，献身强军实践，永远做党和人民的忠诚卫士”主题教育活动。围绕“建设一支听党指挥、能打胜仗、作风优良的现代化武装警察部队”奋斗目标，紧贴形势任务变化和官兵思想实际，教育引导官兵进一步坚定中国特色社会主义信念，坚定奋力实现强国梦、强军梦的追求；通过开展“战斗力标准大讨论”活动，使官兵进一步锤炼永远听党话、跟党走的忠诚，积极投身建设现代化武警的生动实践，以有效履行职责使命的实际行动，为全面建设小康社会作贡献。中队还围绕强化官兵政治信念，在各个阶段开展各种形式教育活动，一是深入学习党的十八届三中全会会议、全国“两会”以及全军政治工会会议精神，深刻领会加强思想政治建设重大意义，引导官兵正确认识热点敏感问题，使官兵政治立场坚定，对社会上出现的各种谣言自觉做到不看、不信、不传、不跟。二是做好新兵第二适应期思想稳定工作，进一步筑牢官兵思想防线，树立正确思想观念。

【执勤处突任务】 2 月，根据县委、县政府和公安局统一部署，中队派出5 名兵力，担负行唐“两会”安全保卫任务，协助公安机关对重要场所出入口担负检查警戒，阻止无关人员进入，确保参会人员安全。3 月，全国“两会”期间，根据上级要求，中队结合行唐地区治安形势，查改执勤隐患，严格正规组织勤务，圆满完成“两会”安保任务，确保敏感时期执勤目标安全稳定。4 月，根据县委、县政府工作安排，中队派出 6 名兵力，担负“清明节”期间向烈士陵园敬献花圈仪式任务。9 月初，中队先后派出 20 名官兵到行启明、龙州等中学进行军训，圆满完成 2014 届新生国防教育、队列军训任务。10 月，根据县委、县政府工作安排，中队派出 5 名兵力，担负“国庆节”期间升旗仪式任务。

【后勤保障】 中队党支部坚持以提高后勤综合保障能力为主线，始终把后勤工作摆在重要位置，全年排查、整治各类安全隐患 30 余项，并全部整改，确保部队安全发展，为各项工作更好开展打下坚实基础。严格落实各项制度，通过绿化、美化营区、购置文娱体育设施、科学调剂伙食等方式，创造拴心留人良好环境。6～9 月，县委、县政府先后投入 70 余万元修缮中队营房，调整规范各个功能库室。中队炊事员经常参加支队培训交流集训，并得到各级领导和中队官兵一致认可。生活环境改善，生活质量提高，为营造官兵和谐、健康、丰富多彩的警营生活打下坚实基础。

（郭志伟）

综合管理

发展改革

【概况】 2014年，发展改革局围绕“突出项目立县、推进产业富民、加快跨越赶超、实现绿色崛起、建设美丽幸福新行唐”总目标，认真贯彻落实国家宏观调控政策和县委、县政府的决策部署，以项目建设为抓手，发挥职能，创新举措，强化协调，优化服务，较好完成各项任务，被县委、县政府授予“文明单位”、“优秀班子”等称号。

发展改革局内设办公室、重点项目办公室（正科级）和发展规划、投资、能源、体改、商务5科，共有干部职工16人。

局　长：张胜利

副局长：李会军　胡玉臣

主任科员：刘卫东

项目办副主任：王　云　康立新

【年度计划编制及执行】 年初，修订编写《2013年度国民经济和社会发展计划执行情况及2014年度国民经济和社会发展计划的报告》，制定《行唐县2014年度国民经济和社会发展计划（草案）》，并经县人代会通过后，将各项主要经济目标科学分解到各乡镇和有关部门，明确责任时限，强化监管措施，确保全年国民经济和社会发展目标顺利实现。年末，全县地区生产总值完成121.91亿元，同比增长9.5%。其中，一产增加值完成25.71亿元，同比增长4.5%；二产增加值完成62.66亿元，同比增长11.4%，其中规模以上工业增加值完成58.06亿元，同比增长12.3%；工业利润完成23.27亿元，同比增长7.9%；三产增加值完成33.54亿元，同比增长9.4%。全部财政收入完成5.17亿元，同比增长13.4%。固定资产投资（不含农户）完成139.76亿元，同比增长20%。农民人均纯收入、城镇居民人均可支配收入分别达到5420元、21937元，分别增长14.8%、9.5%。

【项目建设】 2014年，全县在建项目97个，总投资规模192.57亿元，完成投资89.6亿元，占年度计划的119.5%。其中，铃鹿（石家庄）复合建材、法国派丽德高建材项目竣工投产；河北木源泵业、河北万果红酒业等16个亿元以上项目部分竣工；河北融投高效煤粉、河北方月农牧机械等13个亿元以上项目开工建设。续建项目23个，总投资规模123.4亿元，完成投资55.54亿元，占年度计划的129.16%；新开工项目74个，总投资规模69.17亿元，完成投资34.07亿元，占年度计划的106.54%。北京华光金辉木业、河北正诺乳饮料等12个亿元以上项目达成合作意向，确保项目建设不断档、发展有后劲。全县有6个项目列为全市“项目攻坚年活动”重点推进项目，总投资60.74亿元，年度计划投资16.5亿元，实际完成投资25.7亿元，占年度计划的155.76%。年内项目建设进度、投资额度在东部八县名列前茅。其中，总投资6.01亿元的河北木源泵业两联跨铸造车间竣工、总投资5.18亿元的河北万果红酒业2条生产线建成投产、总投资21.27亿元的石家庄迎新节能科技有限公司玻璃离线Low—E镀膜玻璃生产线项目（一期）竣工投产、总投资26.99亿元的行唐国际家具园区项目取得新进展（7个现代化生产车间和3座综合商务楼竣工即将投用）。玻璃产业园入驻企业3家，离线Low—E镀膜玻璃生产线竣工投产；行唐国际家具园建成生产车间7个，入驻企业5家；台湾创新产业园被省商务厅、省台办确定为全省重点打造的30个国别（地区）产业园区之一，铃鹿涂料、德高建材竣工投产。投资0.74亿元的园区污水处理厂和投资0.5亿元的110千伏变电站竣工投用，天然气管道、污水管网铺设完成，园区基础设施建设进一步完善，开发区建设初具规模。

【国债项目】 争取中央预算内项目16个，总投资1.59亿元，其中中央预算内资金7386万元，全部到位，涉及水利、农业、畜牧、林业、教育、卫生等部门。争取以工代赈资金300万元，涉及10个乡镇19个村，硬化道路19公里，并通过省、市验收。

【节能降耗】 制定印发节能降耗实施方案，分解目标，落实责任。严把节能审核关，限批高耗能项目7个。积极推进大气污染防治工作，制定《行唐县2014年削减煤炭工作方案》和《行唐县2014～2015年秸秆综合利用实施方案》。组织企业每月、每季度定期上报能耗数据，提高能源统计的及时性和准确性，及时把握重点企业节能进展，对重点企业定期不定期进行节能监察，确保完成年度节能目标。牵头召集相关部门开展“低碳宣传周”和“节能宣传周”活动，大力推进全县低碳生活和绿色发展。县城集中供热项目和天然气进县城项目加速建设，其中集中供热投入运行。继续通过财政补贴方式加大推广高效照明产品力度，共推广节能灯26000支。2014年市下达万元GDP能耗下降考核目标为2.99%，年末，县万元GDP能耗同比下降4.42%，完成了市下达的考核目标。

【服务业发展】 积极发挥牵头协调统筹指导作用，会同财政、统计、商务、国税、地税等相关部门，在抓好传统服务业发展的同时，大力培育扶持新兴服务业，强力补齐三产发展“短板”。全县服务业固定资产投资完成39亿元，同比增长16%；服务业增加值完成30.96亿元，同比增长9.4%；服务业税收完成1.9亿元，同比增长18.8%。年内全县投资千万元以上的服务业入库项目81个，总投资10.6亿元。通过完善规划，分解责任，强化考核，推动盛唐国际商贸综合体、县一中搬迁等项目竣工投用，九都商贸物流、煤炭物流中心、集中供热、天然气进城等一批服务业项目建设取得突破性进展，县城和开发区的服务功能及承载力有效提升，城乡居民生活环境和质量得到大幅改善。

【行政审批】 围绕优化发展环境和开展党的群众路线教育实践活动，发改局将投资审批权限彻底下放，人员、职责一步到位，审批事项全部入驻政务服务中心办理，打造精简高效的项目建设“绿色通道”，杜绝了“中心受理——部门审批盖章——中心出证”的“两头跑”问题。牵头实行新上项目统一会审制度，继续执行项目审批、备案、核准、节能登记办理“一日办结制”，全年审批各类项目65个。

（郝　伟）

劳动人事

【概况】 2014年，人力资源和社会保障局围绕县委、县政府的中心工作，全面贯彻落实人力资源和社会保障政策法规，狠抓干部队伍作风建设，强化工作落实，努力服务弱势群体，维护劳动者合法权益，在人事人才、工资福利、社会保障、就业再就业、劳动监察等方面取得新进展，为推动县域经济发展、构建和谐社会作出积极贡献。

人力资源和社会保障局内设办公室（含综合规划科）和人事、职称管理、工资福利、劳动、信访仲裁、保险、工伤、乡镇劳动保障事务管理和工考科，下属单位有社会保险事业管理局、就业服务局、劳动保障监察大队（属事业编制）、人才开发交流中心和社会保障卡管理服务中心，共有干部职工110人。

局　长：盖建林（兼组织部副部长）
副局长：李书新（兼就业服务局局长）
赵英海（兼社会保险事业管理局局长）
杨银海　张东敏

【人事人才】 完成政府系统公务员统计、全县事业单位管理人才、专业技术人才统计和全县机关事业单位工作人员工资统计工作；按时上报企业军转干部32万解困资金安排使用落实情况；完成机关事业单位科级以下工作人员考核奖惩工作，共评出优秀等次人员1100名，其中，县政府嘉奖936名，记三等功159名，向市推荐申报二等功奖励5名。开展政府系统公务员职业道德培训，参与培训226人；向上申报机关事业单位增人计划，并根据市批复落实录（聘）用；开展“三支一扶”志愿者新春慰问活动，完成“三支一扶”考核工作，对新接收的26名“三支一扶”志愿者进行安置；办理人事调动手续120人次，人事档案转递手续90人次；代表政府认真开展人事任免工作，向县人大常委会提请人事任免函2次4人，代表政府履行任免法律程序，任免科级干部34人次，试用期满正式任职37人，任免股级干部22人；完成2013年度《行政领导人员基本情况表》上报工作。根据市委组织部要求全部完成干部人事档案改版，顺利通过市检查组检查验收。新上人事档案管理软件1套，建立人才中心网站，完善高校毕业生信息库，初步实现档案托管和人事代理信息化管理。成功举办行唐县首届人才大集春运招聘会，参加招聘企业100余家，提供招聘岗位400余个，达成意向200余人，现场签约100余人。正式启动人才市场教育分市场，至年底，共接管师范类毕业生档案1092份。

【工资福利】 完成全县机关事业单位工作人员增加工资工作，全县160多个事业单位7800多人增加薪级工资，60多个机关单位105人增加级别工资，审核工资方案600多套、工资表28000多份，审核绩效工资方案500多套。完成全县机关事业单位工作人员工资津补贴调整和企业退休、退职人员养老金调整工作；办理机关、企事业单位职工工资转移手续35人。完成各单位专业技术人员摸底及聘任工作，为全县机关工人、事业单位专业技术人员职称挂钩，其中，机关工人3人，事业单位专技人员210人，事业单位12人。对新录用公务员、招聘教师和其他干部职工进行转正定级，按政策确定56人定级工资；办理遗属补助25人；完成8月市局安排的机关事业单位在职、离退休1万多人次的人员信息采集；共填补职工档案工资表150多份；与30多家企业签定或补签合同，实现部分区域、行业工资集体协商合同的签订。认真开展退休核准工作，共审核档案496份，办理退休476人，审批35名特殊工种、20名因病退休人员；企业职工补缴养老保险费76人，缴费金额190万余元。受理工伤认定153件，劳动能力鉴定66件，结案率100%。

【就业再就业】 以搞好就业服务为主线，以拓宽就业岗位为依托，以劳务输出、开发劳动力资源为导向，以扩大劳动力就业规模为目标，全力开展劳动力就业工作，开创全县就业工作新局面。先后与鑫裕陶瓷、旺旺集团等公司联合培训学员450人。组织上方乡、安香乡100多人进行电脑培训，组织南桥、上方等乡镇农村妇女235人进行家政服务培训，组织城乡职业技能培训1071人。农村劳动力转移就业10050人；全年城镇新增就业3353个，实现再就业650人，通过采取多种措施安排“4050”及就业困难对象就业130人，城镇登记失业率3.5%。积极开展高校毕业生就业工作，为高校毕业生征集就业岗位46个；加强对高校困难毕业生的就业帮扶力度，开展“一对一”就业援助，实现高校毕业生登记失业率为“零”的目标。积极开展创业扶持，组织创业培训1050人，发放小额担保贷款1050万元，累计发放贷款9397.4万元，带动和吸纳就业6800人。

【构建和谐劳动关系】 积极开展劳动保障监察工作，监督检查用人单位560户次，年度审查用人单位504户，补签劳动合同3546人；督促工伤保险登记、申报7户；督促缴费9.6万元；接待职工群众举报投诉43件，立案处理40件，补发农民工工资925.25万元，涉及农民工1237人，其中以涉嫌拖欠拒不支付劳动报酬罪依法向公安机关移交1件；监督检查用人单位与劳动者签订劳动合同、工资支付、参加社会保险和缴纳社会保险费、禁止使用童工规定等情况，共检查用人单位45户，涉及劳动者1344人，立案7件，结案7件，补签劳动合同373人，督促缴纳社会保险费8.2万元，责令补发农民工工资1.5万元。加大劳动人事争议仲裁工作，健全完善县、乡两级劳动人事争议人民调解委员会，有力维护市场经济秩序，促进社会和谐稳定，共受理劳动争议案件19件，结案15件，按期结案率100%。

【人才中心工作】 高质量抓好大中专毕业生存档及人员管理工作，年内接收毕业生256人，共存档2000多份，办理13名应届毕业生转正定级手续和45名人事代理手续。积极做好档案管理服务工作，为存档人员申报职称评定85人，办理转正定级、核定工资117人，为65人出具与档案有关的各种证明。认真开展党建工作，加强所属流动党员思想教育，灵活多样地开展活动。中心有流动党员241人，建立流动党员人才信息库，在同等条件下优先向用人单位推荐就业，深受用人单位好评。

（刘靖璇）

工商行政管理

【概况】 2014年，工商行政管理局充分发挥部门职能作用，创造性开展工作，各项工作持续发展。

工商局内设办公室、人教科、法制科、纪检监察科、企监科、注册科、市场维权科、食品科、商广科9个科室，下辖个体私营经济协会、消费者协会、维修行业管理办公室3个直属事业机构，下设城区、南桥、安香、上碑、口头5个分局和经济检查大队、行唐县市场综合开发服务中心，在职干部职工共129人。

副 局 长：付新法（主持全面工作）

李 明

纪检组长：甄晓光

【落实政策助推经济发展】 认真贯彻落实省工商局《进一步放宽市场主体准入门槛，促进全民创业的若干意见》和《关于推进工商登记制度改革促进市场主体发展的若干意见》，积极发挥工商行政管理的职能作用，确立能宽则宽、能简则简、能优则优的原则，切实做到放宽企业注册登记资本限额；放宽经营范围前置审批事项；放宽住所、经营场所使用证明条件；放宽重点项目筹建审批；放宽个体私营企业转型条件，全面提高市场主体的积极性和主动性，促进主体的快速健康发展。2014年末，注册各类企业2751户，个体工商户6698户，其中，新增各类企业381户，同比增长17%；新增个体工商户1168户，同比增长24%，使得众多高校毕业生、农民工、下岗失业人员的创业梦想成为现实，促进县域经济发展。帮助企业办理融资登记，帮扶企业融资发展，全年办理动产抵押登记32件，贷款担保金额47229.5万元。

【构建市场经济诚信体系】 加强市场经济诚信体系建设，进一步在全县范围内营造公平竞争、诚实守信的良好发展氛围。一是在辖区企业及个体工商户中以守信、警示、失信等为标准，根据诚信经营情况进行分级，对一类经营户以扶持、服务为主，对二类经营户以纠正为主，对三类经营户实行零距离监管。同时，将诚信经营户纳入“良好行为记录系统”，树立正面典型；另一方面，将存在欺诈经营、恶意拖欠、不正当竞争等严重违法行为的经营户纳入“不良行为记录系统”，并通过在新闻媒体曝光等方式，加强社会监督。二是在全县各类市场主体开展以“诚信兴商”为主题的一系列宣传活动，先后印制宣传条幅15条、宣传资料20000多份，召开座谈会2次，在电视、报纸等媒体曝光各类涉嫌欺诈经营3例，进一步强化市场主体的诚信经营意识，震慑不法分子的欺诈经营行为，促进各个行业的自我教育和自我管理，提升广大个体私营企业协会会员的职业道德水平和诚信意识。

【“商标兴农”战略】 充分发挥商标管理职能，根据行唐农业大县的资源优势，把实施“商标兴农”战略作为拉动县域特色农业快速发展的着力点。深入了解农产品资源市场占有等情况，帮助农户及农民专业合作社走品牌农业发展之路。指导确定申报事由、撰写申报材料，引导具有特色和形成规模的农产品申请注册商标或地理标志商标，有效促进农民增收、农业增效、农村发展。全年共指导12家企业解决商标使用过程中存在的实际问题，帮助申请注册5个农产品省级著名商标，6个市级知名商标。

【食品安全专项整治】 全面整顿元旦、春节等节日期间市场经营秩序，开展食品市场安全大整顿。开展“春季雷霆行动”、校园周边环境、乳制品市场、傍名牌山寨食品、“食品安全秋季大会战”等专项执法检查和专项整治行动，以乳制品、饮料、食用油、肉制品等与人民群众密切相关的食品为重点，全方位开展执法大检查，共出动执法人员2517人次，检查食品经营户1680户，下达责令整改通知书30份，查办食品违法案件24起，查扣不合格食品385公斤，发放流通许可证354户，有效打击制假售假、销售不合格食品违法行为的发生，维护了全县食品安全秩序。

【“红盾护农”行动】 深入开展农资打假“红盾护农”行动，加强农资市场监管，规范农资经营行为，全力维护农资市场经营秩序。通过多种形式宣传“红盾护农”行动，力争做到家喻户晓，人人皆知。一是采取宣传车、横幅、标语、宣传单等形式在全县开展有关农资市场管理法律法规和农资质量基本知识的宣传；二是举办各类农资知识培训班，提高农民维权能力，引导农民自觉从正规渠道购买农资，维护自身权益。全年共出动执法人员176人次，车辆60台次，检查农资经营户132户次，整顿农资市场3个，查处违法违规案件12起，为消费者挽回直接经济损失37万元。其中，办理化肥案件8起，罚款16.8万元；办理成品油案件4起，罚款5.7万元。

【净化市场主体】 严格按照“谁发证、谁监管，谁审批、谁负责”的原则，对全县无照经营行为进行专项整治，重点突出，目标明确，构建“政府统一领导，部门长效监管，全社会共同参与”整治无照经营的工作格局。对涉及农资、食品、医药、建材、电器等影响生活及生命健康、易燃易爆、非煤矿山等涉危行业的无照经营行为进行快查、快处，对服装等一般经营行业重点进行教育引导规范。整治行动共出动执法人员784人次，执法车辆75台次，检查个体户2816户次，企业296家次，查出无照经营户285户，规范办照79户，限期办照22户。

【联合执法】 积极响应政府号召，在整治县城周边环境、清理煤场、取缔沙场运转站、取缔红薯淀粉小作坊等系列工作中，充分发挥职能作用，协同政府有关部门联合执法，共取缔红薯淀粉加工厂15户，储煤场17户，小铸造加工厂15户，电镀厂、塑料颗粒加工厂9户，云母蛭石加工厂25户，河道采砂中转站152户，查扣车辆55辆，有力维护市场经济发展环境。

【消费维权】 3·15期间，围绕“新消法、新权益、新责任”消费主题，组织开展系列活动纪念国际消费者权益日。成立12315申诉举报中心和以法制科、经检大队为成员的宣传活动小组；制定3·15宣传活动实施方案，召集相关部门召开协调会，安排3月14日、15日两天12315申诉举报电话值班人员，以设立宣传点、散发宣传资料、悬挂宣传横幅、张贴标语等形式进行宣传展示，设立12315流动维权应急分队，加大对侵害消费者权益案件的查处力度。全年共受理消费者投诉186起，办理186起，为消费者挽回经济损失19.8万元。

【信访维稳和安全生产】 成立信访维稳、安全生产工作领导小组，全面落实严打、严防、严控措施，全面加强监管层面巡防、巡控、巡查密度和力度，在工商系统体制改革的大背景下，统一思想，提高认识，对出现的信访苗头及时处理，使全体干部职工的思想认识统一到体制改革精神当中，确保平稳、顺利度过工商系统体制改革敏感时期。实行局领导包科室、包联系片区，科室领导和分局长包干部职工，干部职工包监管片区的包保责任制，认真落实包保责任，定期进行工作分析研究，真正做到从上到下，人人有责。将信访维稳及安全生产工作纳入干部职工的绩效考核，县局与分局实行“双查岗”，严格执行值班制度。坚持依法治访，规范信访秩序，对信访突出问题实施专项治理，进一步加强信访事项的督查督办。

【作风建设】 开展“改作风、优服务、促发展”主题活动，局领导改进领导调研形式，深入一线，直接服务社区、服务群众；深入基层工商分局调查研究，及时提出解决问题的具体措施。通过局党组会和办公会，学习传达省、市关于落实中央“八项规定”的相关文件和会议精神，制定具体办法和措施，成立监督检查工作领导小组，加强对落实“八项规定”工作的督导检查，确保了规定和要求落实到位。

（陈学锋）

国土资源管理

【概况】 2014 年，国土资源局按照市国土资源局和县委、县政府的工作部署，依法履行管理和服务职能，圆满完成全年工作任务。

国土资源局内设办公室、政工科、执法监察科、信访科、土地管理科、矿业管理科，下设土地估价所、市场交易所、征地办公室、测绘室、矿产资源监察大队、土地开发整理中心和龙州、口头、南桥、上碑、只里、上方、翟营、安香、独羊岗、玉亭、开发区 11 个国土资源所，共有干部职工 230 人。

局　　长：孟振平

副 局 长：康建会　王建宗　樊鹏冲

纪检组长：刘玉宾

【建设用地报批】 一是土地利用总体规划与“二调”衔接工作完成，为城乡供地挂钩、整治和农村的“三权”确权发证提供更大空间。二是审报建设用地 8 个批次，征地面积为 47.5924 公顷。三是严格按照国家产业政策和供地政策供应国有土地，对不符合国家供地政策的用地一律不予供地，对经营性用地及工业用地严格实行招、拍、挂供地。全年出让国有土地 26 宗，面积 325.35 亩，收取土地出让金 9477.182 万元。

【土地开发整理】 全年完成占补平衡项目 8 个，总规模 6285.57 亩，新增耕地 5442.246 亩；完成验收总量平衡项目 4 个，总规模 7494 亩，新增耕地 785.42 亩。正在施工中的项目 22 个，总规模 15165.61 亩，新增耕地 13339.05 亩；已立项项目 11 个。

【耕地保护】 落实基本农田保护责任人，实行永久性保护。全县基本农田保护责任目标原为 38450 公顷，重新划定后的基本农田保护面积 38469 公顷，基本农田保护率 86.9%。

【城乡建设用地增减挂钩试点项目】 在关闭全县粘土砖窑的基础上，开展城乡建设用地增减挂钩试点项目。2014 年，省政府批准增减挂钩试点项目 1 个，即复垦齐村砖窑，总规模 3.9391 公顷，新增耕地 3.8689 公顷，增减挂钩指标 3.8689 公顷，可挂钩到县城周边使用；增减挂钩试点项目，即复垦信庄砖窑，已上报省厅审批，总规模 6.1409 公顷，新增耕地 5.7913 公顷，待省政府批准后，可增加挂钩指标 5.7913 公顷；第三批增减挂钩试点项目正在做复垦规划设计，涉及官庄、西玉亭、故郡、杨村、岗头上 5 座砖窑，总规模 21.168 公顷，预计新增耕地面积 20.3505 公顷。

【矿山治理】 认真开展矿产资源日常监管工作，严厉打击非法开采矿产资源行为，全年累计出动执法车辆 900 多台次，执法人员 3000 余人次，砸毁设备 4 台（件），取缔非法矿点 8 处。

【地质灾害防治】 全年不定时到有证矿山进行地质环境检查、监督，对有证矿山按照《地质环境恢复治理方案》进行恢复治理。对团山矿山地质环境恢复治理项目进行后期管理，种植树木成活率达到 95%。申请省厅立项 3 个，包括周家庄村西北、周家庄村南、周家庄 3 个矿山地质环境恢复治理项目，立项资金 1516 万元，新增土地 390 亩。

编制《2014 年地质灾害应急预案》和《2014

年突发性地质灾害防治方案》，制订汛期前排查、汛期中检查、汛期后核查制度。先后对17个村、43处地质灾害隐患点进行检查和巡查并发放105份地质灾害避险明白卡、43份地质灾害应急预案表、43份地质灾害工作明白卡和43份地质灾害排查表、300余份宣传图画及手册、17个工作日记本；建立群测群防网络，如发生地质灾害，能及时发出预警信号，同时按地质灾害速报制度准确上报所在乡镇及县国土局，迅速在第一时间组织力量进行抢救，了解灾害发生原因和发展趋势，做出有效的应急处理；与有证矿山填写汛期地质灾害承诺书，落实矿山企业法人为地质灾害防治责任人。

【执法监察】 根据卫片检查结果，严厉打击违法占地，全年共发现违法占地124宗，面积232.18亩，其中耕地189.36亩，立案124宗，下达行政处罚124宗。

【信访工作】 认真开展信访隐患排查工作，把各类违法用地、农村宅基地纠纷和非法采矿方面引起的矛盾作为信访工作重点，发现信访苗头及时介入，使矛盾纠纷早发现、早控制、早解决，把问题解决在基层。实行领导包片和属地管理制度，明确乡镇国土所所长为信访案件第一责任人，包片领导为第二责任人，具体负责本辖区和分包片的信访工作。全年受理信访案件60件（重复12件），办结46件。

（高立强）

统　计

【概况】 2014年，统计局围绕县委、县政府中心工作，以提高统计数据质量为核心，以抓好统计方法制度改革、统计信息化建设为重点，切实加强基层基础建设、法制建设和信息化建设，充分发挥统计信息、咨询、监督三大职能作用，推动统计工作不断发展。

统计局内设办公室、综合科、工业科、农业科、能源科5个科（室）和普查中心（副科级）、农村经济调查队（副科级）、城市经济调查队3个直属事业机构，共有干部职工20人。

局　长：贾俊峰

副局长：张增国

普查中心主任：柳永良

【经济普查】 按照上级统一部署，如期完成第三次全国经济普查年度工作任务。完成基本单位名录库清查整顿工作，对全县所有选聘的PDA（手持数据采集设备）操作员150人进行操作培训。普查登记后，及时组织人员深入企业核对普查数据，保证普查数据质量。普查初步结果，全县共有法人单位2260家，产业活动单位222家，从业人员45338人。

【粮食产量调查】 购置测亩仪，对粮食产量调查抽中的14个乡镇20个村的辅助调查员全部进行业务技能培训。对抽中地块的播种面积进行实际丈量，夏粮、秋粮实割实测工作更加科学规范，数据质量不断提高。

【全面小康建设进程统计监测】 牵头召开部门联席会议，对小康统计监测各项指标进行培训，确保统计数据真实、准确。依法统计，对各单位上报的指标严格把关，提高统计监测数据的公信度。强化督促检查，对小康监测情况及统计监测指标完成情况开展督促检查。严格按照分级负责制和责任追究制的规定，对敷衍塞责、工作不力，影响全县小康统计监测进程的单位和责任人，实行责任追究。依照新修订的县级小康监测体系，对2010～2012年及2013年度全县小康建设实现程度进行监测。

【城乡居民收入调查】 城乡住户一体化抽样调查中，国家抽中行唐县6个乡镇10个村的100户住户。此项调查所得数据，是全县城乡居民收入的法定数据，事关国家贫困县的扶贫开发成果，事关全县全面小康建设进程，意义重大。为确保工作质量，重点加强调查基础工作规范化建设。一是加强业务学习，加大对辅助调查员的培训力度，不断提高业务水平；二是增加入户慰问访问的次数，拉近与调查户的距离，掌握第一手资料；三是对广大调查户做大量政策宣传工作，获得调查户的支持与配合。调查结果获得省、市局认可。

【农业产业化统计】 加强全县设施农业、奶牛养殖的统计监测工作，年内完成8家新入统农业龙头企业的入统审批工作，农业龙头企业累计达到11家。

【人口变动调查】 7月，按照上级统一安排，抽中4个乡镇（龙州镇、只里乡、玉亭乡、口头镇）的6个村（南关、白庙庄、秦村、泉子头、官庄、口头）为6个调查小区，700余户家庭户参与人口变动调查。至年底，前期的调查员选聘、培训、入户调查工作全部完成。

【城镇化统计】 在做了大量基础工作后，经过与上级统计部门不断沟通，计划将开发区纳入到城区统计范围，实施后将使全县城镇化率提高2个多百分点，为县城全面小康建设工作的提升创造必要条件。

【统计"四大工程"】 所有联网直报企业全部实现独立填写、独立直报数据，企业"一套表"工作更加科学规范。积极与工信局、国税局、地税局、交通局等部门协调，年内新增"四上"（规模以上工业企业、资质等级建筑业企业和全部房地产开发企业、限额以上批零住餐企业、限额以上服务业企业等）入统企业14家，另有10余家交通运输企业正在办理入统手续。

【统计法制建设】 广泛宣传新《统计法》，对80多家报表单位进行统计执法检查；对40余家投资项目全部现场核查，询问有关人员，核实相关数据；查处2起统计违法案件，通过《统计法》宣传及统计执法检查，进一步规范了基层统计单位的统计工作，提高了全县依法统计的能力和水平，保证了数据质量。

【统计预警分析】 充分发挥统计监督职能，继续加强统计预警分析，努力提高统计服务水平。全年撰写统计信息、统计分析50余篇，5篇统计分析得到县有关领导重要批示，3篇统计分析在市统计局组织的"2014年县级统计调研分析报告评选"中获奖。

（宇丽娟）

审　计

【概况】 2014年，审计局深入开展党的群众路线教育实践活动，加强作风建设，认真履行审计监督职能，突出"预算执行审计、经济责任审计、绩效与专项资金审计、政府投资审计"四大主题，提升审计质量，优化服务质量，共完成审计项目45个，审计总金额40.35亿元，查出不规范资金4.6亿元，提出审计建议80多条，建议出台相关制度，较好地完成了各项审计任务，为全县经济持续健康发展发挥重要作用。

审计局内设办公室和经济责任科、投资社保科、行政事业科、财政金融科、法规科6个科室及经济责任审计中心（分局），共有干部职工16人。

局　长：李平福

副局长：赵八月

【财政资金审计】 2013年度县本级财政预算执行情况审计总金额18.5亿元，发现管理不规范资金4.43亿元。为防范财政偿债风险，把政府债务情况纳入2014年预算执行审计内容，为县政府提供决策依据。县地税局2013年度预算执行及税收征管情况审计总金额4700万元，查处违规资金8.6万元，管理不规范资金742.6万元。对市同、上方等乡镇进行2013年度财政决算审计，并对查出问题提出整改建议。《行唐县地税局2012年度预算执行及税收征管情况审计》获石家庄市优秀审计项目奖，《层层筛选审计法在审计工会费征缴不及时问题中的应用》获石家庄市优秀审计方法奖并推荐到省厅参评。

【经济责任审计】 全年共完成乡科级领导干部经济责任审计项目12个，审计总金额20763.9万元，发现管理不规范资金576万元。对审计中发现的普遍性和倾向性问题，及时向县主要领导汇报，同时向县经济责任审计领导小组成员单位通报情况，为领导干部监督管理工作提供支持，为县委选拔和使用干部提供重要依据。

【专项资金审计】 完成农业局2012年田间工程

建设和2012年基层农技推广服务体系建设、水务局2011年度山洪灾害防治非工程设施建设、国土局土地整治及校安工程等专项资金审计，审计总金额5846.5万元，查处违规金额11万元，管理不规范资金275万元。会同扶贫办、财政局开展全县扶贫项目验收，共涉及13个村4个项目，资金292万元。对新农合资金管理使用情况进行绩效审计，查出部分卫生院重复报销、套取新农合资金等问题，卫生局对审计出的问题高度重视，积极整改，效果良好。

【政府投资审计】 由审计局起草、县政府印发的《关于加强国家建设项目审计监督工作的意见》，进一步健全了政府投资项目审计监督工作机制。全年共完成玉晶路、龙州公园一期、县城生活垃圾填埋场、县城道路油面铺装等18个竣工工程决算审计项目，审计总金额14951万元，审减金额115万元。在政府投资项目审计中，积极探索聘请社会中介机构参与审计的思路，既扩大了审计覆盖面，又提高了工作效率。

【配合上级审计】 5月，派出骨干力量配合市纪委完成全市新农合基金和社保基金联合检查及全县新农合资金、扶贫资金等专项资金审计工作。8月，抽调骨干力量参加审计署组织的全国土地出让收入和耕地保护情况审计。9月，根据国务院和审计署统一部署，组成审计组开展稳增长、促改革、调结构、惠民生、防风险政策措施落实情况跟踪审计，项目涉及住建、民政等28个部门和单位，全年审计总金额1.72亿元，有关单位对行政审批、项目建设等方面存在的问题立查立改，保障了国家政策措施的落实。

（宋子立）

质量技术监督

【概况】 2014年，质监局以开展党的群众路线教育实践活动为契机，以实施“质量兴县、名牌兴企”战略为促进，围绕服务转型升级与县域经济建设，强化监管，创新服务，努力营造质量安全环境，提升全县质量总体水平。

质监局内设办公室、标准计量股、特种设备安全监察股、食品生产监督管理股、稽查股（打假办公室）、监察室6个股室和质量技术监督检验所1个直属事业单位，共有干部职工58人。

局　　长：王文秀

副 局 长：秦高粱　赵建平

纪检组长：郝立杰

主任科员：李军华　谷连法（8月病逝）

副主任科员：李桂平　霍莉萍

【食品安全监管】 一是在县食安办领导下，对非法生产红薯淀粉行为进行整治，通过夜间巡逻进行摸底排查，初步掌握违法事实后，与环保局、供电局、公安局等部门联合行动，对8家红薯淀粉加工户实施捣毁设备、断电等措施。二是按照上级要求，从5月17日开始，对全县16家枣酒非法生产加工户进行取缔，对库存的9280公斤枣酒就地封存，对其生产设备（锅炉）进行查封。三是对一家假冒饮料生产窝点进行查处，违法生产、销售产品货值金额24970元。四是对蜜饯企业进行专项整治，严格落实开工申请制度，验收合格方允许开工生产。

【产品质量安全】 一是确保工业品安全。认真制定并组织实施县级工业产品监督抽查计划，全年共抽查60个批次产品，产品合格率为91.7%。对监督抽查中发现的不合格产品生产企业实行约谈机制，召集企业负责人对其产生不合格原因进行分析，制定整改计划。二是进一步拓宽办案思路，对河北科工建筑工程有限公司在行唐县第一中学整体搬迁项目施工中使用的电线电缆进行监督检查并抽查，对问题产品生产企业进行严厉处罚。

【执法打假】 一是对霍村雷增辉无证无照生产假冒防水卷材企业进行查处，有效打击违法分子的制假势头，维护消费者的合法权益。二是针对《消费者晚报》举报县内挂车生产企业（行唐县国兴车厢厂、骏峰车厢厂、众泰机械厂、正大车厢厂等）无3C认证组织生产一案，及时派出执法人员对辖区内企业进行摸底，搜集相关材料，向企业发放通知并告知法律、法规相关规定；最后报请县政府对10家挂车生产企业实施断电、断水措施，进行取缔。三是与县公安局经侦支队配合对只里乡南高里村（鹿泉市张建军）一家生产假冒饮料生产窝点进行查处，没收假冒“康师傅冰糖雪梨”166件、“今麦郎冰红茶”38件、“雪碧饮料”250件、“美年达饮料”70件，假冒产品标识“可口可乐”17500张、“雪碧”16500张、“维尔康”7500张、“百事可乐”15000张、“冰糖雪梨”11800张。四是按照省、市局的安排部署，开展以打击制售假冒伪劣化肥、人造板、电热毯产品为主要内容的三个战役，共抽检石家庄市玉城化工有限公司、石家庄绿洲肥料有限公司、石家庄市润田化工有限公司等12家企业32个批次产品，有效遏制非法生产的势头。

【特种设备安全监察】 以杜绝特大事故、遏制重大事故、减少一般事故，确保人民生命财产安全为目标，有序开展特种设备安全监察工作，实现安全运行无事故。一方面坚持以监察促检验，做到应检尽检，确保设备安全运行。对全县428台特种设备进行定期检验，定期检验率为100%，其中7家（6个液化石油气充装站和1个氧气充装站）重点监控设备到期检验率为100%。特种设备使用登记发证率和现场检查率均为100%。另一方面加强专项检查整治。9月3日，全县“六打六治”专项治理工作会后，对16个乡镇、开发区特种设备协管员进行现场培训，要求协管员发现特种设备隐患及时向县安委会和局特监科汇报，将特种设备安全隐患消除在萌芽状态，严防死守安全底线。加大对7个气瓶充装站（行唐县蓝天气体厂、行唐县新源液化气站、行唐县惠民液化气站、行唐县利民液化气站、行唐县顺达液化气站、行唐县龙州液化气站、行唐县龙城液化气站）的监管力度，建立健全充装站规章制度，坚决杜绝无证充装、超装和充装过程不执行安全技术规范等行为。为确保涉氨制冷设备的安全运行，5月，经请示县安委会，由质监局牵头，会同安监局对在用储氨器的企业进行排查，并对已封存的石家庄飞龙制冰厂进行不定期检查，防止私自使用储氨器。

【标准工作】 一是帮助联通公司开展“省级服务标准化试点”建设工作，指导其建立标准化工作机构、标准体系、标准实施与持续改进等措施，推荐联通公司申报“省级服务业标准化示范单位”（该项目由省局立项），该公司最终以97分的成绩顺利通过省级考核。二是帮助河北永青饲料有限公司修订五个企业标准。三是提出《实验室化学分析滴定操作规程》和《实验室化学分析移液操作规程》两个河北省地方标准草案，向专家征集意见，并将反馈意见进行汇总，组织由省、市局标准处、有关专家参加的标准审查会议，顺利完成标准发布前的相关工作。四是采标工作。鼓励并帮助石家庄梦情电器有限公司、石家庄永乐电器有限公司完成采用国际标准工作认可项目4项、完成采标标志备案4项工作。

【计量工作】 一是围绕节能减排推进重点能耗企业石家庄玉晶玻璃有限公司、河北迈尔斯通电子材料有限公司、石家庄明旺乳业有限公司开展能源计量工作，按照省、市局要求按时完成对重点能耗企业的审查工作。二是引导培育部河桥头中石化加油站、县医院、中医院成为诚信计量自我承诺示范单位。

【质量监督检验】 全年检验各类产品1398个。其中，与市工商局合作检验化肥样品713个，市局抽检化肥35个，社会委托工业品检验48个，县局工业品检验15个；外县食品企业委托送检59个，县内食品企业委托送检10个，市局食品抽检221个，县局食品抽检108个，系统内各县、市（区）局食品委托检验189个。

【安检机构】 认真贯彻学习《机动车安全技术检验机构管理规定》（质监总局121号令），执法人员对安检机构有了明确的认识和深入的了解，自觉规范行为，确保符合规定要求。对机动车实施两月一次巡查，并及时上报安检机构机动车检验统计数据。

【名牌战略】 大力实施“质量兴县”名牌战略，河北新征饲料有限公司、河北三五五四鞋业有限公司、河北华昌机械设备有限公司3家企业的产品荣登省名牌产品榜，河北玉晶玻璃有限公司、河北森磊农副食品贸易有限公司2家企业的产品荣获河北省优质产品奖。

【技术机构发展】 计量技术机构有2个标准到期，按照《计量标准考核规范》（JJF1033）和上级要求，圆满完成复查和验收工作。9月，建立心脑电图机、心电监护仪、B超检定装置等8个新的计量标准，对县医院、中医院及各乡镇卫生院的心脑电图机、心电监护仪、B超机进行检定。年内完成全县在用强检计量器具检定10257台件，其中，检定电子汽车衡79台次，电子计价秤110台，电子案秤285台，台秤38台；机械天平26台，电子天平38台，架盘天平60台；煤气表756块，血压计400台件，单相电能表6800余块，三相电能表135块，组合（电流、电压）互感器35台，压力表620块，加油机55家816台次；医疗计量设备49台，医院化验设备10台件；在用强检计量器具检定合格率99%。定量包装产（商）品净含量检测共计完成56家110个批次，合格率98%。校准企业实验室温场设备干燥箱86台、培养箱42台、烘干箱41台。

【其他工作】 设立微机室，办公室专人负责管理，避免上班时间玩电脑。建立图书阅览室，购置图书200余册，书目涵盖政治理论、社会科学、质监业务、法律法规、生活百科等10余个种类，丰富职工业余文化生活。围绕“计量与绿色中国”主题，开展5·20计量宣传，组织县中医院、爱眼协会等单位开展计量宣传及计量惠民活动，义务调修市场用台秤、电子秤56台，免费检定人体秤、血压计400多台，发放计量知识宣传资料近500余份，中医院专家开展为群众测量血压等义诊服务，爱眼协会技术人员为500多名市民进行免费验光，收到良好社会效果。

（张建霞）

物价管理

【概况】 2014年，物价局认真开展党的群众路线教育实践活动，全面落实全市物价会议精神，加强价格调控监管，稳妥推进价格改革，为全县物价总体平稳作出应有贡献。

物价局内设办公室，下设价格所（价格认证中心）、物价检查所、口头物价所3个事业机构，共有干部职工20人。

局　长：赵二建

副局长：苗会军

【收费许可证年检】 完成收费许可证和经营服务收费证审验工作，其中，审验收费许可证99本、经营服务收费证51本，收费许可证换发和审验率达98%以上。

【价格公共服务】 继续做好价格监测工作。关注与民生密切相关的肉、蛋、奶、蔬菜等商品的价格变动情况以及对群众生活的影响；完成《河北省供水调查》、《城市基础设施配套费基本情况统计》、《行唐县养老服务机构收费情况调查》、《小水电调查》等4项调研，为省、市物价局制定价格和收费标准提供科学依据。

【价格审批与成本监审】 对《行唐县第二污水处理厂污水处理费征收标准的批复》、《行唐县玉城中学提高学费收费标准申请》、《行唐县曙光中学提高学费收费标准申请》、《河北启明中学提高学费收费标准申请》、《关于调整石家庄兴唐客运出租有限公司公租汽车运价的批复》、《关于行唐县只里供水价格的批复》6项申请、批复进行成本监审。

【价格认证】 全年鉴定涉案物品及其他认证546件，鉴定金额3055.7万元。其中，刑事案件价格鉴证业务258件，鉴证金额726.98万元；民事案件价格鉴证业务47件，鉴证金额319.97万元；交通事故损失价格鉴证业务148件，鉴证金额474.05万元；价格认证评估93件，认证评估金额1534.70万元。主动贴近政府的工作重心，积极发挥服务职能作用，在2号路接点地上附着物认证评估、颍水河两岸综合整治地上附着物认证评估、2号路两侧租地绿化地上附着物认证评估工作中，在第一时间内出具价格认证评估报告，为全县建设发展作出积极贡献。

【价格检查】 积极发挥“12358”价格举报电话作用，认真受理群众对价格、收费问题的投诉举报。对群众关心的教育、医疗、城市公交收费及药品、电信服务价格等热点问题进行检查，共查处价格违法案件28起，没收违法所得12.3万元，罚款31.2万元，罚没款合计43.5万元。

【规范收费】 落实国家、省、市文件精神，全年共降低《关于防空地下室易地建设费收费标准有关问题的通知》（石价〔2014〕93号）等20项行政事业性收费标准。

【价格争议调解】 年内调解5件价格争议案件，均达成和解，受到当事人和有关部门的赞扬，树立了良好的社会形象。

（赵丽娜）

农村财务管理

【概况】 2014年，农财局以党的群众路线教育实践活动为契机，以“发展农村经济、维护农村稳定”为中心，以制度建设为重点，抓基础、促规范、保稳定、促发展，圆满完成各项任务目标。

农财局内设办公室和土地政策管理科、合作经济发展科、会计科，有干部职工8人。

局　长：王建成（兼农工委副书记）

副局长：赵　威

【财务巡查】 为维护全县村集体的合法权益，根据县委要求，4月，起草《关于开展农村财务公开定期巡查工作的通知》，决定从4月起对全县农村财务公开情况进行季度巡查，对财务收支大、矛盾突出的村进行重点巡查。全年共巡查138个村，对查出的不公开或公开不到位的，依照《河北省农村财务审计条例》责令负责人限期整改，对逾期整改不到位的予以处罚，收到较好效果。

【财务管理】 年初，按照县委、县政府关于农村“两委”换届工作的安排，结合“两委”换届选举工作，农财局下发《关于下达2014年度农村财务审计任务的通知》，制订农村财务审计工作方案。全年审计农村财务120个，审计总金额1120万元，提出审计建议65条，对存在的白条入账问题进行及时纠正。通过对农村干部进行财务审计，化解了大量信访苗头和不稳定因素，维护了全县农村社会稳定。

【土地流转】 一是开展农村土地流转调查摸底工作。5月，起草印发《行唐县农村集体土地承包、农村土地经营权流转调查摸底的通知》，按照文件要求，召开各乡镇长、农经站长会议，安排部署农村土地承包、农村土地流转调查摸底工作，为全县农村土地承包经营权登记颁证工作打下良好基础。二是完善农村土地承包经营权流转制度。为正确引导农民依法规范流转土地，根据石家庄人民政府《关于进一步推动农村土地承包经营权流转促进农业规模经营发展的意见》（石政发〔2014〕30号），起草印发行唐县人民政府《关于进一步推动农村土地承包经营权流转促进农业规模经营发展的意见》，成立行唐县农村土地承包经营权流转服务中心，为农村土地流转提供政策和信息服务。全年共流转土地11.2万亩，占家庭承包耕地面积的20.8%，全县农村土地流转工作有序展开。三是做好土地纠纷调解仲裁工作。加强仲裁庭建设，3月，购置摄像机、照相机、经纬仪、录音笔及监控等仲裁专用设备，为仲裁工作的顺利开展提供有力保障。全年共接手土地纠纷上访案件135起，调解处理128起，仲裁团山、坎上、南贾素、岗头、颖南等7起案件，对维护农村稳定发挥积极作用。

【土地确权】 认真贯彻落实国家关于农村土地承包经营权登记工作的指示精神，根据省、市有关要求，在积极稳妥地完成上碑镇陈磁沟村的试点工作的同时，进一步开展扩大试点工作。一是制定实施方案。起草印发《行唐县农村土地承包经营权确权登记工作实施方案》，根据国家“两年试点，三年推进”的总体要求，在完成2013年试点村的基础上，分年度安排实施规模，明确任务目标，其中2014年度整体试点乡镇两个（上碑镇、市同乡），其余13个乡镇分别选定一个试点村，共计约10.2万亩。二是开展宣传培训。为赢得全县广大农民群众对农村土地承包经营权登记工作的参与和支持，印发农村土地确权登记政策宣传明白纸12万份，发至全县农户；编制《土地确权登记颁证政策问答》手册1000余册，发至全县各级领导干部及具体工作人员；张贴宣传标语100余条，为确权颁证的推进营造浓厚氛围。根据县委、县政府主要领导的意见和工作实际需求，10月28日，邀请省农业厅农经站副站长蔡建基就确权颁证工作的目的意义、政策法规对全县科级以上领导干部进行专题培训。之后，组织各乡镇具体工作人员就确权颁证操作流程及方法进行辅导，使其基本掌握操作技能、工作程序。三是进行调查摸底。印制《农村土地承包经营权确权登记调查表》50万份，以在全县范围内正在进行的第二次全国土地调查成果为基础，结合二轮延包合同、底账及农村资产资源台账等档案资料，对承包农户家庭成员信息、土地面积、地块、四至进行清查摸底。

【合作经济组织】 一是抓宣传培训。3月，在县城主干道路悬挂防范和打击非法集资宣传标语横幅20条，印发宣传材料2万份，各乡镇通过喇叭广播等形式开展形式多样的宣传活动。印发《农民专业合作社学习资料汇编》、《农村经济组织财务管理》等1400多本。为进一步规范农村专业合作社经营，5月，邀请省农经处李洪波处长、农村财务专家魏根良对合作社法人及财会人员进行专题培训。7月9日，组织排查出的疑似非法集资的合作社法人，认真学习《河北省金融工作办公室等四部门关于进一步规范农民专业合作社发展防范金融风险有关问题的意见》（冀金办字〔2014〕97号），针对农民专业合作社存在的问题和形势，要求各合作社严格贯彻执行《中华人民共和国农民专业合作社法》，积极迅速筹措资金，尽早兑付成员股金，妥善做好成员稳定工作。二是抓规范管理。严格按照石家庄市打击和处置非法集资工作领导小组《关于防范农民合作社非法集资暂行办法》（石处非办［2013］20号）的要求，定期开展专项检查，深入合作社实地查看合作社账目，对合作社的财务管理、资金来往进行审计检查，对不规范的合作社进行限期整改，以最大限度降低合作社的非法集资活动风险。同时，制作、发放《合法经营警示牌》及《行唐县农民专业合作社守法经营“十禁止”》制度牌，要求各合作社在办公场所显要位置悬挂；印发《行唐县农财局致全县农民合作社一封公开信》10000份，以劝告其依法规范经营，促进合作社规范发展。

（宋立勇）

食品药品监督管理

【概况】 2014年，食药监局围绕保障人民群众饮食、用药安全这一目标，强化职工学习教育培训，周密部署，精心组织，扎实开展一系列食品药品安全专项整治行动，取得良好成效。

食药监局内设办公室、药品稽查科、药品监督科、食品安全科、政策法规科、餐饮化保执法队和药品不良反应监测中心1个下属事业单位，在职干部职工30人。

局　　长：石香文

副 局 长：孙国群　赵翔宇

主任科员：杨振勇（2月任）

【食品专项整治】 制定印发《行唐县鲜肉和肉制品整治治理工作方案》、《关于健全餐饮服务经营单位档案管理工作的通知》、《餐饮服务环节食品安全隐患排查工作方案》、《餐饮服务环节月饼整治方案》，联合教育局下发《关于进一步加强学校食堂食品安全管理工作的通知》等相关文件，组织开展餐饮服务环节食品安全专项整治工作，开展双节期间、餐饮业餐饮具、肉制品、地沟油食品安全等多项专项整治活动。检查过程中，重点对餐饮服务单位获证情况、建立进销货台账、落实索证索票和餐饮具消毒制度以及从业人员健康体检、餐厨废弃物流向逐一进行检查，严防餐饮单位从无证单位购进食品原料以及使用病死、毒死或死因不明的禽、畜、兽、水产动物及其制品，进一步规范餐饮服务市场安全秩序。全年共出动执法人员863余人次，出动执法车421辆次，检查餐饮服务经营单位387家，发出责令整改通知书86份，进一步增强餐饮服务单位的经营责任意识。

【药品安全监管】 组织药品经营企业召开行唐县药品安全监管工作会议，下发《行唐县药品零售企业药品安全专项检查实施方案》、《行唐县2014年药品经营企业日常监督管理工作实施方案》、《行唐县2014年药品经营企业GSP认证跟踪实施方案》；与辖区内63家药品零售企业和5家药品批发企业签订《药品经营企业诚信经营责任书》，要求企业按照责任书内容开展经营活动，保证药品质量。对全县药械经营单位进行档案管理，一个企业一个监管档案，将日常监督、人员培训考试、违法行为查处等情况录入档案。在日常监管过程中，切实规范药械经营行为，对药械进行全过程、无缝隙监管；对全县药品经营、使用单位在药品购进、贮存、销售及使用的各个环节进行逐项检查，细查药品购进记录、购进渠道和相关票据、药品生产批号和生产日期、有效期等事项，对基本药物、特殊药品及可疑药品进行逐一排查，对发现的问题，依法按照药品监督行政执法程序给予处理。全年共出动执法人员990余人次、执法车320辆次，检查药械经营使用单位643家，发出责令整改通知书55份，进一步规范药品经营使用行为，提升药品安全水平。

【法规宣传培训】 在3·15、食品安全宣传周、全国安全用药月、节假日等期间开展宣传咨询活动，通过设立法律法规、鉴别假劣药品咨询台，开展进校区、进社区、进企业、进农村、进单位宣传活动，积极向群众讲解识别真假药品知识、食品药品安全小常识、药品安全法律法规、新版GSP以及伪劣食品药品鉴别知识，倡导安全合理用药，全年累计发放宣传资料6100份，现场展出假劣药品10余种，提高全民食品药品安全意识。开展药品经营企业法定代表人和质量负责人新版GSP培训、药品使用企业药品电子监管等专业培训，共培训1200多人次。开展学生小手拉大手宣传活动，印发《致学生家长的一封信》，通过学生动员家长积极参与食品药品安全县创建活动，提醒家长关注学生饮食安全，拒绝不健康食品，进一步扩大社会宣传面，共同构筑社会共治体系。

（赵永强）

安全生产监督管理

【概况】 2014年，在县委、县政府的正确领导下，安监局牢固树立安全生产“红线”意识，时刻把握“底线”思维，圆满完成市政府下达的安全生产任务目标，保障全县安全生产形势持续稳定好转，被市政府评为2014年度安全生产目标管理优秀单位，在全市40个优秀单位中排名第11，东部8县排名第2。

安监局内设办公室、综合科、安监科，下设安全生产监察大队和职业卫生监管所，共有干部职工22人。

局　长：王连锁

副局长：刘勇奇

党组成员、副主任科员：张　政

监察大队大队长：梁迎九

党组成员：杨晓康

【建立安全生产“党政同责、一岗双责”体系】 11月13日，县委、县政府出台《行唐县安全生产“党政同责、一岗双责”暂行办法》。各乡镇（开发区）和县政府有关部门严格落实“党政同责、一岗双责”有关规定，出台文件或以会议纪要形式明确党政班子成员以及部门负责人安全生产工作职责。各乡镇（开发区）安委会主任均由行政一把手担任。负有安全生产监管职责的部门认真落实“管行业必须管安全、管业务必须管安全、管生产经营必须管安全”的工作要求，基本实现国务院安委办提出的安全生产“五级五覆盖”，（五级即省、市、县（市、区）、乡镇（街道）、行政村（社区）；五覆盖即党政同责全覆盖，“一岗双责”全覆盖，政府主要领导同志担任安委会主任全覆盖，向党委组织部门报送辖区内安全生产工作情况全覆盖，“三个必须”（管行业必须管安全，管生产必须管安全，管业务必须管安全）全覆盖。

【推进安全生产“三同时”】 组织专题调度会7次，对新落户县内的企业主要负责人进行建设项目安全设施“三同时”（同时设计，同时施工，同时投入生产和使用）专题培训。河北鑫裕陶瓷有限公司等7家企业完成安全预评价和条件论证，河北万果红酒业有限责任公司等4家企业同评价机构签订合作协议。

【开展安全生产标准化】 始终把开展安全生产“标准化”作为深化提升企业安全水平的一项重要工作。非煤矿山、尾矿库、建材、危化、商贸、轻工6个行业，河北长城建材有限公司、行唐县维明超市有限责任公司、河北三五五四鞋业有限公司等54家企业完成安全生产“标准化”建设。

【规范企业安全生产管理机构】 督促规模以上企业和石家庄玉晶玻璃有限公司等10家从业人员百人以上的企业全部设置安全管理机构、配备专职安全管理人员。河北迈尔斯通电子材料有限公司等170多家从业人员百人以下的一般企业配备了专（兼）职安全管理人员，真正做到企业安全有人抓、岗位安全有人管，努力把安全设置在一线，把隐患消灭在源头。

【安全生产示范企业创建对标】 挑选3个不同行业的3家企业（石家庄明旺乳业有限公司、石家庄玉晶玻璃有限公司和行唐县华联石油城）精心打造行业“安全生产示范企业”，7月底，3家示范企业通过市安监局验收。8月底，河北晨光水泥有限责任公司等31家企业全部完成对标活动，实现“示范一家，带动一片，提升一条线”的目的。

【安全生产教育培训】 5月，组织河北鑫裕陶瓷有限公司25名煤气工进行为期10天的封闭培训，取得特种作业资格证；组织41家企业89名特种作业人员参加省安监局培训，取得特种作业资格证书。6月5日，组织全县336家企事业单位主要负责人，召开行唐县企业主要负责人履职尽责警示教育集中宣讲大会，受到省、市安监局领导的充分肯定，企业负责人安全生产意识明显提高。6月，组织矿山、尾矿库企业主要负责人、安全管理人员共计78人次，参加市安监局组织的专题培训班和落实主体责任讲座。7月，危化企业9名主要负责人和12名安全管理人员完成安全生产从业资格复训。12月，组织44个烟花爆竹零售点132名从业人员进行培训考试，全部持证上岗。

（杨晓康）

招商引资

【概况】 2014年，招商局围绕县委“突出项目立县，推进转型突破，实现实力跃升，建设和谐行唐”总目标，坚持“招大、引强、选优”的原则，不断解放思想，创新招商方式，拓展招商渠道，全县招商工作迈上新台阶。

招商局内设办公室、县直乡镇科和开发区科，下属机构投资促进中心，规格均为股级，共有干部职工16人。

局　长：王建峰

副局长：王英军　赵三平

【招商措施】 一是加强招商队伍建设。面向社会聘任、选调11人充实到县招商局，并外派2人到石家庄市投资促进局学习先进招商工作方法。积极探索人才柔性引进模式，与省商务厅投资促进中心正式签订《招商引资顾问协议》，引进高端专业招商人才。为进一步提升对外宣传水平，招商局选拔、培训县第一批讲解员3名，并圆满完成石家庄市市长王亮、市政协主席王华清等领导、全国各地投资客商及栾城、新乐等9个县（市）领导来访的讲解工作。二是开展京津招商活动。主动赴京津开展招商对接活动，与北京市丽日办公用品有限公司、华光金辉家具等公司进行洽谈，取得良好效果。三是加大对台招商力度。完成河北（行唐）台湾创新产业园跑办工作，并使其成为省商务厅重点推介的30个国别（地区）产业园之一，也是石家庄市唯一一家吸引台商投资的园区。以5·18廊坊洽谈会、9·8厦门经贸洽谈会等节会为平台，向台湾客商推介台湾创新产业园，加强与台湾客商的沟通。在2014年中国石家庄国际投资合作洽谈会期间，组成以县委书记为团长，各乡镇、县直有关部门、经济开发区主要负责人参加的经贸代表团，参加京津冀协同发展石家庄合作推进会、现代服务业项目洽谈会、百家商会进省会等9大主题活动，主办2014台商（行唐）投资合作专题对接会，这是“石洽会”开办以来，行唐县第一次举办专题活动，邀请台湾明木国际商务交流有限公司、台湾环宇科技有限公司等32家台湾知名企业来行唐参观考察并进行台湾（行唐）创新产业园项目推介。组成由中联部挂职干部、行唐县委常委叶晓林为团长的招商小分队，赴东莞、昆山台商聚集地区开展上门招商工作，与东莞台商协会和昆山市台湾同胞投资企业协会的台商代表广泛交流，详细洽谈，扩大了行唐在台商中的影响力和知名度，为进一步开展后续招商活动奠定坚实的人脉基础。

【招商成果】 签约项目8个，总投资49.16亿元，分别是投资1.5亿元的福瑞德干粉砂浆及聚苯乙烯保温板项目、投资2.56亿元的石家庄远洋特种工业泵项目、投资1亿元的河北长宏阀门项目、投资1.6亿元的河北融投清洁能源项目、投资4亿元的亿丰伟业新型环保包装复合材料项目、投资13.5亿元的循证医药项目、投资12亿元的行唐国际家具园区项目和总投资13亿元的太阳能光伏电站项目。

【储备项目】 结合行唐产业优势、资源优势，谋划包装农业类、工业类、物流类、文化旅游类等45个经济效益好、科技含量高、带动力强的项目，做好项目储备，增强招商针对性，实现“储备一批、洽谈一批、签约一批、落户一批”的良性循环。

（任　杰）

农 业

种植业

【概况】 2014年，农业局以中央一号文件精神为指针，以党的群众路线教育实践活动为契机，全面贯彻落实中央、省、市、县一系列会议精神，认真落实党和国家的各项强农惠农政策，积极开展农技服务，狠抓项目建设和农产品质量安全，各项工作呈现持续、健康发展的态势。

农业局内设办公室、生产科、执法科、农产品质量监管科4个科室，下设能源办、农业技术推广中心、农广校、种子管理站、上方原种场、农业服务站6个股级事业单位，共有干部职工105人。

党组书记、局长：高秋敏

党组副书记、区划办主任：米社强

党组成员、副局长：董根平 赵双庆

党组成员、区划办副主任：苑保卫

【项目建设】 一是良种补贴项目。全面做好2015年度全县小麦、玉米、棉花、水稻、花生等农作物良种补贴跑办、发放等工作，累计争取良种补贴资金1102.6045万元。二是测土配方施肥项目。秋季采集420个土样进行化验，使各村百姓能够了解土壤类别、养分需求等情况，从而进行科学种植。三是农村沼气建设项目。总投资2020.2万元，其中中央资金308万元，建设大中型沼气池2个、农村户用沼气池1800个。四是国家新增千亿斤粮食生产能力田间工程建设项目。完成2013年度田间工程只里乡秦村项目区建设任务；农田道路整修、水利基础设施建设及地力建设等工程，总投资1500万元，其中中央投资1200万元，计划在独羊岗乡东甦趣、西甦趣、南甦趣、北甦趣等4村改造中低产田10000亩。五是旱作农业技术推广项目，总投资65万元，推广粮食作物地膜覆盖综合配套技术1万亩。六是耕地保护与质量提升补贴项目，总投资80万元，推广应用玉米秸秆粉碎还田腐熟技术6.67万亩。

【惠农补贴】 经村委会登记、乡（镇）政府及全县汇总核实，上报省厅争取良种补贴资金1102.6045万元，其中，小麦种植47.1103万亩，补贴资金471.1030万元；玉米种植51.5435万亩，补贴资金515.4350万元；棉花种植0.0411万亩，补贴资金0.6165万元；水稻种植0.03万亩，补贴资金0.45万元；花生补贴9万亩，繁种面积0.5万亩，补贴资金115万元。

（马同革）

畜牧水产业

【概况】 2014年，畜牧局按照“建设标准化、生产规模化、养殖生态化、经营产业化、服务一体化、销售品牌化”的目标，以奶牛小区提档升级为重点，加快推进饲养方式转变，进一步调整产业结构，着力强化畜牧生产、重大动物疫病防控、牧渔产品质量安全监管等重点工作，全力推进生态养殖，努力打造优质、高效、生态、安全的现代畜牧业。全县大牲畜存栏9.8万头，其中奶牛存栏9.4万头；猪存栏17.6万头，羊存栏6万只，家禽存栏407万只；肉类总产3.93万吨，禽蛋总产3.47万吨，奶类总产32.62万吨，渔业产量2156吨。

畜牧局内设畜牧办公室、生产科、兽医科、经济管理科，下设动物卫生监督所、兽医兽药饲料监督检验管理站、基层畜牧兽医站、动物疫病控制中心、水产管理站、家畜改良站、奶业管理办公室、畜产品质量检验检测站、种羊场，共有干部职工200人。

局　长：霍光明

副局长：孙建会　刘建峰

党委成员、奶办主任：盖连义

【标准化建设】　明确定位，狠抓落实，畜禽养殖场区突飞猛进。创建县利民奶牛养殖小区等市级畜禽示范场（区）8个、省级畜禽示范场1个、部级畜禽示范场1个，太行甲鱼养殖合作社水产健康养殖升级改造通过省级标准化建设验收。全县1家兽药经营企业通过GMP认证，26家兽药经营企业通过GSP认证。累计争取标准化规模养殖场（生产乳粉用）扶持资金2711万元，60家奶牛小区实现全日粮混合饲料喂养（TMR）；推广带穗青贮10万亩；23家小区共计建设自由散栏式牛舍、卧床1.5万余个，全部安装冷风机、饮水槽等设施，实现硬件设施现代化和饲喂科学化；推广奶牛分群饲养，使奶牛养殖向现代牧场模式转变。

【品种改良】　以加强奶牛配种站点液氮罐、改良配种器材配置以及配套基础设施建设为基础，以开展人工授精技术人员培训为抓手，进一步完善奶牛优质冻精推广体系，为全县奶牛改良提供技术保障。利用性控冻精增加母牛繁殖率，推广性控冻精3000余支，推广优质冻精12.6万支。2014年，行唐县被列为生猪良种补助项目辐射试点县之一，通过宣传生猪良种项目政策、开展种公猪精液质量监测、人工授精技术服务站点布局建设、协助项目县进行人工授精人员管理、建立健全生猪良种补贴项目管理档案、及时汇总精液发放和配种记录等一系列有效措施，生猪人工配种率达到75%，推广使用生猪良种项目精液32000余瓶，加快全县生猪良种化步伐。

【渔业发展】　渔业产业继续向精品化、生态化方向发展。以市水产处批准的县太行甲鱼养殖专业合作社、县故郡生态农业科技有限公司2个“渔业示范园区”为建设重点，支持、帮助2个园区制定三年发展规划（2014～2016年），包括园区道路环境、基础设施、养殖情况、产品质量控制措施、标准化生产应用、产品自检情况等内容，两个合作社正逐步进行实施，为加快带动全县现代渔业发展步伐奠定基础。太行甲鱼养殖专业合作社省级“水产健康养殖示范场升级改造项目”，总投资80多万元，其中省级财政扶持25万元。水产健康养殖示范场升级改造项目的实施，辐射带动周围甲鱼养殖户100多户，为农民搞特色养殖，开展生态、健康养殖起到示范带动作用，促进全县养殖户发展生态、健康养殖的认知感，符合高效、节能、减排的现代渔业发展理念。

【重大动物疫病防控】　按照省、市、县各级部署，严密开展禽流感、口蹄疫等重大动物疫病防控工作，有效预防各类重大动物疫病的发生和传入，全年共计免疫牛19.4万头次，猪34.6万头次，鸡728.8万只次，羊8.9万只次；检疫鸡肉产品128万只，猪肉产品1.3万头，淘汰鸡1.3万只，猪2.1万头，牛8900余头。动物疫病防控体系得到完善，疫病预防控制能力得到加强。

【质量安全监管】　3月，县畜产品质量监测站正式挂“石家庄市畜产品质量监测区域中心站”牌子。进一步落实监管责任及措施，提高管理人员素质，做到监管、监控、检测、监督四到位。落实企业驻厂监管制度，强化监管责任意识，实行监管责任公示和动态监管；积极推进网络平台建设，完善市、县、企业、奶牛养殖小区四级视频网络监控体系，全县80辆生鲜乳运输车辆安装GPS卫星定位系统，做到全程监控，实时监控；以县畜产品质量监测站为依托，加大对奶牛养殖小区鲜奶的抽检频率，每两月全部抽检1次，实行奶牛养殖小区鲜奶分户留样自检制度，落实生产者主体责任；加强执法监督，加大对兽药、饲料等投入品的监管力度，规范养殖档案管理，加大对贩卖病死奶牛及在生鲜乳中添加非法物质的打击力度，净化奶业市场。

（苏　光）

林 业

【概况】 2014年，林业局围绕“两个环境”（发展环境、生态环境）建设，以改善生态环境、打造绿色行唐为宗旨，大力推进造林绿化、森林保护工作，重点实施“一环两沿”（即外环路，沿京昆高速、沿省干道）造林绿化，沙河、磁河、村庄绿化，封山育林，全民义务植树、果品基地建设等多项绿化工程，严抓病虫害防治、森林防火、林业执法等林木资源保护工作。全年完成造林5.4万亩，植树569.3万株，森林覆盖率36.95%，实现森林资源安全稳定增长。

局内设生产科、技术科、林政科、大枣科和办公室等5个科室，辖森林防火办公室、安香林业工作站等13个下属单位，在岗干部职工148人。

局 长：王荣林

副局长：李根柱 王丽娟

【造林绿化】 一是通道绿化工程。大力开展“一环两沿”绿化，在京赞公路两侧新建30米宽绿化带，外环路、无繁路补植速生杨6万株，京昆高速两侧更换法桐、国槐、白蜡等苗木180万株。二是河道绿化工程。着力改善沙河、磁河两岸生态环境，在河道行洪指导线500米以内开展造林绿化，栽植速生杨、柳树等7585亩。三是村庄绿化工程。完成西瓦仁、西杨庄等20个省级重点村面貌改造提升的全部绿化任务，并将村庄绿化与新农村建设、农田林网建设、特色产业基地建设及义务植树相结合，共计植树127.3万株，折合造林1.5万亩。四是封山育林工程。在口头镇、九口子乡等山区、丘陵地区重点开展以植被恢复为主的绿化工程，并大力发展大枣、核桃栽植，带动当地经济发展，共栽植大枣、核桃、火炬等苗木155万株，造林1.3万亩。五是苗木基地建设工程。在龙州、安香、上方、翟营等乡（镇）新建苗木基地8000亩，全县苗木基地面积1.2万亩，实现建设万亩苗木基地的目标，全县苗木面积在全市排位第二名。

【义务植树】 大力开展全民义务植树，分别于3月、11月组织开展“义务植树月”活动，发动各单位、学校、企业和社会各界群众参与义务植树活动，对街边、宅边、村边等位置开展“十边绿化”，鼓励认种认养，掀起全民植树热潮。全县各单位、乡（镇）的及各界群众义务植树共计55万株。

【果品基地】 积极谋求新思路，打造新品牌，以建设10万亩优质核桃基地和万亩“三优”苹果基地为目标，利用中央造林财政补贴政策，在玉亭、城寨等丘陵乡（镇）优质核桃示范基地栽植核桃1.6万亩，全县核桃基地面积达6.05万亩；在东安太庄村苹果基地新栽植苹果1685亩，“三优”苹果基地面积达5185亩，被列入石家庄市果品质量追溯示范体系，9月，安太“三优”苹果获第十八届中国农产品交易会金奖。通过推进果品产业基地建设，促进全县林业产业化快速发展，为林区农民增收奠定坚实基础。

【大枣产业】 开展大枣提质增效工程，建立抗逆枣新品种“曙光”采穗圃200亩，为高接换优“曙光”采穗提供保障；在桑叶沟、芦家庄、棉花庄等地新增标准化大枣示范园17个，实行标准化管理，提高果品质量；在九口子乡、口头镇建立标准化树体改造示范基地9个，完成包括修剪、刷白、刮皮为主的树体改造3万亩，带动辐射全县不同程度的树体改造30万亩。受气候条件影响，全县大枣产量略有下降，年产量约为11.5万吨，同比减产2万吨。

【技术培训】 对九口子、上阎庄、口头等乡（镇）地提供技术指导，组织林果技术培训12次，培训果农2500余人次；组织病虫害防治培训10次，受训2000余人次，发放材料1万余份。通过培训，有效提高果农科学种养管护水平，增强林区防范病虫害能力。

【森林防火】 严格落实各项森林防火措施，不断加大森林防火力度，全年未发生较大森林火灾。一是广泛宣传动员，增强广大人民群众森林防火责任意识，营造全民防火浓厚氛围。二是严格落实防火检查站、巡逻队、护林员责任制度，加强火源管控，对防火重点区域进行重点监控，明确林区痴、呆、傻等特殊人群监护责任。三是不断强化森林防火体系建设，修订完善《行唐县森林防火应急处置预案》，并组织开展应急演练，严格执行24小时值班和领导带班制度，确保信息畅通。四是不断强化森林消防队伍建设，在县政府及上级部门支持下，县专业森林消防队伍增加到70人，并新增防火专用车2台，购置二号工具、防火服等扑火机具400余件，专业森林消防队伍和乡（镇）半专业森林消防队伍力量明显壮大。

【病虫害防治】 以“预防为主、科学防控、依法治理、促进健康”为原则，强化目标管理，突出重点防治。全年投入资金350余万元，用于美国白蛾及其他有害生物防治；9月初，组织进行喷洒苦参碱和尿素防治杨树食叶害虫飞防20架次，飞防面积1.2万亩，有效遏制病虫害的发生和蔓延。在九口子乡桑叶沟、满撒、棉花庄和口头镇芦家庄、马化建立虫情测报点5个，指导枣农适时科学用药，全县大枣无虫果率达90%以上。全县各类林木病虫害面积24万亩，成灾面积0.045万亩，成灾率1.85‰；无公害防治面积23.5万亩，防治率97.9%。

【林业执法】 始终保持对涉林违法犯罪行为的高压态势，先后组织开展以打击野外违法用火为主的“金钺行动”，以打击滥伐林木、非法运输加工木材和非法采挖运输大树苗为主的“金剑行动”，以打击破坏野生动物资源违法犯罪活动为主的“金网行动”等林业保护专项行动，查处乱砍滥伐林木案件42起，查处违法养殖野生鸟类行为1起，处理违法人员51人，有效遏止滥伐林木现象的发生，保护了全县林业资源安全。

（张少华）

水　利

【概况】 2014年，水务局重点抓防汛抗旱、河道防洪整治、水土保持治理、小型水库除险加固、城区供水、农村安全饮水、农田水利设施建设、水行政执法及水资源管理等工作。

水务局设办公室、人事科、财务科、节水技术推广中心、移民办公室、水保站、抗旱服务站、工程管理所、农水科、水政监察大队、水资源管理办公室、河道管理所等科室，下属单位有自来水公司、机井队、红领巾水库管理处、米家庄水库管理所、江河水库管理所、群众灌区管理处、口东灌区管理处、口西灌区管理处、磁左灌区管理处，在职干部职工共217人。

局　　长：董建才

副 局 长：王河夏　王力新

党组成员：郭朝辉　任五群

【防汛抗旱】 一、防汛工作，本着立足于防大汛、抗大旱、抢大险、救大灾的要求，全面落实各项责任和工作任务，做到7个到位，即组织领导到位、汛前检查到位、防汛预案到位、物资队伍到位、通讯预警到位、防汛演练到位、督导检查到位，水利工程安全运行，县城未出现内涝，山区、丘陵未出现滑坡等灾害事故，河势平稳，行洪能力畅通。二、抗旱工作，投资120万元，重点实施芦家庄、棉花庄、西市庄等因旱受灾村庄的应急饮水工程；投资13万元购置20多台（套）水泵、水管等抗旱设备，配备到口头、上阎庄、九口子、北河等重点受灾乡（镇）；争取抗旱资金140万元，在九口子乡、玉亭乡、上碑镇等10个乡（镇）的花沟、刘磁沟等22个村庄打井16眼，铺设管道2万多米，解决9725人的饮水难问题，改善2260亩农田灌溉条件；对口头、上阎庄、九口子、北河等山区、丘陵乡（镇）的50多眼大口井、塘坝进行清淤，维修水泵等抗旱机具90多台，投资21万元对磁左灌区、口东灌区等灌溉设施进行清淤维护，整修渠道4.5千米；协调横山岭、口头、红领巾等大中型水库向下游河道及灌渠放水4次，共计1200多万立方米，为上阎庄、口头镇等8个乡（镇）的北董庄、李家庄等40多个村庄补充地下水源，解决5万余亩耕地灌溉问题；组织技术人员20余人次下乡入户，为农民提供抗旱技术指导、抗旱机具维修等服务。

【水资源管理】 强化领导，严格执法，加大水资源费征收力度，共征收136万余元，并全部上缴县财政；完成市下达的“2014年全县单位工业增加值用水量为10.9立方米，降低率为0%”的计划指标。

【河道管理】 起草《行唐县河道采砂管理暂行办法》，在省、市大力支持帮助下，面向全社会依法对河道采砂经营权进行公开招标，以期实现河砂依法、科学、有序开采，从根本上规范河道采砂秩序；严厉打击河道私挖乱采行为，共出动执法人员4050人次，取缔转运场9个、采砂点87处；投资1850万元，对沙河群众渠首至京昆高速大桥段长4.5公里河道进行整治，投资2718万元，对颍水河朔黄铁路桥至上碑大桥段长7.03公里河道进行整治。

【基础设施】 一是农村饮水安全工程。投资1285万元，建设市同集中供水站，解决市同、翟营2个乡的左市同、南翟营等14个村2.57万人的饮水安全问题；二是小型水库除险加固工程。投资510万元，对西彩庄、董家庄、上北庄3座病险型小水库进行除险加固。三是水土保持工程。投资1159.3万元，对上阎庄、团山两个片区13个村的水土流失进行治理，治理面积20平方公里，修建水平梯田58公顷，种植经济林704公顷、水保林48.5公顷，封育治理1189.5公顷，修作业路17.8公里，打机井1眼，建蓄水池4座、扬水站2座，立标志碑2通、标志牌90块。四是城区管网改造工程。投资367万元，改造2号路、衡阳大街、北外环路等路段共计9260余米供水管网。

（王 朔）

农机管理

【概况】 2014年，农机局认真落实农机购置补贴政策，全县农业机械化总动力139.5万千瓦，拖拉机保有量6695台，其中大中型拖拉机2275台；大中型拖拉机配套农机具4293部，其中旋耕机1856台，秸秆还田机1756台；小麦联合收割机1723台，玉米联合收获机355台，青饲料收获机66台。全年累计完成机耕面积68万亩（包括深松13万亩），机播68万亩，机耕、机播率均达95%；机收50万亩，其中小麦机收面积30万亩，占小麦种植面积的98.7%，小麦生产过程中的耕、种、收机械化继续保持在98%以上；玉米机收面积13.5万亩，占玉米种植面积的45%。全年共实现农机服务利润2435万余元。

农机局内设办公室、农机管理股、企业管理股，下设农机推广站、农业监理站、农业服务站，共有干部职工85人。

局 长：张劲波

【农机购置补贴】 全年共争取农机购置补贴资金1100万元，全县补贴大中型农机604台（套），其中，拖拉机48台、小麦收割机151台、玉米收获机63台、青饲料收获机18台、青贮机45台、旋耕机56台、微耕机154台、还田机5台、深松播种机55台、玉米割台3台、深松机1台、铧式犁4台、插秧机1台；补贴429户，带动社会投入2260万元，全县农机资产新增3360万元，全面完成省、市下达的补贴任务。

【农机作业】 “三夏”生产小麦机收共投入联合收割机1300台，机收小麦30万亩，机收率98.7%。在夏种期间，出动小型拖拉机4850台、播种机1738台，机播面积29万亩，为全县小麦的及时收割入库和秋作物的早播优播提供机械保障。“三秋”生产中，出动各种拖拉机5200余台，其中，大中型拖拉机1247台，玉米联合收获机93台，秸秆还田机1571台，旋耕犁1172台，其他农业机械上千台件；收获玉米27万亩，其中，机收13.5万亩，秸秆还田20万亩，机耕面积23万亩，机播面积19万亩；完成农机深松面积13万亩，涉及11个乡（镇）91个行政村。

（张劲辉）

农业综合开发

【概况】 2014年，农发办完成高标准农田建设项目和农业产业化两个项目。

农发办内设综合科、土地治理科、产业化科、监督评价科4个科室，共有干部职工7人。

主　任：姜进宏

副主任：张志伟

【土地治理项目】 顺利完成独羊岗乡贾庄村、寨里村高标准农田建设项目。土地治理项目规模6000亩，总投资832万元，其中，财政资金728万元（中央财政520万元，省财政208万元），群众筹工投劳104万元。通过建设，更新打井20眼，维修配套机井16眼，铺设地下防渗管道48千米，地埋电缆14千米，整修农路10.5千米，植树8400株。项目建成后，项目区的农业基本生产条件得到彻底改善，制约农业生产的行路难、浇地难等问题得到解决，农业综合生产能力明显提高，增产增收效益明显。项目区改善灌溉面积0.6万亩，新增节水灌溉面积0.6万亩，年节水34.21万立方米，增加农田防护林面积0.6万亩，每年可增粮食产量102万公斤，人均纯收入可达到6300元，比开发前增加412元，增产增收效益明显。

【产业化项目】 成功向省农业综合开发办公室申报行唐县旺源奶牛养殖专业合作社100头标准化奶牛养殖改建、石家庄凯兴牧业有限公司年产20万吨全价饲料和4万吨猪膨化饲料改扩建等2个产业化财政补助项目，争取财政资金448万元，其中，合作社财政补助资金168万元，龙头企业财政补助资金280万元。这些项目总投资1151万元，争取财政资金448万元，其中，中央320万元，省128万元；直接增加农民收入539.95万元，直接受益农户4076户，受益农业人口14266人。

（霍振东　刘跃强）

工 业

工业和信息化

【概况】 2014年，工业和信息化局认真贯彻落实县委、县政府的安排部署，围绕“突出项目立县、推进转型升级、实现实力跃升、建设和谐行唐”战略目标，着力在强化要素保障、实施精准发力定向服务、加强工业经济运行调控、扶持民营经济发展、培育产业集群等方面开展工作，经济实力显著提升，全年万元GDP能耗下降4.42%，纳税上5000万元的工业企业有石家庄市明旺乳业有限公司和石家庄玉晶玻璃有限公司，纳税上500万元企业有石家庄鹏海制药有限公司和君乐宝太行乳业有限公司，工业企业对县域经济贡献率明显提升。

工信局内设办公室、经济运行科、行业管理科、财务科、人事科、煤炭管理办公室、民营经济办公室，下设工业经济联合会，共有干部职工25人。

局　长：王永坤

副局长：赵新杰　张保中

【工业经济】 加强工业经济运行调控工作，通过召开经济运行调度会、深入企业调研、及时解决企业存在的困难和问题，促进工业经济健康快速发展。年末，全县有规模以上工业企业76家，工业增加值完成58.06亿元，同比增长12.30%；利润完成23.27亿元，同比增长7.94%；工业固定资产投资完成139.76亿元，同比增长20%；工业技改投资完成66.99亿元，同比增长24%；工业用电量28140万千瓦时，同比增长16.87%。

【民营经济】 贯彻落实国家、省、市有关扶持政策，起草并落实《行唐县支持民营经济较快发展的若干意见》等政策性文件，进一步推动民营经济健康发展。到年底，全县有个体私营业主18270户，民营经济从业人员80700人；实现增加值87.6亿元，同比增长10.8%；营业收入328.3亿元，同比增长8%；上缴税金4.63亿元，同比增长16%；实现利润36.1亿元，同比增长7%。

【强化服务】 一是加大扶持政策宣传。向规模以上企业宣传国家、省、市及县有关扶持、优惠政策，发放相关政策汇编180余册。二是积极服务企业。落实县级领导分包重点企业制度，深入企业调研，了解企业存在的实际困难和问题，为企业排忧解难。三是积极为企业解决融资困难。通过搭建银企对接平台、发挥融资担保公司作用、召开银企洽谈会、协调建立银企帮扶机制等途径，为企业解决融资难题。四是充分发挥工信局职能作用，为企业申请各类专项扶持资金，全年共为企业融资8.8亿元，申报各类扶持奖金3068万元。

【企业转型】 在引导76家规模以上企业开展技术对标、加大资金投入、加快转型升级基础上，贯彻落实中信部、河北省有关铸造行业准入政策，重点推进传统机械铸造业转型升级。9月，组织河北振东制动器械有限公司、行唐县正佳机械有限责任公司、石家庄执阳机械制造有限公司、行唐县兴同铸业有限公司等15家铸造企业到河南省林州市对标学习。充分利用原化工企业闲置土地，加快推进机械制造业园区规划建设。年内为15家铸造企业申请行业准入公告，建设机械制造业园区工作由县发展改革局牵头，正在积极推进当中。

【大气污染治理】 按照《行唐县重污染天气工业企业应急预案（暂行）》及《亚太经合组织会议行唐县空气质量保障工作方案》文件要求，对各乡镇、开发区应急预案执行情况进行督导，明确责任，落实到人。在亚太经合组织会议期间入驻企业严防死守，确保限产、关停到位，不出任何问题。在重污染天气预警响应期间，对石家庄宜民木业有限公司、行唐县明旺乳业有限公司等10家企业及河北迈尔斯通电子材料有限公司、石家庄市九州兽药有限公司、行唐县方圆纸桶底盖厂和石家庄新星粘合剂厂等20家企业的锅炉限产、停产及关闭情况进行督导，圆满完成工作任务。

【产业集群】 落实各项优惠政策和扶持措施，重点培育乳业产业集群和煤选产业集群。

乳业产业集群。该集群有兴华奶牛养殖小区、希望养殖小区、玉恒奶牛养殖小区等105个奶牛养殖小区；有牛仔王人才培训基地、给力金融担保公司、行唐县奶业协会等39家配套服务业；有五业农牧机械、华昌机械、方月机械、凯兴饲料等工业企业41家，其中规模以上企业有明旺乳业、君乐宝太行乳业、万佳食品、金源机械、永青饲料等18家，年收入30亿元，上缴税金1.07亿元，从业人员6000多人，其中龙头企业（明旺乳业和君乐宝太行乳业）年产值约10亿元。

煤炭洗选产业集群。取缔县城西环、南环、无繁路沿线煤炭经营户173家，总占地1800亩的煤炭集群在距县城20公里的许由村西，利用岗坡次地、低丘缓坡建设煤炭物流基地。年末，共入驻煤炭经营户（企业）110家，煤炭年交易量1000万多吨，年交易额45亿元，上缴税金1480万元，促进运输、餐饮、维修、装卸等相关服务业发展，其中从事煤炭运输的重型卡车1000余辆，从业人员3万多人。

【工业结构】 全县工业企业298家。其中，采矿业企业20家，制造业企业276家，电力、燃气及水的生产和供应业企业2家；规模以上工业企业76家，分为机械铸造业、建材及矿产品业、食品饮料业、化工业、电子信息业及其他产业。

机械铸造业。规模以上工业企业有河北华昌机械设备有限公司、河北方月农业机械制造有限公司、石家庄五业农牧机械有限公司、行唐县兴同铸业有限公司、河北振东制动器有限公司、行唐县正佳机械有限责任公司、河北冬日锅炉制造有限公司等企业25家，主要产品为挤奶机、青贮切碎机、各类玛钢铸件、球铁铸件、灰口铁铸件、铸钢件，各类箱体件及各类管件、汽车配件、锅炉及采暖炉等。年内实现产值64.2亿元，主营业务收入63.9亿元，利润7.2亿元，利税10.1亿元，同比分别增长20.06%、20.12%、18.6%和18.25%。

建材及矿产品业。规模以上工业企业有石家庄玉晶玻璃有限公司、河北晨光水泥有限责任公司、河北长城建材有限公司等企业12家，主要产品为超白玻璃、水泥等。年内实现产值27.3亿元，主营业务收入25亿元，利润2.3亿元，利税3.9亿元，同比分别增长7.66%、0.73%、-14%和-13.14%。

食品饮料业。规模以上工业企业有石家庄明旺乳业有限公司、河北沃源饮品有限公司等企业15家，主要产品为液态奶、炼乳、果蔬饮料、植物蛋白饮料、饲料等。年内实现产值50亿元，主营业务收入50亿元，利润5.7亿元，利税8亿元，同比分别增长11.55%、11.63%、7.49%和10.35%。

化工业。规模以上工业企业有河北盛世锦唐包装有限公司、石家庄鹏锋化纤有限公司、石家庄通达塑料制品有限公司等企业15家，主要产品为塑料编织袋、短纤维、给排水管材等。年内实现产值51.7亿元，主营业务收入51.8亿元，利润5.4亿元，利税8.1亿元，同比分别增长18.48%、18.74%、6.67%和9.8%。

电子信息及其他产业。规模以上工业企业有河北迈尔斯通电子材料有限公司、石家庄鹏海制药有限公司等企业9家，主要产品为中高档液晶材料、壁挂式全科诊断系统和新生儿访视包等。年内实现产值27.7亿元，主营业务收入27.5亿元，利润2.7亿元，利税4亿元，同比分别增长24.01%、24.16%、8.84%和10.35%。

（陈银河）

二轻工业

【概况】 2014年，二轻总公司以党的群众路线教育活动为契机，狠抓思想作风建设，在经济运行压力加大、各种矛盾日益凸显的严峻形势下，围绕保持经济平稳发展、社会和谐稳定目标，企业改革稳步推进，规模以上企业圆满完成上级下达的各项经济指标任务。

二轻总公司内设办公室和生产、政工、财务3个科，有干部职工10人。

总 经 理：李国成

副总经理：刘海荣（女）

【项目建设】 新上项目3个，完成固定资产投资5000万元。其中，投资1500万元的兴同铸业搬迁项目竣工投产，投资3000万元的方兴建材项目投产运营，投资500万元的强固商砼项目建成投产。

【稳定工作】 按照抓早、抓小的原则，积极排查、主动化解信访隐患，群众反映的合理诉求得到积极回应，没有发生一起上访事件；认真开展安全生产大检查活动，关口前移，重心下移，夯实基础，强化责任，初步建立起科学、规范的安全生产运行机制，连续十年没有发生一起安全生产事故。

【企业改革】 按照积极稳妥、逐步实施的指导思想，完成服装厂、印刷厂的资产、人员等信息摸底工作；完成了行唐县砖瓦厂的对外承包租赁工作。

【其他工作】 圆满完成党的群众路线教育实践活动的各项规定动作，长效机制正在建立中。办公用房按照标准使用，进一步规范资产运行的监督机制，长流水、长明灯得到有效遏制，办公经费同比减少20%以上。完成黄标车淘汰任务。经过多年努力，“晨”牌水泥成为省优质产品。新增规上企业1家。

（徐玉阁）

电力供应

【概况】 2014年，供电局以开展党的群众路线教育实践活动为契机，加强电网建设强化服务意识，全面提升供电质量和营销服务水平，圆满完成全县15个乡（镇）、330个行政村、45.9万人口的生产、生活供电任务。

供电局内设办公室、发展建设部、财务资产部、安全监察质量部（保卫部）、人力资源部、党群工作部（工会、纪委［纪检］办公室、团委）、乡镇供电所管理部、电力调度控制分中心、运维检修部（检修［建设］工区）、营销部（客户服务中心）10个职能部室，下辖10个供电所，在册干部职工195人，农村电工581人。

局　　长：高　卫

党委书记：王润海

副 局 长：崔云峰　苏学增

纪委书记：刘立杰

局长助理：毛志强

【优质服务】 做好客户安全用电服务督导检查，对重要客户、重要线路进行重点排查，及时消除隐患，圆满完成各项政治保电任务。开展党员先锋服务队和春灌保电服务队活动，深入农村田间地头开展抗旱保春灌用电服务及延伸服务，对辖区灌溉供电线路、机井用电设施等进行检查维修、张贴优质服务卡，及时为客户提供抢修用电服务。利用流动宣传车广播安全用电常识，发放安全用电宣传材料，拓展客户诉求渠道，零距离受理客户诉求，真正实现由“业务导向”向“客户导向”转变。打造10分钟交费圈，拓展收费渠道，新增101代收点，现有11个营业缴费网点、428个代收点。推广坐收、邮政代收、社会化代收、自助缴费等多元化方式，使客户交费更加安全、就近、快捷、高效。开展“便民服务十项措施”、“县供电企业管理提升工作方案”、“供电所管理两提升工作方案”等专项工作，针对客户反映的热点问题集中进行整改治理，梳理管理流程、完善管理方法，全面提升供电质量、营销服务水平，客户满意度明显提高。

【电网建设】 新建35千伏九口子输变电工程，投资2246万元；新建同塔双回线路11.2公里，新增配变2台。2012年农网升级改造10千伏工程投资1000万元，新增配变60台，新建改造10千伏线路50.6公里。2012年农网升级改造35千伏工程投资419万元，扩建35千伏车厂变电站1座，新增主变1台容量10000千伏安。2010年农网改造升级调整工程投资1132万元，新建配变144台，新建改造10千伏线路67.55公里。2013年农网改造升级工程投资865万元，新建改造10千伏线路37公里，新增配变85台，容量18000千伏安。

【供电所专项治理】 实行领导、部室主任分包供电所，部室主任、专责连带供电所考核，所长签订责任状，专责签写承诺书，将任务责任逐项分解到部室、供电所，具体落实到人。完善所务会、考勤、派车单、派工单等21个制度办法，规范低压电能表更换、包村农电工测评、故障报修等8个流程。加强督导整改，对市公司检查、互查、自查问题召开专题会布置落实，并下发《供电所专项治理检查整改通知书》跟踪整改。通过检企共建、实施轮岗培训、强化计划停电、规范故障报修流程、公开公示营销事项、优化业扩流程、规范低压电能表更换流程等手段，全面提升优质服务水平，增强员工廉洁从业意识，推动供电所各项工作的开展，10个供电所的整体管理水平得到进一步提升。

【群众路线教育实践活动】 2月25日，开展第二批党的群众路线教育实践活动。通过召开座谈会、开展问卷调查、走访基层部门和客户等多种形式，征集意见建议117条，梳理归纳“四风”方面突出问题22条，供电服务方面问题5条。制定“两整改一计划”（整改落实方案、专项整治方案和制度建设计划）工作方案，征求意见、建议77条，并分层分类全部完成整改。借鉴项目化管理理念，对职工群众反映的热点问题采取挂牌督办、整改销号等办法，以表格形式将各项整改措施分解到领导和部门，标出完成时间，按时间节点及时“对账”。群众路线领导小组及各督导组实时跟进基层单位落实整改进度，开展群众路线及党建工作巡查，确保各项整改任务“件件有着落、事事有回音”。

（严思远）

城建 环保

住房和城乡建设

【概况】 2014年，住建局按照省委、省政府"下大力量把县域经济和县城搞大搞强"的指示精神，认真贯彻落实县委、县政府安排部署，紧紧围绕全县"突出项目立县，推进产业富民，加快跨越赶超，实现绿色崛起，建设美丽幸福新行唐"的总体目标，把县城扩容和功能升级作为主攻方向，以中心城市综合提升工程为平台，以重点项目为抓手，扎扎实实，强力推动，全面提升城市品位、改善人居环境，使县城功能日趋完善、容貌环境显著改观、品味形象明显提升、结构布局更为合理，为县域经济发展和群众生产生活提供了坚实基础和良好条件。

住房和城乡建设局内设办公室、政工科、市政工程管理办公室（市政工程一科、市政工程二科）、村镇科、燃气办、供热办、墙改办、法制科、服务中心、招标办、稽查大队、物业办、房产管理中心、征收办、安监站、档案馆16个主要科室，下辖质监站、房管所两个事业单位，在职在岗干部职工89人。

局　　长：孟文锁

副 局 长：刘文会　谷大娃　杨永军　王卫华

党组成员：贾欣勇　马立辉　李双平

【城镇建设】 完成唐尧大道绿廊工程及京昆高速南口、西南出城口、玉城大街西延、永昌北路三角地四个节点的绿地建设工作，共增加绿化面积33.84万平方米；西环路绿廊工程正进行便道铺设、回填绿化种植土等工作；朝阳大道绿化工程完成项目建议书、可研报告编制及施工图设计，正在进行立项批复、可研批复和投资预算；颍水河带状公园建设工程完成项目建议书，正在进行立项批复和施工图设计；御龙公园项目完成初步方案设计。

谋划实施11项道路建设、整治工程，投资总计约2.62亿元（西街、南街、顺城街人防改造、香港路标志性街道建设、永兴路综合整治、棉新路改造及玉城大街东延综合整治5项工程完工；永昌北路道路提升工程雨污水管网铺设、主路拓宽、路灯安装、便道铺设完成，正在整理绿化用地；玉城大街西延工程主路竣工通车，其配套工程雨污水管网铺设基本完成，正在砌筑便道护坡；升仙桥北延工程朔黄铁路北侧水泥路面浇筑基本完成，正在铺设雨污水管网；新区颍水大街、启新大街及升仙桥南路三条道路建设工程均完成可研报告编制及施工图设计等工作）；完成城区玉城大街以南两纵六横26家党政机关、事业单位和31家住宅小区的供热主支管网铺设27000米；新一中热源站20蒸吨锅炉及三号、五号热源站两台25蒸吨锅炉投用，供热面积31.87万平方米。

全年保障性住房建设任务为440套（博爱佳苑项目230套公租房；集中新建保障性住房210套），博爱佳苑项目230套公租房于6月开工建设，集中新建保障性住房（原顺达液化气站）土地初步落实。竣工任务为249套（永昌佳苑二期棚户区改造80套、廉租房10套、公租房69套；粮丰小区公租房21套、棚户区改造45套；天韵家园棚户区改造24套），永昌佳苑二期棚户区改造80套竣工验收分配入住，10套廉租房、69套公租房及粮丰小区21套公租房、45套棚户区改造正在进行室内外装修，天韵家园棚户区24套竣工验收。分配入住任务为349套，已有204套（第三中学80套公租房、永昌佳苑二期80套棚户区改造、民政事业服务中心20套公租房、天韵家园24套棚户区改造）分配入住，剩余145套（粮丰小区公租房21套、棚户区改造45套，永昌佳苑二期公租房69套、廉租房10套）正在对报名申请的家庭进行审核，待项目竣工验收后分配入住。租赁补贴按季度发放，对32户低保家庭足额发放一、二、三季度租赁补贴42450.96元。

加快推进和规范城中村改造工作，共通过规委会审批14个城中村改造项目，拟占地1065亩，规划建筑面积243.6万平方米。动工项目10个（龙泉花园一栋建至17层；玉府新城南楼建至5层，北楼建至7层；南城小镇开挖地槽；衡阳福居东楼建至14层，西楼建至16层；伯爵世家两栋26层主体封顶；金河小区一栋建至6层；幸福家园一栋建至12层；启天悦城建至7层；唐城小区开挖基坑；天韵家园二期开挖基槽）。危房改造1300户，全部完工。

【房地产管理】 以提高建筑质量和强化施工现场管理为重点，对建设项目摸底调查统计跟踪，实现动态监管，不定期开展建筑工程质量、安全、建筑节能、扬尘污染防治及建筑市场行为综合检查。累计下发责令整改通知书、责令停止建设通知书各15份，对15家违规开发企业依法进行行政处罚，发放《建设工程安全整改通知书》137份，《安全隐患停工整改通知书》30余份，并跟踪整改全部落实；按照扬尘污染治理相关规章制度，硬化施工场地出入口道路500余延米，设置自动冲洗车设备19台，安装远程监控设备19家，设置现场围挡及公益广告围挡1800余延米，各项防治措施有效落实，施工工地扬尘污染有效缓解。

（刘彦青）

城乡管理

【概况】 2014年，在县委、县政府正确领导下，城管局积极开展县城精细化管理工作，不断加强城管执法能力建设，努力提升管理水平和工作标准，全力推进县城管理工作再上新台阶。

城管局内设办公室、督查室、城区监管科、乡村监管科、财务科、安全科、绿化科，有环境卫生服务队、垃圾填埋场、公园管理处等下属事业单位，共有干部职工90人。

局　长：严爱民

副局长：贾敬亮

【队伍建设】 以《中华人民共和国行政处罚法》、《河北省城市市容和环境卫生条例》等法律法规为内容，集中培训15次，提高城管队员执法水平和能力。以党的群众路线教育实践活动为主题，着力开展机关作风和执法行为整顿，严控公车私用，严格招待标准，控减招待费支出，严禁借过节收受管理对象、职工的超市购物券、礼品、香烟等行为。中队坚持每周半天的政治学习制度，同时开展“如何树立城管新形象”主题讨论活动，陶冶政治情操，提高队员思想觉悟。招聘城管协管员100名充实城管执法队伍，制定《行唐县城乡管理局协管员管理办法》，全年城管局简易程序处罚和一般程序处罚均符合法律程序，没有发生违规案例。

【城容城貌管理】 对沿街商户开展“门前三包”，免费发放宣传材料20000多份、垃圾桶3000个。采取各中队长分片包干，集中整治与日常管理、堵与疏相结合的方法，先后取缔城区11条主次干道、重点区域和重点部位流动摊点、店外经营（作业）540多处。3月，集中全体执法人员开展为期3个月的露天烧烤综合治理，发放明白纸300余份，取缔露天烧烤36户，查扣炉具17套，对拒不按要求进行整改的11户依法进行处罚。以“大洗脸”行动为契机，依法拆除95处不规范户外广告牌和100余条破旧条幅，清理玻璃贴字3700平方米，“牛皮癣”20万处，统一粉刷城区11条主、次干道墙体27万平方米。用5天时间拆除部分路段长期占据城区主、次干道的15个亭棚。与公安、交警大队配合，对城区车辆乱停乱放等行为进行长期集中整治，在电视台播放宣传1个月，发放停放车辆明白纸15000份，悬挂宣传条幅70余条，施划机动车停车位1200个，安装非机动车架510米，购买拖车1辆、锁车器100个，纠正违章停车行为1182车次，按规定处罚拒不改正52人。强化渣土运输审批许可制度，实行覆盖运输，严格规范渣土车辆行驶路线、时间和弃土地点。对未完善硬化、冲洗设施工地和未苫盖蓬布车辆进行书面告知停工整改、说服教育和现场处罚，全年联合交警大队出动执法人员400多人次、执法车100多辆次治理渣土运输，暂扣处理违规车辆120台，纠正违规车辆230多辆，为6辆渣土车安装GPS定位系统。

【环境卫生管理】 对城区街道进行不间断、循环清扫作业，加大机械化清扫力度，扩大清扫面积，洒水作业由每天4次增加到6次。年内，通过招聘环卫工增加至232名，提高环卫工人待遇（700元/月涨到1300元/月），减少保洁面积（12900平方米/人降至7100平方米/人），实行2班倒16小时工作制，并配发免费早餐券，为环卫工人免费理发。在章武路、升仙桥路安装44个果皮箱，新建10座大型垃圾转运站，将30座露天垃圾池改造成小型地埋式垃圾转运站，增加1台叉车、3辆小型垃圾清运车，垃圾清运时间延长至晚上9点。实行每周例会制，适时掌握工人心态，提高清扫质量。对三角地加油站、实验学校西南角、县联社、食药监局西南角公厕进行升级改造，在文化广场新建公厕1座，对其余14座公厕维修，解决群众“如厕难”问题。3月5日上午，县城管局和老年文体协会在玉城大街、香港路、龙州大街、升仙桥路进行洁净县城“春风行动”宣传活动，出动执法人员和老年协会人员150余名，车辆11台，大型洗扫车1台。4月份每星期五下午，组织干部职工对香港路东延、永兴路进行清扫，共出动180余人、铲车5辆次、清运车8辆，清理垃圾300余吨。

【园林绿化管理】 投资460万元，在县城主干道两侧补植法桐、柳树、国槐等乔木2.9万株，红叶李、木槿、金叶榆、金枝槐等小乔木0.5万株，冬青、金叶女贞等绿篱植物32万棵、草花15万棵、宿根花卉等地被植物2.4万平方米。其中，香港路中间隔离带种植国槐131棵、木槿1400棵、西府海棠240棵及冬青、金叶女贞3.6万株；在许由大道两侧毛白杨树下种植草花1.6万平方米。春季，投资22.64万元对香港路转盘栽植胸径5公分金叶槐103棵，高60公分冬青、女贞、红叶小檗4万棵；文化广场栽植胸径15公分国槐16棵、高5米雪松8棵、宿根花卉1500平方米。7月，投资40万元在龙州大街增植金叶榆1000余棵，将长势不好的白三叶换成丹麦草、萱草、玉簪。投资75万元，在玉城大街、章武路等主干道两侧摆放花箱350组、花盆170个，种植金叶女贞球350棵，矮牵牛、孔雀草等草花15万盆；在市同转盘种植红叶小檗1000棵、冬青11000株、女贞球62棵。在县城主干道两侧实验学校、环保局、交警大队、法院等68个机关、企事业单位墙外增设绿化带，种植金叶榆、紫叶李等花灌木100棵，冬青、女贞、红叶小檗5500棵。在无法植绿的单位门口摆放铁树40余棵。对绿化苗木防治病虫害喷药3次，面积达81万平方米。对城区道路两侧树木和公共绿地进行修剪与整型，清理枯树、枯枝200株，修剪各类草坪绿篱3次，达30万平方米。专门安排4名协管员维持龙州公园流动摊点进园、机动车辆入园及制止破坏公园公共设施等秩序。为玉城公园增加健身器材15套、休闲座椅15把，补栽冬青10000多株。文化广场安装器材10套、休闲座椅10把，种植宿根花卉1100平方米。龙州公园购买割草机1台，安装健身器材10套、休闲座椅30把，种植直径15公分国槐30棵。

【路灯管理】 玉城大街、香港路、龙州大街、章武路安装LED路灯596盏。全年共受理路灯故障电话80余次，累计抢修160次，完成路灯维修1695盏次，更换破损地埋电缆1980米，维护更换控制箱5次，保持路灯设施完好率达到98%以上，亮灯率达到98%以上。

【市政设施管理】 维修城区便道5050平方米，路沿石2220米，为香港路及文化广场362棵绿化树更换树坑石，铺设香港路树篦子804.5平方米。

在玉城大街、龙州大街、香港路及章武路两侧安装休闲座椅150把。对部河路绿化池进行整修，共计367.3平方米。改造机动车出入口1500多米，更换下水篦子、圆井盖板312个，疏通下水道731米。维修西环景观工程假山、更换玉城公园台阶石159.25平方米。对新开路及幸福南路3座限高架进行升级改造。

【农村面貌改造提升工作】 在农工委指导下制定《行唐县城乡卫生保洁长效机制管理办法》，给东留营、岳霍口、西南庄、东霍同、西霍同、高家庄等20个省级农提工作重点村配发机动三轮车20辆、人力三轮车70辆、垃圾箱220个。协助范家佐、封家佐、侯阳关、西市庄、东杨庄、西杨庄、北桥、葛仙庄等101个村建立卫生保洁长效机制，并上墙公布；同时，为村卫生保洁员在局备案。

【宣传工作】 在《石家庄日报》、县电视台、《政务广角》、《行唐周报》等媒体发表信息、倡议书和电视讲话、宣传短片共30多条（件），宣传城管执法法律、法规和城管执法工作的重要性。悬挂危爆、治理大气污染、打击偷盗损坏绿化苗木、推进门前“三包”的宣传条幅1000多条。全年负责人大代表建议、政协委员提案28件，代表建议办理满意度为100%，政协提案办理满意度为100%。办理市长公开电话及其他来电来访300多人次，没有出现上访案件。

（孟永利）

城乡规划

【概况】 2014年，在县委、县政府的正确领导下，行唐县城乡规划局按照《政府工作报告》、《行唐县2014年经济社会发展重点工作任务分解》等文件要求，结合自身职能，依据相关法律法规，积极行动，狠抓落实，强力推进各项工作快速、高效地开展。

城乡规划局成立于2013年11月，内设办公室、城乡规划科、政策法规科，下辖规划测绘队、规划监察执法大队两个下属单位，在岗干部职工79人。

局　　长：韩东华

副 局 长：赵羽波　李志革

党组成员：连振荣　张　国

【规划编制】 2011年6月，委托河北省城乡规划设计研究院编制《行唐县城乡总体规划（2013～2030年）》，经多次实地踏勘和方案沟通，2013年5月规划纲要通过专家技术审查，10～12月进行公示并经县政府常务会议、县人大常委会审议。2014年6月通过省住建厅技术审查，8月通过市规划局技术审查，并根据有关意见建议进行修改完善，于12月11日通过石家庄市第十八次规委会审查，并提请市政府审批，城市设计、绿地系统、公共设施综合布局、近期建设等19项规划完成初步设计方案。配合相关部门完成行唐县气象设施和气象探测环境保护专项规划、神树湾旅游规划、煤炭物流基地总体规划、道路专项规划、人防、消防等相关规划；指导完成东伏流、岳霍口、羊柴、上方等20个重点村农村面貌提升规划编制工作。完成安香乡、上方乡、上阎庄乡、上碑镇、南桥镇、城寨乡6个乡（镇）总体规划和笔尾、常香、东正、西伏流等101个村庄规划。玉亭乡、独羊岗乡、九口子

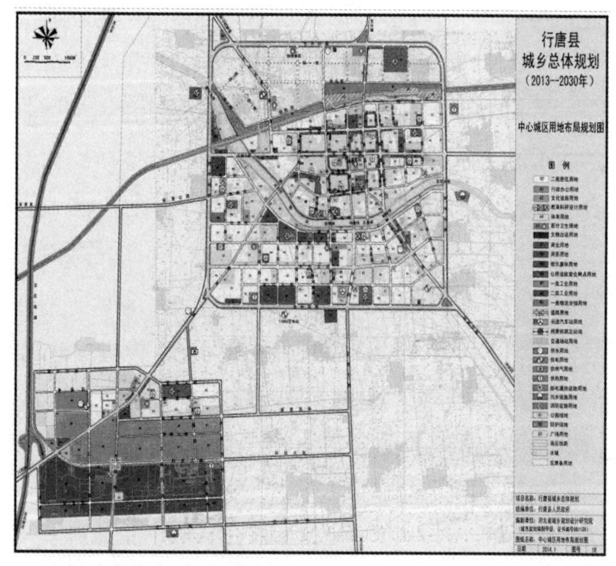

行唐县城乡总体规划（2013～2030年）

乡3个乡（镇）总体规划及寨里、余底、贾庄等50余个村庄规划完成专家评审并提请县政府审批，口头镇规划完成初步方案。

【规划审批】 一、完善县城乡规划委员会工作制度。调整组成结构，将规划局、供电公司等部门纳入规委会成员单位，扩大专家、公众代表数量，使其比例不低于规委会成员总人数的三分之一。成立专家咨询委员会，对特色街区、公园、标志性建筑、综合交通枢纽中心等主要节点、重点片区的规划决策事项，提交专家咨询委员会进行必要性、可行性论证。二、简化审批程序认真贯彻《行政许可法》，按照集中受理、限时办结的要求，实行“一站式”服务，将所有行政审批、发证全部归集到行政服务中心办理，建立完善的行政许可受理、审查、决定、公示、监督检查和过错追究制度，进一步完善建设项目规划行政许可审批程序，将其简化为受理、踏勘、公示、审批四个环节，使审批程序更加简明，审批时间明显缩短，极大方便了服务对象。全年核发建设用地规划许可证12份，建设工程规划许可证17份，建设项目选址意见书4份，乡村建设规划许可证4份。

【监察执法】 为严厉打击违法建设行为，进一步规范城乡建设管理秩序，在县委、县政府统一部署安排下，城乡规划局依据相关法律法规，重点对县城出入口、高速公路口、外环两侧、颍水河两侧违陋建筑，唐尧大道及南外环两侧控制范围内的各类违章建筑、构筑物及控制范围外有碍观瞻的简陋建筑予以拆除，共出动执法车辆380余辆次，执法人员1386余人次，拆除违陋建筑400余处，其中，拆除砖混结构违建178420m^2、彩钢结构46721m^2、简易棚21617m^2、围墙5000余延米，大大提升县城容貌环境形象，有力维护了城乡规划的严肃性、权威性。还牵头对违法违规房地产开发项目进行整治，参与制定《行唐县人民政府办公室关于规范房地产项目土地征收工作的意见》、《行唐县2014年违法违规房地产开发项目专项整治实施意见》、《行唐县查处违法违规房地产开发项目暂行办法》等一系列文件。多次召开违法房地产整治专题会议，组织执法力量对在建房地产项目进行拉网式摸底排查，审批手续不健全的全部停工，限期补办、完善相关审批手续。为彻底杜绝停而不止的行为，专门划分责任小组，明确相关责任人，对违法房地产开发工地实行轮流看守，督促完善审批手续。全年约谈房地产开发负责人60余次，下发停工通知书50余份，对已建成和在建的违法项目共进行22次处罚。

拆除违章建筑

巡查东新街南侧工地

【法规宣传】 通过发放宣传单，提供政策咨询服务，流动宣传车、政府网站、电视专题片等多种形式进行宣传，普及规划法规及相关知识，共发放宣传单5000余份，出动宣传车100余辆次，县电视台播放专题片3次；公布举报电话，设立举报箱，方便群众检举揭发。

（王　普）

住房公积金

【概况】 2014年，在石家庄住房公积金管理中心正确领导下，县住房公积金管理部围绕“团结务实，规范安全，廉洁高效，创新争先”的总体目标和年初确定的目标任务，落实工作责任，强化工作措施，各项工作呈现良好发展势头。1月1日起，将县属财政供养人员单位住房公积金缴存比例由执行中的10%提升到12%。年内新增缴存单位6个，新增缴存人员270人；年初自定归基金目标5700万元，实际完成6686万元，完成率117.29%，累计归基金余额1.8811亿元；全年发放贷款96户，放款余额1596万元，累计实有贷款户890户，贷款余额1.0439亿元，实现中心领导归基、贷款双过亿的目标，年内实现增值收益308万元，增值收益率1.6%。

住房公积金管理部编制3人。

主任：田义昌

（杨晓光）

环境保护

【概况】 2014年，环境保护局按照省、市确定的环境保护工作重点，围绕县委、县政府中心工作，履职尽责，加强环境监管，努力改善县域生态环境。

环保局内设办公室、环境污染防治科、环境影响评价科、计划财务科、政策法规科、自然生态科、环境信访科、危险废物和辐射环境监督管理中心、监控科9个科室，有环境执法大队、环境监测站2个下属单位，共有干部职工100人。

局长、党组书记：赵宝林

副局长、党组副书记：郝雪峰

副局长：盛　炜

主任科员、党组成员：郭建欣（2月任）

副科级干部：孟卫力（2月任）

督导员：霍士堂

党组成员：顾青山（兼办公室主任）

【污染减排】 一是抓好工业结构减排项目，关闭5家红薯淀粉加工企业和河北玉环化工有限公司；二是抓好工程减排项目，督导石家庄玉晶玻璃有限公司总投资1.21亿元，采用“电除尘+SCR”处理工艺削减氮氧化物排放，年内完成3条生产线的脱硝设施建设；三是抓好农业源减排，配合畜牧局开展粪污无害化处理工作，纳入市财政补贴的46家奶牛养殖场（小区）粪污治理工程全部完成建设。全年削减化学需氧量排放量1715吨，削减率10.9%；削减氨氮排放量28.9吨，削减率12.7%；削减二氧化硫排放量354.69吨，削减率2.7%；削减氮氧化物排放量321.8吨，削减率7.3%，完成市下达的污染减排任务。

【农村环境整治】 根据省、市统一安排，组织实施纳入全省2013年农村环境综合整治范围的白庙庄、北张吾、中伏流等8个连片村庄的生活垃圾、生活污水治理，项目涉及资金422万元，年内北张吾、中伏流、南伏流、白庙庄、东瓦仁、西瓦仁6个村的生活污水处理项目完工。

【基层建设年】 驻上方乡羊柴村工作队帮助村内整改所有电线线路，并增上5台变压器；硬化路面520米，美化主大街两侧街道1000米及无繁线羊柴段两侧街道400米，粉刷村内主要街道墙体10600平方米，主大街两侧新植灌木胶东卫矛5366平方米、金叶榆5900余株；新增路灯20盏；完成危房改造3户；累计清理积存垃圾、杂物、建筑垃圾等1500多立方米，清理残垣断壁20多处，在村内主要街道建垃圾池3座，村内配备5名保洁员、5辆垃圾车、1辆机动车，帮助建立长效保洁机制，保持村内环境卫生；完成350座三格式厕所改造；队长赵会牛被省基层建设年活动办公室授予全省基层建设年优秀驻村工作队员。

【项目建设】 配合工信局加快煤炭物流基地规划环评编制工作，协助环评单位完成现场调查、资料收集及调查问卷的发放和收集，召开听证座谈会、技术咨询会，督促环评单位修改完善规划环评报告，及时将《行唐县煤炭物流基地规划环境影响报告书》上报市环保局审查。全年审批环境影响登记表107份、报告表30份、报告书3份。

【环境监测】 一是保障空气质量自动监测站稳定运行，采取空气质量监测站用电双回路改造、配置UPS电源、购置发电机等三重电力保障措施，并安排监测站全体人员15名，对空气质量指数实施24小时不间断跟踪，出现问题及时向省、市环保部门及运营单位报告，保证空气自动监测站24小时正常运转。二是城区空气质量检测结果向大气污染防治成员单位通报，及时采取措施加强道路扬尘、施工扬尘、锅炉烟尘等污染的控制工作。三是开展监督性监测工作，对4家国控企业每月进行两次采样化验，及时掌握企业排污状况。四是开展委托监测工作，完成行唐县盘鑫进出口机械制造有限公司、行唐县泰克轮胎翻新厂等10家企业的环保验收监测服务工作，完成河北新征饲料有限公司、石家庄尚光工业线绳有限公司等26家企业的排污许可证换发监测工作。五是开展功能区噪声监测工作，每季度布设3个点位监测1次，实行24小时不间断监测。六是开展新农村环境质量监测工作，每季度布设1个点位监测1次，每次连续监测5天，全年共开展新农村环境质量监测4次，更好地为县域环境质量改善及领导决策提供依据。

【环境监察】 一是深入开展“利剑斩污”专项行动。联合公安部门重点对工艺落后、污染严重、无环保、无环评手续的企业彻底予以取缔，对排查出的24家小塑料颗粒加工企业、4家非法生产的石粉厂、19家红薯淀粉加工户、15家云母和蛭石加工企业、3家油毡厂等违法排污企业采取拆除设备、捣毁设施等强制措施，予以取缔，将8家污染严重企业移送公安机关处理。二是取缔整治分散储煤厂。按照县政府安排部署，对无繁路两侧及县城外环周边无证无照非法排污的28家储煤场采取强制扣押、拉存煤等措施予以取缔。配合工信局加快煤炭物流基地防风抑尘网安装进度，煤炭物流基地完成硬化道路3200米、安装防风抑尘网1000延米、植树23000棵、配备车辆冲洗设备5套、道路冲洗车1辆。

【燃煤锅炉治理】 一是争取省、市资金支持，推动城区集中供热。年内市财政下拨大气污染防治资金1092.2万元，为集中供热、煤炭基地升级改造等大气污染防治项目实施提供资金支持。二是推广使用煤炭节净剂，报请县政府先后累计投入50万元，购买燃煤节净剂160吨，逐一发放到城区各燃煤锅炉用户，采取人盯锅炉的措施，逐户督导燃煤节净剂的使用，确保燃煤节净剂发挥最大作用，改善城区空气质量。

【秸秆禁烧】 夏、秋收期间，印发《行唐县2014年夏季秸秆禁烧工作实施方案》和《行唐县2014年秋季秸秆禁烧工作实施方案》，建立县、乡、村三级禁烧责任制，加大对公路两侧、城区周边等关键路段、地段的巡查，严防死守，杜绝秸秆焚烧现象的发生，较好地完成了夏、秋季秸秆禁烧工作，通过市秸秆办验收，市政府授予行唐县秸秆禁烧工作先进县称号。

【排污费征收】 按照“全面申报、准确核定、足额征收”的原则，完善排污申报核定与排污费征收管理体系，规范排污费征收程序，确保排污费“依法、全面、足额、及时”征收，年内共征收排污费326万元。

【环境应急】 严格实施亚太经合组织会议期间（11月5日～11日）空气质量保障专项行动。环保局安排部署全体执法人员加大对企业尤其是大气污染企业的巡查力度，累计出动执法车辆60台次，执法人员200余人。在启动重污染天气应急预警期间，进一步加大巡查力度，对全县范围内的重污染天气停产限产企业、VOC（挥发性有机化合物）排放企业和其他排污企业加大检查频次，督导有关部门关停未按要求安装油烟净化设施、排放不达标的餐饮单位。同时，安排执法人员24小时对辖区内玻璃、VOC排放企业以及石家庄明旺乳业有限公司、石家庄君乐宝太行乳业有限公司等重点企业进行驻厂监察，确保应急措施落实到位。

【清洁生产】 督导石家庄鹏海制药有限公司、河北迈尔斯通电子材料有限公司、石家庄玉晶玻璃有限公司等3家公司与有资质技术服务单位签订技术委托协议，完成清洁生产审核报告编制，并督导企业实施。

【水源地保护】 委托河北科技大学编制《行唐县县城及乡镇集中饮用水源保护区划分技术方案和饮用水水源突发事故应急预案》，通过省、市组织的专家评审，由市环保局上报省政府待批。

【监察能力建设】 按照省、市环保部门要求，5月成立监控科，挂靠环境执法大队，专门负责国控企业和县重点企业的在线监管，确保全县在线监测数据传输有效率在99%以上，达到省、市有关标准。

（顾青山）

交通　邮政　通讯

交通运输

【概况】　2014 年，交通运输局坚持以党的十八届四中全会精神为指导，以党的群众路线教育实践活动为统领，围绕服务全县经济社会发展，扎实推进各项工作。

交通运输局内设办公室、政工科、财务科、工程计划科 4 个科室，下辖公路管理站、运输管理站、路政管理站、地方道路管理站、交通工程公司、驾驶员培训学校、第一运输公司 7 个企事业单位，共有干部职工 480 人。

局长、党组副书记：李军法（兼）

党组书记、副局长：张天吉

副局长：严新会　王拴群　李梅山

主任科员：李希争

交通战备办公室主任：赵会群

副主任：刘建平

党组成员、局办公室主任：段立期（2 月任）

【公路建设】　总投资 2025 万元，完成 2 号路主线 10.1 公里二层油面铺装工程；总投资 150 万元，完成颍水河董磁沟大桥桥面、栏杆及引道等续建工程（大桥全长 135 米、宽 8.5 米，空心板结构，两侧引道各长 100 米）；总投资 382 万元，完成省道京赞线磁河大桥 17～20 孔桩基加固工程；总投资 1500 万元，完成张石高速行唐连接线支线Ⅰ、支线Ⅱ续建工程；总投资 100 万元，完成张石高速行唐连接线南出口一期拓宽工程；投资 50 万元，完成县城南出口县标处平交道口拓宽工程；完成 20 个省定农村面貌改造提升行动重点村主街道硬化工程；完成 18 项 53.9 公里农村公路建设任务；积极跑办行陈线大修工程；启动县汽车站搬迁事宜，完成新客运站的选址，定于现客运站对过（龙州大街西头路北），占地 30 亩，由北方工程设计研究院完成初步设计平面图和投资概算，有关部门审定后将出正式设计图纸。

年末，全县拥有各级公路 438 条，总里程 1305 公里。其中，京昆高速公路 1 条 25.49 公里，省道 5 条（京赞线、无繁线、宝平线、京昆高速连接线 1、2）117 公里，县道 4 条（团贾线、行陈线、新井线、阜上线）79.2 公里，乡道 49 条 366 公里，村道 377 条 710 公里，专用线 2 条（鳌鱼山公路、牛王寨公路）8.3 公里。干线公路拥有桥梁 41 座 2334.34 延米，其中，大桥 5 座 1550 延米，中桥 7 座 460.04 延米，小桥 29 座 324.3 延米；县乡村地方道路拥有桥梁 126 座 2946.8 延米，其中，大桥 5 座 867.1 延米，中桥 11 座 635.5 延米，小桥 110 座 1444.2 延米。以县城为中心，县城外环和省干线公路为骨架，京昆高速公路为依托，县乡公路为脉络，通村公路为补充，纵横交错、四通八达的公路路网格局日趋完善。

【公路养护】　干线公路：抓好环境整治，完成省道无繁线口头至阜平界、东环共计 27 公里标准化路段建设，其中无繁线口头至九口子段 10 公里为养护示范路。完成无繁线、宝平线、京赞线和连接线路树补植，共补植杨柳 2970 棵、桧柏 948 棵、碧桃 400 棵、火炬 5000 株，成活率达 98%；修剪隔离带绿植 8.5 公里，粉刷路树 34 公里，修建绿化景点 1 处 200 米，新植花灌木 9200 株；京赞线高速南口至灵寿界新植国槐 910 棵，新植花灌木 2000 平方米；完成无繁线、京赞线、东环、南环、北环秋冬季速生杨补植 306 棵；宝平线补植 1100 株火炬，进一步提升公路绿化品质，提升路容路貌。完成无繁线挖补1650平方米、灌缝11472延米，宝平线挖补1470平方米。落实县委、县政府安排的“大洗脸”活动，对南环、东环、北环和无繁线、2号路共施划标线5次，计260公里；维修挡墙、护栏8处590米；补设三桩450根，粉刷沿线大型桥梁11座；清理各类垃圾2800余立方米，新增设绿化平台5.5公里，公路环境得到明显改观。

地方道路：抓好日常养护、保洁及辖区内126座桥梁的日常巡查工作，对排查出的24座危险桥梁设立48块危桥限重标识牌，保证广大人民群众出行安全；清理路边垃圾8840余立方米，清扫路面79公里，整修路肩160公里，边坡5600平方米，动用人工1038工日，机械174.5台班。田路分家工作完成县道100%、乡道60%、村道49.3%。对行陈线、阜上线、南羊线路面坑槽进行垫补；完成路网改造新增县道10条、乡道86条及村道GPS视频采集工作。根据县政府办《关于健全完善各乡镇农村公路养护管理所的通知》要求，全县15个乡镇及开发区全部成立乡管所；积极营造绿色长廊，建成“绿色廊道”15处，达到30公里。

【运输管理】 客运管理：做好节假日旅客运输工作，共投放加班车180台次，完成运送旅客23.3万人次，确保运输安全，行业稳定；结合打非治违与集中整治专项行动，严查无证、无照经营车辆，查扣“黑车”17辆；完成60辆出租车报废、新增工作，对5家客运企业进行信誉考核，全部达标；年初完成神州客运公司城乡客运33辆黄标车的淘汰工作，订购的33辆新能源车全部到位并投入使用。城乡客运公司70辆班线客车全部安装北斗卫星导航系统，督导客运公司建立监控平台进行实时监控，提高安全行车保障。

货运管理：新增货运车辆1207辆，转出538辆，办理道路运输许可证534个，淘汰黄标车2533辆。许可成立迅风停车场救援服务中心。对威达危险品运输公司进行年度质量信誉考核，依据考核标准评为AA级企业；对普货运输公司进行年度质量信誉考核，考核通过61家，下发限期整改通知书3家，注销3家。源头治超，对政府公示的3家企业每月每家进行不少于3次监督巡查，共巡查57次，检查车辆136辆次，未发现超限超载车辆。

机务维修管理：对3家一、二类维修企业进行质量信誉考核，全部达标；三类维修企业共38家，其中1家未达标，依法予以取缔；新许可三类维修企业7家。

运输服务业：对5家运输服务企业进行质量信誉考核，全部达标，新许可运输服务企业3家。

年末，全县拥有营运汽车7720辆，其中，营运客班车115辆2730个座位；营运货车7422辆；出租车120辆480个座位；城市公交车63辆441个座位。共拥有汽车修理厂点46个，其中，一类机动车维修业户1个，二类机动车维修业户3个，三类机动车维修业户42个。有二级汽车站1个，简易站17个。共拥有客运班线46条，其中，跨省3条，即行唐至北京、行唐至太原、行唐至天津；跨区3条，即行唐至保定、行唐至廊坊、行唐至辛集；城际6条，即行唐至石家庄、行唐至石家庄北站、行唐至井陉、行唐至鹿泉、行唐至矿区、新乐至行唐至灵寿，县内34条。全县乡镇通客车率100%，行政村通客车率100%。

【路政管理】 加大日常巡查力度，全面开展公路环境整治专项行动，加强对重点路段、重点区域巡查，及时清理路面垃圾、堆积物，保障公路畅通，共出动执法车辆780台次，执法人员1530人次，动用铲车100台次，翻斗车46台次，钩机28台次，清理路旁路面垃圾、堆积物95388立方米，清理非交通标志1468块，拆除违章建筑4处，规范平交道口6处，查处路政案件12起，路域环境得到优化。完成南环固定治超站建设，4月24日正式挂牌，4月底启用；口头治超站二期不停车检测工程12月投入运行；两个治超站按照省厅要求开展执法工作，坚持24小时不间断运行，共检测车辆22352辆，查处违法车辆159辆，卸载货物3206.9吨。加大抛撒治理力度，严防运煤、沙土、渣土等车辆对路面造成扬尘污染，治理抛撒滴漏车辆1000余辆，卸载易抛撒物220立方米；开展联合执法专项行动，对无繁线、团贾线、东环、北环等重点路段加强巡查，共出动执法人员500余人次，执法车辆100余台次，查处违法车辆80辆，纠正违章100余台次，卸载货物278.4吨，收缴罚款55450元。

【企业管理】 加强下属企业生产管理，保稳定、保增长。驾驶员培训学校招收学员2984人，从业资格证招收1226名，新增训练场地30亩、富康油气两用教练车16辆，上缴各种税费25.7万元，缴纳养老保险、医疗保险57.4万元，职工工资按时发放。第一运输公司完成生产总值480万元，实现利润100万元，缴纳养老保险53万元、上缴税费140万元；企业生产运行平稳，隐患排查及时有效，没有发生个人及机械安全事故；综合治理、信访工作扎实开展，无违规违纪上访现象，职工工资按时发放。

【党的群众路线教育实践活动】 按照“照镜子、正衣冠、洗洗澡、治治病”的总要求，聚焦“四风”突出问题，扎实完成学习教育、听取意见，查摆问题、开展批评，整改落实、建章立制三个环节的工作任务，达到预期目标，得到上级督导组的充分肯定。

【安全生产】 组织开展打非治违、危爆物品排查及安全生产大检查活动，做好日常摸排，制定相关实施方案。在县汽车站举办旅客安全乘车宣传志愿者活动，发放宣传材料426份，接受咨询12人次。对客运企业、危货企业、出租、公交公司、简易站进行危爆排查，共计检查26次，出动执法车辆26辆次、执法人员91人次，未发现非法存放、运输危爆物品，实现全系统持续安全稳定。

【建议及提案办理】 做好人大代表和政协委员的建议及提案办理工作，全年共收到人大代表建议23件（主办11件、会办12件），政协提案14件（主办8件、会办6件），办结率100%，全部达到代表及委员们的满意。答复办理市长热线156件，答复率100%。

（任文杰）

邮　政

【概况】 2014年，邮政局围绕全年工作目标，加快业务结构调整，提升管理水平，增强竞争实力，以服务当地人民群众为目标，以推进邮政服务“三农”为己任，提高服务质量，全面完成上级下达的各项计划目标，继续保持市级精神文明单位和AAA级河北省劳动关系和谐单位称号。

邮政局内设综合办公室、市场经营部，下设玉城西大街、永昌路、香港路3个支行及上碑、上方、南桥、口头、北河、上阎庄6个支局（所），共有干部职工119人，其中，在岗职工43人，其他从业人员76人。

局　长：习文立

副局长：张志义

【业务发展】 突出规模与效益并重、速度与质量并重的经营主线，着力提升发展的质量和效益。在加快发展的同时，注重发展的结构性、有效性和可持续性，实现多项业务健康发展。全年邮政企业业务总收入完成2936.62万元，完成石家庄市邮政局下达计划的100.12%，同比增收273.72万元，收支差额1140.24万元，全区（石家庄市区除外）排名第四位。着力发展邮政金融业务，邮政储蓄余额达到16.33亿元，全年累计净增7431.8万元。继续开展代发全县新农保业务，全年累计代发新农保资金1700余万元；设立邮政便民服务站52个，为全县广大农民群众配送优质化肥480余吨、种子16吨、洗剂类3600余件，极大地方便了全县广大人民群众办理金融业务和各项邮政业务。

【优化管理】 围绕企业发展中心任务，坚持科学精细化管理，不断提升经济运行质量和管理水平，努力构建和谐邮政。优化用工结构，将10名优秀劳务工招用为合同制工人。优化组织模式，对函件专业和支局人员进行整合，对内部处理岗位实行合理兼职，提高人员利用率。安排各工种共79人的职业技能鉴定工作，职工业务技能明显提高。注重干部职工的业务培训，年内组织参加省、市公司组织的技术练功和专业知识讲座等各类培训班89期276人次。

（李秋增）

联通通信

【概况】 2014年，中国联合网络通信有限公司行唐县分公司全力抓好省公司明确的深化“两个转变”、推进“三个创新”、提升“四项能力”和各项重点工作，以“发展提速年”和“效益提升年”为抓手，着力提高发展质量和效益，持续提升市场竞争能力，深化基础运营管理，激发体制机制活力，推动公司更快更好发展。

分公司内设综合、营销、建设维护3个部室，下设集团客户中心、城区维护中心、城区营销中心、渠道班、线路班、设备班、投诉处理班7个班组及上碑、上方、南桥、口头4个营业部和龙州、玉城2个营业厅，共有干部职工90人。

总 经 理：冯剑平（2月免）
　　　　　高爱辉（2月任）
副总经理：高爱辉（2月免）
　　　　　刘书明（3月免）
　　　　　李崇庆（3月任）
　　　　　王　龙（3月任）

【通信建设】 积极申报建设计划，多次与上级主管部门联系，全年争取项目投资800万元，其中，设备建设资金482万元，线路建设资金318万元。为改善城乡居民生活环境，对石段庄等35个村进行线路整治；为美化环境，完成新建管道0.9公里，光缆架空改落地3.5公里，移杆18根，拆除电杆70余根；在县城面貌提升活动中，完成永昌路、香港路架空落地4.01公里。完成盛唐国际等5个小区FTTH（光纤到户）新建项目，完成世纪名都等10个小区及左市同等22个农村区域FTTH改造项目，完成南翟营等6个村庄FTTH扩容项目和南外环光缆建设，完成新概念网吧等18个点光纤应急工程建设，极大提高了网络稳定性、上网速度及用户的满意度。完成18处3600余米小对数电缆布放，满足122户宽带装机；配合新建3G、4G基站建设，新放上方——红领巾光交等10段16.5千米光缆；配合4G基站新建、3G下移工作新打通光路69段；完成65个3G基站新建和19个4G基站建设；完成盛唐国际商城等5个FTTB（光纤到大楼）安装。对东寺等35个村庄进行电缆查修，降低用户障碍发生，提高宽带速率和用户使用质量；由于村民盖房、路面硬化、车撞、火烧等原因，共计移、立、换电杆320余根，抢修光电缆260处。

【客户服务】 继续坚持“大服务”理念，以客户感知为出发点，不断完善服务体系和标准，创新服务手段，强化服务质量的监督和考核，整体服务水平得到有效提升。为方便用户缴费和办理业务，公司将龙州营业厅从二楼搬至一楼并升级为全新的营业厅，升级后的营业厅分手机专卖区、自助缴费区、业务受理区、业务咨询区和产品体验区等多个区域，充分满足广大用户了解、体验、购买、服务等全方位的需求。在3月市公司“亮树”活动营业厅暗访中，分公司获得全市综合第一名，龙州厅、玉城厅、香港路厅、南桥营业厅分别获得县以上厅第二名、第三名和支局厅第一名、第二名，并均被评为五星级营业厅。狠抓“亮树”指标的监督与考核，同时根据公司实际情况，主管副总和建维部人员与维护班组实行“有问题及时沟通，无问题定时沟通”的工作模式，定于每周二到城区维护中心、不定期到支局听取班会，帮助解决疑难问题，督促完成装维任务，提醒预防投诉发生，取得明显效果；加强对系统内、外障碍时限的关注和考核力度，有效督促障碍维修人员的预约服务和限时服务，从源头上控制投诉发生，客户感知明显向好。

【经营发展】 利用电视台广告、悬挂条幅、发放宣传单、电子屏幕、车辆流动广播等各种方式对全县330个村、140个小区进行全覆盖宣传。开展首季开门红营销会战、营业厅炒机炒店、农村市场专项提升、光网区域专项提升等营销活动350余次，进驻社区、农村、专业市场、工业园区和企事业单位，使广大用户更多了解公司业务，方便业务办理，更便捷地解决客户通信及信息化使用需求。在拓展新业务的同时，分公司兼顾传统业务的持续健康发展，通过关怀挽留、上门走访等形式为用户量身推荐适用套餐，在满足用户个性化需求的同时，促进传统业务的保有量。

【安全管理】 始终坚持“以人为本、安全第一”的生产原则，对安全生产工作警钟常鸣，公司形成一级管一级、层层抓落实、考核与管理并重的良好局面。按照公司的安排部署和“三标一体”外审的具体要求，对办公楼和机房楼100多具灭火器进行年检；办公楼新增安全出口、应急灯和疏散标识8个；口头、南桥、上碑和上方营业部安装4个监控16个摄像头；安装油机室防爆灯2个；对170多个模块点和基站进行安全检查，对发现的问题提出整改意见并要求责任部门限期整改。周密安排防汛工作，制订抢险应急预案，提前储备防汛抢险物资，成立防汛抢险队，严格夜间值班制度，加强机房对重要电话的拨测和线路巡视。

【队伍建设】 认真执行党建责任制，确立党员学习日，加强党员的教育管理和民主评议党员工作。开展丰富多彩的职工文体活动，增强凝聚力和向心力。公司领导每逢重大节日和员工生日向员工发送祝福短信，对生病员工进行慰问；指定专人在天气气候多变时，实时给员工发送提醒短信，同时每周给员工发送安全提醒等温馨短信。

（王丽娜）

移动通信

【概况】 2014年，中国移动行唐分公司以“服务客户为中心，提升客户满意度为目标”的经营思路开展工作，各项工作持续健康发展，为广大移动客户营造了良好的通信环境。

经　　理：李彦民

经理助理：秦　涛

【市场经营】 以服务客户为目标，多方位开展工作。为更好地了解客户需求，解决客户问题，公司开展每月一日的经理接待日工作，建立公司与客户的交流沟通平台，现场答疑，服务客户，真正做到“沟通从心开始”，保证各项政策落实到具体工作中去。多方面着手提升客户满意度，营造良好的通信环境，更好地服务当地百姓。网络满意度方面，通过自有渠道、社会渠道收集客户需求，有针对性地改善网络条件，切实满足客户的有效需求；设立网络改善反馈热线，主要对各营业网点张贴网络反馈热线海报，接受客户监督，通过客户反馈，第一时间获取客户有效网络需求，积极改善网络质量。营销活动满意度方面，在客户参加活动时，将优惠内容、资费使用等问题进行详细介绍；采用抽查回访机制对参加活动客户进行抽查回访，发现并改善自身不足，营造公开、透明的通信消费环境，提升客户满意度。

【集客工作】 加速发展，服务政企客户，努力提升通信保障能力和服务水平。一是送服务上门办理预存话费赠手机活动，拓宽销售渠道，降低客户使用门槛，得到客户好评。从1月开始，集客部结合4G建设，在增加赠送手机机型的基础上，及时通知客户最新的终端信息，方便客户办理优惠活动，并应一些单位的要求，在不影响客户生产的基础上，从原来的自有营业厅赠送，改为送服务上门，方便广大群众参加活动，有效降低客户使用手机的门槛，对提升客户智能化获取信息、提高信息化生活水平作出贡献。二是继续努力建设宽带和专线项目，提升服务群众能力。在加强建设的基础上，又在多个小区进行建设并实现客户宽带接入，帮助交通、电力等单位进行专线扩容、优化等信息化建设并成功验收，提升了为群众服务的能力。三是提高信息化解决能力，提升客户满意度。在努力满足客户需求的基础上，进一步收集客户行业需求，为客户解决工作、生产过程中发现的或潜在的问题，帮助中小企业办理集团彩铃、企信通、行车卫士等行业产品及应用，有效提升客户的行业信息化水平，提升客户满意度。

【网络建设】 以强化网络建设为抓手，加强网络维护、优化能力提升，为市场发展提供有力的网络支撑。一是宽带信息化建设。为提升城市和乡村之间信息的双向交流，加快推进信息进村，助推农村特色经济和产业发展，分公司斥资近200余万元建设6个综合业务机房，通过农村宽带信息化运用，为农村发展搭建信息致富的桥梁，不断促进农民增收。二是4G网络建设。至年底，行唐移动建设开通4G基站40余座，4G信号覆盖县城、乡（镇）以及部分农村。

【社会责任】 积极参与社会公益活动，切实帮助城乡困难群众解决生产生活中的实际问题，使困难群众切实感受到党和政府的温暖和关怀。1月24日上午，分公司经理李彦民带领班子成员到九口子乡两岭口村孤寡老人李石堂家进行慰问，送去米、面、油等过节物品。9月8日中秋节，为城寨乡董家庄村失独老人李俊英送去大米、月饼、苹果等生活用品，询问生活情况，并留下联系电话。分公司的一系列关爱活动彰显了中国移动“政德厚生、臻于至善”的服务理念，树立了良好的企业形象。

（郭春洁）

电 信

【概况】 2014年，中国电信股份有限公司行唐分公司始终秉承“用户至上，用心服务”的服务理念，以全业务发展为主线，加快基础建设，提升服务能力，继续推进“终端三化”（终端运营社会化、终端品牌及品类多样化、分销通路多元化），做好“三个支撑”（连锁卖场等开放渠道的支撑，专营、社区店面的支撑，国代、省包和地包下沉的支撑），提升“两个便利性”（服务用户的便利性、服务支撑渠道的便利性），较好地完成各项经营服务目标，为全县信息化建设和服务业发展作出应有的贡献。

分公司内设综合部、市场部、政企部、营服中心、建设装维5个部门，下设县城玉城大街、章武路、龙州大街3个营业厅，下辖3个农村支局，在职员工35人。

总经理：张志强（5月免）
张 岩（5月任）

【经营发展】 中国电信行唐分公司加大天翼品牌的宣传力度，进驻社区、农村，开展“天翼年欢会、翼起星耀”及春季特卖会、信息惠农、普宽用户向光宽用户迁移等专项营销活动，使广大用户更多了解公司业务，更便捷地满足客户通信及信息化使用需求。7月，在县委宣传部的大力支持下，成功举办行唐县第二十一届“电信之夜”彩色周末消夏群众文化活动。8月，一支局与南桥镇政府联合举办首届“电信杯”群众广场舞交流大会，包装电信惠农卡，助力农村信息化建设。行唐分公司通过各种群众喜闻乐见的形式开展业务宣传，使电信天翼品牌深入千家万户。继续推进社会渠道建设，年末有社会渠道代理点57家，代办点107个。

【客户服务】 一是建立投诉升级制度，加强服务投诉管控。加强品牌用户的障碍服务宣传，有效提升用户感知，为业务发展提供强力支撑。二是严格执行全国人大常委会《关于加强网络信息保护的决定》与工业和信息化部《电话用户真实身份信息登记规定》，在全业务运营中实名登记用户信息。三是始终贯穿“用户至上，用心服务”的理念，诚信经营，全心全意为用户着想，分公司被石家庄市人民政府保护消费者合法权益办公室授予2013～2014年度消费维权工作先进单位称号。

【网络建设】 为确保各项重点工程建设圆满完成，分公司强化基础管理，突出管控流程，管理质量明显提高。为保持通信网络良好的运行状态，公司落实三级巡检制度，实行分片承包，要求代维公司对每个基站巡检每月不少于1次；县区巡检员对代维公司进行抽检，对维护人员在巡查过程中发现的隐患问题认真处理、及时报告，对现场不能处理且不影响通信的限时排除。年内，投资440多万元，进行网络设备升级优化，新建4G基站8个，升级改造基站24个，移动基站由最初划转的20多个增加到67个，网络通信能力进一步提高；投资548.2万元，完成65个村、小区光纤改造项目，宽带线路全面覆盖县城及周边10个乡镇，实现光纤入户，“宽带升百兆，全家用天翼”，让家庭每个角落都能同时随心上网。

【人员管理】　通过绩效考核和流动机制建设，实现人员的动态管理，确保把最能干的人、能干好的人放到重要位置、重点岗位上。加强末梢管理能力建设，重新明确机构的职责，对调整机构的人员实行择岗、竞聘上岗，将人力资源进行优化，增强组织的弹性。调整3个农村支局的人员配备，以适应聚焦农村市场，提升用户渗透率。

【团队建设】　积极组织开展各种竞赛、娱乐活动，激发员工的工作激情，提高部门协同能力和整体素质，努力打造一支凝聚力强、业务素质高、团结合作的优秀团队。行唐分公司工会小组再次被中国电信集团工会河北省委员会授予2014年度“模范职工小家”称号。

（苑冠英）

商　贸

商　务

【概况】 2014 年，商务局深入开展党的群众路线教育实践活动，主抓重点项目建设、信访稳定、畜禽屠宰定点管理、酒类商品监督管理、成品油监督管理、电子商务建设、农超对接、打击侵犯知识产权、整顿规范报废汽车回收拆解市场秩序、市场运行监测等工作，取得较好成效。

商务局有干部职工 18 人。

局长、党组书记：刘京伟

副局长：尤宝山　刘力平

【项目建设】 县重点项目——农副产品批发市场二期工程，计划投资 1000 万元，占地 4.65 亩，年内完成投资 500 万元；南外环永鑫汽车 4S 店项目，预计投资 4 亿元，预计占地 70 亩，完成征地 45 亩，项目正在建设中。

【党的群众路线教育实践活动】 2 月 28 日～10 月下旬，组织开展党的群众路线教育实践活动。召开动员大会，成立领导机构，制定活动实施方案，开展集中学习，充分听取职工对领导班子及成员在“四风”（形式主义、官僚主义、奢靡之风、享乐主义）方面存在问题的意见及建议，班子成员认真撰写对照检查材料，召开领导班子专题民主生活会，制定整改方案及措施，按要求进行建章立制、落实整改，干部作风明显转变，达到预期效果。

【信访稳定】 局领导班子充分发挥“三位一体”大调解作用，多渠道为职工妥善解决历史遗留问题。一是在信访敏感期间对退役士兵做了大量的解释说服和稳控工作；二是解释、说服退休职工家属，妥善解决遗属补助问题，将信访隐患消灭在萌芽状态；三是多方筹款，为下属企业——食品开发中心争取到奶牛养殖项目建设资金 10 万元，协调解决该企业拖欠工程款问题。

【食品安全】 开展食品安全宣传，在玉城大街悬挂条幅，设立展牌，发放宣传材料 500 份，宣传国家关于生猪定点屠宰方面的法律、法规及政策；严厉打击私屠滥宰等违法行为，对私屠滥宰易发村进行不定期检查。向消费者介绍假酒鉴别常识，告知消费者在消费过程中索票、索证的必要性。

【成品油管理】 加强成品油监督管理工作。经常性组织工商、公安、消防、安监、质监等部门开展联合执法，对非法加油站点进行清理整顿，依法取缔无证经营和超范围经营加油站点 11 个；完成成品油经营零售许可证年审，全县共 47 家，合格 43 家，未通过 4 家；完善成品油进货渠道追溯机制，保障油品质量达到国标；加强油气回收设施使用的巡查力度，重污染天气启动预警管理，保证加油站油气回收设施的正常使用，控制油气污染。

【电子商务】 10 月 20 日，成立行唐县电子商务行业协会和电子商务领导小组，制订电子商务发展规划；经专家评审，确定由河北咕咚来了电子商务有限公司为行唐县电子商务进农村工作的运营主体；10 月 30 日，组织全县 300 余人参加电子商务人才培训。

【农超对接】 围绕特色农业产业，大力培育特色品牌，积极开拓省内外市场。帮助大山兄弟土特产有限公司、石家庄龙兴贡米有限公司、行唐县山坡坡农林专业合作社、行唐县甲壳素红枣有限公司等 5 家企业，与北京、天津、石家庄等地大型超市建立长期合作关系；与石家庄北国超市、家乐福、保龙仓、沃尔玛、天客隆，北京华联、新玛特，上海人民大药房，南宁商城等9家超市建立稳固的供应关系，初步构建起从河北省地级市到全国重点城市的销售网络。

【市场监测】 全年撰写监测分析信息86篇，在全市23个县（市）区中排名第二；万利福超市等5家样本企业的市场监测信息在网上发布及时，受到上级商务部门的表扬。

【专项治理】 中秋、国庆节期间，局整规办组织商务、工商、食药监、农业、质监等部门，对全县酒类、药品、医疗器械、农资、生产资料等商品流通市场进行全面检查。打击侵权假冒领导小组办公室组织开展“双打”、“质检利剑”等专项行动。开展报废汽车回收拆解市场集中整治，由商务、财政、公安、环保、交通等部门组成黄标车补贴“一站式”服务窗口，加强对黄标车补贴资金的审核，确保不发生骗取国家黄标车专项补贴资金的行为。

【正博会参展】 4月20～23日，组织牛仔王购物广场、万利福超市等25家中小企业及超市参加正定小商品博览会，并签订服装、烟酒等总额300万元的购销合同。

（王振奇）

供销合作商业

【概况】 2014年，县供销社按照年初的总体工作部署，创新工作手段，启动供销社综合改革，完成1个再生资源集散中心、19家再生资源回收站建设任务。

县社内设办公室、政工科、财检科、业务科和农合联秘书处等5个科室，有干部职工14人。

主　　任：李建立

副 主 任：张建国

党委委员：杨贵国

【工程建设】 积极争取市供销社项目补贴资金50万元，建设河北恒州再生资源开发利用有限公司集散中心；争取对口帮扶再生资源回收建设专项资金15.2万元，完成欣荣再生资源回收站、上方吉岗废品收购站、韩家庄富民废品收购站、昌盛废品收购站等19家再生资源回收站的建设任务，并通过市政府验收。

【多种服务】 一是为县园丰圆专业社、几丁质红枣专业社、红枣协会等3家专业合作社5000亩枣树提供农业保险，总保额达350万元，有效降低农业生产风险。二是对所属专业合作社会员经营运作进行监督检查，确保规范化经营、制度化管理，提高专业合作社的经营风险意识。三是加强对165家专业合作社会员的培训。组织专业合作社负责人到市供销社参加培训2次，对专业合作社进行管理知识方面培训4次，参加培训社员200多人，发放宣传资料300多份。

【综合改革】 按照省供销社《深化供销合作社综合改革构建农业社会化服务体系实施方案》，9月启动供销社综合改革工作。一是参照省、市综合改革实施方案研究制定《行唐县深化供销合作社综合改革实施方案》。二是注册成立行唐县兴合资产管理中心，申领营业执照，旨在加强社有资产管理。三是积极探索构建村党支部＋村委会＋农民合作社（供销合作社）“三位一体”农村基层供销社架构。全年共创办盛旺粮食专业合作社、崇信林果种植专业合作社等“三位一体”型专业社4家。

（刘爱英）

粮食购销

【概况】 2014年，粮食局在深化粮食购销企业改革的基础上，科学规划，粮食流通市场监管、县级储备粮管理、价格监测、粮食购销、安全生产等工作实现新发展。

粮食局内设办公室和购销调控、监督检查、财务审计、行业发展5个科室；下辖粮企资产运营有限公司，口头、上方、上碑、翟营、南桥、独羊岗7个粮油购销有限公司，杨家庄、上阎庄、城寨3

个粮油食品站及饲料公司、油脂公司、军粮供应站、粮贸公司、粮食局服务站、议购议销公司、金元种鸡场、金元种猪场、金元牛场等19个基层企业；共有干部职工350人。

局　长：王　琳（3月免）

　　　　杨喜林（3月任）

副局长：张秀波　陈进学

【执法检查】 全年组织粮食流通监督检查、行政执法、食品安全检查56次，出动执法车辆60台次，执法人员120人次，检查各类粮食经营户180家。检查原粮27500吨，成品粮油1900吨；查处无证无照粮食收购经营户并移交工商部门处理3例；对经营场所卫生差、经营台账不健全的4家经营者下发限期整改通知书，整改率100%。配合工商、卫生、质监部门进行食品安全检查4次，确保全县粮食市场稳定和群众食用安全。

【储备粮管理】 按照国家及省粮食流通法规，依据《行唐县县级储备粮管理办法》，完成县级储备粮3000吨库存小麦质量检验和库存数量核查工作及"一符四无"粮仓普查工作，保证县级储备粮小麦数量真实，品质良好，储存安全，宜存率100%。

【价格监测及质量安监】 向省、市粮食局上报粮油市场价格监测信息56条，上报率100%。开展夏、秋粮质量安全监测样品采样工作，抽取样品26个，其中，报省局样品5个（小麦2个、玉米3个），报市局样品21个（小麦13个、玉米8个），全部达到国家粮油质量和卫生标准。开展社会粮油供需平衡调查及夏、秋粮生产、收购、灾情调查工作，完成粮食最高和最低库存量核定和粮油流通统计数据汇总上报及夏、秋粮收购日报工作。

【粮食购销】 在"国退民进"、粮食主体多元化经营中，各类粮食经营企业按照国家粮食收购政策和质量标准，积极收购农民余粮。全年收购粮食131501吨，其中，小麦52302吨，玉米79199吨；销售粮食130775吨，其中，小麦51336吨，玉米79439吨；实现销售收入350万元。完成军粮供应任务8000公斤，其中，大米4000公斤，面粉4000公斤，占供应任务的100%。

【安全生产】 组织"一符四无"粮仓检查4次，检查单位10个，检查粮食19000吨，所查库站全部达到"一符四无"粮仓标准。组织安全生产检查8次，检查单位64个，查处安全隐患4处，并及时下达整改通知书，整改率100%，确保国家财产和人民群众生命安全。

（赵丘海）

物资经营

【概况】 2014年，物资总公司完成工业产值2904.9万元，出口交易值2707.3万元，利税168.4万元，利润142.9万元。圆满完成县委、县政府下达的各项经济指标。

物资总公司下设办公室、财审科、业务科3个科室，有干部职工7人。

总经理：王玉龙

【项目建设】 3月，行唐县利凯商贸有限公司正式挂牌营业，主营煤炭销售业务，先后与新泰市新正经贸有限公司、宿迁市中坤物资有限公司、石家庄市正定县城峰热电厂等用煤企业鉴定供煤协议，至年底，共购进煤炭29410吨，销售煤炭18780吨，实现销售收入467万元，利税10万元。

【党的群众路线教育实践活动】 按照中央和省、市、县委的统一安排部署，开展党的群众路线教育实践活动。围绕"为民、务实、清廉"主题，认真贯彻"照镜子、正衣冠、洗洗澡、治治病"总要求，高标准、严要求推进各环节工作，着力查摆和解决"四风"突出问题，完成各个环节规定动作和任务。

【安全生产】 加强安全生产监督管理，健全安全生产监督管理组织网络。按照年初与各公司签订的安全生产目标责任状，采取面上管理与重点管理相结合、常效管理与突出检查相结合的办法，坚持经常深入企业进行安全检查，发现问题及时整改，把隐患消灭在萌芽状态。

（王 霞）

烟草专卖

【概况】 2014年，烟草专卖局（卷烟营销部）认真学习贯彻落实中共“十八大”精神，深入开展党的群众路线教育实践活动，围绕“卷烟上水平”战略任务和“11158”发展思路，市场营销、终端建设、市场监管、基础管理等各项工作取得新成效、新进展。

烟草专卖局（卷烟营销部）设办公室、营销服务科、专卖监督管理科、财务科、内管派驻组，共有员工50人。

局长（经理）：杜二红（11月免）
韩志强（11月任）
副局长：翟崇峰（11月免）
霍立东（11月任）
副经理：王 蓉

【科学营销】 深挖高端市场潜力，推进工商协同，做实零售终端，加强市场细分，努力实现消费驱动订单，确保重点知名品牌的销量和上柜率。全年共销售卷烟70796件，销售金额2.1亿元，卷烟销售单箱值16919.9元，同比增长4.44%。

【物流中转站】 7月，行唐中转站正式运行，拥有运货车辆12部，负担一市两县（新乐市、行唐县、灵寿县大部）3700余卷烟零售户卷烟运货任务，日均行程约1300公里。深入开展“精细化管理”，优化线路，上下一心，全年共配送卷烟18.47万件，服务客户17.7万户次，车辆累计安全行驶18余万公里。

【群众路线教育】 一是以严格落实中央“八项规定”、狠刹“四风”为重点，扎实推进党的群众路线教育活动三个环节各项工作。班子成员带头领读必读书目，带头撰写心得体会，带头听取员工群众意见，带头查找问题，带头落实整改。二是在教育实践活动中制定完善《党组议事规则》、《理论学习制度》等有关制度，定期开展党组中心组学习，进一步改变观念，提高认识，增强能力。三是创建学习型党组织。采取政治学习与业务学习、网络学习与专题授课、集中学习与自学互评相结合的方法，多角度、全方位地开展素质教育与技能培训活动，以视频会议形式邀请教授讲课3次，党组书记讲党课1次，组织撰写心得体会60余篇。

【廉政勤政】 加强党风廉政建设和反腐败工作，努力从源头上预防和治理腐败，确保党风廉政建设责任制落到实处。一是成立反腐倡廉工作领导小组，制定党风廉政建设责任制，分工明确，重点突出。二是积极开展党风廉政教育。以惩防教育为先，结合每季度学习主题，开展切实有效、生动活泼、形式多样的廉政教育主题活动，先后召开党风廉政建设联席会4次，组织廉政专题学习4次，观看警示教育片2次，党政党纪知识考试1次，上廉政党课1次。三是召开党组专题民主生活会，认真开展批评与自我批评，既达到“红红脸、出出汗”的目的，又认真查摆自身的问题和不足，明确今后的努力方向，提出具体改进措施，整改落实工作更上新台阶。

（钱永强）

中国石化

【概况】 2014年，中国石化行唐石油分公司实现销售总量4.9万吨，其中，销售汽油14665吨、柴油34774吨，单站日加油量10.42吨，零售市场占有份额75%左右，商品销售收入5.05亿元，上缴各类税费372万元。

中国石化行唐分公司下辖跃进桥、城关、齐村、张石高速服务区东区、张石高速服务西区、昌河、东升、北口、龙城、迎新、南口、京怀、贝村等13座加油站及15个易捷便利店，共有干部职工113人。

经 理：赵同贵

副经理：刘道新　秦向辉

【企业改革】 随着省、市一体化改革深入开展，市公司职能下伸，直面终端销售。加强对县公司经理（副经理）监管，对经理（副经理）联量、联管理各占60%和40%进行考核，年初制定考核办法，将具体考核指标下发，形成一个认可度高的合理方案，为顺利考核打下基础。努力提高非油品销售局面，组织各站长认真研究市场形势和企业实际，统一思想，树立全员都是销售员的理念，制定科学合理的营销方案，有力促进非油品业务做大做活。

【经营管理】 加强对加油站经营工作的指导，加大对加油站规范化管理工作监查考核力度。开展“加油站综合服务提升年”活动，变管理为服务，提高全体员工的服务水平。行唐分公司所辖加油站深入市场调研，针对不同客户群体采取相应销售策略，密切关注价格和市场走势、政策变动、需求变化、竞争对手变化等信息，提高对市场的前瞻性和灵敏度的把握，增强市场应变能力。

【安全管理】 多次组织各加油站进行消防、防恐、防盗及应急预案的演练，力求做到定期、定时、全员参与，不走过场，并对演练情况进行汇总、评比及上报，通过演练进一步提高员工安全意识和实际操作能力，有效保证经营工作顺利开展。落实未遂事故报告制度，认真学习典型事故案例，开展安全教育培训，要求全体员工全面、全方位、全天候、全过程始终贯穿安全管理，形成“安全工作，人人有责”的共识。在充分发挥专业安全管理人员骨干作用的同时，吸引全体员工参加安全管理，调动和发挥广大员工安全工作积极性，形成全员上下一心保安全的氛围，年内未发生安全事故。

【党建工作】 在思想政治工作中，始终把凝心聚力、创建和谐团队作为切入点，充分发挥党支部战斗堡垒作用，加强党工团组织发展，积极培养入党积极分子，加强员工思想教育，稳定职工队伍，最大限度调动和发挥职工积极性、主动性和创造性，促进县公司各项工作的开展。

（赵同贵）

对外贸易

【概况】 2014 年，外贸总公司努力为外贸企业服务，促进全县进出口增长，全年累计完成进出口总值 4229 万美元，其中，出口 338 万美元，进口 3891 万美元。

年末，外贸总公司在册职工 101 人，在岗 4 人。

总 经 理：单春玲

党组书记：胡建海

【入统企业】 纳入统计的外贸企业全县共 5 家。一是石家庄云祥食品有限公司，位于行唐县西桥头，占地约 15 亩，法人付云祥，职工 20 余人，主要经营产品为辣椒，出口方向是日本，全年累计出口总值 156 万美元。二是石家庄远东机电设备有限公司，位于行唐县西桥头，占地约 13 亩，法人李建勇，职工 20 余人，主要经营产品是农业机械、施工机械，主要出口方向是津巴布韦，全年累计出口总值 97 万美元。三是石家庄宜民木业有限公司，位于行唐县韩阳路 45 号，占地约 20 亩，法人王乱海，职工 30 余人，主要经营餐桌椅，出口方向是美国，全年累计出口总值 50 万美元。四是河北迈尔斯通电子材料有限公司，位于行唐县留营村南，占地约 180 亩，法人王岗，职工 135 人，主要经营液晶材料，出口方向是香港、台湾、日本，全年累计出口总值 35 万美元。五是石家庄明旺乳业有限公司，是进口企业，位于行唐食品工业区 1 号，占地约 350 亩，法人林镇世，职工 340 余人，主要生产液态奶、工业奶粉、配方奶粉，加工炼乳、植物蛋白饮料等，主要从新西兰进口奶粉，全年累计进口总值 3891 万美元。

（胡彦梅）

财政　税务

财　政

【概况】　2014年，财政局依法规范收支行为，全力推进各项改革，切实履行当家理财职责，确保财政收支平衡，特别是在创新征收举措、深化财政改革、落实惠民政策、健全监督机制、加强廉洁自律等方面取得较好的成绩，圆满完成年初确定的各项工作任务。

财政局内设办公室、预算科、事业科、农业科、会计科、综合科、企业科、收费科、财政监督科、国库科、政府投资管理办公室（副科级）、农村综合改革办公室（正科级）、农业开发办公室（正科级）、公费医疗办公室（副科级）、综合治税办公室（副科级）、工资管理科、经济建设科、国有资产事务中心、社保办、控购办、采购中心、支付中心、信息中心、门诊所、债权债务中心、财政投资评审中心、土地储备中心、行政政法科、教科文科29个科室，下设15个财政所，共有干部职工77人。

局　长：陈树旗

副局长：韩增琪　王永茂　范　竞

【财政收支】　全部财政收入51720万元，公共财政预算收入完成32662万元，同比增加7740万元，增长31.06%，增长额在东部8县排第二位，增长率在东部8县排第一位；公共财政预算支出完成172994万元，同比增支38291万元，增长28.43%。财政收支规模的较快增长，为构建繁荣、和谐、生态新行唐提供了财力保障。

【民生支出】　连续两次调增全县公教人员津补贴，从年人均1.1万元先后调增到1.52万元和1.76万元，月人均增资550元。启动新农合意外保险，扩大参合农民受益面；实现职工医疗保险市级统筹，提高报销比例和限额；落实养老、低保、医疗、新农合、新农保等各类资金36673万元。实施积极的再就业政策，拨付再就业资金705万元。拨付棚户区改造资金462万元，争取保障性住房建设任务440套，为68户发放廉租住房租赁补贴。认真落实教育优先发展战略，拨付各类教育资金32238万元，其中，投入6445万元完成一中搬迁工作；拨付1224万元支持义务教育均衡发展。

【强农惠农政策】　发放玉米、小麦、棉花、花生等良种补贴900余万元、粮食直补及农资综合直补资金5669万元、水库移民补贴727万元、农机具购置补贴1095万元，落实农村安全饮水资金350万元、“菜篮子”产品扶持资金50万元及各类特色种养示范项目资金140万元。充分发挥农业保险强农惠农作用，投入729万元，补贴农民投保小麦22万亩、玉米23万亩；投入790万元，补贴奶农投保奶牛2万余头；投入3万元，补贴养殖户投保能繁母猪500头。制定实施《行唐县社会筹资奖励办法》，引导社会力量筹集资金561万元，县财政投入2168万元，全力支持农村面貌改造提升；投入420万元，力促农村环境综合整治；投入1238万元，推进“连茅圈”和旱厕改造工程；争取上级资金1422万元，实施农村“一事一议”财政奖补项目。

【财政改革】　深入推进预算、决算公开，印发《行唐县财政局关于推进预决算公开工作的通知》（行财〔2014〕59号），建立预算、决算公开机制。印发《行唐县政府性债务管理暂行办法》和《行唐县政府性债务风险管控方案》，对全县存量债务进行清理甄别，锁定债务数据，规范政府性债务管理，为政府性债务纳入全口径预算管理奠定基础。持续深化国库集中支付改革，扩大直接支付范围，巩固授权支付成果，全年国库改革资金量达180347万元（含政府性基金）。全面推进公务卡改革，督促所有预算单位办理公务卡，部分单位已实现网络联通。深入推广应用“县级版”、“乡镇版”财政管理信息系统，规范运行专项资金公开运行平台、专项资金即时分析监控系统、预算编报系统、项目库管理系统，将多项监管职责固化到管理软件，对资金实行全程在线监控，全年监控各类资金流量达180347万元，财政资金监管的信息化、自动化水平进一步提高。

（杨　轩）

国家税务

【概况】　2014年，国税局围绕实现税收现代化的总目标，以中共十八大和十八届三中全会精神为指导，以深入开展党的群众路线教育实践活动为契机，以组织税收收入为中心，认真贯彻落实市局工作会议要求，进一步强化税收征管、优化纳税服务、增强队伍活力、提高管理绩效、深化廉政建设，推动国税工作再上新台阶。

国税局内设办公室、政策法规科、征收管理科、纳税服务科、收入核算科、人教科、监察室、党办室、办税服务厅9个科室，1个事业单位信息中心、1个直属机构稽查局，下设城区、市同、安香、玉亭、口头5个税务分局，共有干部职工136人，其中，在职干部职工102人，离退休干部34人。

局　　长：李　强

副 局 长：张立校　郭三力　赵云霞

　　　　　杨子江　李远慧

纪检组长：张春雷

【组织收入】　不断强化组织收入意识和措施，严格依法组织收入。进一步加大重点税源管控力度，确保收入任务支撑；集中对煤炭市场、沿街门店、加油站等行业采取专项治理和综合治税等措施，深入挖潜增收；对新办项目企业实行集中统一管理，改进“营改增”纳税人的管理方式。至年底，全局累计入库各项税款26432万元。

【征收管理】　实行班子成员分包责任制，班子成员按照分工对分管部门工作落实检查督导职责；坚持业务例会制度，及时应对风险任务。通过完善税源监控档案、开展进销数据分析等方式，抓好重点税源企业监控，提高征管质效。通过强化分类管理，充分利用开展纳税评估、综合治税、专项治理等活动，大力清理漏征漏管，不断加强中小企业和个体工商户的管理。积极落实“营改增”试点政策和企业所得税管理。完成全县邮政、通信行业企业的接收管理；完成全县年度所得税汇算清缴企业432户，汇缴面和落实优惠面均达100%。通过切实加强税收专项检查、区域专项整治和打击发票违法犯罪工作，提高税务稽查工作质效。稽查局全年共检查纳税人35户，结案16户，督促企业自查19户，查补入库税款合计545万余元。

【纳税服务】　以落实“便民办税春风行动”和《全国县级税务机关纳税服务规范》为重点，扎实开展各项纳税服务工作，促进纳税人满意度提升。将多级、多环节审批转变为一级受理即办、即审即办和限时办理的模式，进一步简化了审批流程、缩短了办理时限；4月1日，国地税联合办证正式运行，全县纳税人可在国地税任意一家取得双方认可的税务登记，且能实现信息共享；通过明确执法原则、清理执法项目、统筹执法安排，对进户执法工作进行全面规范；积极开展税法宣传工作，全年累计发放税收宣传材料1万余份，接受政策咨询320余人次，组织举办纳税人培训班5期，培训纳税人500余人次。

【绩效管理】　按照省、市局绩效管理试点推行工作安排，认真组织，扎实推进。动员启动、组织专门业务培训、落实系统指标分解、制定启动本级绩效计划等工作，顺利实现系统上线；通过按照时间节点、目标任务，制办任务工单、落实绩效计划，系统维护运转平稳，全局绩效管理工作成效初显。至年底，绩效成绩总分102.1，获得绩效达标单位级次，完成全年绩效管理工作任务。

【群教活动】　按照省、市局组织开展第二批党的群众路线教育实践活动的部署和要求，积极组织领导班子成员和全体党员干部，严格按照规定程序，认真做好学习教育、听取意见，查摆问题、开展批评，整改落实、建章立制三个环节的工作。在活动形式上，坚持真学实改，突出问题导向。做到规定动作不走样，自选动作有特色。在活动过程中，坚持开门纳谏，广征意见建议，做到“接地气”、“解民意”。在活动效果上，坚持问题查摆尖锐、开展批评深入，做到以“为民、务实、清廉”为主题，以补精神之钙、除“四风”之害、立为民之制为重点，达到“照镜子、正衣冠、洗洗澡、治治病”的总要求。坚持“废、改、立”的工作要求，建立完善各项规章制度，为教育实践活动的长效运行、整改成果的巩固扩大提供保障。

【队伍建设】　围绕弘扬“六气”（接地气、树正气、提士气、添勇气、激朝气、转风气）精神，坚持以人为本，全力加强领导班子建设和干部队伍建设，全面激发队伍活力，凝聚事业发展的正能量。持续开展以“勤奋、负责、规范、效率”为内容的国税核心工作理念教育，不断提升干部的思想意识、精神境界和行为标准。严格落实民主集中制，班子整体更加团结、更具活力。切实提升服务基层意识，抓好基层建设，改进、改善基层办公生活环境。不断加强干部教育培训，有效提升干部业务素质。大力开展选树典型活动，7名同志被县局评为爱岗敬业、崇德向善和业务能手典型。赵云霞、常素芳2位同志被市局评为道德模范和岗位能手。

【廉政建设】　以深入开展党的群众路线教育实践活动为契机，以贯彻落实“中央八项规定”为重点，认真落实《党风廉政建设责任制》和“一岗双责”制，扎实推进全局反腐斗争和党风廉政建设工作开展。认真组织开展警示教育、法纪教育、典型教育等一系列廉政教育活动，教育和引导税务干部纠正“三观”（事业观、人生观、政绩观）、拒腐防变。监察室切实加强日常检查，严肃查处干部队伍中存在的“庸、懒、散”、不作为、乱作为问题。结合教育实践活动要求，以纠正“四风”为重点，严格开展办公用房清理、公车管理、公务接待、经费使用等重点事项的自查整改。

【项目创新】　创新完成全局机关档案和税收业务档案的综合化、现代化、科技化管理，成功解决税收业务资料管理难题，提高机关档案管理水平，实现档案管理工作与税收业务工作的“双促、双进、双提”。县局机关档案管理工作通过省档案局“5A级”认定，成为全省区县局中唯一获此殊荣的单位。2月、4月，全市税收征管资料管理现场观摩会和全市国税系统机关档案培训会议先后在县局召开，年终被市局评为创新项目三等奖。

（李卫江）

地方税务

【概况】　2014年，地方税务局围绕全市经济转型升级、跨越赶超、绿色崛起目标，以组织收入为中心，以党的群众路线教育实践活动和坚持改革创新为主线，全面加强征管体系建设、纳税服务体系、班子队伍、信息化、党风廉政等方面建设，严格落实中央“八项规定”，坚决抵制“四风”，工作质量和效率大幅提升，促进全县经济社会发展。全年共组织税收收入21185万元，同比增收2427万元，增长12.94%，其中，公共预算收入18919万元，同比增收2853万元，增长17.76%，基本养老保险完成5200万元。

地税局内设办公室、人事政工科、监察科、税政管理科、征收管理科、收入规划核算科、信息中心，下辖稽查局和征收分局、税源监控分局、城区分局、上方分局、口头分局5个分局，共有干部职工96人。

局　　长：司国芳

副 局 长：胡增戌　王国华

纪检组长：杜新法

稽查局长（党组成员）：康　雷

【税收管理】　落实税收计划，加强收入督导，实时掌握税收收入进度。按纳税规模将纳税人分为重点税源、中小税源和个体零散税源分类管理。全局监控的重点税源企业共入库税收 14642 万元，占全局税收总量的 70%。将新批土地税收作为重点工作来抓，严格执行“先税后证”制度。做好所得税汇算清缴、个人所得税代扣代缴管理和年所得 12 万元以上纳税人自行纳税申报工作，征管水平不断提高。

【清仓行动】　在全市地税系统开展的税收“清仓”行动中，县局成立“清仓”行动领导机构，依托综合治税平台，借力相关职能部门的支持，在重点行业和重点税种上寻求突破，抓大不放小，堵漏增收，努力做到“颗粒归仓”。上半年，在工信、环保、公安等部门的配合下，对县煤炭市场进行综合整治；下半年，在财政、国土、开发区管委会、乡（镇）政府、公安等部门的配合下，对开发区和农村耕地占用税进行清理，全年共入库耕地占用税 3587 万元，同比增收 2200 万元。在国土、住建、规划、公安、消防等部门的支持配合下，对全县 31 个在建房地产项目的耕地占用税、契税、土地增值税、销售不动产营业税和建筑营业税进行全面清理，共清理入库税收 679 万元。对县城、建制镇、沿街门店的土地使用税、房产税进行治理整顿，共补缴房产税和土地使用税 60 余万元。

【税制改革】　落实国家税务总局“营改增”工作部署，将中国电信、中国联通、中国移动向国税局进行移交。

【群众路线教育】　认真贯彻中央和省、市委、县委要求，坚持领导带头，谋到高处，学到深处，听到痛处，改到实处，在县委第十督导组的有力指导和全局各单位党小组及广大党员干部的共同努力下，全部完成了各环节安排的工作任务。特别是针对“四风”问题，组织班子成员、班子与群众座谈，与群众代表、两代表一委员、退休老党员、纳税人代表 58 人座谈，征集梳理出批评性意见建议 19 条，对其中的 15 条彻底整改，得到全局广大干部群众高度认可。县委第十督导组对局教育实践活动督导检查后评估为优秀。

【队伍建设】　一是继续推行绩效和标准化管理。针对国家税务总局在全国税务系统推广绩效管理的新情况，认真组织学习总局工作新方针，对绩效指标进行重新修订完善，制定县局、各单位部门、个人的绩效计划并通过市局审核。二是抓好人事和教育培训工作。组织 3 期新录用人员的初任培训工作，完成 10 名新录用公务员的任期转正考核工作，做好 8 名新录用公务员的接收分配工作，干部队伍建设明显加强。

【纳税服务】　坚持局长带班制，班子成员轮流到办税服务厅带班，通过对征收工作的看、听、问、查和与纳税人进一步的直接接触，在具体服务项目上找差距、定措施，规范功能区域，加强 5 个全职能服务窗口建设，纳税人在任何一个窗口都可以办理所有涉税事项，实现“一人多岗、一窗多能”，方便纳税人办税；继续推行文明用语、首问责任制、预约服务、延时服务等制度并狠抓落实；设置网上申报终端、自行开票终端，让纳税人更多地使用这些服务设施；坚持考勤早、晚点名制度，保证纳税人来的早有服务，来的迟有延时服务；在不违反操作规程规定的前提下，简化税务登记时所需提供的资料，尽可能不让纳税人跑第二趟；实施简易申报、简并征期、财税库银联网、“同城通办”等措施，大力提高办税效率。

【税收宣传】　以提升纳税遵从度为目的，认真开展第 23 个税收宣传月、个人所得税宣传月、12·4 法制宣传日等社会宣传活动。印制耕地占用税、土地使用税、房产税和个人所得税宣传资料 4000 份，逐户发放到纳税人手中；在县城主要街道和重点村镇悬挂税收宣传标语 50 条；制作 LED 税收政策宣传车，连续 1 周在县城、经济开发区、主要村镇循环播放，将税收政策以及法律责任宣传到位，提高全民依法纳税意识。

【文明创建】 组织“身边感人故事讲评”、“善美行唐·美德故事人人讲”、“道德讲堂”活动，组织全局干部挖掘身边好人好事，讲解中华传统美德，使干部队伍受到良好的传统美德教育。3月12日，组织党员干部到西柏坡，举办“弘扬柏坡精神、践行群众路线、铸就地税梦想”的革命传统教育活动。县局被推荐评选为省级文明单位、市“六五”普法工作示范单位，干部队伍职业道德素质不断提升。

【党风廉政建设】 组织召开全局党风廉政建设工作会，签订党风廉政建设责任状88份。监督落实民主集中制、民主生活会、廉洁自律专题民主生活会等组织制度。认真开展税收执法监察和执法督察，重点检查在纳税管理、经费使用、工作纪律等重点环节存在的问题。开展预防职务犯罪的教育培训，聘请市检察院毕占领处长和河北科技大学杨莉英教授分别就职务犯罪的概念、特征、种类、立案标准以及犯罪心理和如何预防职务犯罪进行详细讲解和阐述，干部职工受到深刻教育，对推动全局党风廉政建设和提高依法行政水平起到积极作用。

（王书俭）

金融　保险

中国人民银行行唐县支行

【概况】 2014 年，中国人民银行行唐县支行围绕"保安全、夯基础、严要求、抓创新、促提升"的工作目标，不断增强责任意识和进取意识，明确重点，突出创新，确保稳健货币政策的落实，进一步提升金融服务和管理水平，为地方经济持续健康发展保驾护航。

县人行内设综合办公室、纪检监察室、综合业务部、金融管理部，有干部职工 26 人。

行　长：苗建坤

副行长：张书恩（12 月免）

习立勇（12 月任）

沈彦萍（12 月任）

【内部管理】 2 月 17 日，河北省人民银行系统工作会议结束后，县人行召开党组会、行务会和全体职工大会，传达贯彻省行会议精神，并按照省行工作总体要求，对 2014 年工作进行谋划和部署，明确各项工作指导思想和目标任务。一是认真落实好稳健的货币政策，二是切实维护辖区金融稳定，三是努力提高金融服务和管理水平，四是加强内部管理，全面提高干部队伍素质。

【金融宣传】 3 月 15 日，举办以"畅通维权渠道，保护金融消费者权益"为主题的"3·15"消费者权益日保护宣传服务活动，使社会公众更多掌握金融业务知识，更全面了解金融产品，防范金融诈骗风险，并向辖区内 48 个基层网点发送宣传资料 5000 份。12 月 4 日，抽调业务骨干设立金融法制宣传台，悬挂"弘扬宪法精神，建设法治中国"横幅，结合自身工作，重点宣传《反洗钱法》、《中国人民银行法》、《行政复议法》、《人民币管理条例》、《外汇管理条例》及相关金融法律法规，介绍人民银行的主要职责，解答群众关心的银行卡欺诈预防、信贷征信管理、空头支票处罚、反假币知识等金融热点、疑难问题，发放宣传材料 1000 份，接待咨询 200 人次，有效普及了金融法律知识，扩大了基层央行社会影响，进一步推进"法治央行"建设，受到社会各界和广大群众的欢迎。

【消防应急演练】 7 月 18 日，县人行组织消防突发事件应急处置灭火、自然灾害逃生疏散实际演练。行长苗建坤任总指挥，并在演练开始前进行动员，提出演练的目的、要求、科目、程序及分工安排，邀请消防专业人员讲解灭火器使用基本要领、怎样灭初起火灾、怎样疏散逃生等基本知识，整个演练过程紧张有序，取得良好效果。

【道德品行讨论】 12 月 9 日，组织开展以"理想信念和道德品行"为主题的研讨活动，按照主题研讨发言、讲故事谈感悟、解答金融业务中可能遇到的问题三项议程进行研讨，形式新颖，内容充实，气氛热烈，人民银行石家庄中心支行宣传群工部部长张明亮到场并给予高度评价。

（卢玲娣）

中国银行业监督管理委员会河北监管局行唐办事处

【概况】 2014 年，中国银行业监督管理委员会河北银监局行唐办事处重视员工素质提高和服务质量提升，狠抓案件防范，打击各类非法集资，确保金融业安全稳定，各项工作取得新进展，荣获县政协颁发的 2014 年度政协提案办理先进单位奖牌。

办事处有干部4人。

主　任：韩彦文

副主任：柳建敏

【金融形势分析会】 4月10日，召开一季度经济金融形势分析会，各行进行情况汇报，办事处通报全县经济、金融形势，传达银监会2014年小微企业金融服务工作指导意见，并就今后工作进行安排。一、当前金融业竞争激烈，形势严峻，尤其各种形式的农合社风起云涌，自由、散漫、混乱，严重扰乱金融秩序，潜在风险极大，各行要特别关注，同时做好宣传工作，提高服务质量，应对各种复杂局面。办事处将再印发一批打击非法集资的宣传资料，正面宣传引导，树立合法金融机构形象，严防农合社特别是农村信用社出现风险时波及到银行机构。二、为有效支持地方小微企业，支持地方经济发展，要求各机构制定发展方案，采取措施发放贷款。三、进一步加强操作风险防控工作，严格落实责任，坚守风险底线，有效降低案件发生率。

【业务检查】 4月8～18日，根据河北省银监局统一安排，对农联社房地产类贷款业务进行检查，发现农联社此类贷款总体规模小，相对风险不大。

【网点建设】 1月13日，河南伊川农村商业银行作为发起行在行唐组建利丰村镇银行的申请获得银监会批准；3月26日，在政府二楼会议室召开筹备会议。至年底，利丰村镇银行、工商银行永昌路支行、农业银行衡阳大街和新开路交口处自助营业网点装修完毕，联社和农行在县医院大厅安装的两台自动存取款机启用。

（韩彦文）

中国工商银行股份有限公司行唐支行

【概况】 2014年，中国工商银行行唐县支行在县委、县政府和上级行的正确领导下，成立提速发展领导小组，实行“一把手”负责制，将各项指标逐级分配，做到人人有目标，并对各项指标的落实、完成情况及考核结果及时通报；坚持“谁营销，谁受益”、“多劳多得，不劳不得”、“效率优先，兼顾公平”的分配原则，调动员工的积极性，全年各项工作取得新进展。

11月，成立工商银行永昌路支行。

行唐支行内设客户部、营业室，有干部职工42人。

行　长：申　健（9月免）

　　　　刘少宁（9月任）

副行长：张　军　杨通锁

【指标完成情况】 全年存款余额122804万元，较年初增长9022万元，其中，对公存款余额34612万元，储蓄存款余额88192万元；贷款余额19589万元，较年初增长3565万元；中间业务收入完成276.59万元，同比增长78.35万元；净利润完成675万元，同比增长185万元，增幅37.76%；日均1万元以上资产客户新增513户，增幅6.4%；日均5万元以上法人客户新增3户，增幅2.5%；柜面可分流率19.11%，较年初下降8.33%，降幅30.36%；EVA值506.22，同比增长139.01。

（张　东）

中国农业银行股份有限公司行唐县支行

【概况】 2014年，中国农业银行股份有限公司行唐县支行在省行党委的正确领导下，突出客户营销和价值创造，抢抓机遇，真抓实干促发展，面向市场找客户，围绕客户上产品，坚持业务发展和风险防控两手抓，各项工作都取得显著成效，年末，实现拨备前利润2451万元，较上年增加210万元，当地市场份额占第一位。

支行内设综合管理部、运营财会部、客户经理部，下辖支行营业室、城关分理处两个网点，在职干部职工70人。

行　长：盖亚娜

副行长：尤新义　刘凤鸣

【存款业务】 全年各项存款余额 208880 万元，较年初增加 37850 万元，同比多增 11346 万元，实现年度计划的 145.58%，绝对增量占农村行第二位，计划完成率占第一位，当地市场份额占第一位。其中，储蓄存款余额 155744 万元，较年初增加 26089 万元，同比多增 7190 万元，完成年度计划的 110.55%，绝对增量居全市农村行第 5 位、市下达计划完成率第 7 位、当地市场份额第 1 位；新开对公结算账户 192 户，净增 116 户，完成全年新开户计划的 464%，新增对公存款 3800 万元。机构类法人客户存款余额 39729 万元，新增存款 2860 万元。财政账户存款余额 33618 万元。新农合账户存款余额 9483 万元，全年对公存款 53137 万元，较年初增加 11760 万元，同比多增 4156 万元，完成年度计划的 490%，居全市绝对增量第 3 位，计划完成率第 1 位，占当地市场份额第 1 位、“四行一社”第 1 位。

【贷款业务】 全年各项贷款余额 38159 万元，较年初增加 25950 万元，占当地市场份额第一位。其中，累计发放惠农卡 35018 张，较年初增加 8845 张；农户小额贷款 653 户，余额 1488 万元，当年到期贷款收回率 100%；新增有效助农取款点 43 个，累计达到 85 个；新增有效惠农通服务点 189 个，累计达到 439 个，行政村覆盖率达到 82%。全年农户贷款余额共计 2159 万元；对石家庄玉晶玻璃有限公司累计投放贷款 24000 万元，对石家庄迎新节能科技有限公司投放贷款 6000 万元，全年法人客户流动资金贷款共计 36000 万元。

【中间业务】 实现中间业务收入 617.91 万元，完成全年计划的 91.95%，占当地市场份额第一位，累计发放借记卡 142795 张，较年初增加 27610 张，完成年计划的 273.45%；累计发放信用卡 6182 张，较年初增加 1090 张，完成年度计划的 109%。实现银行卡手续费收入 188 万元，完成计划的 120.96%。累计办理个人电子银行注册 127675 户，较年初增加 49485 户，完成年度计划的 221.5%；累计办理企业电子银行注册 1183 户，较年初增加 328 户，完成全年计划的 304.9%，占全市农村行计划完成率第 4 名；实现电子银行业务收入 219.7 万元，完成全年计划的 109.05%；累计布放转账电话 980 台，较年初增加 117 台，完成计划的 116%；累计布放 POS 机 108 台，较年初增加 27 台；自有商户 74 户，新增有效商户 29 户。实现新单保费收入 878 万元，实现手续费收入 29.84 万元。

（张翠霞）

中国农业发展银行行唐县支行

【概况】 2014 年，中国农业发展银行行唐县支行积极实施国家农业农村政策，为农民增收、农业和农村经济发展服务。年末，各项贷款余额 6550 万元，各项存款余额 12267 万元，各项支出 1415 万元，各项收入 1290 万元，亏损 57 万元，资产利润率 −0.50%，收入成本率 24.20%。

支行下设办公室、客户部、会计出纳部，有干部职工 14 人。

行　长：杜建日

副行长：盖建波　张志民

【客户营销】 在符合贷款条件企业较少、贷款余额仅有 6550 万元的条件下，积极营销贷款，增加各项收入。支持县粮食储备，向上方粮油购销有限公司发放 624 万元县级储备贷款。全年正常贷款 624 万元，增加利息收入 29 万元；大力营销财政存款，全年存款日均余额 3496 万元，增加利差收入 32 万元。

【中间业务】 在保险资源相对短缺情况下，做好保险代理工作，认真摸清可保资源底数，深入企业宣传政策和保险知识，督促企业财产应保尽保。年初，将部分保险任务分解到人，每人拿出 300 元与任务完成情况挂钩，按照任务完成比例发放。年底，实现保费收入 1.62 元，占任务总数的 40%。

【财务会计管理】 一是充分发挥会计监督职能，不断提高法规政策、操作程序和真实性等方面的监督水平；加强内部控制管理，建立会计监督责任追究制度，对不履行监督职责造成经济损失的，追究财会人员责任。二是进一步强化财经纪律观念，提高经营核算意识，严格费用管理，严格遵守“五条红线”（不做假账、不虚列费用、不搞账外账、不截留收入、不设小金库）规定，增强财务开支透明度。三是加强会计核算和综合业务会计应用系统管理工作，确保结算资金安全。四是完善财务管理体系，规范财务操作行为，财务管理逐步趋于制度化、规范化。按照“增收节支，勤俭办行”原则，继续执行行长一支笔审批制度，大额开支实行财务审批小组集体讨论制度，做到“少花钱，办大事”。五是认真做好“反洗钱”宣传月活动，向群众解释反洗钱的含义及反洗钱的必要性，得到人民银行及群众的肯定。六是抓好贷款利息收回，严格执行利率政策，准确核算利息收支。积极配合客户部门，做到及时分解、入账、应收尽收。至年底，应收贷款利息366万元，实收利息366万元，贷款利息收回率100%。

（靳向军）

行唐县农村信用合作联社

【概况】　2014年，县联社以服务“三农”为宗旨，以合规经营为理念，坚持改革、管理、发展并重方针，全面深化改革，实现各项工作健康有序发展，各项存款53.7亿元，各项贷款28.32亿元，拨备前利润8809万元。

县联社内设办公室、人力资源部、财务科技部、运营管理部、风险管理部、稽核监察部、安全保卫部、授信业务审批部、市场拓展部、资产经营中心、公司部、小贷中心、营业部13个部室，下辖城关、南桥、独羊岗、安香、市同、留营、只里、连家庄、上碑、翟营、下阎庄、上滋洋、上方、玉亭、口头、上连庄、九口子、永昌路、玉城、衡阳、章武路、齐村、市场、龙州24个营业网点，共有干部职工235人。

理事长：魏丽杨（女）（4月任）

主　任：贾建学

监事长：侯建民

副主任：李俊娟（女）　刘献忠

【存款业务】　坚持“存款立社”的指导思想，夯实立社之本。加大信通卡发卡力度，实现“以卡引存”；加大电子银行产品应用、推广和营销力度；加大中间业务与网银、ATM、POS、手机银行等电子渠道产品整合营销力度，做精做细代理保险及特色中间业务，搭建“以新业务引存”平台；持续开展优质文明服务活动，结合网点上星、客户服务评价等活动，提高优质文明服务水平，搭建“以服务引存”平台。适时开展存款小指标竞赛活动，掀起全员存款竞赛活动高潮。坚持存款大户优先原则，切实提高对重点客户的服务水平；抓好结算资金管理，加大低成本存款营销；努力缩短优质客户办理业务的等候时间，必要时提供上门服务。年末，县联社各项存款余额达到53.7亿元，较年初增加9.4亿元，占全县金融机构存款余额的46.82%。

【贷款业务】　以“支农、兴农、富农”为己任，坚持“区别对待、有保有压”的信贷方针，立足于服务“三农”、服务县域经济、服务中小企业，合理把握信贷投向，积极开展“金融服务进村入社区”、“阳光信贷”和“富民惠农金融创新”三大工程。开辟支农“绿色通道”，对符合条件的农户实行“贷款优先、利率优惠、手续简便”等优惠方式，限时办结，随用随贷。坚持贷款政策公开、贷款发放公开、客户经理的职责权限公开，实现“阳光操作、阳光放贷”，将信贷活动的相关事项以“公示”方式予以公告，接受广大客户和群众的监督。至年底，累计发放贷款1930笔，支持中小企业147家，贷款余额22.03亿元；向45个奶牛养殖小区共计895户奶农发放担保贷款，贷款余额6125万元；发放农村企业贷款1.7亿元；各项贷款余额28.32亿元，较年初增加2.63亿元，有力支持了县域经济发展。

【不良资产管理】 针对不良贷款占比高、金额大、清收形势严峻的现实，积极开拓思路，统筹兼顾，清收和盘活存量不良资产，严格控制新增不良贷款。将省联社提出的“广收行动”活动和县联社“清收小指标竞赛”活动有效结合起来，深挖资源，多形式开展清收，形成全县清收、社社清收、人人清收的良好氛围。对旧贷款全面进行问责追责，严格控制不良贷款反弹。对新发放贷款实行公示制，减少不良贷款存量，提高新发放贷款质量，逐步实现良性循环。在继续抓好依法收贷、依法清收基础上，全年分 4 次对不良贷款债权进行打包拍卖和转让，对赖账户起到震慑作用；按照职位级别分配任务，职位级别越高，分配任务越重，联社班子分包联社不良贷款前 50 大户，部室、信用社中层干部分包本部（社）前 10 名贷款大户，一般员工认领至少 5 笔贷款，实行清收销号制，一周一督促，两周一汇报，一月一总结一通报。将全年绩效、费用全面向清收倾斜，对清收中表现突出的先进集体和先进个人实行重奖。全年不良贷款较年初下降 4217 万元，不良贷款余额和占比实现双降。

【规范经营】 持续推进以“合规经营”为理念的制度准则和企业文化建设，加强内部监督，规范操作流程，完善考核机制。对不合理、不适用、相互矛盾的制度办法及时修订或废止，保证制度、规定的一致性和有效性。对辖区主任、客户经理、会计、柜员等岗位人员进行业务培训，使各岗位人员能够熟练掌握各项业务的操作流程，缩短客户办理业务的等待时间。注重打造精品网点，统一着装、开展服务标准化培训，进一步提升外部形象。持续规范财务审批制度，使费用增长与业务发展相匹配。

（吴新风　崔　峰）

河北银行股份有限公司行唐支行

【概况】 河北银行股份有限公司行唐支行成立于 2013 年 11 月。2014 年，河北银行股份有限公司行唐支行认真贯彻落实分行营业部各项工作布署，围绕业务发展、队伍建设和品牌推广三大主题，突出客户营销和产品推广，抢抓机遇，各项工作都取得初步成效。

支行内设行长办公室、综合业务部、办公室、营业室，共有干部职工 15 人。

行　长：吕金霞

副行长：杨　克

【存款业务】 坚持不断宣传，建立考核机制，增强全员抓储蓄、争份额的积极性；用产品绑定客户，用理财绑定存款，年内理财产品保有量 1863 万元；拓展代发工资业务，年末营销代发工资 3 户；全年新开对公结算账户 79 户，存款 12943 万元；成功营销财政局、财政集中支付中心两个机构存款客户。年末，各项存款余额 25438 万元，较年初增加 24266 万元，其中，储蓄存款余额 12495 万元，较年初增加 11323 万元；对公存款 12943 万元，较年初增加 12943 万元。

【贷款业务】 年末各项贷款余额 4050 万元，其中，公司类贷款 2360 万元，个人消费贷款 1690 万元。

【中间业务】 创优环境，提升服务质量，推动渠道转型。年末，累计发放借记卡 3700 多张，发放信用卡 1080 张，办理企业电子银行注册客户 33 户，布放 POS 机 46 台，办理个人电子银行注册客户 2551 户，较年初增加 2348 户，全年实现中间业务收入 7 万元。

【风险控制】 在内控管理上，贯彻预防为主的方针，坚持“两手抓、两手硬”的工作要求，按照营业部要求，层层签订责任状，形成人人有压力，全行防、全员控风险管理格局。开展合规文化教育，使合规理念“内化于心、外化于行”。开展《案防工作制度手册》专项学习活动，并签定承诺书，严格落实员工违规行为积分管理办法。利用案例通报、观看教育光盘、参观石家庄监狱等多种形式，开展警示教育活动，增强员工自我约束能力。强化制度制约，认真落实岗位轮换、强制休假和近亲回避等制度，减少风险隐患；开展案件风险隐患清查整改工作；强化操作风险管理，实现会计业务监督无缝对接。通过采取对接、送包人员严格按程序进行认证和交接款箱、安防设施建设、消防安全制度落实、网点线路清理及“防抢预案”演练等措施减少风险隐患，加强安全保卫工作。

（康贵霞）

中国人民财险股份有限公司行唐支公司

【概况】　2014年，中国人民财险股份有限公司行唐支公司保费收入在上年高起点上保持平稳增长，总保费收入4124.16万元，较上年同期增长16.06%。其中，车险业务保费收入2471.01万元，较上年同期增长33.21%；非车险业务保费收入1653.15万元，同比减少2.67%。赔付案件共2504件，总赔款支出1936.81万元，综合赔付率为46.96%。

支公司内设经理室、综合部、中介业务部、直销业务部、“三农”保险业务部、营业室、龙州营销服务部、口头营销服务部，共有干部职工21人。

经　理：杨振华（10月免）

副经理：盖建利（10月主持全面工作）

郭　忠　侯立军

【保费收入】　年内保费收入共计4124.16万元，其中，机动车险2471.01万元，农业险1522.69万元，责任险84.12万元，家财险26.73万元，企财险13.72万元，其他险5.89万元。

【保费支出】　年内赔款支出共计1936.81万元，其中，机动车险1070.37万元，农业险805.58万元，责任险47.3万元，家财险0.9万元，其他险12.66万元。

（石　魁）

中国人寿保险股份有限公司行唐支公司

【概况】　2014年，在市公司正确领导下，中国人寿保险股份有限公司行唐县支公司外树形象，内强素质，努力拼搏，开创工作新局面，全年公司市场份额约为26.1%，继续占据寿险市场主导地位。

支公司内设个险销售部、团险销售部、银行保险部、综合管理部、客户服务中心，共有干部职工24人。

总 经 理：杨新国

副总经理：贾国强　麻士龙

【保费收入】　全年保费总收入1.35亿元。其中，个险共实现期交保费1601.31万元，十年期及以上实现期交保费1176.37万元，实现短期险保费237.62万元。银保部完成新单保费3859万元，期交保费累计完成333万元，短期意外险完成7.8万元。团险渠道成功续保社保、校园意外险、新农合意外险业务，实现短期险保费475万元，续期保费达5935.96万元。

【理赔管理】　全年共理赔2134件，金额1260.61万元。其中，长期险案件285起，金额612.05万元；短期险案件1849起，金额648.56万元。

附：

典型案例

曾某于2012年投保国寿康宁终身重大疾病保险，年交保费3000元，不幸于2014年罹患重病，公司依据条款规定，支付其医疗费10万元整。

（左英军）

教 育

教育管理

【概况】 2014年，行唐县共有各级各类学校326所，其中，幼儿园245所，义务教育小学段学校59所、初中段学校12所，高级中学5所，九年一贯制学校、特殊教育学校、职教中心、教师进修学校、电大分校各1所。共有教职工3333人，其中专任教师2817人。按职称划分，高级、中级、初级职称专任教师分别为352人、1423人、1032人，另有10人待评；按学历划分，研究生、本科、专科、中师及以下学历专任教师分别为22人、1514人、1115人、166人；小学教师学历达标率100%，初中教师学历达标率99%，高中教师学历达标率92%。年内，县教育局被全国青少年爱国主义读书教育活动组织委员会授予青少年爱国主义读书教育活动组织优秀奖，省教育厅、教育科学研究所授予教育考试工作先进集体和教育科研成果宣传推广先进集体称号，连续第十年被市教育局评为高中教学先进单位。

教育局内设办公室（资料科、信监科）、劳动人事科、普教科、基财科、职成教科、安全科、计生科、社管办、督导室、网管中心10个科室，下辖教研室、电教室、招生办、财务支付中心、勤管办、行唐县人才市场教育分市场及电大分校7个事业单位，共有干部职工99人。

局长：邸　健（兼党委书记）

督导室主任：赵新勇

主任科员：贾增良（2月任）

副局长：严军祥

韩英翔（兼行唐一中校长）

督导室副主任：盖英坤　盖志强

【基础设施建设】 投资2450万元完成上碑中学、上方小学、玉亭第一小学、玉亭第二小学等34所中小学项目建设，建筑面积30651平方米。全县所有中小学均接入教育城域网，实现宽带网络校校通。投资1124万元为全县义务教育阶段中小学购置触摸式一体机145台、学生电脑1671台、图书46万册和实验仪器及音、体、美、卫等设施设备。

【教师管理】 加强教师培训，全年组织培训干部、教师2000余人次。优化教师结构，为山区教育扶贫项目学校——实验中学招聘和调配教师53人，公开招聘特岗教师96名，增强教师队伍活力。搭建技能展示平台，17名教师获省级奖励，61名教师获市级奖励。加强师德师风建设，特岗教师孙朝娟、甄慧倩爱岗敬业的典型事例被河北青年报、河青网等媒体报道；孙朝娟的家庭被石家庄市妇联评为石家庄市“最美家庭”，教师田伟娜被燕赵晚报评为“2014年度人物”。

【学校管理】 一是抓学校细微化管理，校园环境达到宜教宜学宜居。二是注重以德树人，开展学雷锋典型事迹征集、善美行唐美德故事征集、“倾听孩子、关注成长”征文等活动，明德小学儿童创意、北河志和小学“北河夜话”、行唐一中励志教育等特色突出。三是组织开展送教下乡活动，20名优秀教师参加10期送教下乡活动，受益教师530余人次。四是加强教育科研课题研究，6名教师个人课题结题，19项课题列入国家、省、市教育科学“十二五”规划，其中，国家级3项、省级5项、市级11项，实验中学、西街小学、玉亭中心第一小学等3所学校被列为省重点课题实验基地。五是加强校园安全管理，制定下发文件，就有关消防危爆、食品卫生、校舍安全等方面进行安排部署，实施常态化长效管理机制；强化法制教育和安全意识，发放明白纸20多万份，参加市安全管理培训3期24人次；开展学校管理专项整治行动，从学校安全、师德师风等6个方面进行量化考核，评选“平安和谐校园”45所。

【行风建设】 一是开展第二批党的群众路线教育实践活动，办实事1000余件；开展“三评”（学生评价教师、教师评价校长、社会评价学校）活动，受到市委第八督导组、省委第十督导组的充分肯定。二是开展“四型机关”创建活动，实行挂牌上岗和人员去向告知制度，编写《教育局廉政风险防控手册》，查找高等级廉政风险点25个，中等级廉政风险点33个，低等级廉政风险点27个，制定防范措施237条。三是全面落实各项惠民政策，资助各类学生7820名，发放资金1168.2945万元，其中资助山区教育扶贫学校贫困学生5664人次，发放资金453万元。四是做好计生特困家庭帮扶工作，成立“红领巾爱心小组”55个，为老人办实事1000余件。

幼儿教育

【概况】 2014年，行唐县共有幼儿园245所。其中，国办115所，民办130所。在园幼儿18699人，教职工603人，其中专任教师316人。

【习家庄幼儿园】 是一所农村国办幼儿园，建于2014年9月，占地面积1600平方米，建筑面积350平方米。有大、中、小教学班各1个，在园幼儿80名，教职工3人，学历达标率100%，普通话达标率100%。设有活动室、寝室，配有电视机、DVD、录音机、电子琴、冷暖空调、玩具柜、消毒柜、口杯架等教学、生活用品；户外有大型组合滑梯、翘翘板、木马、荡椅等玩具。幼儿园建立完善的家园联系制度，每周对家长公示教育目标及任务，运用电话回访，让家长了解幼儿园课程理念，熟悉教学形式；每学期定期向家长开放半日，举办班级家长会；定期家访，与家长共商育儿方法，听取家长意见和建议，达到家园共育。年内1名教师获县政府嘉奖。

初等教育

【概况】 2014年，行唐县共有义务教育小学段学校59所，其中，国办51所，民办8所。在校生37710人，教职工2334人，其中专任教师2142人。

【东杨庄小学】 位于东杨庄村东南，始建于1923年，是一所完全小学，占地面积16016平方米，建筑面积5043平方米。有教学楼、综合楼、宿舍楼各1座。设有微机室、图书室、仪器实验室、音乐室、美术室、少先队活动室、体育室、卫生室等。招生范围覆盖东杨庄、西杨庄、南件、北件4个村，适龄儿童入学率100%。2014年，有1～6年级10个教学班，在校生370人，教职工14人，其中，大专学历7人，本科学历7人，学历达标率100%，参加继续教育学习率100%，普通话合格率100%。该校有着光荣的革命历史，是中共行唐县委发源地。学校继承中华民族的优良传统，以“向真、向善、向美，立身、立业、立志”为校训，积极构建和谐、文明、智慧的新校园。先后被市教育局授予石家庄市语言文字工作先进单位、石家庄市双争共建文明学校、石家庄市规范化学校、2013年度教育工作先进集体、2013年度平安和谐校园等荣誉；被县教育局授予师德建设先进集体、少先队红旗大队等称号。

【南凹小学】 位于南凹村村东，是一所寄宿制山区教育扶贫小学，占地面积8900平方米，建筑面积5281平方米。2014年，有1～6年级11个教学班，在校生508人，教师26人，其中研究生学历1人、本科15人、专科10人。年内，新建3702平方米宿舍楼1座、381平方米餐厅1个，有图书室、阅览室、仪器室、实验室、微机室、美术室、音乐室、少先队活动室和体育器材室，音乐、体育、美术器材和图书资料配备均达到省级Ⅰ类标准，另有锅炉房、浴室等附属设施。该校坚持以人为本，注重创建德育示范学校、文明学校和绿色学校，开展以“德、智、礼、仪、孝”为主题的传统文化教育，打造良好育人环境。被县委、县政府授予文明单位，被县教育局评为平安和谐校园。1名教师当选市级优秀班主任，5名教师获县政府嘉奖，1个班级被评为市级学雷锋优秀班集体。

中等教育

【概况】 2014年，县内有义务教育初中段学校12所，其中，国办9所，民办3所，在校生14648人，教职工992人；高级中学5所，其中，国办2所，民办3所，在校生7179人，教职工557人。

【中、高考】 全县中考总人数3373人，重点高中上线467人，上线率13.85%，比上年增长3.22个百分点。高考总人数2730人，上线2676人，上线率98.02%，其中，本科提前批31人，本一上线178人，本二上线447人，本三上线1005人，专科上线1015人。

【实验中学】 成立于2013年8月，是为落实石家庄市委、市政府“山区教育扶贫工程”而成立的一所项目学校，由原山区中学——口头中学整体搬迁至县城行唐一中旧址而来，占地面积6.7万平方米，建筑面积3.3万平方米，生源覆盖口头、九口子、上阎庄、北河、城寨5个山区乡（镇）。2014年，有教学班40个，学生2326人，教职工139人，其中，本科学历115人，专科学历24人，学历达标率100%。校园环境幽雅，教学设施配套齐全。学校以“博学笃行　志存高远”为校训，把“以人为本”作为办学宗旨，以“幸福教育塑造幸福人生，让每朵鲜花儿都绽放美丽”为办学理念，力求培养学生“学会做人，学会做事，学会学习，学会生活”的能力。4月，与石家庄外国语教育集团签定十年帮扶协议，成为其分校区，全面推行“四自主、四环节”（四自主：自主学习、自主发展、自主教育、自主管理，四环节：项目设置、项目实施、交流展示、评价激励）教学模式。课题“导学案教学对培养学生能力的研究”被列为全国教育科学“十二五”规划教育部规划课题。年内，分别被石家庄市教育局、县委、县政府、县教育局授予平安和谐校园、文明单位、诚信单位、“万名教师访万家”先进单位等称号。1名教师被评为市级安全工作先进个人，1名教师被评为市级骨干教师，1名教师被评为市级“干部进学校、教师访万家”先进工作者，8人次在市级教师素质赛、教学设计评比、实验大赛、教学案例评比、教学论文评比中获奖。

【翟营中学】 全日制初级中学，始建于1968年，位于南翟营村南，占地面积12000平方米，建筑面积7160平方米。2014年，有教学班12个，在校生640人，教职工50人，其中，高级职称15人，中级职称35人；本科学历40人，专科学历10人，学历达标率100%。有宿舍楼2座、教学楼2座、实验楼1座、餐厅1座；有专用多媒体教室、微机教室、图书室（有图书2.6万余册）、阅览室、卫生室、体育器材室、音乐教室、美术教室、理化生实验室、仪器室和准备室各1个，有标准篮球场和150米标准环形运动场各1个，还建有锅炉房等附属设施，学校设施和仪器配备达到中学I类标准。该校坚持“先成人后成才，既成人又成才”，“依法治校、民主管理、以人为本、和谐发展”的办学理念，形成“厚德、强体、博学、求真”良好校风。注重开展以“科研立校、科研兴校、科研强校”为主题的课题调研活动，并提出“向课堂四十五分钟要效率”，积极开展“二五一一”（在课堂教学过程中，教师讲课不超过二十五分钟，学生讨论不少于十分钟，学生自学不少于十分钟）活动，培养学生自觉学习和自我成长的良好习惯。该校先后被石家庄市教育局命名为石家庄市现代教育技术装备与管理示范学校、石家庄市实验教学示范学校，被县委、县政府授予文明单位、教育工作先进集体等称号。1个班级被石家庄市教育局授予先进班集体、1个班级被授予学雷锋先进班集体。

特殊教育

【特殊教育学校】 2014 年，在校生 46 人，设小学智障班 3 个、听障班 2 个和初中智障班 1 个，教师 17 人，教师学历全部为大专以上，学历达标率为 100%。年内，投资 3 万元，硬化环形跑道，消除下雨路面积水、泥泞难行的状况；硬化学校门外路面，方便师生出行。为提升教师教学素养，实施"五个一"（每周学习一篇教育教改理论文章，每周至少听课一节，每周写一次教学反思，每学期主讲一堂高质量的公开课，每学期精读一本教育专著）工程。11 月，1 名教师获石家庄市特教学校教师素质赛二等奖。12 月，2 名教师获县政府嘉奖。

职业教育

【职业教育中心】 2014 年，有教学班 13 个，学生 577 名，教职工 131 人，专任教师 104 人，其中，文化课教师 56 人，专业教师 40 人，实习指导教师 8 人；有高级教师 27 人，本科学历教师达 90.4% 以上。有多媒体教室 8 个、计算机 200 台，设有教师、学生阅览室各 1 个，藏书 55300 册，报刊杂志 167 种。开设计算机及应用、精细化工、机械技术应用、电子电工、畜牧兽医、会计、农业实用技术、美术绘画等专业，配备相关专业的校内实训室和校外实习基地。学校坚持"以人为本、面向社会、服务地方、办出特色"的办学方向，以"管理求发展，质量求生存，创国家级重点中等职业学校"为目标，全力打造燕赵精品名校。先后被省公安厅、市公安局、市综治委分别授予安全单位、安全防范先进单位、综合治理先进单位，被市人民政府授予花园式单位、卫生先进单位、先进基层党组织、人才管理先进单位、全市职业教育先进单位等称号；学校党支部被县委、县政府授予十佳红旗支部。

成人教育

【独羊岗乡成人学校】 成立于 1979 年，位于西秀村北，占地 5180 多平方米，建筑面积 780 平方米。学校设有计算机室、多媒体室、卫星接收室、光盘播放室、图书阅览室、档案资料室、标本仪器室等功能室 7 个，实训车间 5 个，实验基地 8 处，价值 5 万元的多媒体、卫星接收设备 1 套。2014 年，有专职教师 8 人，兼职教师 22 人。学校利用区位经济优势，进一步完善"种植基地、大棚菜基地、养殖基地"等各种实习基地的标准化建设，为农民进行技术培训提供便利条件。帮助组建协会 4 个，专业合作社 6 个。共完成计划生育、养殖、种植、实用技术、文明礼仪、环保、新能源 7 期 11 个班的短期培训，举办长期培训班 6 个，其中，劳动力转移培训 121 人，科技培训 1915 人次，就业再就业培训 108 人次，创业培训 58 人，发送科技信息资料 11750 人次，农村劳动力培训率达到 32%，部分青壮年农民获得"绿色证书"，离校前的初中毕业生培训率达到 98%，帮助 24% 的农村剩余劳动力向二、三产业转移，农村科技能人再提高培训率达到 100%。学校先后与石家庄职业财会学校等十几所省内外院校达成合作办学协议，开设会计、旅游、计算机、机械、电子电工、钳焊、汽车驾驶与维修等专业，实现就业再就业 110 人，输出各类劳务 154 人。学校依托地域文化，努力打造社区教育平台，拓宽和开发各类教育资源，提升社区群众的文化教育水平，着力丰富社区教育的项目、特色，使社区教育跨上新台阶。

（陈翠娟　王淑云）

科学技术

科技管理

【概况】 2014 年，科技局以中共十八届三中、四中全会和党的群众教育实践活动为指导，以贯彻落实全国、全省科技大会精神为契机，围绕“科技富民强县”的战略目标，走科技创新之路，扎实推进科技工作有效开展，为推动县域经济发展发挥积极作用。

科技局内设办公室、业务科、地震科，共有干部职工 10 人。

局　长：袁光义

副局长：杨梅雪（女）　刘彦芬（女）

【科技示范】 重点抓好科技示范推广两大工程。一是国家科技富民强县工程。投入 130 万元实施“奶牛提质增效养殖综合技术示范与推广”项目，推广应用《奶牛标准化规模养殖生产技术规范》。集成推广性控冻精改良奶牛技术、改良中低产牛群技术、TMR 奶牛全混合日粮技术、DHI 技术、奶牛场疫病检疫和防治技术、牛场废弃物无害化处理及资源化利用等牛奶产业化关键技术。“法国蒙贝利亚奶牛乳肉兼用冻精”改良中低产牛群技术，在 4 个奶牛养殖小区进行示范应用。试点小区冷配奶牛 526 头，第一情期平均受胎率达到 50%。混合日粮青贮专用玉米品种“强盛青贮 30”、“晋单 42”、“豫青 23”等示范推广 2000 多亩。8 月，行唐县科技富民强县专项行动计划项目顺利通过省科技厅组织的中期评估。二是大枣产业科技特派员创新创业基地工程。实施“山区大枣现代栽培技术”、“枣树重大病虫害综合治理技术研究与示范”等项目，引进枣树新品种 10 余个，推广示范月光、冀抗 3、新星等大枣新品种 1000 余亩，建立新品种高接换优示范园 4 个，面积 1 万余亩。

【科技创新】 推进技术创新，打造创新平台。河北循证医药科技有限公司、河北食品添加剂有限公司被省科技厅认定为高新技术企业；河北木源泵业有限责任公司等 17 家企业，被市科技局认定为科技型中小企业。河北方月农业机械制造有限公司、河北循证医药科技有限公司申报河北省科技小巨人项目；河北循证医药科技有限公司争取石家庄市技术创新资金 20 万元。石家庄君乐宝乳业有限公司的“功能性发酵乳技术集成及应用”获市科技进步一等奖；县医院“应用激素、抗生素及微量元素分析对多种新生儿病患者的临床意义”项目获得市科技进步三等奖；县农业技术推广中心“沙滩地稻鱼菜生态循环种养技术研究与应用”获山区创业二等奖；口头林业工作站“大枣综合防治技术研究”获山区创业三等奖。沟北、北埌北等 4 个蔬菜种植专业合作社加入石家庄市山区蔬菜产业技术创新联盟，以推进蔬菜产业共性、关键技术的研发，推广新品种新技术，推动蔬菜产业的产学研结合和科技创新，促进蔬菜产业又好又快发展。

【创新型城市建设】 按照市委、市政府《关于建设国家创新型城市的意见》和《行唐县关于建设国家创新型城市实施方案》的要求，全县按照创新型城市建设年度工作安排和专项行动计划，加大创新投入和企业成果转化，进一步提升创新环境。一是创新投入进一步加大。县本级科学技术支出 1455 万元，占县本级财政支出比重 1.18%。二是高新技术产业和企业创新进一步发展。河北循证医药科技有限公司等 3 家企业被认定为市高新技术企业；河北食品添加剂有限公司等 17 家企业被认定为科技型中小企业。进一步推动企业加大研发投入，增强具有自主知识产权、专有技术或创新集成能力，带动企业关键技术领域进步，全县规模以上企业科研投入占销售收入的比重为2.58%，103家规模以上企业中有20余家拥有自己的技术研发机构。三是完善创新服务体系建设。农业科技特派员创新创业基地建立比较完善的科技开发、技术推广及应用体系，与省内外科研院所建立广泛的科研联系，并积极开展新品种、新技术的引进开发与推广，促进农业科技成果转化，有效提升了科技对县域经济发展的支撑能力。

【科技活动】 加大科技服务力度，科技下乡活动成效显著。1月4日，全国科技“三下乡”集中活动在行唐县举行。科技部、省厅、市局领导和省畜牧兽医学会、河北农业大学有关专家参加活动，共发放价值20多万元的科技图书、科普资料和宣传画，接受群众咨询3000人次。为把“三下乡”变成“常下乡”，3月21～24日，举办科技公益培训，河北省科技厅及南京农业大学等有关领导及专家，为奶牛养殖户传授奶牛养殖最新知识、技术。4月18～20日，北京明日达科技发展有限公司派专家对奶牛疫病防控及常见病治疗最新药物“可牧喜”在相关养殖小区进行示范应用。积极开展科学普及工作，先后组织开展“正月十六、三月三”两次赶科技大集活动以及主题为“科学生活 创新圆梦”科技活动周、主题为“保护·运用·发展”知识产权宣传周活动。全年发放宣传资料1万余份，开展各类培训与讲座19场次，培训农民3000余人，科技咨询5000余人次。

【知识产权】 以打击侵犯知识产权和制售假冒伪劣商品为契机，组织开展“4·26”知识产权日宣传活动，发放知识产权宣传资料2000余份，提高社会公众对知识产权的保护意识，增强企业运用知识产权制度维护自身权益的能力。开展专利资助和专利奖申报工作，申请发明专利资助3项；河北循证医药科技有限公司和河北迈尔斯通有限公司获石家庄市专利优秀奖。积极开展“双打”专项行动，按照市知识产权局《2014年打击侵犯知识产权和制售假冒伪劣商品工作方案》的文件精神，深入大型商场、超市、药店等，开展假冒专利执法检查，共检查商品40余种。

【防震减灾】 对地震应急工作机制、应急预案、队伍建设、物资储备等薄弱环节进行整改，防震减灾应急工作数据进一步量化。完成地震数字遥测台维护，启动全县地震数据库的收集及升级工作，使地震数字遥测台监测数据传输保持连续、通畅、运转正常。开展“5·12防灾减灾日”宣传活动，共发放宣传资料3000余份、地震报500份，印制发放《防震减灾读本》1000册。

（杨梅雪）

气象工作

【概况】 2014年，气象局深入开展党的群众路线教育实践活动，以气象防灾减灾绩效管理为抓手，强化气象灾害监测预警及信息发布工作，大力推进突发公共事件预警信息发布系统建设，完善部门联动机制，地面观测业务质量明显提高，全年业务测报错情率0.0‰，基层台站优秀集体通过省局验收，为地方经济建设作出应有贡献，被市局评为文明单位。

气象局内设办公室、气象台、防灾减灾3个科室，共有干部职工7人。

局　长：安军力

副局长：王新雷

【机构和设施建设】 深化基层气象机构综合改革，加快重点项目建设。按《石家庄市气象局关于成立县市气象台的通知》（市气〔2013年101号〕文件），1月，成立行唐县气象台；8月，新站址办公用房正式开工建设；11月，完成附属用房建设；12月，完成办公用房主体建设，占地1600平方米，总投资380万元。

【气象服务】 一是推进气象防灾减灾绩效管理工作。成立气象防灾减灾绩效管理工作领导小组，围绕公众满意度、气象防灾减灾体系建设、预警信息发布工作等方面研究制定系统性、可比性、操作性强的指标体系。在政府网站发布《气象公共服务白皮书》，县政府将气象防灾减灾工作列入绩效考核目标。与县政府签订局、县合作协议，为提升科学防灾减灾能力打下良好基础。二是气象服务工作成效显著。强化气象灾害监测预警及信息发布工作，大力推进突发公共事件预警信息发布系统建设，完善部门联动机制，与县广电局及三大电信营运商签订气象预警信号实时发布协议，提高预警信息发布的及时性、针对性及应急联动的有效性。在口头水库建成人工影响标准化作业点，对重要关键性天气，及时通过气象短信等平台发布气象信息，制作专题材料报告天气情况。加强雷电灾害预防，县域内的大型工程、重点工程、爆炸危险环境以及雷电特别易发地区的工程等建设项目需进行雷电风险评估，评估结果作为建设工程防雷设施设计、整改的重要依据。通过宣传和执法检查，推进包括雷电风险评估在内的三项职能得到落实。

【气象宣传】 加强防雷安全宣传工作，在“3·23”气象日、“5·12”安全日以及安全生产月活动中，加大对气象科普、防灾减灾知识的宣传，利用宣传图片，现场咨询解答等形式，加强对社会公众尤其是农民、中小学生的防灾减灾科学知识，增强社会公众的防灾减灾意识，共发放宣传材料1500余份。

【队伍建设】 扎实开展党的群众路线教育实践活动，采取集中学习、专题辅导、个人自学、集体研讨、报告会、播放教育片、专题学习会、专题民主生活会、参观革命烈士纪念碑等形式，组织党员干部认真学习规定内容，筑牢克服“四风”的思想基础，真学真懂、真信真用，真正把学习成果转化为自觉行动，教育实践活动得到上级督导组的肯定，顺利通过省局活动督导组评估验收。扎实开展党风廉政建设宣传活动，按照《石家庄县（市）气象局廉政效能风险防控手册（试行）》要求，大额资金使用严格填写廉政效能风险防控单，健全规章制度，强化监督机制。加强廉政文化建设，贯彻落实市局廉政文化建设会议精神，设置政务、财务公开栏，接受职工和群众监督。

（王新雷）

文体　卫生

文化管理

【概况】　2014年，县文化广电新闻出版局学习贯彻党的“十八大”精神，扎实推进党的群众路线教育实践活动，加强公共文化服务体系建设，保障文化产品和文化服务供给，推进各项工作开展。

局内设办公室、文化科、影视版权科、体育科、旅游规划科和文化市场行政执法队，下辖图书馆、文化馆、文物保护管理所、人民礼堂、业余体校、电影公司、旅游公司7个事业单位，共有干部职工74人。

局　　长：康鏖战（兼党组书记）
副 局 长：郄彦军（2月免）
　　　　　李贞祥
　　　　　王建宗（2月任）
主任科员：祝　书
执法队长：王　震（2月任）

【基础设施建设】　实施农村“两室一场”（两室：图书室、文化活动室，一场：群众文体活动广场）建设工程，指导上方乡范家佐、龙州镇齐村等20个农村面貌重点改造村开展建设工作，并为只里乡执阳、南桥镇葛仙庄等12个重点“农提村”各配备体育健身器材3套。争取省、市支持，为330个农家书屋补充农林水牧渔、科技、文学等各类图书16.5万册。制定《行唐县乡镇综合文化站管理办法》、《行唐县基层文化建设实施意见》，选派优秀社会体育指导员深入乡村指导开展各种文体活动。

【文化活动】　举办“元旦”书画展览，经专业书法、美术工作者评审筛选，展出优秀作品126件。组织6名选手参加省会第二十一届彩色周末暨省会第七届业余歌手大赛，其中李秀玲、卢振书获戏曲类二等奖，陈冬梅、赵慧萍、秦燕获歌曲类二等奖。组织美术骨干进行培训，共培训3期45人，创作美术写生作品60余件，其中，国画作品《太行清韵》、《太行小景》、《云涌青峰》、《太行春来早》、《狮子坪小景》等10件美术作品入选石家庄市赴太行山写生作品展览，崔进宝作曲、李辉作词的《永不褪色的一抹黄》在2014亚洲国际艺术节中获音乐创作类金奖。

【公共文化服务】　组织春节民间文艺展演活动，来自85个村的2000余名群众演出6场，展演节目210个，观众累计达20000余人次。举办首届“杰子杯”系列文艺演出大赛，其中，戏曲类3场、舞蹈类4场次，原创歌曲3场次，参赛节目共170个。组织文艺业务骨干到基层培训、指导文艺队演出180人（场）次，举办各类文艺辅导班5期，为各乡（镇）培训民间文艺人员120人次、文艺骨干80人次。落实农村数字公益电影放映工作，完成数字公益电影放映3864场次。

【文化市场管理】　开展文化市场专项整治行动，公布“12318”举报电话，实行24小时举报制度，做到有报必查，对违规行为严格查处。全年开展突击检查5次，联合执法行动3次，累计出动执法人员90人次，检查经营单位51家次。加强文化市场从业人员的法律培训，全年共组织召开网吧法人会议、网吧管理座谈会2次，举办文化市场从业人员法律培训班2期，培训歌舞、娱乐场所、电子游戏、网吧、书报刊等文化市场从业人员50余人次，有效提高文化市场从业人员守法经营理念。

【旅游工作】　1月，完成《神树湾天然生态旅游区发展总体规划》并通过市旅游局审批。8月开始编修《行唐县旅游发展总体规划（2015～2030）》，

11 月召开第一次征求意见会。10 月，东安太庄、西安太庄、上阎庄、西蹉跑、神树、邢家庄、西寺庄、河西、团山等 9 个村被市旅游局评为美丽乡村。

【文物保护】 委托具有古建修复资质的企业对东蹉跑琉璃庙进行专业维修，5 月通过省文物局验收。封崇寺保护修缮主体工程完工。落实《文物保护法》、《非物质文化遗产保护法》，开展“6·10”世界文化遗产日宣传活动，推荐行唐民歌、行唐剪纸、杨村秧歌、河合扭股车等 4 个优秀代表传承项目参加全市非遗项目展演。继续开展行唐县第一次可移动文物普查工作，普查登记可移动文物 91 件。

【非物质文化遗产】 普查非遗名录项目 17 个，并筛选行唐剪纸、行唐白庙柳编、行唐抬龙皇求雨等 3 个项目上报市级非遗名录。在已有 8 个市级非遗名录项目中，筛选行唐枣木杠酒酿造技艺、行唐民歌 2 个项目上报省级非遗名录。

【体育工作】 4 月，老年体协组织队员赴赵县参加老年健身球、柔力球、健身秧歌等比赛，均获得市级优秀奖。9 月，参加全市优秀体育项目展示并获优秀奖。10 月，组织 24 个农村面貌改造提升村的 40 名社会体育指导员参加县级培训。

（韩晓辉）

广播电视

【概况】 2014 年，广播电视台发挥广播电视媒体的喉舌、桥梁和纽带作用，高扬“突出项目立县、推进转型突破、实现实力跃升、建设和谐行唐”的主旋律，围绕县委、县政府的中心工作，服务“三农”，服务“五位一体”的县域发展，广播电视宣传、有线电视网络建设和行业职能等工作都实现平稳、健康发展。

广播电视台内设办公室、总编辑部、财务资产部、技术播出部、有线电视网络公司，共有干部职工 146 人。

台长：丁吉彬（兼）

副台长：王建军　刘福山

主任科员：周立华

节目编审委员会总编辑：周会奇

副总编辑：吴全征

【采编制播设备】 拥有非线性编辑线 6 台（套），数字摄像机 12 台，节目制作全部为非线编，播出系统为局域网硬盘播出。

【新闻宣传】 设《行唐新闻》栏目，分“时政新闻”、“视角”、“走基层——记者百村行”、“记者看县城”、“小胖说天下”等 5 个版块，全年采、制、播 312 期 1800 条 3200 分钟，外宣工作获全市第四名，比 2013 年上升 1 个位次。4 月始，广播电视台与县妇联联合举办首届农民广场舞大赛，以“农民富起来、咱们跳起来”为主题，旨在丰富行唐农民业余文化生活，反映行唐农民的精神风貌，共有 200 支代表队 2000 余名选手参加，至 12 月，共进行 50 余场竞赛。经过预赛、决赛，独羊岗乡余底村的“阳光舞蹈队”获一等奖，口头镇口头村“京华舞蹈队”和龙州镇西关村“姊妹花舞蹈队”获二等奖，独羊岗乡独羊岗村“开心舞蹈队”、南桥镇东市庄村“金太阳舞蹈队”、口头镇西口头村“玫瑰舞蹈队”、苏户村“梅园舞蹈队”、龙州镇顺城街“凯欣舞蹈队”5 个舞蹈队获三等奖。

【有线电视网络】 有线电视传播能力为 102 套央视及省、市、自治区卫视节目，县城有线电视用户 10800 户，其中高清用户 2010 户；农村有线电视用户 10185 户，其中地面数字用户 4876 户。

（高玉国）

卫生工作

【概况】 2014 年，卫生局以开展党的群众路线教育实践活动为契机，以创建人民满意卫生事业为目标，围绕县委、县政府及市卫生计生委的各项工作部署，贯彻落实党和国家的各项卫生政策，以医改创新突破、基础建设不断加强、服务优质惠民、监管务实高效为目标，攻坚克难，各项工作扎实、稳步推进，全县卫生事业呈现良好发展势头。年末，全县共有各级各类医疗机构364所，床位1253张，职工2450名，其中，卫生技术人员2145名。

局内设办公室、医政科、防保科、中医科、督查室、财务科、药政科、项目办、医改办、突发办、政工科、乡镇卫生院财务管理中心12个科室，共有干部职工38人。

局　　长：苑宝林（2月免）
　　　　　盖庆昌（2月任）
党组书记：赵辛国（兼爱卫办主任）
副 局 长：唐玉林（兼红十字会常务副会长）
　　　　　李绍华　张跃军
爱卫办主任：赵辛国（兼）
　　副主任：董　亮
红十字会常务副会长：唐玉林（兼）
　　　　　　秘书长：陈泽虎

【新型农村合作医疗】 加强新农合政策宣传，共印发新农合政策明白纸10万份，使广大参合农民对新农合门诊统筹报销政策和流程有了进一步了解；加强乡、村两级定点医疗机构医务人员的培训，严格执行门诊统筹报销政策；加强对新农合定点医疗机构的监管，每季度对次均费用、住院率、住院实际补偿比等工作进行检查考核，发现问题，及时解决，保证新农合基金的安全有效运行。1月启动意外伤害住院医疗保险。到年底，全县参合人数333996人，参合率97.46%，新农合筹资标准为每人每年390元，总筹资13025万元。大病保险补偿封顶线从2013年16万元提高到20万元。年内，共补偿参合农民924281人次，补偿总费用9811.48万元。

【公立医院综合改革】 县政府成立专门领导小组，县政府常务会议进行专题研究，并印发县级公立医院综合改革实施方案，在建立科学补偿机制、深化人事、分配制度改革、建立合理控费机制、强化医院内部管理、提升医疗服务能力、加强医疗服务监管等方面进行详细安排部署，保证医改工作顺利进行。11月30日24时起，县医院、中医院所有药物（中药饮片除外）实行零差率销售，取消药品加成，彻底改变以药补医、以药养医的状况，有效解决群众“看病难、看病贵”问题。

【基础卫生设施建设】 总投资435万元，对玉亭、龙州、翟营等3个卫生院进行扩建，建筑面积2572.24平方米。投资8万元对只里乡卫生院公厕进行改造。

【中医工作】 完成南桥中心卫生院中医“国医堂”创建和口头中心卫生院、城寨乡卫生院标准化中医科、中药房创建工作。行唐县中医药文化知识宣传、中医药普查工作得到省中医药管理局肯定。

【卫生行政执法】 全面开展严厉打击非法行医“雷霆行动”，与公安、食药监、人口和计生等部门密切配合，对县内非法行医行为进行严厉打击。共取缔无证行医“黑诊所”11家，行政处罚62家，没收药品12箱、医疗器械13台（件），拆除非法医疗广告4块。

【疾病预防控制】 制定具体的实施方案和考核办法，开展“健康教育宣传周”、4项重大公共卫生服务项目和11项基本公共卫生服务项目业务培训等活动，每季度组织疾控、妇幼、卫生监督等项目管理单位，对各乡（镇）卫生院和村卫生室进行一次检查考核，发现问题及时纠正，保证项目顺利实施。年内，县、乡、村共开展健康教育5100次，发放各类宣传材料22万份，制作健康教育宣传栏200块。为农村居民建立健康档案360399份，建立电子健康档案319550份，对高血压病人管理53325人，对Ⅱ型糖尿病人管理17206人，对重症精神病病人管理1471人，对65岁以上老年人管理42577人，对孕产妇管理5152人，对0～6岁儿童健康管理46826人；一类疫苗预防接种134682人次，接种率达到99%。为农村育龄妇女孕前和孕后免费提供3个月补服叶酸8238人次，对农村孕产妇住院分娩补助4739人次。婚检率提高到83.6%。

【医疗惠民工作】 印发《行唐县2014年卫生下乡对口支援工作实施方案》，组织县医院、县中医院、县疾控中心、县妇幼院的医务人员开展卫生下乡活动，全年深入乡（镇）送医送药和健康教育12次，受益群众3200多人次；从县医院选派医务人员对口支援九口子、龙州、城寨、翟营等4个卫生院，从中医院选派医务人员对口支援北河、上碑、上阎庄、独羊岗等4个卫生院，妇幼院对口支援市同和只里卫生院。

【医疗服务】 8月，在政务服务中心建立计生家庭关怀扶助中心、新农合管理中心、卫生计生回访中心，“三个中心”合署办公。以开展“三好一满意”、“优质服务年”和“修医德、强医能、铸医魂”等活动为主要内容，在二级医院实施“优质护理服务示范”工程，取得明显成效。开展优质服务示范性卫生院和示范性村卫生室创建活动，到年底，龙州镇卫生院、只里乡卫生院和西市庄、北龙岗、东庄、南贾素、李七里峰、羊柴、霍村、习村、只里、东霍同等10个村卫生室完成标准化创建工作。

【爱国卫生】 3月，在全县开展“清洁城乡、保护健康”活动，印发红头文件、下发工作通报8期，有效推动工作顺利开展。开展病媒生物防治工作，投入资金10000元购买灭“四害”药品，并免费发放到学校、宾馆等公共场所。在14个行政村开展省、市级卫生村创建工作，各村柴物乱垛、粪土乱堆、污水乱泼、垃圾乱倒现象得到根本改善。全面推进农村“连茅圈”改造工作，共改造连茅圈51514座，改造旱厕1295座。

【红十字会工作】 通过电视播报、发放材料、悬挂条幅、张贴标语、展牌等形式，广泛宣传“人道、博爱、奉献”的“红十字”精神，同时，开展“红十字”进街道、进机关、进企业和“博爱一日捐”、人道救助、无偿献血等活动，全年接受职工捐款27.05万元，受理各类救助51人次，救助金额11.8万元。

（刘　根）

社会生活

居民生活

2014年，全县农村居民人均可支配收入（新口径）5420元，比上年增长14.8%。城镇居民人均可支配收入（新口径）21937元，比上年增长9.5%；年末城乡居民储蓄余额935307万元，比年初增加129554万元。国际互联网用户3.9万户。移动电话用户26.2万户。固定电话用户1.5万户。有线电视用户25450户。

2014年，全县城镇居民人均年可支配收入21937元（新口径），其中工资性收入10519元，经营净收入5972元，财产净收入2952元，转移净收入2493元。人均年消费性支出8237元，其中食品烟酒支出2300元，衣着支出727元，居住消费支出2436元，生活用品及服务消费支出396元，医疗保健消费支出482元，交通、通信消费支出876元，教育文化娱乐消费支出960元，其他用品和服务消费支出60元。

2014年，全县农村居民人均年可支配收入5420元（新口径），其中工资性收入3322元，经营净收入1578元，财产净收入92元，转移净收入428元。人均年消费性支出5737元，其中食品烟酒支出1677元，衣着支出327元，居住消费支出1191元，生活用品及服务消费支出427元，医疗保健消费支出816元，交通、通信消费支出576元，教育文化娱乐消费支出692元，其他用品和服务消费支出31元。

（王聪敏　宇丽娟）

人口和计划生育

【概况】　2014年，在县委、县政府的正确领导和市卫生计生委的关心指导下，人口计生局始终保持"打好计生工作翻身仗"的昂扬士气，发挥"一竿子插到底"的工作作风，不断深化依法行政、便民维权服务、全员人口信息核查、财政保障、落实奖扶、特扶政策、基层组织建设、孕前优生、避孕节育、性别比治理、流动人口管理、村民自治、亲情关爱等方面的工作措施。特别是以党的群众路线教育实践活动为统领，着眼于解决计生特殊困难家庭的实际困难，强力推行以"医疗、养老、扶助"为内容的"医养扶一体化"工作机制，努力使每位计生特殊困难家庭成员"病有所医、老有所养、难有所助"，有力推动计划生育国策在基层的贯彻落实，带动计生工作水平整体提升，使计生工作进入科学、和谐发展新阶段。据年度考核（2013.10～2014.10）统计，全县出生7234人，人口出生率15.7‰（市下达16.5‰），符合政策生育率81.23%，出生人口性别比为100:106.92，较好地完成上级下达的人口计生责任目标，为加快全县经济社会科学、快速、跨越式发展创造良好的人口环境。

人口和计生局内设办公室和规划统计、政策法规、流动人口管理4个科室，有宣传站、药具站、服务站3个下属事业单位，共有干部职工72人。

局　长：盖庆昌（兼计划生育协会副会长）

副局长：周占林（兼计划生育协会常务副会长）

　　　　韩　峰

【"医养扶一体化"】　在继续做好计生特殊困难家

庭“医养扶一体化”工作基础上，1月9日，“全国文化、卫生、科技”三下乡活动在县文化活动中心举行集中启动仪式，国家卫生计生委副主任崔丽亲自慰问计生特殊困难家庭，现场指导“医养扶一体化”机制创建工作，并给予充分肯定。6月9日，省委副书记赵勇，省委常委、石家庄市委书记孙瑞彬分别做出批示，推广行唐“医养扶一体化”做法；新华社《国内动态清样》、《新华每日电讯》、《人民日报内参》、《中国人口报》等20余家新闻媒体对行唐“医养扶一体化”进行宣传报道。3月18日河北省计划生育工作会上，县委书记姜阳作典型发言；7月3日，在河北省计划生育利益导向暨特殊困难家庭扶助工作培训会上，姜阳作经验介绍，8月6日，在河北省计生协亲情关爱行动暨重点工作推进会上，局长盖庆昌作经验介绍；7月9日，全国计划生育特殊困难家庭扶助关怀工作座谈会上，姜阳做典型发言，得到与会领导的充分认可和高度评价。8月31日，中央电视台《新闻联播》对“医养扶一体化”工作进行宣传报道。同时，以计生家庭关怀扶助中心、新农合管理中心两个平台为依托，筹建卫生计生回访中心，打造与群众有效沟通的三合一综合服务平台。

【优生健康检查】 一是做好孕前优生健康检查工作。对全县74245名农村育龄妇女中的68524人进行免费生殖健康服务，服务率达92.3%；对4464名待孕夫妇进行免费孕前优生健康检查，覆盖率达到80.87%（上级要求达到80%）。二是认真开展育龄妇女季普查服务活动，服务率达98%以上。三是继续在全县乡（镇）、城区40个避孕药具免费发放点投放避孕药具，进一步保证人口计生工作顺利开展。

【行政执法】 坚持上下联动，严厉打击“两非”（非法鉴定胎儿性别和非法终止妊娠）违法行为。年内共出动执法人员120余人次，没收B超机6台，查处4起“两非”典型案件，1起非典型案件，对违法行为起到震慑作用。

【宣传教育】 采取多渠道、多方式开展人口和计生政策宣传引导工作。在县电视台开办“计生园地”专题栏目，在《行唐周报》开设“人口计生”专版，报道领导慰问、先进人物模范事迹。通过召开实施“单独两孩”政策工作培训会，举办专项宣传服务活动，在县级媒体、网站公开“单独两孩”生育审批政策，设立热线电话，更新各村计划生育政务公开栏，利用县、乡、村、小组长四级人口计生基层网络进村入户宣传等措施提高政策知晓率。开展“生育政策规定早知道”活动，提高生育政策普及率。在重大节日组织开展新型家庭人口文化宣传活动，利用宣传折页、电视滚动字幕、墙报专栏、专题晚会、乡村广播喇叭、手机短信等多种形式进行广泛深入宣传。利用集日、庙会发放各种人口与计生宣传品。印刷“生育政策知识明白卡”8万多份，发放到育龄群众手中，发放率100%。加强“五个一”工程建设，新增新型生育文化大院30个，完善100个村级服务室、330个村计生知识宣传一条街，为8万余名育龄妇女全部配备“育龄妇女知识资料袋”。

【社会扶养费征收】 先后召开5次乡（镇、园区）、县直相关部门主要领导和主管领导参加的协调调度会，对社会扶养费征收工作进行安排部署。同时，壮大征收队伍，严格程序和标准，依法开展征收工作。对无故拒不缴纳的政策外生育户，依法提请法院强制执行。县法院对申请强制执行的计划生育案件从严从快处理。年内，立案1184件，立案率100%，征收社会抚养费498.58万元。

【信息管理】 通过市人口信息交流平台，及时将平台下发的新婚、出生等名单进行录入，实现卫生、民政等各类数据信息交流共享。继续开展全员人口信息查纠活动，确保所有信息正确无误录入河北省全员人口统筹管理信息系统，有效防止出现错报、漏报和瞒报等现象。对女方年龄15～49周岁且户籍为县单独夫妇的基本信息进行核查，以“村不漏户、户不漏人、人不漏项、项不出错”的原则，组织开展单独夫妇信息核实、比对、补充、完善等工作，并录入河北省全员人口统筹管理信息系统，确保基础数据信息真实、全面、准确。根据省卫生计生委下发的《关于进一步规范再生育相关信息统计工作的通知》，各乡（镇）建立再生育统计信息归口管理机制，按规定填写、归整再生育审批台账，及时、准确地将再生育信息录入河北省全员人口统筹管理信息系统，并建立再生育信息资料档案。

【奖励扶助政策】 组织县、乡、村三级工作人员进村入户反复核查。年内，新增奖励扶助对象452人，退出奖励扶助对象83人（其中，死亡退出72人，享受城镇待遇退出8人，转入特扶对象退出2人，户口迁移退出1人），全县奖励扶助对象共2492人。新增特别扶助对象9人（其中，独生子女死亡6人，独生子女伤残3人），因死亡退出特别扶助对象3人，全县特别扶助对象共78人（其中，独生子女死亡66人，独生子女伤残12人）。计生家庭关怀扶助对象85户102人，共发放关怀扶助金36.24万元。为参加新农合的计生独生子女、双女户家庭及农村计生孕产妇住院分娩对象6949户发放补助金113.04万元。审查确定参加社保的各类计生家庭6090人，发放补贴金6.29万元。核定城镇独生子女父母退休奖励47人，每人3000元，发放奖金14.1万元。全年共发放各种奖励金169.67万元。为316名农村独生子女考生办理中、高考加分手续。

【流动人口管理】 建立流动人口长期帮扶工作机制，解决生活中的实际困难。为132户流动人口计划生育困难家庭上门解决生产、生活方面实际困难350件次，走访慰问空巢老人8户，发放慰问金1110元。为辖区内空巢老人提供免费健康检查。为全县3684名空巢老人全部建立个人档案，免费健康义诊4次，涉及300余人。年内，全县成年流动人口37877人，其中，流入927人，流出36950人；全员流动人口43307人，其中，流入1084人，流出42223人。

（李二江）

民政工作

【概况】 2014年，民政局紧紧围绕“保障民生、发展民生、服务社会”这一主线，凝心聚力狠抓落实，各项工作取得显著成效，被民政部授予全国民政宣传工作基地、全国民政宣传工作先进单位、全国规范化婚姻登记处，被县委、县政府授予文明单位、人口计生综合治理工作先进单位等称号。

民政局内设办公室、安置办、救灾科、低保科、优抚科、民间组织科、社会事务科7个股级科室；设扶贫办，规格为正科级；挂民族宗教事务局牌子，规格为副科级；下辖光荣院、殡仪馆、军休所、地名办、福利生产办、婚姻登记处、扶贫开发服务中心，共有干部职工81人。

局长：杨永志

副局长：韩卫党　张建良（2月免）

苏红斌（12月任）

副主任科员：张爱国

【社会救助】 城镇低保保障616户1457人，共发放低保金375.3万元；农村低保保障5980户10769人，共发放低保金1637.42万元；五保对象1177户1187人，共发放五保金454.09万元；城乡医疗救助1969人次，发放救助金256万元。

【救灾】 8月，按全市统一安排部署，结合实际情况，开展以“一元善行、爱心无限”为主题的“8·18帮一帮”全民公益慈善捐助活动，共接收各界捐款2.2万元。年内遭受旱灾、风雹灾等自然灾害4次，造成16个乡镇、开发区不同程度受灾，受灾人口16.78万人，农作物受灾面积2.88万公顷，绝收面积0.28万公顷，直接经济损失2.4亿元。发放救灾款235万元、棉被3500床、褥子1410条、大衣320件，累计救助3.2万人次。

【专项社会事务】 婚姻登记工作。办理结婚登记3636对，离婚登记483对，补领登记证533对，登记合格率100%，归档率100%。

孤儿生活补助金发放工作。全县有孤儿237人，其中年内新增5人。儿童福利院集中供养20

人，分散供养 217 人，档案、统计与全国儿童福利系统数据信息一致；孤儿生活费按照集中供养每人每月 1150 元、分散供养每人每月 700 元标准发放，由县财政部门直接划拨银行实行社会化发放。

流浪救助工作。11 月，建立县救助管理站，设专职工作人员 2 人，全年救助 97 人次。

农村互助幸福院建设工作。按照 4 年完成建设任务要求，2011 年建成 88 所、2012 年建成 110 所、2013 年建成 97 所、2014 年建成 27 所，实现全面覆盖。

民办养老机构年检审批工作。全县共登记社会民办养老机构 6 家，年内新增民办养老机构 2 家，增加床位 100 张。全县共拥有养老床位 300 张，入住老人 203 人。通过对民办养老机构进行年检，进一步加强业务指导，统一规范老人档案及健全各项管理制度，引导民办养老机构健康发展。

殡葬工作。积极推进殡葬改革，根据《中共河北省委办公厅河北省人民政府办公厅印发〈关于充分发挥党员干部带头作用全面深化殡葬改革的实施意见〉》（冀办发［2014］26 号）规定，结合县城实际，起草《关于全面深化殡葬改革工作的实施意见》并提交县政府审议。为进一步完善殡改环境建设，经县政府（行政字［2014］13 号）批准，拟建经营性公墓 1 座，推进行唐县殡改事业发展。

【拥军优属】 始终贯彻落实国家和省、市各项优抚政策，及时足额发放抚恤、定补款项，全面落实义务兵家属优待政策，全年发放义务兵家庭优待金 3209481 元，其中对进藏进疆的 25 名义务兵每人奖励 20000 元；八一前夕，对全县重点优抚对象进行慰问，每人发放慰问金 150 元和慰问品 1 份。春节前夕，对全县重点优抚对象进行走访慰问，每人发放慰问金 100 元、慰问信 1 封和春联 1 副，并发放冬季补助 500 元。接收退役士兵档案 160 份、转业士官档案 3 份，共计 163 份；通过支付中心发放 2014 年度城镇退役士兵自谋职业一次性经济补助及待安置生活补助费共计 81. 2794 万元；自主退役士兵一次性经济补助 349. 8083 万元；为 2014 年度参加汽车驾驶培训的 54 名退役士兵发放培训补助 10. 8 万元。积极搭建就业平台，依托石家庄众越培训有限公司为 56 名退役士兵提供免费职业技能培训，在河北建设勘察研究院有限公司、石家庄君乐宝等多个企业为退役士兵推荐就业岗位。

【便民接待室】 在局机关二楼设立便民接待室，以“便民服务、简化手续、提升形象”为重点，加强全体职工业务知识和礼仪培训，人员轮流上岗，为民政对象讲解民政政策、办事流程，安排办事顺序，从而缩短办事时间，提高办事效率，对孤老弱病残第一时间进行搀扶和帮助，取得良好社会效果。

【民间组织】 登记玉亭乡养鸡协会、电子商务行业协会、足球协会等 6 个社会团体，康德医院、农户自立服务社、开心园养老院、阳光家缘养老院 4 个民办非企业，登记合格率 100%；变更登记养鸡协会（变更法人）、石油经销协会（变更业务主管单位、法人、住址场所）2 个社会组织；注销登记东彩庄村扶贫互助协会、西城寨村扶贫互助协会、医药行业协会、人大建设研究会、翟营乡旺达养猪协会等 13 家社会组织。完成奶业协会、养鸡协会、红枣协会、老年文体协会、武术散打协会等 62 个协会和新开路小学、龙州医院、蓓蕾幼儿园、仁和医院等 23 个民办非企业的年检及 2 个社会组织换届工作。年末，全县共有民办非企业 23 个，社会团体 62 个。

【老龄工作】 为全县 20 名百岁老人发放营养补助金 86180 元，为 660 名 90 ~ 99 周岁的高龄老人发放高龄津贴 35. 77 万元，为 443 名 80 ~ 89 周岁困难老人补贴资金 23. 91 万元。为 1800 多名 60 周岁老年人办理老年人优待证。

【社会福利企业】 全县 4 家（行唐县富达铸件有限公司、河北振东制动器有限公司、行唐县盘鑫进出口机械制造有限公司、石家庄鹏海制药有限公司）企业具有福利企业资格，共有职工 647 人，其中残疾职工 236 人，占总数的 36. 5%。为 236 名残疾职工建立社会基本养老保险、医疗保险、工伤保险、工资及在职人数等信息台账，残疾职工全部与企业签订劳动合同，福利企业月资格认定合格率100%。

【基层政权和社区建设】 根据省、市有关文件指示精神，积极筹划第十届村委会换届准备工作，制定《行唐县第十届村民委员会换届选举工作方案》，要求各乡镇根据方案结合辖区工作实际，制定周密详细、切实可行的选举方案；督促各乡镇换届办组织工作人员对辖区内所有村庄进行摸底工作，并将各村摸底情况形成书面材料，进行评估，确保第十届（2015年）村委会换届工作顺利开展。为西井底社区筹建文化活动中心项目申请资金25万元，各社区服务中心（站）和居（村）委会正常开展工作，内部机构健全，各职能部门职责分明。

（郑嘉森）

社会保障

【概况】 2014年，在县委、县政府及上级主管部门的正确领导和大力支持下，行唐县社会保险事业管理局以党的十八大精神为指导，深入落实责任到位工作机制，认真开展肃风正纪活动，切实加强制度建设，不断提高服务质量，顺利完成省、市下达的各项任务指标。

社保局内设办公室、社会化管理服务科、企业保险科、机关事业保险科、医保科、基金财务科、稽核科、工伤保险科和城乡居民社会养老保险管理中心，共有工作人员43人。

局长：赵英海

副局长：李建良　杨　林

【养老保险】 企业养老保险参保单位264家，新增2家，参保职工15305人，完成净增扩面643人，其中供养离退休人员4586名，新增281人。申报核定4308万元，占任务的113%；征缴5206万元，占任务的120%；争取上级调剂金5952万元，新增1040万元；发放企业离退休人员基本养老金10264万元，增加1624万元，基金结余8495万元。

机关事业养老保险：参保单位92家，新增2家，参保职工4064人，净增1006人，其中供养离退休人员943名，净增26人；征缴2761万元，增加448万元；发放养老金2129万元，增加73万元，基金结余1028万元。

城乡居民社会养老保险：现有143380人参保缴费，参保率98%；争取中央和省财政补助4193万元，为62611名60岁以上老人发放养老金4053万元，增加270万元，待遇领取率100%。

【医疗保险】 职工医疗保险参保单位316家，职工18885人，增加840人，征收保费3584万元，增加723万元；报销住院医药费2093万元，支付门诊药费1536万元，基金结余1157万元。

居民医疗保险全年参保25567人，征收保费174万元，报销住院费用640万元，基金结余1185万元。

【生育保险工作】 参保职工12445人，净增458人，征收71万元，增加11万元；支付费用60万元，基金结余169万元。

【工伤保险】 企业工伤保险参保单位417家，增加116家，参保职工10241人，净增521人，完成征缴729万元，增加483万元；争取市局调剂金680万元，增加380万元，为206名工伤职工支付待遇725万元。

事业工伤保险参保单位164家，增加38家，参保职工9374人，净增1212人，完成征缴143万元，增加55万元；争取上级资金185万元，增加48万元，为59名工伤职工支付待遇210万元。

【失业保险】 参保12600人，新增参保职工270人，基金征收232.23万元，发放失业保险待遇34.03万元。

（张占峰）

扶贫工作

【概况】 2014年，扶贫办深入贯彻落实中央、省市扶贫开发工作会议精神，按照县委、县政府的要求，结合县域实际，以整村推进、连片开发为中心，以种植业、养殖业、林下经济产业为抓手，以增收致富为目标，构建专项扶贫、行业扶贫、社会扶贫“三位一体”工作格局，贫困村生产、生活条件不断改善。

扶贫办内设办公室和项目、监督检查、社会扶贫、科技培训4个科，下设扶贫服务中心，共有干部职工11人。

主　任：张建良（2月免）
　　　　仝香忠（2月任）
副主任：王永强（1月免）
　　　　郭志永（1月任）

【四个专项规划编制】 编制完成《行唐县农民股份合作制经济规划》、《行唐县现代农业园区规划》、《行唐县山区农业综合开发规划》、《行唐县家庭手工业规划》四个专项规划，经县政府审批后，已报省扶贫办备案。

【建档立卡工作】 县委、县政府对贫困人口、贫困村重新识别工作高度重视，6月，成立建档立卡领导小组，制定《行唐县扶贫开发建档立卡工作实施方案》，明确分阶段任务、完成时限、操作方法与操作规范。10月，建档立卡工作按时完成，并与国家建档立卡系统并网。据统计，2014年，全县有贫困村107个，贫困人口8.72万人，其中，低保0.93万人，五保0.11万人，扶贫对象7.67万人。

【专项扶贫资金】 年内争取财政专项扶贫资金2734万元，安排其中1247万元用于口头、万里、苏户、北岗底、黄龙岗、沟北、顾阳关等43个贫困村的种植、养殖产业扶持项目，其余资金用于解决突出贫困问题。项目实施过程中，从开工申请、开工照片、实施方案、台账建立到验收意见、工程完工图片、项目督查意见等都进行全面整理和完善，还对部分重点扶贫项目跟踪调查问效，确保把扶贫项目落实好，真正惠及贫困群众。

【技术培训】 先后组织上庄、下庄、河包口、顾阳关、南岗底、北岗底、吴磁沟等贫困村干部群众到外地参观蔬菜大棚建设，或聘请专家进行户对户专门指导。全年举办各类技能培训班13期，培训1260人。其中，举办实用技术培训班4期，培训432人（包括组织蔬菜大棚种植户到山东寿光、即墨，唐山乐亭、遵化参观学习1次50人，核桃种植技术培训班2期282人，中药材种植技术培训班1期100人）；举办农村干部培训班6期，培训696人；参加市举办创新扶贫工作机制培训1期，受训32人；举办驾驶员培训2期，培训100人。

【农户自立服务社】 6月16日，行唐扶贫办与中国扶贫基金会中和农信项目管理有限公司小额信贷扶贫项目正式签约。根据约定，10月初，农户自立服务社正式成立。10月19日，成功办理第一笔业务。到年底，放款资金达到230万元，自立社的成立，为农户小额贷款提供了大量资金支持。

【社会帮扶】 年初，中联部协调省交通厅为独羊岗乡出资154万元用于修路项目；与住建部、省住建厅沟通，争取全国重点镇危房改造项目，计划对1321户危房实施改造。3月，中联部机关服务中心副主任王昀、局级干部白长江到县考察蔬菜基地项目，捐赠丰田考司特汽车2部，折合资金100万元；协调《当代世界》杂志社，捐赠图书1000册，价值3万元。4月，协调澳大利亚落实黄龙港村水塔项目资金9.2万元。5月，中联部为口头镇鲁家峪村小学捐赠空调，对学校进行全面粉刷，并修缮水塔、厕所、操场等，合计价值4万元；争取1000万元集中供热项目，并申报至国家发改委。10月，中联部协调陕西彬县捐献500万帮扶资金，用于规划京昆高速走廊周边玉亭、独羊岗乡设施蔬菜农业基地。

（刘书荣）

民族宗教工作

【概况】 2014年，民族宗教局以中共十八大精神为指导，认真开展党的群众路线教育实践活动，依法管理民族与宗教事务，确保民族宗教领域的稳定、团结、健康、有序，在努力完成各项工作和任务的前提下，不断创新工作方法，推出亮点，共编发各类信息84篇，其中市级采用31篇，省厅采用3篇，连续5年荣获石家庄市民族宗教信息先进单位称号。

年末，民族宗教事务局有干部职工4人。

局　长：张建良

副局长：钱　强

【民族工作】 以“保稳定、惠民生、促发展”为着力点，9月，围绕第五个“民族团结进步宣传月”活动，对县内少数民族进行宣传、走访、调查摸底活动，促进全县各民族和睦团结；为17名中考、高考少数民族学生办理审核手续，准确率100%；为11名少数民族群众子女办好民族成份变更审批工作；准确、真实、全面地完成县内少数民族统计工作，为领导决策提供依据和参考。

【宗教工作】 一是在春节期间安排好对全县宗教界代表人士、特困信教群众春节慰问工作，确保节日期间全县民族宗教界安定祥和。二是围绕市局关于开展“发挥正能量、共筑中国梦”为主题的宗教政策法规学习月活动，举办宗教工作培训班，对全县宗教工作领导小组成员单位负责人，各乡镇党委、街道党工委副书记和主管宗教干部，统战部、民宗局以及公安国保大队全体工作人员，宗教重点村党支部书记等百余名学员进行宗教业务培训；组织基督教、天主教及佛教居士中的100余名骨干力量到革命圣地西柏坡接受“红色教育”；在各界信教群众中组织开展学习中共十八大会议精神活动。三是对“净空学会”书籍、音像制品及暑期“少儿读经班”进行清查活动；对全县宗教活动场所开设私人会所情况及佛教场所教职人员从事非法宗教活动的现象进行排查。四是组织安排宗教政策法规学习月（6月）、“宗教慈善周”（9月第3周）和信教群众爱国教育等活动，更好地为民族团结奠定基础。

（李秀鹏）

乡镇概况

龙州镇

【概况】 总面积42.4平方公里，辖33个行政村27066户72566人，其中乡村12172户42122人。耕地39054亩，全部为水浇地39054亩，人均耕地0.93亩。镇党委下设38个党支部，共有党员1885名，其中农村党员1704名。2014年，龙州镇深入贯彻落实县委、县政府各项工作部署，按照“强基础、保稳定、破难题、求发展”的工作思路，以建设“经济强镇、商贸重镇”为目标，坚持县城建设与农村面貌改造提升并举，项目建设与民生实事齐抓，积极稳妥推进各项工作开展，全镇经济社会实现平稳较快发展。全年完成固定资产投资114156万元，实现农业总产值30650万元，农民人均纯收入6591元。

年末，在职干部职工62人。

党委书记：甄泽亮

副 书 记：仝兴敦　杨建生

组织委员：陈文平

宣传委员：刘建刚（3月免）

　　　　　申丽华（3月任）

武装部长：赵建敏

纪检书记：孙国会

人大主席：王小三

副 主 席：张彦军

镇　　长：仝兴敦

副 镇 长：赵永鹏　严和军

　　　　　徐二才（3月免）

　　　　　刘建刚（3月任）

【基层党建】 一是以强化农村干部队伍建设和提高党员干部素质为切入点，以加强党的阵地建设和干部作风转变为着眼点，镇党委及38个基层党支部全部按规定动作和有关要求深入开展党的群众路线教育实践活动，基层组织建设得以强化。二是积极稳妥推进“两委”换届工作，所辖33个村在调整支部书记、选配支部副书记、配齐配强支部力量的基础上全部完成支部换届，平稳实现新老更替和年龄结构优化，共调整支部书记11人，其中，35岁以下支部书记4名，45岁以下6名，年龄结构趋于年轻；本科以上学历2人，大专以上学历8人，学历结构向知识化转变。东庄、西庄、北街、解家庄、庄头、西羊同6个后进基层党组织实现彻底转化。全年新发展党员25名，顺城街、齐村、杨段庄3个十几年不发展党员的空白村打开了局面。下一年村委换届准备工作基本就绪。

【项目建设】 新增河北融投高效煤粉、集中供热2个亿元以上项目。组织实施涉及4村87户群众116亩地的高效煤粉项目征地工作，顺利拆迁17万平方米的地上附着物，实现如期开工，项目工程主体年内完工。

【县城建设】 跑办成功“全国重点镇”。先后承担多项城建征地拆迁工作任务，一是千方百计化解遗留问题，打通升仙桥路北延、玉城大街西延支线1和支线2三条道路，实现县城主干道西通北接。二是完成永昌北路综合整治提升工程涉及的4村92户群众征地拆迁和颍水河两岸综合整治提升工程涉及的96户群众征地拆迁工作，实现城建重点工程如期开工。三是完成一中高压线架设涉及的6村106户征地和齐村南节点绿化涉及的2村22户征地工作。四是完成北环、东环污水管网铺设征地涉及的163户群众说服工作，保证一中如期通水通电。五是投资80万元实施棉新路硬化提升工程，配合完成城甦线升级改造工程。

【农村面貌改造提升】 李七里峰、东庄、齐村、南贾素4个“农提村”按照省、市、县关于农提工作有关要求，先后开展村“两室”达标建设、村制度规范和农村环境整治等工作，硬化道路30079平方米，美化墙体59600平方米，栽植各类树木23000余棵，清理垃圾96000余立方米，全部完成1460座连茅圈改造任务。投资165.6万元，新建齐村小学、南贾素小学和东庄幼儿园。投资315万元，解决部分村民饮水安全问题。新增路灯64盏，环村植树8360株。大力开展植树造林工作，成立镇、村两级专业护林队伍，加大对林木、林地的防护力度。二环、京赞、京昆高速两侧植树23460棵。

【城乡环境综合整治】 响应县委、县政府号召，积极开展“大洗脸”行动。总投入150余万元，动用人员3800人次，铲车、钩机、翻斗车等机械设备90余辆，清理整治城区小街小巷86条、外环沿线9.6公里，共清理垃圾126000余立方米，完成城区小街小巷及外环两侧墙体刷白美化135300平方米。进一步加强城区小街小巷日常卫生保洁管理，实现城区小街小巷日清日洁。

【计划生育】 全年共出生676人，死亡344人，人口自然增长率7.8‰，符合政策生育率79.88%，综合节育率90.72%，征收社会抚养费50余万元。成立龙州镇“医养扶一体化”领导小组，为13名失独家庭选定爱心供养人，并开通绿色通道。为26户计生困难家庭、5户计生特殊困难家庭送去慰问品。

【综治工作】 从延展服务平台和夯实管理基础入手，组织实施“抓源头、除隐患、重治理、创平安”活动，着重在创新群众工作、化解社会矛盾、强化组织基础、提升平安建设水平上下功夫，为社会和谐稳定奠定坚实基础。在东庄、李七里峰两个村开展农村网格化管理试点创建工作，得到市、县政法综治部门领导的充分肯定并予以推广。把化解矛盾、解决问题作为维稳工作的重要途径，积极做好矛盾排查、化解工作，将信访隐患控制在基层、解决在乡镇。着力推行“三位一体”大调解和“一岗双责”工作机制，强化责任落实、领导包案等措施，充分发挥农村“两委”干部第一道化解和防线作用。全年排查矛盾纠纷和集体信访隐患213件，化解179件；先后稳妥化解马凹村20年的宅基地纠纷信访老案和西关医疗纠纷等12起突发信访事件。

加强食品安全监管，取缔红薯淀粉等非法生产加工作坊6家。配合环保局关停辖区内塑料颗粒加工企业13家，取缔胶粉生产企业11家，并拆除主要设备；定期开展安全生产大检查，对辖区内企业、饭店、加工作坊进行拉网式排查，对存在隐患的及时进行整改，未发生一起安全生产事故。加强环境污染治理，成立秸秆禁烧巡逻小队，配备专门车辆、人员和灭火工具，在秸秆禁烧期间24小时不间断巡逻。

【机关制度建设】 实施镇、村两级服务平台建设，强化一条龙服务和村民代办机制。在镇机关开设行政服务大厅，着力推行机关制度化建设和工作规范化管理，进一步完善和理顺村财镇监、村章镇代管、村档镇代管和农村集体资产处置等专项镇、村管理体制。

【社会事业】 全镇有低保544户960人，五保99户，发放救灾款16余万元，危房改造115户。完成新农保、新农合、城乡居民医保等专项工作。抓好兵役登记和征兵工作，年内体检上站58人，合格23人，应征入伍21人。发放粮食直补、良种补贴资金412.6万元。圆满完成第三次全国经济普查工作。

2014 年龙州镇各行政村基本情况表

村名	乡村户数（户）	乡村人口（人）	粮食			年末实有耕地面积（亩）	
			面积（亩）	亩产（公斤）	总产（吨）		水浇地
东街	500	1659	182	400	55	207	207
西街	340	969	82	427	35	51	51
南街	370	968	80	425	34	116	116
北街	351	891	42	429	18	38	38
顺城街	210	778	60	417	25	46	46
西关	975	3203	1190	436	423	989	989
南关	278	748	390	462	180	247	247
北关	290	986	585	450	263	377	377
庄头	620	2300	1689	437	768	1385	1385
马凹	460	1764	1965	430	928	1289	1289
花园头	150	622	645	436	302	444	444
韩家庄	310	1087	1215	455	553	840	840
坟台	208	720	975	440	429	655	655
柴家庄	260	963	1641	466	765	1113	1113
西羊同	268	880	3082	430	1200	2024	2024
北羊同	800	3047	6329	439	2896	4229	4229
南羊同	300	885	2275	445	1012	1505	1505
高七里峰	250	1003	1380	451	682	926	926
李七里峰	320	1202	1385	436	673	1084	1084
赵七里峰	255	893	1440	376	542	971	971
刘七里峰	341	1258	1973	435	940	1446	1446
王七里峰	301	1010	1710	443	586	1139	1139
程段庄	242	851	1236	438	589	851	851
石段庄	353	1320	2433	441	1098	1828	1828
杨段庄	390	1427	2819	443	1189	2207	2207
故庄	90	326	690	471	325	458	458
齐村	385	1402	2870	420	1205	2027	2027
南贾素	623	1952	3513	445	1528	2426	2426
东庄	436	1695	1806	437	786	1240	1240
西庄	97	334	450	451	203	286	286
解家庄	350	1301	1568	449	704	1152	1152
六十二庄	208	698	1530	440	724	1120	1120
贾木	841	2980	5912	442	2603	4338	4338
合计	12172	42122	55142	440	24263	39054	39054

2014年龙州镇各行政村主要干部任职情况表

村　名	党支部书记	村委会主任	村　名	党支部书记	村委会主任
东　街	程彦国	程彦国（兼）	高七里峰	高吉才（9月免） 高书军（9月任）	高东香（9月免） 高新敏（9月任）
西　街	王瑞平	李丙申	李七里峰	李过江	蔡根丑
南　街	陈建国	任永刚	赵七里峰	赵国林	赵明祥
北　街	任风林	段二训	刘七里峰	黄军令	刘合香
顺城街	贾书军	贾书军（兼）	王七里峰	王振国	王玉良
西　关	盖合保	米　哲	程段庄	李秋生	钱　敏
南　关	柳文秀	赵平兰	石段庄	石会刚	石吉锁
北　关	武九会	王振平	杨段庄	杨同贵（11月免） 李云平（11月任）	李云平
庄　头	崔树林（12月免） 崔国才（12月任）	张国旗	故　庄	石兵银	王喜锁
马　凹	杨国英	刘勇军	齐　村	赵国章（11月免） 钱树强（11月任）	钱树强
花园头	何振环	王俊永	南贾素	李增林（11月免） 仇金平（11月任）	仇金平
韩家庄	高文彦	高大年	东　庄	仝小脏（11月免） 仝林虎（11月任）	仝连虎
坟　台	魏中林	王二书	西　庄	范喜祥（11月免） 卢会刚（11月任）	范根祥
柴家庄	贾追良	贾士军	解家庄	李栓虎（11月免） 赵明亮（11月任）	康二军
西羊同	尤晨光	（空缺）	六十二庄	钱小凡	段书造
北羊同	刘少武（11月免） 张军平（11月任）	张四良	贾　木	马二旦	孟占云
南羊同	杨振祥	杨建立			

（刘　然）

独羊岗乡

【概况】 总面积61.1平方公里，辖16个行政村12503户44201人，其中乡村10508户38896人。耕地41413亩，全部为水浇地，人均耕地1.06亩。乡党委下设23个党支部，共有党员1703名，其中农村党员1428名。全年完成固定资产投资73153万元，实现农业总产值50984万元，农民人均纯收入6327元。

年末，在职干部职工56人。

党委书记：陈彦军

副 书 记：赵建强

　　　　　盖军路（3月免）

　　　　　张朝晖（3月任）

组织委员：杨　斌

宣传委员：康　雷

武装部长：康建立
纪检书记：康素娟（3 月免）
　　　　　赵全法（3 月任）
人大主席：张志勇（3 月免）
　　　　　盖军路（3 月任）
副 主 席：李成群（2 月免）
乡　　长：赵建强
副 乡 长：孙少华（2 月免）
　　　　　李成群（2 月任）
　　　　　张立强

【基本建设】 争取上级资金 254 万元，自筹资金 180 万元，对城蹚公路县城至余底段 2600 米进行升级改造。硬化北贾素、贾庄、西蹚马、柏朳、北蹚马、独羊岗、欢同、寨里、西秀等 9 个村道路 8670 米。

【项目建设】 琉璃湖生态旅游项目投资 500 万元，占地 2000 亩，正在建设中；投资 2100 万元的河北金海生物饲料有限公司完成建设，占地 10 亩，预计明年投产；投资 1.5 亿元的河北众源肥料科技有限公司，占地 100 亩，正在建设中；投资 3200 万元的河北建文建材有限公司，占地 50 亩，正在建设中；投资 500 万元的河北鸿生生物燃料科技有限公司，占地 15 亩，预计明年年初开工；投资 5000 万元的独羊岗乡河合湿地旅游项目，占地 550 亩，正在建设中。

【特色农业】 大力发展设施蔬菜瓜果，成立设施蔬菜产业协会，聘请河北农大教授和农业技术人员定期对设施蔬菜种植户进行指导培训。年内新增蔬菜瓜果大棚 700 多亩，其中，贾庄暖棚 300 亩，东蹚马暖棚 200 亩，智能育苗温室 13 亩，南蹚马冷棚 150 亩，燕头暖棚 60 多亩。年末，全乡共有大棚蔬菜瓜果 1200 多亩，其中，冷棚 900 亩，暖棚 300 亩，成为县内设施农业面积最大的乡镇，发展经验先后被《河北日报》、《石家庄日报》、河北广播电台、行唐电视台等媒体报道。

养殖业快速发展。全乡有奶牛养殖小区 23 个，其中，省级奶牛养殖示范场 2 个，奶牛存栏 1.5 万头，日产鲜奶 160 余吨；年内新增占地 200 亩，投资 800 万元的新型肉牛养殖场 1 个。养猪和养鸡业迅猛发展，位于北蹚马村东的大沙河生态循环产业园完成投资 4000 万元，规划占地 1800 亩，养殖种猪、商品猪、柴鸡等，种猪存栏 7000 多头，是全县最大的养猪场。投资 300 万元的北蹚马现代化养鸡场，占地 50 亩，蛋鸡存栏 3 万多只，是全县最大的现代化养鸡场。积极为养殖户提供服务，举办科技培训班 4 期，培训 300 余人次，并邀请环保局、畜牧局技术人员，指导搞好奶牛养殖小区粪污治理和疫病防控工作，保证全乡养殖业稳步发展，努力打造绿色肉、蛋、奶源基地。

【农村面貌改造提升】 按照“一点、一片、一线”（河合，余底、柏朳、独羊岗，城蹚线）的治理思路，全面开展“四清”（清垃圾、清杂物、清残垣断壁、清庭院）、加快推进“四化”（净化、绿化、亮化、美化），共清理垃圾 4 万立方米，粉刷墙壁 3.5 万平方米。

【计划生育】 已婚育龄妇女上站率 100%，计划生育各类手术 550 例；出生 681 人，符合政策生育率 79.44%，出生统计求实率 100%；死亡 357 人，人口自然增长率 7.2‰。

【综治工作】 全面实施“平安基建”工程，细化目标任务，完善以村“两委”为支撑、派出所和调解室为骨干、治安巡逻队为基础的农村平安建设工作体系。坚持打防并举，狠抓队伍建设，与 16 个村及乡属企业、乡卫生院等企事业单位签订《独羊岗乡 2014 年度社会治安综合治理和维护稳定工作目标责任书》，将综治工作目标、工作责任落实到实处。全年共化解矛盾纠纷 83 起，化解率 100%。

【社会生活】 民政低保、五保、优抚对象 1043 人，发放优抚款、社会救济款 189.8345 万元，发放大病医疗救助 12.1383 万元，新农合参合率 95%。

2014年独羊岗乡各行政村基本情况表

村名	乡村户数（户）	乡村人口（人）	粮食			年末实有耕地面积（亩）	
			面积（亩）	亩产（公斤）	总产（吨）		水浇地
独羊岗	532	2102	3324	443	1473	2218	2218
北贾素	1056	3728	7840	441	3457	5491	5491
燕头	706	2430	3886	443	1721	3221	3221
郑家庄	770	3008	4850	442	2144	3383	3383
柏机	580	2014	3180	442	1406	2301	2301
西秀	520	2008	2980	441	1314	2164	2164
余底	803	3015	3740	441	1649	2836	2836
贾庄	801	2912	4724	442	2088	3322	3322
河合	798	2728	3890	442	1719	2549	2549
岗头上	360	1530	2750	443	1218	2024	2024
寨里	1188	4182	5800	442	2564	4065	4065
欢同	486	1820	2450	441	1080	1797	1797
东韆韆	495	1918	2160	441	953	1632	1632
西韆韆	461	1770	2142	441	945	1432	1432
南韆韆	463	1853	2140	443	949	1359	1359
北韆韆	489	1878	2080	442	919	1619	1619
合计	10508	38896	57936	442	25599	41413	41413

2014年独羊岗乡各行政村主要干部任职情况表

村名	党支部书记	村委会主任	村名	党支部书记	村委会主任
独羊岗	李芬	韩双成	河合	马栓宅（11月免） 孙志兵（11月任）	孙志兵
北贾素	封小香	毛国良	岗头上	金军祥	（空缺）
燕头	董立杰	靳地震	寨里	王进江	（空缺）
郑家庄	刘利平	高荣海	欢同	赵根良（12月免） 王树其（12月任）	陈新院
柏机	严富贵	（空缺）	东韆韆	韩春风（11月免） 杨玉良（11月任）	杨国云
西秀	赵连生（11月免） 鲁彦华（11月任）	赵小四	西韆韆	刘栋	刘五顺
余底	赵小七	（空缺）	南韆韆	金国庆	杨建坡
贾庄	李贵军（11月免） 杨志强（11月任）	马二明	北韆韆	刘东亮	孙小勺

（王立伟）

南桥镇

【概况】 总面积61.3平方公里，辖17个行政村11230户35386人，其中乡村8777户28778人。耕地46280亩，其中水浇地37185亩，人均耕地1.61亩。镇党委下设24个党支部，共有党员1386名。全年完成固定资产投资67437万元，实现农业总产值35633万元，农民人均纯收入5473元。

年末，在职干部职工41人。

党委书记：张　骉

副 书 记：盖进良　赵会敏

组织委员：郭　佳（3月免）

　　　　　温军霞（3月任）

宣传委员：张　强

武装部长：李素文

纪检书记：王建辉

人大主席：杨振永（2月免）

　　　　　张智勇（2月任）

副 主 席：王海良

镇　　长：盖进良

副 镇 长：赵志军　靳会珍

【基本建设】 西市庄、东杨庄、北龙岗、葛仙庄4个农村面貌改造提升重点村共硬化道路5600米，安装路灯114盏，上变压器5台，整修线路34000米。北龙岗村饮水工程列入“十二五”规划，建800平方米幸福互助院1座。东杨庄村完成饮水安全工程建设，重新整合村委会办公室，建双戏楼1座。葛仙庄村水塔完工，西市庄村整修村民服务中心300平方米。

【项目建设】 石家庄商户创办的兴唐建材厂总投资3000万元，位于南桥镇东市庄村北，占地180亩，已开始生产页岩砖。鑫旺食品有限公司投资3000万元建设奶牛养殖基地并投入使用。故郡生态农业示范园建成稻田、鱼塘种养植单元1400亩，建办公室、加工包装车间及库房共200平方米，所生产的“故郡”牌有机河塘米完成商标注册。总投资3000万元的行唐县方兴建材有限公司和总投资3000万元的行唐县西市庄建筑材料有限公司正在建设中。

【特色农业】 东安太庄村争取上级资金50万元，投资建成鱼塘，用于发展垂钓。在沙河沿岸栽植桃树、樱桃、葡萄等经济作物，致力于发展集生态旅游、观光、垂钓、休闲、采摘为一体的观光基地。

【计划生育】 全年出生556人，死亡232人，符合政策生育率84.65%，人口自然增长率9.49‰；已婚育龄妇女上站率90%，计划生育各类手术549例。

【社会生活】 民政低保824人，五保147人，优抚对象49人，发放社会救济款15.1万元。

2014年南桥镇各行政村基本情况表

村　名	乡村户数（户）	乡村人口（人）	粮食			年末实有耕地面积（亩）	
			面积（亩）	亩产（公斤）	总产（吨）		水浇地
南　桥	909	2792	5263	418	2204	3905	3905
故　郡	1085	3750	5830	440	2569	3925	3925
东市庄	702	2298	4965	393	1956	3700	3700
西市庄	478	1674	2960	440	1305	2034	2034
东杨庄	740	2370	4980	391	1948	3699	3699
西杨庄	375	1350	3565	496	1769	2477	2477
南　件	299	1052	2483	474	1327	1758	1758
北　件	303	1070	2002	473	1098	1517	1517

续表

村　名	乡村户数（户）	乡村人口（人）	粮食			年末实有耕地面积（亩）	
			面积（亩）	亩产（公斤）	总产（吨）		水浇地
安　里	255	810	1630	501	817	1125	1125
北龙岗	1070	3300	6590	417	2752	5325	4298
南龙岗	564	2010	4140	431	1785	2366	2300
北　桥	800	2622	5558	487	2709	4317	3273
葛仙庄	112	329	1355	369	500	1852	204
柳树沟	160	460	1620	351	569	1831	398
南安太庄	196	668	1870	432	807	1588	702
东安太庄	421	1225	2760	402	1112	2325	1024
西安太庄	308	998	2819	400	1128	2536	846
合　计	8777	28778	60390	436	26355	46280	37185

2014 年南桥镇各行政村主要干部任职情况表

村　名	党支部书记	村委会主任	村　名	党支部书记	村委会主任
南　桥	何国群（11 月免） 严会林（11 月任）	严兵戌	北龙岗	杨晓朝	王立强
故　郡	付志勇	付志敏	南龙岗	王盘珠（4 月免） 王成香（4 月任）	贾连福
东市庄	申会刚	申文才	北　桥	康中华	康俊山
西市庄	张新征	左臭货	葛仙庄	王长活	于晓红
东杨庄	孙永军	孙国现	柳树沟	康海林	康晓红
西杨庄	宇文唐	宇文唐（兼）	南安太庄	李玉来	杜兵良
南　件	张根虎	张吉平	东安太庄	刘金国	刘金国（兼）
北　件	肖麻烦	肖麻烦（兼）	西安太庄	梁领群	梁领群（兼）
安　里	赵金刚	赵根生			

（王　欢）

安香乡

【概况】　安香乡位于县城西南部，与灵寿、新乐、正定三县（市）交界，西临磁河，总面积 55.3 平方公里，辖 15 个行政村 10276 户 33566 人，其中乡村 7462 户 27580 人。耕地 37149 亩，全部为水浇地，人均耕地 1.34 亩。乡党委下设 24 个党支部，共有党员 1009 名，其中农村党员 925 名。

全年完成固定资产投资70658万元，实现农业总产值25510万元，农民人均纯收入5357元。

年末，在职干部职工52人。

党委书记：白录平
副 书 记：张志强
　　　　　李　杰（3月免）
　　　　　韩金刚（3月任）
组织委员：赵来义
宣传委员：贾玲贞（2月免）
　　　　　秦　冉（2月任）
武装部长：卢玲双
纪检书记：张国荣（3月免）
　　　　　赵振卿（3月任）
人大主席：钱立伟
副 主 席：李文革
乡　　长：张志强
副 乡 长：黄新会（2月免）　崔爱军
　　　　　张国荣（3月任）

【农村面貌改造提升】 以“农提”工作为抓手，实施违建拆除、绿化造林、农村改厕、农村水、电、路改造等一系列工程。拆违方面，先后出动百余人次，铲车、垃圾清运车数十辆次，清理2号路行唐南高速出口违章建筑30余处，彻底改善辖区2号路沿线的环境卫生状况。绿化方面，联合有关部门完成行唐南高速出口节点绿化6700平方米，强力推进2号路沿线绿化带建设，提升了行唐县“南大门”的形象；实施磁河河道绿化工程，完成绿化面积450亩，引导绿源公司推进片林绿化工程，在去年千亩片林基础上，新增绿化面积600余亩；积极开展张霍口、东安香一带的“十边”绿化，打造绿色村庄。其他方面，积极推进农村改厕，作为“农提”示范村，张霍口、米霍口全部完成700多座改厕任务；圆满完成东安香、西安香、笔尾、东正的中低产田改造，常香、南伏流等村的饮水安全工程，常香、北伏流等村道路硬化，中伏流、常香等村电力增容，米霍口群众文化活动场地建设以及各村村民事务代办等惠民工程。

【基层组织建设】 一是结合党的群众路线教育实践活动，狠抓后进支部转化和软弱涣散班子整顿，米霍口、张霍口两个后进支部先后转化，顺利通过省、市验收；先后调整胡家庄、张霍口两村支部书记人选，激发干部队伍活力。二是全力推进乡、村两级服务平台建设，全面优化“两委”活动场地。投资20万元建设乡政府集民政、社保、村级公章管理、信访接待于一体的高标准便民服务大厅，并以每村筹资5000元的标准推进村级便民服务室建设，积极探索开展村干部代办服务。同时，将各村“两委”活动场所进行提档升级，投资4500元新建米霍口村“两委”活动场所，有利于“两委”办公和组织开展各项活动。三是科学谋划并稳步推进“两委”换届工作。党委、政府积极推进各村财务冻结、“三资”清理、公章回收、合同移交等换届准备工作，为2015年平稳换届和各村长远发展打好基础，年内完成8个村的支部换届工作，“两委”换届准备工作正在有条不紊地推进。

【民营企业】 指导企业制定提档升级实施方案，推进辖区企业技术升级、产品上档和管理创新。新增扩建和技改项目2个，即河北方月农业机械制造有限公司总投资6亿元的农牧机械产业化项目，年内完成投资1.8亿元；河北永青饲料科技有限公司总投资22924万元的年产8万吨牛饲料专业生产线项目，主体工程基本完工，完成投资3100万元。年内河北永青饲料科技有限公司的“永青”牌饲料荣获河北省著名商标称号，河北新征饲料有限公司被评为2014年度石家庄龙头企业。

【计划生育】 全年共出生561人，符合政策生育率78.61%，出生率17.26‰，人口自然增长率10.49‰。

【社会生活】 完成城镇居民医疗保险780人、城镇职工养老保险35人，这两项指标均完成任务的100%；农村养老保险覆盖率94.7%；对全乡低保、五保户进行梳理审核，清理低保户42户78人，新增五保户4户、低保户22户49人，年末，享受农村低保342户621人，五保109人；改造农村危房47户。

2014 年安香乡各行政村基本情况表

村 名	乡村户数（户）	乡村人口（人）	粮食			年末实有耕地面积（亩）	
			面积（亩）	亩产（公斤）	总产（吨）		水浇地
东安香	760	2510	3870	441	1707	2707	2707
西安香	641	2240	4380	452	1980	3494	3494
东 正	812	3023	6812	430	2929	5501	5501
西伏流	315	1098	2850	439	1251	2335	2335
南张吾	413	1580	1770	430	761	916	916
南伏流	615	2230	2930	440	1289	2528	2528
北伏流	479	1701	4901	432	2117	3090	3090
米霍口	224	820	1580	453	716	1084	1084
张霍口	304	1064	2630	434	1141	1862	1862
常 香	726	3018	5813	437	2541	3483	3483
胡家庄	351	1230	1998	443	885	1554	1554
磁河庄	81	282	396	440	174	227	227
北协神	791	3008	5968	445	2656	4373	4373
笔 尾	780	3118	3810	447	1703	3182	3182
中伏流	170	658	1180	445	525	813	813
合 计	7462	27580	50888	440	22375	37149	37149

2014 年安香乡各行政村主要干部任职情况表

村 名	党支部书记	村委会主任	村 名	党支部书记	村委会主任
东安香	卢文学	卢庆月	张霍口	孔大军	张老奔
西安香	张 辉	卢书刚	常 香	曹振国	赵立国
东 正	耿书海	张福生	胡家庄	陈发展（6 月免） 胡老莫（6 月任）	张增坤
西伏流	苏宝义（10 月免） 陈大力（10 月任）	（空缺）	磁河庄	范永刚	赵建波
南张吾	刘栓平	刘彦辉	北协神	范永祥	（空缺）
南伏流	李军昌（11 月免） 苏中新（11 月任）	李保国	笔 尾	尹文平	郭江杆
北伏流	甄荣辉	（空缺）	中伏流	张春华	张林学
米霍口	米栓锁	米四清			

（王 兴）

只里乡

【概况】 总面积62.5平方公里，辖19个行政村13628户44507人，其中乡村11088户41412人。耕地45004亩，全部为水浇地，人均耕地1.08亩。乡党委下设24个党支部，共有党员1612名，其中农村党员1480名。全年完成固定资产投资75012万元，实现农业总产值37697万元，农民人均纯收入6068元。

年末，在职干部职工47人。

党委书记：温少辉

副 书 记：高会军（3月免）

郭趁义（3月任）

刘彦辉（3月免）

徐二才（3月任）

组织委员：乔军素（3月免）

尹　力（3月任）

宣传委员：陈银翠

武装部长：孟卫力（2月免）

马力强（2月任）

纪检书记：苏丽芳（2月任，3月免）

霍建军（3月任）

人大主席：郭建欣（2月免）

李　杰（3月任）

副 主 席：樊展旗

乡　　长：高会军（3月免）

郭趁义（3月任）

副 乡 长：宁振勇　黄进峰　麻建民（农民）

【基本建设】 全乡硬化街道18千米，安装路灯260余盏，新增变压器16台，整修电力线路36千米，打机井8眼，拓宽、维修农村道路21千米。

【项目建设】 全乡新上投资1000万元以上项目3个：投资2600万元的李永生新生绿色能源加工厂，投资3000万元的行唐县北河低硫型煤炭有限公司占地50亩，投资5000万元的河北润农欣生物科技有限公司占地100亩。完成石家庄通达塑料塑料管生产线扩建、石家庄爱心卫生纸有限公司卫生巾生产线扩建、石家庄前进钢圈厂扩建等17个技改项目，技改投资总额46583万元。

【计划生育】 落实育龄妇女普查8219人次，育龄妇女上站率94.5%，计划生育各类手术648例，出生728人，死亡309人，符合政策生育率79.4%，人口自然增长率9.35‰。

【综治工作】 秉承“把上访群众当家人，把群众来信当家书，把信访矛盾当家事，把信访工作当家业”的工作理念，积极做好信访矛盾排查化解工作。全年共排查信访隐患和矛盾纠纷95件，办结88件，剩余案件正在办理解决中。

【社会生活】 民政低保484户888人，五保48户，全年发放低保保障金1245461元、五保保障金127825元；农村养老保险特别是60周岁以上人群实现100%全覆盖，新农合参合率98%，全年转移就业劳动力6210人。

2014年只里乡各行政村基本情况表

村　名	乡村户数（户）	乡村人口（人）	粮食			年末实有耕地面积（亩）	
			面积（亩）	亩产（公斤）	总产（吨）		水浇地
只　里	389	1435	1999	445	889	1763	1763
贝　村	680	2068	2594	464	1204	2067	2067
执　阳	560	2248	3192	418	1333	2220	2220
白　庙	834	3213	4233	473	2003	3225	3225
白庙庄	400	1365	2754	474	1306	1414	1414

续表

村名	乡村户数（户）	乡村人口（人）	粮食			年末实有耕地面积（亩）	
			面积（亩）	亩产（公斤）	总产（吨）		水浇地
南州	356	1186	1924	479	922	1756	1756
王营	330	1159	1611	429	691	1564	1564
贾洛营	648	2813	5768	386	2224	4380	4380
霍村	521	2112	2698	407	1098	2233	2233
连家庄	586	2389	2520	477	1203	2004	2004
南高里	258	927	1269	470	596	757	757
北高里	1475	6275	9080	446	4054	3690	3690
刁家庄	575	2023	3109	398	1238	2955	2955
东秀	653	2280	3052	393	1199	2424	2424
东家	620	1999	2704	462	1248	2375	2375
西家	400	1458	1935	469	907	1482	1482
刁村	725	2712	3781	461	1743	3921	3921
刁村庄	273	970	1331	452	602	1392	1392
秦村	805	2780	4519	414	1869	3382	3382
合计	11088	41412	60073	438	26329	45004	45004

2014 年只里乡各行政村主要干部任职情况表

村名	党支部书记	村委会主任	村名	党支部书记	村委会主任
只里	汪文顺	李过江	南高里	倪五香	倪五香（兼）
贝村	杨建红	赵三歪	北高里	麻新英	麻新英（兼）
执阳	张秋双	张文平	刁家庄	刘书平	刘永利
白庙	乔合群	韩国军	东秀	李东江	李东江（兼）
白庙庄	韩新社	韩新社（兼）	东家	李文江	李文江（兼）
南州	李六保	李六保（兼）	西家	刘增平	刘增平（兼）
王营	李正才	李正才（兼）	刁村	杨玉庆	杨玉庆（兼）
贾洛营	刁新社	刁新社（兼）	刁村庄	杨柳锁	朱振其
霍村	霍建军	吕仲文	秦村	李凤山	李凤山（兼）
连家庄	杨建国	宋英杰			

（严　鹏）

市同乡

【概况】 总面积 28.1 平方公里，辖 15 个行政村 7860 户 24915 人，其中乡村 6230 户 21133 人。耕地 29939 亩，全部是水浇地，人均耕地 1.42 亩。乡党委下设 20 个党支部，共有党员 816 名，其中农村党员 701 名。全年完成固定资产投资 72431 万元，实现农业总产值 21458 万元，农民人均纯收入 6543 元。

年末，在职干部职工 37 人。

党委书记：肖东朝

副 书 记：郭趁义（3 月免）

高会军（3 月任）

高新卓

组织委员：王伟鹏

宣传委员：赵新彦

武装部长：刘增义

纪检书记：左国虹

人大主席：孟国旗

副 主 席：麻得肥

乡　　长：郭趁义（3 月免）

高会军（3 月任）

副 乡 长：徐书坤　石　磊

【农村面貌改造提升】 按照省、市、县农村面貌改造提升工作部署，对左市同、西南庄、东霍同、西霍同 4 个村进行改造，完成村庄规划编制、卫生室建设、文化广场修建及安全饮水工程，硬化道路 6200 米，安装太阳能路灯 61 盏，修建花池 750 个，栽植树木 12000 棵，改造厕所 3072 所，清理垃圾 11000 余方。对其他 11 个村的环境卫生进行集中整治，共清理垃圾、杂物等 6000 立方米。组织 15 个村党支部书记进行观摩评比，巩固改造提升和集中整治成果。

【项目建设】 新上完工项目 8 个，其中，加气站 2 个，投资 2100 万元，鑫通挂车项目投资 300 万元，汇达彩钢投资 800 万元，石家庄正晟自动化设备有限公司投资 700 万元，翔航机械投资 500 万元，鼎泰汽贸投资 500 万元，云泉机械有限公司投资 400 万元；跑办项目 2 个，其中，服装厂投资 300 万元，纺织（纱）厂投资 400 万元；签约项目 4 个，其中，庆林宴会厅投资 300 万元，鸿盛汽贸投资 200 万元，毛照农牧机械厂投资 300 万元，西外环机械厂投资 400 万元。年末，全乡有机械制造企业 36 家，入统企业 11 家。

【计划生育】 出生人口 393 人，人口出生率 16.1‰。计划内出生 322 人，符合政策生育率 79.64%。开展计划生育宣传 7 次，育龄妇女普查 4 次，排查妇女疾病 7890 人。积极落实计生奖扶政策，发放独生子女奖励 22690 元，发放养老保险补助金 4089 元，对 21 户计生困难家庭和 4 户失独家庭进行关爱和帮助，在母亲节、中秋节等节日进行走访慰问，送去牛奶、被子、月饼等节日礼品。

【基层党建】 成立党的群众路线教育实践活动领导小组及办公室，制定活动方案，先后召开 9 次党政联席会 12 次调度会，对教育实践活动进行安排部署和协调调度。刷写墙体标语 17 条，悬挂条幅标语 33 条，书写黑板报 23 块，设置活动专栏16 个，发放明白纸 7000 余份。完善《村“两委”班子考核办法》，出台《市同乡信访稳定工作考核奖励办法》（试行）、《市同乡请销假制度》、《市同乡财务管理制度》和《农村环境综合整治办法》等规章制度，以制度促转变、以制度促服务。深挖组织建设不规范问题，积极探索村级组织管理的有效途径，完成 13 个村党支部的换届选举工作。

【综治工作】 按照“日排查、周调度、月汇总、季分析”的工作方法，进一步加大对信访隐患的排查、化解力度，确保社会和谐稳定。全年化解矛盾纠纷 85 起，化解群体性上访案件 2 件、苗头性信访案件 30 件，成功化解一批积案、难案，化解率达 98%，全年没有发生影响稳定的信访案件和群体性事件。

【社会生活】 全乡享受民政低保 283 户 518 人，五保 138 人，全年发放救灾款 19.23 万元。农村养老保险参保率达 95%，60 岁以上居民养老保险金 100% 发放；城镇居民医疗保险完成任务 100%，新农合参合率 94.5%。

2014 年市同乡各行政村基本情况表

村　名	乡村户数（户）	乡村人口（人）	粮食			年末实有耕地面积（亩）	
			面积（亩）	亩产（公斤）	总产（吨）		水浇地
左市同	498	1659	2799	424	1187	1940	1940
李市同	388	1353	2720	426	1159	2169	2169
王市同	369	1173	1978	422	834	1581	1581
仝市同	188	643	1175	420	493	704	704
白市同	210	737	1627	428	696	972	972
麻家庄	384	1362	3194	427	1364	2123	2123
西塔子庄	391	1352	1923	431	830	1509	1509
东塔子庄	165	534	679	427	290	458	458
东霍同	412	1322	2360	425	1003	1619	1619
西霍同	360	1379	2248	423	951	1578	1578
东瓦仁	682	2005	3816	422	1610	2913	2913
西瓦仁	625	2312	5453	426	2323	4325	4325
毛　照	940	3098	5706	419	2391	4884	4884
高家庄	231	830	1462	429	627	904	904
西南庄	387	1374	3470	426	1480	2260	2260
合　计	6230	21133	40610	424	17238	29939	29939

2014 年市同乡各行政村主要干部任职情况表

村　名	党支部书记	村委会主任	村　名	党支部书记	村委会土任
左市同	张国华（4 月免） 左国生（5 月任）	左拴合（4 月免） 左平均（5 月任）	东霍同	郄军军（5 月免） 郄振海（6 月任）	（空缺）
李市同	李春海	杨小胖	西霍同	张玉海	张振江
王市同	张保福	王和平	东瓦仁	梁小丑（6 月免） 赵英军（7 月任）	盖二香（6 月免） 盖余粮（7 月任）
仝市同	仝小三	仝五香	西瓦仁	郭永坡	郭立芳
白市同	白金龙	王小娇	毛　照	霍京刚	霍二嘎
麻家庄	刘振军	（空缺）	高家庄	高文生（4 月免） 高文利（5 月任）	高文吉
西塔子庄	王如意	赵全敏	西南庄	陈东法	陈白娃
东塔子庄	杨瑞庆	杨金山			

（盖　伟）

上碑镇

【概况】 面积25.4平方公里，辖17个行政村，5969户18602人，其中乡村4195户15068人。耕地24537亩，其中水浇地18820亩，人均耕地1.63亩。镇党委下设22个党支部，共有党员815名，其中农村党员742名。全年完成固定资产投资65860万元，农业总产值25486万元，农民人均纯收入4463元。

年末，在职干部职工35人。

党委书记：黄晓峰

副书记：段立新　钱正义

组织委员：仇英军（4月免）

　　　　　左春光（4月任）

宣传委员：王　勇

武装部长：赵　峰

纪检书记：李素会

人大主席：（空缺）

副主席：（空缺）

镇　长：段立新

副镇长：韩金刚（4月免）

　　　　张朝晖（4月免）

　　　　仇英军（4月任）

　　　　郭　佳（4月任）

【基本建设】 董磁沟惠民大桥竣工通车，董磁沟、西街、杨村新上变压器各1台，铁匠庄新打150米深井1眼，西街、北埌北两个村铺设防渗管道2400多米；硬化路面1000多平方米，修建农村娱乐活动场所2处，改善了农村生产生活环境。

【特色农业】 继续按照全镇“北养、南种、东工、西农、中集”（养殖、种植、工业区、特色农业、集贸）的发展思路，实施“一村一品”战略，围绕产业富民，重点培育烤烟、核桃、奶牛养殖，全年新增烤烟60亩，新栽核桃40亩。积极推进土地流转和西岗高标准基本农田建设，陈磁沟村率先在全县完成土地流转工作，镇党委、政府多次与市农工委联系，在西岗规划建设高标准基本农田，年内完成西岗农田的测量、申报、审批等前期工作。

【农村面貌改造提升】 东街作为全县农村面貌改造提升工作重点村，完成全村亮化、美化工作，新建垃圾池、配备垃圾箱5个，硬化路面6620余平方米，清理垃圾2720立方米，新建小游园1个，绿化造林3000余棵。同时，在上级有关部门和驻村工作组的大力支持下，完成东街村西口350米街道路面拓宽硬化工作。

【计划生育】 全年出生342人，其中计划内272人，计划生育率79.53%，人口自然增长率控制在6.41‰以内，全年共征收社会抚养费18万元。进一步规范计生秩序，提高群众生育观念，不断巩固和提高失独家庭“医养扶一体化”水平，有效保障失独家庭晚年生活。

【综治工作】 在深入开展“六五”普法工作的基础上，认真开展矛盾纠纷大排查。全镇共有社区矫正对象13名，分布在7个行政村；制定帮教计划，安置帮教人员21人。镇大调解中心受理矛盾纠纷23起，调处19起，调解成功率83%，通过政策疏导和困难救助等方式，多起信访积案问题得到妥善处理。重点协调省质量检测中心出具关于杨村房屋质量鉴定报告，基本化解杨村1·18事件后带来的各类信访隐患，杨村各类房屋救助到位，3个危房户正在协调处理中，杨村信访形势明显好转。南埌北村一直以来是集体访隐患较大的村，环宇非法集资案发生后，镇党委、政府积极与集资户接触，认真开展政策宣传、帮助取证等工作，集资户情绪趋于稳定，信访势头比较平稳。

【社会生活】 全镇有低保户365户696人，五保户94户，共发放低保、五保保障金125万余元；资助五保、低保户，孤儿及优抚对象缴纳新型农村合作医疗费用709人共4.9万元；完成80岁以上老人高龄补贴金的发放工作；改造危房136户。不断扩大养老、医疗等保险覆盖面，全镇城镇居民医疗保险参保805人，养老保险参保率达到93%，新农合参合率达到97%以上。落实支农惠农政策，年内补贴资金发放实行“一折通”，发放良种补贴

449511.3 元，粮食直补 246803.55 元，农资综合直补 1956912.03 元。

2014 年上碑镇各行政村基本情况表

村　名	乡村户数（户）	乡村人口（人）	粮食			年末实有耕地面积（亩）	
			面积（亩）	亩产（公斤）	总产（吨）		水浇地
董磁沟	285	1090	2480	420	1042	1877	1870
陈磁沟	155	574	1310	425	557	1007	890
刘磁沟	238	854	2510	421	1053	1882	1515
东　街	186	697	1430	419	599	912	778
东南街	288	1035	1980	418	828	1639	1250
东北街	370	1320	2470	420	1037	1959	1318
西　街	243	890	2650	426	1129	1915	1460
西南街	168	579	1610	428	689	1170	1045
西北街	201	677	1382	417	576	1092	684
祁　后	220	841	2218	420	932	1927	1115
杨　村	161	617	1348	421	568	1000	351
下滋洋	108	400	750	425	319	525	382
太子庄	331	1185	535	425	226	2286	1500
铁匠庄	111	327	2480	419	1039	435	435
刘家庄	143	569	940	417	392	607	607
南埌北	794	2705	4965	422	2094	3126	2770
北埌北	193	708	1505	420	632	1178	850
合　计	4195	15068	32553	421	13712	24537	18820

2014 年上碑镇各行政村主要干部任职情况表

村　名	党支部书记	村委会主任	村　名	党支部书记	村委会主任
董磁沟	闫江海	闫小力	祁　后	肖十五	肖文记
陈磁沟	邸国平	邸文革	杨　村	杨正月	安吉山
刘磁沟	赵建芳	赵建芳（兼）	下滋洋	李建国	李建国（兼）
东　街	王秋香	王秋香（兼）	太子庄	孟全福	高二国
东南街	王进发	王玉良	铁匠庄	李吉用	李满院
东北街	代白果	代白果（兼）	刘家庄	刘二记	刘根海
西　街	张考菊	张小黑	南埌北	杨增瑞	刘建平
西南街	赵顺义　曹秋瑞	张住成	北埌北	牛小兵	牛国军
西北街	刘建国	王二狗			

（米　琳）

翟营乡

【概况】　总面积71.5平方公里，辖29个行政村12001户38786人，其中乡村9344户34575人。耕地73510亩，其中水浇地60950亩，人均耕地2.1亩。乡党委下设33个党支部，共有党员1366名，其中农村党员1188名。全年完成固定资产投资65638万元，实现农业总产值42351万元，农民人均纯收入4454元。

年末，在职干部职工40人。

党委书记：高彦明

副 书 记：杨大虎　康　霞（女）

组织委员：张　勇

宣传委员：顾立强

武装部长：杨梅林

纪检书记：高俊英（女）

人大主席：（空缺）

副 主 席：王进良

乡　　长：杨大虎

副 乡 长：刘　伟　安静宇

【基本建设】　硬化道路7088米，安装太阳能路灯51盏；掌头、南郃凹、北郃凹3村修补磁左水渠960米，增加可浇灌土地1500亩。动用人工500余人次，铲车、三轮车167次，清理垃圾3.5万立方米，书写标语1323平方米。

【特色农业】　在传统种植的基础上，融入现代化种植技术，逐渐形成“一心、两线、多片区”的种植模式，以南翟营村为中心，在行陈公路和环乡公路线两侧发展多片区、多元化种植产业，形成以沟北为中心、辐射周边村庄的大棚甜瓜种植区，亩产收入均在万元以上；以东寺为中心的西瓜种植区，辐射宋营、北翟营等村；以南翟营为中心的大棚樱桃、葡萄种植区，集种植、观光、采摘、加工为一体；以任家庄为中心的万亩红薯种植区，辐射上龙门、掌头、小辛庄等村；同时，依托行陈公路的交通优势，在临近公路线的沟北村建立蔬菜瓜果交易市场，拓宽销售渠道，降低销售成本，增加农民收入。

【计划生育】　全年出生637人，出生率16.51‰，符合政策生育率81.84%；死亡316人，死亡率8.2‰；自然增长321人，人口自然增长率8.33‰。开展计划生育宣传4次，育龄妇女普查4次，排查妇女疾病830例；发放独生子女奖励34300元，发放养老保险补助金106680元，慰问计生困难家庭和失独家庭，在母亲节、中秋节等节点为其送去电磁炉、被子、牛奶等物品。

【综治工作】　组织包村干部、村“两委”干部深入29个村张贴《关于收缴非法枪支弹药、爆炸物品、管制器具，严厉打击涉危涉爆违法犯罪活动的通告》，每村悬挂3条以上横幅、粉刷5条以上标语，并利用广播、明白纸等进行广泛宣传；成立危爆物品清查领导小组，实行包村、包片、包干、包责任的工作制度，组织人员用摩尔探测仪逐村逐户进行排查，尤其是重点危险源和重点人群，确保排查不留死角，确保人民群众的生产生活安全。配合水利局、国土局不定期对辖区河道进行联合执法检查80多次，打击私采乱挖等违法行为，维护河道安全畅通；在夏秋两季秸秆禁烧工作中，以“不着一把火，不冒一股烟”为工作目标，出动宣传车134次，悬挂条幅152条，村广播1760余次，有效遏制焚烧秸秆行为。

【社会生活】　全乡共有低保户568户906人，五保户53户54人，全年共发放救助资金1513032元；改造危房51户，保障贫困户住房安全；规范发放旱灾、春荒困难家庭救济款6万元。新农保参保1.34万人，城镇居民医疗保险参保735人，新农合参合率97%。

2014年翟营乡各行政村基本情况表

村名	乡村户数（户）	乡村人口（人）	粮食			年末实有耕地面积（亩）	
			面积（亩）	亩产（公斤）	总产（吨）		水浇地
南翟营	1308	4637	10031	481	4829	7481	7481
北翟营	413	1579	5229	431	2255	3466	3466
吴磁沟	702	2742	5764	422	2432	3816	3816
岗　头	678	2566	6513	416	2712	4487	4487
宋　营	600	2393	4409	480	2116	4796	3700
东　寺	613	2307	6194	408	2525	4833	4800
西石庄	230	854	2708	583	1579	2031	2000
南石庄	121	441	1359	550	747	1190	1000
北石庄	82	243	940	477	448	733	700
东石庄	110	418	1388	471	653	1148	1000
益　河	221	830	1942	574	1114	1834	1500
南王庄	197	657	1864	428	797	1254	1200
下阎庄	209	778	2257	482	1088	1890	1500
翟家庄	139	505	1851	469	869	1503	1000
沟　北	523	2002	5620	491	2762	4441	3000
岸　下	308	1134	3105	413	1281	2015	1500
信　庄	294	1050	2403	463	1112	1865	1500
冻　庄	376	1332	2821	509	1435	2285	1500
名　布	328	1182	3089	464	1435	2328	1800
康　庄	343	1126	3522	431	1518	2735	2300
南霍营	207	752	1619	423	685	1256	800
南郤凹	168	602	1436	442	634	1245	800
北郤凹	219	831	2163	429	928	2725	1500
掌　头	309	1164	4438	338	1500	4050	2500
小辛庄	45	176	699	370	258	399	300
上龙门	69	250	2183	326	713	1393	1000
中龙门	187	651	3778	413	1560	2326	2000
下龙门	209	865	4811	346	1664	2885	2000
任家庄	136	508	1842	364	671	1100	800
合　计	9344	34575	95978	441	42320	73510	60950

2014 年翟营乡各行政村主要干部任职情况表

村　名	党支部书记	村委会主任	村　名	党支部书记	村委会主任
南翟营	王登山	李文合	岸　下	王吉明	张白旦
北翟营	张八斤	赵全发	信　庄	马英春	赵文忠
吴磁沟	韩晓忠	马建国	冻　庄	薛秋成	郭建敏
岗　头	刘需华	王小三	名　布	杨彦方	杨文山
宋　营	郭林虎	郭　威	康　庄	杨向东	赵海军
东　寺	张雷云	周通顺	南霍营	胡英利	（空缺）
西石庄	刘文学	刘秋生	南郤凹	刘新中	刘跃林
南石庄	王玉和	（空缺）	北郤凹	杨二九	祁吉军
北石庄	袁二发	鲍小琪	掌　头	张白旦	李小三
东石庄	王福禄	王和平	小辛庄	齐小猪	张喜祥
益河村	赵玉荣	张吉锁	上龙门	袁同顺	袁小五
南王庄	王三虎	王三虎（兼）	中龙门	袁新房	袁春香
下阎庄	李栓龙	李银山	下龙门	李青记	李双全
翟家庄	梁扩军	温秋生	任家庄	任堂三	（空缺）
沟　北	甄银奎	甄吉林			

（高俊甫）

城寨乡

【概况】 位于县城西北部丘陵山区，面积 59.9 平方公里，辖 25 个行政村 7264 户 22660 人，其中乡村 5910 户 20200 人。耕地 47392 亩，其中水浇地 19878 亩，人均耕地 2.35 亩。乡党委下设 31 个党支部，共有党员 1016 人，其中农村党员 956 人。全年完成固定资产投资 22744 万元，实现农业总产值 33913 万元，农民人均纯收入 4281 元。

年末，有干部职工 38 人。

党委书记：屈中敏
副 书 记：杨喜林（3 月免）
严　凤（3 月任）
郑伟凯（3 月免）
韩立峰（4 月任）
组织委员：贾利军
宣传委员：李建新（3 月免）
康笑丛（4 月任）
武装部长：杨德勇
纪检书记：王志刚（4 月免）
贾素贞（4 月任）
人大主席：杨贵敏（3 月免）
刘彦辉（4 月任）
副 主 席：胡建敏
乡　　长：杨喜林（3 月免）
严　凤（3 月任）
副 乡 长：丁文志（3 月免）
王志刚（4 月任）
韩立峰（4 月免）
邸冰玉（4 月任）

【基本建设】 完成陈家庄、邢家庄等 9 个示范村近 800 个农村连茅圈改造。新建垃圾池 45 个，清理垃圾 15 万余立方米，完成 10 个村的卫生保洁长效机制建设，全乡农村面貌有了很大提升。河西、杨下口村完成土地整改项目。贾南庄村投资近14万元完成引水灌溉项目，安装高压管道4000米。南凹、邢家庄、南城寨、北城寨硬化道路3200余米。

【特色产业】 河北城寨有机庄园总面积近2500亩，栽植中华寿桃和冬桃2万余棵，薄皮核桃1万余棵，优质密植苹果树6万余棵，杏树1万余棵。其中，年内新栽植优质密植苹果树苗110亩28000余株，绿化及产业规模进一步扩大。江河小流域治理栽植杏树、桃树100余亩，在沿线河西村公路两侧更新杨树80余亩4800余棵，邢家庄、河西等村600多亩杏树已成规模，依托牛王寨景区的资源优势和知名度，集爬山赏花、水库钓鱼、甜杏采摘于一体的综合休闲基地正在形成。

结合丘陵山区缺水少地的实际情况，将核桃种植作为一项促进农民增收的重要产业来抓，采取整合林业工程项目资金、扶贫资金、政府扶持、示范带动、专家指导等措施，大力发展核桃产业。尤其是北城寨村1000余亩核桃树长势喜人，南起贾南庄西至邢家庄涉及陈家庄、上滋洋、北城寨等10个村的万亩核桃种植基地即将建成。陈家庄村利用上级扶贫资金种植樱桃，乡政府组织“两委”班子专门学习赞皇县鲍家滩樱桃基地经验，在村东北荒坡次地规划樱桃种植区，年内栽植6000多棵。大力发展精品蔬菜种植，大棚甜瓜、西瓜、西红柿、茄子等瓜果蔬菜实现规模化种植、采摘、销售。南郝峪、寺头、董家庄等4个村共130多亩蔬菜大棚，每亩收益近万元，精品瓜果大棚种植基地已见雏形，成为带动村民致富的新路子。

【综治工作】 健全领导干部接访、约访、下访机制，深入开展“把周六交给群众，把矛盾化解在基层”活动，乡班子成员每周轮流在乡机关公开接访，每周五固定接访。全国、省、市“两会”，十八届四中全会、北京“APCE”峰会期间，委派专门人员对各类重点人员采取事先摸排、法律和政策法规宣传等多种措施，对其进行思想教育，化解一批信访积案。

【扶贫工作】 完成贾南庄、上滋洋、北郝峪等13个贫困村2465户8362人的贫困人口建档立卡工作。通过积极跑办，解决南庄、南城寨等村群众吃水、浇地难问题。

【社会生活】 全乡救济低保429户835人，五保144户，全年发放低保、五保款共计168万元，发放春荒救灾款20000元。改造危房54户，并逐户建立改造档案。按时完成新农保参保工作，参保率90%以上，完成340名城镇居民医疗保险办理；完成新农合征收工作，17587人参合，参合率96.18%。

2014年城寨乡各行政村基本情况表

村　名	乡村户数（户）	乡村人口（人）	粮食			年末实有耕地面积（亩）	
			面积（亩）	亩产（公斤）	总产（吨）		水浇地
北城寨	317	1219	1572	418	640	2351	823
南城寨	334	1250	2005	416	820	2053	543
西城寨	81	256	1038	414	382	406	200
河　西	174	628	1701	420	687	1955	599
邢家庄	164	560	1201	421	443	1351	372
杨下口	122	384	262	412	121	251	10
寺　庄	24	86	200	419	103	88	50
北郝峪	158	535	2039	415	802	1843	323
南郝峪	183	627	1561	411	603	1494	1030

续表

村 名	乡村户数（户）	乡村人口（人）	粮食			年末实有耕地面积（亩）	
			面积（亩）	亩产（公斤）	总产（吨）		水浇地
凹子里	74	196	650	413	211	511	437
中王庄	156	566	1648	415	663	1181	497
陈家庄	179	546	1462	416	583	1037	715
张家庄	314	1200	1759	418	1148	3168	1301
上滋洋	463	1617	2961	417	1219	5170	1600
贾南庄	423	1350	2799	420	1167	3983	1800
南 庄	209	674	1696	414	689	1662	600
北 庄	279	1006	1999	419	821	2531	1228
寺 头	282	940	2359	411	987	1680	800
南 凹	524	1875	2996	413	1257	3375	2000
北 凹	161	556	1116	417	413	525	500
颖 南	394	1240	1722	418	698	3358	1400
南窦庄	215	711	1418	420	553	2088	700
北窦庄	124	374	722	413	238	735	500
董家庄	251	737	1332	414	520	1867	750
侯家庄	305	1067	1517	417	773	2729	1100
合 计	5910	20200	39735	416	16541	47392	19878

2014年城寨乡各行政村主要干部任职情况表

村 名	党支部书记	村委会主任	村 名	党支部书记	村委会主任
上滋洋	王凌君	（空缺）	南城寨	侯彦青	侯扩军
贾南庄	霍书祥	（空缺）	西城寨	李建设	乔三贵
南 庄	王连堂	（空缺）	河 西	郭大力	郭义合
北 庄	马志英	（空缺）	邢家庄	张小旦	（空缺）
寺 头	张发旺（5月免） 张东伟（5月任）	张发旺	杨下口	杨海祥	（空缺）
南 凹	张连香	张二秧	寺 庄	贾小方	贾计罗
北 凹	杨继东	杨青海	北郝峪	高吉合	（空缺）
颖 南	杨兵合	杨银秋	南郝峪	张建设	张师官
南窦庄	李贵敏	李建民	凹子里	刘凤敏	易和山
北窦庄	韩合香	丁大丰	中王庄	张六群	（空缺）
董家庄	霍常来	霍 剑	陈家庄	乔分青	刘小五
侯家庄	刘书新	（空缺）	张家庄	温江小	曹保文
北城寨	王修渠	王二平			

（高 兴 郝环环）

上方乡

【概况】 总面积49.6平方公里，辖20个行政村9452户28368人，其中乡村5870户23928人。耕地42045亩，其中水浇地33921亩，人均耕地1.76亩。乡党委下设27个党支部，共有党员1139名，其中农村党员797名。全年完成固定资产投资73200万元，农业总产值33866万元，农民人均纯收入4207元。

年末，在职干部职工35人。

党委书记：申胜利

副 书 记：严　辉　孟爱军

组织委员：杜同考

宣传委员：石劭辉

武装部长：孙文其

纪检书记：习庆晓（3月免）

人大主席：孙立新（2月任）

副 主 席：张铁牛（2月免）

乡　　长：严　辉

副 乡 长：陈　雷　孙立新（2月免）

习庆晓（3月任）

【基本建设】 投资50万元，上方、马阳关、东井底3个村各打深井1眼；东井底、上方等3个村共铺设防渗管道3500米；西井底、赵阳关、许由等6个村新上变压器6台；羊柴、南城仔等3个村硬化街道8500米；上方、羊柴、龙洞、许由、西井底等8个村植树950余亩。

【项目建设】 总投资5.18亿元的河北万果红酒业有限公司，完成项目征地工作，签订占地协议，生产车间竣工，建成2条生产线并投入生产。总投资8000万元的河北省畜牧良种工作站一期工程建成并投入使用。

【农村面貌改造提升】 上方村硬化道路1000米，种植杨树2280棵、木槿3500棵，粉刷墙体6000平方米，清理垃圾杂物13000立方米，安装路灯30盏。范家佐村硬化道路500米，安装太阳能路灯25盏，清理垃圾8000立方米，戏楼修缮一新。

【计划生育】 全年出生475人，其中，政策内388人，政策外87人。全乡育龄妇女5192人，符合政策生育率81.68%，综合节育率87.17%。

【综治工作】 发挥大调解中心作用，共排查信访隐患117起，解决矛盾100多起，化解信访积案8件，营造了良好的发展环境。

【社会生活】 民政低保485户1064人，五保131户，全年发放低保款1593472元，五保款355600元；新农合参合22331人，参合率90%；新农保（16～59周岁）参保9442人，参保率91.42%。全年改造农村危房117户。

2014年上方乡各行政村基本情况表

村　名	乡村户数（户）	乡村人口（人）	粮食			年末实有耕地面积（亩）	
			面积（亩）	亩产（公斤）	总产（吨）		水浇地
羊　柴	789	3504	5566	434	2404	4659	4659
上　方	797	3842	6970	436	3016	4900	4900
许　由	344	1353	2677	433	1199	2290	2290
老牛沟	63	217	63	430	27	720	495
东井底	512	1998	4001	435	1720	3900	1700
西井底	364	1391	3098	434	1388	3775	1895
南城仔	161	617	1428	433	615	1395	705
西城仔	165	623	1246	432	539	1140	530
北　岭	56	230	288	430	125	270	95

续表

村　名	乡村户数（户）	乡村人口（人）	粮食			年末实有耕地面积（亩）	
			面积（亩）	亩产（公斤）	总产（吨）		水浇地
赵阳关	266	1027	2199	432	948	2004	2004
侯阳关	369	1334	2918	434	1260	2313	2313
大王阳关	98	335	848	433	365	687	687
李阳关	313	1375	3571	434	1536	2550	2550
马阳关	15	52	183	432	79	175	95
阎阳关	155	517	1302	430	561	1071	600
周阳关	192	617	1115	433	435	1519	700
小王阳关	119	442	991	433	426	995	995
苑阳关	156	546	1704	432	804	1624	650
范家佐	564	2408	5150	436	2239	4018	4018
龙　洞	372	1500	2649	434	1142	2040	2040
合　计	5870	23928	47967	433	20761	42045	33921

2014 年上方乡各行政村主要干部任职情况表

村　名	党支部书记	村委会主任	村　名	党支部书记	村委会主任
羊　柴	肖金平	王晨光	侯阳关	石劭辉（兼）	赵新华
上　方	贾爱平	高保雨	大王阳关	李大兵	赵进山
许　由	张军会	张难看	李阳关	李洛虎	李　强
老牛沟	顾二龙	顾春雪	马阳关	马小坠	马立军
东井底	郝援平	王小国	阎阳关	闫红发	刘秋菊
西井底	高银锁	高瑞章	周阳关	周文学	周同贵
南城仔	杨三生	杨三生（兼）	小王阳关	王大雪	陈秀兰
西城仔	顾双年	侯双月	苑阳关	苑长道	苑吉香
北　岭	刘建才	刘建才	范家佐	范吉成	杨立坤
赵阳关	薛东风	薛五胖	龙　洞	陈建忠	王卫星

（盖冰清）

玉亭乡

【概况】 总面积 61.6 平方公里，辖 16 个行政村 7396 户 23796 人，其中乡村 5821 户 20824 人。耕地 34245 亩，其中水浇地 25187 亩，人均耕地 1.64 亩。乡党委下设 16 个党支部，共有党员 1007 名，其中农村党员 879 名。全年完成固定资产投资 52350 万元，实现农业总产值 27212 万元，农民人均纯收入 4072 元。

年末，在职干部职工 41 人。

党委书记：仝香忠（2 月免）
　　　　　赵国才（2 月任）
副 书 记：付东辉　康同乐
组织委员：周子杰
宣传委员：韩文翠
武装部长：尤永生（1 月免）　赵顺建（1 月任）
纪检书记：王　磊
人大主席：刘建良
副 主 任：高富贵

乡　　长：付东辉

副 乡 长：贾清立　王立强

【基本建设】 泉子头修建蓄水池2座，打深井1眼，硬化村南出村路两条共1500米；投资35万元，硬化出村口到核桃基地道路3100米。顾阳关村新建能容纳1000只羊的养殖厂，实现从散养到圈养的飞跃；在村内主街道和出村路两侧安装路灯53盏；投资22万元，硬化到坟场1400米道路，在大队院内安装电视机、音响等设备。李家庄硬化村西出村路920米。北城仔村西北修建一座长22米、宽7.5米的桥。

【特色产业】 核桃基地在原有基础上完成2500亩的新增任务，其中，泉子头春季栽植720亩，冬季整地600亩，屹嶆头整地500亩，栽植200亩；庙上整地700亩，栽植500亩。成立乡、村两级专业护林队伍，加大林木、林地防护力度。

以屹嶆头、封家佐为中心的设施蔬菜示范基地为辐射点，立足“兴乡富民”战略，带动全乡设施蔬菜种植，屹嶆头新建温室大棚25个，占地120亩；顾阳关建冷棚20个，占地150亩，所建大棚均投入使用。

【计划生育】 全年共出生331人，符合政策生育率86.1%；育龄妇女上站率83%；成立玉亭乡“医养扶一体化”领导小组，为3名失独家庭选定爱心供养人，开通“绿色通道”；为全乡290个独生子女户办理意外伤害保险。

【社会生活】 全乡低保260户465人，五保500户，全年发放低保、五保款100.4284万元。为418户灾民落实“一站式”救助款7万元；完成城乡居民保险877000元，参保7490人，参保率90.35%。完成居民医保590人，占任务的116%。完成农村危房改造66户。

2014年玉亭乡各行政村基本情况表

村　名	乡村户数（户）	乡村人口（人）	粮食			年末实有耕地面积（亩）	
			面积（亩）	亩产（公斤）	总产（吨）		水浇地
西玉亭	620	2158	4012	419	1685	4153	2153
东玉亭	920	3452	6450	434	2805	4031	3500
屯　里	307	1015	2503	423	1061	1828	1428
西　桥	485	1982	4685	423	1982	3089	2889
官　庄	455	1640	3983	416	1656	2772	2672
封家佐	367	1290	2999	435	1305	2019	1819
顾阳关	320	1065	2437	416	1016	1959	959
屹嶆头	516	1809	2769	431	1194	3208	1808
泉子头	353	1158	2324	418	971	1909	1409
高　岭	162	595	1130	416	470	1162	1007
素家佐	37	130	157	424	66	268	168
庙　上	300	1034	1836	426	782	1416	1226
李家庄	268	919	1715	415	711	1176	944
八里庄	375	1265	2406	425	1022	3008	1860
东城仔	156	601	1121	416	466	1347	745
北城仔	180	711	959	416	398	900	600
合　计	5821	20824	41486	424	17590	34245	25187

2014 年玉亭乡各行政村主要干部任职情况表

村　名	党支部书记	村委会主任	村　名	党支部书记	村委会主任
西玉亭	习吉考	习秀珍	泉子头	王单坠	王建信
东玉亭	王赵山	（空缺）	高　岭	耿吉校	崔建军
屯　里	刘成群	耿红伟	素家佐	习小顺	习小顺（兼）
西　桥	李太山	董雪玲	庙　上	习来雨	习双全
官　庄	李占刚	王云生	李家庄	盛占军	屈三社
封家佐	刘春生	王进良	八里庄	田伟星	（空缺）
顾阳关	顾立强	顾春香	东城仔	赵　杰	赵立秋
屹嶅头	孙志敏	孙国良	北城仔	赵五更	赵合双

（张新华）

北河乡

【概况】 总面积 41.2 平方公里，辖 9 个行政村 2918 户 7921 人，其中乡村 2233 户 7168 人。耕地 15997 亩，其中水浇地 4800 亩，人均耕地 2.2 亩。乡党委下设 11 个党支部，共有党员 398 名，其中农村党员 329 名。2014 年，完成固定资产投资 57606 万元，实现农业总产值 20490 万元，农民人均纯收入 2985 元。

年末，全乡有干部职工 31 人。

党委书记：赵国才（2 月免）
　　　　　王　琳（2 月任）
副 书 记：王永伟　安志英
组织委员：刘　朋
宣传委员：刘鹏勇
武装部长：郭　辉
纪检书记：王占乐
人大主席：张同贵
副 主 席：空　缺
乡　　长：王永伟
副 乡 长：张晓飞　吴建新

【基本建设】 积极筹资建设乡便民服务大厅，全乡 9 个村全部建成便民服务站，为群众办事提供方便。硬化村内道路 1500 米，完成朱家庄村的村委会院落硬化及围墙的整治工作；新上变压器 4 台，并配套使用，解决了变压器增容问题；维修机井 4 眼。

【项目建设】 一是行唐县尖岭石子厂技改项目。该项目位于北河村南，占地 90 亩，总投资 1900 万元，年内投资 1500 万元，完成厂房扩建，机械设备正在安装调试中。二是行唐县昌盛石子加工技改项目。该项目位于北河村南，占地 150 亩，总投资 4800 万元，年内投资 4000 万元，各项工作基本就绪。三是行唐县国泰制衣厂项目，总投资 1500 万元，一期投资 800 万元，主要建设裁剪、缝纫、整理三个生产线和面料仓库一座，已投产。四是总投资 600 万元的龙兴贡米二期技改项目。该项目位于井凹村南，完成厂房扩建，投资 240 万元引进 CPD 电子色选机等机械设备并安装调试完毕。五是投资 500 多万元的南河村土地开发项目，占地 600 多亩。六是河北国威光伏新能源科技有限公司行唐县 50 兆瓦光伏电站项目。该项目是国家产业政策支持建设的新能源项目，总投资 5 亿元，计划占用水泉村荒坡荒地 2000

亩，列入 2014 年省发改委 17 个建设计划，乡党委、政府正在积极帮助处理土地征用方面的地方事务。

【基层组织建设】 乡党委就水泉村后进支部转化工作专门召开党委会，成立驻村工作组，结合该村实际，摸清底数，制定转化方案，研究转化措施，引导党支部从执行村级组织规范化建设入手，梯次推进，使党员干部理论水平、思想认识、适应当前形势的能力、与群众沟通的能力、化解复杂矛盾的能力得到明显提升。积极帮助该村联系帮扶单位，使党员干部有了精气神，群众有了盼头，后进支部转化取得显著成效。

【农村面貌改造提升】 雇用钩机、铲车、三轮车等机械，出动各类清运车辆 400 余次，出动劳力 1800 余人次，集中清理各村垃圾 500 多立方米，整修村内街道 25 条 3000 米，粉刷墙壁 1500 平方米，书写宣传标语 85 条。开展农村改厕工作，共完成 258 个，提前完成预定目标。各村成立环卫专业队伍，建立农村卫生保持长效机制。

【特色产业】 北河乡属丘陵区，土地贫瘠，有着多年种植谷子、高粱、芝麻、花生、棉花、红小豆等小杂粮的习惯，依靠种植特色经济作物增加了农民收入。畜牧业以奶牛养殖为主，投资 50 多万元，支持农户发展奶牛 100 头，年末，奶牛存栏 7000 头，有标准化奶牛养殖场 6 座，饲养奶牛实现由农户散养向小区集中饲养的转型。饲养肉羊 8900 多只；有规模化鸡场 28 座，饲养商品蛋鸡 4.9 万只。

【计划生育】 书写各类计生宣传标语 25 条，计生知识板报 54 块，落实育龄妇女普查 4216 人次，育龄妇女上站率 99%；征收社会抚养费 5.6 万元，出生 127 人，死亡 65 人，符合政策生育率 90%。成立北河乡“医养扶一体化”领导小组，对水泉村失独家庭杨利合进行帮扶。

【社会生活】 有农村低保 275 户，五保 54 户，优抚对象 9 人，发放民政救灾款 17 万元，完成农村危房改造 17 户；新农合参合率 96%；农村社会养老保险参保率 99%以上。

2014 年北河乡各行政村基本情况表

村　名	乡村户数（户）	乡村人口（人）	粮食			年末实有耕地面积（亩）	
			面积（亩）	亩产（公斤）	总产（吨）		水浇地
北　河	272	867	1946	276	537	2410	575
南　河	234	715	2047	276	564	1890	620
龙兴庄	426	1432	2736	268	732	2782	625
井　凹	158	418	1146	234	268	1033	340
朱家庄	270	850	2122	275	584	2168	620
安家峪	308	1080	2586	249	645	2285	650
东科头	260	740	1868	292	545	1300	550
西科头	237	821	1956	274	536	1540	640
水　泉	68	245	712	282	201	589	180
合　计	2233	7168	17119	269	4612	15997	4800

2014 年北河乡各行政村主要干部任职情况表

村　名	党支部书记	村委会主任	村　名	党支部书记	村委会主任
北　河	王青占	王二国	安家峪	杭小脏	尤三新
南　河	王进良	（空缺）	东科头	张建华	（空缺）
龙兴庄	杨润月	（空缺）	西科头	王彦宗	尤义龙
井　凹	尤建香	（空缺）	水　泉	张香国	张增会
朱家庄	赵昌占	（空缺）			

（郭志峰）

口头镇

【概况】 总面积146.3平方公里，辖41个行政村8879户26923人，其中乡村6264户21875人，是县西北部山区经济、商贸、文化区域中心。耕地30061亩，其中水浇地11876亩，人均耕地1.37亩。镇党委下设41个农村支部和15个镇直支部，共有党员1518名，其中农村党员1337名。全年完成固定资产投资100104万元，实现农业总产值43797万元，农民人均纯收入4272元。

年末，在职干部职工51人。

党委书记：刘　轶

副 书 记：刘玉洪　李志永（2月免）

　　　　　孙绍华（2月任）

组织委员：张玉龙

宣传委员：习军政

纪检书记：张进勇

武装部长：付彦生

人大主席：张树敏（2月免）

　　　　　李志永（2月任）

副 主 席：高福祥

镇　　长：刘玉洪

副 镇 长：赵建章　张志国

【项目建设】 总投资22.33亿元的团山红农业综合开发项目，累计完成投资15.81亿元，其中年内完成4.24亿元。该项目以农业开发为龙头，形成现代农业设施大棚、特种养殖观光园、国际机车运动基地（汽车主题公园）、经济林果基地、中药材基地、绿色农牧产品深加工、红色文化教育基地、团山景石文化公园、团山湖垂钓康乐园、都市休闲农业场、行唐非物质文化遗产博览园等板块内容。河北倡行煤炭物流中心二期工程建设完成投资2亿元。投资10亿元的河北国威光伏发电项目开工建设，投资5000万元的钾长石精加工项目正在办理前期手续。

【农村面貌改造提升】 硬化西石邱、北西庄、李台、苏户等村道路5000多米。对武庄、黄龙岗等6个村累计投入资金450万元，建文化广场5个、建桥2座、打井5眼、上变压器2台。5月，全镇41个村进行环境卫生集中整治，清理垃圾2万余立方米，粉刷墙体13万余平方米，农村面貌有显著改观。开发荒山3600亩，栽植核桃8万余棵、杨树1.2万棵。

【传统文化挖掘】 着力对鲁家峪村东北龙王庙的传说、遗迹进行挖掘与保护，打造文化名片。该庙地处九龙山半山腰，周围群山环抱，形成“不到庙前不见庙”的独特地理景观，传说始建于曹魏，信众远及河南等地，每年农历5月25日为庙会日，届时四方信众云集，上香祭祀，热闹非凡。从现存地基、石碑、柱础、雕刻有飞龙图案的古砖及散落四周的琉璃瓦仿佛可见当年殿宇恢宏、龙王仪像威严、香烟缭绕之盛况。尤其庙前方形古井，水位距地面仅1米左右，且遇旱不减，遇涝不增，水质清澈，入口绵润，成为一大奇观。龙王庙历经沧桑，多次重建。据《重修龙王庙记》载，明万历三十五年（1607年），马化村民杨桂枝倡导，县令任谟主持，僧人明仪、道人梁静儒等人参与将龙王庙重修一新。“文革”中龙王庙被毁，仅存断壁残垣。2005年，马化、普塔石、鲁家峪村百姓自发组织在原址重建简易大殿，2012年又进行整理、修缮。龙王庙寄托了百姓祈求风调雨顺、安居乐业的美好期盼，2014年，龙宫村宁立周、鲁家峪村刘丽萍、马化村杨振平、普塔石村刘伟等爱心人士倡导对龙王庙进行大规模重建，手续审批、筹资及规划设计等工作已全面展开，对于弘扬传统文化、推进红枣产业发展、帮助农民脱贫致富、带动生态旅游具有重要的现实意义。

【计划生育】 计划生育工作各项指标圆满完成，符合政策生育率86%，人口出生率14.71‰，出生求实率100%，综合节育率86.4%，群众满意率95%以上。

【综治工作】 组织实施“四个覆盖”和“六大工程”，继续完善“三位一体”大调解和“一岗双责”工作机制。全年组织排查各种矛盾纠纷124起，解决纠纷案件115起，化解疑难纠纷案件33起，基本实现小事不出村，大事不出镇。取缔非法加油点5个，整改金属非金属矿山11个，治理尾矿库12处。

【社会事业】 新型农村社会养老保险参保率92%，新型农村合作医疗参合率91%。全镇低保254户435人，五保102人，实现“应保尽保、应退尽退”的动态管理目标。发放粮食直补332290元，综合直补2634750元，退耕还林744875.1元，各项惠农资金全部按要求落实到位。

2014年口头镇各行政村基本情况表

村　名	乡村户数（户）	乡村人口（人）	粮食			年末实有耕地面积（亩）	
			面积（亩）	亩产（公斤）	总产（吨）		水浇地
口　头	453	1677	671	386	259	967	390
西口头	170	584	985	384	378	1033	533
武　装	290	1073	1124	366	411	1455	351
东　沟	155	510	707	380	269	1124	176
万　里	158	535	649	374	243	681	240
苏　户	159	605	756	386	292	678	210
西李庄	102	366	765	382	292	423	229
黄掌头	289	1014	1121	388	435	1071	310
丁家庄	155	505	575	397	228	654	200
西寺庄	122	428	345	377	130	251	125
秦　台	435	1432	1058	386	408	3232	2066
南岗底	168	576	891	385	343	950	430
北岗底	234	848	781	389	304	1550	620
霍家庄	123	527	905	390	353	890	18
李　台	205	778	881	387	341	807	450
杨　台	131	513	515	386	199	601	390
杜　台	66	212	232	379	88	212	145
梨沿庄	197	609	1247	376	469	1090	610

续表

村　名	乡村户数（户）	乡村人口（人）	粮食			年末实有耕地面积（亩）	
			面积（亩）	亩产（公斤）	总产（吨）		水浇地
苏家庄	51	136	261	398	104	212	152
王下口	144	541	1152	380	438	600	458
牛下口	261	1013	1212	386	468	1742	190
杨家庄	118	318	771	383	295	621	191
龙　官	43	135	202	386	78	189	100
北西庄	104	346	545	383	209	581	135
苇　园	162	615	885	384	340	1154	380
黄龙岗	157	557	758	375	284	1357	446
齐家峪	180	574	795	382	304	1040	560
石子河	42	128	431	383	165	222	27
北高家庄	60	206	495	382	189	406	60
窑　沟	40	125	335	385	129	138	50
芦家庄	109	366	315	384	121	220	124
鲁家峪	105	359	384	380	146	217	116
鲁家沟	117	267	451	375	169	365	72
普塔石	55	191	280	368	103	181	73
马　化	99	348	443	384	170	477	165
宦　头	53	231	454	363	165	287	128
庞家庄	145	531	731	345	252	358	135
固　山	147	504	904	365	330	354	120
团　山	145	502	964	389	375	552	196
西石丘	234	747	893	387	346	884	460
寺北沟	81	343	771	374	288	235	45
合　计	6264	21875	28640	381	10910	30061	11876

2014 年口头镇各行政村主要干部任职情况表

村　名	党支部书记	村委会主任	村　名	党支部书记	村委会主任
口　头	赵三吨	孙宝堂	杨家庄	王全义	王荣雪
西口头	赵吉六	赵面糊	龙　官	宁立功	宁银栓
武　装	杨新法	严小五	北西庄	王文庆	王文庆（兼）
东　沟	贾进功	赵卫东	苇　园	刘香中	李占京
万　里	赵春堂	王大眼	黄龙岗	张　剑	张占军
苏　户	杨拴柱	杨建会	齐家峪	苗小玉	赵分社
西李庄	郄俊花	李小七	石子河	陈智慧	陈新子
黄掌头	黄秉义	乔同建	北高家庄	高常占	高志强

续表

村　名	党支部书记	村委会主任	村　名	党支部书记	村委会主任
丁家庄	丁俊义	丁永强	窑　沟	刘二臭	高新记
西寺庄	赵凤军	苗国平	芦家庄	马连成	刘建林
秦　台	秦荣河	秦晚生	鲁家峪	刘建新	刘混合
南岗底	李新功	李全平	鲁家沟	王　雷	王满仓
北岗底	邢小三	柳金万	普塔石	刘青连	耿新年
霍家庄	霍建敏	袁田喜	马　化	刁书海	（空缺）
李　台	李金栓	李七丹	宦　头	张二改	张连会
杨　台	杨延良	杨增光	庞家庄	刘占军	常占坤
杜　台	任响雷	任东云	固　山	王喜才	王建勇
梨沿庄	赵建华	赵沙旦	团　山	张四班	张连会
苏家庄	王建侠	苏国章	西石丘	仇占进	仇新宅
王下口	赵永亮	赵永亮（兼）	寺北沟	仇占群	仇京良
牛下口	牛新会	牛新会（兼）			

（赵文霞）

上阁庄乡

【概况】　位于县城西北部山区，总面积 58.5 平方公里，辖 15 个行政村 2249 户 6635 人，其中乡村 2036 户 6121 人。耕地 7749 亩，其中水浇地 2917 亩，人均耕地 1.29 亩。乡党委下设 20 个党支部，共有党员 512 名，其中农村党员 444 名。全年完成固定资产投资 51250 万元，实现农业总产值 12347 万元，农民人均纯收入 2989 元。

年末，在职干部职工 33 人。

党委书记：杨　天

副 书 记：康忠会　李兴涛

组织委员：杨　喜

宣传委员：刘　阳

武装部长：米军虎

纪检书记：邸冰玉（3 月免）

　　　　　李瑞华（3 月任）

人大主任：刘发水

副 主 任：（空缺）

乡　　长：康忠会

副 乡 长：陈连香（2 月免）　张纪刚

　　　　　李建新（2 月任）

【党的群众路线教育实践活动】　把开展党的群众路线教育实践活动作为解决作风问题、推动重点工作的重大机遇和强大动力，结合办公用房整改，调整办公用房，对机关整体环境进行整治。以“规范行政行为、提高服务效率”为目标，建立乡便民服务大厅，将民政、社保、财政、计生、信访等涉众部门集中办公，实现乡机关“一站式办公、一条龙服务、规范化管理”，方便群众办事。

【基层组织建设】　加强农村基层组织建设，提高农村“两委”干部执政素质。一方面，制定《农村干部管理考核办法》，严格按照办法对村“两委”干部进行考核，考核结果作为“两委”干部使用的重要依据。另一方面，实施农村干部素质提升工程。按照《上阁庄乡 2014 年度农村干部教育培训方案》，5 月 27 日，邀请纪委、农财局、检察院有关领导和工作人员对15个村的“两委”干部进行政治理论、政策法规、法律常识、农村财务管理、预防职务犯罪和党风廉政等方面的教育，提高了农村干部的服务水平；10月22日，邀请组织部、民政局有关领导和工作人员对15个村“两委”主要干部进行基层民主建设、“两委”换届有关知识等方面的培训，为来年“两委”换届做准备。抓好2个后进支部转化问题，配齐神树村支部班子，整修塔沟村小学校舍作为“两委”办公室。完善落实村财乡监、村务公开和“三会一课”等制度，做好村级公章监管、村级会计委托代理、“三资”管理、合作社发展和土地经营权流转服务等工作，加强对农村工作及村干部行为监督，杜绝村干部违规违法施政现象的发生。

【项目建设】 全力服务工业代表性项目鑫裕陶瓷和农业代表性项目神树湾生态农业开发园，使工业、农业相互带动，促进全乡经济的发展。一是以鑫裕陶瓷微晶地板砖项目为龙头，大力发展交通运输、餐饮服务等相关服务行业，转移农村剩余劳动力，开拓农民增收的新路子。二是加快神树湾生态农业开发园项目建设，启动二期休闲观光农业体系建设，培育特色农业龙头企业，完成神树湾生态旅游景区总体规划及详细规划，创建A级景区，带动发展“农家乐”，打造行唐生态观光、休闲旅游新亮点。年内项目区道路硬化、大枣烘干房、停车场等工程竣工，主体迎宾楼正在施工。

【扶贫开发】 各村统筹协调资源、资金、项目及运转机制建设，有力推进产业扶贫、土地整理、重点区域三个开发，加快产业发展步伐。3月，召开扶贫专题工作会，每个扶贫村根据各村的实际情况制定2014年~2020年扶贫规划。已立项等待开工、验收的扶贫项目资金共512万元。年内开发荒山1691亩，建大口井及配套设施8套，修桥3座、扬水站3个、蓄水池8个，整修硬化道路1500米。充分利用扶贫开发项目，多方争取资金，重点对经济林产业结构进行调整。一方面，加大科学管理力度，加强技术培训，提高科技含量，对1.5万亩红枣加强管理，巩固提升红枣产业；利用农工委扶持项目，建成红枣烤（烧）房3个，既减少了自然灾害造成的损失，又增加了果农收入。另一方面，利用扶贫资金重点栽植核桃、樱桃、板栗、李子、桃杏等经济树种，扩大规模、成方连片，培育新兴特色产业。

【农村面貌改造提升】 对全乡各村实施绿化、亮化、净化、美化工程，优化人居环境。坚持典型带动，全面推进的原则，重点抓好沙东线及乡道两侧区域，完成道路硬化、村庄绿化、饮水安全、厕所改造、垃圾处理等6个方面15项改造任务。建立健全环境卫生保洁和农村公共设施管护长效机制。全乡共出动车辆210多辆次，人工1200多个，清运垃圾3000多立方米，新建垃圾池18个，植树2000多棵，硬化道路6.4公里。多方筹措资金在石深沟出村处建桥梁1座，解决石深沟村民出行不便和瓜家峪部分村民种地不方便的问题。

【计划生育】 全年出生87人，其中，政策内生育78人，政策外生育9人，符合政策生育率89.66%，人口出生率12.98‰，人口自然增长率5.97‰。乡计生办举行宣传咨询活动12次，张贴标语、悬挂条幅20余条，出动宣传车30余次，发放人口与计生政策宣传资料1000多份。开展免费生殖健康检查3次，开展计生服务讲座和免费义诊活动1次。全面清理登记流动人口，全乡登记流出58人，办理《流动人口婚育证明》58人，登记流入38人。认真落实奖励扶助政策，全年落实奖励扶助对象47人，发放各种计划生育奖励金4.9万余元。

【综治工作】 积极开展社会治安综合治理和严打

整治专项行动，实施网格化管理。推进“天网工程”建设，在有能力的村普及安装监控系统，提高农村技防覆盖率。圆满完成“全国两会”、十八届四中全会以及APEC会议期间的安保任务；做好退役士兵春节和“八一”慰问工作，成功化解4·28和8·11退役士兵集体上访案，做好退役士兵的安抚工作。全年发生信访案件34起，调解处理33起，调解率97%，实现全乡和谐稳定。

【社会生活】 全乡共有低保户110户208人，五保户70户74人。春荒救济贫困群众110户320人，发放救济款30000元；冬令救济贫困群众210户530人，发放救济款80000元；申报危房改造82户，解决13户优抚对象生产生活中的实际困难。完成年满60周岁的农村籍退役老兵和年满60周岁的部分烈士子女的身份认证和换证工作。完成210名残疾人身份认证工作，全年办理残疾证20人次。发放80～89周岁老龄人补贴9人，90～99周岁老龄人补贴12人。完成参保及待遇发放任务和城镇居民医疗保险征收、核对、增减员、参保信息更正工作。新型农村社会养老保险应参保2308人，实际参保2239人，参保率97%。城镇医疗参保212人，参保率100%。办理城乡居民医疗保险增员95人，减员12人，参保信息更正7人。

2014年上阎庄乡各行政村基本情况表

村　名	乡村户数（户）	乡村人口（人）	粮食			年末实有耕地面积（亩）	
			面积（亩）	亩产（公斤）	总产（吨）		水浇地
上阎庄	344	1062	1087	351	382	1402	825
上王庄	90	223	202	332	67	105	75
下王庄	110	268	230	339	78	480	30
郑库池	162	572	687	338	232	805	210
郤库池	150	496	590	346	204	1105	105
上安里	110	264	267	345	92	745	15
车　厂	108	253	271	325	88	390	90
北董庄	142	454	698	338	236	607	247
米家庄	236	833	943	341	322	985	435
蒋家峪	98	276	237	350	83	165	105
瓜家峪	105	283	241	349	84	165	105
石　坊	85	238	265	340	90	150	135
石佛店	28	80	97	340	33	60	45
塔　沟	103	237	280	336	94	210	195
神　树	165	582	686	341	234	375	300
合　计	2036	6121	6781	342	2319	7749	2917

2014年上阎庄乡各行政村主要干部任职情况表

村　名	党支部书记	村委会主任	村　名	党支部书记	村委会主任
上阎庄	王兵山	蔡新顺	米家庄	刘记云	姜玉江
上王庄	张建林	张永新	蒋家峪	陈树林	许青江
下王庄	赵学林	王山林	瓜家峪	刘新喜	刘食堂
郑库池	郑海山	（空缺）	石　坊	张建国	马玉香
郄库池	郄润月	郄斌伟	石佛店	赵登梅	张金锁
上安里	胡白旦	胡玉林	塔　沟	赵金海	安玉杰
车　厂	王长绪	董中海	神　树	李金良	赵建国
北董庄	张香林	刘吉中			

（赵建永）

九口子乡

【概况】 地处行唐县西北部山区，总面积131.2平方公里，辖36个行政村12个自然村5179户17425人，其中乡村4371户15451人。耕地9181亩，其中水浇地4820亩，人均耕地0.6亩。乡党委下设37个党支部，共有党员980名，其中农村党员918名。2014年，完成固定资产投资54499万元，实现农业总产值49398万元，农民人均纯收入3075元。

年末，全乡有干部职工42人。

党委书记：王建良

副 书 记：翟立刚　毛志鹏（2月免）

　　　　　刘　军（2月任）

组织委员：王军其

宣传委员：欧阳正仲（6月任）

纪检书记：陈丽浩

武装部长：马力强（3月免）

人大主席：杨吉增（2月免）

　　　　　毛志鹏（2月任）

副 主 席：王利敏

乡　　长：翟立刚

副 乡 长：赵　明　顾世杰

经委主任：张拴马

【基本建设】 石桥村硬化村内道路1500米，东黄庵村硬化村内道路1900米，花沟村硬化村内道路1000米，投资10万元架桥1座。河包口、下庄利用扶贫资金分别发展药材种植100亩，咬角利用扶贫资金50万元开发荒山500亩，烈坡沟利用扶贫资金30万元开发荒山350亩，花沟村利用扶贫资金20万元开发荒山230亩、栽植枣树1080亩，棉花庄、碾子沟、鳌鱼分别利用抗旱资金解决了饮水困难，上连庄利用上级扶持资金15万元发展奶牛养殖。

【项目建设】 新建红枣加工企业3家，扶持个体农户建大枣烘干房80间，其中智能化大枣烤房6间。大力发展服务业，投资3000万元的行唐县两岭口交通运输服务中心正在建设中，主要提供汽车加油、修理、冲洗、餐饮等综合服务。

【计划生育】 已婚育龄妇女3200人，上站率98%，出生310人，死亡145人，符合政策生育率89%，出生统计求实率100%，人口自然增长率10.7‰。

【综治工作】 加强矛盾纠纷排查和信访案件的处理工作，充分发挥乡、村两级人民调解组织的作用，排查工作不漏户不漏人，把问题消灭在萌芽状态。全年共排查各类矛盾纠纷45起，化解处理45起，化解率100%，有效维护了社会稳定。

【社会生活】 享受低保246户520人，五保58人，优抚对象32人，发放优抚款28万元，社会救济款16万元，参合14833人，参合率96%。

2014年九口子乡各行政村基本情况表

村名	乡村户数（户）	乡村人口（人）	粮食			年末实有耕地面积（亩）	
			面积（亩）	亩产（公斤）	总产（吨）		水浇地
九口子	175	528	198	325	76	25	25
东黄庵	212	681	168	332	62	73	73
东寺庄	92	293	136	316	47	41	41
周家庄	157	556	199	330	103	68	68
坎上	189	722	287	338	112	593	328
石槽沟	103	377	197	371	73	125	84
东玉女	105	375	271	339	92	347	160
西玉女	95	308	125	408	49	266	83
鳌鱼	264	947	543	395	96	572	366
满撒	105	328	209	373	80	348	120
辛庄	108	340	147	321	50	22	22
河包口	56	188	190	279	53	171	120
下庄	46	163	135	326	44	201	130
上庄	62	223	219	212	47	203	83
草泊头	122	367	276	311	90	267	79
高家峪	85	294	309	369	98	208	87
两岭口	248	862	529	338	175	650	308
范家庄	97	354	297	317	101	187	150
库沟	43	152	96	336	35	70	45
杏庵	16	64	53	337	21	45	10
上连庄	218	864	386	353	159	805	340
南家庄	126	524	435	380	98	400	320
桑叶沟	82	360	277	336	104	253	123
要角	120	523	319	362	118	404	194
东彩庄	174	634	337	401	142	492	287
西彩庄	316	1164	656	319	223	555	340
棉花庄	80	302	241	373	90	144	90
烈坡沟	96	328	207	375	83	162	131
花沟	56	178	135	381	54	103	80
上南庄	118	420	256	355	91	435	125
上北庄	135	428	279	391	96	328	219
西黄庵	262	880	376	391	167	131	41

续表

村　名	乡村户数（户）	乡村人口（人）	粮食			年末实有耕地面积（亩）	
			面积（亩）	亩产（公斤）	总产（吨）		水浇地
碾子沟	25	76	174	315	63	23	23
南　台	44	130	80	410	32	21	16
石　桥	120	443	239	349	101	355	59
庄　窝	19	75	65	355	26	88	50
合　计	4371	15451	9046	348	3151	9181	4820

2014 年九口子乡各行政村主要干部任职情况表

村　名	党支部书记	村委会主任	村　名	党支部书记	村委会主任
九口子	王福义	赵平均	库　沟	李会军	李建敏
东黄庵	胡银田	杨拴柱	杏　庵	李建国	李小刚
东寺庄	贾玉文	贾彦强	上连庄	王　红	刘青棵
周家庄	周　云	周彦军	南家庄	赵秋宝	（空缺）
坎　上	杨香力	陈分灵	桑叶沟	王老脏	王建伟
石槽沟	曹红川	曹新章	要　角	苗春青	苗银须
东玉女	曹文合	曹文军	东彩庄	刘孝妮	王清凉
西玉女	曹金山	曹兵海	西彩庄	季国辉	赵建忠
鳌　鱼	杨五利	杨银山	棉花庄	季伟强（4 月免） 季清风（4 月任）	季小国
满　撒	张扩军	刘建国	烈坡沟	苗连福	张长明
辛　庄	马整风	陈近山	花　沟	苗留根	张黑小
河包口	张国林	吴吉国	上南庄	张林虎	张玉生
下　庄	刘洪光	刘红林	上北庄	胡振中	王林献
上　庄	任建林	任彦军	西黄庵	王飞（代理）	赵臭小
草泊头	刘风歧	刘吉成	碾子沟	许昌明	许书生
高家峪	张建平	张青棵	南　台	赵平军	赵建华
两岭口	周二中	李明才	石　桥	于二江	王进辉
范家庄	赵喜银	赵建新	庄　窝	赵进中	赵向阳

（张拴马）

河北行唐经济开发区

【概况】 2014年，在县委、县政府的正确领导下，开发区用实际行动践行党的群众路线，以项目建设为重点，以招商引资为推手，以优质服务为保障，积极打造省级经济开发区示范园区，全面推进园区建设。年末，规模以上企业完成工业总产值160亿元，工业增加值达到72.25亿元，主营业务收入209亿元，财政收入4.25亿元，实现税收3.67亿元，出口总额750万美元，实际利用外资4000万美元。

党工委书记：杨同振

副　书　记：郑建强

副主任（正科级）：郑建强　齐拥军　李立强

组宣委员：王　倩

武装部长：刘晓忠

综合办公室主任：刘印杰

财政局长：赵顺利

综合执法局长：黄海晖

经济发展局长：石　坚

规划建设局长：孙少龙

【基础设施】 完善科技大街、工业路等施工设计方案，科技大街开工建设；开发区供水工程项目启动，完成科研报告编制、项目立项等工作；完成天然气门站建设，具备通气条件；污水处理厂试运行。园区基本实现“八通一平”，承载能力逐渐加强。

【项目建设】 全年在建工业类项目14个，总投资规模100.444亿元。其中，新开工项目9个，总投资规模39.184亿元，分别是总投资13.5亿元的河北循证医药科技股份有限公司数字化健康设备研发生产项目，拟总占地300亩；总投资1.67亿元的河北华昌机械设备有限公司年产700台农牧机械技改项目，占地39亩；总投资7亿元的石家庄市毓丰包装材料有限公司年产1.5亿平方米现代化新型环保包装复合材料项目，占地100亩；总投资1.2亿元的石家庄派丽德高建材有限公司年产10万吨瓷砖胶粘剂、建筑防水材料水泥基干粉砂浆建筑材料生产项目，所占场地在铃鹿项目院内，共用占地与综合办公楼；总投资1.5亿元的河北美筑节能科技有限公司年产40万吨干粉砂浆及20万立方米聚苯乙烯保温板生产线项目，占地52.5亩；总投资2.56亿元的石家庄远洋泵业有限公司年产5000台特种工业泵项目，占地51.2亩；总投资0.564亿元的行唐县大山兄弟土特产品有限公司年产1230吨红枣、小米、黑花生等绿色系列土特产品项目，占地20亩；总投资6.01亿元的河北木源泵业有限公司年产20000吨铸件及8000台水泵项目，占地119亩；总投资5.18亿元的河北万果红酒业有限公司中国红酿枣酒生产线及系列产品研发项目，占地75亩。续建项目5个，总投资规模61.26亿元，分别是总投资10.8亿元的河北食品添加剂有限公司年产1600吨天然色素生产线项目，占地190亩；总投资21.27亿元的石家庄迎新节能科技有限公司年产240万套汽车玻璃和840万平方米离线Low－E镀膜玻璃及深加工钢化中空门窗生产线项目，占地575亩；总投资1.2亿元的铃鹿（石家庄）复合建材有限公司年产2万吨仿石涂料项目，占地53亩（与德高共用此地块）；总投资1亿元的河北长宏阀门有限公司年产16000吨冶金设备阀门项目，占地36亩；总投资26.99亿元的行唐国际家具园区投资管理有限公司行唐国际家具园区项目，占地800亩。

【招商引资】 以“5·18”廊洽会、“9·8”厦门经洽会以及“10·18”石洽会为平台，进行招商引资重点宣传与推介。7月，在浙江昆山裕元花园酒店召开“河北（行唐）台湾创新产业园”招商推介会。10月，由市台办牵头，行唐县主办2014台商（行唐）投资合作专题对接会，邀请台湾明木国际商务交流有限公司、台湾环宇科技有限公司等32家台湾知名企业来县参观考察并进行台湾（行唐）创新产业园项目推介。11月，参加由省商务厅组织的台湾产业园赴台项目对接洽谈活动，参观学习台湾新竹科学工业园区，并获赠科学工业园区厂商通讯录。

【社会事务】 完成开发区便民服务中心和各村便民服务站建设；积极做好低保、扶贫、贫困学生救助等工作，对园区364户低保户、30户五保户、贫困学生家庭进行走访调查核实；完成城镇居民医疗保险任务的110%，完成城乡居民养老保险收费；改造危房46户，其中，维修29户，翻建17户；完成土地收储2000多亩；完成东留营、岳霍口村农村面貌改造提升工作；完成各村的支部换届工作。

2014年开发区各行政村基本情况表

村名	乡村户数（户）	乡村人口（人）	粮食			年末实有耕地面积（亩）	
			面积（亩）	亩产（公斤）	总产（吨）		水浇地
东留营	532	2447	3143	430	1351	3488	3488
西留营	516	1993	2993	428	1281	2756	2756
西正	458	1801	2056	427	878	1883	1883
东伏流	431	1696	2259	441	996	1472	1472
北张吾	493	1729	2736	419	1146	1605	1605
岳霍口	380	1621	3086	422	1302	2675	2675
东正庄	73	271	448	423	191	315	315
合计	2883	11558	16721	427	7145	14194	14194

2014年开发区各行政村主要干部任职情况表

村名	党支部书记	村委会主任	村名	党支部书记	村委会主任
东留营	梁兰花	梁京文	北张吾	安拴马	杨春会
西留营	盖国庆	焦栓福	岳霍口	郝进京	郝海军
西正	范三生	（空缺）	东正庄	耿灵平	（空缺）
东伏流	苏春来	尚小坠			

（梁文学）

行唐县城区街道办事处

【概况】 2014年，街道办在县委、县政府的正确领导下，以党的群众路线教育实践活动为统领，按照划定的管辖范围、职责分工认真开展工作，对管理和服务城区居民发挥了应有的作用。

年末，共有干部13人。

书　　记：王占勇

主　　任：杨永刚

副 书 记：盖东军

副 主 任：高俊英

纪检书记：王建才

武装部长：张志江

组宣委员：习聪会

【基层党建】 开展“组织找党员、党员找组织”的“双找”活动，从寻找社区党员开始，班子成员及社区人员挨门挨户摸底登记，尽最大努力寻找“口袋”党员和流动党员，并给每位党员建立详细档案。至年底，街道办所辖6个社区内共登记党员5883人。为充分发挥党员的模范带头作用，本着便于服务、便于管理的原则，对社区内党员进行区域划分，成立6个社区党总支、12个小区党支部和136个党小组，逐步形成党工委建在街道、党总支建在社区、党支部建在楼院、党小组建在楼栋的社区组织体系新格局，完善了党员无缝隙化管理。

针对住宅小区外来租户多、人员流动性大、管理较困难的问题，引导各社区党支部牵头成立6个党员志愿服务队，在街道办下辖的6个社区内义务宣传普法知识、日常安全生活常识及一些劳动技能知识，帮助居委会调解居民邻里纠纷、清理社区不良广告，协助居委会排查危爆物品及日常安全隐患、维持社区治安。

在实行班子成员联系社区、街道干部分包社区、居委会党员干部工作在社区的基础上，坚持以党建工作为龙头，以社区平安建设为中心，以在社区党组织中开展“六型社区”（宜居型、安居型、乐业型、平安型、服务型、文体型）创建活动为抓手，通过街道办群众工作站和物业纠纷调解委员会的积极努力，促进社区党建上档升级，实现“围绕平安抓党建、抓好党建促平安”的目标。

【便民服务】 以更好地为居民服务为目标，抓好街道办事处便民服务中心规范化建设，打造高效、便民、快捷的服务窗口。深入各社区发放街道办各部门联系卡，卡上各部门工作职能、负责人、联系电话一目了然。严格遵守“三级服务平台”和“两个代办制度”，进一步简化办事流程，实行一次性告知、一站式办理制度，建立健全首问责任制、限时办结制、岗位责任制、服务承诺制等制度，对行动困难人员实行免费上门服务。共办理2015年度城镇居民医疗保险2100人，办理居民养老保险245人，审核通过公租房申请254户，为居民提供政策咨询、盖章办理失业登记、困难申请、重残疾补助等业务1200余人，企业退休职工认证2900余人，上门服务认证42人。

在便民大厅设置意见簿和投放意见卡，在显要位置设置征求意见箱；通过转变干部作风、提高工作效能，进一步健全干部学习、管理、考勤、考核、督查等制度，加强对制度执行情况的监督检查，建立科学的工作绩效制度。在街道办社区干部中开展思想、工作、作风、纪律、自查自纠活动和民主评议政风行风活动，提升干部能力素质和服务发展意识，提高街道办整体工作效能。

【综合治理】 免费为社区居民聘请法律顾问，各社区书记自愿做法律义务宣传员，为居民提供法律问题咨询平台。聘请社区内的老党员、老干部担当社区工作监督员，结合电信部门在社区内设置的宣传橱窗，宣传党的各项惠民政策、危爆物品排查、食品安全整治和消防等知识，引导居民自我教育、自我管理、自我服务、自我创建。

积极开展“文明家庭”、“文明楼院”、“平安社区”、“平安家庭”创建活动。选齐配强楼院长，建立综治工作站及治保会、民调会、巡逻队、平安志愿者队伍、排调信息员队伍。以“六无”（无严重刑事犯罪、无群体上访、无安全事故、无邪教组织活动、无个人极端事件、无重点人员漏管失控）为目标，创建平安社区、和谐社区。全力做好信访稳定工作，成立城区物业纠纷调解委员会，对涉军、银行协解、社区矫正等40余人进行稳控，共化解、处理矛盾纠纷50余起。

【环境整治】 建立健全城区街道家属楼院环境整治长效机制，加大危爆、消防、天然气及食品安全的排查力度，提升街道居民的满意度。配合住建局供热办做好集中供热工作，博远小区、工商局家属院等31个小区完成集中供热。开展燃煤锅炉专项治理，为百货家属院、世纪名都、星辰花园等44个未进行集中供热的小区发放脱硫剂36吨，减轻大气污染、创造生态环境。对县城住宅小区128台燃煤锅炉进行安装除尘器、加装返烧设备等改造，确保128台锅炉全部达标，居民取暖污染情况得到有效遏制。做好居民小区增林扩绿和污染防治工作，栽植树木6万余棵，住宅小区绿地面积达到3.5万平方米。组织社区干部、志愿者清理住宅小区小广告、“法轮功”标语等5次共计6300余条，粉刷墙壁3500余平方米。街道办全体党员干部每星期五下午集体参加义务劳动，帮助清理小区内垃圾及路面卫生。

（温吉斌）

光荣榜

先进单位

县直机关党员服务示范窗口（18 个）

行唐县公路管理站
行唐县广播电视台客服中心
行唐县“三位一体”大调解中心
行唐县环保局污染防治科
行唐县人社局医疗保险管理科
行唐县人民医院急诊科
行唐县人民医院新农合管理站
行唐县妇幼院功能科
行唐县地税局征收分局
行唐县住建局政务服务中心
中国联通行唐分公司龙州营业厅
中石化行唐分公司跃进桥加油站
行唐县计划生育家庭关怀扶助中心
行唐县质监局政务服务中心
行唐县发改局政务服务中心
行唐县水务局政务服务中心
行唐县财政集中支付中心
行唐县国税局办税服务厅

行唐县 2014 年春节群众文艺演出优秀组织奖

龙州镇　口头镇　南桥镇　上碑镇　安香乡　市同乡　上方乡　只里乡　翟营乡　城寨乡　独羊岗乡

行唐县 2014 年春节群众文艺演出特别奖、一二三等奖名单

特别奖

1. 《军乐队表演》　白庙村文艺队
2. 《大鼓表演》　南张吾村文艺队

一等奖

1. 《欢聚一堂》　北关村文艺队
2. 《扭扭车——赶驴》　北关村文艺队
3. 《自由自在》　苏户村文艺队
4. 《欢聚一堂》　东市庄村文艺队
5. 《喜庆》　上方村文艺队
6. 《春.之花》　艺林艺术中心
7. 《北江美向前冲》　上碑镇文艺队
8. 《观山里红》　李家庄村文艺队
9. 《春天的故事》　南桥村文艺队
10. 《你是我的花朵》　常香村文艺队
11. 《快乐广场》　白庙村文艺队
12. 《说唱中国梦》　毛照村文艺队
13. 《祝福祖国》　吴磁沟村文艺队
14. 《手盒舞》　老年文体协会
15. 《爱我就把我追求》　岳霍口村文艺队
16. 《金狮闹春》　东瓦仁村文艺队

二等奖

1. 《火了火了》　红歌会
2. 《欢聚一堂》　岳霍口村文艺队
3. 《农村新面貌》　郑家庄文艺队
4. 《DJ 现代舞》　常香村文艺队
5. 《我敬祖国三杯酒》　马凹村文艺队
6. 《一路歌唱》　南郝峪村文艺队

7.《火火的姑娘》　西安香村文艺队

8.《看闺女》　独羊岗村文艺队

9.《说唱文明生态村》　独羊岗乡城独演出队

10.《火火的中国》　西市庄村文艺队

11.《走向复兴》　南桥村文艺队

12.《中国风》　毛照村文艺队

13.《爷爷奶奶和我》　石段庄村文艺队

14.《五星红旗》　毛照村文艺队

15.《欢乐中国年》　高家庄村文艺队

16.《火辣辣的情——猪八戒背媳妇》　杨家庄村文艺队

17.《秧歌剧》　杨村文艺队

18.《春天的故事》　上碑西街文艺队

19.《张九私访》　南安太庄村文艺队

20.《中华全家福》　西瓦仁村文艺队

21.《阿拉伯之夜》　南张吾村文艺队

三等奖

1.《中国范》　北张吾村文艺队

2.《今夜舞起来》　东伏流村文艺队

3.《欢聚一堂》　羊柴村文艺队

4.《好日子》　东伏流村文艺队

5.《中国美》　北伏流村文艺队

6.《欢聚一堂》　北协神村文艺队

7.《中国范》　城寨乡文艺队

8.《一路歌唱》　南郝峪村文艺队

9.《张灯结彩》　西安香村文艺队

10.《爱我就把我追求》　西安香村文艺队

11.《美丽中国年》　独羊岗村文艺队

12.《锣鼓齐鸣闹新春》　西市庄村文艺队

13.《开门红》　西市庄村文艺队

14.《今夜舞起来》　毛照村文艺队

15.《咱村也有文化人》　西市庄村文艺队

16.《腰鼓队表演》　东瓦仁村文艺队

17.《最炫民族风》　东瓦仁村文艺队

18.《红红的中国结》　高家庄村文艺队

19.《好地方》　高家庄村文艺队

20.《喜看俺村新面貌》　南安太庄村文艺队

21.《最美的歌儿唱给妈妈》　老年文体协会高香彦

22.《阿拉伯之夜》　西瓦仁村文艺队

23.《开门红》　西瓦仁村文艺队

24.《荷塘月色》　西市庄村文艺队

25.《中国美》　西市庄村文艺队

26.《俺是农民》　东市庄村文艺队

首届“农民广场舞大赛”获奖名单

一等奖（1名）：独羊岗乡余底村阳光舞蹈队

二等奖（2名）：口头镇京华舞蹈队　龙州镇西关姊妹花舞蹈队

三等奖（5名）：独羊岗乡独羊岗村开心舞蹈队　南桥镇东市庄村金太阳舞蹈队　口头镇西口头村玫瑰舞蹈队　龙州镇顺城街凯欣舞蹈队　口头镇苏户村梅园舞蹈队

2014年度行唐县文明单位（160个）

一、县直部门（73个）

纪委　县委办　人大办　政府办　政协办　组织部　政法委　农工委　宣传部　统战部　武装部　县直机关工委　党校　总工会　团县委　县妇联　残联　科协　法院　检察院　老干部局　交通局　财政局　国网行唐县供电公司　国税局　地税局　民政局　发展改革局　环保局　邮政局　公安局　农业局　司法局　人社局　教育局　住建局　工商局　卫生局　科技局　食药监局　计生局　质监局　招商局　审计局　统计局　气象局　信访局　安监局　文广新局　水利局　林业局　畜牧局　粮食局　电视台　规划局　政务服务中心　农联社　农财局　社保局　物价局　商务局　工信局　就业局　城管局　移动行唐分公司　农机总公司　物资总公司　外贸总公司　二轻总公司　县社　医药公司　档案

馆　县志办

二、乡镇（16 个）

经济开发区机关　龙州镇机关　独羊岗乡机关　南桥镇机关　安香乡机关　只里乡机关　市同乡机关　上碑镇机关　翟营乡机关　城寨乡机关　上方乡机关　玉亭乡机关　口头镇机关　九口子乡机关　上阎庄乡机关　北河乡机关

三、单位下属机构（69 个）

1. 交通局下属（6 个）：交通工程公司　公路路政管理站　地方道路管理站　公路管理站　运输管理站　驾校

2. 国网行唐县供电公司下属（10 个）：龙州供电所　独羊岗供电所　只里供电所　市同供电所　上滋洋供电所　南桥供电所　城郊供电所　口头供电所　安乡供电所　宏瑞达电力建设中心

3. 地税局下属（4 个）：征收分局　城区分局　上方分局　口头分局

4. 卫生局下属（16 个）：县医院　中医院　妇幼保健院　计生服务站　疾控中心　卫生监督所　新农合管理中心　龙州镇卫生院　安香乡卫生院　市同乡卫生院　玉亭乡卫生院　城寨乡卫生院　口头中心卫生院　九口子乡卫生院　上阎庄乡卫生院　北河乡卫生院

5. 教育局下属（32 个）：一中　三中　五中　上方职中　实验学校　实验中学　第一幼儿园　龙州中心　玉亭中心　南桥中心　龙州中学　上碑中学　连家庄中学　独羊岗中学　南桥中学　上碑中心小学　只里中心小学　留营中心小学　西街小学　贾庄小学　北龙岗小学　柏机小学　笔尾小学　宋营小学　南埌北小学　阳关完小　北城寨小学　南凹小学　上连庄小学　上阎庄明德小学　西井底明德小学　九口子明德小学

6. 规划局下属（1 个）：规划监察执法大队

四、企业（2 个）

河北旺甲果蔬贸易有限公司　河北农艺种业有限公司

2014 年度行唐县诚信单位（37 个）

一、县直部门（17 个）

县委办　政府办　交通局　国网行唐县供电公司　环保局　国税局　邮政局　气象局　教育局　国土局　计生局　质监局　食药监局　物价局　就业局　农联社　移动行唐分公司

二、乡镇（2 个）

经济开发区机关　龙州镇机关

三、单位下属机构（16 个）

1. 交通局下属（6 个）：交通工程公司　公路路政管理站　地方道路管理站　公路管理站　运输管理站　驾校

2. 国网行唐县供电公司下属（1 个）：宏瑞达电力建设中心

3. 卫生局下属（4 个）：县医院　中医院　妇幼保健院　安香乡卫生院

4. 教育局下属（3 个）：一中　上方职中　实验中学

5. 计生局下属（1 个）：计生服务站

6. 农业局下属（1 个）：河北农艺种业有限责任公司

四、企业（2 个）

维明超市　科旭电动车商行

2014 年度乡科级领导班子考核优秀班子（43 个）

1. 乡镇（开发区）优秀班子（9 个）：

龙州镇　独羊岗乡　安香乡　只里乡　上方乡　北河乡　口头镇　九口子乡　开发区

2. 县直部门优秀班子（34 个）：

县纪委（监察局）县委办　信访局　组织部　宣传部　政法委　统战部　农工委　机关工委　总工会　妇联　人大办　政协办　法院　检察院　政府办　发改局　招商局　安监局　教育局　公安局　民政局　财政局　人力资源和社会保障局　住建局

城管局 交通运输局 卫生局 计生局 统计局 水务局 林业局 国税局 地税局

行唐县先进基层团组织

行唐县人民医院团支部
行唐县第一中学高一（5）班团支部
行唐县牛仔王商贸有限公司团支部
行唐县教育局团委
行唐县六一小学
行唐县供电公司团支部
行唐县城寨乡团委
行唐县安香乡团委
行唐县北河乡团委
行唐县人民检察院团支部

2014 年度农作物秸秆禁烧工作先进集体（23 个）

上碑镇 龙州镇 南桥镇 只里乡 市同乡 翟营乡 城寨乡 北河乡 玉亭乡 口头镇 开发区 街道办 独羊岗乡 九口子乡 上阎庄乡 大气办 环保局 城管局 交通局 畜牧局 县纪委效能中心 县政府督查室 农工委

2014 年度纳税标兵等先进企业

1. 纳税标兵企业（2 家）：石家庄明旺乳业有限公司 石家庄玉晶玻璃有限公司（纳税 5000 万元以上）

2. 纳税上台阶企业（2 家）：石家庄鹏海制药有限公司 石家庄君乐宝太行乳业有限公司（纳税超 500 万元）

3. 工业项目建设先进企业（2 家）：石家庄迎新节能科技有限公司 石家庄毓丰包装材料有限公司

4. 新入统规模以上企业（8 家）：河北食品添加剂有限公司 河北循证医药科技有限公司 石家庄市欧仕门业有限公司 河北鑫裕陶瓷有限公司 石家庄君乐宝太行乳业有限公司 石家庄盈进玻璃有限公司 河北启强农业机械有限公司 行唐县兴旺果脯厂

行唐县第三次全国经济普查先进集体（18 个）

发改局 工信局 财政局 工商局 国税局 地税局 交通局 教育局 卫生局 口头镇 上碑镇 翟营乡 城寨乡 上方乡 玉亭乡 北河乡 上阎庄乡 九口子乡

2014 年度发展党员工作先进单位

上方乡党委 上阎庄乡党委 南桥镇党委 玉亭乡党委 北河乡党委 教育局党委 县直机关工委

2014 年度党费收缴先进单位

安香乡党委 卫生局党总支 南桥镇党委 城乡规划局党总支 上方乡党委 财政局党总支 玉亭乡党委 国税局党总支 上阎庄乡党委 县委办公室党支部 翟营乡党委 县委政法委党支部 口头镇党委 县政协办公室党支部 供电局党委 地税局党支部 教育局党委 检察院党支部 公安局党委 环境保护局党支部 工商局党委 县直机关工委党支部 司法局党支部 国土资源局党支部 物资公司党委 电视台党支部 住建局党总支

2014 年度党内统计工作先进单位

上方乡党委 县教育局党委 上阎庄乡党委 县直机关工委 只里乡党委 独羊岗乡党委 口头镇党委

行唐县农村面貌改造提升行动（基层建设年活动）表彰名单

先进单位（10个）：财政局　交通局　林业局　爱卫办　开发区　龙州镇　口头镇　上方乡　南桥镇　独羊岗乡

县级精品示范村（2个）：西市庄　李七里峰

2014年度人大代表建议承办工作先进单位

公安局　教育局　水务局　住房和城乡建设局　中国农业银行股份有限公司行唐县支行　人民法院

2014年度先进乡镇人民代表大会

上方乡人民代表大会　市同乡人民代表大会　口头镇人民代表大会　安香乡人民代表大会　独羊岗乡人民代表大会

政协八届三次会议以来提案办理先进单位

教育局　住建局　城管局　公安局　卫生局　银监会　林业局　交通运输局

2014年度平安建设先进集体

乡镇（8个）：玉亭乡　上碑镇　龙州镇　独羊岗乡　开发区　安香乡　九口子乡　上方乡

县直部门（39个）：县委办　人大办　政府办　政协办　纪委　组织部　宣传部　农工委　公安局　检察院　法院　司法局　信访局　教育局　农财局　民政局　财政局　计生局　卫生局　财险公司　农联社　水务局　交通局　住建局　文广新局　联通公司　食药监局　林业局　工商局　人社局　安监局　县社　地税局　农业局　规划局　城管局　团县委　电视台　妇联会

2014年度受市级及其以上单位表彰的先进单位名表

单位名称	荣誉称号	授予机关
县人民医院	石家庄市优秀志愿服务品牌	河北省省会精神文明建设委员办公室
县人民医院	石家庄市五一建功立业奖状	石家庄市总工会
启明中学	石家庄市五一建功立业奖状	石家庄市总工会
妇幼保健院	全市妇幼健康技能竞赛全体第二名	石家庄市卫生和计划生育委员会、石家庄市总工会
行唐县人民政府	2014年度农作物秸秆禁烧工作先进集体	石家庄市秸秆禁烧指挥部
地税局“文明交通志愿服务”	石家庄市优秀志愿服务项目	省会文明办
地税局	石家庄市普法工作示范单位	石家庄市法制教育宣传领导小组
地税局城区税务分局	2014～2015年度省局级青年文明号	共青团河北省委、河北省地方税务局
上方税务分局	市级青年文明号	共青团石家庄市委
地税局办税服务厅	市局级三星级办税服务厅	石家庄市地方税务局
中国联通行唐县分公司	先进党支部	中国联通石家庄市公司
中国联通行唐县分公司	先进单位	中国联通石家庄市公司
中国联通行唐县分公司	先进集体	中国联通石家庄市公司
中国联通行唐县分公司	2013～2014年度消费维权工作先进单位	石家庄市人民政府保护消费者合法权益办公室
中国联通行唐县分公司	2014年度先进县级分公司	中国联通河北省公司
安香乡人民政府	2014年度农作物秸秆禁烧工作先进集体	石家庄市秸秆禁烧指挥部
上方乡人民政府	2014年度农作物秸秆禁烧工作先进集体	石家庄市秸秆禁烧指挥部

续表

单位名称	荣誉称号	授予机关
安香乡人民政府	石家庄市第三次全国经济普查先进集体	石家庄市第三次全国经济普查领导小组
独羊岗乡人民政府	石家庄市第三次全国经济普查先进集体	石家庄市第三次全国经济普查领导小组
市同乡人民政府	石家庄市第三次全国经济普查先进集体	石家庄市第三次全国经济普查领导小组
南桥镇人民政府	石家庄市第三次全国经济普查先进集体	石家庄市第三次全国经济普查领导小组
河北行唐经济开发区	石家庄市第三次全国经济普查先进集体	石家庄市第三次全国经济普查领导小组
统计局	河北省第三次全国经济普查先进集体	河北省第三次全国经济普查领导小组办公室、河北省统计局
龙州镇人民政府	河北省第三次全国经济普查先进集体	河北省第三次全国经济普查领导小组办公室、河北省统计局
只里乡人民政府	河北省第三次全国经济普查先进集体	河北省第三次全国经济普查领导小组办公室、河北省统计局
老区建设促进会	河北省离退休干部先进集体	中共河北省委组织部、老干部局
县直机关工委	2014年度全市机关党建工作先进单位	中共石家庄市委市直机关工委、石家庄市机关党建研究会
县直机关工委	2014年度全市机关党建信息工作先进单位	中共石家庄市委市直机关工委、石家庄市机关党建研究会
县直机关工委	市“机关党建暨党的群众路线理论研讨征文”活动一等奖	中共石家庄市委市直机关工委、石家庄市机关党建研究会
县直机关工委	2014年度机关党建信息工作先进集体	河北省机关党建研究会
中国电信行唐分公司工会小组	模范职工小家	中国电信集团工会河北省委员会
中国电信行唐分公司	2013~2014年度消费维权工作先进单位	石家庄市人民政府保护消费者合法权益办公室
物价局	石家庄市物价系统依法行政先进单位	石家庄市物价局
教育局	青少年爱国主义读书教育活动组织优秀奖	全国青少年爱国主义读书教育活动组织委员会
教育局	教育考试工作先进集体	河北省教育厅
教育局	河北省教育科研成果宣传推广先进集体	河北省教育科学研究所
教育局	第五届“浩谦杯”中小学规范汉字书写艺术节优秀组织奖	石家庄市教育局
教育局	国防教育先进单位	石家庄市国防教育办公室
教育局	市普法先进集体	石家庄市法制宣传教育领导小组
教育局	体育道德风尚奖	石家庄市教育局、体育局
教育局	市青少年“走复兴路　圆中国梦　读书成就梦想”读书教育活动组织优秀奖	石家庄市青少年爱国主义读书教育活动组委会
教育局教研室	先进教研室	石家庄市教科所
教育局	高中教学先进单位	石家庄市教育局
北羊同小学五年级	石家庄市学雷锋先进班	石家庄市教育局
坟台小学三年级1班	石家庄市学雷锋先进班	石家庄市教育局

续表

单位名称	荣誉称号	授予机关
贾庄小学六年级	石家庄市学雷锋先进班	石家庄市教育局
柏机小学四年级	石家庄市学雷锋先进班	石家庄市教育局
贾庄小学四年级	石家庄市学雷锋先进班	石家庄市教育局
南桥镇东杨庄小学五年级1班	石家庄市学雷锋先进班	石家庄市教育局
南桥镇北龙岗小学二年级	石家庄市学雷锋先进班	石家庄市教育局
安香中心留营中心小学五年级1班	石家庄市学雷锋先进班	石家庄市教育局
安香中心中心小学六年级1班	石家庄市学雷锋先进班	石家庄市教育局
只里中心执阳小学六年级	石家庄市学雷锋先进班	石家庄市教育局
只里乡贝村小学四年级	石家庄市学雷锋先进班	石家庄市教育局
毛照小学二年级	石家庄市学雷锋先进班	石家庄市教育局
上碑镇祁后小学三年级1班	石家庄市学雷锋先进班	石家庄市教育局
于奇小学一年级	石家庄市学雷锋先进班	石家庄市教育局
南凹小学六年级1班	石家庄市学雷锋先进班	石家庄市教育局
西井底明德小学二年级	石家庄市学雷锋先进班	石家庄市教育局
玉亭乡东玉亭小学二年级	石家庄市学雷锋先进班	石家庄市教育局
北河志和小学五年级1班	石家庄市学雷锋先进班	石家庄市教育局
口头中心口头小学五年级4班	石家庄市学雷锋先进班	石家庄市教育局
九口子明德小学三年级1班	石家庄市学雷锋先进班	石家庄市教育局
上阎庄明德小学六年级2班	石家庄市学雷锋先进班	石家庄市教育局
实验学校一年级5班	石家庄市学雷锋先进班	石家庄市教育局
实验学校二年级5班	石家庄市学雷锋先进班	石家庄市教育局
独羊岗中学九年级1班	石家庄市学雷锋先进班	石家庄市教育局
南桥中学八年级1班	石家庄市学雷锋先进班	石家庄市教育局
连家庄中学九年级4班	石家庄市学雷锋先进班	石家庄市教育局
上碑中学七年级2班	石家庄市学雷锋先进班	石家庄市教育局
上碑中学七年级4班	石家庄市学雷锋先进班	石家庄市教育局
上碑中学八年级4班	石家庄市学雷锋先进班	石家庄市教育局
上碑中学八年级5班	石家庄市学雷锋先进班	石家庄市教育局
翟营中学八年级3班	石家庄市学雷锋先进班	石家庄市教育局
第二中学七年级6班	石家庄市学雷锋先进班	石家庄市教育局
第二中学八年级11班	石家庄市学雷锋先进班	石家庄市教育局
第五中学八年级1班	石家庄市学雷锋先进班	石家庄市教育局
第五中学九年级11班	石家庄市学雷锋先进班	石家庄市教育局
实验中学八年级5班	石家庄市学雷锋先进班	石家庄市教育局
行唐一中高二16班	石家庄市学雷锋先进班	石家庄市教育局
行唐县第三中学高一4班	石家庄市学雷锋先进班	石家庄市教育局

续表

单位名称	荣誉称号	授予机关
启明中学高二2班	石家庄市学雷锋先进班	石家庄市教育局
西街小学六年级1班	石家庄市先进班集体	石家庄市教育局
解家庄小学三年级1班	石家庄市先进班集体	石家庄市教育局
西关小学三年级1班	石家庄市先进班集体	石家庄市教育局
贾木小学五年级1班	石家庄市先进班集体	石家庄市教育局
北街小学三年级1班	石家庄市先进班集体	石家庄市教育局
东街小学六年级1班	石家庄市先进班集体	石家庄市教育局
西关小学一年级2班	石家庄市先进班集体	石家庄市教育局
燕头小学四年级	石家庄市先进班集体	石家庄市教育局
独羊岗中学附小六年级2班	石家庄市先进班集体	石家庄市教育局
柏杋小学五年级	石家庄市先进班集体	石家庄市教育局
西軈軈小学三年级1班	石家庄市先进班集体	石家庄市教育局
南桥镇故郡小学三年级	石家庄市先进班集体	石家庄市教育局
南桥镇故郡小学六年级	石家庄市先进班集体	石家庄市教育局
南桥镇东市庄小学一年级	石家庄市先进班集体	石家庄市教育局
南桥镇南件小学一年级	石家庄市先进班集体	石家庄市教育局
安香中心米霍口小学五年级1班	石家庄市先进班集体	石家庄市教育局
安香中心南张吾小学四年级1班	石家庄市先进班集体	石家庄市教育局
安香中心东正小学二年级1班	石家庄市先进班集体	石家庄市教育局
安香中心南伏流小学三年级1班	石家庄市先进班集体	石家庄市教育局
西正小学四年级	石家庄市先进班集体	石家庄市教育局
只里乡只里中心小学四年级	石家庄市先进班集体	石家庄市教育局
只里中心白庙小学五年级	石家庄市先进班集体	石家庄市教育局
只里中心霍村小学四年级1班	石家庄市先进班集体	石家庄市教育局
只里乡北高里小学六年级1班	石家庄市先进班集体	石家庄市教育局
市同中心小学四年级1班	石家庄市先进班集体	石家庄市教育局
上碑镇南埌北小学五年级1班	石家庄市先进班集体	石家庄市教育局
上碑镇中心小学六年级2班	石家庄市先进班集体	石家庄市教育局
上碑镇刘磁沟小学三年级1班	石家庄市先进班集体	石家庄市教育局
翟营中心岗头小学五年级1班	石家庄市先进班集体	石家庄市教育局
翟营中心北翟营小学四年级	石家庄市先进班集体	石家庄市教育局
翟营中心宋营小学三年级	石家庄市先进班集体	石家庄市教育局
翟营中心南翟营小学六年级1班	石家庄市先进班集体	石家庄市教育局
上滋洋小学五年级2班	石家庄市先进班集体	石家庄市教育局
城寨乡明德小学四年级1班	石家庄市先进班集体	石家庄市教育局
西井底明德小学六年级3班	石家庄市先进班集体	石家庄市教育局

续表

单位名称	荣誉称号	授予机关
阳关完小五年级 1 班	石家庄市先进班集体	石家庄市教育局
羊柴小学六年级	石家庄市先进班集体	石家庄市教育局
封家佐小学二年级	石家庄市先进班集体	石家庄市教育局
玉亭乡官庄小学三年级	石家庄市先进班集体	石家庄市教育局
玉亭中心第一小学六年级 3 班	石家庄市先进班集体	石家庄市教育局
北河志和小学六年级 3 班	石家庄市先进班集体	石家庄市教育局
口头中心东沟教学点一二年级复式班	石家庄市先进班集体	石家庄市教育局
上连庄小学三年级 1 班	石家庄市先进班集体	石家庄市教育局
上阎庄明德小学四年级 3 班	石家庄市先进班集体	石家庄市教育局
实验学校六年级 1 班	石家庄市先进班集体	石家庄市教育局
实验学校六年级 4 班	石家庄市先进班集体	石家庄市教育局
六一小学六年级 5 班	石家庄市先进班集体	石家庄市教育局
独羊岗中学八年级 4 班	石家庄市先进班集体	石家庄市教育局
独羊岗中学七年级 2 班	石家庄市先进班集体	石家庄市教育局
独羊岗中学八年级 1 班	石家庄市先进班集体	石家庄市教育局
南桥中学九年级 1 班	石家庄市先进班集体	石家庄市教育局
连家庄中学九年级 1 班	石家庄市先进班集体	石家庄市教育局
翟营中学九年级 1 班	石家庄市先进班集体	石家庄市教育局
翟营中学八年级 2 班	石家庄市先进班集体	石家庄市教育局
行唐县第二中学九年级 6 班	石家庄市先进班集体	石家庄市教育局
行唐县第二中学九年级 2 班	石家庄市先进班集体	石家庄市教育局
第五中学七年级 10 班	石家庄市先进班集体	石家庄市教育局
第五中学八年级 9 班	石家庄市先进班集体	石家庄市教育局
第五中学九年级 8 班	石家庄市先进班集体	石家庄市教育局
第五中学九年级 7 班	石家庄市先进班集体	石家庄市教育局
第五中学九年级 4 班	石家庄市先进班集体	石家庄市教育局
行唐县上方中学九年级 1 班	石家庄市先进班集体	石家庄市教育局
行唐县上方中学七年级 3 班	石家庄市先进班集体	石家庄市教育局
实验中学八年级 6 班	石家庄市先进班集体	石家庄市教育局
实验中学七年级 28 班	石家庄市先进班集体	石家庄市教育局
行唐一中高二 1 班	石家庄市先进班集体	石家庄市教育局
行唐一中高三 2 班	石家庄市先进班集体	石家庄市教育局
行唐县第三中学高一 1 班	石家庄市先进班集体	石家庄市教育局
行唐县第三中学高一 2 班	石家庄市先进班集体	石家庄市教育局
行唐县蓓蕾幼儿园	2014 年度河北省最受欢迎幼儿园	河北日报报业集团、河北新闻网、河北省传统文化教育学会

续表

单位名称	荣誉称号	授予机关
行唐县县直机关幼儿园	2014 年度河北省最受欢迎幼儿园	河北日报报业集团、河北新闻网、河北省传统文化教育学会
行唐县人大常委会办公室	2014 年度《公民与法治》征订工作先进集体	河北省人大办公厅
统战部	全市统战信息工作先进单位一等奖	中共石家庄市委统战部
统战部	全市统战工作实践创新成果奖	中共石家庄市委统战部
玉亭乡人武部	先进基层人武部	石家庄警备区
上碑镇人武部	先进基层人武部	石家庄警备区
龙州镇民兵营	先进民兵营	石家庄警备区
口头镇民兵营	先进民兵营	石家庄警备区
行唐县人民政府	安全生产目标管理优秀单位	石家庄市人民政府
安监局	安全生产监督管理先进单位	石家庄市安全生产委员会
安全生产监察大队	安全生产监察执法先进单位	石家庄市安全生产委员会
石家庄玉晶玻璃有限公司	安全生产先进单位	石家庄市安全生产委员会
行唐县维明超市有限责任公司	安全生产先进单位	石家庄市安全生产委员会
石家庄君乐宝太行乳业有限公司	安全生产先进单位	石家庄市安全生产委员会
石家庄明旺乳业有限公司	安全生产先进单位	石家庄市安全生产委员会
文广新局（文保所）	文物保护工作成绩突出单位	石家庄市文物局
文广新局（文化馆）	省会第 21 届“彩色周末”文化工程优秀组织工作奖	石家庄市文化广电新闻出版局
国税局	税收征管资料档案管理创新项目三等奖	石家庄市国税局
统计局	三等功	石家庄市人民政府
统计局	投入产出调查省级先进集体	河北省投入产出调查联系会议办公室
统计局	统计系统先进集体	石家庄市统计局、石家庄市人力资源和社会保障局
统计局	省级规范化优秀县	河北省统计局
统计局	服务业统计调查工作石家庄调查队三等奖	国家统计局、石家庄调查队
气象局	基层台站优秀集体	河北省气象局
检察院接待室	全国文明接待室	最高人民检察院
检察院	民生贡献奖	石家庄市人民检察院
石家庄玉晶玻璃有限公司	2014 年度省项目建设先进单位	河北省发展和改革委员会
河北团山红农业开发有限公司	2014 年度省项目建设先进单位	河北省发展和改革委员会
政法委	“抓源头、除隐患、重治理、创平安”活动考核全市第二名	中共石家庄市委、石家庄市人民政府
行唐县人民政府	2014 年度平安建设工作先进县	石家庄市综治委
行唐县人民政府	第一批国家中医药管理县乡一体化管理试点县	国家中医药管理局
农业银行行唐支行	“巾帼建功”先进单位	中国农业银行河北省分行营业部
农业银行行唐支行城关分理处	平安农行	中国农业银行
行唐县人民政府	安全生产目标管理优秀单位	石家庄市人民政府
安全生产监督管理局	安全生产监督管理先进单位	石家庄市安全生产委员会
行唐县安全生产监察大队	安全生产监察执法先进单位	石家庄市安全生产委员会

续表

单位名称	荣誉称号	授予机关
石家庄玉晶玻璃有限公司	安全生产先进单位	石家庄市安全生产委员会
行唐县维明超市有限责任公司	安全生产先进单位	石家庄市安全生产委员会
石家庄君乐宝太行乳业有限公司	安全生产先进单位	石家庄市安全生产委员会
石家庄明旺乳业有限公司	安全生产先进单位	石家庄市安全生产委员会
国网行唐县供电公司青年志愿服务队	市优秀志愿服务组织	省会文明办
供电公司	2014 年度职工技术创新先进单位	国网石家庄供电公司、国网石家庄供电公司工会
供电公司	河北省五四红旗团支部	共青团河北省委
供电公司	女职工工作先进集体	国网石家庄供电公司工会
供电公司	模范职工之家	国网石家庄供电公司工会
供电公司	石家庄市优秀志愿服务组织	河北省精神文明建设委员会办公室、石家庄市志愿服务指导委员会、石家庄市志愿服务总队、石家庄市志愿服务基金会
供电公司	石家庄市五四红旗团（总）支部	共青团石家庄市委
供电公司检修试验班	五四红旗团支部	共青团河北省电力公司委员会
公安局治安大队	APEC 会议安保先进集体	河北省公安厅
公安局指挥中心	区、县级指挥中心先进集体	河北省公安厅
公安局危爆管理大队	十佳政法基层单位	中共石家庄市委政法委
公安局刑侦口头中队	全市优秀基层单位	石家庄市公安局
公安局只里派出所	全市优秀基层单位	石家庄市公安局
公安局巡特警大队	集体三等功	石家庄市公安局
公安局指挥中心	集体三等功	石家庄市公安局
公安局刑侦南桥中队	“春季攻势”专项行动先进集体	石家庄市公安局
公安局口头派出所	“春季攻势”专项行动先进集体	石家庄市公安局
公安局上方派出所	“春季攻势”专项行动先进集体	石家庄市公安局
上阎庄乡果品协会	基层科普行动计划先进单位	中国科协、财政部
行唐县神树湾农业开发科普示范基地	基层科普行动计划先进单位	中国科协、财政部
财政局驻龙州镇东庄村工作组	全省农村面貌改造提升行动（基层建设年活动）优秀驻村工作组	河北省农村面貌改造提升行动（基层建设年活动）领导小组
教育局驻南桥镇东杨庄工作组	石家庄市农村面貌改造提升行动（基层建设年活动）优秀驻村工作组	石家庄市农村面貌改造提升行动（基层建设年活动）领导小组
国土局驻龙州镇南贾素村工作组	石家庄市农村面貌改造提升行动（基层建设年活动）优秀驻村工作组	石家庄市农村面貌改造提升行动（基层建设年活动）领导小组
交通局驻上方乡上方村工作组	石家庄市农村面貌改造提升行动（基层建设年活动）优秀驻村工作组	石家庄市农村面貌改造提升行动（基层建设年活动）领导小组
上碑镇东街村	石家庄市美丽乡村	石家庄市农村面貌改造提升行动领导小组
民政局	全国民政宣传工作基地	民政部

续表

单位名称	荣誉称号	授予机关
民政局	全国民政宣传工作先进单位	民政部
财政局	市优秀志愿服务先进单位	省会文明办
县城区街道第五社区	市优秀志愿服务社区	省会文明办
交通运输局	2012～2013 年度省级文明单位	中共河北省委、河北省人民政府
供电公司	2012～2013 年度省级文明单位	中共河北省委、河北省人民政府
财政局	2012～2013 年度省级文明单位	中共河北省委、河北省人民政府
地税局	2012～2013 年度省级文明单位	中共河北省委、河北省人民政府
南桥镇西市庄村	2012～2013 年度省级文明单位	中共河北省委、河北省人民政府
财政局	市级文明单位	中共石家庄市委、石家庄市人民政府
交通局	市级文明单位	中共石家庄市委、石家庄市人民政府
供电公司	市级文明单位	中共石家庄市委、石家庄市人民政府
地税局	市级文明单位	中共石家庄市委、石家庄市人民政府
民政局	市级文明单位	中共石家庄市委、石家庄市人民政府
国税局	市级文明单位	中共石家庄市委、石家庄市人民政府
移动行唐分公司	市级文明单位	中共石家庄市委、石家庄市人民政府
邮政局	市级文明单位	中共石家庄市委、石家庄市人民政府
气象局	市级文明单位	中共石家庄市委、石家庄市人民政府
农联社	市级文明单位	中共石家庄市委、石家庄市人民政府
交警大队	市级文明单位	中共石家庄市委、石家庄市人民政府
公路站	市级文明单位	中共石家庄市委、石家庄市人民政府
运管站	市级文明单位	中共石家庄市委、石家庄市人民政府
县医院	市级文明单位	中共石家庄市委、石家庄市人民政府
中医院	市级文明单位	中共石家庄市委、石家庄市人民政府
高速服务区	市级文明单位	中共石家庄市委、石家庄市人民政府
开发区	市级文明单位	中共石家庄市委、石家庄市人民政府
玉晶玻璃厂	市级文明单位	中共石家庄市委、石家庄市人民政府
地税局征收分局	市级文明单位	中共石家庄市委、石家庄市人民政府
财政集中支付中心	市级文明单位	中共石家庄市委、石家庄市人民政府
上阎庄乡机关	市级文明单位	中共石家庄市委、石家庄市人民政府
独羊岗乡机关	市级文明单位	中共石家庄市委、石家庄市人民政府
上阎庄村	市级文明单位	中共石家庄市委、石家庄市人民政府
西市庄村	市级文明单位	中共石家庄市委、石家庄市人民政府
独羊岗乡总工会	省级百家示范乡（镇）总工会	河北省总工会
农联社	2014 年女职工组织规范化建设示范单位	石家庄市总工会
县总工会	石家庄市推进工资集体协商工作优秀单位	石家庄市总工会

先进个人

县直机关党员服务先锋岗和优秀共产党员

一、党员服务先锋岗（18 名）

吕会云　行唐县运输管理站机务科科长
王　月　行唐县公路路政管理站路政员
张彦敏　行唐县委政法委科员
刘　畅　行唐县法院少年审判庭副庭长
任　杰　行唐县招商局科员
王　琳　行唐县广播电视台职员
高彦丽　行唐县检察院公诉科长
王梅贞　行唐县委农工委办公室主任
申卫霞　行唐县文联副主席
赵　徽　行唐县规划局办公室主任
崔利民　行唐县人社局劳动监察大队副队长
石　杰　行唐县城管局渣土中队队长
张　宁　行唐县纪检委执法监察室副主任
宇文阁　行唐县人民医院儿科主任
霍俊玲　行唐县妇幼院产科主任
乔丽娟　行唐县国土资源局科员
范宏伟　行唐县住建局供热办主任
朱亚男　行唐县委组织部科员

二、优秀共产党员（53 名）

王新军　赵玉霞　高队华　陈　新　段立期
胡增戌　胡翠花　刘玉宾　杨晓康　张　龙
吴彦华　王　凯　魏红岩　张秀波　宋立勇
苑增军　李希祥　赵惠芹　宋子立　韩素芹
刘振平　刘军英　郝会欣　李艳晖　苏书九
王　蓉　郭　彬　张喜军　张国顺　乔建立
王　莉　苗会军　韩　峰　米书翠　孙　冉
刘国才　习文立　薛桥伟　石丛会　王振奇
范小涛　范秀丽　何宝强　王双玲　卢　博
习吉光　裴建卫　顾梅双　刘　鸣　段新中
赵建伟　张春雷　李会敏

2014 年度党群系统考核优秀人员

经济开发区：李　烨
城区街道：王建牛　温吉斌
龙州镇：张彦玲　杨国银　李　欣　卢会刚　李新技　丁向前　高伟琴
南桥镇：王　辉　高敬赛　刘　楠　李　争
独羊岗乡：单佳红　张军国　胡双全　乔　欣　王晓东　王立伟　习聪伟　胡素娟
只里乡：胡新江　严　鹏　于　鹏　屈合龙　苗　非　刘　琨
安香乡：高　璞　赵书元　陈瑞芹　李　静　张春华　苏　恒
市同乡：耿双素　孙秀亭　卢晓丽　郭梦娇　王　凯　张　晖　李书会　王　洋
翟营乡：侯瑞峰　甄喜军　卢建岗　赵秋江　康立强　高进喜
上碑镇：安荣池　黄艮素　米　琳　崔耀磊
城寨乡：郝环环　高　兴　高立伟　李国芹
上方乡：张彦芳　李　华　祁建强　张秋海　王琨铭　仝　飞
玉亭乡：赵　坡　刘国虎　程素贞　张文技　姜进生
北河乡：贾占军　高拥军　杨　昆　温明亮　李红杰
口头镇：王永红　仇立冬　杨立伟　麻　赛　高灵雷　杨　侠　高铖汪
九口子乡：杜　虎　李　斌　毛　磊　任游喻　石　欢
上阎庄乡：赵　腾　张　杰　刘　卉　赵建勇
县委办：张国辉　张永杰
信访办：张立峰
组织部：蔡晨旭　李书军　张永伟　郝建民
老干部局：郝会欣

机关工委：顾梅双
宣传部：贾博义　王建新
纪委：马望野　张　宁　袁　键　王振元
农工委：王梅贞
农财局：宋立勇
政法委：罗建强
总工会：高四民
残联：顾博林
人大：柳连成　王秀连
政协：王　佳　张国顺
党校：刘淑丽　陈立国　李　华
法院：刘振平　周慧杰　宋永峰　温　欣
高永会　刘春玲　刘　畅　张三林
霍军良　王　军
检察院：王　欣　高彦丽　马鲁娜　丁二进
杨伟华

2014 年度全县机关、事业单位考核优秀等次人员

政府办：陈昌平　袁士勇　仝　军　康志军
盖利英　郭小会　高爱学　尹　展
发改局：仝卫国　郝　伟
（物价）：赵小过　刘云飞　韩卫星　李晓峰
（商务）：李建喜
（工信）：张兹娟　王　亮
（招商）：任　杰
（粮食）：赵丘海
安监局：杨晓舟　杨晓康　王　鹏
教育局：范文芹　王苗会　肖　芳　白素玲
刘彦玲　张宏霞　王彦菲　马聪伟
孔维静　康　伟　赵水林　连玲禾
仇桂霞　孙玉梅　王丽敏　王会娟
毛丽娟　梁东霞　邢青菊　严亚敏
李云彦　高敏霄　杨素英　付文双
张会娟　杨梅珍　李　萍　张丽娟
付雪桃　崔立彦　张　新　牛会娟
孙玲会　王素格　盖丽欣　张晓华
刘晓军　王红霞　孙会珍　李军芳
皮军霞　刘　亚　苗新花　杨秀贤
王俊敏　金素华　杨军英　马雪兰
刘素霞　郭立永　贾淑玲　刘会欣
王秀茹　刘荣彦　高　微　毛增力
王建华　毛爱珍　高会敏　周瑞英
孙　波　杨云霄　郑彦敏　白桂亭
潘　霞　刘志霞　郭桂英　卢京会
李惠桢　赵书娟　花　丽　韩会欣
郭　贞　盖会欣　郭永伟　张月敏
王增文　常　江　孟素杰　习鹏军
韩银芳　李征校　李军杰　贾卫娜
王海霞　李会荣　钱会林　张　平
张金霞　赵　静　赵英娥　王丽秀
付立雷　康胜军　梁红霞　刘春杰
王丽伟　马丽敏　李　楠　康会霞
韩英梅　乔军娜　张　华　郭建华
苏喜中　祝金平　董小英　苏云龙
李秀娟　张　彦　兰梅玲　张小华
吕彦刚　安永梅　申　强　马力芳
郭俊英　刘　芬　贾云霞　段保春
李军英　秦　超　牛聪哲　乔合艳
李志玲　杨建玲　刘素会　韩振军
王金华　张士敏　杨　志　赵　温
彭贵英　靳永刚　刘晓迪　刘晓玲
习小卫　刘伟丽　刘立刚　倪伟红
郭素芹　张风丽　秦建华　康军霞
张丽浩　王建山　刘玉兰　张玲芳
刘素民　李永成　肖　华　张思华
刘志奇　张润哲　张文霞　杨二英
张翠云　季秀合　张国敏　李向捷
康　霞　杨玲军　杨云霞　王　炎
尚丽敏　李彦良　仝文彦　罗云华

左彦芬 习军颜 赵新贞 张 敏
张 芳 杨俊香 乔正英 张素香
董雪珍 刘海彦 李志华 李兰香
胡清秀 胡东英 刘文菊 盖素敏
封 亮 邢宝成 郭建永 崔 芳
邸合国 杨淑敏 牛艳花 刘 莉
杨卫国 贾军朝 戴红梅 李铭叶
张 宏 李书彦 侯艳霞 刘银芳
高 君 王志峰 董玉玲 刘红梅
邢路海 邸芳辉 秦建岗 杨彩云
盖青山 屈新方 祁彦花 王 倩
赵玉萝 郭二平 李素玲 李贵玲
吕艳丽 梁素丽 霍玲雪 杨志霄
王丽霞 仝颖钧 袁国华 范丽霞
高会晓 吕国英 李党育 徐丽芳
张喜新 霍素君 陈翠霞 霍丽娟
崔耀欣 康建霞 王朝霞 王娜娜
李素丽 米 欢 张香珍 孟玲霞
侯志强 李丽娜 刘 健 尤进伟
徐爱彦 张立会 贾素芳 刘英珍
习军平 王爱欣 刘朝晖 白丽欣
封晓茜 赵瑞花 王星星 贾军芳
张军建 王利娟 孙丽华 王丽平
仇爱建 王英利 马国章 李会玲
赵 敏 张利珍 戴玉华 王同印
刘丽平 王立英 王志恒 韩晓辉
李春丽 尹淑霞 尤军杰 王志芹
裴立龙 王公社 尤春荣 习建新
张建敏 杨俊玲 赵军会 严 芳
季庆华 李玉梅 高永会 牛令俐
仝小立 刘晓光 刘大平 刘会英
李志肖 赵成金 刘新丽 赵丽华
任素芳 邢素芳 杨二门 王小英
姜丛欣 张 萍 闫华鑫 周小会
周建风 张书玲 张四季 陈 健

闫卫平 张立文 李 强 刘文戌
刘 芳 孙立军 赵娴丽 耿云平
梁亚伟 李国良 杜增华 王国旗
申 霞 高 峰 温艳会 张 璐
王海霞 刘力乾 郭明华 王亚男
李 岩 张立伟 闫国云 韩彦欣
孟 琳 张桂芳 游彦珍 闫 丽
王凤芹 封 梅 仝金山 盖力敏
马秀芹 顾秀梅 孙文丽 杨丽红
韩丽英 张战辉 段建立 王建英
崔彦伟 刘朝辉 侯素霞 尤慧娟
张明君 程志广 赵新勇 张丽华
卢玲会 霍明会 杨晓华 鲁 慧
卢京平 尹会格 张淑红 张春晖
张丽梅 石惠珍 左会敏 郄香兰
单素芳 刘梅芹 孙伟娜 左梅彦
王鸿飞 张海云 赵立芳 张少勇
李玲娟 刘素敏 贾永珍 马聪丽
陈海英 王海贞 赵 丽 杨志平
杨慧丽 张丽贞 金 燕 张晓宏
韩靖涛 张新卫 苏书婷 米艳丽
李 敏 李鹏飞 刘国永 李玉麟
张素霞 周 霞 孙惠娟 曹慧玲
韩 影 张会军 董 娟 曹 琳
王素平 任贵欣 刘会永 范方子
卢晓敏 张聪敏 白丽霞 霍发水
张国娟 陈青芝 张金平 尹素英
郭梅英 苏雪芹 李丽君 付会玲
李瑞强 翟红卫 王 磊 高彦丽
陈 娟 王照霞 刘 玉 周俊兰
乔素霞 刘春光 王立京 马大朋
康会玲 刘丽耀 刘振华 任志鹏
耿 珊 孙文玉 米素琴 刘典勋
岳建敏 刘书娇 张更新 段贵珍
张 洁 赵文英 康丽娟 赵 会

张丽芳 霍路明 张文华 孙素霞
段书梅 靳丽荣 黄素梅 习晨鹏
李 默 杨建喜 陈文会 张军英
王伟国 程玉书 田爱民 王建永
王桂华 赵文汇 李会玲 贾英涛
赵新梅 甄瑞香 金 丽 杨军会
贾军彦 张晓丽 米国芳 王利霞
秦金菊 赵溪彦 石志华 张秋法
张 玲 苏丽华 卢晓欣 贾文霞
苗文英 刘 芳 王青丽 连 冬
杨彦华 李 晓 孟素梅 常新莉
薛红梅 薛 伟 刘 英 习方平
韩 蕾 张世梅 刘立娟 季秀华
刘彩霞 贾素霞 段 霞 刘彩红
赵冬花 赵春梅 孟玉芹 赵立广

公安局：张 成 张振义 刘 飞 高梓琳
陈 哲 马 毅 田全保 赵 鹏
屈村社 杨立勇 宇利平 张会欣
宇文利军 张建新 王建超 张云坡
臧 佳 米 增 杨军立 孙庆峰
盖利民 宁军辉 张卫江 史 帅
孟占国 宋俊勇 严 军 李 利
赵立军 刘建平 高合新 张 建
黄 璞 韩胜利

民政局：陈春明 毛伟英 杨新建 刘俊英
庞宣武 金 晖 宇文芳 王志军
陈占奇 严朋辉 高 扬 王文平

财政局：韩志辉 范丁丁 朱月平 孙咏华
赵喜花 鲁少华 韩文胜 李林林
李庆元 马印合 张惠良 赵 青
祁丽伟 孔振坤

人社局：孔东刚 祁丽娟 盛 芳
杨晓辉 王 凯 陈 亮 邸 娜
王振卫 张立杰 田宗林 王 勇
姚会丽 苗 虹 李 永 翟媛媛

周 泽 范梅芳 董金更 孙东娟
李慧芳

国土局：甄文生 杨 永 徐燕顺 王树宗
高瑞华 王 贤 赵建福 赵志敏
赵贺明 张 雷 苗伟刚 尹会民
孟素娟 宫国恒 杨东军 苗江英
刘书云 顾春霞 杨荣会 杨 明
高国勇 顾俊杰 李子琦 李铁墩
王维峰 李朝阳 乔丽娟 王继业
刘自正 孙建鹏 周 霞 刘宝义

住建局：邸书风 李 乔 贾欣勇 石 强
张冬梅 刘德强 赵晓敏 段彦敏
王 征 李振岗 马 勇 张 龙
郭翠花 张 慧 李 鑫 王书慧
李会诗 郭立杰 王振乾 付 博
刘旭光 王义华 黄炳光 孟永利
毛丽萍 王 楠 朱建伟 杨立坤
韩雪英 乔彦军 张彦龙 贾永利
卢 博 付文锁 段 乐 刘晓光
赵晓峰 毛春梅 杨贵生 张海燕

交通局：范国颜 陈玲华 秦林凯 赵晓明
盖晓东 崔玉龙 卢 哲 赵丽沙
孙翠红 尤利会 韩书成 刘建敏
刘军航 习伟娟 冯 云 高 鹂
霍力伟 李 明 郭梦解 李永刚
段立期 贾 永 肖 霞 赵书珍
刘 倩 王趁意 梁小鹏 杨亚光
高 波 李彦峰 苗路柯 杨丽霞
刘素丽 姚 娜 田 红 甄晨光
尤 栋 季迎春 杨 哲 贾秀梅
张清利 贾素欣 刘东旭 王雄礼
韩永亮 马建敏 刘拥军 张慧娟
赵芬萍 温 媛 张卫华 范登虎
耿灯虎

农业局：顾振奇 王书锋 赵金花 郭增良

陈　惠　李利欣　孙　勇　顾　春
胡德芳　康海燕　韩丽娟　郭　芳
苑杰勇　赵建辉　张　龙

畜牧局：高秋林　田军花　康利敏　乔兴勇
王伟超　付小龙　贾素云　苑军辉
张淑花　杨　彬　霍立强　李永强
赵新利　胡建民　张振英　康会坤
秦军光　崔晨光　张六十　李连振
金秀英　王　鹏　严素娟　王利敏
王绪根　乔军旗

卫生局：武国军　王国盛　董艳丰　李　娟
刘立刚　石新琪　胡同乡　王京朝
习素娟　甄　旭　严宏伟　赵科林
付永刚　丁志军　郭贵芳　严　岩
刘丽敏　张海霞　刘秋文　范冬林
王金华　王正路　李玉华　尤彦华
赵智林　李意敏　刘　辉　马　磊
屈军玲　赵海彦　王　霞　宇文阁
何俊彦　张君花　盛　祎　杨征军
李　阳　胡　静　高　超　高淑华
李龙江　习新华　张　会　王冠秀
尚杰雄　尤占永　苑兴申　高会贤
赵军海　李永英　张素英　岳淑娟
马东风　杨建英　杨　玲　杜　伟
马振成　靳利娟　韩雨声　严建利
杨海平　顾建云　左文昌　赵晓平
王丽娟　张雪梅　王文艳　裴建卫
乔军华　张卫国　张翠贞　高　鹏
张　平　高福兰　张红霞　赵俊芳
马会芳　陶　红　杨广建　马金龙
李　喆　高永刚　杨志刚　李喜梅
高志刚　康秀敏　董素玲　张　欣
胡银锁　王惠芬　刘俊娟　乔晓云
张　莉　盖信忠　刘增军　马瑞花
吴丽华　杨翠英　贾吉平　孙跃军
陈　力　习进军　赵新军　王立华
王　强　白　雪　韩立杰　李苗玲
李双华　牛海霞　邸彦芳　李　斌
范晓东　王文会　郭立征　李卫岗
刘　根　顾英桥　王翠玲　尹　莹
石宏良

计生局：王肖霞　李二江　王朝晖　王永敏
高　杰　董　升　马万里　刘彦平
王晓国　刘　鹏

审计局：连玲会　陈翠菊　皮书平

食药监局：刘军英　张新农　贾春玲　杨俊刚
柳　飞

环保局：高　伟　习朝辉　孙江峰　郭宏义
张　勇　范庆伟　张会敏　张素刚
高　华　闫书霞　侯玉莲　吴慧刚
顾青山　王少媛　霍文轩　苏香芹

统计局：贾庆良　宇丽娟

文广新局：王民义　陆　勇　王　凯　董素光
王新丽　王佳鹏　王　晋　崔欣丽
顾丽霞　杨立敏

（电视台）：孙增寿　李小会　孙玉强　张子芳
刘立欣　窦小丽　尤　仙　侯云飞
张同强　陈永强　王　鑫　史　冉
侯玉公　姚永强　杨　强　郑金梅
毛　艳　王建青　赵　欣　丁　干

档案馆：严　萌

水务局：赵素芝　杨东强　刘建设　李京雷
王素玲　周慧欣　霍建立　杨伟霞
张素娟　宇文会娟　张　玲　崔艳丽
李卫华　石慧超　刘更新　杨立强
毛金丽　李　华　王　鹏　赵向明
范舒婷　赵宏杰　张翠货　李振义
段书校　刘素梅　杨晓霞　孙上升
王　力　张　静　严清素　李建辉
李　伟　王兵云

林业局：习晓敏　高　娜　邢士杰　裴爱芬
王立祥　姜建军　左清明　刘立朋
韩丽丽　康建敏　杨伟哲　范会英
李灵芝　张艳君　赵　宏　常　峰
赵建路　左　镝　周建欣　孙良彦
张少华　赵磊鑫　张　程

司法局：杨建军　李　欣　盖建英

科技局：李　丽

质监局：李桂平　段　萍　许建娜　韩　华
赵斌振　吴江波　耿少辉　范俊军
孙合平

工商局：乔彦波　王　盛　王　英　刘新丽
李　宏　王　珉　宋月珍　董志勇
苑军辉　高永辉　郭艳欣　张　兰
李　峰　耿光辉　王春辉　吴新光
王　亚

规划局：乔建立　韩志江　杨会勇　刘　娟
闫建强　李军杰　刘　娜　陈风良
李　娜　杨　雪　张　琛　靳东杰

民兵训练基地：张新鑫　谷立平

农机总公司：张　娟　任胜辉　刘晓丽
赵建永　崔军红　张东敏
鲁潭姣　何振平　赵丽萍
高建波　王　栋

二轻总公司：王　娟　徐玉阁

县社：赵立军　刘爱英　耿建卫　尤书会

农村面貌提升办、基层建设年活动（不占优秀比例）：

杨领章　董新勇　周志伟　崔　丽　刘彦军
刘　鹏　王永军　高会军　郭伟强　赵会牛
窦清亮　康家源　刘双喜　左军川　杨云峰
杨　东　金军星　高海军　高彦岐　李永建
闫学军　张群英　王新圈　习晨坡　张建中
孙路敏　宇文同路　苑国全　张国法　苗玉会

教育实践活动办公室、督导组（不占优秀比例）：

王　静　张军位　李卫峰　王明玺　谷庆峰
张建文　杨占勇　付　勇　戴占群　刘利军
路　东　范文杰　牛金勇　毛少雄　刘东江
孙三记　孙　昆　钱玉虎　王　博　常军辉
冯雪红　左　辉　廉胜利

2014 年度县管干部考核优秀人员（168 人）

1. 乡镇（开发区）35 人：

甄泽亮　仝兴敦　陈彦军　赵建强　白录平
张志强　温少辉　郭趁义　申胜利　严　辉
王　琳　王永伟　刘　轶　刘玉洪　王建良
翟立刚　杨同振　郑建强　刘晓忠　盖东军
王小三　康建立　靳会珍　李文革　宁振勇
高新卓　钱正义　张　勇　韩立峰　孟爱军
康同乐　安志英　孙绍华　毛志鹏　张纪刚

2. 县直部门 68 人：

李翠玲　刘鸣利　柳增良　高新忠　康志强
刘成江　苏文杰　张云香　刘文泰　赵雪芹
苏书九　仇翠玲　刘　鸣　顾会欣　赵为民
盖新文　张胜利　王建峰　王连锁　邸　健
杨永志　陈树旗　盖建林　孟文锁　严爱民
张天吉　盖庆昌　赵辛国　贾俊峰　董建才
王荣林　霍振东　于慧玲　郭英辉　刘振侠
范秀丽　郭　彬　王晓光　高玉才　孙　辉
仇卫东　刘进城　胡东云　仇建新　李会军
刘力平　张保中　王英军　梁迎九　杨梅雪
严建伟　韩国良　韩卫党　李艳辉　赵书会
李书新　刘文会　李志革　严新会　唐玉林
韩　峰　赵八月　孙国群　张增国　祝　书
王河夏　王丽娟　吴全征

3. 按照《关于落实〈中共河北省委干部考核领导小组关于做好 2014 年度省管领导班子和领导干部综合考核工作的通知〉有关事项的补充通知》

（冀组明字〔2015〕16 号），全县农村面貌提升行动驻村工作队员和领导小组办公室工作人员、党的群众路线教育实践活动办公室人员和督导组成员，产生优秀 65 人（不占全县优秀指标）：

刘亚林　王彦杰　杨军辉　石海斌　李光华
张玉伟　张　斌　尚　辉　杨天杰　王志军
左清章　胡文革　石文胜　王合群　胡业文
刘文武　申卫霞　柳进良　张　凯　王永强
秦淑敏　郑金梅　郭忠岐　王　帆　胡玉臣
贾增良　盖英坤　蔡保良　苏红斌　郭志勇
张树敏　范　竞　张永军　张旭光　杨银海
田　敏　王卫华　贾敬亮　李希争　刘建平
米社强　苑保卫　陈泽虎　宋英武　赵翔宇
王　振　任五群　孙建会　张秀波　甄晓光
杨　斌　温军霞　赵来义　尹　力　王伟鹏
左春光　贾立军　杜同考　周子杰　刘　朋
张玉龙　王军旗　杨　喜　王　倩　习聪会

2012～2014 年连续三年考核优秀记三等功人员（40 人）

1. 乡镇（开发区）13 人：

甄泽亮　仝兴敦　赵建强　白录平　张志强
申胜利　严　辉　翟立刚　刘玉洪　杨同振
郑建强　宁振勇　盖东军

2. 县直部门 27 人：

李翠玲　刘鸣利　柳增良　康志强　左清章
胡文革　刘成江　刘文武　张云香　柳进良
刘　鸣　顾会欣　赵为民　盖新文　张胜利
王建峰　邸　健　杨梅雪　韩卫党　陈树旗
盖建林　孟文锁　米社强　赵翔宇　贾俊峰
孙建会　杨永志

行唐县优秀团干部（团员青年）

丁　彬　行唐县广播电视台技术部工作人员
仇　立　行唐县供电分公司检修实验班班长
王静辉　行唐团县委干部
孙朝娟　行唐县九口子中心东彩庄小学教师
许新立　石家庄聚农农业开发有限公司董事长
邢　博　行唐县人民医院儿科主治医师
刘彦位　河北旺甲果蔬贸易有限公司董事长
刘旭佳　行唐县人民检察院干部
李庆伟　公安局刑侦大队大案中队中队长
杨立林　行唐县龙州镇团委书记
欧阳正仲　行唐县开发区团委书记
范春雷　行唐县独羊岗乡西甦𨑟村干部
赵娴丽　行唐县第一中学教师
高　兴　行唐县城寨乡团委书记
樊丽红　行唐县保密局秘书

2014 年度农作物秸秆禁烧工作先进个人（67名）

杨　天　黄晓峰　屈中敏　刘进城　柳立敏
段立新　张志强　郑建强　赵建强　盖进良
严　辉　付东辉　王永伟　翟立刚　康忠会
严　凤　严爱民　杨永刚　郭永军　盛　炜
张小军　贾　炜　盖军路　薛会军　王朋飞
赵志军　黄进峰　胡新江　徐书坤　李素梅
靳会珍　崔爱军　张国荣　严和军　仇英军
刘　伟　张　勇　邸冰玉　孟爱军　陈　雷
王立强　赵　坡　张晓飞　吴建新　鲁　超
张志国　赵建章　顾士杰　赵　明　孙少龙
黄海晖　申丽华　张纪刚　贾敬亮　李永刚
李彦峰　王永军　严　军　董新勇　李成群
刘利军　陈爱民　张会敏　乔兴勇　严　存
高俊英　盖东军

行唐县第三次全国经济普查先进个人（56名）

焦春玲　赵海清　刘晓丽　郭志峰　李新霞

温小三 郭梦娇 李书会 王兆伟 赵　军
王立强 刘开明 张立强 习聪伟 钱春光
韩　娜 何书敏 王瑞玲 杨　鑫 薛　蕾
田佩冉 刘　亚 马旖丁 刘姣姣 米　琳
康　磊 杨雪来 郭趁义 高会军 宁振永
严　鹏 于　鹏 苗　菲 王银翠 牛聪超
高俊甫 杨丽洁 仝　飞 赵增乾 张栓马
石　坚 高　园 杨志杰 刘彦梅 赵国庆
梁新路 张玉城 仇军平 梁红霞 乔军花
王立军 韩文胜 刘建波 尹永刚 胡建敏
宇文雷

2014 年度县管拔尖人才（44名）

王立新 孙胜军 杨备战 孔立新 王京朝
赵军海 苑会芳 尤占永 张素英 韩素芹
宋彩霞 孙建勇 张文宗 陈国杰 刘俊娟
盖丽萍 孙咏华 邸书风 李顺江 卢新燕
高国红 刘云飞 乔兴勇 顾振奇 王书锋
杨新建 陈军国 张建丽 皮素芹 乔建立
周慧欣 杨挺博 李卫华 韩雪英 毛丽萍
苑建伟 王丽革 杨志平 赵立芳 米志华
陈　健 刘粉花 孙朝娟 樊文平

行唐县农村面貌改造提升行动（基层建设年活动）年度考核优秀等次工作者（50 名）

刘文泰 刘亚林 王永强 范　竞 苗玉会
陈泽虎 王卫华 刘建平 高平文 田　敏
孙建会 赵　合 任五群 盖英坤 苑保卫
赵书明 王梅贞 杨领章 董新勇 周志伟
崔　丽 陈文会 刘彦军 马建峰 安建鹏
刘　鹏 王永军 高会军 郭伟强 赵会牛
窦清亮 康家源 张贵林 左军川 杨云峰
杨　东 董金更 金军星 高海军 高彦岐
李永建 闫学军 张群英 王新圈 习晨波
张建中 孙路敏 苑国全 张国发 宇文同路

2014 年度优秀县人大代表（21 名）

提建议优秀代表：
张秋双 范晓东 封双根 盖合保 康志云
盖彦军 甄吉林
监督工作优秀代表：
仇翠玲 刘　轶 李翠玲 杨永志 杨瑞庆
姚永志 程彦国
履职优秀代表：
孙立新 钱立伟 张文合 张考菊 张新征
孟国旗 杨润月

政协八届三次会议以来优秀提案者

安素娟 李会军 贾俊峰 张胜利 王永坤
陈朝辉 欧阳雷 王振国 刘建波 张云香
赵智勇 赵雪平 王建成 王　勇 王　亚
史　帅 刘小永 乔素丽 韩彦岗 刘素珍

2014 年度党费收缴先进个人

赵来义 温军霞 杜同考 周子杰 张　勇
杨　侠 雷治国 王　娟 王晓会 张同振
张春华 尹文平 刘拴平 申会刚 严会民
刘文广 苑长道 侯留根

2014 年度受市级及其以上单位表彰的先进个人名表

姓　名	性别	工作单位	荣誉称号	发证机关
姜会玲	女	妇幼保健院	妇幼健康服务技术能手	石家庄市卫生和计划生育委员会、石家庄市总工会
盖　倩	女	妇幼保健院	儿童保健专业乡级组优秀奖	石家庄市卫生和计划生育委员会、石家庄市总工会
李　玮	女	县中医院	全国妇幼健康技能赛围产保健组三等奖、单项奖	国家卫生和计划生育委员会、中华全国总工会
李　玮	女	县中医院	全市妇幼健康技能赛围产保健组二等奖	石家庄市卫生和计划生育委员会、石家庄市总工会
赵　兴	女	县中医院	全省中医护理技能竞赛活动个人三等奖	河北省中医药管理局
苑会芳	女	县人民医院	颅脑常见疾病 CT 低剂量扫描参数的优化研究获河北医学科技奖二等奖	河北省医学会
李彩英	女	县人民医院	颅脑常见疾病 CT 低剂量扫描参数的优化研究获河北医学科技奖二等奖	河北省医学会
李　阳	女	县人民医院	颅脑常见疾病 CT 低剂量扫描参数的优化研究获河北医学科技奖二等奖	河北省医学会
刘　静	女	县人民医院	石家庄市优秀志愿者	河北省省会精神文明建设委员会办公室、石家庄市志愿服务指导委员会、石家庄市志愿服务总队、石家庄市志愿基金会
宋彩霞	女	县人民医院	在 2014 年度痰热庆注射液在非呼吸系统疾病的痰热证中的应用中获得科学技术奖三等奖	河北省中医药学会
刘立刚	男	县人民医院	河北省医学科技奖	河北省医学会
张东霞	男	县人民医院	河北省医学科技奖	河北省医学会
董艳丰	男	县人民医院	河北省医学科技奖	河北省医学会
郭明义	男	县人民医院	河北省医学科技奖	河北省医学会
范东林	男	县人民医院	河北省医学科技奖	河北省医学会
苑海霞	女	县人民医院	石家庄护理专业技能训练和竞赛活动临床带教组能手	石家庄市卫生和计划生育委员会、石家庄市教科文卫工会
刘立刚	男	县人民医院	河北省“三三三人才工程”第三层次人选	河北省“三三三人才工程”领导小组
孙　丽	女	县人民医院	石家庄市护理专业技能训练和竞赛活动基本技能组能手	石家庄市卫生和计划生育委员会、石家庄市教科文卫工会
赵智林	男	县人民医院	入选十百千人才工程名单	中共石家庄市委人才工作领导小组
王国华	男	地税局	优秀公务员	石家庄市地税局
刘建兵	男	地税局	优秀公务员	石家庄市地税局

续表

姓　名	性别	工作单位	荣誉称号	发证机关
王书俭	男	地税局	优秀公务员	石家庄市地税局
康　平	男	地税局	优秀公务员	石家庄市地税局
孙贵宾	男	地税局	优秀公务员	石家庄市地税局
崔玉杰	男	地税局	优秀公务员	石家庄市地税局
王占领	男	地税局	优秀公务员	石家庄市地税局
孟文平	男	地税局	优秀公务员	石家庄市地税局
郭　华	男	地税局	优秀公务员	石家庄市地税局
顾欢欢	女	地税局	优秀公务员	石家庄市地税局
王振江	男	地税局	优秀公务员	石家庄市地税局
赵国强	男	地税局	优秀公务员	石家庄市地税局
毛金平	男	地税局	优秀公务员	石家庄市地税局
张新全	男	地税局	优秀事业人员	石家庄市地税局
司国芳	男	地税局	市普法先进个人	石家庄市法制教育宣传领导小组
季贺军	男	地税局	纪检监察先进个人	石家庄市地税局
崔玉杰	男	地税局	纪检监察先进个人	石家庄市地税局
赵青英	女	城管局	河北省环卫行业最佳城市美容师	河北省总工会、住房和城乡建设厅
王为民	女	中国联通行唐县分公司	优秀员工	中国联通石家庄市公司
韩爱军	女	中国联通行唐县分公司	先进工作者	中国联通石家庄市公司
陈永军	男	中国联通行唐县分公司	先进工作者	中国联通石家庄市公司
李金朝	男	中国联通行唐县分公司	先进工作者	中国联通石家庄市公司
王丛丛	男	中国联通行唐县分公司	先进工作者	中国联通石家庄市公司
王　静	女	中国联通行唐县分公司	先进工作者	中国联通石家庄市公司
卢文会	男	中国联通行唐县分公司	2014 年度工会积极分子	中国联通石家庄市公司
霍丽娜	女	中国联通行唐县分公司	2014 年度巾帼建功立业标兵	中国联通石家庄市公司
王艳梅	女	中国联通行唐县分公司	2014 年度文明家庭	中国联通石家庄市公司
王建辉	男	中国联通行唐县分公司	2013～2014 年度优秀共产党员	中国联通石家庄市公司
王艳梅	女	中国联通行唐县分公司	2013～2014 年度优秀共产党员	中国联通石家庄市公司
王艳梅	女	中国联通行唐县分公司	2014 年度优秀复转军人	中国联通石家庄市公司
王艳梅	女	中国联通行唐县分公司	2014 年度优秀共产党员	中国联通石家庄市公司
高会军	男	市同乡人民政府	2014 年度农作物秸秆禁烧工作先进个人	石家庄市秸秆禁烧指挥部
仝兴敦	男	龙州镇人民政府	2014 年度农作物秸秆禁烧工作先进个人	石家庄市秸秆禁烧指挥部
郭趁义	男	只里乡人民政府	2014 年度农作物秸秆禁烧工作先进个人	石家庄市秸秆禁烧指挥部
刘玉洪	男	口头镇人民政府	2014 年度农作物秸秆禁烧工作先进个人	石家庄市秸秆禁烧指挥部
杨大虎	男	翟营乡人民政府	2014 年度农作物秸秆禁烧工作先进个人	石家庄市秸秆禁烧指挥部
李　静	女	安香乡人民政府	石家庄市第三次全国经济普查先进个人	石家庄市第三次全国经济普查领导小组
韩志辉	男	财政局	石家庄市第三次全国经济普查先进个人	石家庄市第三次全国经济普查领导小组

续表

姓　名	性别	工作单位	荣誉称号	发证机关
王玉梅	女	城寨乡人民政府	石家庄市第三次全国经济普查先进个人	石家庄市第三次全国经济普查领导小组
李　芬	女	独羊岗乡人民政府	石家庄市第三次全国经济普查先进个人	石家庄市第三次全国经济普查领导小组
尚丽娟	女	工信局	石家庄市第三次全国经济普查先进个人	石家庄市第三次全国经济普查领导小组
霍丽伟	女	交通局运管站	石家庄市第三次全国经济普查先进个人	石家庄市第三次全国经济普查领导小组
王夺印	男	河北行唐经济开发区	石家庄市第三次全国经济普查先进个人	石家庄市第三次全国经济普查领导小组
高灵雷	男	口头镇人民政府	石家庄市第三次全国经济普查先进个人	石家庄市第三次全国经济普查领导小组
肖吉明	男	南桥镇人民政府	石家庄市第三次全国经济普查先进个人	石家庄市第三次全国经济普查领导小组
赵振业	男	上碑镇人民政府	石家庄市第三次全国经济普查先进个人	石家庄市第三次全国经济普查领导小组
张振峰	男	卫生局	石家庄市第三次全国经济普查先进个人	石家庄市第三次全国经济普查领导小组
程素贞	女	玉亭乡人民政府	石家庄市第三次全国经济普查先进个人	石家庄市第三次全国经济普查领导小组
王新芳	女	只里乡人政府	石家庄市第三次全国经济普查先进个人	石家庄市第三次全国经济普查领导小组
张　静	女	市同乡人民政府	石家庄市第三次全国经济普查先进个人	石家庄市第三次全国经济普查领导小组
李亚军	男	统计局	石家庄市第三次全国经济普查先进个人	石家庄市第三次全国经济普查领导小组
毛少雄	男	统计局	石家庄市第三次全国经济普查先进个人	石家庄市第三次全国经济普查领导小组
米书翠	女	统计局	石家庄市第三次全国经济普查先进个人	石家庄市第三次全国经济普查领导小组
张　彬	男	统计局	石家庄市第三次全国经济普查先进个人	石家庄市第三次全国经济普查领导小组
刘慧贤	女	统计局	石家庄市第三次全国经济普查先进个人	石家庄市第三次全国经济普查领导小组
张素丽	男	统计局	石家庄市第三次全国经济普查先进个人	石家庄市第三次全国经济普查领导小组
宇丽娟	女	统计局	石家庄市第三次全国经济普查先进个人	石家庄市第三次全国经济普查领导小组
薛会军	男	县人民政府办公室	石家庄市第三次全国经济普查先进个人	石家庄市第三次全国经济普查领导小组
郭　辉	男	北河乡人民政府	石家庄市第三次全国经济普查先进个人	石家庄市第三次全国经济普查领导小组
刘香平	女	统计局	石家庄市第三次全国经济普查先进个人	石家庄市第三次全国经济普查领导小组
崔爱军	男	安香乡人民政府	石家庄市第三次全国经济普查先进个人	石家庄市第三次全国经济普查领导小组
刁庆晓	男	上方乡人民政府	石家庄市第三次全国经济普查先进个人	石家庄市第三次全国经济普查领导小组
张　勇	男	龙州镇人民政府	石家庄市第三次全国经济普查先进个人	石家庄市第三次全国经济普查领导小组
任游喻	女	九口子乡人民政府	石家庄市第三次全国经济普查先进个人	石家庄市第三次全国经济普查领导小组
张子园	男	龙州镇人民政府	石家庄市第三次全国经济普查先进个人	石家庄市第三次全国经济普查领导小组
李小万	女	龙州镇人民政府	石家庄市第三次全国经济普查先进个人	石家庄市第三次全国经济普查领导小组
康　静	女	龙州镇人民政府	石家庄市第三次全国经济普查先进个人	石家庄市第三次全国经济普查领导小组
杨立林	女	龙州镇人民政府	石家庄市第三次全国经济普查先进个人	石家庄市第三次全国经济普查领导小组
严和军	男	龙州镇人民政府	石家庄市第三次全国经济普查先进个人	石家庄市第三次全国经济普查领导小组
尤　萌	女	九口子乡人民政府	石家庄市第三次全国经济普查先进个人	石家庄市第三次全国经济普查领导小组
丁志坚	男	教育局	石家庄市第三次全国经济普查先进个人	石家庄市第三次全国经济普查领导小组
柳永良	男	统计局	河北省第三次全国经济普查先进个人	河北省第三次全国经济普查领导小组办公室、河北省统计局

续表

姓　名	性别	工作单位	荣誉称号	发证机关
王　立	女	统计局	河北省第三次全国经济普查先进个人	河北省第三次全国经济普查领导小组办公室、河北省统计局
赵雪芹	女	县直机关工委	2014年度全市机关党建工作先进个人	中共石家庄市委市直机关工委、石家庄市机关党建研究会
王永会	男	县直机关工委	2014年度全市机关党建工作先进个人	中共石家庄市委市直机关工委、石家庄市机关党建研究会
贾　磊	女	县直机关工委	2014年度全市机关党建信息工作先进个人	中共石家庄市委市直机关工委、石家庄市机关党建研究会
魏红岩	女	文广新局	省会第21届"彩色周末"文化活动先进个人	中共石家庄市委宣传部、石家庄市文广新局
王　凯	女	文广新局	石家庄市十百千工程宣传文化人才	中共石家庄市委组织部
王民义	男	文广新局	石家庄群众美术、书法、摄影作品暨辅导基地成果展示一等奖	石家庄市文广新局
王民义	男	文广新局	石家庄市移交政府安置军队离退休干部庆祝建国65周年书画摄影展三等奖	石家庄市人民政府军队离退休干部安置室
李　辉	男	文广新局	诗歌《柳》获二等奖	中国当代作家书画家代表作文库编委会等单位
李　辉	男	文广新局	《行唐县非物质文化遗产图典》获石家庄市非物质文化遗产保护理论成果活动一等奖	石家庄市群众文化学会
李　辉	男	文广新局	《浅谈行唐口头镇歌谣的价值》获石家庄市非物质文化遗产保护理论成果活动二等奖	石家庄市群众文化学会
王春生	男	环保局	信访工作先进个人	石家庄市环保局
卢玲娣	女	行唐人行	文明家庭	人行石家庄中心支行
陈国平	男	行唐人行	先进工作者	人行石家庄中心支行
李　敏	男	行唐人行	《河北金融》通联工作一等奖	人行石家庄中心支行
李　敏	男	行唐人行	《河北金融》通联工作先进个人	人行石家庄中心支行金融研究处
侯立新	男	行唐人行	《河北金融》通联工作一等奖	人行石家庄中心支行
侯立新	男	行唐人行	《河北金融》通联工作先进个人	石家庄中心支行金融研究处
王立军	男	行唐人行	身边的榜样	石家庄中心支行
申银法	男	教育局	石家庄市高中教学先进个人	石家庄市教育局
刘革平	男	启明中学	石家庄市高中教学先进个人	石家庄市教育局
陈莲英	女	教育局	石家庄市先进教研员	石家庄市教育局
王　宏	女	教育局	石家庄市先进教研员	石家庄市教育局
张　英	女	教育局	石家庄市先进教研员	石家庄市教育局
赵慧珍	女	教育局	石家庄市先进教研员	石家庄市教育局
郭会霞	女	行唐一中	石家庄市级骨干教师	石家庄市教育局
贾翠娥	女	行唐一中	石家庄市级骨干教师	石家庄市教育局
任　德	男	行唐一中	石家庄市级骨干教师	石家庄市教育局

续表

姓　名	性别	工作单位	荣誉称号	发证机关
甄瑞香	女	行唐一中	石家庄市级骨干教师	石家庄市教育局
侯素霞	女	行唐二中	石家庄市级骨干教师	石家庄市教育局
左梅彦	女	行唐二中	石家庄市级骨干教师	石家庄市教育局
马聪丽	女	行唐三中	石家庄市级骨干教师	石家庄市教育局
刘丽珍	女	行唐五中	石家庄市级骨干教师	石家庄市教育局
杨会敏	女	行唐五中	石家庄市级骨干教师	石家庄市教育局
董　娟	女	行唐五中	石家庄市级骨干教师	石家庄市教育局
李鹏飞	女	行唐五中	石家庄市级骨干教师	石家庄市教育局
苏书婷	女	行唐五中	石家庄市级骨干教师	石家庄市教育局
韩晓辉	女	玉亭中心	石家庄市级骨干教师	石家庄市教育局
赵永霞	女	实验小学	石家庄市级骨干教师	石家庄市教育局
王建永	男	上方中学	石家庄市级骨干教师	石家庄市教育局
王志娟	女	县直幼儿园	石家庄市级骨干教师	石家庄市教育局
刘　英	女	县直幼儿园	石家庄市级骨干教师	石家庄市教育局
宋会英	女	县直幼儿园	石家庄市级骨干教师	石家庄市教育局
刘彩霞	女	第一幼儿园	石家庄市级骨干教师	石家庄市教育局
杨会平	女	实验中学	石家庄市级骨干教师	石家庄市教育局
张丽新	女	龙州中心	石家庄市级骨干教师	石家庄市教育局
陈　炜	女	教育局	石家庄市级骨干教师	石家庄市教育局
王　宏	女	教育局	石家庄市级骨干教师	石家庄市教育局
赵慧珍	女	教育局	石家庄市级骨干教师	石家庄市教育局
杨云霄	女	独羊岗中心	石家庄市级骨干教师	石家庄市教育局
王晓梅	女	独羊岗中心	石家庄市级骨干教师	石家庄市教育局
王立红	女	安香中心	石家庄市级骨干教师	石家庄市教育局
麻会彦	女	上碑中学	石家庄市级骨干教师	石家庄市教育局
尤春荣	女	口头中心	石家庄市级骨干教师	石家庄市教育局
高　丽	女	口头中心	石家庄市级骨干教师	石家庄市教育局
马素霞	女	口头中心	石家庄市级骨干教师	石家庄市教育局
李铭叶	女	上碑中心	石家庄市级骨干教师	石家庄市教育局
盖会欣	女	独羊岗中心	石家庄市级学科名师	石家庄市教育局
申　霞	女	行唐一中	石家庄市级学科名师	石家庄市教育局
钱彦丽	女	南桥中心	石家庄市级学科名师	石家庄市教育局
梁东霞	女	龙州中心	石家庄市级学科名师	石家庄市教育局
孟　琳	女	行唐一中	石家庄市级学科名师	石家庄市教育局
吴颜芳	女	龙州中心	石家庄市级学科名师	石家庄市教育局
甄京华	女	行唐一中	石家庄市级学科名师	石家庄市教育局

续表

姓　名	性别	工作单位	荣誉称号	发证机关
张秀芳	女	行唐二中	石家庄市级学科名师	石家庄市教育局
李雪琪	女	行唐二中	石家庄市级学科名师	石家庄市教育局
赵建山	男	行唐三中	石家庄市级学科名师	石家庄市教育局
霍翠娥	女	实验小学	石家庄市级学科名师	石家庄市教育局
王　云	女	县直幼儿园	石家庄市级学科名师	石家庄市教育局
王会彦	女	县直幼儿园	石家庄市级学科名师	石家庄市教育局
申银法	男	教育局	河北省教育科研成果宣传推广先进个人	河北省教科所
米志华	女	教育局	河北省优秀教研工作者	河北省人事厅、教育厅、总工会
苏书婷	女	行唐五中	河北省优秀教师	河北省人事厅、教育厅、总工会
康素娟	女	行唐一中	河北省优秀教师	河北省人事厅、教育厅、总工会
李军会	男	上碑中学	河北省优秀教师	河北省人事厅、教育厅、总工会
孙朝娟	女	九口子中心	河北省感动乡村优秀特岗教师	河北省教育厅
赵志霞	女	上方中心	河北省感动乡村优秀特岗教师	河北省教育厅
康　欣	女	行唐县蓓蕾幼儿园	2014 年度河北省最美幼师	河北日报报业集团、河北新闻网、河北省传统文化教育学会
刘　英	女	县直机关幼儿园	2014 年度河北省最美幼师	河北日报报业集团、河北新闻网、河北省传统文化教育学会
蔡银凤	女	行唐县蓓蕾幼儿园	2014 年度河北省幼教杰出人物	河北日报报业集团、河北新闻网、河北省传统文化教育学会
于　飞	男	人武部	嘉奖	石家庄警备区
高　辉	男	人武部	优秀人武干部	石家庄警备区
李素文	男	南桥镇人武部	先进基层武装部长	石家庄警备区
张志江	男	城区街道办人武部	先进基层武装部长	石家庄警备区
王连锁	男	安监局	安全生产监督管理先进个人	石家庄市安全生产委员会
梁迎九	男	安监局	安全生产监督管理先进个人	石家庄市安全生产委员会
杨晓舟	男	安监局	安全生产监察执法先进个人	石家庄市安全生产委员会
史习文	男	石家庄明旺乳业有限公司	安全生产先进个人	石家庄市安全生产委员会
黄亚芳	女	石家庄君乐宝太行乳业有限公司	安全生产先进个人	石家庄市安全生产委员会
刘少欣	女	石家庄维明超市有限公司	安全生产先进个人	石家庄市安全生产委员会
崔燕收	男	石家庄玉晶玻璃有限公司	安全生产先进个人	石家庄市安全生产委员会
李　辉	男	文广新局	《永不褪色的一抹黄》(崔进宝曲)在2014 年亚洲国际艺术节作品征集评选中获歌曲创作金奖	世界华人音乐家协会等六家单位
崔进宝	男	龙州中心(退休)	《永不褪色的一抹黄》(李辉词)在 2014 亚洲国际艺术节中获音乐创作类金奖	世界华人音乐家协会等六家单位

续表

姓 名	性别	工作单位	荣誉称号	发证机关
李秀玲	女	文化馆	省会第二十一届彩色周末暨省会七届业余歌手大赛戏曲类二等奖	石家庄市文化广电新闻出版局、石家庄市群众艺术馆
卢振书	男	行唐县人民影院	省会第二十一届彩色周末暨省会七届业余歌手大赛戏曲类二等奖	石家庄市文化广电新闻出版局、石家庄市群众艺术馆
陈冬梅	女	龙州中心韩家庄小学	省会第二十一届彩色周末暨省会七届业余歌手大赛歌曲类二等奖	石家庄市文化广电新闻出版局、石家庄市群众艺术馆
赵慧萍	女	文化馆	省会第二十一届彩色周末暨省会七届业余歌手大赛歌曲类二等奖	石家庄市文化广电新闻出版局、石家庄市群众艺术馆
秦 燕	女	文广新局	省会第二十一届彩色周末暨省会七届业余歌手大赛歌曲类二等奖	石家庄市文化广电新闻出版局、石家庄市群众艺术馆
赵云霞	女	国税局	道德模范	石家庄市国税局
常素芳	女	国税局	岗位能手	石家庄市国税局
高新中	男	信访局	2011～2013年度河北省信访系统先进工作者	中共河北省委组织部、人社厅、省信访局
郝 伟	男	发改局	2014年度信息工作先进个人	石家庄市发展和改革委员会
张胜利	男	发改局	2014年度河北省项目建设先进个人	河北省发展和改革委员会
韩国良	男	公安局	全国缉枪治爆专项行动成绩突出先进个人	公安部
张 敏	男	公安局	巡控系统先进个人	河北省公安厅
史 帅	女	公安局	2014年度理论宣讲先进个人	中共石家庄市委宣传部
王 博	男	公安局	全市政法系统演讲比赛三等奖	中共石家庄市委政法委
杨军立	男	公安局	全市优秀人民警察	石家庄市公安局
刘 飞	男	公安局	全市优秀人民警察	石家庄市公安局
霍冠宇	男	公安局	个人三等功	石家庄市公安局
王志清	男	公安局	个人三等功	石家庄市公安局
宁军辉	男	公安局	侦破“4·25”专案和“春季攻势”、“命案攻坚专项行动个人三等功	石家庄市公安局
刘 飞	男	公安局	侦破“4·25”专案和“春季攻势”、“命案攻坚专项行动个人三等功	石家庄市公安局
梁军民	男	公安局	“春季攻势”专项行动先进个人	石家庄市公安局
李庆伟	男	公安局	“春季攻势”专项行动先进个人	石家庄市公安局
康 泰	男	公安局	“春季攻势”专项行动先进个人	石家庄市公安局
严 军	男	公安局	“春季攻势”专项行动先进个人	石家庄市公安局
王录军	男	公安局	国保维稳三等功	石家庄市公安局
刘振峰	男	公安局	国保维稳三等功	石家庄市公安局
梁艺川	男	公安局	国保维稳嘉奖	石家庄市公安局
李龙江	男	石家庄玉晶玻璃有限公司	河北省劳动模范	河北省人民政府

续表

姓　名	性别	工作单位	荣誉称号	发证机关
李顺争	男	石家庄明旺乳业有限公司	河北省劳动模范	河北省人民政府
盖英坤	男	教育局	全省农村面貌改造提升行动（基层建设年活动）优秀驻村工作队员	河北省农村面貌改造提升行动（基层建设年活动）领导小组
任五群	男	水务局	全省农村面貌改造提升行动（基层建设年活动）优秀驻村工作队员	河北省农村面貌改造提升行动（基层建设年活动）领导小组
高平文	男	国土局	全省农村面貌改造提升行动（基层建设年活动）优秀驻村工作队员	河北省农村面貌改造提升行动（基层建设年活动）领导小组
赵会牛	男	环保局	全省农村面貌改造提升行动（基层建设年活动）优秀驻村工作队员	河北省农村面貌改造提升行动（基层建设年活动）领导小组
刘建平	男	交通运输局	全省农村面貌改造提升行动（基层建设年活动）优秀驻村工作队员	河北省农村面貌改造提升行动（基层建设年活动）领导小组
陈泽虎	男	卫生局	全省农村面貌改造提升行动（基层建设年活动）优秀驻村工作队员	河北省农村面貌改造提升行动（基层建设年活动）领导小组
田　敏	男	就业局	全省农村面貌改造提升行动（基层建设年活动）优秀驻村工作队员	河北省农村面貌改造提升行动（基层建设年活动）领导小组
孙建会	男	畜牧局	全省农村面貌改造提升行动（基层建设年活动）优秀驻村工作队员	河北省农村面貌改造提升行动（基层建设年活动）领导小组
苑保卫	男	农业局	全省农村面貌改造提升行动（基层建设年活动）优秀驻村工作队员	河北省农村面貌改造提升行动（基层建设年活动）领导小组
刘文泰	男	农工委	全省农村面貌改造提升行动（基层建设年活动）先进工作者	河北省农村面貌改造提升行动（基层建设年活动）领导小组
赵书明	男	民政局	石家庄市农村面貌改造提升行动（基层建设年活动）优秀驻村工作队员	石家庄市农村面貌改造提升行动（基层建设年活动）领导小组
王卫华	男	住建局	石家庄市农村面貌改造提升行动（基层建设年活动）优秀驻村工作队员	石家庄市农村面貌改造提升行动（基层建设年活动）领导小组
赵　合	男	林业局	石家庄市农村面貌改造提升行动（基层建设年活动）优秀驻村工作队员	石家庄市农村面貌改造提升行动（基层建设年活动）领导小组
王新圈	男	水务局	石家庄市农村面貌改造提升行动（基层建设年活动）优秀驻村工作队员	石家庄市农村面貌改造提升行动（基层建设年活动）领导小组
刘亚林	男	纪检委	石家庄市农村面貌改造提升行动（基层建设年活动）先进工作者	石家庄市农村面貌改造提升行动（基层建设年活动）领导小组
王永强	男	农工委	石家庄市农村面貌改造提升行动（基层建设年活动）先进工作者	石家庄市农村面貌改造提升行动（基层建设年活动）领导小组
王永强	男	农工委	石家庄市农村面貌改造提升行动（基层建设年活动）三等功	石家庄市农村面貌改造提升行动（基层建设年活动）领导小组

续表

姓　名	性别	工作单位	荣誉称号	发证机关
米　娜	女	残联	仁川亚洲残疾人运动会女子组F37级铅球和F37级铁饼冠军，F37级标枪银牌	仁川亚洲残疾人运动会组委会
马　佳	女	玉亭乡官庄村	2014年全国残疾人游泳锦标赛女子组S13级100米自由泳、100米仰泳、400米自由泳、50米自由泳、SB13级100米蛙泳、SM级200米个人混合泳6块金牌，大会体育道德风尚奖	2014年全国残疾人游泳锦标赛组委会
杨永志	男	民政局	2014年度全市机关党建工作先进个人	中共石家庄市市直机关工委
毛伟英	女	民政局	社会报民政宣传工作优秀通讯员	《中国社会报》
高　扬	男	民政局	社会报民政宣传工作先进个人	《中国社会报》
李六保	男	只里乡南州村	石家庄市文明公民标兵	省会文明办
杨正月	男	上碑镇杨村	石家庄市文明公民标兵	省会文明办
张新征	男	南桥镇西市庄村	石家庄市文明公民标兵	省会文明办
陈树旗	男	财政局	河北省志愿服务先进工作者	省文明办、省志愿服务联合会
胡增戌	男	地税局	河北省优秀志愿者	省文明办、省志愿服务联合会
王建新	男	文明办	石家庄市志愿服务先进个人	省会文明办、省会志愿服务联合会
刘　静	女	县医院	石家庄市优秀志愿者	省会文明办、省会志愿服务联合会
钱正义	男	上碑镇政府	石家庄市优秀志愿者	省会文明办、省会志愿服务联合会
田　军	男	交通局	石家庄市优秀志愿者	省会文明办、省会志愿服务联合会
侯金翠	男	供电公司	石家庄市优秀志愿者	省会文明办、省会志愿服务联合会
刘俊英	女	民政局	全国孝亲敬老之星	全国敬老爱老助老主题教育活动组委会
刘会荣	女	石家庄玉晶玻璃有限公司	石家庄市五一建功立业奖章	石家庄市总工会
刘战果	男	县总工会	四星级集体协商指导员	石家庄市总工会
刘战果	男	县总工会	优秀工资集体协商指导员	河北省总工会
徐　敏	女	县总工会	全省工会落实建会三年规划先进个人	河北省总工会

行唐县2014年副高级以上职称人员

姓　名	性别	出生年月	工作单位	专业技术系列	专业名称	资格名称
甄　旭	男	1962年3月	行唐县人民医院	卫生	临床医学	主任医师
石新琪	男	1965年10月	行唐县人民医院	卫生	临床医学	主任医师
王　平	男	1970年10月	行唐县人民医院	卫生	临床医学	副主任医师
孙建勇	男	1972年11月	行唐县人民医院	卫生	临床医学	副主任医师
董艳丰	男	1977年3月	行唐县人民医院	卫生	临床医学	副主任医师
张东霞	女	1978年10月	行唐县人民医院	卫生	临床医学	副主任医师
王淑芳	女	1978年1月	行唐县中医院	卫生	医学影像	副主任医师
高建辉	男	1975年10月	行唐县中医院	卫生	临床医学	副主任医师
霍贵云	女	1971年4月	行唐县人民医院	卫生	临床医学	副主任医师
李意敏	女	1977年4月	行唐县人民医院	卫生	护理	副主任护师
马会芳	女	1970年6月	行唐县中医院	卫生	护理	副主任护师
王素革	女	1968年12月	行唐县人民医院	卫生	护理	副主任护师
陈秀芳	女	1971年2月	行唐县中医院	卫生	护理	副主任护师
盖国海	男	1972年9月	行唐县中医院	卫生	麻醉	副主任医师
赵志强	男	1976年6月	行唐县人民医院	卫生	临床医学	副主任医师
杨挺博	男	1975年5月	行唐县水务局	工程	水利水电	高级工程师
花素梅	女	1976年3月	行唐县水务局	工程	水利水电	高级工程师
连宏伟	男	1974年1月	行唐县自来水公司	工程	水利水电	高级工程师
康争素	女	1980年1月	行唐县卫生局	经济	金融	高级经济师
高国红	男	1968年10月	行唐县林业局安香林业站	农业	林果	高级农艺师
石雪玲	女	1967年12月	行唐县林业局南桥林业站	农业	林果	高级农艺师
杨秋叶	女	1973年11月	行唐县苗圃	工程	林业	高级林业工程师
耿　杰	男	1975年9月	行唐县动物卫生监督所	畜牧兽医	兽医	高级兽医师
宇文立新	男	1966年3月	行唐县畜牧局	畜牧兽医	兽医	高级兽医师
韩永亮	男	1975年9月	行唐县交通工程公司	工程	公路	高级工程师
王丽革	女	1968年1月	行唐县交通工程公司	工程	公路	高级工程师
陈空军	男	1966年12月	行唐县公路管理站	工程	公路	高级工程师
韩　芳	女	1971年1月	行唐县地方道路管理站	工程	公路	高级工程师
许华丽	女	1980年1月	行唐县住房和城乡建设局	工程	给排水	高级工程师
王晓会	女	1976年2月	行唐县房屋征收管理办公室	工程	建筑工程	高级工程师
邸书风	男	1976年4月	行唐县建筑工程质量监督站	工程	工民建	高级工程师
梁艳峰	男	1976年1月	行唐县建筑市场稽查办公室	工程	工民建	高级工程师
齐东志	男	1968年12月	行唐县上方中心小学	中学教师	全科	中学高级教师
闫六合	男	1956年11月	行唐县上方中心小学	中学教师	全科	中学高级教师
邸文清	女	1975年8月	行唐县上方中心阳关中学	中学教师	数学	中学高级教师

续表

姓　名	性别	出生年月	工作单位	专业技术系列	专业名称	资格名称
任青瑞	男	1957 年 4 月	行唐县翟营中心小学	中学教师	全科	中学高级教师
郭瑞晔	男	1967 年 6 月	行唐县翟营中心小学	中学教师	全科	中学高级教师
张宝林	男	1962 年 12 月	行唐县翟营中心下阎庄中学	中学教师	语文	中学高级教师
张少英	男	1970 年 6 月	行唐县独羊岗中学	中学教师	语文	中学高级教师
李增路	男	1970 年 7 月	行唐县第五中学	中学教师	数学	中学高级教师
韩　影	女	1974 年 4 月	行唐县第五中学	中学教师	物理	中学高级教师
鲁丽霞	女	1967 年 7 月	行唐县第五中学	中学教师	数学	中学高级教师
范志新	男	1966 年 5 月	行唐县第五中学	中学教师	政治	中学高级教师
周　霞	女	1973 年 7 月	行唐县第五中学	中学教师	语文	中学高级教师
米五英	女	1968 年 2 月	行唐县安香中心小学	中学教师	全科	中学高级教师
朱兆丰	男	1972 年 4 月	行唐县第一中学	中学教师	体育	中学高级教师
顾建军	男	1973 年 7 月	行唐县第一中学	中学教师	物理	中学高级教师
张　璐	女	1970 年 10 月	行唐县第一中学	中学教师	物理	中学高级教师
韩梦园	女	1974 年 4 月	行唐县第一中学	中学教师	语文	中学高级教师
张云霞	女	1968 年 7 月	行唐县只里中心小学	中学教师	数学	中学高级教师
韩瑞芳	女	1978 年 6 月	行唐县只里中心小学	中学教师	英语	中学高级教师
张彦辉	男	1971 年 1 月	行唐县连家庄中学	中学教师	物理	中学高级教师
李　凯	男	1971 年 6 月	行唐县连家庄中学	中学教师	语文	中学高级教师
高金平	男	1959 年 5 月	行唐县上碑中学	中学教师	语文	中学高级教师
刘建水	男	1972 年 5 月	行唐县上碑中学	中学教师	语文	中学高级教师
高占平	男	1972 年 6 月	行唐县上碑中学	中学教师	物理	中学高级教师
李军会	男	1978 年 6 月	行唐县上碑中学	中学教师	英语	中学高级教师
董小卫	女	1974 年 1 月	行唐县上碑中学	中学教师	化学	中学高级教师
霍香翠	女	1968 年 11 月	行唐县上碑中心小学	中学教师	语文	中学高级教师
南兵学	男	1963 年 9 月	行唐县实验学校（中学部）	中学教师	数学	中学高级教师
王俊英	女	1962 年 11 月	行唐县实验学校（中学部）	中学教师	语文	中学高级教师
刘昌军	男	1955 年 8 月	行唐县实验学校（中学部）	中学教师	语文	中学高级教师
王彦翠	女	1964 年 2 月	行唐县特殊教育学校	中学教师	语文	中学高级教师
陈翠英	女	1969 年 7 月	行唐县第二中学	中学教师	语文	中学高级教师
苗新海	男	1972 年 4 月	行唐县第二中学	中学教师	政治	中学高级教师
李玉洁	女	1964 年 11 月	行唐县第二中学	中学教师	英语	中学高级教师
任国朝	男	1966 年 3 月	行唐县第二中学	中学教师	语文	中学高级教师
翟　昱	男	1970 年 10 月	行唐县第二中学	中学教师	政治	中学高级教师
麻丽娟	女	1970 年 2 月	行唐县第二中学	中学教师	语文	中学高级教师
陈　莉	女	1971 年 4 月	行唐县第二中学	中学教师	英语	中学高级教师
褚领群	男	1970 年 10 月	行唐县第二中学	中学教师	数学	中学高级教师

续表

姓　名	性别	出生年月	工作单位	专业技术系列	专业名称	资格名称
董进旗	男	1971 年 10 月	行唐县第二中学	中学教师	数学	中学高级教师
张　晶	女	1972 年年 8 月	行唐县城寨中心小学	中学教师	全科	中学高级教师
李寒露	女	1973 年 12 月	行唐县独羊岗中心小学	中学教师	全科	中学高级教师
李彦平	男	1959 年 6 月	行唐县独羊岗中心小学	中学教师	全科	中学高级教师
李英敏	女	1969 年 7 月	行唐县独羊岗中学贾庄一分校	中学教师	物理	中学高级教师
闫海啸	男	1967 年 9 月	行唐县秦台中学	中学教师	语文	中学高级教师
赵进军	男	1973 年 7 月	行唐县第三中学	中学教师	化学	中学高级教师
严丽娟	女	1972 年 7 月	行唐县实验学校（小学部）	中学教师	语文	中学高级教师
康会玲	女	1971 年 10 月	行唐县实验学校（小学部）	中学教师	体育	中学高级教师
习素彦	女	1968 年 2 月	行唐县实验学校（小学部）	中学教师	全科	中学高级教师
高书彦	女	1970 年 10 月	行唐县龙州中心小学	中学教师	数学	中学高级教师
顾亚文	女	1966 年 10 月	行唐县龙州中心小学	中学教师	英语	中学高级教师
李国英	女	1971 年 8 月	行唐县龙州中心小学	中学教师	数学	中学高级教师
高春梅	女	1963 年 9 月	行唐县龙州中心小学	中学教师	数学	中学高级教师
赵　勇	男	1963 年 4 月	行唐县北河中学	中学教师	语文	中学高级教师
范哲敏	女	1979 年 2 月	行唐县屹嶅头中学	中学教师	数学	中学高级教师
王云龙	男	1977 年 10 月	行唐县玉亭中心小学	中学教师	数学	中学高级教师
赵文汇	男	1975 年 11 月	行唐县上方中学	中学教师	数学	中学高级教师
王建永	男	1977 年 8 月	行唐县上方中学	中学教师	物理	中学高级教师
张军英	女	1974 年 4 月	行唐县上方中学	中学教师	英语	中学高级教师
靳晓玲	女	1964 年 10 月	行唐县市同中心小学	中学教师	全科	中学高级教师
石秀娟	女	1974 年 6 月	行唐县实验中学	中学教师	英语	中学高级教师
郭海英	女	1968 年 8 月	行唐县实验中学	中学教师	语文	中学高级教师
张美玲	女	1970 年 4 月	行唐县实验中学	中学教师	化学	中学高级教师
张瑞萍	女	1970 年 9 月	行唐县实验中学	中学教师	英语	中学高级教师
高梅玲	女	1970 年 6 月	行唐县实验中学	中学教师	数学	中学高级教师
杨素彦	女	1969 年 1 月	行唐县实验中学	中学教师	历史	中学高级教师
赵英娥	女	1971 年 9 月	行唐县南桥中学	中学教师	数学	中学高级教师
孙志敏	女	1975 年 4 月	行唐县南桥中学	中学教师	英语	中学高级教师
付建芬	女	1968 年 11 月	行唐县南桥中心小学	中学教师	全科	中学高级教师
张书军	男	1973 年 1 月	行唐县翟营中学	中学教师	地理	中学高级教师
李清安	男	1967 年 7 月	行唐县翟营中学	中学教师	数学	中学高级教师
张保中	男	1966 年 1 月	行唐县翟营中学	中学教师	数学	中学高级教师
陈　政	男	1970 年 9 月	行唐县安香中学	中学教师	化学	中学高级教师
邸玉英	女	1969 年 5 月	行唐县安香中学	中学教师	语文	中学高级教师
王彦丽	女	1972 年 4 月	行唐县安香中学	中学教师	语文	中学高级教师

续表

姓　名	性别	出生年月	工作单位	专业技术系列	专业名称	资格名称
屈金锁	男	1962 年 5 月	行唐县龙鑫机械制造有限公司	工程	机械	高级工程师
戎俊青	女	1964 年 7 月	行唐县红枣技术站	农业	园艺	农业技术推广研究员
康素玲	女	1964 年 9 月	行唐县口头林业站	农业	园艺	农业技术推广研究员

先进人物选介

模范人物

李龙江　1968 年 12 月生，黑龙江省富裕县人，群众，大专学历，1993 年 8 月参加工作，河北迎新玻璃集团有限公司副经理、石家庄玉晶玻璃有限公司副总经理并主管全面工作。

在工作中，李龙江勇于创新，注重科学管理。为确保企业生产和职工生命财产安全，大胆实行“六级联合巡检”安全管理制度，每天组织班前班后安全会，每月召开两次安全会议，投资 200 万元对安全隐患部位进行整改，并配备各种固定、便携式气体报警仪、各种防毒面具及自救氧气背包，实现安全生产无事故；为减轻环境污染，公司先后实施玻璃熔窑余热发电、玻璃熔窑富氧助燃改造、电机变频调速改造等节能减排项目，累计投入资金 1 亿多元，节约标煤 49000 吨，减少二氧化硫排放 200 余吨；安置下岗、失业人员及转移农村剩余劳动力 1200 余人，2013 年实现利税 1.1 亿元，成为县域经济发展新的增长点；积极投身捐资助教、修路、救灾等社会公益事业，投资 60 万元，为岳霍口村修建道路约 5 公里并安装路灯，方便村民生产生活。因实绩突出，公司先后获得行唐县青年就业创业基地、石家庄市政府 2009 年度工业项目建设优秀项目奖、2011 年石家庄市五一建功立业奖、河北省就业先进单位、AAA 级信用企业等荣誉。2010～2013 年，李龙江先后荣获河北省建材行业功勋职工、石家庄市优秀中国特色社会主义事业建设者、2010～2012 年度石家庄市劳动模范、2013 年度石家庄市安全生产先进工作者等称号；2014 年 4 月，当选河北省劳动模范。

李顺争　1974 年 9 月生，上方乡李阳关村人，群众，高中学历，1995 年 3 月参加工作，石家庄明旺乳业有限公司高级技术员，负责生产车间设备检修工作。任职期间，李顺争以厂为家，以熟练的业务和认真的工作态度赢得公司领导和同事的一致好评。2010 年 8 月 28 日，因公司施工方违规操作导致车间洁净室顶部电缆着火，李顺争不顾个人生命安危，爬上去将大火扑灭，为公司避免了重大财产损失。2011 年 6 月，工厂引进的日本风冷冰水机设备出现故障停机。由于说明书是日文，公司技术员都看不懂，这让领导头疼不已。李顺争看在眼里，急在心上，就利用业余时间上网查询资料，下班后又继续研究。经过不懈努力，李顺争终于找到故障原因，迅速组织人员加班加点进行维修，不辞辛苦，毫无怨言，终使设备正常运转。2012 年下半年，集团举办全国工厂“职工乳饮技能大比武”活动，李顺争担任公司参赛队总指挥，他带领团队获得优秀奖章。2013 年，河北省推行环境改善，石家庄明旺有限公司做为重点燃煤锅炉烟尘治理单位，需对 15 吨燃煤锅炉加装布袋式除尘器设备，李顺争自告奋勇参加并顺利通过县环保局验收。生活中，李顺争热心帮助工友。2011 年 10 月，一位同事下班途中遭遇车祸，李顺争得知后第一时间赶到现场将其送到医院，并在床前陪伴一夜，直至第二天家属到来后才放心离开。由于实绩突出，2013 年李顺争荣获石家庄市劳动模范、集团优秀营运训练师等称号；2014 年 4 月，当选河北省劳动模范。

李玮　女，1983 年 10 月出生，本科学历，群众，行唐县中医院主治医师，长期从事从事妇幼和计划生育工作。2014 年 8 月，参加全国妇幼健康技能大赛石家庄市级组比赛获二等奖；9月，参加全国妇幼健康技能大赛河北省级组比赛获三等奖；10月，参加由国家卫生计生委与中华全国总工会联合举办的全国妇幼健康技能大赛围产保健组比赛，获得三等奖及个人单项奖。

韩国良 1972年2月生，只里乡白庙庄村人，中共党员，大专文化，公安局危爆大队大队长。

2014年全国开展缉枪治爆专项行动以来，在县委、县政府及上级公安机关和局党委的正确领导下，危爆大队以危爆物品管理“不流失、不被盗、不炸响”为总目标，以追源头、捣窝点、摧网络、断销路为重点，全民动员，在全县范围内掀起一场声势浩大的“缉枪治爆”大会战，实现危爆物品“零遗失”、安全隐患“零容忍”、责任事故“零发生”目标，取得明显社会成效，有力保证了全县人民的生命财产安全。全年共查处涉危涉爆案件16起，其中，行政案件10起，行政处罚10人；刑事案件6起，刑事处罚21人；收缴炸药771.61公斤，半成品炸药244.65公斤，复合肥21袋（每袋40公斤），药捻9把，烟花爆竹372件，成品双响29364枚，半成品双响728个，炮筒7150个。由于实绩突出，韩国良被公安部授予2014年度全国缉枪治爆专项行动成绩突出先进个人称号。

刘俊英 女，1978年8月生，龙州镇六十二庄村人，中共党员，本科文化。2008年担任民政局老龄办负责人后，制定与养老服务发展相适应的人才培训规划，加大养老服务从业人员培训力度；依托城乡社区服务中心、社区医疗卫生机构和村级公共服务场所，建立以社区为中心的养老服务体系；帮助制定邻里抚养协议，解决日常生活、生产、医病、精神慰藉、养老送终的实际困难及后顾之忧；落实提高百岁老人营养补助标准（从220元/月增至400元/月），全县4.8万农村老年人全部参加新型农村合作医疗，1.2万名农村五保老人、低保老人和重点优抚对象老人由政府代缴新型农村合作医疗统筹费，城乡困难老人实现应保尽保；在车站、医疗机构等场所设立“老年人优先”服务标牌、老年人专用窗口；协调组织300多人参加青年志愿者服务，开展孝亲敬老先进典型宣传、重大节日慰问、建立图书阅览室和健身房等活动；全面实施老年人权益保障行动，激发全社会参与敬老助老活动的热情，使老年人物质生活和精神生活不断丰富，幸福指数逐年提高。由于业绩突出，2010年，县老龄办被评为河北省先进集体，刘俊英先后被评为石家庄市先进个人、全国第三次城乡老年人口追踪调查优秀督导员；2014年12月，全国敬老爱老助老主题教育活动组委会授予刘俊英全国孝亲敬老之星称号。

新闻人物

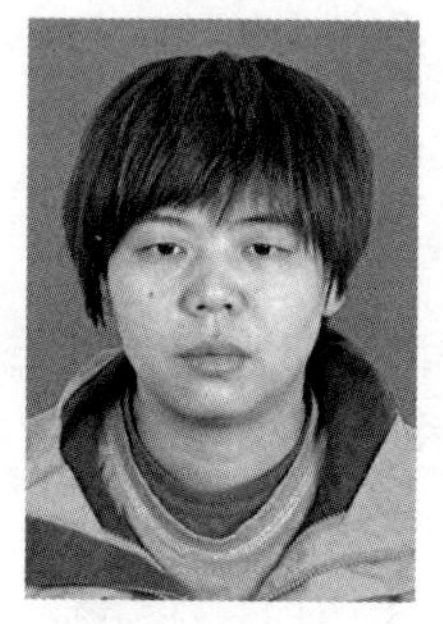

米娜 女，1986年生，安香乡米霍口村人，县残联职工，F37级优秀残疾人投掷运动员。2004年，经县残联推荐，被省残疾人体育委员会招收为运动员。2005年，米娜开始参加体育比赛，相继参加全国残运会、北京残奥会、广州亚运会、新西兰世锦赛、伦敦残奥会、法国里昂世界残疾人田径锦标赛等大型比赛并载誉而归，先后获得全国五一劳动奖章、中国青年五四奖章、全国三八红旗手、河北省优秀体育工作者等称号。2014年10月18日至24日，在仁川亚洲残疾人运动会上顽强拼搏，勇夺女子组F37级铁饼和F37级铅球两项冠军，并在铅球项目中打破亚洲纪录，还夺得F37级标枪银牌。

马佳 女，1998年2月4日生，玉亭乡官庄村人，自幼视力残疾。2012年，由县残联推荐至省游泳队。训练中，她严格要求，刻苦努力；比赛中，她斗志昂扬，顽强拼搏。继2013年在全国残疾人（22周岁以下）游泳锦标赛上一举夺得5块金牌后，在2014年全国残疾人游泳锦标赛中，又夺得女子组S13级100米自由泳、100米仰泳、400米自由泳、50米自由泳、SB13级100米蛙泳、SM级200米个人混合泳6块金牌，并荣获大会体育道德风尚奖。

附 录

文件目录与选编

县委文件

行发〔2014〕1号	关于印发《2014年工作要点》的通知	1月20日
行发〔2014〕2号	关于进一步加强和完善政务服务中心建设的意见	1月6日
行发〔2014〕3号	关于印发《2014年做好五个方面30件惠民实事》的通知	1月23日
行发〔2014〕4号	关于印发《关于全县开展党的群众路线教育实践活动的实施方案》的通知	2月18日
行发〔2014〕5号	关于强化意识形态工作领导责任构建大宣传格局的意见	3月15日
行发〔2014〕6号	关于印发《行唐县乡科级领导班子和领导干部综合考核评价办法》的通知	4月22日
行发〔2014〕7号	关于进一步健全完善计划生育特殊困难家庭“医养扶一体化”工作机制的意见	6月30日
行发〔2014〕8号	关于落实党风廉政建设党委主体责任、纪委监督责任的实施意见（试行）	9月1日
行发〔2014〕9号	关于巩固提升党的群众路线教育实践成果进一步深化“见人见事”工作理念的意见	10月17日
行发〔2014〕10号	关于进一步改进和加强人大工作的意见	12月26日

行字〔2014〕1号	关于命名表彰2013年度县级文明单位、诚信单位、精神文明创建先进单位和先进个人的决定	1月27日
行字〔2014〕2号	关于调整县委党的群众路线教育实践活动领导小组的通知	2月18日
行字〔2014〕3号	关于表彰2013年度优秀妇女干部、岗位建功明星的决定	3月6日
行字〔2014〕5号	关于2013年度乡科级领导班子和县管干部考核结果的通报	3月27日
行字〔2014〕6号	关于表彰2013年度先进农村党组织和优秀农村党组织书记的决定	3月27日
行字〔2014〕7号	印发《行唐县县城建设上水平工作实施方案》的通知	3月27日
行字〔2014〕9号	关于表彰“行唐县先进基层团组织”和“行唐县优秀团干部（团员青年）”的决定	5月4日
行字〔2014〕10号	关于表彰2013年度人口和计划生育工作先进单位和先进工作者的	

	决定	5 月 12 日
行字〔2014〕11 号	关于县委常委工作分工的通知	5 月 13 日
行字〔2014〕12 号	关于印发行唐县四大班子专题民主生活会情况通报的通知	7 月 28 日
行字〔2014〕13 号	关于在全县共产党员中开展志愿服务活动的实施意见	9 月 3 日
行字〔2014〕14 号	印发《贯彻落实中央、省、市建立健全惩治和预防腐败体系 2013～2017 年工作规划的实施方案》的通知	9 月 4 日
行字〔2014〕16 号	关于动员全社会力量实施扶贫帮困“春雨行动”的意见	10 月 22 日
行字〔2014〕17 号	印发《关于进一步深化廉政风险防控机制建设工作的实施办法（试行）》的通知	10 月 22 日
行字〔2014〕18 号	印发《关于贯彻落实习近平总书记重要指示精神持续不断反“四风”、转作风的十项措施》的通知	11 月 12 日
行字〔2014〕19 号	印发《行唐县安全生产“党政同责、一岗双责”暂行办法》的通知	11 月 13 日
行字〔2014〕20 号	印发《关于在全县党员干部中开展争当百姓喜爱的好官活动的实施方案》的通知	12 月 12 日
行字〔2014〕21 号	关于对龙州镇发生进京个人非正常上访进行责任追究的通报	12 月 15 日
行字〔2014〕22 号	关于印发《行唐县贯彻落实石字〔2014〕29 号文件的工作方案》的通知	12 月 23 日
行字〔2014〕23 号	关于开展县委理论中心组集中学习暨县级领导“讲学论坛”活动的通知	12 月 24 日

县委办公室文件

行办发〔2014〕1 号	关于印发《姜阳同志在县委十一届四次全会上的讲话》的通知	1 月 21 日
行办发〔2014〕2 号	关于印发《姜阳同志在行唐县第十五届人大四次会议闭幕时的讲话》的通知	1 月 23 日
行办发〔2014〕3 号	关于成立行唐县廉政风险防控机制建设工作领导小组的通知	2 月 10 日
行办发〔2014〕4 号	关于印发《中共行唐县委常委会党的群众路线教育实践活动实施方案》的通知	2 月 20 日
行办发〔2014〕5 号	关于印发《县委常委会党的群众路线教育实践活动学习教育、听取意见活动安排》的通知	2 月 21 日
行办发〔2014〕6 号	关于印发《中共行唐县委常委会党的群众路线教育实践活动征求意见工作方案》的通知	2 月 22 日
行办发〔2014〕8 号	关于加强新形势下人民调解工作的意见	4 月 28 日
行办发〔2014〕9 号	印发《2014 年全县党风廉政建设和反腐败工作任务分工意见》的通知	6 月 15 日
行办发〔2014〕10 号	关于建设“三级平台”推行“两个代办”进一步完善便民服务	

	体系的实施意见	11 月 13 日
行办发〔2014〕11 号	关于鼓励创业促进就业的实施意见	11 月 21 日
行办字〔2014〕1 号	印发《行唐县政务服务中心窗口及窗口工作人员考核办法》的通知	1 月 3 日
行办字〔2014〕2 号	关于在全县开展第三期职工互助活动的通知	1 月 14 日
行办字〔2014〕3 号	转发《中共石家庄市委、石家庄市人民政府关于实行安全生产党政同责一岗双责的意见》的通知	1 月 14 日
行办字〔2014〕4 号	关于做好 2014 年春节前走访慰问工作的通知	1 月 14 日
行办字〔2014〕6 号	印发《行唐县 2014 年春节群众文化活动安排方案》的通知	1 月 23 日
行办字〔2014〕7 号	关于严格规范展示牌、宣传片制作和电子显示屏设置的通知	1 月 24 日
行办字〔2014〕8 号	关于印发《姜阳同志、田振堂同志在全县党的群众路线教育实践活动动员大会上的讲话（摘要）》的通知	2 月 21 日
行办字〔2014〕9 号	关于武素彦反映儿子任川被赵同亮等人致伤公安机关至今未对嫌疑人采取措施等问题的调查办理进展报告	2 月 24 日
行办字〔2014〕10 号	印发《关于省委第二巡视组反馈问题整改责任分工方案》的通知	2 月 24 日
行办字〔2014〕11 号	关于调整县级领导分包重点工业企业的通知	3 月 4 日
行办字〔2014〕12 号	关于印发《行唐县计生特殊困难家庭“医养扶一体化”工作分工》的通知	3 月 6 日
行办字〔2014〕13 号	转发《县委县直机关工委关于在县直机关组织开展创建“党员服务先锋岗”和“党员服务示范窗口”活动的实施方案》的通知	3 月 7 日
行办字〔2014〕14 号	关于进一步做好全国“两会”期间信访维稳工作的紧急通知	3 月 7 日
行办字〔2014〕15 号	关于印发《行唐县推动 2014 年工资集体协商工作实施方案》的通知	3 月 17 日
行办字〔2014〕16 号	关于表彰 2013 年度工资集体协商先进单位和先进个人的通报	3 月 19 日
行办字〔2014〕17 号	关于征集 2014 卷《行唐年鉴》资料的通知	3 月 19 日
行办字〔2014〕18 号	关于调整有关委员会和领导小组的通知	3 月 19 日
行办字〔2014〕19 号	关于进一步加强全县值班工作的通知	3 月 19 日
行办字〔2014〕20 号	关于 3 月 21 日城乡环境卫生整治“周五义务劳动”情况的通报	3 月 24 日
行办字〔2014〕22 号	关于认真做好 2013 年度文件收缴清退销毁工作的通知	3 月 26 日
行办字〔2014〕23 号	关于印发《行唐县 2014 年春季拆违行动实施方案》的通知	3 月 26 日
行办字〔2014〕24 号	关于印发《行唐县农业发展工作要点》的通知	3 月 27 日
行办字〔2014〕25 号	转发石办字〔2014〕16 号文件的通知	3 月 31 日
行办字〔2014〕27 号	关于 3 月 28 日城乡环境卫生整治“周五义务劳动”情况的通报	3 月 31 日
行办字〔2014〕28 号	关于印发《行唐县 2014 年春季城乡环境卫生整治活动方案》的通知	3 月 31 日
行办字〔2014〕29 号	关于武素彦反映儿子任川被赵同亮等人致伤公安机关至今未对	

	嫌疑人采取措施等问题的调查办理进展报告	3 月 31 日
行办字〔2014〕30 号	关于建立拆除违法建筑超期临建工作机构和工作机制的通知	4 月 2 日
行办字〔2014〕31 号	转发县委宣传部《2014 年宣传思想文化工作要点》的通知	4 月 2 日
行办字〔2014〕32 号	关于农村土地承包及流转调查摸底的通知	4 月 2 日
行办字〔2014〕33 号	关于印发《姜阳同志在行唐县县、乡、村三级干部会议上的讲话（摘要）》的通知	4 月 4 日
行办字〔2014〕34 号	关于印发《姜阳同志在县纪委十一届四次全会暨政府系统党风廉政建设工作会议上的讲话（摘要）》的通知	4 月 4 日
行办字〔2014〕35 号	转发中共行唐县委宣传部《关于表彰 2014 年春节群众文艺演出优秀节目、优秀单位的通报》的通知	4 月 8 日
行办字〔2014〕36 号	关于印发《行唐县 2014 年优化发展环境工作方案》的通知	4 月 8 日
行办字〔2014〕38 号	关于建立完善治理“吃空饷”长效机制及责任分工的通知	4 月 22 日
行办字〔2014〕39 号	印发《2014 年平安行唐建设实施方案》的通知	4 月 22 日
行办字〔2014〕40 号	转发县综治办、县司法局《关于实施“五一三”工程进一步完善全县法律服务体系的实施意见（试行）》的通知	4 月 22 日
行办字〔2014〕41 号	关于印发《行唐县加快革命老区重点村建设实施方案》的通知	4 月 28 日
行办字〔2014〕42 号	关于印发《行唐县社会稳定状况评价办法》的通知	4 月 28 日
行办字〔2014〕43 号	转发冀发〔2014〕10 号文件的通知	5 月 7 日
行办字〔2014〕44 号	关于印发《行唐县 2 号路及南二环拆违拆陋工作实施方案》的通知	5 月 8 日
行办字〔2014〕45 号	关于在维护城乡环境卫生工作中发挥机关干部职工模范带头作用的通知	5 月 15 日
行办字〔2014〕46 号	关于调整有关指挥部和领导小组成员的通知	5 月 20 日
行办字〔2014〕47 号	关于进一步做好党政机关和领导干部办公用房清理整改工作的通知	5 月 22 日
行办字〔2014〕49 号	关于印发《姜阳同志在全县党的群众路线教育实践活动推进会上的讲话（摘要）》的通知	5 月 30 日
行办字〔2014〕50 号	关于更换启用河北行唐经济开发区有关印章的通知	6 月 4 日
行办字〔2014〕51 号	转发行唐县防汛抗旱指挥部《关于做好 2014 年防汛工作的通知》的通知	6 月 9 日
行办字〔2014〕52 号	关于实施第一批便民服务措施的通知	6 月 9 日
行办字〔2014〕53 号	关于成立行唐县反恐怖工作领导小组的通知	6 月 10 日
行办字〔2014〕54 号	转发县委宣传部《2014 年组织推动培育和践行社会主义核心价值观工作实施方案》的通知	6 月 13 日
行办字〔2014〕55 号	关于调整县劳动关系和谐单位创建活动领导小组的通知	6 月 16 日
行办字〔2014〕56 号	转发县直机关工委《关于表彰县直机关党员服务示范窗口党员服务先锋岗和优秀共产党员决定》的通知	6 月 23 日
行办字〔2014〕58 号	关于印发《行唐县第二十一届“彩色周末”消夏群众文化活动的实施方案》的通知	7 月 2 日

行办字〔2014〕60 号	关于印发《行唐县计划生育特殊困难家庭“医养扶一体化”结对分包帮扶》的通知	7 月 7 日
行办字〔2014〕61 号	关于印发《姜阳同志、王彦芳同志在全县重点工作会议上的讲话（摘要）》的通知	7 月 29 日
行办字〔2014〕64 号	转发中共行唐县委宣传部、中共行唐县委组织部《关于进一步加强党委（党组）中心组学习的实施意见》的通知	9 月 12 日
行办字〔2014〕65 号	印发《贯彻落实中央、省、市建立健全惩治和预防腐败体系 2013～2017 年工作规划的实施方案的分工方案》的通知	9 月 12 日
行办字〔2014〕67 号	转发冀办字〔2014〕44 号文件的通知	9 月 29 日
行办字〔2014〕68 号	关于成立行唐县推进京津冀协同发展领导小组及办公室的通知	10 月 21 日
行办字〔2014〕69 号	印发《行唐县关于建立工商业及社会捐助服务中心的实施方案（试行）》的通知	10 月 29 日
行办字〔2014〕70 号	转发中共行唐县委老干部局《关于做好 2015 年度离退休干部报刊征订和缴纳离休干部特需经费的通知》的通知	10 月 30 日
行办字〔2014〕71 号	关于进一步加强保障农民工工资支付制度建设的实施意见	10 月 30 日
行办字〔2014〕72 号	关于成立行唐县公务用车制度改革领导小组的通知	11 月 6 日
行办字〔2014〕73 号	关于印发《行唐县绿地和绿化树木认建认养实施方案》的通知	11 月 18 日
行办字〔2014〕74 号	关于切实做好 2015 年度重点党报党刊发行工作的通知	11 月 21 日
行办字〔2014〕75 号	关于印发《行唐县奢华浪费建设项目清查整改工作方案》的通知	11 月 18 日
行办字〔2014〕76 号	印发《行唐县农村土地承包经营权确权登记工作实施方案》的通知	11 月 28 日
行办字〔2014〕77 号	关于调整和完善 2014 年度乡科级领导班子综合考核评价体系的通知	11 月 28 日
行办字〔2014〕78 号	关于成立行唐县外事工作领导小组的通知	11 月 29 日
行办字〔2014〕79 号	关于在全县开展第四期职工互助活动的通知	12 月 2 日
行办字〔2014〕80 号	印发《行唐县机关事业单位完善治理“吃空饷”长效机制人员管理制度》等三个制度的通知	12 月 3 日
行办字〔2014〕81 号	印发《关于加快全县扶贫攻坚步伐的任务措施》的通知	12 月 11 日
行办字〔2014〕82 号	关于发展农村新型家庭手工业“巧手创富工程”的实施意见	12 月 11 日
行办字〔2014〕83 号	关于成立行唐县村“两委”换届工作领导小组的通知	12 月 15 日
行办字〔2014〕84 号	关于印发《行唐县 2014 年度文明单位诚信单位和文明生态村评选方案》的通知	12 月 15 日
行办字〔2014〕85 号	关于成立行唐县经济开发区和基层事业单位超编人员消化清理工作领导小组的通知	12 月 15 日
行办字〔2014〕86 号	转发《行唐县农财局行唐县财政局关于做好农村干部任期和离任经济责任审计的实施方案》的通知	12 月 22 日
行办字〔2014〕87 号	关于对全县扶贫攻坚任务进行责任分解的通知	12 月 25 日

行办字〔2014〕88 号	关于印发《行唐县机关事业单位国内公务接待办法》等四个办法的通知	12 月 30 日

县政府文件

行政〔2014〕1 号	关于印发 2014 年经济社会发展重点工作任务分解的通知	1 月 29 日
行政〔2014〕2 号	关于调整明确政务服务中心窗口单位及项目的通知	1 月 3 日
行政〔2014〕3 号	关于充分发挥律师在法治政府建设中的作用进一步加强政府法律顾问制度建设的意见	1 月 14 日
行政〔2014〕4 号	关于李军副县长（挂职）工作分工的通知	2 月 24 日
行政〔2014〕5 号	关于印发行唐县重污染天气应急预案（暂行）修订的通知	3 月 4 日
行政〔2014〕6 号	印发《行唐县重点工业项目审批流程（试行）》的通知	3 月 20 日
行政〔2014〕7 号	印发《行唐县重点工业企业“一口收费”管理实施方案》的通知	3 月 20 日
行政〔2014〕8 号	关于表彰奖励 2013 年度工业转型升级有关企业和单位的通报	3 月 12 日
行政〔2014〕9 号	关于印发加强和改进行政复议工作实施方案的通知	3 月 30 日
行政〔2014〕10 号	关于进一步加强综合治税工作的通知	3 月 20 日
行政〔2014〕11 号	关于做好 2014 年度民兵整组工作的通知	3 月 27 日
行政〔2014〕12 号	关于做好原农村社会养老保险与城乡居民社会养老保险制度衔接工作的通知	4 月 23 日
行政〔2014〕13 号	关于加强全面建成小康社会统计监测工作的实施意见	5 月 4 日
行政〔2014〕14 号	关于各县长工作分工的通知	5 月 12 日
行政〔2014〕15 号	印发《城区燃煤小锅炉拆除及集中供热实施方案》的通知	5 月 16 日
行政〔2014〕16 号	印发《行唐县城区集中供热管理办法》的通知	5 月 19 日
行政〔2014〕17 号	关于进一步加强保障性安居工程建设和管理的实施意见	5 月 29 日
行政〔2014〕18 号	印发城市集中供热管网工程建设费收费标准的通知	6 月 24 日
行政〔2014〕19 号	关于印发行唐县人民政府工作规则的通知	7 月 9 日
行政〔2014〕20 号	关于公布行唐县不可移动文物名录的通知	7 月 9 日
行政〔2014〕21 号	关于进一步加强食品安全工作的通知	7 月 8 日
行政〔2014〕22 号	关于加快推进棚户区改造工作的意见	8 月 4 日
行政〔2014〕23 号	印发行唐县政府性债务管理暂行办法的通知	8 月 14 日
行政〔2014〕24 号	关于进一步推动行唐农村土地承包经营权流转促进规模经营权发展的意见	8 月 25 日
行政〔2014〕25 号	关于责令石家庄玉晶玻璃有限公司停产（焖炉）的通知	11 月 8 日
行政〔2014〕26 号	关于改革完善食品药品监督管理体制的实施意见	12 月 19 日
行政〔2014〕27 号	关于印发《行唐县推进文化创意和设计服务与相关产业融合发展行动计划（2014～2020 年）》的通知	12 月 24 日

县政府办公室文件

行政办〔2014〕1号	关于印发《行唐县财政性资金投资项目管理办法（试行）》的通知	1月8日
行政办〔2014〕2号	关于印发《行唐县新型农村合作医疗统筹补偿方案》的通知	1月9日
行政办〔2014〕3号	关于立即开展今冬明春安全大检查活动的通知	1月13日
行政办〔2014〕4号	关于印发行唐县突发环境事件应急预案的通知	1月14日
行政办〔2014〕5号	关于印发行唐县集中开展户口核查专项行动实施方案的通知	1月15日
行政办〔2014〕6号	转发《石家庄市加快培育和发展战略性新兴产业十条政策》的通知	1月21日
行政办〔2014〕7号	关于印发行唐县集中整治非法集资活动实施方案的通知	1月24日
行政办〔2014〕8号	关于印发《行唐县打击河道非法采砂联合执法行动方案》的通知	1月26日
行政办〔2014〕9号	转发河北省人民政府关于取消40项评比达标表彰评估项目的决定的通知	2月21日
行政办〔2014〕10号	转发《高新技术成果落地石家庄奖励办法》的通知	2月27日
行政办〔2014〕11号	关于整治餐饮单位油烟排放的通知	3月3日
行政办〔2014〕12号	关于切实做好重污染天气应对工作的紧急通知的通知	3月3日
行政办〔2014〕13号	关于印发行唐县贫困重度残疾人护理补贴制度实施办法的通知	3月5日
行政办〔2014〕14号	关于开展城乡低保部门联动审核工作的通知	3月5日
行政办〔2014〕15号	关于印发行唐县河道采砂管理暂行办法的通知	3月6日
行政办〔2014〕16号	关于行唐县取缔关闭生产经营粘土砖行为专项行动实施方案	1月3日
行政办〔2014〕17号	关于印发《中共行唐县人民政府党组党的群众路线教育实践活动实施方案》的通知	3月22日
行政办〔2014〕18号	关于印发《中共行唐县人民政府党组党的群众路线教育实践活动学习教育、听取意见环节工作方案》的通知	3月22日
行政办〔2014〕19号	关于印发《中共行唐县人民政府党组党的群众路线教育实践活动征求意见工作方案》的通知	2月23日
行政办〔2014〕20号	关于印发县长王彦芳、县委常委、常务副县长袁永福在全县第一季度防范重特大安全事故例会上的讲话的通知	3月11日
行政办〔2014〕21号	关于印发《行唐县加快推进奶牛养殖小区提档升级的实施意见》的通知	3月20日
行政办〔2014〕22号	关于成立高效煤粉加工配送中心项目指挥部的通知	3月12日
行政办〔2014〕23号	关于印发行唐县强力整顿医疗秩序打击非法行医行动实施方案的通知	3月17日
行政办〔2014〕24号	关于印发行唐县残疾人基本公共服务体系建设实施方案的通知	5月20日
行政办〔2014〕25号	关于下达2014年组织收入任务的通知	3月20日
行政办〔2014〕26号	关于进一步加强耕地占用税征收清理工作的通知	3月20日
行政办〔2014〕27号	关于印发行唐县2014年环境保护工作方案的通知	3月21日

行政办〔2014〕28 号 转发《石家庄市城镇基本养老保险定点医疗机构和定点零售药店监督管理暂行办法》的通知 3 月 26 日
行政办〔2014〕29 号 关于印发行唐县进一步规范乡村医疗机构新型农村合作医疗门诊统筹管理的实施意见的通知 3 月 27 日
行政办〔2014〕30 号 关于印发行唐县加强特色农产品品牌包装的实施意见的通知 3 月 27 日
行政办〔2014〕31 号 关于印发行唐县大力扶持设施蔬菜发展的实施意见的通知 3 月 27 日
行政办〔2014〕32 号 关于印发《王艳芳同志在县政府全体会议上的讲话（摘要）》的通知 3 月 31 日
行政办〔2014〕33 号 关于印发《王彦芳同志在中共行唐县纪委十一届四次全会暨县政府廉政工作会议上的讲话（摘要）》的通知 3 月 31 日
行政办〔2014〕34 号 关于印发食品药品安全县创建活动方案的通知 4 月 22 日
行政办〔2014〕35 号 关于印发行唐县重污染天气工业企业应急预案（暂行）的通知 4 月 15 日
行政办〔2014〕36 号 关于印发《行唐县 2014 年农机具购置补贴金实施方案》的通知 4 月 15 日
行政办〔2014〕37 号 关于印发《行唐县 2014 年新型农村合作医疗意外伤害住院医疗保险暂行办法》的通知 4 月 15 日
行政办〔2014〕38 号 关于印发行唐县水污染专项排查整治行动工作方案的通知 4 月 16 日
行政办〔2014〕39 号 关于成立工商登记制度改革工作领导小组的通知 4 月 20 日
行政办〔2014〕40 号 关于印发行唐县大力扶持设施蔬菜发展实施意见的通知 4 月 23 日
行政办〔2014〕41 号 关于开展食品药品高危风险隐患集中排查治理整顿的通知 4 月 25 日
行政办〔2014〕42 号 关于印发加强食品药品安全隐患排查治理工作方案的通知 4 月 25 日
行政办〔2014〕43 号 关于做好 2014 年度防范打击非法集资宣传教育工作的通知 5 月 13 日
行政办〔2014〕44 号 关于印发行唐县 2014 年优质低硫煤炭推广使用工作实施方案的通知 4 月 21 日
行政办〔2014〕45 号 关于印发行唐县行政复议与信访工作衔接写作制度等工作制度的通知 5 月 26 日
行政办〔2014〕46 号 关于印发行唐县 2014 年地质灾害防治方案的通知 6 月 3 日
行政办〔2014〕47 号 关于印发行唐县 2014 年突发性地质灾害应急预案的通知 5 月 20 日
行政办〔2014〕48 号 关于衔接落实省政府 2014 年第一批取消下放行政审批项目的通知 5 月 31 日
行政办〔2014〕49 号 印发行唐县 2014 年度依法行政工作安排意见的通知 6 月 3 日
行政办〔2014〕50 号 关于印发行唐县治理超限超载工作方案的通知 5 月 22 日
行政办〔2014〕51 号 关于印发行唐县中小型水库大坝安全管理应急预案的通知 6 月 11 日
行政办〔2014〕52 号 关于对个别乡镇夏季农作物秸秆禁烧工作不力的通报 6 月 16 日
行政办〔2014〕53 号 关于政府领导在“安全生产月”活动期间开展督查工作的通知 6 月 16 日
行政办〔2014〕54 号 关于印发行唐县 2014～2015 年土壤污染防治实施方案的通知 6 月 16 日
行政办〔2014〕55 号 关于印发行唐县 2014 年主要污染物总量减排及水污染防治工作实施方案的通知 7 月 6 日
行政办〔2014〕56 号 关于印发行唐县 2014 年整治违法排污企业保障群众健康环保专

	项行动实施方案的通知	7月2日
行政办〔2014〕57号	关于印发行唐县大气污染防治攻坚行动2014年工作方案	6月18日
行政办〔2014〕58号	关于印发行唐县2014年暑期食品药品安全监管工作方案的通知	7月1日
行政办〔2014〕59号	关于政府向社会力量购买服务的实施意见	6月19日
行政办〔2014〕60号	关于城区部分河流桥梁街道命名（更名）的通知	6月27日
行政办〔2014〕61号	关于印发行唐县农村公路“田路分家”推进意见的通知	7月8日
行政办〔2014〕62号	关于规范房地产项目土地征收工作的意见	7月8日
行政办〔2014〕63号	关于印发行唐县2014年违法违规房地产开发项目专项整治实施意见的通知	7月8日
行政办〔2014〕64号	关于印发行唐县查处违规房地产开发项目暂行办法的通知	7月8日
行政办〔2014〕65号	关于印发行唐县渗坑专项整治工作实施方案的通知	7月8日
行政办〔2014〕66号	印发行唐县2014年度金属非金属矿山尾矿库关闭工作方案的通知	7月9日
行政办〔2014〕67号	关于印发行唐县施工工地及道路扬尘污染综合治理实施方案的通知	7月9日
行政办〔2014〕68号	关于印发行唐县整治违法占地建设重点区域网格化管理工作实施方案的通知	7月18日
行政办〔2014〕69号	关于深入开展肉及肉制品检查执法工作的通知	7月22日
行政办〔2014〕70号	关于印发行唐县农村面貌改造提升“公路环境整治”长效管理实施方案	7月23日
行政办〔2014〕71号	关于印发行唐县抗旱减灾工作实施方案的通知	8月2日
行政办〔2014〕72号	关于印发行唐县2014年度保障性安居工程建设实施方案的通知	7月12日
行政办〔2014〕73号	关于印发行唐县政府债务风险管控方案的通知	8月14日
行政办〔2014〕74号	关于转发石家庄市2014年大气污染防治重点工作考核实施办法的通知	8月13日
行政办〔2014〕75号	关于持续推进落实稳增长促改革调结构惠民生政策措施的通知	8月19日
行政办〔2014〕76号	关于开展重点区域重点线路超限超载集中整治专项行动方案	8月7日
行政办〔2014〕77号	转发石家庄市人民政府印发关于促进全市经济增长的政策措施的通知	8月25日
行政办〔2014〕78号	关于规范在建违法违规房地产项目的补充意见	8月25日
行政办〔2014〕79号	转发行唐县深入开展贯彻执行中央“八项规定”严肃财经纪律和“小金库”专项治理工作实施方案的通知	8月26日
行政办〔2014〕80号	印发行唐县安全生产“六打六治”打非治违专项行动方案的通知	8月26日
行政办〔2014〕81号	关于印发2014年行唐县税收专项清理行动实施方案的通知	9月1日
行政办〔2014〕82号	关于加强中秋国庆节日期间食品安全监管工作的通知	9月4日
行政办〔2014〕83号	印发2014年行唐县第三届“石家庄生态日”系列宣传活动实施方案的通知	9月10日
行政办〔2014〕84号	印发2014年秋季农作物秸秆禁烧工作实施方案的通知	9月19日
行政办〔2014〕85号	关于修订印发《行唐县级储备粮食管理办法》的通知	9月27日

行政办〔2014〕86号	关于印发行唐县2014年秋冬季农村造林绿化实施方案的通知	10月9日
行政办〔2014〕87号	关于印发行唐县城区秋冬季绿化实施方案的通知	10月9日
行政办〔2014〕88号	关于印发亚太经合组织会议行唐县空气质量保障工作方案的通知	10月9日
行政办〔2014〕89号	关于印发行唐县2014年城镇居民基本医疗保险工作实施方案的通知	10月8日
行政办〔2014〕90号	关于印发行唐县推进行政执法公开工作实施方案的通知	10月10日
行政办〔2014〕91号	印发《行唐县生产安全事故应急处置办法》的通知	10月10日
行政办〔2014〕92号	关于机关事业单位养老保险实行单基数缴费的通知	10月14日
行政办〔2014〕93号	关于印发国务院政策措施落实中存在问题整改工作方案的通知	10月27日
行政办〔2014〕94号	关于印发行唐县开展粘土砖瓦窑关停整治行动实施方案的通知	11月6日
行政办〔2014〕95号	关于印发行唐县今冬明春大气污染防治工作方案的通知	10月24日
行政办〔2014〕96号	关于衔接国务院取消调整行政审批事项和省政府部门2014年第二批取消行政审批事项的通知	11月11日
行政办〔2014〕97号	印发关于加强政务公开工作实施方案的通知	11月11日
行政办〔2014〕98号	关于县级领导督查安全生产“六打六治”打非治违工作的通知	11月17日
行政办〔2014〕99号	关于印发清理规范性文件的通知	12月8日
行政办〔2014〕100号	关于印发《河北行唐县经济开发区项目建设管理暂行办法》的通知	12月16日
行政办〔2014〕101号	关于印发严厉打击违法占地专项整治行动实施方案的通知	12月12日
行政办〔2014〕102号	关于印发行唐县规范国企经营与加强国企监管整改工作方案的通知	12月21日
行政办〔2014〕103号	关于成立行唐县助保金管理工作领导小组的通知	12月22日
行政办〔2014〕104号	关于印发行唐县学习宣传《中华人民共和国环境保护法》实施方案的通知	12月23日
行政办〔2014〕105号	关于行唐县食品药品监督管理局主要职责内设机构和人员编制规定的通知	12月19日
行政办〔2014〕106号	关于印发《行唐县2015年元旦春节期间食品药品安全专项整治工作实施方案》的通知	12月26日
行政办〔2014〕107号	关于衔接石家庄市人民政府办公厅2014年第二批取消下放行政审批事项的通知	12月29日
行政办〔2014〕108号	关于印发《行唐县重大气象灾害应急预案（修订稿）》的通知	12月31日

行唐县人民政府关于印发《行唐县人民政府工作规则》的通知

行政〔2014〕19号

各乡镇人民政府，县经济开发区管委会，城区街道办事处，县政府各部门：

根据《石家庄市第十三届人民政府工作规则》（石政发〔2014〕17号）有关要求，按照县政府主要领导指示精神，县政府对《行唐县人民政府工作规则》（行政〔2013〕21号）进行了修订，现予印发，请认真遵照执行。

行唐县人民政府

2014年7月9日

行唐县人民政府工作规则

第一章 总 则

一、根据《中华人民共和国宪法》、《中华人民共和国地方各级人民代表大会和地方各级人民政府组织法》、《国务院工作规则》、《河北省人民政府工作规则》、《石家庄市第十三届人民政府工作规则》等有关规定和县政府工作要求，制定本规则。

二、县政府工作的指导思想是，高举中国特色社会主义伟大旗帜，以邓小平理论、“三个代表”重要思想、科学发展观为指导，认真贯彻执行党的十八大精神，贯彻执行党的路线方针政策，贯彻执行党中央、国务院和省、市的指示以及县委的决定，贯彻执行县人民代表大会及其常务委员会的决议，不断巩固和发展党的群众路线教育实践活动成果，充分发挥县政府各部门和各乡镇政府的作用，确保政令畅通；严格遵守宪法和法律，全面正确履行政府职能，努力建设职能科学、结构优化、廉洁高效、人民满意的服务型政府。

三、县政府工作的准则是，执政为民，依法行政，实事求是，民主公开，务实清廉。

第二章 组成人员职责

四、根据地方各级人民政府组织法，县政府组成人员包括：县长，副县长，县政府党组成员，县政府办公室主任，县政府序列各局局长。县政府组成人员要模范遵守宪法和法律，认真履行职责，为民务实，严守纪律，勤勉廉洁。

五、县政府实行县长负责制，县长领导县政府的工作。副县长、县政府党组成员、政府办公室主任协助县长工作。

六、县长召集和主持县政府全体会议、县政府常务会议和县长办公会议。县政府工作中的重大问题，必须经县政府全体会议或县政府常务会议讨论决定。

七、副县长按照各自的分工，负责处理分管工作，受县长委托，负责其他方面的工作或专项任务，并可代表县政府进行外事等方面的活动。

八、县政府办公室主任在县长领导下，负责县政府机关日常工作。

九、县长因事外出期间，由负责常务工作的副县长主持县政府的工作。

十、县政府序列各局局长负责本部门的工作。审计局在县长领导下，依照法律规定独立行使审计监督职能，不受其他行政机关、社会团体和个人的干涉。

县政府党组成员、县政府各部门要各司其职，各负其责，顾全大局，协调配合，确保政令畅通，坚决贯彻落实县政府各项工作部署。

第三章　全面正确履行政府职能

十一、县政府要全面正确履行经济调节、市场监管、社会管理和公共服务职能，形成权界清晰、分工合理、权责一致、运转高效、法治保障的机构职能体系，创造良好发展环境和生态环境，提供基本均等公共服务，维护社会公平正义。按照简政放权、转变职能、创新管理的要求，进一步转变作风，提高效率，增强政府科学决策和处理复杂事物的能力，建设创新政府、廉洁政府、法治政府。

十二、贯彻落实国家经济政策和完善宏观调控体系措施，加强经济发展趋势研判，科学确定调控目标和政策取向，主要运用经济、法律手段并辅之以必要的行政手段引导和调控经济运行，促进全县国民经济持续健康发展。

十三、依法严格市场监管，推进公平准入，完善监管体系，规范市场执法，维护全县市场的统一开放、公平诚信、竞争有序。

十四、加强社会管理制度和能力建设，创新基层社会管理服务机制，完善基层社会管理服务体系，形成源头治理、动态管理、应急处置相结合的社会管理机制，维护社会公平正义与和谐稳定。

十五、加强应急管理工作，建立健全突发公共事件应急体系，完善应急管理机制，提高政府预防和应对突发公共事件的能力，保障公共安全。突发公共事件发生后，县政府及相关部门要按照《行唐县突发公共事件总体应急预案》要求，迅速启动相应专项应急预案，及时组织力量开展应对处置工作。

十六、更加注重公共服务，完善公共政策，健全政府主导、社会参与、覆盖城乡、可持续的基本公共服务体系，增强基本公共服务能力，促进基本公共服务均等化。

十七、更加注重保障和改善民生，全面提高人民群众的物质文化生活水平。

第四章　坚持依法行政

十八、县政府及各部门要带头维护宪法和法律权威，建设法治政府。按照合法行政、合理行政、程序正当、高效便民、诚实守信、权责统一的要求，行使权力，履行职责，承担责任。

十九、县政府根据经济社会发展的需要，适时制定、修改或废止行政规范性文件，规定行政措施，发布决定和命令。提请县政府讨论的行政规范性文件草案由县政府法制机构审查或组织起草，行政规范性文件的解释工作由县政府法制机构或起草部门承办。

二十、县政府及各部门要不断提高行政规范性文件的质量。起草行政规范性文件，要坚持从实际出发，准确反映经济社会发展要求，充分反映人民意愿，使所确立的制度能够切实解决问题，简明易行。要切实加强沟通协调，对经协调仍达不成一致意见的问题，县政府法制机构要列明各方理据，提出倾向性意见，及时报请县政府决定。行政规范性文件实施后要进行评估，发现问题，及时修改完善。

二十一、县政府各部门制定的规范性文件，要符合宪法、法律、法规、规章和县政府规范性文件、决定、命令的规定，严格遵守法定权限和程序。对违反上述规定或内容不适当的部门规范性文件，县政府法制机构要依法责令制定部门纠正或由县政府予以改变、撤销。

二十二、县政府各部门要严格执法，健全规则，规范程序，落实责任，强化监督，做到有法必依、执法必严、违法必究，公正执法、文明执法，维护公共利益、人民权益和社会秩序。

第五章　实行科学民主决策

二十三、县政府及各部门要完善行政决策程序规则，把公众参与、专家论证、风险评估、合法性审查和集体讨论决定作为重大决策的必经程序，增强制定政策的透明度和公众参与度。

二十四、国民经济和社会发展计划及全县预算、重大规划、宏观调控和改革开放的重大政策措施，地方和社会管理重要事务、行政规范性文件等，由县政府全体会议或县政府常务会议讨论决定。

二十五、县政府各部门提请县政府研究决定的重大事项，都必须经过深入调查研究，并进行合法性、必要性、可行性和可控性评估论证；涉及相关部门的，应当充分协商；涉及各乡镇政府的，应当事先征求意见；涉及重大公共利益和公众权益、容易引发社会稳定问题的，要进行社会稳定风险评估，并采取听证会等多种形式听取各方面意见。

根据中央“八项规定”和厉行节约反对浪费、廉政建设有关要求，凡县重大项目安排、预算外支出（含预备费）、土地指标使用等事项，不随意开减收增支口子，要强化集中统一管理，按照“部门提出、县政府主管负责同志组织研究、县政府主要负责同志签批”的程序进行。

在重大决策执行过程中，要跟踪决策的实施情况，了解利益相关方和社会公众对决策实施的意见和建议，全面评估决策执行效果，及时调整完善。

二十六、县政府在做出重大决策前，根据需要通过多种方式，直接听取民主党派、社会团体、专家学者、社会公众等方面的意见和建议。同时，加强对决策活动的监督，完善行政决策的监督制约机制，建立健全并严格执行决策责任追究制度，切实做到依法决策、科学决策、民主决策。

县政府各部门必须坚决贯彻落实县政府的决定，及时跟踪和反馈执行情况。县政府办公室要加强督促检查，确保政令畅通。

第六章　推进政务公开

二十七、县政府及各部门要把公开透明作为政府工作的基本制度。深化政务公开，完善各类办事公开制度，健全政府信息发布制度，推进行政权力行使的依据、过程、结果的全程公开。

二十八、县政府建立健全政府信息公开发布制度，县政府全体会议和县政府常务会议讨论决定的事项，县政府及各部门在履行行政管理职责过程中制定的政策，获得或掌握的数据、图标等，除依法需要保密的外，应及时公开发布。特别是政府重要会议、重要活动、重要决策部署，经济运行和社会发展重要动态，重大突发事件及其应对处置情况的方面的信息，主动、及时、全面、准确地发布权威政府信息。

二十九、凡涉及公共利益、公众权益、需要广泛知晓的事项和社会关切的事项以及法律、法规和县政府规定需要公开的事项，均应通过政府网站、报刊、电视等方式，依法、及时、准确、详细地向社会公开。

第七章　健全监督制度

三十、县政府要自觉接受县人大及其常务委员会的监督，认真负责地报告工作，接受询问和质询，依法备案政府规范性文件；自觉接受县政协的民主监督，虚心听取意见和建议。

三十一、县政府各部门要依照有关法律的规定接受人民法院依法实施的监督，做好行政应诉工作，尊重并自觉履行人民法院的生效判决、裁定，同时要自觉接受监察、审计等部门的监督。对监督中发现的问题，要认真整改并向县政府报告。

三十二、县政府及各部门要严格执行行政复议法，加强行政复议指导监督，纠正违法或不当的行政行为，依法及时化解行政争议。

三十三、县政府及各部门要接受社会公众和新闻舆论的监督，认真调查核实有关情况，及时依法处理和改进工作。重大问题要向社会公布处理结果。

三十四、县政府及各部门要重视信访工作，进一步完善信访制度，畅通和规范群众诉求表达、利益协调、权益保障渠道；县政府领导同志及各部门负责人要亲自阅批重要的群众来信，督促解决重大信访问题。

三十五、县政府及各部门要推行绩效管理制度和行政问责制度，加强对重大决策部署落实、部门职责履行、重点工作推进以及自身建设等方面的考核评估，健全纠错制度，严格责任追究，提高政府公信力和执行力。

第八章　会议制度

三十六、县政府实行全体会议、常务会议、县长办公会议、县政府专题会议、党组会议、党组民主生活会议、县长碰头会议和办公室主任协调会议制度。

三十七、县政府全体会议由县长、副县长、县政府党组成员、办公室主任、各局局长组成，由县长召集和主持。县政府办公室各副主任、县政府各部门和各乡镇政府主要负责人列席。根据需要还可邀请县委、县人大常委会、县政协、县武装部以及上级机关有关负责人列席。会议的主要任务是：

（一）传达贯彻党中央、国务院、省、市和县委的重要指示、决定，以及县人大及其常务委员会的决议；

（二）讨论决定县政府工作中的重大事项；

（三）部署县政府的重要工作；

（四）通报工作情况，协调各部门的工作；

（五）讨论重要规范性文件及其他需要县政府全体会议讨论的事项。

县政府全体会议一般每半年召开一次。如工作需要，由县政府常务会议或县长决定可随时召开。

三十八、县政府常务会议由县长、副县长、办公室主任组成，由县长或县长委托常务副县长召集和主持。县政府党组成员参加会议。与会议议题有关的县政府办公室副主任、县政府部门和乡镇政府主要负责人列席。同时，邀请县人大常委会、县政协负责人、武装部部长、监察局局长列席。会议的主要任务是：

（一）讨论决定县政府工作中的重大事项；

（二）讨论通过向县人民代表大会及其常务委员会提交的工作报告和提请审议的议案；

（三）讨论通过向市政府报告或请示的重要事项；

（四）讨论通过由县政府制定和发布的重要规范性文件；

（五）听取副县长、办公室主任和县政府部门的重要工作情况汇报；

（六）讨论决定县政府各部门和各乡镇政府请示县政府的重要事项；

（七）通报和讨论县政府其他事项。

县政府常务会议一般每月召开一至二次。必要时由县长决定可随时召开。

副县长和办公室主任因故不能出席县政府全体会议或县政府常务会议，须向县长或主持会议的常务副县长请假。列席县政府常务会议的各部门、单位主要负责人，除出席省或市直部门会议、出访、在外地出差及健康等原因，不得请假。因上述原因不能列席会议，须向办公室主任请假，准假后可安排其他负责同志代为列席。

三十九、县长办公会议由县长召集并主持，研究、处理县政府日常工作中的重要问题。县长办公会议一般每周召开一次。

四十、县政府专题会议由主管副县长召集并主持，研究、协调和处理县政府工作中的专门问题。县政府专题会议根据工作需要不定期召开。

四十一、县政府党组会议由党组书记或书记委托副书记召集和主持，县政府党组成员参加，根据需要不定期召开。会议议题由党组书记提出，或由部门提出并经主管副县长同意后，报党组书记或书记委托的副书记审定。会议主要学习传达中央、省、市和县委重要会议精神以及重大工作部署，研究贯彻落实意见；按照干部管理权限和规定的程序推荐、提名、任免干部和研究对所管干部的奖惩；研究其他应由政府党组会议决定的事项。

四十二、县政府党组民主生活会由县政府党组书记召集并主持，县政府党组成员参加，邀请组织部、纪检委派人参加，并根据有关规定和会议内容确定列席人员。会议一般半年召开一次，根据实际需要，也可随时召开。会议议题由县政府党组书记根据县委、县政府中心工作或县政府领导班子中存在的问题确定。会议日期和议题需提前通知应到会人员，并提前一周报告有关组织部门，以便上级党组织派人参加。参会人员要畅所欲言，积极开展批评和自我批评，对检查和反映出来的问题，领导班子集体和本人要制定整改措施，明确解决问题、改进工作的责任和时限。县政府办公室要在会后五日内向有关部门报送会议情况报告和会议记录，适于向下级党组织或本机关通报的情况应予通报，对于群众普遍关心的问题的整改措施，视情况以适当方式公布，以便接受监督。

四十三、县长碰头会议由县长、副县长、政府办主任、副主任组成，县长或县长委托常务副县长负责召集和主持，一般每周召开一次，必要时由县长决定可随时召开。议题由县长或县长委托常务副县长确定，主要由县长、副县长通报分管主要工作的进展情况和下步工作设想，研究县政府一个时期的工作思路和措施。

四十四、办公室主任协调会议由办公室主任或分管副主任召集并主持，为县领导提供决策参考，督办有关事项的落实，受县长、副县长委托协调解决县政府工作中的有关问题。办公室主任协调会议根据需要不定期召开。

四十五、县政府全体会议议题由县长确定，或由县长委托常务副县长确定。县政府常务会议议题由部门向主管副县长提出，经其签报县长同意后，由县政府办公室根据议题的准备情况和轻重缓急，提出议题安排意见，经办公室主任审核后报县长审定。县长办公会议议题由县长确定。县政府专题会议议题由副县长确定。会议组织工作由县政府办公室负责，议题材料于会前送达与会人员。

四十六、县政府有关会议召开后，应在两个工作日内完成会议纪要起草工作。县政府常务会议纪要，由办公室主任审核后，报县长签发。县长办公会议、县政府专题会议纪要，由办公室主任审核后，报主持会议的县长或分管副县长签发。县政府全体会议、党组会议、民主生活会、办公室主任协调会一般不下发会议纪要。县政府专题会议要注重效果，少出会议纪要。

四十七、县政府全体会议、常务会议、县长办公会议、县政府专题会议讨论决定的事项，需要进行报道的，新闻稿须经县政府办公室主任或有关副主任审定，重大问题报县长或常务副县长审定。

四十八、县人大常委会、县政协常委会召开的有关会议，需副县长列席会议的，由办公室主任提出人选报县长确定。

四十九、县政府及县政府各部门安排会议活动一律从严掌握。可开可不开的会议坚决不开，可以合并开的会议合并召开。以县政府名义召开的全县性会议要统筹安排，从严控制。每年八月定为“无会月”，除国家、省、市召开的会议外，县政府原则上不再召开大型会议。县政府各部门安排职责范围内的工作，不得以县政府名义召开会议。县政府及县政府各部门召开会议要坚持精简、高效、节约的原则，严格控制各类会议规模，力戒空话、套话，尽量缩短会议时间，减少会议人员。各类会议都要充分准备，提高效率和质量，重在解决问题。

五十、县政府各部门每年召开的本系统全县性会议原则上召开一次，特殊情况不得超过两次，一般不邀请各乡镇政府负责同志出席，县长、分管副县长一般不到会讲话。县政府综合部门召开全县性工作会议，确需邀请各乡镇政府负责同志出席，须报县政府批准，经办公室主任审核后，报县长或常务副县长审批；邀请县政府主管领导出席会议，须报县长批准。

第九章 公文审批制度

五十一、县政府各部门及各乡镇政府报送县政府审批的公文，应当符合《党政机关公文处理工作条例》、《河北省党政机关公文处理工作实施细则》和《石家庄市党政机关公文处理工作实施细则》的规定。除县政府领导同志交办事项和必须直接报送的绝密级事项外，一般不得直接向县政府领导同志个人报送公文。公文要突出思想性、针对性和可操作性，严格控制篇幅。县政府各部门及各乡镇政府报送县政府的请示性公文，应先报送县政府办公室（值班室），由县政府办公室按程序报批。县政府领导一般不直接在直送文件上批示。凡涉及其他部门职权的，必须主动与相关部门充分协商，由主办部门主要负责人与相关部门负责人会签或联合报县政府审批。部门之间有分歧的，主办部门主要负责人要主动协商；协商后仍不能取得一致意见的，主办部门应列明各方理据，提出办理建议，与相关部门负责人会签后报县政府决定。

五十二、公文审批按县政府领导同志分工负责的原则办理。县政府各部门和各乡镇政府报送县政府审批的公文，由县政府办公室按照县政府领导同志分工呈批，重大问题报送县长审批。

五十三、审批公文时，对于一般报告性公文，圈阅表示已阅知；对有具体请示和需要落实事项的公文，必须明确表示同意、不同意或提出具体的意见，不能只圈阅、不表态。

五十四、县政府向省、市政府的请示、报告等，由县长签发。县政府发布的决定、命令，向县人大及其常委会提出的议案，人员任免，由县长签发。

五十五、以县政府名义发文，属于有关副县长分管业务范围内的先由分管副县长审签，涉及其他副县长分管的工作，需请有关副县长会签，常务副县长审签，之后由县长签发；已经会议讨论决定的，经县长授权，可由常务副县长签发。

以县政府办公室名义发文，由政府办公室主任审核后，报主管副县长审签，之后由常务副县长签发。涉及重大问题的，须报县长同意。

五十六、县委、县政府联合行文，由县长签批后报县委签发。

县委办公室、县政府办公室联合行文，经县政府办公室主任签批后报县委办公室签发。

五十七、公文制发要注重实效，坚持少而精。凡法律、法规、规章和上级规范性文件已做出明确规定的，一律不再重复制发文件。已全文公开播发见报的文件不再印发。切实改进文风，严格控制各类文件简报，没有实质内容、可发可不发的文件简报，一律不发。能以县政府办公室名义发文的，不以县政府名义发文。

五十八、县政府各部门及各乡镇政府报送县政府审批的公文，由部门和乡镇政府主要负责同志签发。

五十九、县政府各部门要认真履行各自的行政职责，职权范围内的事务，由部门自行发文，不以县政府或县政府办公室名义转发。涉及几个部门工作的，可由有关部门联合发文，并明确主办部门。

六十、各部门对县政府批办或县政府办公室转办的公文，属本部门职权范围内的事项，应在规定时限办结；属需报县政府审批的事项，应提出本部门初步意见，及时回复；属主办部门会同相关部门办理的事项，主办部门要抓紧会商，并及时回复；属需调查论证的事项，应先说明情况，并认真组织调查论证，及时上报结果。特殊重大事项，以县政府明确要求的时限为准。对县政府办公室转有关部门征询意见的公文，有关部门在规定的时间内不予答复或不说明不回复理由的，视同无意见处理。

第十章　工作协调制度

六十一、县政府工作协调实行先部门之间协调，再由分管副主任、分管副县长协调的原则。

六十二、属于各自上级主管部门规定不一致造成的问题，一时协调解决不了的，先维持原状，并及时向分管副主任、副县长报告，由分管副县长提出解决意见。

六十三、对涉及面广、难度较大、部门之间协调解决不了的问题，由主管综合部门报分管副主任或副县长协调解决。需由县长办公会议或县政府常务会议研究解决的，由主管部门提出议题，按程序上报。

六十四、各乡镇政府之间经会商解决不了的问题，按其性质和内容，由县政府主管部门协调解决。县政府主管部门解决不了的，提出处理意见，报县政府审定。

第十一章 督查落实制度

六十五、凡县政府做出的决策，各乡镇政府和县政府各部门及有关单位必须坚决贯彻执行。县政府督查室和政府办公室有关科室对决策执行情况进行督查落实，及时掌握和反馈进展情况。对重大决策的实施，实行专项督查，追踪落实。

六十六、按照“谁主管、谁负责”的原则，对事关全局的重要决策和重点工作进行目标分解，逐项落实到县政府领导及各乡镇和县政府各部门，明确任务和责任，坚持定期检查督促。

六十七、建立督查工作领导责任制。县政府系统各级领导作为抓落实的主体，要把督查与决策摆在同等重要位置，通过定期深入基层督查指导、现场办公、组织协调等多种形式推动决策落实。

第十二章 工作纪律

六十八、县政府组成人员要坚决贯彻执行党和国家的路线方针政策以及工作部署，严格遵守纪律，有令必行，有禁必止。

六十九、县政府组成人员必须坚决执行县政府的决定，如有不同意见可在县政府内部提出，在没有重新作出决定前，不得有任何与县政府决定相违背的言论和行为；代表县政府发表讲话或文章，个人发表涉及未经县政府研究决定的重大问题及事项的讲话或文章，事先须经县政府同意。

七十、县政府组成人员要严格执行请销假制度。副县长、办公室主任出差、休病（事）假，应事先向县长报告；副主任向分管副县长、办公室主任报告。各部门主要负责人出差、休病（事）假，经主管副县长同意后，向县政府办公室主任书面报告，由办公室主任向县长报告。经县长同意后，应把出差、休病（事）假的时间、地点、联系电话及紧急公文呈送方式等有关事项报县政府办公室（值班室）。

七十一、县政府各部门发布涉及政府重要工作部署、经济社会发展重要问题的信息，要经过严格审定，重大情况要及时向县政府报告。

七十二、县政府组成人员要严格遵守保密纪律和外事纪律，严禁泄漏国家秘密、工作秘密或因履行职责掌握的商业秘密等，坚决维护国家的安全、荣誉和利益。

第十三章 廉政和作风建设

七十三、县政府及各部门要严格执行改进工作作风、密切联系群众的“八项规定”和省、市、县委的相关规定以及领导干部廉洁从政的各项规定，切实加强廉政建设和作风建设。

七十四、县政府及各部门要从严治政。对职权范围内的事项要按程序和时限积极负责地办理，对不符合规定的事项要坚持原则不得办理；对因推诿、拖延等官僚作风及失职、渎职造成影响和损失的，要追究责任；对越权办事、以权谋私等违规、违纪、违法行为，要严肃查处。

七十五、县政府及各部门要严格执行财经纪律，艰苦奋斗、勤俭节约，坚决制止奢侈浪费，严格执行住房、办公用房、车辆配备等方面的规定，要以刚性的制度约束、严格的制度执行、强有力的监督检查、严厉的惩戒机制，切实遏制公务支出和公款消费中的各种违规违纪违法现象，严格控制办公、差旅、会议经费等一般性支出，切实降低行政成本，建设节约型机关。

严格控制因公出国（境）团组数量和规模。改革和规范公务接待工作，不得违反规定用公款送礼和宴请，不得接受基层的送礼和宴请。严格控制和规范论坛、庆典、节会等活动。各类会议、活动经费要全部纳入预算管理。

七十六、县政府组成人员要廉洁从政，严格执行领导干部廉洁从政若干准则和领导干部重大事项报告制度，不得利用职权和职务影响为本人或特定关系人谋取不正当利益；不得违反规定干预或插手市场经济活动；加强对亲属和身边工作人员的教育和约束，决不允许搞特权。

七十七、县政府组成人员要做学习的表率，县政府及各部门要建设学习型机关。

七十八、县政府领导同志要深入基层，调查研究，指导工作，注重研究和解决实际问题。到基层考察调研，要轻车简从，减少陪同，简化接待，不安排宴请。

七十九、县长、副县长出访，经县委、县政府同意后报市政府审批。县政府组成部门负责同志出访，经有关部门会审，由分管副县长、常务副县长审核后，报县长批准；主要负责同志出访须报县委批准。

八十、县政府领导会见外宾和港澳人士，由接待单位提出请示，报县政府审定；会见台湾来访的人员及华侨、外籍华人知名人士，由接待单位提出请示，经县台办等部门审核后报县政府审定。县政府各部门和各乡镇政府不得直接邀请县政府领导同志参加本部门、本辖区的外事活动，不得直接向县政府领导同志发邀请函或请柬。

八十一、县政府直属企事业机构、派出机构适用本规则。

中共行唐县委　行唐县人民政府印发《行唐县安全生产“党政同责、一岗双责”暂行办法》的通知

行字〔2014〕19号

各乡镇党委、政府，县经济开发区党工委、管委会，城区街道党工委、办事处，县直机关各部门，各人民团体：

现将《行唐县安全生产“党政同责、一岗双责”暂行办法》印发给你们，请认真抓好贯彻落实。

中共行唐县委
行唐县人民政府
2014年11月13日

行唐县安全生产“党政同责、一岗双责”暂行办法

第一章　总　则

第一条　为进一步落实党委、政府及其工作部门和党政领导干部的安全生产（含职业卫生，下同）工作责任，建立健全“党政同责、一岗双责、齐抓共管”的安全生产责任体系，着力构建“党委统一领导、政府依法监管、企业全面负责、职工积极参与、社会支持监督”的安全生产工作格局，有效防范各类生产安全事故，根据《河北省安全生产“党政同责、一岗双责”暂行规定》、《中共石家庄市委、石家庄市人民政府关于实行安全生产党政同责一岗双责的意见》等有关规定和意见要求，制定本办法。

第二条　本办法所称“党政同责”，是指党委、政府对本地区安全生产工作共同负有领导责任，党委主要负责人对本地区安全生产工作负总责，政府主要负责人是本地区安全生产工作的第一

责任人，党委、政府班子成员对其分管业务范围内的安全生产工作负直接领导责任。

本办法所称“一岗双责”，是指党委、政府负责人在履行岗位业务工作职责的同时，按照“谁主管、谁负责”、“管行业必须管安全、管业务必须管安全、管生产经营必须管安全”和“分级负责、属地为主”的原则，履行安全生产工作职责。

本办法所称“齐抓共管”，是指党委、政府及其工作部门应当共同抓好安全生产，严格落实安全生产监管部门的综合监管责任、行业管理部门的直接监管责任、乡镇政府的属地监管责任。

第三条　本办法适用于县、乡两级党委、政府及其工作部门和工作部门内设机构的领导班子成员，县经济开发区党工委、管委会，城区街道党工委、办事处及其班子成员。

第二章　工作职责

第四条　县委安全生产工作主要职责是：

（一）认真贯彻执行市委、市政府关于安全生产工作的重大决策部署及各级领导有关重要指示精神和上级有关安全生产工作的各项要求。

（二）将安全生产工作纳入县委重要议事日程，县委常委会每半年至少听取1次安全生产工作汇报，研究部署全县安全生产工作重大事项。

（三）支持政府依法履行安全生产监管职责，从机构设置、干部配备等方面加强安全生产监督管理部门领导班子和干部队伍建设。加强乡镇（开发区、城区）安全生产监管规范化建设。健全安全生产监管监察体系。

（四）加大对领导班子考核中安全生产工作的权重，把安全生产控制指标纳入经济社会发展考核评价指标体系，把安全生产工作纳入社会主义精神文明建设、党风廉政建设、社会综合治理、社会诚信体系建设等方面工作中，把安全生产工作成效作为领导干部政绩考核的重要内容。

（五）加大安全生产责任追究力度，支持纪检机关严肃查处安全生产违纪行为，依法依规落实对党员干部的责任追究。支持司法机关依法严厉打击安全生产违法犯罪行为，依法惩治失职、渎职犯罪行为，为安全生产监管提供强有力的司法保障。

（六）将安全生产宣传教育工作纳入党的思想宣传工作之中，加强安全生产宣传教育和舆论引导工作，营造全社会关爱生命、关注安全的良好氛围。组织工青妇等群众团体和新闻媒体、社会各界围绕安全生产工作开展相关活动，引导广大人民群众全面参与、主动支持安全生产工作。

第五条　组织部门要积极做好安全生产工作中的组织人事工作，为安全生产监管部门配备思想过硬、作风扎实、能力突出的领导干部。对于在安全生产工作中成绩突出、做出较大贡献的干部优先予以提拔重用。机构编制部门根据全县安全生产形势及发展要求，不断完善安全生产监管部门和乡镇（开发区、城区）安全生产监管机构的机构设置，加强安全生产监管队伍力量。

第六条　宣传部门要积极做好安全生产宣传教育工作，大力宣传安全生产工作的方针政策及法律法规；宣传安全生产工作中的先进典型；普及安全生产知识；发挥新闻媒体的监督作用，曝光安全生产中的反面典型和违法行为。

第七条　纪检监察部门要认真履行职能，加强对安全生产工作的督查，对安全生产事故的责任单位、责任人依法依纪进行责任追究。严肃查处安全生产监管中的不作为、乱作为等失职渎职问题，以及安全生产违法违规案件背后的腐败行为。

第八条　政法综治部门要把安全生产工作摆在加强社会治理，深化平安建设的突出位置，充分发挥行政执法和刑事司法“两法衔接”平台的监督作用，主动跟进、提前介入、深入一线，从快打击重点工程建设、重大责任事故中的违法及涉刑行为。

第九条　县委其他工作部门和部门负责人，要按照各自职责和职责分工做好安全生产相关工作，支持行政机关依法履行安全生产工作职责。

第十条　县政府安全生产工作主要职责是：

（一）认真落实安全生产法律法规相关规定和市委、市政府及县委关于安全生产工作的决策部署。

（二）将安全生产工作列为政府重要工作内容，纳入本地国民经济和社会发展规划，研究制定、组织实施安全生产中长期发展规划、年度计划和政策措施，及时安排部署和研究解决安全生产重点工作及事项。每季度至少召开1次政府常务会议和安全生产例会，研究部署安全生产工作，解决安全生产工作中存在的突出问题。

（三）建立健全全县安全生产目标管理考核体系，逐级分解下达安全生产考核指标，逐级签订责任书，严格考核、严格兑现奖惩。

（四）加强安全生产监管保障能力建设，提供安全生产监管工作必需的资金保障，确保公共安全设施、应急救援装备、事故隐患排查治理、安全生产标准化建设、安全教育培训、安全监管执法装备等不断得到加强。建立“政府购买服务、专家查找隐患、企业抓好整改、部门督促销号”的隐患排查治理机制，将聘请专家查找隐患的资金列入本级政府年度财政预算。

（五）组织、督促、支持有关部门依法履行安全生产监督管理职责，严格执行安全准入和建设项目安全设施“三同时”制度，组织开展安全生产执法检查，严厉打击安全生产非法违法行为，不断深化安全生产专项整治和职业病危害专项整治，大力推动高危行业企业整顿关闭工作，深入推进安全生产承诺制建设，加快建立健全安全生产诚信体系，强化安全生产基层基础工作。

（六）依照有关规定，负责或授权、委托有关部门组织事故调查处理，对调查报告作出批复，并督促有关部门落实处理意见。

（七）鼓励、支持开展群众性安全生产活动和各种安全文化建设活动，培育先进的安全文化理念，充分发挥安全文化的引领和推动作用。

（八）强化社会监督和举报工作。鼓励职工群众、社会各界、新闻媒体监督和举报生产安全事故和安全隐患。认真落实安全生产“黑名单”管理制度。

（九）承担国家法律法规规定的其他安全生产监管责任。

第十一条　县政府安全生产委员会（以下简称安委会），在县政府的直接领导下开展安全生产相关工作，具体负责组织协调、动员部署、监督检查、督促落实等工作。县长担任安委会主任，分管安全生产工作的副县长任副主任。安委会下设办公室，办公室设在安监局，具体负责安委会日常工作。

第十二条　乡镇（开发区、城区）党委（党工委）安全生产工作主要职责是：

（一）认真贯彻执行县委、县政府关于安全生产工作的决策部署及有关安全生产工作的各项要求。

（二）将安全生产工作纳入党委重要议事日程，每月至少召开1次党委（扩大）会议，研究安全生产工作。

（三）支持政府依法履行安全生产监管职责，加强安监站建设，保障开展安全生产工作必要的办公场所、人员、经费、装备等。

第十三条　乡镇（开发区、城区）政府（管委会、办事处）安全生产工作主要职责是：

（一）认真落实安全生产法律法规相关规定和县委、县政府及本级党委关于安全生产工作的决策部署。

（二）将安全生产工作列为政府重要工作内容，及时安排部署和研究解决安全生产重点工作及事项。每月至少召开1次政府工作会议，研究安全生产工作。

（三）建立健全本辖区安全生产目标管理考核体系，逐级分解下达安全生产考核指标，逐级签订责任书，严格考核、严格兑现奖惩。

（四）加强安全生产监管组织机构建设，充实监管队伍，配备专兼职监管人员，提供安全生产监管资金保障。不断提高事故隐患排查治理能力，协助有关执法部门履行安全监管职责。

（五）组织开展安全生产执法检查，严厉打击安全生产非法违法行为，协助县政府有关部门开展安全生产专项整治和职业病危害专项整治，深入推进安全生产承诺制建设。

（六）依照有关规定，协助县政府有关部门开展事故调查处理。

（七）承担国家法律法规规定的其他安全生产监管责任。

第十四条 乡镇（开发区、城区）政府（管委会、办事处）安全生产委员会（以下简称安委会），在乡镇（开发区、城区）政府（管委会、办事处）的直接领导下开展安全生产相关工作，具体负责组织协调、动员部署、监督检查、督促落实等工作。乡镇（开发区、城区）政府（管委会、办事处）主要负责人担任乡镇（开发区、城区）政府（管委会、办事处）安委会主任，乡镇（开发区、城区）政府（管委会、办事处）分管负责人任副主任。安委会下设办公室，办公室设在安监站，具体负责安委会日常工作。

第十五条 县政府负有安全生产监督管理职责的部门和安全生产监管部门，要按照职责分工认真履行分管行业领域的安全监管职责，把安全生产工作同其他工作同部署、同检查、同考核，对直属企事业单位的安全生产工作做好监督检查，对本系统本行业所有企事业单位的安全生产工作做好安排、指导、协调和监督工作，消除盲区盲点，明确责任，把安全生产任务落到实处。

县政府安全生产监管部门，要认真履行综合监管责任，切实加强对全县安全生产工作综合监督管理和指导协调，加强对县政府有关部门和各乡镇（开发区、城区）政府（管委会、办事处）安全生产工作监督检查。

第十六条 县政府负有安全生产监督管理职责的部门和安全生产监管部门主要负责人，按照部门职责对本部门及主管行业领域的安全生产工作负全面领导责任，切实加强本部门及主管行业领域内的安全生产工作。

县政府负有安全生产监督管理职责的部门安全生产分管负责人，按照部门职责对本部门及主管行业领域的安全生产工作负直接领导责任，协助主要负责人对本部门及主管行业领域内的安全生产工作实行具体领导、综合协调、监督检查等。

县政府负有安全生产监督管理职责的部门和安全生产监管部门其他负责人，对职责范围内安全生产工作负直接领导责任，按照“一岗双责”要求，协助本部门主要负责人做好职责范围内的安全生产工作，支持本部门分管安全生产的负责人抓好相关工作。

第十七条 县政府其他工作部门及部门负责人，要按照各自职责和职责分工做好安全生产相关工作，支持县政府负有安全生产监督管理职责的部门和安全生产监管部门依法履行安全生产工作职责。

第十八条 各乡镇（开发区、城区）及县委、县政府有关工作部门，要依据本办法，结合实际制定本级党委（党工委）政府（管委会、办事处）和本部门主要负责人及领导班子成员的安全生产职责。

第三章 工作机制

第十九条 实行安全生产目标管理考核制度。县政府对有关部门和各乡镇（开发区、城区）政府（管委会、办事处）下达年度安全生产考核控制指标，制定年度安全生产工作管理目标，并对控制指标和管理目标的落实情况进行半年跟踪考查、年终考核。

第二十条 实行隐患排查治理督办制度。各乡镇（开发区、城区）政府（管委会、办事处）及县政府有关部门要建立隐患排查治理体系，督促指导生产经营单位落实安全生产隐患排查治理主体责任，切实加强对隐患排查治理情况的监督检查。对存在重大事故隐患的生产经营单位，实行挂牌督办。

第二十一条 实行领导干部带队检查安全生产工作制度。县委主要负责人每季度至少调研1次安全生产工作，县政府主要负责人每季度至少带队检查1次安全生产工作。各乡镇（开发区、城区）党政主要负责人每月至少带队检查2次安全生产工作。重要节日、重大活动等关键时间节点，各乡镇（开发区、城区）党政主要领导及分管领导都要按照职责分工，督导检查安全生产工作。

第二十二条 实行安全生产年度述职制度。各乡镇（开发区、城区）及县政府有关部门党政领导班子和班子成员在年度考核中，要按照“党政同责、一岗双责”的要求，对职责范围内的安全生产工作进行述职，接受考核评议。

第二十三条 实行安全生产情况通报制度。县安委办定期或不定期通报有关安全生产工作情况，并报告县委、县政府，抄送纪检监察机关、组织人事等有关部门。有关部门在考核考察领导班子和领导干部、评选表彰先进时，要将安全生产工作履职情况作为重要参考。

第二十四条 实行安全生产工作约谈制度。对超过控制指标实施进度，或者出现严重违反“三同时”制度、重大隐患整改不力、重大危险源监控不力等情形的，由县安委会负责人约谈有关乡镇（开发区、城区）、县政府有关部门负责人及有关企业主要负责人。

第二十五条 实行安全生产问责制度。各乡镇（开发区、城区）党政主要负责人和有关负责人执行“党政同责、一岗双责”规定不力，导致生产安全事故且造成人员伤亡或者重大经济损失等严重后果的，依法依纪进行问责。

第二十六条 实行安全生产“一票否决”制度。凡发生生产安全事故且造成人员伤亡或者重大经济损失等严重后果的，相关责任单位当年不得被评为综合性先进单位；相关党政负责人和部门负责人一年内不得评先评优，不得提拔重用。

第二十七条 实行生产安全事故挂牌督办制度。各乡镇政府、县经济开发区管委会、城区街道办事处及县政府有关部门，要按照县政府或县安委会挂牌督办要求，做好本辖区、本部门负责的事故查处工作。在法定时限内查清事故原因，认定事故性质，分清事故责任，提出对责任人员的处理意见和事故防范整改措施，按期结案。及时向社会公布事故调查报告，接受社会监督，并监督落实责任追究决定和事故防范整改措施。

第四章　责任追究

第二十八条 对发生生产安全事故的，要根据事故调查结果，依据事故原因和性质，按照属地监管和行业监管责任划分，对存在失职渎职行为的相关责任单位和人员，严肃追究责任。

发生一般生产安全事故的，在追究行业监管部门、安全生产监管部门负责人和相关责任人责任的同时，还要追究事故发生地乡镇（开发区、城区）党政负责人和相关责任人的责任。

第二十九条 除发生生产安全事故外，安全生产工作存在下列情形之一的，启动责任追究程序，除按照规定追究相关人员责任外，造成恶劣影响、情节严重的，还要追究各乡镇（开发区、城区）党委（党工委）、政府（管委会、办事处）及相关部门负责人的责任：

（一）未履行本规定第二章所规定各项工作职责的；

（二）未按上级要求完成整顿关闭任务，未依法整治、关闭不具备基本安全生产条件的生产经营建设单位或者取缔非法生产经营建设单位，包庇、纵容非法、违法生产经营建设或者对其查处不力的；

（三）对上级部门挂牌督办的事故隐患拒不整改或者整改不符合要求，对本地、本行业长期存在的重大事故隐患视而不见，迟迟得不到整治的；

（四）安全生产目标管理年度考核被评定为“不合格”的；

（五）法律法规和党纪政纪规定的其他情形。

第三十条 对符合本规定第二十八条、第二十九条情形的责任人，情节较轻的，责令作出书面检查、约谈、通报批评、取消当年评优评先资格等；情节较重应当问责的，责令公开道歉、停职检查、引咎辞职、责令辞职或者免职。

对于受到问责，同时应当给予党纪政纪处分的，移送纪检监察机关依纪依法调查处理；涉嫌犯罪的，移送司法机关依法处理。

第三十一条　有下列情形之一的，对责任人可以从轻或者减轻责任追究：

（一）未产生危害结果或者危害结果轻微的；

（二）积极、主动采取补救和改正措施，未发生次生生产安全事故的；

（三）法律法规和党纪政纪规定其他可以从轻或者减轻责任的情形。

第三十二条　有下列情形之一的，对责任人应当从重追究责任：

（一）由于安全生产工作不力造成严重政治和社会影响，或者因生产安全事故引发重大群体性事件的；

（二）法律法规和党纪政纪规定的其他应当从重追究责任的情形。

第三十三条　应当追究乡镇（开发区、城区）及县政府有关部门党政负责人责任的，县政府负有安全生产监督管理职责的部门和安全生产监管部门，未认真履行监管职责，以及在生产安全事故调查处理中存在违规行为需要问责的，由县安委会研究意见，移交纪检监察机关、组织人事部门调查，根据调查结果，提出问责建议，报县委、县政府同意后，按程序落实。

第五章　监督检查

第三十四条　各乡镇党委、政府，县经济开发区党工委、管委会，城区街道党工委、办事处，县政府负有安全监管职责的部门及主要负责人要依据本办法，每年向县安委会提交履行安全生产工作职责的情况报告。

第三十五条　县安委会每年要结合安全生产目标管理考核，对各乡镇党委、政府，县经济开发区党工委、管委会，城区街道党工委、办事处、县政府有关部门及主要负责人落实“党政同责、一岗双责”情况进行检查考核，对未按本办法落实的，通报批评并督促其整改落实，将有关情况报县委、县政府以及县委组织部门。

第三十六条　县委组织部门在考核评价党政领导干部时，应当将安全生产工作履职情况作为一项约束性指标进行考核，并作为评价和使用干部的重要参考。

党政领导干部参与综合性评比表彰时，组织单位应当就其履行安全生产工作职责情况征求安全生产监管部门的意见。

第六章　附　则

第三十七条　本办法自印发之日起施行，我县以前有关规定与本办法不一致的，按本办法执行。

领导文摘

以转作风促发展惠民生 赢得群众的信任和拥护

中共行唐县委书记 姜 阳

开展党的群众路线教育实践活动，是新形势下中央对党的群众路线的再教育、再实践、再强化。就行唐这个基层欠发达县份而言，转作风、促发展、惠民生，既是广大群众的期盼，又是检验干部开展党的群众路线教育实践活动的“试金石”。也唯有树立并践行转作风、促发展、惠民生这一标准，才能赢得群众的信任和拥护。

一、解决党风和干部作风问题，在勤廉执政上赢得群众的信任和拥护

习总书记说过，“为政清廉才能取信于民，秉公用权才能赢得人心。”勤政廉政是赢得群众拥护的一个重要前提和根本保障。审慎客观地看待干部队伍，绝大多数同志是好的，勤勉敬业、无私奉献。但也有个别领导干部还存在着不敢担当、下基层蜻蜓点水、工作不能一抓到底的问题；个别单位的中层干部还存在着办事拖拉、推诿扯皮、落实不力，效率低、“中梗阻”的问题；个别农村干部还存在着素质能力低下、工作办法不多，甚至不作为、乱作为的问题。这些问题的存在，影响了党员干部在老百姓心目中的形象，影响着各级党组织的凝聚力、号召力和战斗力。需要我们以第二批教育实践活动为契机，切实对作风之弊、行为之垢来一次大排查、大检修、大扫除。一是从灵魂深处触动。认真组织好学习教育阶段集中学习各个步骤，搞好学习交流各个环节，真正从灵魂深处受教育，拧紧总开关，树牢宗旨意识，增强转变党风和干部作风的主动性、自觉性。二是对群众的意见立行立改。以“一竿子扎到底”的工作理念，全方位、全覆盖广泛征集群众的反“四风”和落实中央八项规定的意见建议。凡是群众提出的意见建议，逐条提出针对性的整改意见，坚决立行立改，让群众满意。三是抓好正反典型。注重挖掘党风和干部作风方面的好的典型，特别是处于工作一线的先进典型，培树良好风气。同时，加强督导检查，对干部作风方面存在的问题，不论涉及到谁，一查到底，严格追究，强化以查促改的警示力度。

二、解决制约发展的难点问题，在跨越赶超上赢得群众的信任和拥护

当前，行唐正处于跨越赶超、绿色崛起的关键时期，面对经济放缓压力、环境容量压力和县域矛盾问题，要实现行唐经济社会健康持续长远发展，任务非常艰巨。我们既要借活动修身律己、接受洗礼，更要以活动破除阻力、凝聚合力，团结带领全县干部群众共同开创经济社会发展新局面。要以教育实践活动为动力，以发展赢民心，全力推进“五项工作突破”。一是推进工业化建设实现新突破。强力推进与禾工集团的合作，切实加快园区规划和基础设施建设，盯紧盯死国家“城市矿产”示范基地项目，争创循环经济示范县。抓好现有企业的提质升级增效，筛选一批高成长性企业予以重点扶持，努力推进企业上市。二是推进城镇化建设实现新突破。按照“打造颍水两岸，建设一河三区”的思路，强力推进旧城区改造，全面启动旧城区及周边1公里范围内城中村改造工作及旧城区高品质示范住宅小区和大型商场建设，抓好龙州商城升级改造前期准备工作和西关农贸市场二期升级改造工程；强力推进新城区建设，加快颍水河县城段综合整治，使两岸尽快出形象，带动新城区发展。以路网拉开新城区建设大框架。三是推进农业农村工作实现新突破。在农业工作上，按照“整合农口资金，打造成方连片，建设龙头企业，带动农民致富”的思路，做优传统产业，促进大枣、贡米等农产品提品质、改包装、打品牌，推进君乐宝太行乳业、万国红酒业及团山红、神树湾生态旅游等企业做大规模、做成龙头，辐射引领农民增收致富。结合扶贫产业开发，大力发展高效农业，今年重点加快设施农业特别是大棚菜种植的推广，先形成规模，再辐射带动，走出一条农民增收致富的新路子。在农村工作上，大力推进农村面貌改造提升行动，重点抓好“一环两沿”区域（环县城、沿省县道、沿高速）。四是推进“两个环境”建设实现新突破。打好生态环境治理攻坚战，切实加强环境监管力度，落实部门监管责任和企业主体责任，实行严格的问责追究制。抓好城区集中供暖的谋划启动和煤炭物流基地的二期整合。抓好重要区域、重要通道、重要节点的绿化，实现全县生态、防护、绿化、美化协调统一。打好优化发展环境攻坚战，推进窗口服务单位和执法司法单位关键环节、关键流程的公开工作，推进直接面向群众的窗口单位开展为民服务示范窗口创建活动。抓好政务服务中心建设，进一步建立健全部门领导“周坐班”制、窗口首席代表负责制、一章办结制等工作制度，实行行政审批机构整合，强力推进“两集中两到位”，强化一站式服务。做好乡镇（街道）、村（社区）行政服务站（室）全覆盖工作。在县电视台开设“纠风在线”栏目，拓展做实民主评议中层干部工作，解决行业不正之风和“中梗阻”问题。深度抓好“零障碍”服务全程协办机制和服务群众“连心卡”制度的落实执行。深化完善公共资源交易平台建设，探索建立公共资源交易网络平台。五是推进深化改革实现新突破。探索建立廉政风险点预警机制，实施重点监督、预警提醒，把权力放进制度的“笼子”。以盘活国有土地资源和存量资产为重点，继续深化国有企业改革，实现资产重组。涉企收费实施“一口收费”改革，选择重点企业作为试点，对涉企的各项收费，由财政部门统一制定标准，坚决杜绝除环保、安全生产以外的进企业收费行为。充分利用好我县的岗坡次地资源优势，积极利用市委、市政府的土地指标奖励政策，加快“造地”，破解土地“瓶颈”。要以加强基层服务型党组织建设为抓手，扩大党的组织覆盖和工作覆盖，建立稳定的基层组织运转和基本公共服务经费保障制度，推动人、财、物向基层倾斜，解决联系服务群众“最后一公里”问题。

三、解决关系群众切身利益的问题，在普惠民生上赢得群众的信任和拥护

坚持从群众最关心的具体问题抓起，维护群众实际利益，是开展教育实践活动的落脚点。因此，要通过活动着力制定实施让群众能够得到实惠、感受到变化，真正普惠民生的政策措施，满足群众的新期待，提高群众的满意度。一是让群众享受优质、均衡的教育。落实好全市山区教育扶贫计划，提升高中办学水平，积极扩大学前教育，扩大职业教育招生规模，抓好学校食品、消防、校车等安全工作，让每个孩子都能有学上，还能上好学。二是让群众享受方便、放心的医疗。切实加快在建、扩建医疗院所施工进度，加强新农合定点机构的监督管理，加大对药品的日常监管力度，让老百姓看病吃药更安全、更方便、更省钱。三是让群众享受全面、到位的保障。积极开展创业培训，加快非农产业转移。进一步加强新农保征管，提高农民参保积极性，实现应保尽保。严格低保对象审批程序，实施部门联动审核，完善推广“民生联络站”、“爱心责任代养机制”，真正实现阳光低保。推进养老服务体系建设，积极探索“医养结合”养老服务模式，让每一个老人都能安享晚年。做好特殊苦难群体的救助工作，特别是推行计生特殊家庭“医养扶一体化”要在全省做表率，使计生特殊家庭“老有所养、病有所医、难有所助”。四是让群众享受健康、向上的文化。加快推进文化体制改革，适应“体制为产业服务”的要求，依法加强网络社会管理，切实净化网络环境。进一步做好全县文化遗产的挖掘、搜集、整理、保护等工作。加快启动文化中心综合体建设，丰富群众文化、体育生活。大力发展乡村观光旅游产业，打造生态观光、休闲旅游新亮点。深入开展“善美行唐”主题道德实践活动，弘扬文明新风尚，传播道德“正能量”。以全国“文化科技卫生”三下乡活动启动仪式在我县成功举办为契机，进一步搞好“三下乡”后续对接活动，让老百姓得到更多实惠。五是让群众享受安全、安宁的生活。围绕平安建设，进一步强化“大安全、大稳定”理念。搞好严打和综治工作，推进“天网工程”建设，提高街面见警率，增强群众安全感。落实安全生产党政同责、一岗双责责任制，对各类安全隐患零容忍，严格杜绝各类重大安全事故的发生。坚持带着深厚感情做好群众信访工作，切实解决群众信访问题，维护正常信访秩序。

（《石家庄决策》第 4 期）

坚持群众路线　践行依法行政

行唐县人民政府县长　王彦芳

群众路线是党的生命线和根本工作路线。习近平总书记在中共中央政治局第四次集体学习时强调：依法治国、依法执政、依法行政共同推进，法治国家、法治政府、法治社会一体建设。依法行政作为依法治国的重要组成部分，必须始终坚持群众路线，科学决策，严格执法，有效预防和减少行政争议，切实维护好广大人民群众的合法权益。

规范决策行为，提高群众参与度

科学决策是科学发展的引擎，行政决策的实施更是与广大群众的切身利益息息相关。推进依法、科学、民主决策，必须规范行政决策程序，创新民主决策形式，提高群众的参与度，防止因决策不当损害群众利益，引发行政争议。决策过程中，要把群众的愿望和要求作为第一信号，把群众答应不答应、满意不满意、赞成不赞成作为根本标准。对涉及群众切身利益的重大事项，除情况紧急外，作出决策前必须公开征求意见、进行专家论证和合法性审查，及时修订完善不合法的决策方案；除依法应当保密的事项外，尽可能公开行政决策事项、依据和结果。在重大决策实施前，行政机关要对可能出现的行政争议作出分析评估，提前做好应对准备。对超越法定权限，违反法定程序，严重损害国家、公共利益和公民合法权益的决策行为，必须坚决制止、及时纠正并依法追究决策者的责任。同时，严格执行规范性文件备案审查制度，对涉及群众权利义务，但与法律相抵触或不适当的规范性文件，要按照法定程序责令纠正或依法撤销，从而保证规范性文件合法有效，维护法制统一。

严格行政执法，提高群众信任度

行政执法活动涵盖社会生活的各个层面，能否做到公开、公平、公正，对国家、社会以及民众影响重大。从当前情况看，各级行政执法部门都不同程度地存在违法不究、执法不严以及错误执法等问题，严重影响了行政执法的公信力，极大地降低了广大群众对行政法律和行政机关的信任度。行政执法部门对此必须保持高度重视，坚持“以人为本、执法为民”，在加强和规范行政执法行为上下功夫，从根本上解决多头执法、多层执法、重复执法等问题，坚决做到严格执法、公正执法、文明执法。执法过程中，要严格遵守公正、严格的法定执法程序，禁止任意简化、随意变通执法手续，杜绝超期办案、非法取证等程序违法现象，防止执法漏洞产生，从而让当事人都能自觉地接受由依法执法而自然产生的执法结果。对恶意刁难、随意执法、滥施处罚的行政执法人员，法制、监察等部门应严格按照行政处罚自由裁量权和行政执法过错责任追究的有关规定，严厉问责、严肃处理，依法维护广大群众的合法权益，不断提高广大群众对行政法律和行政机关的信任度。

加强行政复议，提高群众满意度

行政争议是行政机关在实施行政管理活动中与行政相对人的争议。近年来，随着广大群众依法维权意识的不断提高，行政争议也呈不断增多趋势，能否有效预防和妥善解决行政争议，关系到群众的切身利益，关系到社会的和谐稳定，关系到巩固党的执政地位。行政复议是把解决利益诉求纳入制度化、规范化、法制化轨道的重要制度，是有效解决行政争议、化解矛盾纠纷的法定机制，旨在运用法律手段，公开、公正、公平消除因行政争议引发的不和谐因素。对此，行政复议机构要进一步畅通行政复议渠道，加大对行政复议法的宣传力度，规范行政执法告知程序，制定便民措施，积极引导当事人通过行政复议解决行政争议，使行政复议成为行政机关解决行政争议的主要渠道。办案过程中，既要坚持以事实为依据，以法律为准绳，始终做到依法审查、公正裁决，又要心中装着群众，满怀对群众的深厚感情做工作，对侵害群众合法权益的行政行为，该撤销的要坚决撤销，该确认违法的要坚决确认违法，真正做到忧民之忧、急民之急、解民之难，促使行政机关自觉纠正工作中的失误和错误，不断提高广大群众的满意度，为全面推进法治政府建设奠定坚实的群众基础。

（《石家庄社会科学》第 1 期）

（陈 清 刘 宏 李亚勋）

行唐县革命老区村名单与选介

行唐县革命老区村名单

2013～2014 年，石家庄市老区建设促进会认定行唐县革命老区村共 245 个，各乡镇分布情况如下：

龙州镇（10）

坟台　西羊同　北羊同　庄头　程段庄　石段庄　杨段庄　故庄　齐村　六十二庄

独羊岗乡（11）

独羊岗　北贾素　燕头　郑家庄　贾庄　河合岗头上　寨里　欢同　东鱙鱙　北鱙鱙

南桥镇（16）

南桥　南龙岗　故郡　北桥　东市庄　葛仙庄　西市庄　柳树沟　东杨庄　南安太庄　西杨庄　东安太庄　南件　西安太庄　安里　北龙岗

安香乡（11）

西安香　东安香　中伏流　北协神　南伏流　东正　西伏流　胡家庄　北伏流　南张吾　常香

只里乡（7）

南高里　贝村　北高里　南州　王营　贾洛营　习村庄

市同乡（6）

东瓦仁　李市同　西瓦仁　毛照　西南庄　麻家庄

上碑镇（14）

董磁沟　杨村　陈磁沟　刘磁沟　太子庄　东街　东南街　东北街　南埌北　西街　北埌北　西南街　祁后　西北街

翟营乡（26）

南翟营　益河村　南霍营　北翟营　南郤凹　吴磁沟　下阎庄　北郤凹　岗头　翟家庄　掌头　宋营　沟北　东寺　岸下　上龙门　西石庄　信庄　中龙门　南石庄　冻庄　下龙门　北石庄　名布　任家庄　东石庄

城寨乡（25）

上滋洋　董家庄　南郝峪　贾南庄　侯家庄　南庄　北城寨　北庄　南城寨　陈家庄　西城寨　寺头　张家庄　南凹　河西　北凹　邢家庄　颖南　杨下口　南窦庄　寺庄　北窦庄　北郝峪　凹子里　中王庄

上方乡（14）

羊柴　侯阳关　上方　许由　李阳关　老牛沟　东井底　西井底　龙洞　范家佐　南城仔　小王阳关　西城仔　苑阳关

玉亭乡（14）

西玉亭　东玉亭　屯里　西桥　官庄　封家佐　顾阳关　屹嶅头　泉子头　高岭　庙上　八里庄　李家庄　北城仔

北河乡（9）

北河　南河　龙兴庄　水泉　西科头　井凹　朱家庄　安家峪　东科头

口头镇（山区镇）（35）

口头　秦台　西口头　南岗底　武庄　北岗底　东沟　霍家庄　万里　李台　苏户　杨台　西李庄　杜台　黄掌头　梨沿庄　丁家庄　王下口　西寺庄　牛下口　芦家庄　杨家庄　鲁家峪　鲁家沟　北西庄　苇园　马化　黄龙港　宦头　齐家峪　庞家庄　固山　北高家庄　团山　西石邱

九口子乡（山区乡）（29）

九口子　辛庄　东黄庵　河包口　东寺庄　下庄　周家庄　上庄　坎上　草泊头　高家峪　满撒　东玉女　两岭口　西玉女　范家庄　鳌鱼　上连庄　上北庄　南家庄　西黄庵　桑叶沟　要角　东彩庄　石桥　西彩庄　上南庄　棉花庄　烈坡沟

上阎庄乡（山区乡）(13)

上阎庄 上王庄 下王庄 郑库池 郤库池 上安里 车厂 北董庄 米家庄 蒋家峪 瓜家峪 塔沟 神树

开发区（5）

东留营 东伏流 北张吾 岳霍口 西留营

行唐县革命老区村选介

口头镇口头村

口头镇口头村位于县城西北25公里处，是县域西北部山区经济、商贸、文化区域中心——口头镇党委、政府驻地，2014年有453户1677人，耕地967亩，其中水浇地390亩。

口头村有光荣的革命传统，2013年被石家庄市老区建设促进会命名为革命老区村。

一、中共行唐县委、行唐县抗日民主政府、行唐县共产党军事领导机构驻地

口头村是山区村，抗日战争时期，因其得天独厚的地理优势，具有较好的战略纵深，进可攻，退可守，加上这里物产丰富，经济基础和群众基础较为扎实，因此成为中共行唐县委、行唐县抗日民主政府、行唐县共产党军事领导机构的理想驻地之一。民国三十年（1941年），晋察冀军区聂荣臻司令员曾在该村工作和生活达半年之久。

据建国后首部《行唐县志》记载，“七七”事变后，日本侵略军大举侵略华北，行唐人民群情激愤，要求抗日。民国二十六年（1937年）10月20日，行唐县抗日救国总动员会在两岭口村成立；下旬，省委派阎自庆、李荒、陈一凡来县工作，在两岭口村成立中共行唐县工作委员会；11月初，中共行唐县工作委员会和总动会从两岭口迁到口头镇，另选赵洛一、赵老刚为总动会正、副主任；11月中旬，中共行唐县工作委员会改为中共行唐县委员会；11月下旬，按照中共行唐县委指示设口头区，下设3个小区，领导山区77个村。民国二十七年（1938年）2月24日，行唐县抗日联合政府在西城仔村成立，直属晋察冀边区临时行政委员会领导。县政府成立后，总动会宣告结束，相继成立了农救会、妇救会、青救会、儿童团、文宣队等群众组织。同日，行唐县共产党军事领导机构——行唐县抗日救国自卫总队也在西城仔成立，隶属于中共行唐县委和晋察冀边区领导。同年8月，县政府从西城仔村迁至口头镇。民国二十八年（1939年）秋，行唐县基干队在口头镇成立，县游击队与之和并，称基干游击队，后改为县大队。随着抗日斗争形势的变化，县委、县政府曾多次搬迁。民国二十九年（1940年）2月，县委、县政府从西寺庄迁回口头镇，县抗日救国自卫总队的驻地也随之变动。

二、驻军——晋察冀军区教导团

据《行唐县军事志》（公元前291～公元2005）记载，民国二十九年（1940年）秋，晋察冀军区教导团（30团）从河北省唐县进驻行唐，一直在行唐、新乐、灵寿、正定、曲阳一带与行唐支队、当地党政机关、地方武装、民兵组织一起开展抗日活动。民国三十四年（1945年）5月，晋察冀军区组织扩大雁北解放区出击战役，调教导团（30团）参加会战。5月初，晋察冀军区教导团（30团）分两批先后离开行唐，团后方留守人员仍驻在口头、丁家庄一带。同年12月，教导团（30团）全部撤离行唐。

三、拥军优属模范村

口头村位于行唐县城西北部，是通往山区阜平的咽喉要道，战略位置十分重要。据《行唐县军事志》（公元前291～公元2005）记载，民国二十七年（1938年），日本侵略军全面占领行唐，在口头一带修建了十几座炮楼，设据点、挖封锁沟、筑高墙，实行所谓的点、线、沟、墙相结合的堡垒政策，企图切断太行山区与平原的联系，将驻守在太行山里的晋察冀边区军民困死，其中口头村南、村北口各有炮楼1座。为保卫根据地，打开通路，同年5月，聂荣臻司令员派杨成武将军率领30团到口头村组织群众，宣传政策，武装群众，开辟根据地。不久，就在该村发展党员，成立支部，建立青年抗日先锋队、妇救会、武委会、民兵中队等组织。当时，民兵中队长由支部书记、村长苗国忠兼任。由于部队经常在这一带活动，这个村的民兵就把拥军优属作为自己的主要任务，并组成情报组、爆破组、担架队为部队站岗放哨、传递信息。在30团打西口头村日军炮楼时，民兵爆破组在主要道路埋上地雷，阻止北上增援的日军，情报组密切注意四周炮楼上的日伪军动向，不断向部队报告，担架队为部队运送伤员。战斗结束后，部队一进村，家家腾房子，烧好热炕给部队官兵住。部队驻防后，民兵中队为部队站岗放哨。

民国三十年（1941年）下半年至三十二年（1943年），是抗日战争最艰苦的时期。日本为把华北建成“大东亚战争兵站基地”，对以口头为中心的老解放区，实行“扫荡”和“蚕食”相结合的战略，妄图以此达到消灭八路军在行唐一带主力部队的目的。

为保存革命力量，30团遵照上级指示化整为零进行活动，口头村民兵中队选了30多户政治上可靠的贫雇农，作为抗日堡垒户。在一年多的时间里，这些堡垒户多次接待八路军官兵和伤病员，从没有出现过一次差错。民国三十年（1941年），行唐县政府、武委会授予口头“拥军模范村”光荣称号，奖励锦旗1面。

民国三十二年（1943年），冀晋区政府、军区在山西召开第二次英模会，授予口头村“拥军优属模范村”光荣称号，奖励锦旗1面，水车1架，快枪5支。

四、老党员、革命烈士

近年来，口头村党支部、村委会到县委党史研究室、县档案馆、县地方志办公室、县委组织部等有关单位进行了走访、取证，据不完全统计，抗日战争至解放战争期间，口头村有赵康国、赵助国、赵光柱、赵士荣、赵义友、赵世昌、田三玉、李瑞子、赵登榜、顾立荣、赵棉经、安敬国、赵同深、张彦新、苗国中、赵光鉴、胡楼荣、马五十、赵英会19人加入中国共产党，先后涌现出赵立国、赵连国、苗国祥、马汽保、赵对妮、左风格、赵士勇7名革命烈士，他们参加革命时间、牺牲地点等信息已入录首部《行唐县志·革命烈士英名录》，永载史册。

口头村革命烈士名表

姓名	性别	出生时间	参加革命年月	牺牲年月	牺牲地点	牺牲时职务
赵士勇	男	1918.2	1938.7	1946.1	山西省大同市城东马家垒村	排长
赵连国	男	1928.5	1946.6	1946.9	阜平县王快村	会计
苗国祥	男	1922.10	1943.2	1944.8	城寨村	队员
马汽保	男	1909	1939	1948	不详	战士
赵对妮	男	1918.6	1941.7	1942.12	口头村	队员
左风格	男	1919.10	1941.7	1942.8	口头村	队长
赵立国	男	1920.12	1939.8	1942.8	口头村	会计

五、纪念碑

新中国建立后树立的口头镇为国殉难碑共记载革命先烈8人，其中能够辨别的马汽保、赵世全、赵助国、赵平祥、赵立国5人都是口头村抗日战争中参加革命并壮烈牺牲的战士。因年代久远，虽然有些字迹模糊不清，但烈士英名永在，浩气长存。

口头镇鲁家峪村

口头镇鲁家峪村隶属口头镇，2014年有105户359人，耕地217亩，其中水浇地116亩。

鲁家峪村有光荣的革命传统，2013年被石家庄市老区建设促进会命名为革命老区村。

1989年以来，鲁家峪村两届党支部、村委会干部对本村刘美珍（战争年代曾任村妇联主任）、刘顺义、刘顺志（战争年代曾任村长）、刘绪（刘保福）等人进行了认真走访、调查，掌握了大量珍贵资料，充分证实，抗日战争时期，八路军晋察冀军区疗养院、聂荣臻部十七团和三十团曾在该村驻扎，聂荣臻司令员曾在此居住，村内青壮年踊跃参军、支前。据不完全统计，自民国二十一年（1932年）成立党支部开始，至解放战争结束，鲁家峪村先后有刘顺记（刘吸记）、刘顺全、刘顺连、刘顺德、刘俊山、刘顺庆、刘成子、刘连城（刘宪）、刘树、刘俊妮、刘振11人加入中国共产党，刘顺记、刘顺全、刘俊山、刘成子、刘振、刘有志（刘永志）、刘五经、刘为狗（刘华）、刘存、刘绪、刘喜增、刘恩、刘兵来、刘峰14人参军入伍，其中刘有志赴朝作战保家卫国，先后涌现出刘为狗、刘兵来等7名革命烈士（入选首部《行唐县志·革命烈士英名录》），鲁家峪人民为新中国的建立作出了巨大牺牲和卓越贡献，曾被晋察冀军区授予“子弟兵的母亲”、“抗日先锋根据地”两面锦旗，解放战争时期荣获“支前模范”称号。

鲁家峪村革命烈士名表

姓名	性别	出生时间	参加革命年月	牺牲年月	牺牲地点	牺牲时职务
刘为狗（刘华）	男	1924	1948	1948	北京密云县汤河村	战士
刘兵来	男	1925	1948.2	1948	唐山	战士
刘有志（刘永志）	男	1925	1939.5	1950.12	朝鲜北龙村	副连长
刘喜增	男	1912	1943.1	1945.1	阜平县水莲洞	战士
刘俊山	男	1911	1932	1933	团山	村干部
刘顺记（刘吸记）	男	1898	1932	不详	不详	不详
刘成子	男	1913	1932	1933	团山	村干部

一、八路军晋察冀军区疗养院

民国二十九至三十三年（1940～1944年），八路军晋察冀军区疗养院在鲁家峪村共产党员刘俊妮家驻扎4年，伙房设在粮秣主任刘林家，器械室设在共产党员刘顺连家，粮食存放在附近九龙庵庙和村西坡的地窖内；伤员换成便装，分散在各家各户，更改称呼，与村民同吃同住。先后在此牺牲并掩埋的烈士有100多名，鲁家峪村现存烈士墓64个。为纪念在鲁家峪牺牲的100多名革命烈士，2015年，县民政局拟在鲁家峪村筹建占地8000平方米的革命烈士陵园1座。

二、聂荣臻司令员工作生活情况

民国三十年（1941年）秋天，日本侵略军对北岳区进行大规模“扫荡”，企图消灭分区党政机关和主力部队。8 月下旬，聂荣臻司令员转移路过鲁家峪，并在此居住，当时住在村长刘顺志家（详见附文）。

附：

聂司令员夜宿鲁家峪

1941 年秋天，日本侵略军对北岳区进行大规模的“扫荡”，企图消灭边区和分区党政领导机关和主力部队。

8 月下旬的一天傍晚，晚风习习，凉爽异常，聂荣臻司令员转移路过行唐县西北山区鲁家峪村，一进村，静极了，他们挨家挨户敲门找不见一个人，却只见有的户刚掰下的玉米棒子在院里堆着，屋里炕上放着谷子、豆子什么的，聂司令员望着这一切揪心地痛，恨不得即刻将村干部找来，和乡亲们一道把粮食藏好。他派人出去找，但因都躲到远山里去了，近山找不到。

夜深了，聂司令员虽然赶了一天路，够累的了，但他却一点睡意也没有。他思索着如何尽快告诉乡亲们，得赶快把粮食坚壁好。正在这时，在前院警卫的战士突然发现一个人从暗处走出来。经盘问，原来是村长刘顺志。聂司令员听说有老乡回来，就赶紧说：“快请进来！”刘顺志跟警卫员一起进屋，聂司令员让刘顺志坐下，问：“这是你的家？”“是。”“你是村干部？”“是。”“担任什么？”“村长。”当听到刘顺志就是村长时，聂司令员眼里闪烁着喜悦的光，说：“这下可好了，快说说你们反扫荡的准备吧！”当刘顺志谈到坚壁清野时，聂司令员语重心长地说：“咱们共产党是给穷人办事的。你们一定要组织乡亲们把粮食坚壁好。别在屋里、院里乱堆着，要埋藏好。如果藏不好，让敌人抢走了，到那时，乡亲们没吃的，党可照顾不过来啊！”刘顺志点点头说是。聂司令员又接着说：“告诉乡亲们，敌人后天就可能来，一定要抓紧时间坚决彻底搞好坚壁清野，坚决不让敌人得到粮食！”刘顺志站起来说：“我马上回山里告诉大家。”聂司令员说：“乡亲们都睡了，不要惊动了！”最后聂司令员握着刘顺志的手说：“如果敌人来了，你要带领乡亲们往东北方向转移，那边是阜平，安全。”刘顺志说：“聂司令员，请放心。”这时，月已西沉，刘顺志将自己家的米面端出来要司令员他们做饭吃，聂司令员说：“我们有吃的，谢谢！”。第三天，敌人包围了鲁家峪村，进村扑了个空，连一点粮食也没弄走。（原文刊载于 1990 年 12 月 15 日《建设日报》第三版，作者系原县委党史办副主任赵旗歌）

三、英雄人物

刘顺记　生于清光绪二十四年（1898 年），民国七年（1918 年）在天津参加义和团（义和拳）旧部组织的大刀队，练就一身功夫。民国二十一年（1932 年）加入中国共产党，任鲁家峪村第一任党支部书记，民国二十二年（1933 年）2 月参加水泉暴动，暴动结束后，暴动队伍化整为零，转入地下活动，刘顺记离乡加入国民革命军 29 军宋哲元麾下，参加了长城会战，后因刀法娴熟入选大刀队并担任教练，战斗中他挥舞大刀，冲锋陷阵，曾一次用大刀砍杀 30 多个鬼子。刘顺记一生参战无数，后在一次战斗中壮烈牺牲。

刘有志　民国十四年（1925 年）出生，民国二十八年（1939 年）5 月参加革命，民国三十四年（1945 年）加入中国共产党。1950 年 12 月在抗美援朝战争中牺牲于朝鲜北龙村，时任炮兵连副连长。

刘五经　民国三十一年（1942 年）参军，民国三十五年（1946 年）在古城战斗中负伤，次年 3 月参加延安保卫战，1999 年去世。

统计资料

行唐县2014年国民经济主要统计指标

项目			指标
国土资源（平方公里）	总面积		966.19
行政组织（个）	乡		11
	镇		4
	工业园区		3
人口	总户数（户）		147285
	总人口（人）		459139
	农业人口（人）		393932
	非农业人口（人）		65207
	年平均人口（人）		458961
	常住人口（人）		418850
	出生人口（人）		7646
	死亡人口（人）		6570
	人口出生率（‰）		16.66
	人口死亡率（‰）		14.32
	人口自然增长率（‰）		2.34
全县生产总值	合计（亿元）		121.91
	第一产业（亿元）		25.71
	第二产业（亿元）	小计	62.66
		工业	60.08
		建筑业	2.58
	第三产业（亿元）		33.54
	人均生产总值（元）		29291
财政收支（万元）	财政收入		51720
	公共财政预算收入		32662
	财政支出		172994
农业	农林牧渔业总产值（万元）	总计	503546
		农业	196908
		林业	10672
		牧业	272269
		渔业	2823
		农林牧渔服务业	20874

项目						指标
农业	农林牧渔业基本情况	农业	年末实有耕地面积（万亩）			53.78
			粮食	播种面积（万亩）	总数	66.1
					夏粮	30
					秋粮	30.5
				亩产（公斤）	总数	425
					夏粮	439
					秋粮	491
				总产（吨）	总数	281221
					夏粮	131700
					秋粮	149521
			棉花	播种面积（亩）		9300
				亩产（公斤）		43
				总产（吨）		402
			油料	播种面积（亩）		106200
				亩产（公斤）		216
				总产（吨）		22952
			蔬菜总产量（万吨）			36.91
		林业	年末林地面积（亩）			
				当年造林面积（亩）		54015
			年末实有四旁植树（百株）			24000
				当年新栽		百株
			年末实有育苗面积（亩）			1995
				当年新育（亩）		1845
			干鲜果品产量（吨）			127065
				鲜果		126465
					红枣	115000
		牧业	奶牛年末存栏（百头）			940
			猪年末存栏（百头）			1760
			羊年末存栏（百只）			600
			家禽年末存栏（百只）			40700
			兔年末存栏（百只）			350

续表

项目				指标	项目		指标
农业	农林牧渔业基本情况	牧业	奶类总产（吨）	326250	能源	全社会用电量（万千瓦时）	60057
			牛奶（吨）	325500		工业用电量（万千瓦时）	28140
			禽蛋产量（吨）	34685	固定资产投资（亿元）	总投资	142.54
			肉类总产（吨）	39313		固定资产投资	139.76
		农业机械化	农业机械总动力（万千瓦时）	1395209		农村个人固定资产投资	2.78
			农村用电量（万千瓦时）	36814	贸易外经民营	社会消费品零售额（亿元）	53.67
			农用化肥实物量（折纯）（吨）	25251		实际利用外资（万美元）	3000
			平均亩施化肥（公斤）	38.2		民营经济增加值（亿元）	87.6
			年末实有机电井（眼）	11640		民营经济实现税收（亿元）	4.63
规模以上工业企业主要经济指标	工业总产值（现价）（亿元）			220.86	劳动工资	单位从业人员年末人数（人）	13717
	工业销售产值（亿元）			220.07		单位从业人员平均人数（人）	13632
	主营业务收入（亿元）			218.32		单位从业人员年工资总额（万元）	46218
	利税总额（万元）			340677		单位从业人员年平均工资（元）	33904
		利润（万元）		232690		在岗职工年平均工资（元）	33853
	应交增加值税（万元）			93570	人民生活	农村居民人均可支配收入（元）	5420
	资产总计（万元）			974265		农民人均消费支出（元）	5737
	平均人数（人）			13045		城镇居民人均可支配收入（元）	21937
能源	规模以上工业综合能源消费量（万吨标准煤）			51.61		城镇居民人均消费支出（元）	8237
	单位工业增加值能耗降低率（%）			8.9	金融保险	金融机构年末存款余额（亿元）	114.7
	单位 GDP 能耗降低率（%）			4.42		金融机构年末贷款余额（亿元）	36.81
	单位 GDP 电耗增长率（%）			5.91		城乡居民储蓄存款余额（亿元）	93.53

行唐县2014年财政收入统计表

单位：万元

指标名称		决算数	指标名称		决算数
财政收入总计		51720	公共财政预算收入	烟叶税	50
公共财政预算收入	合计	32662		耕地占用税	3587
	增值税	2295		契税	684
	营业税	8645		国有资源（资产）有偿使用收入	1990
	企业所得税	2304		行政事业性收费收入	4310
	个人所得税	391		罚没收入	2188
	资源税	13		专项收入	833
	城市维护建设税	409		其他收入	104
	房产税	191	中央级财政收入		15376
	印花税	242	省级财政收入	合计	3682
	城镇土地使用税	167		政府性基金收入	26762
	土地增值税	812		社会保险基金收入	30422
	车船税	3447			

行唐县 2014 年人口及其变动情况表

乡（镇）	年末总户数（户）	年末总人口（人）									本年度人口变动（人）									
		合计			性别		年龄				出生			死亡			迁入		迁出	
			非农业人口	未落常住户口人员	男	女	18 岁以下	18 岁～35 岁	35 岁～60 年	60 岁以上	合计	男	女	合计	男	女	省内迁入	省外迁入	迁往省内	迁往省外
合 计	147285	459139	65207	188	233621	225518	115309	119794	149692	74344	7646	4071	3575	6570	3588	2982	688	397	1152	595
龙州镇	27066	72566	41536	124	36059	36507	17549	17849	25898	11270	1126	600	526	491	320	171	145	87	232	145
口头镇	8879	26923	3212	10	13891	13032	7225	6763	8524	4411	444	227	217	551	323	228	30	25	83	34
南桥镇	11230	35386	4345	2	18038	17348	8463	8951	11279	6693	565	287	278	264	141	123	74	25	85	36
上碑镇	5969	18602	6903	3	9574	9028	4767	4747	6146	2942	381	202	179	763	410	353	31	12	40	29
独羊岗乡	12503	44201	1429	3	22501	21700	11287	11988	13778	7148	783	443	340	175	120	55	60	43	98	87
只里乡	13628	44507	1375	2	22563	21944	10690	12513	14548	6756	727	375	352	771	416	355	54	30	124	51
安香乡	13691	46448	1552	5	23594	22854	11820	13068	14652	6908	802	448	354	265	161	104	69	35	120	40
市同乡	7860	24915	674	6	12641	12274	6469	6833	8100	3513	440	229	211	904	469	435	25	23	59	24
翟营乡	12001	38786	918	5	19703	19083	10109	10094	12647	5936	637	336	301	397	191	206	40	33	90	44
城寨乡	7264	22660	590	5	11659	11001	5844	5742	7334	3740	353	186	167	535	261	274	35	9	34	33
上方乡	9452	28368	1086	4	14573	13795	7349	7353	8816	4850	510	276	234	509	269	240	55	32	71	19
玉亭乡	7396	23796	853	4	12210	11586	5568	6160	7608	4460	376	200	176	586	301	285	28	17	50	23
北河乡	2918	7921	215	3	4161	3760	1860	2016	2629	1416	136	70	66	168	101	67	16	8	23	11
上阎庄乡	2249	6635	154	2	3460	3175	1697	1608	2078	1252	80	41	39	91	56	35	17	6	20	4
九口子乡	5179	17425	365	10	8994	8431	4612	4109	5655	3049	286	151	135	100	49	51	9	12	23	15